Reader's Digest
Auswahlbücher

Reader's Digest Auswahlbücher

Verlag DAS BESTE
Stuttgart · Zürich · Wien

Palmenstrände, Korallenriffe und eine tiefblaue Lagune: Die Südseeinsel Koraloona erscheint dem jungen Arzt Kit Masters wie das Paradies auf Erden. Begeistert macht er sich an die Aufgabe, hier medizinische Pionierarbeit zu leisten. Doch dann muß er feststellen, daß inmitten der Schönheit tödliche Gefahren lauern.

Eine junge Frau erwartet ihr erstes Kind. Mit all ihrer Liebe, ihren Sorgen und Wünschen gehört sie zum großen Kreis der angehenden Mütter – noch. Schon bald wird sie Außenseiterin sein: Ihr kleines Mädchen ist mongoloid.

KORALOONA- die andere Seite des Paradieses

Eine Kurzfassung des Buches von
NOEL BARBER

Nach der Übersetzung von
Hilde Linnert

Illustrationen von Gerry Haylock

London 1937. Kit Masters, der soeben sein Medizinstudium abgeschlossen hat, ist nur von einem Wunsch beseelt: Er hofft, ein Heilverfahren gegen die grausame Kinderlähmung entwickeln zu können. Kurz darauf aber scheint seine berufliche Laufbahn an ein jähes Ende gelangt, als er in einem Disziplinarverfahren seiner Stelle enthoben wird.

Ein gütiges Schicksal gewährt Kit eine zweite Chance. Auf Koraloona, einer entlegenen Südseeinsel, wird ein Arzt gebraucht, der sich auf die Behandlung von Kinderlähmung versteht. Kit Masters stellt sich der Bewährungsprobe und verfällt alsbald dem Zauber der Insel und ihrer freundlichen Bewohner. Nicht zu Unrecht wähnt er sich im siebten Himmel und bemerkt dabei nicht, daß sich dunkle Wolken über dem Südseeparadies zusammenballen. So gerät der junge Arzt unversehens in den Brennpunkt von Liebe, Haß und grenzenloser Rachgier – einen Strudel abgrundtiefer Gefühle, die sein Leben zu zerstören drohen.

I

WENN ich manchmal an die Schönheit des Lebens auf einer Südseeinsel zurückdenke, kommt es mir noch immer wie ein Traum vor, daß mich das Schicksal aus dem regnerischen Winter Englands mit seinen trostlosen kahlen Bäumen in das zauberhafte Koraloona versetzt hat, die schönste Insel des wundervollen Moto-Varu-Archipels.

Es war reiner Zufall, daß ich auf diese entlegene Insel auf der anderen Seite der Welt reiste, um dort zu leben, denn meine Zukunft in England war genau geplant. Unsere Familie, die in Nottingham lebte, war immer recht wohlhabend, wenn auch nicht reich gewesen. Mein Vater, Herbert Masters, war Elektroingenieur. Kurz nach meiner Geburt im Jahre 1914 meldete er sich freiwillig zur Armee und diente dort als Captain in der Fernmeldetruppe des britischen Pionierkorps. Als er bei Kriegsende aus dem Militärdienst entlassen wurde, war er ein Experte auf dem Gebiet der Funktechnik. Es war fast unvermeidlich, daß er aus seinen Kenntnissen Kapital schlug, denn damals erreichte die Nachfrage nach den neumodischen Radioapparaten ihren Höhepunkt. Bevor das Jahr um war, hatte mein Vater in der Nähe des Marktplatzes ein Geschäft eröffnet, in dem er Geräteteile an Leute verkaufte, die sich ihren Radioapparat selbst bauen wollten, und Ratschläge für die Auswahl und Verwendung der Bauteile gab.

Anfang der zwanziger Jahre eröffnete er einen zweiten Laden, dann einen dritten, diesmal in Mansfield, und alle drei Geschäfte blühten und gediehen.

Etwas wußte mein Vater instinktiv: Ich würde niemals in seine Firma eintreten, wenn mich die Ereignisse nicht dazu zwangen. Es machte ihm offenbar nichts aus, denn einmal erklärte er mir: „Man kann einen Beruf wie den meinen nur dann ausüben, wenn man von ihm fasziniert ist"; und mich faszinierte er nicht. In meiner Freizeit betrieb ich alle Sportarten, die es gab, von Kricket über Tennis und Fußball bis zum Boxen, doch die meiste Zeit verbrachte ich zu Hause über meinen Büchern.

Als ich einmal ein besonders gutes Zeugnis heimbrachte, sagte mein Vater zu mir: „Ich habe mir etwas überlegt, Kit. Wenn du einverstanden bist, möchte ich dich nach Oxford schicken. Dein Direktor meint, daß er einen Platz für dich bekommen kann. Und Oxford – das habe ich nie geschafft. Wie denkst du darüber?"
Ich zögerte nicht. „Ich würde sehr gern dort studieren!" rief ich.

INZWISCHEN war meine Schwester Clare zur Welt gekommen; ihr stieß etwas zu, das auch meinen Lebensweg entscheidend beeinflußte. Clare wurde 1919 geboren. Als sie zwölf Jahre alt war, hatte sie sich zu einem richtigen Wildfang entwickelt. Sie war für jede Sportart zu haben, und gelegentlich sprang sie sogar ein, wenn uns bei einem Fußballmatch im Park ein Spieler fehlte. Mutter fand das natürlich „undamenhaft" und schimpfte.

Clare war unglaublich abenteuerlustig, und weil sie ein so aktiver Mensch war, traf sie der Schlag, den das Schicksal für sie bereithielt, besonders hart. Es war im Jahr 1931, als der Jugendherbergsverband gegründet wurde. Clare nahm an einer der ersten Fahrten teil, die von ihrer Schule organisiert wurde; es ging in eine Jugendherberge in Lincolnshire.

Die Klasse sollte eine Woche dort bleiben. Nach drei Tagen rief die Schulleiterin an, die die Aufsicht führte. Mutter ging an den Apparat, dann kam sie ins Wohnzimmer und verkündete: „Clare kommt heute abend nach Hause."

„Sie kommt nach Hause?" wiederholte Vater. „Hat sie etwas angestellt?"

„Nein. Sie hat eine Grippe und Fieber. Eine der Lehrerinnen bringt sie mit dem Wagen nach Hause. Sie meint, wir sollen uns keine Sorgen machen, aber sie möchten kein Risiko eingehen."

Als Clare eintraf, wurde sie ins Bett gesteckt, und Vater verständigte unseren Hausarzt Dr. Allott, einen freundlichen alten Mann, der für uns Kinder immer Süßigkeiten in der Tasche hatte.

Ich war natürlich nicht dabei, als Dr. Allott Clare untersuchte, aber ich spürte, daß meine Eltern sich Sorgen machten. Clare erfuhr, daß sie lange bettlägerig sein würde, und Mutter schlief auf einem Sofa im Krankenzimmer. Dr. Allott kam jeden Tag.

Meine Sorge um Clare wuchs, und deshalb lauerte ich Dr. Allott eines Tages nach seiner Visite bei meiner Schwester auf der Straße auf.

Ich werde ihm immer dafür dankbar sein, daß er mich nicht mit der üblichen Antwort der Erwachsenen auf die Fragen eines Kindes abgefertigt hat: „Du bist zu jung, um das zu verstehen." Statt dessen gab er mir ein Bonbon, stieg in seinen Wagen und winkte mich auf den Sitz neben sich.

„Es läuft darauf hinaus", erklärte er, „daß deine Schwester einen leichten Anfall einer Krankheit hat, die wir Kinderlähmung nennen. Eigentlich ist Kinderlähmung gar nicht der richtige Name. Wir Ärzte nennen sie Poliomyelitis. Aber da der Name ein Zungenbrecher ist, wird meist die Kurzform Polio verwendet. Es ist eine Krankheit, von der wir nicht viel wissen, aber manchmal greift sie die Muskeln eines Beines oder eines Armes an. Wenn es sich um einen schweren Fall handelt, muß der Patient einen Spezialstiefel tragen, oder das Bein muß durch eiserne Schienen geradegehalten werden."

Ich begriff nicht alles, was er mir erklärte, aber ich war zornig und verbittert. Mit einem höflichen „Danke, Sir" stieg ich aus dem Wagen, doch als ich ins Haus zurückkehrte, warf ich die Tür wütend mit einem Fußtritt ins Schloß. Warum mußte ausgerechnet Clare so etwas passieren, die so gern Sport trieb?

Clare wurde nie mehr ganz gesund. Sie mußte viele Jahre lang eine Schiene tragen, bis sich ihr Zustand so weit gebessert hatte, daß sie mit zwei Stöcken gehen konnte, und ich sehe immer noch vor mir, wie sie mühsam im Zimmer herumhumpelte. Wenn sie sich wieder hinlegte, rief ich jedesmal: „Arme Clare!", brach beinahe in Tränen aus und schloß sie in die Arme.

„Mach dir keine Sorgen, ich werde bestimmt wieder gesund", tröstete sie mich heiter. „Dr. Allott hat es mir versprochen."

„Ich werde jedenfalls dafür sorgen, daß so etwas nie wieder geschieht", erklärte ich.

„Wirklich?" Sie brachte ein Lächeln zuwege. „Und wie?"

„Ich werde Arzt werden! Ein ganz berühmter. Und ich werde herausfinden, wie man Polio heilen kann."

Obwohl ich erst siebzehn war, brachte mich nichts von diesem Entschluß ab. Ich besuchte das Gymnasium von Nottingham, war immer Klassenbester in den naturwissenschaftlichen Fächern, und es erschien daher als logischer Schritt, daß ich den Arztberuf anstrebte. Und meine Eltern waren von dem Gedanken begeistert – vor allem Mutter, die glaubte, daß es ein sozialer Aufstieg sei, wenn ich Arzt würde.

Dr. Allott riet mir, mich in Wadham, dem „medizinischen" College von Oxford, immatrikulieren zu lassen. Ich war achtzehn, als ich mein Studium aufnahm.

Ich studierte und genoß das Leben in vollen Zügen. Die Universität verschaffte mir Zugang zu einer Welt, von deren Existenz ich nichts geahnt hatte. Durch einen Freund lernte ich klassische Musik kennen und schätzen: Er besaß ein Grammophon. Ein anderer führte mich in die Welt der Kunst ein; wir kauften billige Tagesfahrkarten nach London, wo wir uns stundenlang in den großen Museen aufhielten.

Mit der gleichen Begeisterung stürzte ich mich in die sportlichen Aktivitäten von Oxford. Vielleicht war ich der „geborene Boxer", weil ich ein sehr hitziges Temperament besaß. Schließlich trat ich für die Universität bei Wettkämpfen an; mein Vater war sehr stolz darauf.

Nach dem Examen in Oxford schrieb ich mich zur Komplettierung meiner medizinischen Ausbildung an einem College in London ein. Vater bezahlte meine Studentenbude in Paddington und gab mir wöchentlich ein Pfund Taschengeld, dazu die Reisespesen für meine regelmäßigen Besuche zu Hause. Natürlich kümmerte ich mich auch um Clare, die jetzt sechzehn war und der es langsam, sehr langsam besserging.

Für gewöhnlich besuchte ich Vater zuliebe einen von seinen Läden. Die Geschäftslage war eher flau. Die Wirtschaftskrise trug das Ihre dazu bei. Aber Vater nahm den Rückgang der Einnahmen auf die leichte Schulter. „Es wird wieder aufwärtsgehen", behauptete er immer.

Ich dachte nicht viel darüber nach. Wenn man jung ist, blickt man natürlich immer nach vorn, und als Clare mich fragte: „Wie stellst du dir die Zukunft vor?", wußte ich bereits genau, wie es weitergehen sollte.

„Vater hat mir versprochen, mir eine kleine Praxis einzurichten, sobald ich die Zulassung als Arzt erhalte; das wird in ein paar Monaten sein. Natürlich muß ich zuerst meine Assistenzzeit im Krankenhaus absolvieren, bevor ich überhaupt an eine eigene Praxis denken kann, vielleicht zunächst irgendwo im Osten von London."

„Warum nicht in Nottingham? Warum im Osten von London?"

„Weil es dort am billigsten ist", antwortete ich mit einem Lachen. „Und außerdem will ich in London bleiben, weil ich nur dort die Möglichkeit habe, die Kinderlähmung zu erforschen."

Wir waren alle so sehr damit beschäftigt, Pläne zu schmieden, daß Clare und ich – und vielleicht auch Mutter – blind für die Wirklichkeit wurden, die eigentlich unübersehbar war: die steigenden Arbeitslosenzahlen, die Ära der Massenproduktion, dazu die Tatsache, daß das Radio nichts Neues mehr war. Es war jetzt ein Serienartikel, den man im Kaufhaus erstand.

Ich bekam meine Zulassung, fing als Assistenzarzt im St.-Andrew's-Krankenhaus in Marylebone an, und noch immer fiel uns nichts auf. Den ersten Hinweis auf die bevorstehende Katastrophe gab mir Clare in einem Brief. „Der arme Vater ist sehr deprimiert, er mußte das Geschäft in Mansfield schließen. "

Ich hatte bereits einige Monate lang als Assistenzarzt in weißem Kittel und mit umgehängtem Stethoskop meine Visiten gemacht und war mir dabei sehr wichtig vorgekommen, als Vater auch das zweite Geschäft schließen mußte.

Ich fuhr über das Wochenende nach Hause. Vater war sehr still, Mutter unsäglich niedergeschlagen. „Ich glaube nicht, daß wir noch lange weitermachen können", gab Vater mir gegenüber zu. „Es ist das Ende eines Abenteuers, von dem ich geglaubt habe, daß es ewig dauern würde. Zum Glück hast du deine Zulassung. Wenn es ein paar Jahre früher passiert wäre … "

„Aber wenn du dein gesamtes Unternehmen schließt, wie – wie willst du dann Geld verdienen?"

Er lächelte gequält. „Wir leben in einer merkwürdigen Welt. Finanziell werde ich gar nicht so schlecht dastehen. Wenn ich jetzt freiwillig liquidiere, kann ich mein Lager zu Geld machen und meinen Verpflichtungen voll nachkommen. Und die Radiofirma Marconi hat mir bereits einen Posten als Techniker angeboten. Ich werde nicht mehr soviel verdienen, aber wir werden nicht verhungern. "

Ein paar Wochen später ging Vater freiwillig in Liquidation, und die Familie mußte in ein kleineres Haus am anderen Ende von Nottingham übersiedeln.

Es war kein Geld mehr da, mit dem ich „standesgemäß" hätte leben können. Ich übersiedelte in ein billigeres Zimmer in der Nähe des Krankenhauses und schaffte es, den kleinen Austin zu behalten, den ich vor fünf Jahren als Gebrauchtwagen gekauft hatte.

Bekanntlich kommt jedoch ein Unglück selten allein. Trotzdem schwante mir nichts Böses, als ich eines regnerischen Abends etwa einen Monat später zu einem Krankenbesuch bei einer gewissen Mrs. Dunston gerufen wurde.

Es war eine scheußliche Fahrt quer durch London. Nach dem Wolkenbruch glänzten die Straßen vor Nässe. Mrs. Dunstons Beschwerden erwiesen sich als harmlos. Ich tat, was ich konnte, um sie zu beruhigen, und machte mich in leicht gereizter Stimmung auf den Rückweg zum Krankenhaus. Und auf dieser Fahrt geschah es dann. In einer schmalen Straße – später stellte sich heraus, daß es die Keyworth Street war – sah ich vor einem Geschäft einige Männer, die offenbar in eine Rauferei verwickelt waren.

Im Licht der Scheinwerfer erkannte ich, daß drei der Männer schwarze Hemden trugen. Sie griffen gemeinsam einen einzelnen Mann an, während eine Frau weinend am Straßenrand stand.

Ich wußte sofort, worum es sich handelte: Oswald Mosleys Schwarzhemden, die ihrer Lieblingsbeschäftigung – Juden verprügeln – nachgingen.

Ich sprang aus dem Wagen. Die Frau lief zu mir und rief: „Bitte helfen Sie! Sie bringen meinen Vater um!"

„Holen Sie Hilfe!" schrie ich. „An der Ecke von Lambeth Road stehen immer Polizisten." Der Grund für die Anwesenheit der Polizei waren die häufigen Aufmärsche der *Mosley Fascists* in diesem Viertel, in dem viele Juden wohnten. Sie rannte davon. Instinktiv hatte ich meine schwarze Arzttasche mitgenommen; vielleicht würde ich sie brauchen. Dann sah ich das Opfer: einen alten, bärtigen Mann, den einer der Schwarzhemden festhielt, während ihn die beiden anderen traten und schlugen.

Ohne einen Augenblick zu überlegen, rammte ich einem der Angreifer meine Arzttasche ins Gesicht. Der Mann fiel mit blutendem Gesicht zu Boden. Der zweite griff mich wutschnaubend an, während der dritte den alten Mann packte.

Ich ließ meine Tasche fallen und stellte mich. Dank meiner Ausbildung als Boxer hatte ich keine Angst vor dem wilden Schläger. Als er mich angriff, wich ich etwas zurück, damit er mir folgte, und erwischte ihn dann mit einer klassischen linken Geraden genau an der Kinnspitze. Er fiel bewußtlos auf das Pflaster. Als ich mir den dritten vorknöpfen wollte, hörte ich die Trillerpfeifen der Polizei. Zwei Polizisten und die Frau tauchten auf, und der dritte Angreifer gab Fersengeld.

Der alte Mann war zu Boden gesunken, daher versuchte ich ihm Erste Hilfe zu leisten. Zum Glück war er nicht allzu schwer verletzt, und als die Polizisten mich fragten: „Ist alles in Ordnung, Sir?", antwortete ich: „Danke, ja. Ich bin Arzt. Ich bin zufällig vorbeigekommen und habe versucht zu verhindern, daß dieser Mann zusammengeschlagen wird. Einem der Kerle habe ich meine Tasche ins Gesicht geschlagen."

„Was ist mit dem anderen?"

„Dem habe ich eine linke Gerade versetzt. Vielen Dank, daß Sie mir zu Hilfe gekommen sind. Wenn Sie aus dem Laden einen Eimer mit Wasser holen und dem Ohnmächtigen über den Kopf gießen, wird er zu sich kommen."

Ich wollte bereits in den Wagen steigen, als der Polizist sich an mich wandte: „Entschuldigen Sie, Sir, aber vielleicht sollten Sie sich den Kerl, den Sie k.o. geschlagen haben, einmal ansehen. Sein Kopf ist so merkwürdig verdreht."

Jetzt sah ich ihn mir zum ersten Mal genau an, hob seinen Kopf vorsichtig in die Höhe – und spürte das warme, klebrige Blut auf seinem Hinterkopf. Ich erriet sofort, was geschehen war: Er war beim Sturz mit dem Kopf auf die Gehsteigkante geprallt. Der Mann war tot!

Ich machte den Polizisten gegenüber alle Angaben, die sie verlangten – Name, Adresse, das Krankenhaus, in dem ich arbeitete, und sie ließen mich zu meiner Arbeit zurückkehren.

Am nächsten Tag gab ich auf der Polizeiwache von Waterloo Road meine Aussage zu Protokoll. Die Polizei war sehr verständnisvoll, doch der mit dem Fall befaßte Inspektor erklärte mir: „Ich muß die Unterlagen an die Staatsanwaltschaft weiterleiten. Sie muß entscheiden, ob Anklage wegen Totschlags gegen Sie erhoben werden soll."

„Glauben Sie, daß sie es tun wird?"

„Ich befürchte es, Doktor. Aber, falls es Sie tröstet – ich wette jeden Betrag, daß Sie freigesprochen werden, wenn es zum Prozeß kommt."

„Das ist wenigstens eine kleine Beruhigung. Aber mir bereitet das Aufsehen Sorgen. Sie wissen, was für aufgeblasene Pedanten die Ärzte sind, vor allem die älteren."

„Wir werden tun, was in unserer Macht steht, damit der Fall nicht in die Zeitungen kommt", versprach er.

Doch er konnte es nicht verhindern. Noch bevor Anklage erhoben wurde, brachte eine Abendzeitung auf der Titelseite die Schlagzeile: SCHWARZHEMD STIRBT BEI KAMPF MIT GEHEIMNISVOLLEM ARZT. In dem Artikel wurde kein Name erwähnt; zehn Tage später wurde gegen mich formell Anklage wegen Totschlags erhoben. Die Verhandlung sollte in zehn Tagen stattfinden, und ich wurde gegen Kaution auf freiem Fuß belassen, aber der Vorstand des Krankenhauses hielt es für angebracht, mich bei vollen Bezügen zu beurlauben, bis die gerichtliche Untersuchung abgeschlossen war. Ich entschloß mich, nach Nottingham zu fahren, um ein paar Tage bei meiner Familie zu verbringen.

ALS ich zur Verhandlung nach London zurückkehrte, erwies sich die Ansicht des Inspektors, daß man mich nicht verurteilen würde, als vollkommen richtig.

Die Beweise dafür, daß es sich um einen durch die Schläger ausgelösten Unfall handelte, waren eindeutig und wurden um so bereitwilliger anerkannt, da fast alle Engländer von Haß gegen Hitlers britische Helfershelfer erfüllt waren. Aber vor allem war es die Zeugenaussage des gebrechlichen alten Mannes, die meine Verurteilung verhinderte.

„Ich wäre jetzt ganz sicher tot, Sir", erklärte er dem Gericht mit zittriger Stimme, „wenn dieser Gentleman nicht gewesen wäre."

Das Urteil lautete: „Nicht schuldig."

Das war großartig, aber ich hatte nicht mit dem Echo gerechnet, das der Fall in der Boulevardpresse fand. Clare, die jetzt an einem Stock gehen konnte, obwohl sie noch die Schiene trug, war nach London gekommen, um mich moralisch zu unterstützen. Sie brachte mir die erste Abendzeitung.

„O Gott", stöhnte ich beim Blick auf die Titelseite. „Damit bin ich erledigt."

„Erledigt?" Ihre Augen funkelten. „Du bist ein Held!"

„Nicht für das Krankenhaus." Ich deutete auf die Schlagzeile: OXFORD-BOXER ERLEDIGT MOSLEY-SCHLÄGER UND RETTET JÜDISCHEM OPFER DAS LEBEN.

„Sie werden mich wegen dieser Affäre entlassen", befürchtete ich. Nachdem ich Clare zu ihrem Zug begleitet hatte, begab ich mich ins St.-Andrew's-Krankenhaus, um Verteidigungspläne zu schmieden, denn ich würde mich bald einem weiteren „Gerichtsverfahren" stellen müssen – vor dem Vorstand des Krankenhauses.

Zwei Tage später wurde ich vorgeladen. Nachdem ich einige Augenblicke in einem Vorraum gewartet hatte, wurde ich in den Sitzungssaal geführt, in dem der Vorstandsvorsitzende Dr. Barton und sechs Kollegen an einem langen, auf Hochglanz polierten Tisch saßen. Ein Stuhl am Ende des Tisches war frei, und als ich eintrat, deutete Dr. Barton mit knappem Kopfnicken darauf und erklärte streng: „Sie können sich setzen, Dr. Masters."

Ich kam der Aufforderung wortlos nach.

„Obwohl ich anerkenne, daß es tapfer von Ihnen war, einem alten Mann zu Hilfe zu kommen", begann Barton, „können wir die Skandalgeschichte in den Zeitungen und das Aufsehen, das unser Krankenhaus Ihnen verdankt, nicht gutheißen."

„Aber Sir", protestierte ich erregt. „Sie werden doch nicht von mir erwarten, daß ich tatenlos zusehe, wie ein alter Mann zusammengeschlagen wird."

„Warum haben Sie nicht die Polizei verständigt, statt sich in eine solche Rauferei einzumischen?" wollte eines der Vorstandsmitglieder wissen.

„Weil ich befürchtete, daß es dann zu spät sein könnte." Ich wandte mich an Dr. Barton. „Mein Prozeß ist abgeschlossen, Sir. Das Urteil lautet ,Nicht schuldig'. Es kann doch nicht unterschiedliche Gesetze geben – solche für Ärzte und solche für alle anderen Menschen."

Einen Augenblick lang wurde Dr. Bartons strenges Gesicht milder. „Sie irren sich leider, Herr Kollege. Es gibt zwei verschiedene Arten von Gesetzen. Hier geht es nicht um Ihre Schuld oder Unschuld, sondern um das Standesansehen."

Ein anderes Vorstandsmitglied fügte hinzu: „Wir bewundern rückhaltlos die Art, wie Sie mit diesen Typen fertig geworden sind, Dr. Masters. Aber bitte bedenken Sie, daß ein Arzt sich einwandfrei verhalten muß, wenn er das Vertrauen der Patienten erringen will. Der Arztberuf beruht auf diesem Vertrauensverhältnis."

„Und in diesem Fall", ergänzte Dr. Barton, „haben Sie einen Mann mit solcher Gewalt niedergeschlagen, daß er starb."

„Er ist unglücklich mit dem Kopf aufgeschlagen, das Gericht hat das anerkannt."

„Er ist gestorben, als direkte Folge Ihres Eingreifens."

Das Inquisitionsgericht tagte noch eine Stunde lang, so, als wollten die „Richter" um jeden Preis ein Fleckchen Schmutz finden. Ein

Vorstandsmitglied versuchte mir zu helfen. „Sind Sie nicht der junge Mann, der einige Wochen lang in der Forschungsabteilung der Nervenklinik gearbeitet hat?"

„Ja, Sir. Während meines letzten Jahres in Oxford habe ich in den Ferien dort praktische Erfahrungen gesammelt."

„Ich erinnere mich an Ihr Gesicht."

„Warum haben Sie gerade dort einen Einsatz geleistet?" wollte Dr. Barton wissen.

Ich erklärte, daß mein Interesse an Polio durch Clares Krankheit bedingt war.

„Ich verstehe", sagte Dr. Barton. „Das war alles, danke. Warten Sie bitte im Vorzimmer, während der Vorstand über Ihren Fall berät."

Ich kannte die Antwort, noch bevor ich zwanzig Minuten später wieder hineingerufen wurde und Dr. Barton das Urteil verkündete.

„Der Vorstand ist der Ansicht, daß es im Interesse des guten Rufs des Saint-Andrew's-Krankenhauses für alle Beteiligten einfacher wäre, wenn Sie Ihre Stellung aufgäben."

„Aber Sir, ich will im Leben nur eines sein: Arzt."

„Sie sind Arzt. Sie können Ihren Beruf überall ausüben – nur nicht hier."

Das Urteil wurde mit solcher Selbstgerechtigkeit und Brutalität gefällt, daß ich mich zutiefst gedemütigt fühlte. Als die übrigen Vorstandsmitglieder den Raum verließen, sagte Dr. Barton: „Würden Sie noch einen Augenblick hierbleiben, Dr. Masters? Ich möchte kurz mit Ihnen sprechen."

Innerlich vor Wut kochend, blieb ich.

„Setzen Sie sich zu mir", forderte er mich auf. Sein Ton und seine Art hatten sich verändert. „Ich möchte Ihnen helfen, wenn ich kann."

Etwas besänftigt schwieg ich und wartete darauf, daß er weitersprach.

„Ich weiß, wie Ihnen zumute ist", fuhr er fort. „Doch mich beschäftigt vor allem etwas anderes. Ihr Interesse für die Behandlung von Polio. Sagen Sie, haben Sie jemals von einer Insel namens Koraloona gehört?"

Leicht verwirrt verneinte ich.

„Das habe ich mir gedacht. Es handelt sich um eine kleine, etwa dreißig Kilometer lange Südseeinsel, eine der sieben Inseln des Moto-Varu-Archipels. Übrigens bedeutet der polynesische Name Moto

Varu Sieben Inseln. Dort wird ein Assistenzarzt gesucht. Die Posten werden von einer Missionsgesellschaft vergeben, die in der Südsee arbeitet." Er hüstelte. „Ich bin zufällig Vorsitzender des Ärztegremiums."

An die Südsee hatte ich bislang nur gedacht, wenn ich mich danach sehnte, der Tretmühle der Verwaltungsarbeit, dem Gedränge in den Straßenbahnen, dem häufigen Nebel und dem Regen zu entgehen.

„Ich muß noch etwas hinzufügen." Dr. Barton wählte seine Worte vorsichtig. „Es ist ein schöner Ort, eine typische Südseeinsel, aber es gibt einen Haken. Auf ihr brechen regelmäßig Epidemien einer bestimmten Krankheit aus, für die wir keine Erklärung finden. Bei der Krankheit handelt es sich um Polio."

Vermutlich starrte ich ihn mit offenem Mund an.

„Sehen Sie, Dr. Masters", fuhr er fort, „als Gegenleistung für Ihr Ausscheiden biete ich Ihnen die Möglichkeit, eine schreckliche Krankheit sozusagen in einem lebenden Laboratorium zu erforschen. Sie werden nie wieder eine solche Chance bekommen."

„Wie kann ich – dorthin kommen?" Erregung erfaßte mich, und ich sah im Geist Clare vor mir, die in ihrem Zimmer herumhumpelte.

„Mit dem Schiff nach Australien, dort werden die Behörden dafür sorgen, daß ein Schoner Sie auf die Inseln bringt. Ich telegrafiere, falls Sie das Angebot annehmen, und Sie können in etwa einem Monat abdampfen."

II

DIE *Island Princess*, ein Passagier- und Frachtschiff, fuhr normalerweise zweimal im Monat von Sydney nach Tahiti und legte unterwegs in Sanderstown, der Hauptstadt des Moto-Varu-Archipels, an. Von Sanderstown sollte mich ein kleiner Küstendampfer nach Koraloona bringen.

Zufällig bot sich mir eine andere Möglichkeit. Die *Mantela*, ein 5000-Tonnen-Schiff aus Sanderstown, das für gewöhnlich zwischen den Inseln verkehrte, war gerade in Sydney überholt worden und sollte zwei Tage nach meinem Eintreffen in See stechen. Ich ergriff die Gelegenheit mit beiden Händen.

Die *Mantela*, die in ihren Kabinen sechs Passagiere unterbringen konnte, bot nicht den Luxus von Badezimmern oder Toiletten in jeder Kajüte. Aber der Salon war blitzsauber, die Mahagonimöbel waren poliert, und die Messingbeschläge glänzten. Alles in allem war sie ein ehrliches Schiff ohne Kinkerlitzchen.

Außer mir gab es noch drei Passagiere, doch die gingen in Rarotonga von Bord, so daß der Kapitän und ich während der restlichen drei Tage bis Koraloona mehr oder weniger uns selbst überlassen waren. Der Erste Offizier und der Ingenieur aßen zu anderen Zeiten und benützten den Salon nicht als Aufenthaltsraum.

Kapitän Robins stammte aus Yorkshire, war Mitte Fünfzig, ein hochgewachsener Mann mit einem von Wind und Sonne gegerbten Gesicht.

Eines Abends kam er in den Salon, um mir bei einem Drink Gesellschaft zu leisten. „Haben Sie das je versucht?" Er zeigte auf eine Flasche Crème de Menthe. „Das beste Getränk der Welt nach dem Essen. Ich nenne es Grüner Kleber."

Als ich den Kopf schüttelte, fuhr er fort: „Es ist vermutlich kein Getränk für einen jungen Mann. Aber es wirkt bei Verdauungsstörungen Wunder."

„Eine teure Medizin", wandte ich ein. „Ich kann Ihnen etwas geben, das nicht einmal ein Viertel davon kostet."

„Vielleicht, aber vergessen Sie nicht, daß ich meine Drinks zollfrei beziehe", meinte er lachend.

Das Meer begünstigt den Austausch von vertraulichen Mitteilungen. An Land kann es Jahre dauern, bis zwei Menschen eng befreundet sind, doch auf See schrumpfen die Jahre zu Stunden. Vielleicht trägt die ungeheure Weite des Meeres dazu bei. Und natürlich weiß man in den meisten Fällen, daß man sich nicht wiedersehen wird. Bei Kapitän Bill Robins war es jedoch anders. Er legte regelmäßig in Koraloona an und würde mir daher von Zeit zu Zeit über den Weg laufen. Dennoch erzählte er mir alles über seine Frau, seine beiden Kinder, das Haus, das sie in Sanderstown gekauft hatten, wie lange er verheiratet war, wo die Kinder zur Schule gingen – alle Einzelheiten seines Lebens. Was er sagte, war um so interessanter, als er über einen reichen Schatz von Erfahrungen verfügte und ein sehr ausgewogenes Urteil besaß. Er kannte nicht nur das Meer, sondern war auch belesen und in Geographie ebenso bewandert wie in Geschichte.

„Sie haben mir von Sanderstown erzählt", sagte ich schließlich,

„aber ich habe noch keine rechte Vorstellung von der Moto-Varu-Gruppe. Wie groß sind die Sieben Inseln? Wie weit sind sie voneinander entfernt?"

„Kommen Sie in meine Kajüte, und ich zeige es Ihnen. Die *Mantela* besitzt keinen Kartenraum, also wird es vielleicht ein bißchen eng werden."

Der Raum war wirklich winzig: eine Koje mit einer roten Decke, ein zusammenklappbarer Waschtisch, ein Schreibtisch. Sonst war kaum weiteres Mobiliar vorhanden, abgesehen von einem kleinen Bücherregal, von dem Kapitän Robins eine von etlichen Karten nahm.

Er breitete sie auf dem Schreibtisch aus und zeigte mir, wo wir uns befanden: Wir dampften von Rarotonga aus direkt nach Norden.

„Natürlich sind alle Inseln vulkanischen Ursprungs und wurden vor Jahrtausenden durch unterseeische Beben aus der Tiefe emporgehoben; aber nur eine von ihnen besitzt einen Krater. Darauf komme ich gleich zu sprechen. Die bedeutendste ist Sanders Island östlich von Koraloona. Sanderstown dort ist eine blühende Stadt, wozu der britische Flottenstützpunkt natürlich beiträgt."

„Und Koraloona liegt etwa hundertsechzig Kilometer weiter westlich?"

„Plus oder minus ein paar Sandbänke. Aber mit Koraloona werde ich mich jetzt nicht befassen. Sobald Sie auf der Insel an Land gegangen sind, wissen Sie binnen einer halben Stunde alles über sie."

Er zeigte wieder auf die Karte. „Fast genau nördlich von Koraloona liegt Hodges Island. Es ist nur fünfzig Kilometer entfernt, aber man kann es wegen der Riffe nicht direkt ansteuern. Außerdem wurde auf der Insel eine riesige Kokosplantage angelegt, auf der Kopra erzeugt wird, aus der man Kokosöl gewinnt. Es stinkt erbärmlich. Ich lege dort nur an, wenn es unbedingt sein muß."

Er zeigte mir einen Fleck auf der Karte links von Hodges und erklärte, daß er Banks Island hieß, nach dem Naturforscher und Freund von Kapitän Cook.

„Und innerhalb der riesigen Lagune von Koraloona?"

„Dort gibt es ein Kuriosum. Es heißt Penal Island, Gefängnisinsel. Eine Barkasse legt regelmäßig dort an. Der Name verrät Ihnen alles. Es war sozusagen als eine Art Teufelsinsel gedacht – in früheren Zeiten wurden dorthin Unruhestifter lebenslänglich verbannt. Soviel ich weiß, befinden sich jetzt nur wenige Gefangene dort, und auf der Insel leben an die hundert Menschen, darunter die zwei oder drei offiziellen Sicherheitswachen."

„Damit hätten wir also fünf Inseln."

„Die beiden letzten bieten nichts Sehenswertes. High Island, ein Vulkan, ist nicht weit entfernt, liegt innerhalb der Lagune westlich von Koraloona und ist unbewohnt. Low Island ist knapp sechzig Kilometer lang und die reichste Insel. Es gibt dort Unmengen Guano, das ist Vogelkot, der als Düngemittel dient. Vor zehn Jahren hat eine Gesellschaft aus Neuseeland die Bewilligung erhalten, ihn abzubauen. Die fünfhundert Einheimischen, die dort leben, sind reicher als wir alle, weil sie am Gewinn beteiligt sind. Aber auch dort herrscht ein entsetzlicher Gestank."

„Das gilt doch hoffentlich nicht auch für Koraloona?" meinte ich lachend.

„Sie werden feststellen, daß es wie das Paradies ist. Als wäre es eben erst geschaffen worden und hätte noch keine Gelegenheit gehabt, von der sogenannten Zivilisation verdorben zu werden."

An diesem Abend war es sehr still, der gleichmäßige Rhythmus der Schiffsmaschinen wurde nur durch das gelegentliche Ausrufen der Glasen vom Deck unterbrochen. Das Meer war glatt, der abnehmende Mond spiegelte sich schwach in ihm, und durch das Bullauge des Salons erblickte ich das Kreuz des Südens.

Der Friede und die Ruhe dieses Augenblicks weckten Erinnerungen. Es dauerte nicht lange, bis ich dem Kapitän meine Lebensgeschichte erzählte. Ich ließ keine Einzelheit aus – ich hatte keinen Grund dazu. Es war kein Verbrechen, impulsiv zu handeln, es war nur unvernünftig.

„So unvernünftig kommt es mir gar nicht vor", widersprach er. „Und schließlich waren Sie im Recht. Sie haben gegen den Faschismus gekämpft, vielleicht hat es Ihnen einige Probleme beschert, aber in gewissem Sinne wartet als Belohnung für Sie jetzt ein Paradies auf Erden."

„Darauf möchte ich trinken!" rief ich erfreut. „Ja, sogar ein Glas vom Grünen Kleber."

„Weil wir gerade von den Faschisten sprechen" – Robins überzeugte sich davon, daß seine Pfeife richtig zog –, „was meinen Sie, werden sie uns in einen Krieg verwickeln?"

„Ich hoffe nicht. Ich bin kein Fachmann, doch ich mache mir Sorgen. Vielleicht ist ein Krieg das einzige, wodurch Hitler aufgehalten werden kann."

"Wenn es so käme, würde der Krieg diesen Teil der Welt jedenfalls nicht erreichen", beruhigte er mich. "Aber ich erinnere mich an den letzten Krieg in Europa. Außerdem leben noch Verwandte von mir in Hull. Es wäre dort kein Vergnügen, wenn Hitlers Bombergeschwader nach England flögen."

"Vielleicht kommt es nie soweit."

"Darauf möchte ich trinken." Jetzt schmunzelte Robins. "Ein letzter Schlummertrunk, bevor ich mich aufs Ohr lege."

KURZ vor dem Mittagessen am nächsten Tag sichteten wir Koraloona am Horizont. Zuerst machte ich nur den verschwommenen Umriß eines gezackten Gipfels aus, nicht mehr als ein Schatten auf dem vollkommen glatten Meer. Später erkannte ich Farben, dann Täler, Hügel, Schluchten, die weißen Bänder der Wasserfälle und dann, nachdem Bill Robins mir seinen Feldstecher geliehen hatte, sogar Häuser. Die meisten waren mit Palmwedeln oder mit Wellblech gedeckt.

Nach wenigen Stunden wich die friedliche Stille des Meeres einem fernen, donnernden Gebrüll.

"Das Riff", erklärte Robins. "Sobald wir da durch sind, haben wir es geschafft."

Als wir das Riff erreichten, bäumte sich die *Mantela* wie ein erschrecktes Pferd auf, sank in ein Wellental, richtete sich wieder auf, und dann hatte der alte Eimer ganz plötzlich den hellen Gischt der Durchfahrt hinter sich und befand sich im trägen Wasser der Lagune. Die Insel lag vor mir. Von den silbernen, mit hohen Palmen und gefiederten Kasuarinen gesäumten Stränden steuerten Auslegerboote auf uns zu. Im Hintergrund erhoben sich die grünen, vulkanischen Berge bis in den Himmel.

Als wir uns dem baufälligen Landungssteg von Anani, dem größten Ort der Insel, näherten, warf die Mannschaft Taue hinüber, und die Männer auf dem Kai machten sie fest.

Am anderen Ende des Strandes lief ein Dutzend Kinder spritzend in das blaue Wasser; nur eines hinkte hinter ihnen her; der Klumpfuß, das Kennzeichen der Polio, behinderte es.

III

ALS der Landungssteg der *Mantela* hinuntergelassen wurde, kam ein eigenartig aussehender Mann an Bord. Er trug einen Tropenhelm, abgenützt und voller Schweißflecken, ein leuchtendrotes Hemd und Khakishorts, die von einer als Gürtel verwendeten alten Krawatte festgehalten wurden. Seine dicht behaarten Beine zierten keine Strümpfe, die Füße steckten in Sandalen. Er sah aus, als wäre er Anfang Fünfzig und setze allmählich Speck an. Ohne zu zögern, trat er auf mich zu, streckte mir die Hand entgegen und fragte lächelnd: „Dr. Masters, nicht wahr?"

Ich nickte.

„Ich bin Dr. Reid. Ich wollte als erster meinen Assistenten hier willkommen heißen." Er wischte sich über das schweißbedeckte Gesicht. Nachdem er den Hafenarbeitern, die mein Gepäck ausluden, Anweisungen erteilt hatte, fragte er: „Sie haben die Medikamente dabei, um die ich telegrafisch gebeten hatte?"

Ich bejahte, und Dr. Reid teilte mir daraufhin mit: „Wir haben einen bescheidenen Bungalow für Sie bereitgestellt." Mit einem Anflug von Stolz fügte er hinzu: „Zwei große Zimmer, dazu Küche und Bad. Aber es wäre vielleicht besser, wenn Sie zunächst ein paar Nächte bei Mollie blieben. Mollie Green führt Green's Hotel – es ist im gesamten Pazifik berühmt."

In diesem Moment rief Kapitän Robins, der bisher Befehle gebrüllt hatte, zu Dr. Reid hinunter: „Guten Tag, Doktor. Wie geht's?"

„Großartig", antwortete Reid. „Bleiben Sie über Nacht in Green's Hotel?" Als Robins nickte, erklärte mir Reid: „Bill Robins ist ein Pfundskerl. Ich bin froh, daß Sie während Ihrer ersten Nacht nicht sich selbst überlassen sind." Er betrachtete den Berg von Gepäckstücken. „Wieviel von Ihrem Zeug werden Sie für die ersten beiden Tage brauchen?"

Ich zeigte auf zwei Koffer. „Das wird genügen."

„In Ordnung. Ich werde den Rest in den Bungalow bringen lassen, und wenn Sie sich ausgeruht haben, können Sie den Ort besichtigen. Ich begleite Sie zum Hotel und zeige Ihnen das Krankenhaus morgen."

Ich bedankte mich, und kurz darauf gingen wir die Hauptstraße von

Anani entlang, von der aus Wege zu den Häusern im Hügelland führten. Mir fiel sofort die ungewöhnliche Stille auf. Es gab natürlich
Stimmengewirr und Gelächter, aber kaum ein Auto; es fehlten die
Geräusche des Großstadtlebens. Nur das stetige Donnern der Wellen
gegen das Riff war zu hören. Und erklang da nicht leise Hawaiimusik?
Das größte – und geschäftigste – Gebäude gegenüber der Mole war
das des Schiffsausrüsters. „Der Laden gehört Jim Wilson", erklärte
Reid. „Er führt nicht nur alles, was man auf einem Schiff braucht, sondern weiß auch alles über Autos – und mein Flugzeug."
„Kapitän Robins hat mir erzählt, daß Sie ein Flugzeug besitzen."
„Eine alte Gloster. Sie hat einmal einer Fliegerschule gehört und ist
deshalb mit einer Doppelsteuerung ausgestattet. Die Schule ist pleite
gegangen. Die Maschine heißt Nellie und ist nicht mehr die Jüngste,
aber sie befördert mich immerhin nach Sanderstown. Sie startet von
einem Flugfeld hinter dem Krankenhaus."
In der Nähe des Schiffsausrüsters befand sich „Mick's Bar", eine
Kneipe mit grünen Fensterläden. Reid zeigte auf das nächste Gebäude.
„Unser Kino. Jeden Freitag gibt es eine Vorstellung." Ein zerfledder-
tes Plakat kündigte den nächsten Film an. „Und das hier ist die
Gemischtwarenhandlung. Gehen wir einen Augenblick hinein, damit
Sie Mr. und Mrs. Johnson kennenlernen, die Besitzer des Ladens."
Mrs. Johnson war eine fröhliche, ungeheuer energische Frau, die
geschäftig im Laden herumwuselte. Sie war eine Polynesierin, dunkelhäutiger als die meisten, und hatte vielleicht einen Schuß echten
samoanischen Bluts in den Adern.
Auf einem Schaukelstuhl hinten im Büro saß ein schmächtiger, kleiner Mann mit schadhaften Zähnen und reich tätowierten Armen. Er
rauchte und trank Bier. Das war Mr. Johnson. Er machte einen geris-
senen Eindruck und ließ sich beim Geschäftemachen bestimmt nicht
übers Ohr hauen. Aber er war höflich und stand sogar auf, um mich zu
begrüßen.
„Morgen, Doc!" rief er. „Ist das Ihr neuer Assistent? Ich freue mich,
Sie kennenzulernen." Er sprach mit einem Cockney-Akzent, der in
diesem Paradies mit den melodischen Stimmen, die zu den sanft rau-
schenden Palmen paßten, merkwürdig fehl am Platz wirkte. Während
wir uns im Laden umsahen, erklärte mir Reid: „Johnson hat seinerzeit
auf einem Perlenlogger gearbeitet, etwas Geld auf die hohe Kante
gelegt, sich nach der gesündesten Frau auf der Insel umgesehen, sie

geheiratet und den Laden aufgemacht. Seither hat er keinen Hand-
schlag mehr getan."

„Ziemlich hart für sie." Ich sah zu, wie sie geschickt ein Stück
Baumwollstoff abschnitt und dann zu einem Regal rannte und einen
25-Kilo-Sack Mehl holte.

„Aber nicht doch." Reid grinste. „Es ist ihr noch nie so gut gegangen. Sie wird von allen Frauen auf der Insel beneidet."

Ich merkte bald, daß Johnsons Laden für die Südsee typisch war –
mehr ein Lagerhaus als ein Geschäft. Sie verkauften alles – Ballen von
leuchtenden, importierten Stoffen, aus denen der Sarong oder das
„Inselkleid", ein loses, weites Gewand, das von den Schultern bis zu
den Knöcheln gerade herunterfällt, geschneidert wurde, Federmesser,
Äxte bis hin zu Spirituskochern und Dosen mit Paraffin.

Mr. Johnson bot uns kühles Bier an. Wir tranken dankbar, dann
verabschiedeten wir uns und traten wieder hinaus auf die Hauptstraße.
Dort ging ein kräftiger, lächelnder junger Mann an uns vorbei, der
mühelos zwei Obstkörbe trug. Sie hingen an den Enden einer Bam-
busstange, die er sich über eine Schulter gelegt hatte. Er trug den
Lava-Lava, das traditionelle polynesische Lendentuch. „Morgen,
Doc!" rief er. Auch zwei oder drei nackte Kinder, die am Strand spielten, grüßten Reid. Er winkte allen zu.

Gegen Ende der Straße gelangten wir zu einem zweistöckigen,
frisch gestrichenen weißen Haus, dessen altes Schild allerdings verwit-
tert war: REGIERUNG VON NEUSEELAND. VERWALTUNGSSTELLE COOK-
INSELN.

„Die hier sind für Koraloona zuständig", erklärte Reid. „Aber es
gibt so gut wie keine Arbeit. Sie werden den Leiter, Colonel Fawcett,
ehemals britisches Pionierkorps, und seinen Gehilfen, Dick Holmes,
noch kennenlernen. Holmes sorgt für die Funkverbindung. Die beiden wohnen in den Häusern auf den Hügeln."

Wir hatten das Ende der Hauptstraße erreicht, wo eine Gruppe von
Mädchen im Schatten von zwei riesigen alten Mangobäumen in einem
Steintrog Wäsche wuschen. Sie blickten auf, sahen uns, winkten Reid
zu und riefen: „Guten Morgen, Doc!"

„Seien Sie höflich zu ihnen", riet mir Reid. „Sobald Sie sich eingerichtet haben, werden diese Mädchen auch Ihre Wäsche waschen.
Hallo, meine Damen", erwiderte er den Gruß.

Die Mädchen kicherten und flüsterten, als wir an ihnen vorbeigingen, und dann verkündete Reid: „Und das hier ist endlich Green's Hotel. "

Die Außenseite des Hotels erinnerte im ersten Augenblick an eine drittklassige Pension in einem englischen Badeort: drei Stockwerke, die weiße Farbe an den Außenwänden blätterte ab. Trotz des schäbigen Äußeren fühlte ich mich in dem Augenblick zu Hause, als ich durch die Tür trat.

An der Rezeption hing hinter einem kleinen Pult etwa ein Dutzend Schlüssel auf einem numerierten Brett. Auf dem Pult stand eine alte Messingglocke, die erklang, wenn man mit der flachen Hand auf einen Knopf schlug. Neben dem Meldebuch befand sich ein Tablett mit einer Flasche Scotch und vier kleinen Gläsern. Sobald wir die Koffer abgestellt hatten, entkorkte Reid die Flasche und bot mir einen Schluck Whisky an. „Das ist hier so Sitte. Ein Gratisdrink für den müden Reisenden. " Er kippte sein Quantum in einem Zug hinunter, fuhr sich mit der Zunge über die Lippen und sagte: „Kommen Sie schon, Junge, ein Fingerhut voll wird Ihnen nicht schaden. Und es schmeckt immer besser, wenn man nicht bezahlen muß. "

Ich nickte, und in dem Augenblick, in dem ich meinen Drink hinunterstürzte, tauchte aus dem dahinterliegenden Büro eine große, sehr korpulente Frau Ende Vierzig auf, die ein knöchellanges, loses Gewand trug.

„Morgen, Doc", begrüßte sie Alex Reid. Dann wandte sie sich lächelnd zu mir. „Ich bin Mollie Green. Und Sie müssen Dr. Masters sein. Ich freue mich. " Sie hielt mir ihre fleischige Hand hin. Zuerst konnte ich ihren Akzent nicht einordnen; er war neuseeländisch. Ihre Mutter war eine Einheimische gewesen, aber ihr Vater, der verstorbene Mr. Green, stammte aus Auckland.

„Kommen Sie, setzen wir uns, und trinken wir ein Glas Bier. "

Sie schlug auf die Glocke und rief: „Drei große Bier, Lee Ho!" Ein Chinese in nicht allzu sauberer Segeltuchhose und Unterhemd erschien mit den Getränken auf einem Tablett. Als er sie abstellte, klopfte Mollie auf einen Stuhl. „Gönnen Sie Ihren Füßen ein wenig Ruhe, Dr. Masters. " Wegen ihrer Leibesfülle mußte sie sich vorsichtig setzen, weil sie nur mit Mühe in den Stuhl mit den hölzernen Armlehnen paßte. „Ich zeige Ihnen Ihr Zimmer, wenn Sie wollen", schlug sie vor, „aber es ist eigentlich unnötig. Lee Ho wird Ihre Koffer hinaufbringen. Das Zimmer ist sauber und gemütlich, und wir haben im

Augenblick nur einen Gast – Kapitän Robins. Sie bleiben doch hoffentlich zum Dinner, Punkt acht. Mögen Sie Hummer?"

„Hummer?" Ich sah die Londoner Preise vor mir.

„Die Mahlzeiten sind im Preis inbegriffen", meinte Mollie mit einem Lächeln.

„Keine Sorge", fügte Reid hinzu. „Hummer kosten hier einen halben Penny das Stück. Die Jungen erbeuten sie mit Speeren auf dem Riff." Nach dem zweiten Glas Bier erhob er sich und erklärte, daß er hinüber ins Krankenhaus zur Sprechstunde müsse.

„Wann fängt die Sprechstunde am Morgen an?" fragte ich, als wir vor der Tür standen.

„Wann ich Lust dazu habe. Das heißt, ich hoffe, daß Sie in Zukunft an drei Tagen der Woche Lust dazu haben werden." Er war bereits im Begriff, zu seinem Auto zurückzugehen, das er an der Mole geparkt hatte, als jemand kurz hupte, um unsere Aufmerksamkeit zu erregen. Ich drehte mich um und erblickte einen alten Austin, der langsam näher kam und dann neben uns hielt. Auf dem Fahrersitz saß eine Frau Ende Dreißig. Ihre Haut war weiß, doch ihre Gesichtszüge ließen auf polynesisches Blut schließen.

Ich grüßte höflich, aber die Frau beachtete mich kaum. Dr. Reid wandte sich ihr zu und sagte sehr förmlich: „Guten Morgen, Tiare. Darf ich Ihnen meinen neuen Assistenten Dr. Masters vorstellen? Prinzessin Tiare."

Während ich über das Wort „Prinzessin" nachdachte und mich leicht verbeugte, sagte sie: „Sie sind also Dr. Masters. Wie alt sind Sie?"

„Vierundzwanzig. Nicht zu jung hoffentlich?" Auf einen mahnenden Blick Dr. Reids fügte ich hinzu: „Ich hoffe, daß ich mich auf Koraloona nützlich machen kann, Prinzessin."

„Danke." Sie lächelte, blieb aber reserviert. „Ich war darüber erstaunt, daß Sie mit der *Mantela* gekommen sind." Sie warf einen Blick auf das vor Anker liegende Schiff. „Aber wir alle lieben die *Mantela*", fuhr sie fort. „Sie ist ein Teil unseres Lebens. Meine Tochter Aleena benützt sie regelmäßig. Sie besucht ein Internat in Sanderstown." Dann wurde sie wieder förmlich. „Sie müssen einmal mit Dr. Reid auf einen Drink zu mir kommen."

„Sehr gern, danke, Prinzessin", antwortete ich nicht minder förmlich.

Sie nickte. „Auf Wiedersehen, meine Herren." Damit startete sie den alten Austin, stellte den Motor aber fast sofort wieder ab. „Aleena hustet ein wenig. Haben Sie etwas für sie?"

„In einer Stunde haben Sie die Medizin", versprach Reid.

„Danke."

Als der alte Wagen davonfuhr, fragte ich: „Wie alt ist diese Aleena?"

„Dreizehn. Ein reizendes Kind. Eines Tages wird sie nicht nur eine reiche Prinzessin, sondern auch eine reiche Erbin sein. Etwa hunderttausend Pfund schwer. Ein hübsches Sümmchen."

„Sie machen Witze", entgegnete ich. „Woher sollte dieser Reichtum stammen?"

„Kommen Sie morgen zum Abendessen zu mir; ich werde es Ihnen erzählen."

Nachdem Reid fort war, ging ich auf mein Zimmer. Es war ein sauberer, weißer, spartanisch möblierter Raum mit einem hölzernen Handtuchhalter sowie Wasserkanne und Waschschüssel. Ich räumte die wenigen Kleidungsstücke, die ich bei mir hatte, ein, stellte die Fotos von Vater und Mutter auf den Tisch und dazu ein Porträt von Clare.

Etwas bereitete mir Sorgen: meine großen Koffer, vor allem derjenige, der meine eigenen medizinischen „Vorräte" enthielt. Es paßte mir nicht, daß sie über Nacht draußen unbeaufsichtigt herumstehen würden. Und was fing ich an, wenn sie jemand stahl? Für mich als Arzt waren sie meine „Wertsachen".

Ich beschloß, zur Mole zurückzukehren und zu versuchen, die Koffer über Nacht irgendwo unterzustellen. Vielleicht bei Mrs. Johnson? Ich machte mich auf den Weg zum Hafen. Auf der Hauptstraße erblickte ich die hagere Gestalt von Kapitän Robins, der mit dem Seesack in der Hand auf mich zukam.

„Ich wollte mich nach meinem Gepäck umsehen", begann ich.

„Machen Sie sich keine Sorgen", war die Antwort. „Jim Wilson, der Schiffsausrüster, bewahrt es auf, bis Sie sich eingerichtet haben."

„Gott sei Dank – ich bin wirklich erleichtert."

„Wie ich gesehen habe, haben Sie inzwischen Ihren Chef kennengelernt. Sie werden sich gut mit ihm verstehen. Wie wäre es jetzt mit einer Fahrt rund um die Insel, damit Sie sich eine Vorstellung machen können, wie sie aussieht?"

„Wo nehmen wir das Auto her?"

„Mollie wird mir ihres leihen."
Wir gingen zusammen zurück. In der Hotelhalle ließ Robins seinen
Seesack fallen und brüllte nach Mollie. Mollie Green erschien und
erklärte sich sofort bereit, Robins den Wagen zu borgen. Ihre einzige
Ermahnung war: „Kommt nicht zu spät zum Abendessen."
Robins versprach es, und einen Augenblick später waren wir mit
Mollies Ford unterwegs.
„Nächste Station die Stadt Tala-Tala." Robins grinste und fügte
ironisch hinzu: „Falls man es überhaupt als Stadt bezeichnen kann.
Allerdings besaßen die hier schon vor Anani eine Kirche."
Tala-Tala sah aus wie eine zum Leben erwachte bunte Ansichts-
karte. Kokospalmen wuchsen beinahe bis zum Rand des silbernen
Strandes, der in der heißen Sonne funkelte. Nackte Kinder planschten
vergnügt im seichten Wasser und versuchten, Krabben zu fangen. Ein
paar magere Hühner scharrten nach Abfällen, und ein halbes Dutzend
schwarze Schweine wühlte grunzend zwischen den Wurzeln der Sago-
hecken und in der Nähe der schlanken Papayabäume, die sich unter der
Last ihrer Früchte bogen. Die Hütten bestanden oft nur aus einem
Dach aus Wedeln der Kokospalme, das auf vier Stangen ruhte, zwischen denen Matten aus geflochtenen Schraubenbaumblättern hoch-
gerollt waren, die bei Regen heruntergelassen wurden.
Tala-Tala besaß sogar einen eigenen, von den Bewohnern angeleg-
ten Hafen, eine Art innerer Lagune, in deren Mitte eine schlanke weiße
Jacht lag. Ich bewunderte sie ausgiebig und ließ dann den Blick vom
Meer zu den Hügeln schweifen. An ihren Hängen nahm ich etwa ein
Dutzend großer Gebäude wahr. Eines besaß sogar einen Flaggenmast,
und oberhalb der Baumkronen entdeckte ich die flatternde britische
Fahne, den Union Jack!
„Das ist der Club des Ortes", erklärte Robins. „Nimmt ausschließ-
lich Weiße auf, vorzugsweise Engländer. Kommen Sie, ich zeige ihn
Ihnen – es ist vier Uhr, um diese Zeit wird er geöffnet."
Der *Union Jack Club* war eigentlich ein einfaches Haus, in dessen
Gesellschaftsraum Korbstühle standen und auf dessen Tischen alte
Magazine herumlagen. An einem Ende des Raums befand sich eine
Bar, hinter der zwei Männer in Unterhemden Drinks ausschenkten.
Ferner gab es einen Billardtisch und ein paar Bridgetische.
„Sie müssen natürlich Mitglied werden", erklärte Robins und fügte
todernst hinzu: „Falls das Komitee Sie akzeptiert. Zuerst müssen Sie

vorgeschlagen und unterstützt werden. Aber ich kann mir nicht vorstellen, daß die Leute den Arzt der Insel boykottieren."

Ein paar Clubmitglieder bestellten gerade Drinks, und als wir uns
der Bar näherten, ertönte ein Chor von Willkommensgrüßen. Der
Skipper der *Mantela* war sichtlich beliebt. Ein Mann mit einem borsti-
gen Schnurrbart, der sich an den Enden beinahe einringelte, rief: „Was
soll es sein, Bill? Und was will Ihr Freund trinken?"

„Das ist Colonel Archie Fawcett." Ich schüttelte dem großen, blonden, etwa sechzigjährigen Mann die Hand. „Und das ist der neue Assistenzarzt, Kit Masters."

Fawcett reichte mir einen Whisky.

„Colonel Fawcett verwaltet Koraloona im Namen der Cook-In-
seln", erklärte Bill Robins.

„Kein Mensch erwartet, daß ich wirklich arbeite." Fawcett strahlte.
„Ich bin nur ein Aushängeschild."

„Seien Sie nicht so bescheiden, Archie", widersprach Robins und
wandte sich dann an mich. „Der Colonel ist für alles mögliche verantwortlich – die tägliche Funkverbindung, Verbrechensbekämpfung,
Maßnahmen, wenn die Elektrizität ausfällt, und so weiter."

„Klingt ganz schön verantwortungsvoll", bemerkte ich.

„Ist es aber eigentlich nicht." Robins warf Fawcett einen spöttischen
Blick zu. „Obwohl er natürlich für die Finanzen verantwortlich ist. Er
bringt Ordnung in den bescheidenen Finanzhaushalt der Insel, zu dem
die Aufwandsentschädigung gehört, die die neuseeländische Regierung Prinzessin Tiare gewährt."

Eine Dame trat hinzu, die sich als Mrs. Fawcett vorstellte und interessiert fragte: „Spielen Sie Bridge, Doktor?"

Ich bejahte, fügte aber hinzu, daß ich das Spiel nur mittelmäßig
beherrschte.

„Sie sind jedenfalls herzlich willkommen!" rief sie. „Uns fehlt nämlich immer ein vierter Spieler. Können Sie zum Abendessen hierbleiben?"

Bill Robins griff rasch ein. „Wir sind leider bereits eingeladen."

„Wie schade", bedauerte eine andere Dame. „Heute ist Galaabend –
eine Mahlzeit mit drei Gängen für drei Shilling. In London ißt man
auch nicht günstiger, nicht wahr?"

„Ganz bestimmt nicht", bestätigte ich.

„Wir müssen leider weiter, Colonel", erklärte Bill Robins. „Aber

Dr. Masters wird sich wegen seines Beitritts bestimmt mit Ihnen in Verbindung setzen."

„Eine reine Formalität, mein Junge." Der Colonel klopfte mir freundschaftlich auf die Schulter, und wir begaben uns wieder nach draußen.

Während wir weiterfuhren, erklärte Robins: „Das sind patente Kerle, jedes neue Gesicht ist ihnen willkommen. Einige von ihnen waren hohe Beamte in der Verwaltung der Inseln. Jetzt befinden sie sich im Ruhestand, beziehen die Hälfte ihres vorherigen Einkommens und kommen damit hier besser zurecht als in Sydney oder Auckland oder gar in London."

Wir waren etwa hundert Meter gefahren, als mir ein Haus auffiel. Es war viel größer als die übrigen und stand in einem Wäldchen aus Kokospalmen oberhalb des Strandes.

„Das ist die Villa Faalifu, was ‚Kokosnuß' bedeutet. Sie gehört einer reichen Amerikanerin namens Paula Reece. Die Jacht im Hafen gehört ebenfalls ihr. Sie ist eine interessante Dame."

Die staubige Straße führte um die ganze Insel herum. Gelegentlich kamen wir an kleinen Fischersiedlungen vorbei. Wir fuhren weiter, bis wir eine schmale Holzbrücke über einen Bach erreichten, der von einem Wasserfall am Hang eines Hügels gespeist wurde.

„Haben Sie Lust zu einem Spaziergang?" Robins zeigte auf den Wasserfall. „Das ist einer der wenigen, die in Privatbesitz sind. Dort gibt es einen verborgenen Teich, zu dem Prinzessin Tiares Mutter mit ihrem Geliebten immer zum Schwimmen kam. Sehr romantisch. Als Tiares Mutter starb, kaufte Tiare das Grundstück. Und jetzt dürfen nur sie und ihre Tochter hier schwimmen. Und ich."

„Wieso Sie?"

„Als alter Freund der Familie." Er grinste. „Ich habe die Erlaubnis, in dem Teich zu schwimmen, wenn die Familie ihn nicht benutzt. Und es ist nicht schwer festzustellen, ob sie da sind, denn dann parkt ihr Auto hier am Straßenrand."

Robins stieg den steilen Pfad hinauf, der zu dichtem Gestrüpp führte – Farne, Büsche, dazu Bougainvilleen, die sich an den Bäumen emporrankten. Nach fünf Minuten erreichten wir den Teich am Fuß des Wasserfalls. Das herabstürzende Wasser schien beim Aufprall zu kochen, aber ein paar Meter weiter war es durchsichtig, ruhig, kristallklar; die Ufer waren mit Farnen und Tulpenbäumen bestanden.

„Wir sind noch nicht am Ziel – noch nicht ganz", erklärte Robins. Er stieg noch ein paar Meter hinauf, wo der Pfad auf einen flachen Felsen führte, und dann sah ich, was er meinte. Direkt hinter dem Wasserfall verwandelte sich der schräge Hang in eine fünfzehn Meter hohe, glatte Felswand, so daß das Wasser in großem Bogen über ihre obere Kante hinausschoß und den Felsen frei ließ, auf den mich Bill jetzt winkte. Man konnte trockenen Fußes unter dem donnernden Wasserfall hindurchgehen.

„Da drinnen befindet sich eine Höhle." Er zeigte auf die Felswand hinter dem Wasserfall. „Großartig, nicht wahr?"

Ich nickte beeindruckt.

„Dieser Teich könnte viele Geschichten erzählen", fuhr Robins fort. „Es ist ein heiliger Ort. Deshalb hat Tiare ihn gekauft." Ich hatte keinen Anlaß, in der warmen Sonne zu frösteln, und dennoch überlief mich ein Schauer. Ich empfand ein leichtes Unbehagen, als wäre ich widerrechtlich hier eingedrungen. Ich dachte eigentlich nicht an Tiare, sondern an die große Liebe, die so viele Jahre zurücklag und der sie ihr Leben verdankte: Vor vierzig Jahren waren Prinzessin Tiares Mutter und ihr Geliebter in diesem Teich geschwommen und hatten sich vielleicht in der Höhle geliebt.

Es faszinierte mich, wie lebendig die Vergangenheit hier war – etwas von der Liebe dieser beiden Menschen hatte sich diesem Ort mitgeteilt.

Die Dämmerung brach rasch herein, wie immer in den Tropen, und die Stille, die mich bei Tageslicht so stark beeindruckt hatte, war plötzlich von den Stimmen der Tiere im dschungelartigen Wald an den Berghängen erfüllt: das Quaken von Fröschen, fremdartige Vogelschreie, das nie verstummende Zirpen der Zikaden.

„Wir haben keine Zeit mehr für weitere Besichtigungen", erklärte Robins. „Fahren wir zum Hotel, sonst kommen wir zu spät zum Abendessen. Mollie legt äußersten Wert auf Pünktlichkeit."

IV

Die Ambulanz und das Krankenhaus standen auf einem kleinen Hügel am Ende der Hauptstraße, oberhalb des Hauses des Schiffsausrüsters und der Mole, an der die *Mantela* vor Anker lag. Als Dr. Reid mich am

nächsten Morgen in Green's Hotel abholte, teilte er mir mit, daß er
sein Auto am Pier gelassen habe. „Bis dorthin gehen wir, aber keinen
Schritt weiter. Beim Bergsteigen komme ich zu sehr aus der Puste. "
Sein Wagen war ein außergewöhnliches Fahrzeug, ein uralter
Ford-Lastwagen, auf dessen Chassis ein Hobbytischler eine Art
Ambulanz eingerichtet hatte – mit einer Tragbahre und einem an den
Bodenbrettern festgeschraubten Stuhl.
„Das ist mein Privatauto und zugleich der öffentliche Krankenwa-
gen", verkündete Reid feierlich. „Sie können doch bestimmt fahren?"
Ich nickte. „Ist es weit zum Krankenhaus?"
„Hier ist nichts weit. "
Reid setzte sich ans Steuer, und wir fuhren den Hügel hinauf. „Und
gleich" – Reid machte eine pathetische Handbewegung – „werden Sie
das achte Weltwunder sehen. Mein Krankenhaus. "
Reid stellte seinen klapprigen Ford vor einem Gebäude ab, das zum
Großteil durch Bougainvilleen, Flieder, Winden und Hibiskus ver-
deckt wurde. Unter den blühenden Pflanzen waren die Holzpfeiler der
Veranda entweder von Ameisen zerfressen, oder sie zerbröckelten
infolge der tropischen Feuchtigkeit. Ein Loch im Dach war mit einer
zurechtgeklopften Keksdose ausgebessert worden, die einst Ingwer-
plätzchen enthalten hatte.
Im Inneren des einstöckigen Gebäudes hackte eine weiße Frau mit
wettergegerbtem Gesicht mit einer Art Buschmesser Flamboyant-
zweige ab, die durch das offene Fenster in den Raum hineingewachsen
waren.
„Miß Sowerby", stellte Reid vor, „ist seit mehreren Jahren bei uns.
Ihr Vater war Missionar. "
Sie sah genau wie die Tochter eines Missionars aus, und das meine
ich nicht abwertend. In diesem warmen, angenehmen Klima trug sie
ein langes schwarzes Kleid, das aussah, als wäre es vor hundert Jahren
geschneidert worden. Es hatte lange Ärmel und schloß um den Hals
eng mit einem weißen Kragen ab. Ich konnte ihr Alter nicht annähernd
schätzen, denn ihr Gesicht war zwar wettergegerbt, aber faltenlos.
Später erfuhr ich, daß sie neunundzwanzig war.
„Ich freue mich, Sie kennenzulernen, Dr. Masters. " Sie legte das
schwere gebogene Messer weg und streckte mir ihre schwielige Hand
entgegen. „Im Vergleich zu den Krankenhäusern, an die Sie gewöhnt
sind, kommen wir Ihnen sicherlich primitiv vor. "

Reid ersparte mir eine Antwort, indem er mich sogleich weiterlotste, um mir das Krankenhaus zu zeigen.

Der „Krankensaal" war kaum größer als das Wartezimmer in einem englischen Krankenhaus, aber seine sechs eisernen Bettgestelle standen peinlich genau in Reih und Glied. Die Bettpfosten waren in Gefäße mit Wasser gestellt worden, um die Ameisen abzuhalten. Nur eine einzige Patientin lag in einem Bett, ein jämmerlich dünnes, etwa sieben oder acht Jahre altes Mädchen. Obwohl sie nicht weinte, sah sie aus, als habe sie arge Schmerzen. Am Ende des Krankensaales führte eine Tür in den Baderaum, in dem die „Badewanne", ein großer, hölzerner, kalfaterter Bottich, stand. Es gab auch eine Toilette mit Wasserspülung und daneben ein Abteil, das Reid als Waschraum bezeichnete. In ihm gab es eine Steingutspüle und eine elektrische Kochstelle, auf der man in einem großen, rußgeschwärzten Kessel Wasser erhitzen konnte.

Reid führte mich durch den Krankensaal zurück in einen Vorraum. „Und das ist die Verwaltungsabteilung."

Vor mir stand eine riesige alte Blechkiste. Der Deckel war geöffnet, und ich erblickte Akten und Karteikarten, die mit Gummibändern zusammengehalten waren.

Ich war erstaunt. „Soll das heißen, daß das alles ist, was die Missionsgesellschaft Ihnen zur Ablage der Krankenakten geliefert hat?"

„Na ja, dieses Haus wurde 1890 als Amtswohnung für den Missionar erbaut. Später wurde das Gebäude einfach zu einem Krankenhaus umfunktioniert, das erste übrigens, und aus der Kiste da wurde der erste Ablageschrank. Tiares Mutter hat sie der Mission geschenkt."

An einer Wand stand ein großer, doppeltüriger Schrank, der die Aufschrift ARZNEIMITTEL trug. Die Türen waren mit einem Vorhängeschloß gesichert, das jedes fünfjährige Kind hätte öffnen können.

„Ein weiteres Geschenk von Tiares Mutter", erläuterte Reid.

Der Inhalt war jämmerlich. Ein paar größere Glasbehälter mit verschiedenfarbigen Flüssigkeiten, von eins bis vier numeriert. Reid versetzte mir einen Rippenstoß. „Placebos! Aber die Patienten sind von den hübschen Farben fasziniert. Ich pflege für die Beschwerden von Männern Rot und für die von Frauen Blau auszuteilen, für schreiende Babys gibt es Gelb und für alles übrige Grün. Natürlich haben wir auch echte Medikamente, wenn Krankheiten es erfordern."

Das nächste Regal enthielt eine Menge Gefäße und Flaschen mit

Desinfektionsmitteln und Medikamenten, dazu Watte in blauen Ver-
packungen, Mullbinden und Aderklemmen. Meine Zuversicht wurde
durch die beschränkte Anzahl von blauen Glasflaschen mit den ver-
fügbaren Pharmazeutika noch weiter gedämpft – Chloroform, Morphium, Blausäure, Cannabis, Strychnin, Atropin. Meine Kiste mit
Medikamenten war geöffnet worden und stand in einer Ecke, aber es
war dennoch ein jämmerlicher Vorrat. Reid ergriff meinen Arm.
„Und jetzt sehen Sie sich den Operationssaal an.“

Der „OP“ verlief parallel zum Krankensaal und enthielt nur einen
mit Linoleum bedeckten langen Holztisch, einen Friseurstuhl, der
leicht verändert worden war, damit man ihn für Zahnbehandlungen
benutzen konnte, und ein geflochtenes Bett auf Kinderwagenrädern.
Ich nahm an, daß es verwendet wurde, um die Patienten vom Krankensaal zum „Operationstisch“ zu befördern.

Reid spürte vermutlich meine Bestürzung, denn er sagte: „Nehmen
Sie es sich nicht allzusehr zu Herzen. Und vergessen Sie nicht, wenn
eine dringende Operation anfällt, kann ich einen Patienten innerhalb
einer Stunde nach Sanderstown fliegen.“

Wir betraten den Krankensaal und blieben am Bett der einzigen
Patientin stehen. „Die Geißel von Koraloona hat hier zugeschlagen“,
seufzte Reid. „Wie ich weiß, interessieren Sie sich für Polio.“ Er
schlug das Laken zurück und legte den schlaffen Fuß frei. „Ich werde
sie heute operieren. Sie sehen – der Wadenmuskel am linken Bein
funktioniert nicht, wenn wir also nicht schnell etwas unternehmen,
wird sie zum Krüppel. Sie hat nicht einmal die Kraft, den Fuß zu
heben.“

Mir fiel plötzlich eine der bemerkenswertesten Frauen ein, die ich je
kennengelernt hatte – Schwester Kenny. Ihre Arbeit mit Kranken
hatte mich tief beeindruckt, als ich sie am Queen-Mary-Kinderkran-
kenhaus in London aufgesucht hatte. Schwester Kenny war Australie-
rin, verfügte über keine fachgerechte Ausbildung, hatte aber in der
medizinischen Welt Furore gemacht, weil sie bei der Behandlung der
Kinderlähmung konsequent unorthodoxe Methoden angewendet
hatte. Eine Behandlung, die sich auf Selbsthilfe durch den Patienten
und Rehabilitation der betroffenen Muskeln durch Massage und
Bewegungsübungen stützte, war die Grundlage ihrer Therapie. Ein
großer Teil ihrer Maßnahmen widersprach allen herkömmlichen
Behandlungsmethoden mit Schienen, Klammern und Korsetts. „Dr.

Reid, dürfte ich versuchen, die Krankheit ohne Schienen und ohne Operation zu behandeln?" platzte ich heraus.

Er blickte mich erstaunt an. „Auf keinen Fall. Sie können nicht einfach alle Prinzipien außer acht lassen, die uns die medizinische Wissenschaft gelehrt hat." Dann wurde sein Blick freundlich. „Sie denken an die sogenannten Wunderheilungen von Schwester Kenny?" Ich nickte, und er fuhr fort: „Sie sind eben erst auf der Insel angekommen. Haben Sie ein kleines bißchen Geduld. Ich werde Ihnen vielleicht bald eine Möglichkeit geben, Ihre Ideen in die Tat umzusetzen, aber vergessen Sie nicht, Wunder sind oft nur ein glücklicher Zufall."

„Aber ich habe selbst gesehen, wie sie die sogenannten Wunder vollbracht hat."

„Ich verspreche Ihnen, daß Sie die Möglichkeit bekommen werden. Und ich schätze Ihren Eifer. Aber gewöhnen Sie sich erst einmal ein. Ich nehme an, daß Sie schon eine Spitzfußoperation gesehen haben."

Ich nickte. „Während des Praktikums."

„Sehen Sie es sich morgen noch einmal an", schlug er vor.

Wie ich wußte, war die Operation relativ einfach. Sie bestand darin, daß man die Achillessehne dehnte. Reid würde die Achillessehne mit einem Skalpell an einer Seite einschneiden, diese Prozedur etwas weiter oben auf der anderen Seite wiederholen und dann an der Sehne ziehen, so daß diese sich dehnte und später zusammenheilte. Dadurch konnte er den Fuß wieder in die normale Stellung bringen und in ihr halten, indem er ihn mit einer rechtwinkeligen Schiene fixierte.

„Das arme Kind", murmelte ich.

„Ja", stimmte Reid zu. „Aber vergessen Sie nicht, daß es so wenigstens keinen Klumpfuß bekommt."

Während unseres Rundgangs hatte ich Lärm aus dem Garten gehört, und jetzt verkündete Miß Sowerby: „Ein halbes Dutzend Patienten wartet bereits, Doktor, darunter einer mit einer schweren Kopfverletzung."

„An die Arbeit", seufzte Dr. Reid.

Vor der Eingangstür standen die Patienten, zwei Männer und vier junge Mädchen. Ein Mann drückte ein blutdurchtränktes Tuch an die Stirn.

„Sie kommen als erster hinein", bedeutete ihm Reid und verkündete den übrigen: „Das ist Dr. Masters, unser neuer Arzt."

Während Reid den Verletzten nach drinnen führte, musterte ich besorgt den anderen männlichen Patienten. Es war ein Weißer, groß, mit einem schütteren Bart. Zerlumpt und barfüßig, mit einer schmutzigen weißen Hose bekleidet, sah er aus, als führe er eine elende Existenz. Er konnte ebensogut vierzig wie sechzig sein. Als er meinen Blick bemerkte, wandte er sich in perfektem Englisch an mich: „Guten Morgen, Doktor, und willkommen in Koraloona. Mein Name ist Jason Purvis. Ich bin Schriftsteller, und wie Sie sehen, kein sehr erfolgreicher. Doc Reid gibt mir immer ein paar Vitamintabletten, wenn ich mich besonders elend fühle. "

Ich blieb im Garten und verarztete dort die leichteren Fälle; dann sah ich, wie Reid den Schriftsteller hereinwinkte, ihm Pillen gab und Geld zusteckte.

Als der letzte Patient gegangen war, öffnete Reid den Kühlschrank in der Ambulanz und nahm ein in weißes Papier gewickeltes Paket heraus. Bevor ich Zeit hatte, mich nach Purvis zu erkundigen, erklärte er: „Meine Frühstücksbrote. Sie bleiben im Kühlschrank schön frisch. Möchten Sie eines?" Ich schüttelte den Kopf. Reid schlenderte froh gelaunt auf die Veranda und verschlang dabei sein Frühstück.

„Erzählen Sie mir von dem Schriftsteller, diesem Purvis", bat ich. „Er sieht erbärmlich aus. Schreibt er tatsächlich Bücher?"

„Ja. Er schreibt den ganzen Tag, aber soviel ich weiß, hat er keine einzige Zeile verkauft. Er ist halb verhungert und weiß sich nicht zu helfen. Es ist schon paradox. Die Inselbewohner jagen Wildschweine, sie fischen und backen die Brotbaumfrüchte, aber dieser arme Teufel verhungert inmitten des Überflusses. Er bekommt alle drei Monate eine Überweisung aus England. Die gibt er vollständig in Johnsons Laden für Getränke, Dosenfleisch, Milchpulver und so weiter aus. "

Während wir uns unterhielten, hatte Miß Sowerby den Patienten mit der Kopfwunde versorgt, und als der Mann gehen wollte, rief Reid ihm zu: „Kopf fühlt besser?"

Der Patient strahlte und berührte stolz den Verband. „Schmerz weg jetzt. "

„Gut. Jetzt du braver Junge und bringen das Prinzessin. " Er gab dem Mann eine Flasche und ermahnte ihn streng: „Und nicht selbst trinken, ja? Gut für Frauen, schlecht für Männer. "

„Weiß gut", antwortete der Mann. „Wenn ich nehme, machen mich krank. " Er verschwand frohgemut.

Reid lachte. „Sie werden sich übrigens an das Pidgin-Englisch gewöhnen. Es ist eine eigene Sprache samt Regeln und Grammatik, aber es gibt keinen bestimmten Artikel. Daher die seltsamen Satzkonstruktionen. Halten Sie es aber ja nicht für die einheimische Kindersprache. Es ist eine internationale Sprache, mit der sich die Menschen in fremden Ländern verständigen können – die Chinesen, die Schauerleute, die ostindischen Matrosen und so weiter. Wenn sie ein Schiff beoder entladen, verstehen sie, was man von ihnen will."

„Ich werde es lernen", versprach ich.

Wir unterhielten uns noch eine Weile, dann verkündete Reid: „Und jetzt wird es Zeit, daß ich Sie mit Nellie bekannt mache."

Er führte mich durch die Hintertür auf einen freien Platz hinaus, streckte den Arm aus wie ein Zauberer und rief: „Da ist sie!"

Es war ein einmotoriger Doppeldecker. Er sah zerbrechlich aus und wurde von Streben zusammengehalten, die wie stärkerer Draht aussahen. „Ich habe auf einer Gloster Flugunterricht genommen, bevor ich England verlassen habe", erklärte Reid, „obwohl ich mir ein Flugzeug nie hätte leisten können. Aber meine Frau – sie ist reich und großzügig – schenkte es mir bei meinem letzten Aufenthalt in England."

„Ein wirklich großzügiges Geschenk."

„Das stimmt. Meine Frau Rhoda und ich konnten uns nie über unsere Lebensweise einigen. Sie liebt den gesellschaftlichen Rummel, während ich Ruhe und Frieden brauche. Deshalb haben wir uns darauf geeinigt, daß jeder seinen eigenen Weg geht. Wir schreiben uns, wenn wir dazu Lust haben; wir sind einander nicht böse. In mancher Hinsicht ist es schade, andererseits ..." Er zuckte die Achseln. „Immerhin ist es uns gelungen, zwischen zwei Ehepartnern, die Tausende von Kilometern voneinander entfernt leben, Freundschaft aufrechtzuerhalten, und das ist keine schlechte Leistung."

Er trat zu dem Flugzeug und strich liebevoll über den polierten Propeller. „Nellie, der Stolz der Inseln. Sie schafft mehr als dreihundert Kilometer die Stunde, und man kann den Sitz neben dem des Piloten ausbauen und so Platz für eine Tragbahre schaffen." Er zeigte mir die Vorrichtung, die Jim Wilson, der Schiffsausrüster, mit viel Geschick eingebaut hatte. Durch sie konnte ein Patient auf einer Tragbahre in das Flugzeug hinabgelassen werden.

„Und was ist, wenn Sie Sanderstown ganz dringend erreichen müssen? Telefonverbindung gibt es wohl keine?"

„Wir stehen zweimal täglich in Funkverbindung. Die Funkstelle ist in einer Hütte hinter dem Verwaltungsgebäude untergebracht, in dem Colonel Fawcett residiert. Wir können jeden Morgen um neun und jeden Abend um sechs Funksprüche übermitteln oder empfangen. " Je länger ich mit Alec Reid zusammen war, desto sympathischer wurde er mir. Es war leicht, sich über ihn lustig zu machen – der verbeulte alte Tropenhelm, die rundliche Gestalt, der Schweiß, der nie verschwand, wie oft er sich auch über den kahlen Schädel fuhr. Aber hinter diesem Äußeren verbarg sich ein Mensch, der den Inselbewohnern Zuneigung entgegenbrachte wie ein Vater seinen etwas widerspenstigen Kindern. Und die Inselbewohner ihrerseits verehrten ihn. Er kam mit jedem zurecht – auch mit mir. Er hatte mir freundlich grinsend erklärt: „Auf Ihr Wohl, Kit. Sie haben mit einem Schlag die Bürde des weißen Mannes halbiert. "

EIN paar Tage später, nach einem Besuch im Krankenhaus, meinte Reid: „Wir haben im Augenblick nichts zu tun, Kit. Machen Sie es sich gemütlich. Ich habe Ihnen doch von Paula Reece, der reichen Amerikanerin, erzählt. Sie gibt heute abend eine Cocktailparty, und wir sind dazu eingeladen. Und danach werden wir beide miteinander zu Abend essen, also ruhen Sie sich bis dahin aus – ich hole Sie um sechs ab. In ein paar Tagen können Sie in Ihren Bungalow übersiedeln. "

Ich befolgte seinen Rat. Nach einem kalten Bad schlief ich ein. Ich erwachte nach etwa einer Stunde, lehnte mich aus dem Fenster und betrachtete die ruhige Hauptstraße. Am Strand lagen ein paar kleine Boote. Mädchen in Sarongs, die die Brust freiließen, kamen vom öffentlichen Waschplatz zurück und trugen ihre Wäsche in Körben auf dem Kopf.

Alec Reid holte mich pünktlich um sechs ab. Er betrachtete anerkennend mein sauberes Hemd und die makellos weiße Hose. „Also los", sagte er und ging zum Auto voraus.

Der Anblick der Villa Faalifu verschlug mir den Atem. Es handelte sich um einen der luxuriösen palastartigen Wohnsitze, wie man sie in Südfrankreich findet. Steinerne Stufen führten zu einer riesigen Veranda mit Korbstühlen und -tischen, gelbe Markisen schützten vor der Sonnenglut.

In jedem Winkel des Gartens leuchtete ein Spektrum von Farben – Bougainvillea, Oleander, Hibiskus. Dazwischen standen vereinzelt Kokospalmen. Am meisten verblüffte mich jedoch, in diesem Garten

in unmittelbarer Nähe eines der schönsten Strände der Welt einen großen, weiß und blau gefliesten Swimmingpool zu sehen.

An seinem Rand stand etwa ein Dutzend Paare plaudernd beisammen und schlürfte dabei die Drinks. Ein Butler, ein Polynesier mit
weißer Jacke, trat mit einem wohlgefüllten Tablett zu uns. Ich nahm
gerade ein Glas Champagner, als Dr. Reid flüsterte: „Da kommt
unsere Gastgeberin."

Eine große Frau kam mit arrogant-lässigen Schritten auf uns zu.
Sie trug eine helle Hose, eine Seidenbluse und Sandalen. Ihre Hüften
waren schlank, und sie trug bestimmt keinen Büstenhalter, denn ihre
Brüste wippten leicht beim Gehen. Ich schätzte sie auf etwa dreißig.
Sie hielt eine Sonnenbrille in der linken Hand und streckte die rechte
aus, um mich zu begrüßen. „Dr. Masters, nicht wahr? Oder darf ich
Sie Christopher nennen?"

„Kit, bitte."

„Paula. Es tut mir leid, daß ich Sie erst jetzt kennenlerne, aber ich
freue mich, daß Sie da sind. Wir sind hier auf neue Gesichter sehr
erpicht, stimmt's, Alec?" Sie lächelte. Während Dr. Reid von einem
Gast entführt wurde, sagte sie: „Ich reiche Sie ungern weiter, aber ich
möchte Sie einigen Gästen vorstellen."

Sie zeigte auf einen sehr gut aussehenden Mann mit dichtem grauem
Haar, der einen makellosen Anzug trug und dessen Zigarette in einer
langen Spitze aus Bernstein steckte. „Das ist Graf Vrinsky", stellte sie
ihn mir vor. „Er ist jetzt amerikanischer Staatsbürger, aber er stammt
aus einer der ältesten und vornehmsten Familien Polens. Er sammelt
Gemälde."

Der Graf schüttelte mir die Hand, und dann bat ihn Paula Reece:
„Seien Sie ein Engel, Vrin, und lassen Sie uns ein bißchen Klaviermu-
sik hören."

Als der Graf ins Haus ging, fragte ich ahnungslos: „Sie haben doch
gesagt, daß er Kunstsammler ist. Ist er auch Pianist?"

„Sie sind wirklich süß. Jedes Jahr, wenn ich auf etwa vier Monate
nach Faalifu übersiedle, engagiere ich in Kalifornien einen Pianisten.
Klaviergeklimper ist unentbehrlich, wenn man in der entsprechenden
Stimmung ist. Ich bringe übrigens auch meine Friseuse und meine
Schneiderin mit. Das erleichtert mir das Leben, und sie überanstren-
gen sich nicht. Für sie ist es ein wunderbarer, bezahlter Urlaub."

Ich hatte bereits einige Mitglieder des Union Jack Club erkannt, und

Colonel Fawcett schüttelte mir herzlich die Hand, während seine magere, krank aussehende Frau mich an die Bridgepartie erinnerte. Offenbar war es wirklich schwierig, vier Leute zusammenzubekommen. Sie fragte mich, wann ich Zeit dafür fände, und ich konnte gerade noch murmeln: „Es ist im Augenblick ein bißchen schwierig, Mrs. Fawcett, ich muß mich erst einleben und mir einen Zeitplan machen."

„Wir rechnen fest mit Ihnen", erwiderte sie schelmisch.

Ich stand noch am Swimmingpool, als Tiare auf mich zukam. Sie grüßte mich höflich, und ich bemerkte wieder, wie zurückhaltend sie sich gab. Als Arzt beobachtet man die Menschen schärfer, und ich fragte mich einen Augenblick lang, ob sie trotz ihrer Schönheit und ihrer gesellschaftlichen Stellung auf der Insel wirklich glücklich war. Sie lächelte, als ein etwa zwanzigjähriges Mädchen sie begrüßte: „Hallo, Prinzessin. Und Sie müssen Dr. Masters sein. Ich bin Lucy Young und arbeite für Paula. Ich bin ihr Mädchen für alles."

„Paula müßte Faalifu schließen, wenn Lucy nicht wäre", erklärte Prinzessin Tiare.

Lucy war eine nette, langbeinige Kalifornierin mit hellen Augen, braunem Haar und Hunderten von Sommersprossen. Sie gehörte sicher zu den Mädchen, die die Nacht durchtanzen und am nächsten Tag frisch genug sind, um stundenlang Tennis oder Golf zu spielen. „Schwimmen oder segeln Sie gern?" fragte sie mich.

„Schwimmen ja, segeln nur, wenn ein Fachmann dabei ist."

„Lucy ist Expertin." Alec Reid war zu uns getreten. „Sie können sich bei ihr vollkommen sicher fühlen. Jedenfalls soweit es das Segeln betrifft."

Lucy überhörte die Anspielung. „Paula besitzt ein Segelboot mit einem Außenbordmotor und erlaubt mir gelegentlich, es zu benutzen. Sie werden überrascht sein, wie schön die andere Seite von Koraloona ist, wenn man sie vom Meer aus betrachtet."

„Abgemacht. Wenn Sie es mit Ihrem Boß regeln können – ich kann es mit meinem."

Wir blieben bis acht Uhr bei der Party. Dann fuhren wir zu unserem ersten gemeinsamen Dinner in Alec Reids Haus. Sein Bungalow – zu dem man einen Kilometer den Hügel hinauffuhr – war ein richtiges Zuhause, das von der Persönlichkeit seines Besitzers geprägt war: etwas vernachlässigt, aber rundum gemütlich. Zwei Ventilatoren sorgten für frische Luft, und in den großen Sesseln konnte man sich trotz der zerbrochenen Federn bequem niederlassen.

Kaum hatte ich mich gesetzt, rief Reid: „Miez und Maunz!"

Ein blutjunges hellbraunes Mädchen tänzelte mit einem Tablett herein, auf dem eine Flasche Whisky, Gläser und ein Wasserkrug standen, der mit einem kleinen, mit blauen Perlen eingefaßten Musselintüchlein bedeckt war. Was jetzt folgte, gehörte offensichtlich zu einem sorgfältig einstudierten Ritual.

„Mögen Sie ein kleines Schlückchen?" erkundigte sich Reid.

„Gern."

Das Mädchen schenkte großzügig ein, dann sagte es, offensichtlich ohne zu wissen, was es da auswendig gelernt hatte: „Sagen-wenn-mehr-Sir."

Nachdem es mir mein Glas gereicht hatte, gab es auch Reid eines und strich ihm die Haare in seinem Nacken glatt.

„Prost." Reid hob sein Glas. „Und willkommen in meinem bescheidenen Heim."

„Sie haben Ihren Barmann – besser Ihr Barmädchen – gut abgerichtet. Aber wieso haben Sie ‚Miez und Maunz' gerufen?" fragte ich.

„Ganz einfach. Meinen Haushalt besorgt ein Zwillingspaar. Ich kann ihre Namen nicht aussprechen, und sie gleichen einander wie ein Ei dem anderen. Deshalb rufe ich sie einfach Miez und Maunz, und es ist mir vollkommen gleich, welche der beiden dann kommt."

Wir gingen auf die große Veranda hinaus, setzten uns und bewunderten die Lagune, die vor uns lag. Ich konnte noch immer nicht glauben, daß ich mich hier befand, in einer Welt des Friedens und der Schönheit. Zuerst machten wir nur Konversation, aber nach ein paar Drinks eröffnete mir Reid: „Wenn ich in Edinburgh geblieben wäre, hätte ich mir einen Namen machen können. Doch dann bewarb ich mich für sechs Monate als Urlaubsvertreter an einem beliebigen exotischen Ort. Ich nahm meine Frau mit." Er lächelte versonnen. „Wir kamen nach Koraloona. Sie haßte es. Ich verliebte mich in die Insel. Als der Arzt, den ich vertrat, während seines Urlaubs starb, boten mir die Missionare den Job an. Ich zögerte keinen Augenblick. Meine Frau kehrte nach England zurück. Sie glaubt, daß ich ein Versager bin. Wir sind zwar noch immer Freunde, aber sie wird nie einsehen, daß ich kein Versager bin, sondern Erfolg habe. Ich habe das Geheimnis des Glücklichseins entdeckt. Das ist mein Erfolg."

Er war ein seltsamer Mensch und voller Widersprüche. Er verfügte über alle Vorteile eines guten „Familienhintergrunds", wie es mein Vater nannte. Und doch schien es ihm vollkommen natürlich, sich wie ein Gentleman zu benehmen und dabei wie ein Vagabund auszusehen. Trotz meiner geringen praktischen Erfahrung hatte ich jedoch schnell erkannt, daß Alec Reid ein fähiger Arzt war; seine Arzneimittelvorräte mochten zwar beschränkt sein, aber er kannte die Krankheiten seiner Insulaner und die Mittel dagegen.

Nachdem wir uns noch eine Weile über das Leben auf der Insel unterhalten hatten, fiel mir etwas ein. „Sie haben mir versprochen, mir zu erklären, welche Rolle Tiare und ihre Tochter auf der Insel spielen."

„Ach ja, Tiare. Sie ist zum zweiten Mal verheiratet. Ihr Mann, Aleenas Stiefvater, heißt Mana und ist Halbjapaner. Er bewacht Frau und Tochter wie ein Samurai. Ein schrecklicher Mensch."

„Und Aleenas leiblicher Vater?"

„Ist gestorben. An einer rätselhaften Krankheit. Ich bin davon überzeugt, daß Mana Tiare wegen der Erbschaft geheiratet hat und daß Aleena darüber sehr unglücklich ist."

„Das Ganze klingt ziemlich geheimnisvoll."

„Hören Sie, ich habe versprochen, Ihnen die Geschichte der Familie zu erzählen, und das werde ich auch tun, aber erst nach dem Dinner. Jetzt bin ich am Verhungern. Miez und Maunz!" brüllte er. „Macht Dinner fertig, schnell!"

„Gleich fertig, Sir", zwitscherten die beiden, und kurz darauf nahmen wir im Wohnzimmer am Eßtisch Platz.

„Es gibt leider nur Pasteten", entschuldigte sich Alex, doch noch nie hatte mir eine Pastete so gut geschmeckt.

Ich bediente mich gern ein zweites Mal. „Was ist da alles drin?"

„Es besteht nur aus Fleisch und Kokosnuß mit einer Spur Koriander. Schmeckt Ihnen die Sauce?"

„Und ob."

„Die Polynesier kombinieren die außergewöhnlichsten Gegensätze. Die Sauce besteht aus Mango und gehacktem grünem Pfeffer. Klingt schrecklich, schmeckt aber zu Fleisch ausgezeichnet."

Nach dem Dinner setzten wir uns wieder auf die Veranda, Alec Reid hatte seine Pfeife angezündet und erzählte mir die ungewöhnliche Geschichte von Tiares Vermögen. Tiares Mutter, die Erbprinzessin, die von der neuseeländischen Regierung eine Apanage erhielt, hieß Marama, was auf polynesisch soviel wie „Frau" bedeutet. Sie war noch unverheiratet, als sie einen armen und offensichtlich kranken Franzosen kennenlernte, der in der Südsee gelebt hatte und nach Koraloona gekommen war, um zu malen. Die beiden verliebten sich auf den ersten Blick ineinander. Der Franzose bat Marama, mit ihm zusammenzuleben. Was sie auch tat.

Obwohl der Künstler an Tuberkulose litt und kein Geld besaß, betreute ihn Marama; er malte sie immer wieder, manchmal als Akt, manchmal bekleidet und fast immer vor dem Hintergrund der Landschaft dieser Insel – in der Nähe der Wasserfälle und des verborgenen Teichs oder auf dem Dorfmarkt.

Die Tuberkulose verschlimmerte sich, und es war abzusehen, daß der Maler bald sterben würde, wenn er nicht ärztlich behandelt wurde. Zu jener Zeit gab es auf Koraloona praktisch überhaupt keine medizinische Versorgung. Der Maler erklärte Marama, daß er nach Rarotonga fahren und sich dort behandeln lassen müsse, wenn er am Leben bleiben wolle. Er bat Marama, ihn zu begleiten, doch sie weigerte sich. Erstens konnte sie kaum genügend Geld für eine Schiffsreise zusammenkratzen, geschweige denn für zwei Personen; den zweiten Grund verriet ihm Marama erst am Tag vor seiner Abreise: Sie war im dritten Monat schwanger.

Zuerst weigerte sich der Maler abzureisen, denn er war überglücklich, daß er Vater werden sollte. Aber sein Bleiben hätte den sicheren Tod bedeutet, und jetzt hatte er einen Grund mehr, weiterleben zu wollen. Er versprach zurückzukehren, sobald er gesund sei. Am letzten Tag führte er das Mädchen, das er liebte, in einen Schuppen, den er hinter ihrem winzigen Haus gebaut hatte und den er als Atelier bezeichnete. Der Raum erstrahlte in Farben – lebendige, erregende, dramatische Bilder, die die Wände beinahe ganz bedeckten. Auf fast jedem von ihnen fand Marama sich wieder.

„Sie sind alle für dich", erklärte er ihr. „Es sind insgesamt siebzehn und dazu ein paar Skizzen. Wenn du einmal Geld brauchst, kannst du versuchen, eines zu verkaufen; vielleicht bekommst du ein paar Pfund dafür. Sonst hebe sie auf, bis ich zurückkomme."

Der Maler kehrte nie mehr nach Koraloona zurück. Marama glaubte, daß er sie verlassen habe. Sie erfuhr nie, daß er 1903 gestorben war. Inzwischen war ihre Tochter zur Welt gekommen, deren Haut so weiß war, daß Marama sie nach der schönen weißen Blume der Südsee Tiare nannte.

Als Tiare zehn Jahre alt war, nahm ihre Mutter ihr das Versprechen ab, nicht vor ihrem neunzehnten Lebensjahr zu heiraten, denn übereilte Bindungen könnten zu keiner wirklich glücklichen Beziehung führen. Tiare versprach es ihrer Mutter feierlich! Tiares Mutter starb, und als Tiare siebzehn war, brach sie das Gelübde. Die Medizinmänner warnten sie, doch sie hörte nicht auf sie und heiratete. Dann kam Aleena zur Welt, und ihr Leidensweg begann, als ihr erster Mann starb und ihr zweiter Mann in ihr Leben trat.

„Sie haben erwähnt, daß die Bilder in der Familie geblieben sind", hakte ich nach. „Werden sie jemals etwas wert sein?"

„Das wäre möglich", meinte Alec trocken. „Vielleicht haben Sie den Namen des Malers schon gehört – Paul Gauguin."

Ich verschluckte mich und mußte husten. „Und ob ich von ihm gehört habe!" Kurz bevor ich England verließ, hatte eine Zeitung berichtet, daß der Schriftsteller Hugh Walpole 1924 ein Bild von Gauguin gekauft hatte, das jetzt sechstausend Pfund wert war – doppelt soviel wie ein Rolls-Royce. „Gauguin! Sie müssen ein Vermögen wert sein."

„Auch wenn sie eine Million wert wären, würde es keine Rolle spielen", antwortete Reid. „Die Familie wird sie nie verkaufen. Marama hatte sich dieses Versprechen auch von Tiare geben lassen. Auf den Inseln nimmt man Gelübde sehr ernst."

„Gauguin!" wiederholte ich. Schon der Name wirkte magisch. „Und das alles hat sich auf dieser winzigen Insel abgespielt, die kaum mehr als ein Atoll ist. Wo befinden sich die Bilder denn jetzt? Sind sie gut erhalten? Sie waren doch die ganze Zeit der salzhaltigen Meeresluft ausgesetzt. Sind sie denn richtig gelagert?"

„Geraten Sie nicht gleich in Panik. Eine Frage nach der anderen. Ich weiß nicht genau, wie sie aufbewahrt werden, aber ich bin davon überzeugt, daß sie richtig gelagert sind und sich auch in Sicherheit vor Unbefugten oder Neugierigen befinden."

Natürlich ging es mich nichts an, wo die Gauguins aufbewahrt wurden, aber ich hätte sie gerne gesehen.

Reid seufzte. „Ich erzähle Ihnen ein anderes Mal mehr über das alles. Heben wir noch einen, bevor wir uns auf den Weg machen?"

„Sie meinen als Wegzehrung? Ich habe nichts dagegen."

V

EINIGE Tage später übersiedelte ich in meinen eigenen Bungalow. Er
war gar nicht so schlecht, und ich hatte mich bald eingewöhnt. Zwar
wirkte die Einrichtung unpersönlich, war aber sehr praktisch: die
Stühle und der Tisch aus „ameisensicherem", hellbraun lackiertem
Hartholz, drei Sessel, ein Sofa, ein Schreibtisch, Betten, deren Pfosten
in Behältern mit Wasser standen, und eine Dusche. Ich besaß auch
einen Radioapparat, mit dem ich über Kurzwelle auch Sender in Über-
see empfangen konnte. Wenn ich manchmal in der Dämmerung die
BBC einstellte, begrüßte mich das Licht auf der Skala wie ein Leucht-
feuer von daheim.

Zudem hatte Miß Sowerby einen ausgezeichneten, zweiundzwan-
zig Jahre alten Halbchinesen aufgetrieben, der kochen, Wäsche
waschen, plätten und überhaupt jede Hausarbeit besorgen konnte. Er
hieß Toma.

Eine Woche später erlebte ich die nächste angenehme Überraschung: eine Fahrt auf einem sieben Meter langen Segelboot, der *Faalifu III*. Der Steuermann trug weiße Shorts, ein T-Shirt und eine kecke
Matrosenmütze – es war Lucy Young! Sie hatte versprochen, mich
einmal zum Segeln mitzunehmen, und löste jetzt dieses Versprechen
ein. Paula hatte ihr, wie schon oft, das Boot für einige Stunden überlassen.

Lucy erwartete mich im kleinen Hafen von Tala-Tala und sah so
frisch und glücklich aus, daß ich unwillkürlich lachen mußte, als ich
ihr zuwinkte.

„Das Boot ist wunderschön" waren meine ersten Worte an Bord.
„Aber ich muß Sie warnen, ich bin eine Landratte und habe noch nie in
meinem Leben ein Boot gesegelt."

„Machen Sie sich keine Sorgen, wir verfügen über einen Außenbordmotor. Wir werden die Segel gar nicht erst setzen. Dann ist es
genauso, als würden wir Auto fahren. Ich habe ein Lunchpaket, eine
Thermosflasche mit eiskalten Martinis, Bier und Coca-Cola mit.
Willkommen an Bord."

Es war ein schöner, sonniger Morgen, und wir tuckerten friedlich
aus dem Hafen. Lucy war am Steuer. Sobald wir draußen waren, sagte

sie: „Ich habe den Badeanzug schon an. Sie können sich unten in der Kabine umziehen. Aber behalten Sie das Hemd an, solange Sie an Deck sind, sonst bekommen Sie den herrlichsten Sonnenbrand."

Sie war hübsch, offen, lebenslustig und fröhlich. Was suchte ein solches Mädchen in der Abgeschiedenheit von Koraloona?

„Es ist richtig erfrischend, mit Ihnen zusammenzusein", stellte ich fest. „Was hat Sie eigentlich nach Koraloona geführt?"

„Ich habe Paula auf einer Party in ihrer Heimatstadt San Francisco kennengelernt. Sie suchte eine Assistentin, wenn man es so ausdrükken kann, sozusagen für einen bezahlten Sommerurlaub. Das war vor drei Jahren."

„Worin besteht Ihre Tätigkeit eigentlich?"

Sie lächelte, änderte den Kurs und steuerte das tiefe Wasser in der Nähe des Riffs an. „Ich bin für Paulas Villa und den ganzen Haushalt verantwortlich. Ich muß mich um alles dort kümmern: um den Weinkeller; ob der Filter im Swimmingpool funktioniert; ob der Garten in Ordnung ist . . ."

„Klingt nach 'ner Menge Arbeit."

„Es ist zu schaffen, obwohl mir Paula manchmal das Leben schwermacht. Andererseits verdiene ich jedes Jahr fünf Monate lang tausend Dollar monatlich steuerfrei. Ich bin gerade dabei, einen Traum zu verwirklichen."

„Und zwar?"

„Ich habe bereits zwei Drittel des Kaufpreises für ein Häuschen in einem Künstlerdorf in der Nähe San Franciscos angezahlt."

„Und was werden Sie dann tun?"

„Sie auffordern, mich während Ihres nächsten Urlaubs zu besuchen", entgegnete sie lachend.

Es war ein himmlischer Morgen. Wir ankerten und tummelten uns einen Kilometer vom Ufer entfernt im tiefen Wasser im Windschatten des kegelförmigen Vulkans auf High Island.

Nach einiger Zeit schwammen wir zum Boot zurück. Ich kletterte die außen am Heck befestigte Leiter hinauf und half dann ihr. Bei der Berührung ihrer Hand fühlte ich ein angenehmes Prickeln. Einige Augenblicke später tranken wir Martinis aus Pappbechern und aßen kaltes Huhn und Dosenschinken. Zum Abschluß gab es im Meerwasser gekühltes Bier. Ich sagte lachend: „Sie gehen ein ziemliches Risiko ein, so allein mit mir eine Bootsfahrt zu unternehmen."

Sie sah mich offen an. „Ich weiß, woran Sie denken, Kit, und es überrascht Sie vielleicht, wenn ich zugebe, daß auch ich es möchte. Aber es wäre falsch, etwas zu überstürzen." Sie ergriff meine Hand. „Sehen Sie es so: Wir geben nicht vor, daß wir ineinander verliebt sind. Wir fühlen uns zueinander hingezogen – das ist etwas anderes."

Als ich protestierte, unterbrach sie mich. „Nein, heucheln Sie nicht. Wir sind ein gesundes, normales Paar. Ich habe gelegentlich einen Freund gehabt und bin davon überzeugt, daß auch Sie Erfahrung haben. Genießen wir das Vergnügen des Wartens, und lassen wir uns nicht von den leichtfertigen Gewohnheiten der Inselbewohner anstecken."

Einen Augenblick war das Schweigen zwischen uns spannungsgeladen. Doch sie sollte nicht annehmen, daß ich verärgert oder enttäuscht war, also sagte ich lächelnd: „Gut, einverstanden" und beugte mich vor, um sie galant auf die Wange zu küssen.

Es WAR erstaunlich, wie schnell die Wochen verflogen, während ich mich an die tägliche Routine in Koraloona gewöhnte. Alles ging seinen gemächlichen Gang. Dennoch gab es in der Ambulanz jeden Tag genügend Arbeit. Wir hatten viele Routinefälle zu behandeln – Ausschläge, Masern, Grippe und Unfälle.

Aber obwohl wir beschäftigt waren, fand ich mindestens zweimal täglich Zeit, im Meer zu schwimmen und mich vom warmen Wind trocknen zu lassen. Ich fühlte mich im Einklang mit der Welt.

Allerdings schien sich Europa im Sommer 1939 am Rande des Krieges zu befinden. Wir hörten die Nachrichten der BBC und verschlangen monatealte Exemplare der Times, die per Luftpost nach Australien und von dort per Schiff weiterbefördert worden waren.

Das gesellschaftliche Leben war rege, und ich hatte gar keine Zeit, mich zu langweilen. Ich kam regelmäßig mit Bill Robins zusammen, wenn die Mantela anlegte. Mindestens einmal wöchentlich aßen Alec Reid und ich miteinander zu Abend. Jason Purvis' körperlicher Zustand hatte mich so erschreckt, daß ich, beinahe ohne es zu merken, für ihn sorgte.

Es hatte keinen Sinn, ihm Geld zu schenken, denn er gab es sofort für Alkohol aus, aber ich schlug ihm vor, ganz leichte Arbeiten zu verrichten – etwa den Boden im Krankenhaus zu fegen, ein bißchen im Garten zu arbeiten, und die Bezahlung bestand dann in Mahlzeiten, die Toma bei mir zu Hause zubereitete. Purvis schien das zu bekommen.

Manchmal überließ ich ihm veraltete medizinische Formulare, die er dazu benutzte, auf seiner gebrechlichen Schreibmaschine Entwürfe für Erzählungen oder ein Kapitel seines Romans zu schreiben. Gelegentlich brachte er mir etwas davon zu lesen. Was er schrieb, war nicht schlecht, und ich hatte das Gefühl, daß er sogar, falls er durchhielt, einen Roman zustande bringen konnte, den ein Verlag veröffentlichen würde.

Sein jüngster Versuch war eine Erzählung über ein Thema, bei dem er sich auskannte. Es war die Geschichte eines Mannes, der auf einer Insel wie Koraloona das Glück gesucht hatte und enttäuscht worden war, es jedoch nicht fertigbrachte, sich loszureißen.

Die Geschichte war sehr gut, obwohl sie mich schaudern machte. Hatte auch Purvis in der Schönheit der Inselwelt etwas Magisches und Unheimliches gespürt? Als ich ihn danach fragte, bemühte er sich, es zu erklären. „Schließlich haben auf diesen Inseln jahrhundertelang Zauberei und Ahnenkult geherrscht. Sie sind immer noch gegenwärtig. Die Einheimischen von heute sind ebensowenig Christen wie die Kopfjäger. Vielleicht bringe ich unbewußt in mein Werk ein, daß die Schönheit auf Koraloona ihren Preis hat."

Würde ich auch einmal von Koraloona enttäuscht sein? Bis jetzt war es Liebe auf den ersten Blick gewesen. Aber manchmal erfaßte mich ein Gefühl des Unbehagens, daß ich in einer Oase des Friedens lebte, während in Europa große, tiefgreifende Ereignisse bevorstanden – vielleicht ein Krieg. Wenn es zum Krieg kam, würde ich dann bedauern, daß ich mich hier vergraben hatte, während weit weg das künftige Geschick meines Landes entschieden wurde?

Doch so ernste Gedanken kamen mir nur gelegentlich, und es gab eine einfache Möglichkeit, dem Grübeln zu entgehen: Ich suchte die Villa Faalifu auf und stattete der eleganten Paula Reece einen Besuch ab – und wenn ich Glück hatte, traf ich Lucy. Paula gab an jedem Dienstag und Freitag eine Cocktailparty, und wenn man ein Freund des Hauses war, brauchte man keine Einladung. Daher ging ich oft nach der Tagesarbeit dort vorbei. Zwar mochte ich Paula nicht sonderlich – sie protzte mit ihrem Besitz, als wäre er mit Preisschildern versehen –, doch konnte man sich ihrem Einfluß kaum entziehen.

Mit Lucy verstand ich mich gut, und ich plauderte gern mit ihr, wenn ich sie bei Paula traf. Aber ich mußte vorsichtig sein. Paula legte es darauf an, alle Männer für sich zu gewinnen. Ihre Blicke wurden kalt und zornig, wenn etwas nicht nach ihrem Willen ging.

EINES Tages erschien ich zufällig im Krankenhaus – Alec hatte Dienst –, als ein Vater einen etwa achtjährigen Jungen hereintrug. Das Kind wimmerte vor Schmerzen, sein linkes Bein war vollkommen verdreht.

Alec ließ den Jungen in den Operationssaal tragen und auf den Operationstisch legen, damit wir ihn genauer untersuchen konnten.

Ein Blick genügte, um unseren Verdacht zu bestätigen: Es handelte sich zweifelsfrei um Polio. Weil man ihn erst so spät zu uns gebracht hatte, war die Inkubationszeit bereits vorüber. Der Patient befand sich im zweiten Stadium der Krankheit – schon hatten Muskelschmerzen eingesetzt, die zur Zerstörung des Muskels innerhalb von zehn Tagen führen würden.

„Am linken Bein ist eine Knochenoperation erforderlich", stellte Alec fest, nachdem wir den Vater gebeten hatten, draußen zu warten. „Der Junge müßte sofort nach Sanderstown gebracht und von einem orthopädischen Chirurgen operiert werden."

Von seinem Standpunkt aus war es die einzig mögliche Behandlung. Doch ich sah plötzlich die arme Clare vor mir, die in eiserne Schienen gezwängt war. Einer Eingebung folgend, bat ich: „Geben Sie mir achtundvierzig Stunden Zeit, Alec. Ich bin sicher, daß ich zumindest die Schmerzen lindern kann – sehen Sie sich doch das arme Kind an." Weil Alec eigensinnig den Kopf schüttelte, fügte ich hinzu: „Und es schadet ihm nicht, wenn ich es versuche."

„Es könnte ihm schaden, und wir beide wissen es. Hier, schauen Sie." Er ergriff das Bein des Jungen und hob die Wadenmuskeln unterhalb des Knies an. „Diese Muskeln sind schlaff, und das Bein wird durch die übrigen, kräftigen Muskeln verzogen. Das Bein muß operiert, geradegestellt und dann in Schienen oder Gips gelegt werden. Ich weiß, daß die Wadenmuskeln verkümmern werden, aber sie können durch eine Schiene unterstützt werden, und der Junge wird wenigstens gehen können."

„Nur mit Hilfe von Stöcken!" antwortete ich scharf. „Außerdem glaube ich nicht, daß die Muskeln vollkommen abgestorben sind. Man kann die Tatsache, daß Leute geheilt wurden, nicht einfach ignorieren. Ich gebe zu, daß es sich bei Schwester Kennys Therapie um unorthodoxe Methoden handelt. Aber geben Sie mir eine Chance. Haben Sie Vertrauen zu mir – zu der Methode, an die ich glaube. "

„Und wenn etwas schiefgeht?" fragte Alec zögernd.

„Sie haben doch nicht Angst davor, daß man Ihnen pflichtwidriges Verhalten vorwirft? Vergessen Sie nicht, Alec, der Arzt in London, der mir den Job verschafft hat, behauptete, daß Koraloona ein lebendes Laboratorium für die Behandlung von Kinderlähmung sei! Geben Sie mir die Chance zu beweisen, daß meine Theorie richtig ist. "

„Ich habe Ihnen diese Chance versprochen", gab er zu. „Aber wenn Sie scheitern, haben Sie einen Krüppel auf dem Gewissen. "

„Können Sie ausschließen, daß der Junge nicht auf jeden Fall ein Krüppel wird?"

Er schüttelte den Kopf. „Also schön, fangen Sie an", meinte er dann leise. Er wandte sich an Miß Sowerby. „Leisten Sie Dr. Masters alle erforderliche Hilfe. Ich muß jetzt rüber in den Krankensaal. "

„Danke, Alec." Ich drehte mich zu Miß Sowerby um. „Bringen Sie mir ein paar Decken, bitte. Und einige große chirurgische Scheren. Dann bereiten Sie einen großen Topf kochendes Wasser vor. " ·

Ich versuchte, den kleinen Jungen von seinen Schmerzen abzulenken. „Wie heißt du?" fragte ich ihn, während ich ihm das Gesicht mit lauwarmem Wasser wusch.

Er murmelte eine Antwort, aber ich verstand ihn nicht.

„Jimmabibi?" fragte ich.

Er schüttelte mühsam den Kopf.

„Jimbo?"

Es stimmte vermutlich nicht, aber er litt so arge Schmerzen, daß er nicht widersprechen konnte, deshalb nickte er und hieß von diesem Tag an Jimbo.

Jetzt mußte ich scharf nachdenken, um mich genau an das Verfahren zu erinnern. Ich war es im Geist so oft durchgegangen, daß ich es auswendig kannte, und doch hatte ich plötzlich Angst, daß ich einen Fehler machen könnte. Denn diese Behandlung konnte man nicht in einem Lehrbuch nachlesen.

Nachdem ich es dem Jungen so bequem wie möglich gemacht hatte – was nicht viel half, weil er bei jedem neuen Krampf von Schmerzen gequält wurde –, zerschnitt ich zwei Decken in etwa fünfzig Zentimeter lange Streifen. Inzwischen kochte das Wasser.

„Hier, bitte." Ich reichte Miß Sowerby ein halbes Dutzend Streifen. „Legen Sie sie in das kochende Wasser. Und geben Sie mir eine Zange, damit ich sie einzeln herausnehmen kann."

Die stark riechenden „gekochten" Streifen waren sehr heiß, und bevor ich das überschüssige Wasser auswringen konnte, mußte ich sie einige Minuten lang mit der Zange halten. Doch als ich den ersten Streifen auf das verdrehte linke Bein des Jungen legte, zuckte er nicht einmal zusammen. Vermutlich waren die Krämpfe so schmerzhaft, daß er gegen andere Schmerzen unempfindlich geworden war.

Ich schlang einen Streifen um das verdrehte Knie, legte einen zweiten über die Wadenmuskeln und hielt sie mit Gummibändern fest. Doch dort, wo der Muskelschwund bereits eingesetzt hatte, war die wichtigste Stelle, und deshalb legte ich auf den Knöchel ein weiteres Stück Stoff, um die Hitze zu verstärken.

Schwester Kennys Theorie war sehr einfach. Obwohl die medizinische Wissenschaft die Meinung vertrat, daß die von Polio befallenen Muskeln einfach atrophieren und nicht wiederhergestellt werden können, war Schwester Kenny davon überzeugt gewesen, daß die Mißbildungen, die auf Anfälle von Kinderlähmung folgten, durch Muskelkrämpfe verursacht wurden.

Ich war der gleichen Ansicht. Ich glaubte, bei Polioanfällen, die ich früher behandelt hatte, ein leichtes Zucken der atrophierenden Muskeln wahrgenommen zu haben – ein Zeichen, daß sie sich während eines Krampfes zusammenzogen. Diese Kontraktion der Muskeln führte oft dazu, daß ein Bein verkürzt wurde, wenn die Muskeln schrumpften. Ich weiß, daß es verrückt klingt, aber während ich Jimbo beobachtete, glaubte ich wieder zu erkennen, wie ein Muskel zuckte.

Kurz darauf erschien unerwartet Alec Reid. „Ich wollte nur mal hereinsehen. Wie geht es?"

„Es ist erst der Anfang. Ich habe die ersten heißen Umschläge gemacht, genau dort, wo die Krämpfe auftreten, und ich habe vor, sie alle zwei Stunden zu erneuern – drei bis vier Tage lang."

Alec sah mich ungläubig an. „Und wer soll das tun – alle zwei Stunden rund um die Uhr?"

„Alec", antwortete ich leicht verzweifelt, „ich werde mir von meinem Boy Toma einen Wecker bringen lassen. Wenn das Experiment deshalb mißlingt, weil ich es nicht zu Ende führen kann, dann hätte ich gar nicht erst anzufangen brauchen. Aber ich bin davon überzeugt, daß es Erfolg hat. Vor ein paar Minuten habe ich ein leichtes Zucken in den Wadenmuskeln des Jungen bemerkt. Nach Ihrer Meinung müßten diese Muskeln schon tot sein und atrophieren."

Alec blickte mich an. „Es kann ein unwillkürliches Zucken gewesen sein."

„Stimmt. Aber es kann auch willkürlich gewesen sein. Es ist noch Leben im Muskel, glauben Sie mir, Alec. Ich werde die heißen Umschläge alle zwei Stunden erneuern – die ganze Nacht über. Und auch morgen. Zum Teufel mit dem Schlaf."

„Ich werde Sie morgen früh um vier Uhr ablösen", erbot sich Miß Sowerby.

„Wirklich? Das ist wunderbar. Sie haben gesehen, wie ich es mache. Die Behandlung darf auf keinen Fall unterbrochen werden. Und dann werden wir sehen – wenn die Muskelkrämpfe vorbei sind, wenn die Schmerzen aufhören, dann werde ich mich mit den Muskeln selbst befassen."

„Wie?" fragte sie.

„Mit sanfter Massage. Und dann muß Jimbo mit passiven Übungen beginnen." Ich schilderte, wie ich vorgehen wollte. Alec Reid hörte mir interessiert zu. Derjenige, der gerade Dienst tat, sollte sanft alle Teile der befallenen Glieder bewegen und Jimbo dabei erklären, daß er vielleicht bald wieder normal gehen könne. Es würde schwierig sein, ihm begreiflich zu machen, daß er selbst dazu beitragen mußte. Doch wenn die Behandlung Erfolg haben sollte, mußte Jimbo selbst die Nervenverbindungen zwischen Gehirn und Muskeln wieder aktivieren.

„Das liegt allerdings nicht mehr in meiner Hand", erklärte ich.

ALL das war Zukunftsmusik. Zunächst machte ich die drei schwersten Tage und Nächte meines Lebens durch. Alec war ein wunderbarer Mensch; er schleppte nicht nur Wasser heran, wenn es notwendig war, er unterstützte mich auch moralisch, indem er mir gestattete, einen Patienten auf so unorthodoxe Weise zu behandeln. Aber ich war todmüde. Stoffstreifen um Stoffstreifen tauchte ich in kochendes Wasser, wrang sie aus, ohne zu bemerken, daß ich mich dabei verbrühte, nahm die alten Stoffstreifen ab, wickelte die neuen um Beine und Füße.

Und doch, trotz der unendlichen Müdigkeit und der Angst, daß ich mich hoffnungslos blamieren könnte, erfaßte mich eine Hochstimmung, denn etwas stand fest: Nach vierundzwanzig Stunden waren die Schmerzen vergangen. Die Krämpfe hatten aufgehört. Ich wußte aus Erfahrung, daß in der Zeit des Muskelschwunds die Patienten beinahe stündlich von heftigen Schmerzen geplagt werden. Die heißen Umschläge konnten den Schmerz nur deshalb vertreiben, weil die Muskeln noch lebten. Mit anderen Worten: Nicht nur die Krämpfe waren vorbei, sondern auch der Muskelschwund.

Noch etwas war sehr wichtig: Jimbo mußte beschäftigt werden. Als der Schmerz endlich nachließ, nahm Jimbos Unruhe zu. Also rief ich den Union Jack Club an, erklärte, worum es ging, und bat um Unterstützung.

Mrs. Fawcett wußte eine optimale Lösung: Sie lieh mir ein batteriebetriebenes, tragbares Radio.

„Es besitzt keine große Reichweite", erklärte sie, „aber man kann die Tanzmusik aus Sanderstown empfangen."

Jimbo liebte das Radio. Schnell stellte er fest, daß Musik daraus erklang, wenn er an einem Knopf drehte, und beschäftigte sich daraufhin unaufhörlich mit dem Apparat.

Am dritten Tag – ich war unrasiert und zu müde, um zu essen – untersuchte ich Jimbo, während Alec Sprechstunde hielt. Plötzlich rief ich: „Alec, kommen Sie her, sehen Sie sich das an. Rasch, bevor es vorbei ist!"

Er kam herbeigeeilt.

„Sehen Sie sich diese Muskelsehne an. Angeblich ist sie tot, aber das stimmt nicht, denn die Sehne bewegt sich leicht, der Muskel lebt. Fühlen Sie selbst."

Alec strich vorsichtig über den befallenen Wadenmuskel, nahm sein Taschentuch heraus, wischte sich den kahlen Kopf ab und flüsterte: „Es ist ein Wunder."

Was noch wichtiger war: Das Bein war jetzt nicht mehr verdreht, sondern lag in einer bequemen Stellung auf der Matratze.

„Das macht besser", verkündete Jimbo. Er zeigte auf das Radio und war davon überzeugt, daß dieser Apparat – nicht der Arzt – ihm ermöglichen würde, wieder zu gehen.

Nach dem vierten Tag, als Miß Sowerby und ich Jimbos Beine stundenlang sanft massiert hatten, ging ich zu Bett, um einmal eine

ganze Nacht durchzuschlafen. Miß Sowerby übernahm den Nacht-
dienst.

Ich schlief mit dem Gedanken ein, daß ich vielleicht auch Clare eines
Tages helfen könnte, müheloser zu gehen. Aber als ich aufwachte,
dachte ich daran, daß Clare Tausende Kilometer von mir entfernt war.
Vielleicht würde ich eines Tages doch nach London zurückkehren ...

An diesem Morgen meinte Alec gutgelaunt: „Hoffentlich ist damit
das Deckenkochen vorbei. Mir war nie bewußt, wie sehr nasse Dek-
ken stinken."

„Wir sind auf dem richtigen Weg", betonte ich, „aber wir werden
die Unterstützung des Jungen brauchen, wenn die Heilung von Dauer
sein soll." Doch ich war bereits sicher, daß es uns gelingen würde.

Jimbos Muskel sprach in der darauffolgenden Woche immer stärker
auf die Behandlung an. Schließlich wußte ich, daß wir die Schlacht
gewinnen würden. Es war ein wunderbarer Augenblick! Plötzlich
zuckte der Muskel unter meinen Händen. Ich hatte nichts dazu getan.
Jimbo hatte sich angestrengt und es geschafft. Von diesem Augenblick
an wußte ich, daß es nur noch eine Frage der Zeit – und Jimbos Ausdauer – war, bis er vollkommen wiederhergestellt war.

Ich blickte triumphierend auf; der Anblick, der sich mir bot, war
überraschend. Die mürrische, strenge Miß Sowerby trocknete sich die
Augen mit einem Taschentuch, das sie aus dem Ärmel gezogen hatte.
Sie weinte Tränen des Glücks.

VI

OBWOHL ich Lucy auf jeder Party sah, die irgendwo gegeben wurde,
trafen wir uns wochenlang nicht allein. Ich wußte nicht, ob es Zufall
war oder ob sie mir auswich.

Dann eines Sonntags nach einem einsamen Mittagessen klingelte
das Telefon. Zunächst erkannte ich Lucys Stimme nicht – Koraloonas
Uralttelefone verwandelten jede Stimme in ein heiseres Krächzen –,
deshalb zögerte ich zunächst mit der Antwort auf ihre Frage: „Besuchen Sie heute abend das Fest in Anani?"

Das Fest in Anani wurde alljährlich abgehalten, wenn die Orangen
gegoren waren. Die Polynesier hatten sie gepflückt und in Fässern lie-
genlassen, bis das Gebräu so viel Alkohol enthielt, daß man es trinken

konnte. Nach meinen Informationen handelte es sich bei dem Fest um ein kostenloses, die ganze Nacht andauerndes Besäufnis.

„Ja, ich wollte es mir ansehen, ich habe es noch nie erlebt", antwortete ich erfreut, nachdem ich Lucy erkannt hatte.

„Ich möchte auch unbedingt dabeisein", gestand sie. „Würden Sie mich begleiten?"

„Hat Paula denn nichts dagegen?" fragte ich vorsichtig.

„Sie ist gestern mit der *Mantela* nach Sanderstown gefahren. Sie bleibt drei bis vier Tage weg. Also?"

„Ja, natürlich." Ich lachte. „Um wieviel Uhr?"

„Gegen fünf? Ich werde mit Paulas Wagen zu Ihrem Bungalow kommen, und dann werden wir mit Ihrem Auto nach Anani fahren."

Jim Wilson, der Schiffsausrüster, hatte mir einen gebrauchten Ford verkauft, und wenn er auch ein bißchen klapperte, so tat er doch seine Dienste. Als wir den Wagen am Strand geparkt hatten und den Hügel hinaufgingen, wurde mir bewußt, wie schön und farbig dieses Orangenfest war. Der etwa einen Kilometer lange, nicht sehr steile Bergpfad wurde von brennenden Fackeln beleuchtet, die auf langen Stangen befestigt waren. Auf der flachen Hügelkuppe standen Tausende von wilden Orangenbäumen. Vor diesem Hain war die Erde im Lauf der Jahre zu einem offenen Rechteck festgestampft worden, das nun von Fackeln gesäumt war und auf dem sich lachend, singend und trinkend die Festgäste tummelten.

Lucy hatte mich darauf aufmerksam gemacht, daß ich ein Trinkgefäß mitbringen mußte. Man stellte sich einfach bei einem Bottich an, aus dem ein Helfer mit einer Schöpfkelle jedes Gefäß füllte, das ihm hingehalten wurde. Sobald man ausgetrunken hatte, ließ man es sich erneut füllen.

Einige Polynesier tanzten. Die Frauen hatten sich Blumen in die langen schwarzen Haare gesteckt, und alle trugen ihre schönsten Sarongs. Ihre Haut glänzte im flackernden Licht der Fackeln.

„Ich bin so froh, daß Sie mitgekommen sind." Lucy drückte meinen Arm. „Ich habe mich so sehr auf diesen Abend gefreut. Aber trinken Sie nicht zuviel von dem Anani – er ist gefährlich. Ich möchte nicht, daß Sie mir die Schande machen umzukippen."

„Nur keine Sorge, ich bin vorsichtig, obwohl der Orangenmost so schäumt und auch so schmeckt, als wäre er gar nicht hochprozentig, sondern mit Champagner vermischt."

In diesem Augenblick stießen wir auf Tiare, die sich in Begleitung von zwei langbeinigen Schulmädchen befand.

„Hallo, Prinzessin. Bringen Sie Ihren Schutzbefohlenen schlechte Sitten bei?" scherzte ich.

„Sie dürfen nur ein kleines Glas trinken", erwiderte Tiare lachend und erklärte: „Das sind Aleena und ihre Freundin Kinawa, die in Sanderstown lebt. Die Mädchen besuchen die gleiche Schule, und Kinawa verbringt ihre Ferien hier."

Ich betrachtete die beiden Mädchen. Aleena sah man bereits an, daß sie zu einer schönen Frau heranreifen würde.

Die Mädchen gingen weiter, denn die Veranstalter hatten ihr möglichstes getan, um etwas Unterhaltung für die Jugend zu bieten. Drei selbstgebastelte Wippen, die auf großen Baumstämmen auflagen, waren ständig besetzt, ebenso wie die Schaukeln, die an den Ästen großer, starker Mangobäume hingen. Bei den Mangobäumen gab es eine zusätzliche Überraschung: Jede Frucht, die man pflücken konnte, durfte man mitnehmen.

Neben weiteren Attraktionen gab es sogar (ausgerechnet auf einer Südseeinsel) eine altmodische Wurfbude mit Kokosnüssen als Zielen. Jemand vom Union Jack Club mußte dafür verantwortlich zeichnen. Man hatte auch eine Schachtel mit uralten Tennisbällen aufgetrieben und einen Strich gezogen, von dem aus die Gäste werfen mußten. Jedesmal, wenn man eine Kokosnuß traf, bekam man einen Kranz aus verschiedenen Blumen.

„Ich werde Sie zur Blumenkönigin von Koraloona machen", versprach ich Lucy und machte mich mit sechs Tennisbällen für einen Penny ans Werk. Nach einer halben Stunde hingen fünfzehn Kränze um Lucys Hals.

Inzwischen war der Lärm ohrenbetäubend geworden, und in beinahe jedem Winkel dröhnten Trommeln. Der Rhythmus begann bald eine hypnotische Wirkung auf die Inselbewohner auszuüben. Einer nach dem anderen fing an zu tanzen.

„Kit?" Lucy zögerte einen Augenblick, als müsse sie eine Entscheidung treffen. Dann sagte sie: „Offen gestanden werde ich langsam müde. Wie wäre es mit einem ruhigen Drink zu zweit?"

„Gern. Im Club oder in meinem Haus?"

„In Ihrem Haus", antwortete sie sehr leise.

Als wir uns von Tiare und den Fawcetts verabschiedet hatten, die

sich ebenfalls auf den Heimweg machen wollten, wandte ich mich an
Lucy: „Ich hole uns nur noch etwas zu essen von Mollies Stand dort
drüben – für den Fall, daß wir hungrig werden."

„Eine sehr gute Idee." Sie begleitete mich, wir kauften eine Papier-
tüte voll Pfannkuchen mit Hackfleischfüllung und begaben uns auf
den Rückweg zu meinem alten Ford.

„Wollen Sie die Kränze nicht ablegen, Lucy?" Ich wollte ihr helfen,
ein paar abzunehmen.

„Kommt nicht in Frage!" rief sie. „Noch nie in meinem Leben hat
mir jemand so viele Blumen geschenkt. Ich werde sie nicht einfach
wegwerfen."

Da ich den Wagen am Strand geparkt hatte und der Vollmond am
Himmel stand, schlug ich vor: „Warum machen wir kein Picknick am
Strand?"

„Einverstanden", sagte sie.

Die Straße war menschenleer, denn das Tanzen und Trinken auf
dem Hügel war noch in vollem Gange. Wir gingen am Strand entlang,
und als sich für einen Moment eine Wolke vor den Mond schob, nahm
ich sie in die Arme und küßte sie.

„Müssen wir uns unbedingt jetzt mit Essen beschäftigen?" flüsterte
sie. „Können wir nicht zum Bungalow fahren und erst später essen?"

„Natürlich", antwortete ich. „Es gibt nichts, was mir lieber wäre."

EINE Woche später konnten Lucy und ich erneut eine Nacht miteinander verbringen. Paula hatte Besuch aus Kalifornien und hielt sich
mit diesem an Bord ihrer Jacht *Nymph* auf.

Auch diese zweite Nacht war voller Zärtlichkeit und Leidenschaft,
und danach konnten wir unsere Liebe nicht mehr geheimhalten. Ich
hatte auch nicht erwartet, daß es uns gelingen würde, da der Klatsch
auf Koraloona ansteckender war als Masern. Reid wußte sehr schnell
Bescheid. Noch am selben Morgen überraschte er uns in meinem
Bungalow. Ich hörte vor dem Garten Reifen knirschen.

„Das ist Alec", sagte ich. Es gab so wenige Wagen auf der Insel, daß
ich für gewöhnlich an den Bremsgeräuschen erkannte, wer gerade
kam. „Nein, bleib ruhig hier, Lucy."

„Kann ich hereinkommen?" rief Alec und stand schon in der Tür.
„Wie ich sehe, haben Sie Gesellschaft. Wie geht es Ihnen, Lucy?" Er
wischte sich den Schweiß vom kahlen Kopf, legte den Tropenhelm

auf den Tisch neben der Tür und sagte: „Ich bin nur gekommen, weil Katuto, das Mädchen, das bei Johnson aushilft, sich das Bein gebrochen hat und ich es richten muß. Es ist ein komplizierter Bruch. Deshalb wäre ich Ihnen dankbar, Kit, wenn Sie die Sprechstunde übernähmen."

„Selbstverständlich."

Als Alec mit einem Blick auf die Uhr zu mir sagte: „Also in zehn Minuten", fragte Lucy ihn: „Wie spät ist es?"

„Kurz nach neun."

„Mein Gott! Ich habe Paula versprochen, daß ich den Wagen spätestens um halb neun zurückbringe."

Sie lief den Weg hinunter, ohne zurückzuschauen. Alec sah ihr seufzend nach. „Manche Leute haben eben Glück. Sie bekommen Siamkatzen, die anderen dagegen nur Miez und Maunz."

ALS ich im Krankenhaus eintraf, bereitete Alec gerade ein Betäubungsmittel vor. Er würde das Bein zunächst einrichten und dann eingipsen. Das Mädchen litt starke Schmerzen.

„Sie hat kurz vor dem Sturz gegessen", erklärte er mir, „deshalb müssen wir zwei Stunden warten, bevor wir ihr eine Vollnarkose geben können. Würden Sie sich inzwischen um den Laden kümmern?"

Als „Laden" bezeichnete Alec die Ambulanz am anderen Ende des Krankenhauses. Dort gab es immer viel zu tun; im Augenblick war Miß Sowerby auch noch damit beschäftigt, im Waschraum den Gips anzurühren, und dann mußte sie Alec beim Einrichten des Bruchs helfen. Weil mich die Patienten sofort mit Beschlag belegten, nahm ich das Geräusch eines Wagens, der vor der Ambulanz hielt, nur mit halbem Ohr wahr, doch dann hörte ich ein kurzes einmaliges Hupen.

Der Wagen der Prinzessin! Ich ging in die Hitze hinaus. „Guten Morgen, Prinzessin Tiare. Was kann ich für Sie tun?"

Sie hatte den Motor abgestellt und stieg aus dem Austin. Sie wirkte sehr elegant und sah blendend aus mit ihrem sonnengebräunten Gesicht und dem eindrucksvollen schwarzen Haar. „Wo ist Dr. Reid?" erkundigte sie sich.

„Er operiert gerade. Katuto, das Mädchen, das bei Johnson arbeitet, hat sich ein Bein gebrochen. Sie ist gefallen, als sie auf Transportkisten kletterte."

„Die Arme." In ihrer Stimme lag echtes Mitgefühl. Ich dachte daran, daß die Bewohner dieser kleinen Insel ihre Untertanen waren. „Ich werde sie besuchen, sobald es ihr bessergeht. Wie lange wird Dr. Reid brauchen?"

„Ich weiß es nicht. Kann ich Ihnen helfen?"

„Es geht um meine Tochter Aleena. Dr. Reid hat ihr Hustensaft geschickt, aber mir gefällt ihr Husten nicht. Ich muß immer an Tuberkulose denken. Ich möchte, daß Dr. Reid Aleenas Lunge untersucht, bevor sie in die Schule zurückkehrt."

„Sie haben mit Ihrer Besorgnis vollkommen recht. Wenn Sie wollen, begleite ich Sie nach Hause, sobald ich mit unseren beiden letzten Patienten fertig bin. Warten Sie doch drinnen, dort ist es kühler."

Sobald ich fertig war und Alec Bescheid gesagt hatte, kehrte ich zur Prinzessin zurück. „Wenn es Ihnen recht ist, gehen wir jetzt."

„Danke. Ich fahre Sie zu unserem Haus. Einverstanden?"

„Ja, gerne. Ich hole nur schnell meine Tasche."

Ich hatte ihr Haus noch nie betreten, und es faszinierte mich. Die Eingangstür lag kaum zwanzig Meter vom Strand entfernt, und das einzige Geräusch, das wir vernahmen, war das Plätschern der winzigen Wellen. Das Haus war groß und stand zum Schutz vor Sturmfluten auf Pfählen. Wir gelangten über eine Holztreppe zu einer großen Veranda, auf der sich mehrere Liegestühle befanden. Die Inneneinrichtung bestand aus einer merkwürdigen Mischung aus Einheimischem und Importiertem. Ein paar unbedeutende Gemälde hingen an den weißgetünchten Wänden, und es gab auch einige hölzerne Götterstatuen. Einen kleinen Tisch zierte ein großes, fächerförmiges Arrangement aus Hibiskusblüten. Auf einem weiteren Tisch am anderen Ende des Raums stand eine riesige Holzschüssel – sie war mit verschiedenen Früchten gefüllt, die aussahen, als hätte sie ein Maler, der ein Stilleben malen wollte, sorgfältig arrangiert. Ein Hauch von Gauguin, dachte ich.

Ein alter Flügel mit vergilbten Tasten weckte meine Aufmerksamkeit. Ich schlug einen Ton an, das Instrument war schauerlich verstimmt.

Vor mir auf dem Flügel entdeckte ich das Foto eines großen, hageren Mannes und eines schönen jungen Mädchens, das einen Sarong trug.

„Vater und Mutter", lächelte Tiare. „Kommen Sie, wir wollen zu

Aleena gehen." Sie führte mich in Aleenas Zimmer. Diese lag im Bett und sah nicht sehr krank aus; etwa wie Clare, wenn sie mit einer Erkältung das Bett hüten und ihren Tatendrang unterdrücken mußte. Ich stellte meine Tasche ab, entnahm ihr das Stethoskop und ein Thermometer, setzte mich auf den Bettrand und maß Puls und Temperatur.

„Operieren Sie mich denn nicht?" fragte Aleena lachend.

„Heute nicht. Aber ich möchte deine Lunge untersuchen. Leg dich auf den Bauch, damit ich deinen Rücken abhorchen kann."

Sie drehte sich auf den Bauch, und ich schlug das Laken, mit dem sie zugedeckt war, bis zu den Hüften zurück. Ich setzte das Stethoskop auf ihren Rücken. Es war nichts Ungewöhnliches zu hören, nicht die Reibegeräusche, die im Anfangsstadium einer Rippenfellentzündung auftreten, und auch nicht das Geräusch, das den Beginn der Verkalkung der schwammartigen Lunge anzeigt – ein gefährlicher Hinweis auf Tuberkulose. Schließlich klopfte ich ihren Rücken ab.

Tiare beobachtete mich die ganze Zeit über stumm, aber sichtlich besorgt. Aleena litt an einem schlimmen Husten, jedoch bestimmt nicht an Tuberkulose.

„Kein Problem, junge Dame", lächelte ich und zog das Laken wieder hinauf. „Du wirst es überleben." Und Tiare erklärte ich: „Es ist bestimmt keine Infektion. Ein starker Husten zwar, aber keine Bronchitis."

Wir wollten schon das Zimmer verlassen, als Aleena fragte: „Mutter, kann Dr. Masters sich das kleine Muttermal auf meinem Oberschenkel ansehen? Das, das ich dir gezeigt habe?"

„Warum nicht?" Tiare wandte sich mir zu. „Es ist unbedeutend, aber wenn man es entfernen könnte – Teenager nehmen ihre Beine sehr wichtig."

Aleena schob das Laken hinauf und zeigte mir ein winziges schwarzes Muttermal etwa zehn Zentimeter oberhalb ihres Knies.

„Könnte man es entfernen?" fragte Tiare.

„Ich denke, ja. Kann ich es etwas genauer untersuchen?"

Ich hoffte, daß mein Tonfall beiläufig genug war, denn ich wollte Mutter und Tochter nicht beunruhigen, solange ich meiner Sache nicht sicher war. Aber dieses schwarze Muttermal sah höchst gefährlich aus. Ich drückte darauf, fragte, ob das schmerze, doch Aleena schüttelte den Kopf.

„Seit wann hast du es?" fragte ich.

„Es ist vor ein paar Tagen ganz plötzlich aufgetreten."

Ich deckte sie wieder mit dem Laken zu. „Wir werden sehen, was wir dagegen tun können, junge Dame."

Gerade als ich mit Tiare das Zimmer des Mädchens verließ, hörte ich draußen Lärm. Und als wir aus der Haustür traten, schrie eine wütende Stimme: „Raus! Wenn du in zwei Minuten noch hier bist, befördere ich dich mit einem Fußtritt hinaus." Ein Hausboy rannte durch den Garten davon.

Draußen stand ein großer Mann mit heller Haut. Das mußte Mana sein. Er schielte leicht. Am meisten beeindruckten mich seine Größe und seine kräftigen Schultern, die ihm ein ungeschlachtes und bedrohliches Aussehen gaben. Reid hatte mir erzählt, daß Mana Halbjapaner war. „Wer ist das?" fragte er seine Frau scharf und deutete auf mich.

„Was ist denn mit dem Hausboy, Mana?" erkundigte sich Tiare. „Dr. Masters, das ist mein Mann."

Er ignorierte Tiares Frage und musterte mich von oben bis unten wie einen seiner Angestellten. „Warum sind Sie hier?" fragte er.

„Weil man mich geholt hat", antwortete ich genauso kurz angebunden.

„Wozu? Warum? Haben Sie meine Stieftochter behandelt?"

Ich spürte seinen Haß und die Feindseligkeit, mit der er mich taxierte. Was für ein häßliches Scheusal, dachte ich, und wie reizbar er ist. Während der wenigen Sekunden, in denen er mich wütend anstarrte, fragte ich mich unwillkürlich: Wie hatte Tiare einen solchen Affen heiraten können?

Vermutlich spiegelte sich der Abscheu, den ich empfand, in meinem Gesicht wider. Er ballte die Fäuste, als wolle er mich schlagen. Aber er griff mich nicht an, sondern sagte nur: „Sie sind zu jung, Doktor. Ich ziehe Dr. Reid vor. Vor allem, wenn es um die Behandlung eines jungen Mädchens geht."

„Wollen Sie damit andeuten ...?" fuhr ich ihn an.

„Ich deute überhaupt nichts an. Aber ich möchte wissen, warum Aleena von einem jungen Arzt behandelt werden muß, nur weil sie an einem leichten Husten leidet. Und was genau haben Sie mit ihr getan?"

Plötzlich erfaßte mich Zorn. Ohne lange zu überlegen, antwortete ich kurz: „Ja, was habe ich eigentlich getan? Ich mußte sie genau untersuchen. Natürlich hauptsächlich mit dem Stethoskop, aber es ist auch wichtig, mit den Händen zu tasten. Ich bin überzeugt, daß Sie das verstehen."

„Wie lautet Ihre Diagnose, falls Sie überhaupt zu einer gelangt sind?"

„Machen Sie sich keine Sorgen, Mana." Den „Mister" ließ ich absichtlich weg. „Ich unterrichte Sie über alle Einzelheiten, wenn ich Ihnen meine Rechnung sende." Ohne seine Antwort abzuwarten, ging ich zu Tiares Wagen. Tiare folgte mir. Wir stiegen ein; sie startete sofort, und wir fuhren zum Krankenhaus zurück.

Tiare schwieg einige Augenblicke, dann meinte sie: „Sie hätten meinen Mann nicht so behandeln sollen, Dr. Masters."

„Es tut mir leid. Aber Sie müssen zugeben, daß er meine Berufsehre angegriffen hat, und das lasse ich mir nicht bieten. Sie haben gesehen, wie korrekt ich mich verhalten habe."

„Natürlich." Sie seufzte. „Aber seien Sie vorsichtig. Sie sind ein netter junger Mann, und ich möchte nicht, daß Ihnen etwas zustößt. Mein Mann kann sehr rachsüchtig sein. Und sicher wird er Sie nicht als unseren Hausarzt akzeptieren. Nicht nach der heutigen Szene."

„Ich verstehe, Prinzessin. Wahrscheinlich ist es so am besten." Doch ich wußte, daß von diesem finsteren Mann nichts Gutes ausgehen konnte.

Während der restlichen Fahrt dachte ich angestrengt nach, aber nicht über Mana. Als wir vor dem Krankenhaus anhielten, bat ich Tiare: „Könnten Sie einen Augenblick in die Ambulanz mitkommen? Es handelt sich um ein medizinisches Problem. Leider etwas Ernstes."

Sie folgte mir in den Behandlungsraum. „Worum geht es, Doktor? Was wollen Sie mir beibringen?"

„Es geht um das Muttermal Ihrer Tochter. Sie haben mich gefragt, ob es entfernt werden kann."

„Ach, darum geht es. Angesichts der Auseinandersetzung mit meinem Mann halte ich es für klüger, wenn wir es Dr. Reid überlassen."

„Das ist nicht das Problem, Prinzessin. Wenn es nur ein Muttermal wäre, könnte Dr. Reid es innerhalb weniger Minuten entfernen. Nur" – es fiel mir schwer, es ihr mitzuteilen –, „es handelt sich nicht um ein Muttermal. Ich habe es genau untersucht. Der Fachausdruck dafür lautet Melanom."

„Und das bedeutet?"

Ich drückte mich vorsichtig aus. „Es ist ohne weiteres heilbar, wenn man nicht zuviel Zeit verliert. Aber ich befürchte, Prinzessin, daß es sich um einen bösartigen Hauttumor handelt. Am Anfang ist es nur ein kleiner Punkt, es ist aber äußerst gefährlich, wenn man ihn nicht sofort daran hindert, sich auszubreiten."

„Versuchen Sie, mir beizubringen, daß es sich um Krebs handelt?" fragte sie mit angsterfülltem Blick.

„Ja, um Hautkrebs, der sofort behandelt werden muß. Wir sollten Haut, Blut und einiges mehr untersuchen lassen. Sobald Dr. Reid seine Arbeit im Operationssaal beendet hat, werde ich alles mit ihm besprechen."

„Aber es kann geheilt werden?"

„In diesem frühen Stadium sind die Chancen ausgezeichnet, wenn man die richtigen Maßnahmen ergreift. Dr. Reid kann Ihre Tochter nach Sanderstown fliegen. Die Labortests müssen von erfahrenen Pathologen durchgeführt werden. Und dann wäre es für Aleena am besten, wenn sie im Hospital des Flottenstützpunktes von einem Spezialisten behandelt würde."

„Aber warum Sanderstown? Soll das heißen, daß es sich wirklich um etwas Ernstes handelt?"

„Die Operation ist kompliziert und dauert unter Vollnarkose ein bis eineinhalb Stunden."

„Um einen kleinen Fleck herauszuschneiden?"

„Erschrecken Sie nicht, Prinzessin, aber bei einem Melanom muß man das Übel buchstäblich an der Wurzel packen. Die gesamte Haut in einem Radius von fünf Zentimetern um den Tumor muß entfernt werden, damit man sicher ist, daß es zu keinem Rückfall kommt."

„Arme Aleena." Tiare ließ zum ersten Mal, seit ich sie kannte, ihren Gefühlen freien Lauf.

„Es wird alles gutgehen", versprach ich ihr. „Reden wir erst einmal mit Alec Reid, sobald er seine Arbeit im Operationssaal beendet hat."

Ich habe Dr. Reid selten so schnell handeln sehen wie in der nächsten Stunde. „Wir dürfen keine Zeit verlieren", erklärte er. „Ich fliege gleich mit Aleena nach Sanderstown. Kit, Sie bitten Colonel Fawcett, einen dringenden Funkspruch an den Flottenstützpunkt durchgeben zu lassen. Verständigen Sie die Leute dort, daß ich im Anflug bin." Er wandte sich an die Prinzessin. „Leider habe ich im Flugzeug nur für zwei Personen Platz, deshalb müssen Sie uns mit dem Schiff folgen – die *Mantela* ist morgen fällig."

ALEENA wurde sofort im Marinehospital von Sanderstown aufgenommen, und sobald Alec sich davon überzeugt hatte, daß sie gut untergebracht war, flog er mit der Nellie zurück. Am Abend saßen wir bei einem Drink auf der Veranda meines Bungalows.

„Sie sind in meiner Achtung gestiegen." Alec war mit mir zufrieden. „Eine Menge junger Ärzte hätte das Melanom für eine Warze gehalten. Nicht auszudenken, was passiert wäre."

„Nun, es wird alles in Ordnung kommen." Aber ich muß zugeben, daß auch ich mich freute.

Zwei Tage später informierte man Alec über Funk aus Sanderstown, daß Aleenas Operation gut verlaufen war. Das Melanom und das umliegende Gewebe waren entfernt worden. Sie mußte noch zwei Wochen im Hospital bleiben; Tiare war inzwischen auf der *Mantela* in Sanderstown eingetroffen.

Am darauffolgenden Tag erfuhr Alec von meinem Streit mit Mana. Zuerst begriff ich nicht, was los war. Ich kam in die Ambulanz, um die morgendliche „Krankenparade" abzunehmen, und fand zu meiner Überraschung Alec vor. „Kommen Sie bitte in den Operationssaal", knurrte er mich an. „Und Sie, Miß Sowerby, kümmern sich um die Patienten im Garten. Ich möchte mit Dr. Masters unter vier Augen sprechen." Ich folgte ihm in den Operationssaal und stellte mich. Alec Reid kam sofort zur Sache. „Stimmt dieses verdammte Gerede, Sie hätten Tiares Mann beleidigt?"

Ich hatte geahnt, daß er mich wegen Mana zur Rede stellen würde, aber nicht auf so verletzende Weise.

„Ich habe nicht ihn beleidigt, sondern er mich", erwiderte ich und versuchte, meinen Zorn zu beherrschen, als ich mich an die Szene erinnerte. „Ich werde nicht hinnehmen, daß jemand andeutet, ich hätte mich standeswidrig benommen."

Er funkelte mich noch immer an. Ich hatte ihn noch nie so aufgebracht erlebt. „Schön, er hat Sie vielleicht ungerechterweise beschuldigt – aber werden Sie doch endlich erwachsen. Sie wissen doch genau, daß Ärzte mit schwierigen Patienten und mit schwierigen Eltern von Patienten rechnen müssen."

Natürlich hatte er recht. Trotzdem antwortete ich erregt: „Er ist ein unverschämter Kerl, und als mein Kollege sollten Sie ihn zurechtweisen, nicht mich."

„Mana ist vielleicht ein übler Bursche, aber denken Sie daran, daß ich hier der Chefarzt bin, daß Sie mein Assistent sind und tun werden, was ich Ihnen sage."

„Oder ich werde gefeuert."

Seine Stimme wurde wieder versöhnlicher. „Es wird nicht so weit kommen, aber Sie haben sich wie ein Vollidiot aufgeführt. Schließlich ist seine Frau eine Prinzessin – wenn die Einwohner der Insel erfahren, daß Sie sie beleidigt haben, werden sie Ihnen das Leben zur Hölle machen."

„Ich habe sie nicht beleidigt. Im Gegenteil, sie hat mir erklärt, daß sie meine Erregung versteht. Sie ist auf meiner Seite."

„Mag sein. Mana jedoch bestimmt nicht. Ich werde mich in Zukunft um die Familie kümmern, und Sie werden sich da heraushalten. Verstanden?"

„Dasselbe habe ich bereits Tiare mitgeteilt."

Alec sah mich mißtrauisch an. „Können Sie mir versichern, daß Aleenas Untersuchung in jeder Weise korrekt verlaufen ist?"

„Natürlich", erwiderte ich. „Ihre Mutter war übrigens die ganze Zeit dabei."

Er seufzte, mehr bekümmert als zornig. „Ich glaube Ihnen. Aber es wäre für den Frieden auf der Insel von Vorteil, wenn Sie zu Mana beim nächsten Zusammentreffen einfach ‚Tut mir leid' sagten."

„Nie und nimmer!" rief ich.

„Es geht schon wieder los." Alec hob in gespielter Verzweiflung die Hände. „Beherrschen Sie sich doch. Kommen Sie, Kit, lernen Sie, ein Mann zu sein. Ich kenne die Südseemenschen. Wenn Sie sich bei ihm entschuldigen, wird Mana eine Wendung um hundertachtzig Grad vollziehen und Sie ebenfalls um Verzeihung bitten. Er wird vermutlich sogar darauf bestehen, daß er allein schuld war."

„Unter dieser Bedingung bin ich einverstanden. So verliert keiner sein Gesicht."

„Es ist das vernünftigste", fügte Alec hinzu. „Wenn ein Mann wie Mana jemanden haßt, kann er ein sehr gefährlicher Feind sein."

„Ich verstehe Sie nicht ganz."

„Auf den Inseln geschehen die merkwürdigsten Dinge."

Plötzlich erinnerte ich mich an Tiares Warnung. „Meinen Sie damit Zaubersprüche?"

„Ja. Wir glauben zwar nicht an diesen Hokuspokus, aber für gewisse Ereignisse gibt es keine vernünftige Erklärung. Es ist Zeit, daß ich Ihnen einen Grundkurs über Leben und Tod in der Südsee gebe. Wie wär's, wenn Sie mich heute zum Dinner einladen – man munkelt, daß Sie einen großartigen Koch haben."

NACH der Krankenhausarbeit trafen wir gegen acht in meinem Bungalow ein. Ich hatte Toma mitgeteilt, daß mein „Boß" zum Dinner kommen werde, und er hatte sich selbst übertroffen; Huhn in Mangosauce und dann Falai Fai, eine samoanische Version von Bananenbeignets.

Ursprünglich hatten wir vorgehabt, den Abend in Reids Bungalow zu beschließen, aber dann blieben wir doch bei mir und nahmen da den Schlaftrunk.

Nachdem wir es uns auf der Veranda bequem gemacht hatten, sagte ich: „Als wir das letzte Mal abends zusammensaßen, erzählten Sie mir von dem Schatz der Gauguingemälde. Was haben Sie heute auf dem Programm?"

„Ich werde mit einer Frage beginnen." Reid sog an seiner Pfeife. „Haben Sie sich je erkundigt, wie Tiares erster Mann – der Mbindo hieß – gestorben ist? Noch dazu so plötzlich?" Als ich den Kopf schüttelte, fuhr er fort: „Und haben Sie sich je den Kopf darüber zerbrochen, warum sie einen so entsetzlichen Mann wie Mana geheiratet hat?"

„Das ist einfach unbegreiflich."

„Vielleicht, vielleicht auch nicht. Ich berichte Ihnen am besten ein paar Tatsachen."

Er erzählte mir, was Mana vor einigen Jahren getan hatte – die Geschichte hatte nichts mit Tiare oder ihrem Mann zu tun. Mana stritt mit jemandem um ein Stück Land. Beide behaupteten, daß sie es geerbt hätten. Schließlich kam der Fall vor Gericht. Der Richter von Sanders Island urteilte, daß Mana keinen Anspruch auf das Land habe. Mana verzauberte den anderen, gab diese Tatsache öffentlich bekannt, und zehn Tage später war sein Prozeßgegner tot."

„Woran ist er gestorben?" fragte ich. „War es Mord – Rache durch Gift?"

Reid schüttelte den Kopf. „Der arme Kerl glitt einfach in den Tod – siechte dahin, und ich konnte ihm nicht helfen. Nicht einmal, als er zu erbrechen begann und schrecklichen Durchfall bekam. Organisch fehlte ihm nichts. Ich fand jedenfalls nichts. Natürlich vermutete ich Gift, deshalb ließ ich die Leiche nach Sanderstown bringen und ersuchte um eine Obduktion. Es war alles in Ordnung. Der arme Kerl hatte einfach den Lebenswillen verloren, oder vielleicht hatte ihm jemand den Todeswunsch suggeriert."

„Das können Sie doch nicht im Ernst glauben, Alec." Mir war plötzlich elend zumute.

„Dann suchte Mana mit Mbindo, Tiares Mann, Streit. Mbindo war ein wunderbarer Mensch, alle liebten ihn, und er betete Tiare an. Ich machte mir Sorgen, denn ich war Tiares und Aleenas Hausarzt, und ich mochte Mbindo. Doch hier handelte es sich um keinen gewöhnlichen Streit: Mana hatte ihn absichtlich provoziert. Schließlich trugen die beiden Männer einen wüsten Kampf aus, bei dem sich beide gehörige Beulen holten."

„Und dann?"

„Wir vertuschten den Vorfall, und ich dachte nicht mehr daran, bis Tiare eines Tages weinend zu mir gestürzt kam und sagte, ihr Mann liege im Sterben. Ich fragte sie, was ihm fehle, und Tiare rief: ‚Mana hat meinen Mann verzaubert! Nichts kann ihn retten.'"

„Und was haben Sie getan?"

Diesmal war Alec kein Risiko eingegangen. Er untersuchte Mbindo, fand kein Anzeichen einer Krankheit und flog ihn nach Sanderstown. Drei Tage lang behandelten die besten Ärzte des Stützpunkts den Mann. Sie linderten die quälenden Schmerzen, aber die Schwäche infolge der ständigen Entleerungen, obwohl der Magen ausgepumpt worden war, raubte Mbindos Willenskraft. Und das Erschreckende daran war, daß keine organische Ursache für seinen Tod festgestellt werden konnte.

„Glauben Sie, daß es ein Zauber war?"

Alec schüttelte den Kopf. „Ich bin wie Sie, Kit, ich kann nicht an solche Dinge glauben. Aber was soll man bloß denken, wenn zwei Männer ohne ersichtlichen Grund sterben? Nur weil man ihnen befohlen hat, nicht mehr zu leben?"

Obwohl es unglaubwürdig klang, fröstelte mich.

„Ich weiß, wie Sie sich fühlen", tröstete mich Alec. „Unsere medizinische Ausbildung lehrt uns, derartigen Unsinn nicht zu beachten, und trotzdem gibt es anscheinend keinen anderen Grund für diese Todesfälle. Deshalb mache ich mir Ihretwegen Sorgen."

Doch Alec hatte mir etwas noch nicht erklärt. Warum hatte eine schöne Frau wie Tiare ein solches Scheusal geheiratet – jemanden, der ihren Mann getötet hatte?

„Das ist das Entsetzlichste", antwortete Alec mit einem Seufzen. „Als ich erfuhr, daß Mana und Tiare heiraten würden, suchte ich sie sofort auf und erklärte ihr rundheraus, daß sie es nicht tun dürfe, daß ich alles in meiner Macht Stehende unternehmen würde, um diese Ehe zu verhindern. Und wissen Sie, was sie mir geantwortet hat? Daß sie Angst habe. Mana hatte gedroht, auch sie durch einen Zauber zu töten, wenn sie nicht seine Frau würde."

„Das ist unglaublich. Die Bewohner von Koraloona sind doch Christen."

„Sie sind wohl Christen, aber nur bis zu einem bestimmten Punkt. Man kann nicht einfach mit einem Kreuz auf einer Insel auftauchen und den Menschen erklären, daß sie ihre jahrhundertealte Denkweise vergessen müssen. Ahnenkult und Zauberei waren lange vor Kapitän Cooks Ankunft ein wesentlicher Teil des Lebens auf diesen Inseln."

„Aber doch heute nicht mehr?"

Alec lächelte. „Auf der anderen Seite der Insel habe ich einmal einen Mann gesehen, der die Erdschicht von einem flachen Grab abgehoben und das Skelett seines Vorfahren in sitzende Stellung aufgerichtet hatte. Er schob ihm eine Zigarette zwischen die Zähne und begrub ihn dann wieder. Erst dann erblickte er mich. Er kannte mich und hatte keine Angst vor mir. Als ich ihn fragte, was er da treibe, antwortete er lächelnd: ‚Mein Vater immer gern rauchen, Doktor, und auch wenn er tot, ich ihm manchmal machen Freude.'"

„Mein Gott!"

„Sie wissen genausogut wie ich, daß man Traditionen nicht so einfach ausrotten kann. Jeder Insulaner, der Christ ist oder behauptet, Christ zu sein, hat immer noch seinen weisen Mann, dessen geistlicher Leitung er sich anvertraut. Sogar eine modern erzogene Schülerin wie Aleena und auch ihre Mutter Tiare nehmen die Hilfe eines Mannes in Anspruch, der etwa dem entspricht, was die Inder einen Guru nennen."

„Das klingt unglaublich", murmelte ich.

„Ist es auch. Und diese weisen Männer verfügen über viel mehr Macht als unsere christlichen Prediger, obwohl kein Inselbewohner es jemals zugeben würde."

Es war inzwischen dunkel geworden, aber heller Mondschein lag auf der ruhigen, schönen Lagune. Alec kratzte seinen Pfeifenkopf aus. „Es ist Zeit, daß ich nach Hause fahre. Falls Sie eine halbwegs akzeptable Erklärung für diesen Spuk finden, bin ich der erste, der Sie dazu beglückwünscht." Er stand auf und klopfte mir wie üblich auf die Schulter.

Ich begleitete ihn durch den Garten zu seinem Wagen. Dann setzte ich mich auf die Veranda und blickte auf die Lagune hinaus. Im Mondlicht erkannte ich Boote und die donnernde Brandung am fernen silbernen Riff.

Es mußte eine vernünftige Erklärung für Manas tödlichen Zauber geben. Ich war entschlossen, sie zu finden.

DIE Schwierigkeiten begannen wenige Wochen später, als Alec Tiare telefonisch mitteilte, er wolle sich Aleenas Oberschenkel ansehen, um sich zu vergewissern, daß das Hauttransplantat nicht abgestoßen wurde.

„Reine Routine", erklärte er. „Ich möchte Aleena lieber hier in der Ambulanz untersuchen."

Manas ausdrücklichem Befehl zufolge durfte ich kein Mitglied der Familie behandeln. Das machte mir nichts aus. Ich hatte eine Menge Arbeit, und obwohl keine Poliofälle mehr gemeldet worden waren, studierte ich meine wenigen Bücher über diese Krankheit so gründlich wie möglich.

Außerdem machte ich mir wegen Lucy Sorgen. Inzwischen war klar, daß Paula von unserem Verhältnis wußte. Warum hatte sie Lucy noch nicht darauf angesprochen? Paula war gefährlich, und wenn sie beschloß, sich gegen uns zu stellen, würde unsere Romanze abrupt zu Ende sein. Lucys Offenheit, ihr Sinn für Humor und ihre Freundschaft würden mir schrecklich fehlen. Die Abende, an denen ich mit Jason Purvis klassische Musik hörte oder mich mit Alec unterhielt, waren recht angenehm; aber die Stunden, die ich in Lucys Armen verbrachte, waren etwas anderes, etwas Beglückendes.

Als Tiare und Aleena eintrafen, befand ich mich in der Ambulanz und suchte in der alten Blechkiste nach einigen Unterlagen.

Alec führte sie durch den Krankensaal in den Operationssaal. Ich verstand deutlich, was sie sprachen. „Sie brauchen sich nicht auszuziehen, Aleena", sagte Alec. „Legen Sie sich auf den Tisch, und ziehen Sie den Rock hoch. Ich will mich nur davon überzeugen, daß alles in Ordnung ist."

Es folgten unverständlich gesprochene Worte, Tiares Stimme und dann die Aleenas. Kurz darauf trat Alec auf den Korridor hinaus und rief: „Dr. Masters!"

Ich streckte den Kopf aus der Tür. Alec winkte mir und sagte: „Aleena und ihre Mutter bestehen darauf, daß Sie sich selbst davon überzeugen, wie die Narbe verheilt. Schließlich haben Sie das Melanom entdeckt."

„Darf ich einen Augenblick hereinkommen?" fragte ich zögernd.

„Bitte, sehen Sie es sich an, Doktor!" rief Aleena von drinnen.

Ich trat ein. Es war faszinierend, wie das kreisrunde Hautstückchen nahtlos mit seiner Umgebung verwuchs. Bald würde die Narbe so aussehen wie bei jeder Pockenimpfung, und nach einigen Wochen in Sonne und Wasser würde sie so gut wie unsichtbar sein.

„Die Ärzte in Sanderstown haben großartige Arbeit geleistet", sagte ich zu Alec und Aleena.

Ich beugte mich gerade vor, als es geschah. Plötzlich war der Operationsraum von wütendem Gebrüll erfüllt. Mana war unbemerkt eingetreten; er raste auf mich zu, packte mich am Hemdkragen und riß mich zurück, so daß ich beinahe zu Boden stürzte.

Tiare versuchte, Mana festzuhalten, aber er stieß sie weg. Alec vergaß seine ärztliche Zurückhaltung und brüllte: „Verschwinden Sie aus meinem Operationsraum, Sie Dreckskerl!"

Wie durch ein Wunder war ich auf den Beinen geblieben, und ohne lange zu überlegen, ging ich in Kampfstellung und schlug eine linke Gerade genau auf Manas Brustkorb. Ich hatte mein ganzes Gewicht in den Schlag gelegt, und als ich Mana traf, schwankte er mit glasigen Augen, und ich schickte einen rechten Haken hinterher. Dieser erwischte ihn an der linken Wange, die sofort aufplatzte und zu bluten begann.

Doch Mana war groß und besaß ungeahnte Kraftreserven. Er blieb unsicher schwankend stehen und schüttelte benommen den Kopf. In diesem Augenblick schrie Alec: „Aufhören! Sie befinden sich in einem Operationsraum, nicht in einer Bar. Sie sind schuld, Mana, Sie haben

Dr. Masters angegriffen, und es ist sein gutes Recht, sich zu verteidigen."

Endlich hielt Alec zu mir. Ich ließ die Arme sinken und trat zurück.

Ich hatte nichts abbekommen, nur meine Hand schmerzte, und ich war wütend. Trotzdem gelang es mir, „es tut mir leid, Prinzessin" zu sagen, ehe ich durch den Krankensaal dem Ausgang zustrebte. Mana zischte mir etwas hinterher, aber ich blickte nicht zurück. Ich hatte bereits die Verandatür erreicht, als Alec „Achtung!" rief.

Es war zu spät. Ich trat gerade in den Schatten des riesigen Flamboyantbaumes im Garten, als mich ein gewaltiger Hieb in den Rücken traf. Während ich fiel, traf mich der nächste Schlag, diesmal in die Rippen. Mana stand drohend über mir und war im Begriff, noch einmal zuzuschlagen.

Alec kam auf die Veranda gestürzt und schrie etwas. Die plötzliche Ablenkung verschaffte mir die Sekunde, die ich brauchte, um mich hochzurappeln.

Der Riß in Manas Wange blutete inzwischen heftig, aber das schien ihn wenig zu stören. Mit einer für diesen großen, schweren Mann unglaublichen Schnelligkeit hob er einen Rechen vom Rasen auf, mit dem die Blätter weggefegt wurden, und warf ihn wie einen Speer nach mir. Zum Glück streifte er nur meine Stirn, aber der Aufprall war doch so heftig, daß mir sofort Blut über das Gesicht floß.

Während ich mir noch das Blut aus dem linken Auge wischte, brüllte Mana etwas, schoß auf mich zu und duckte sich wie ein japanischer Ringer, um mich anzugreifen. Ich riß das Knie hoch und traf ihn genau in die Hoden. Er stöhnte vor Schmerz, blieb aber auf den Beinen und ging erneut auf mich los. Ich stolperte beinahe – über einen der Holzstühle, die für die wartenden Patienten bestimmt waren. In meiner Not packte ich den Stuhl mit der rechten Hand, und als Mana wieder einen Schlag auf meiner Wange landete, schwang ich ihn mit aller Kraft. Ich traf sein Gesicht, und diesmal schrie er vor Schmerz auf.

Ich wartete atemlos. Nach den Schlägen in den Rücken und in die Rippen war ich halb ohnmächtig gewesen, jetzt konnte ich vor Blut kaum etwas sehen.

Für einen Augenblick schien Mana aufgeben zu wollen, doch plötzlich warf er sich mit einem Aufschrei nach vorne. Es gelang mir eben noch, mich zur Seite zu drehen, dann konterte ich mit einer linken

Geraden, die ihn voll auf den Mund traf. Er wich zurück und spuckte Zähne aus; ich setzte sofort mit einem linken Haken nach und landete schließlich eine rechte Gerade auf seiner Brust, knapp unterhalb des Herzens – einer der wirkungsvollsten Schläge beim Boxen. Holz splitterte, als er gegen das Verandageländer flog und dort bewußtlos zu Boden ging.

Diesmal war er erledigt, ein Wrack mit blutverschmierter Hose und zerrissenem Hemd. Auch ich bot nicht gerade einen erhebenden Anblick. Über mein Gesicht strömte Blut, mein Hemd war in Fetzen gerissen.

„Jetzt reicht's", krächzte ich zu Alec.

„Kommen Sie herein!" befahl er. „Legen Sie sich hin, ich werde die Platzwunde säubern. Sie ist nicht schlimm, aber Sie bluten wie ein Schwein."

Miß Sowerby und Tiare kamen herbei, und Alec wandte sich an Miß Sowerby. „Behalten Sie Mana im Auge, und benachrichtigen Sie mich, wenn er zu sich kommt."

„Es tut mir leid", flüsterte Tiare. „Warum mußte das geschehen?"

„Wieso ist er eigentlich hier aufgetaucht?" wollte Alec wissen, während er die Verletzung an meiner Stirn behandelte.

„Es ist meine Schuld", antwortete Tiare. „Er wußte, daß Sie Aleena untersuchen wollten, und er warnte mich, Dr. Masters hinzuzuziehen. Er muß mir gefolgt sein."

Eine halbe Stunde später und nach zwei Whisky pur fühlte ich mich besser. Tiare und Aleena waren fort; Alec hatte Mana eine Injektion gegeben, um ihn leichter behandeln zu können. Er hatte versprochen, daß er Mana im Krankenwagen nach Hause transportieren werde.

„Lassen Sie mich fahren", schlug ich spontan vor. „Als passenden Abschluß für einen großartigen Tag." Ich versuchte zu lächeln, aber der Schmerz verhinderte es. „Sie müssen mir nur helfen, ihn in den Krankenwagen zu verfrachten."

„Also schön", stimmte Alec zu. „Aber beeilen Sie sich. Ich brauche den Wagen, um zum Mittagessen nach Hause zu fahren."

Mittagessen! War es noch immer Vormittag? Ich hatte den Eindruck, daß der Kampf den ganzen Tag gedauert hatte. Alec half mir murrend und schwitzend, Manas mächtigen Körper in den Krankenwagen zu hieven. Er war sehr schwer, und sobald wir versuchten ihn auf die Beine zu stellen, sackten diese unter ihm weg. Wir schafften es erst beim dritten Anlauf, ihn hineinzubugsieren und auf die Trage zu rollen. Dann fuhr ich los – schön langsam.

Als ich das hübsche Haus am Strand erreichte, begann Mana sich zu bewegen. Ich beobachtete ihn mißtrauisch, aber er hatte sichtlich keine Lust mehr zu kämpfen.

Tiare stand vor der Tür. „Es tut mir leid, Prinzessin", entschuldigte ich mich, „aber Sie wissen, daß ich nicht angefangen habe."

„Bitte sprechen Sie nicht weiter", flüsterte sie rasch. „Und Ihre armen Hände, Doktor – sehen Sie sich doch Ihre Hände an."

Ich sah sie mir an. Ich hatte nicht gemerkt, daß meine Knöchel rot und blutig waren. „Das nächste Mal darf ich meine Handschuhe nicht vergessen", scherzte ich schwach.

Mana versuchte aufzustehen, doch es gelang ihm nicht. Er bot einen jämmerlichen Anblick, das Blut auf seiner Wange war geronnen. Mühsam kam er mit Hilfe eines Dieners auf die Füße. Irgendwie brachte er es auch fertig zu sprechen, zuerst undeutlich, doch dann einigermaßen verständlich, so daß die arme Tiare „Nein, nein!" schrie und das Gesicht mit den Händen bedeckte.

„Ich belege dich mit dem Todesfluch", zischte Mana. „Du wirst in einer Woche tot sein. Und während der letzten drei Tage deines Lebens werden deine Qualen so schrecklich sein, daß du den Tod sehnlichst herbeiwünschen wirst!"

VIII

Ich brachte den Krankenwagen zurück und fuhr zum Mittagessen nach Hause. Alec hatte meine Hände verbunden und dabei gemurmelt: „Halten Sie sich um Gottes willen von diesem Mann fern." Ich erzählte Alec nichts von dem Todesfluch, weil ich ihn einfach nicht ernst nahm.

Doch das änderte sich. Am Sonntag abend bekam ich plötzlich brennenden Durst. Ich trank unaufhörlich und befahl Toma: „Koch noch mehr Wasser ab!"

Wir kochten unser Wasser immer mindestens fünf Minuten lang, um alle Bakterien zu töten. Das gekochte Wasser bewahrten wir in leeren Ginflaschen auf, weil man sie wegen ihrer rechteckigen Form leicht im Kühlschrank verstauen konnte.

„Viel Wasser", versicherte mir Toma. „Fünf Flaschen voll. Aber ich mache mehr, koche."

Ich legte mich aufs Bett, hatte offenbar einen Alptraum und rief nach Toma, der besorgt gerannt kam, um zu sehen, ob mir etwas fehlte.

„Master, Sie ganz naß." Er half mir aus dem Bett, um mich abzutrocknen.

„Ich fühle mich verdammt komisch, Toma." Ich wollte aufstehen, aber meine Beine gaben nach, und mir wurde unvermittelt unglaublich schlecht. Zum Glück hatte Toma das Handtuch dagelassen. Ich ergriff es und erbrach wohl die Hälfte des Mageninhalts. Es war Wasser – dunkelgrünes, übelriechendes Wasser.

Keuchend befahl ich Toma: „Bring mir Wasser!" Dann spürte ich einen rasenden Schmerz in den Gedärmen. Ich lief schreiend ins Badezimmer und erreichte es gerade noch rechtzeitig, bevor das Wasser aus meinen Därmen brach. Die Schmerzen ließen etwas nach, und ich kroch in das Zimmer zurück.

Als ich endlich keuchend im Bett lag, überkam mich ein Gefühl von Panik. Für die heftigen, krampfartigen Schmerzen gab es keine Erklärung. Das wußte ich als Arzt. Gift? Ich hatte nichts zu mir genommen, das zu einer so raschen Reaktion führen konnte, und selbst wenn ich verdorbenen Fisch oder eine überreife Frucht gegessen hätte, wären die Folgen nie von solchen Schmerzen begleitet gewesen.

Wenn aber diese plötzliche Erkrankung nicht normal war, was war sie dann? Als ich zu Toma aufblickte, erkannte ich, daß es für ihn keinen Zweifel gab.

„Es ist Todesfluch", flüsterte er.

„Blödsinn." Ich spürte, daß der nächste Anfall fällig war. „Hol Dr. Reid – rasch!" Ich hatte es kaum gesagt, da erbrach ich erneut.

In den nächsten vierundzwanzig Stunden kehrten die qualvollen Schmerzen immer wieder, und mein Magen brannte, als hätte ich glühende Kohlen geschluckt. Das Fürchterliche war, daß ich meine Körperfunktionen nicht mehr beherrschen konnte. Aus Mund und After quoll immer wieder eine stinkende Flüssigkeit. Schließlich mußte ich in eine Art Delirium gefallen sein, denn ich erinnere mich nur undeutlich daran, wie Alec mir Spritzen gab, nahm aber kaum wahr, was er sagte oder tat.

Dann kam Mollie Green. Die große, kräftige Frau hob mich aus dem Bett und trug mich in ein Zimmer, das – noch – sauber roch. Anschließend reinigten sie und Toma mein Schlafzimmer, und Mollie ließ Lee Ho, ihr chinesisches Faktotum, frische Matratzen und Laken aus dem Hotel holen.

Später trafen Jason Purvis, Bill Robins und Lucy ein. Die arme Lucy war tränenüberströmt, und ich bekam irgendwie mit, daß sie mir Lebewohl sagte.

„Was ist los?" fragte ich Bill Robins.

„Sie kommt wieder", versprach er mir. „Ich bringe sie nur für zwei Tage nach Sanderstown." Aber ich wußte, daß etwas nicht stimmte. Paula hätte Lucy an ihrem wöchentlichen Bridgeabend bestimmt nicht freigegeben.

Natürlich war die Annahme lächerlich, daß ein Mann diese rätselhafte Krankheit ausgelöst hatte, indem er mich mit einem Fluch belegte. Und doch quälten mich Krämpfe, Brechreiz und Durchfall. In meinen wenigen lichten Augenblicken spürte ich, daß die Menschen um mich befürchteten, mir nicht mehr helfen zu können.

Irgendwann mußte Mollie Green fortgegangen sein, denn ich sah sie eine Weile nicht. Dann waren plötzlich Tiare und Aleena im Zimmer. Aleena kniete an meinem Bett und schluchzte. „Bitte, Dr. Reid, können Sie ihm denn nicht helfen?"

„Wir tun, was wir können", murmelte Alec.

„Muß er sterben?" hörte ich Tiare wie durch einen Nebel fragen.

„Es geht ihm jedenfalls sehr schlecht. Ich kann ihm nur Kochsalzlösung spritzen, damit er nicht an Austrocknung stirbt."

Tiare berührte meine Hand. „Wenn Ihnen etwas zustößt, Dr. Masters, wird Mana sterben, das schwöre ich. Sie haben Aleena das Leben gerettet. Das ist eine Schuld, die beglichen werden muß. Komm, Aleena."

Ich weiß wirklich nicht, wieviel ich damals mitbekam und was man mir später erzählte, aber ich erinnere mich an den Besuch und daran, daß ich im Grunde davon überzeugt war, nicht durchzukommen. Ich sank in den Tod, genau wie Tiares erster Mann.

Dann kam die Rettung – vollkommen unerwartet und überraschend. Ich selbst sah und hörte es zwar nicht, doch man erzählte mir später, wie Jason Purvis, der eine der letzten mit Wasser gefüllten Ginflaschen aus dem Kühlschrank geholt hatte, ins Zimmer gestürzt kam. „Heureka!" rief der Schriftsteller, schwenkte die Flasche und rief triumphierend: „Sehen Sie sich das an, Dr. Reid! Das Rätsel ist gelöst! Es ist kein Zauber! Es ist ein Mordversuch!" Purvis zeigte auf einen stecknadelkopfgroßen schwarzen Fleck, der in der Flasche schwamm. „Wissen Sie, was das ist? Ein Kokosnußkäfer, den jemand ausgequetscht hat."

Die Kantharniden – die auf den Inseln Kokosnußkäfer genannt werden – kriechen zu Tausenden über die Blütenstände der Kokospalmen, wenn ihr Saft abgezapft wird. Aus dem Saft stellt man ein berauschendes Getränk namens Toddy her. Wenn man ein paar zerquetschte Kantharniden in eine Flasche mit Wasser oder Toddy wirft, sitzt derjenige, der es trinkt, eine Woche lang auf der Toilette. Aber wenn man den farblosen Saft von zehn oder mehr Kantharniden in eine Flasche mit Wasser träufelt, kann man damit einen Menschen töten.

Es war so einfach! Mana holte sich so viele Kokosnußkäfer, wie er wollte, zerquetschte sie und erhielt eine farblose Flüssigkeit, die er jeder Wasserflasche zusetzen konnte. Und sicher war es überhaupt nicht schwierig für ihn gewesen, sich unbemerkt in meinen Bungalow einzuschleichen – vielleicht als ich mich im Operationssaal befand und Toma Einkäufe machte. In Koraloona wurden weder Eingangstüren noch Speisekammern verschlossen.

Nach der Entdeckung wollte Purvis zu Mana stürzen und ihn zur Rede stellen. Doch Alec hielt ihn zurück. „Er entgeht uns nicht, machen Sie sich keine Sorgen. Können Sie mir sagen, wie viele Flaschen mit Wasser noch im Kühlschrank stehen?"

„Das war die letzte."

„Sehr gut. Toma, du füllst die leeren Flaschen auf. Mana wird heute nacht noch einmal kommen. Wir stellen ihm eine Falle, denn wir müssen ihn auf frischer Tat ertappen. Aber zuerst müssen wir uns um Kit kümmern. Wenn er keine Kochsalzlösung bekommt, stirbt er an Erschöpfung."

Alec gab mir auch ein starkes Beruhigungsmittel, aber ich hatte dennoch Alpträume, in denen Mana versuchte, mich zu töten. Als ich langsam in die normale Welt zurückkehrte – die Temperatur sank, der Puls ging regelmäßiger, Alec lächelte sogar zufrieden –, fragte ich: „Kann ich Lucy sehen? Warum hat sie mich noch nicht besucht?"

Alec tat, als hätte er nichts gehört, und deshalb bat ich Purvis, sie zu holen, doch er murmelte eine Ausrede. Miß Sowerby preßte die Lippen zusammen und antwortete überhaupt nicht.

Endlich erzählte mir Alec alles, obwohl er die Einzelheiten nicht kannte. Paula und Lucy waren aneinandergeraten, Paula hatte Lucy fristlos entlassen und ihr gesagt, sie solle ihre Sachen packen und noch am gleichen Abend mit der *Mantela* abreisen. Deshalb war Lucy unerwartet hierhergekommen.

Ich war niedergeschmettert und brach infolge meiner Schwäche in Tränen aus. Wir waren so gute Freunde und ein so glückliches Liebespaar gewesen! Das plötzliche traurige Ende deprimierte mich sehr. Ich beschimpfte Paula. Wie konnte sie so gefühllos handeln, auch wenn man sie gereizt hatte?

Während ich langsam genas und bereits Orangensaft und Milch aus Trockenmilchpulver trinken durfte, ereilte Mana die gerechte Strafe.

Alec, Jason Purvis und Mollie hatten sich in der Dunkelheit auf die Lauer gelegt und erwartet, daß Mana eine Flasche der giftigen Lösung mitbringen und diese in die Flaschen mit abgekochtem Wasser im Kühlschrank gießen würde.

Doch er war schlauer. Irgendwo hatte er ein halbes Dutzend leere Ginflaschen aufgetrieben und sie mit Wasser und Gift gefüllt, so daß er nicht Zeit damit vergeuden mußte, die Flaschen in meinem Bungalow zu präparieren. Alec entdeckte ihn, als er mit einer Tragetasche aus Papier durch den Garten hinkte – eine Folge des letzten Kampfes –, und stellte ihn. Mana schwang die Tasche angriffslustig.

Doch Jason Purvis, der neben Alec stand, packte die Tasche und riß sie Mana aus den Händen. Als Alec die Flaschen mit Wasser erblickte, erklärte er ernst: „Das Spiel ist aus, Mana. Wir wissen, wie Sie das Wasser vergiftet haben. Sie wollen ein Medizinmann sein? Sie sind ein Betrüger und ein Mörder!"

Colonel Fawcett und Alec entschieden dann, was mit Mana geschehen sollte. Ich wußte davon nichts, denn man hielt alle Aufregungen von mir fern, weil ich noch sehr schwach war. Fawcett und Alec trafen sich im Union Jack Club in Tala-Tala. „Wir haben zwei Möglichkeiten", erklärte Colonel Fawcett. „Wir können den Vorfall der Polizei in Sanderstown melden; dann verhaften sie Mana, und es kommt zu einem Prozeß. Als der verantwortliche Beamte für Koraloona verfüge ich andererseits auch über gerichtliche Befugnis und kann Mana auf Grund der Indizienbeweise verhaften und einsperren. Auf keinen Fall können wir ihn frei herumlaufen lassen, denn er stellt eine Bedrohung dar."

„Mir würde es gar nicht gefallen, wenn es zu einem großen Prozeß käme", wandte Alec ein. „Ich hoffe, daß Sie es selbst erledigen können."

„Ich schicke ihn nach Penal Island", beschloß Colonel Fawcett schließlich. „Von der Sträflingsinsel kommt er sein Leben lang nicht zurück, es sei denn, er legt Berufung ein und das Gericht in Sanderstown ändert meine Entscheidung ab. Aber das wird er nicht wagen. Wegen Mordes könnte man ihn hängen. Schließlich hat er ja schon vorher zwei Männer ermordet – auch wenn wir es nicht beweisen können."

Mana wurde also verhaftet und nach Penal Island gebracht. Ich erfuhr erst von seiner Festnahme, als er sich bereits auf der Sträflingsinsel befand. Endlich fühlte ich mich sicher.

Nachdem Mana fortgebracht worden war, besuchte mich Tiare einige Male; ein- oder zweimal kam auch Aleena mit.

„Wir sind Ihnen zu Dank verpflichtet", erklärte Tiare in ihrem etwas gespreizten Englisch, „denn Sie haben Aleena und mir die Freiheit wiedergegeben, die wir nach dem Tod meines ersten Mannes verloren hatten. Daher möchte ich Ihnen meine Dankbarkeit erweisen, soweit es in meiner Macht liegt."

„Sie sind sehr gütig, aber das ist wirklich nicht notwendig, Prinzessin", antwortete ich. „Doch ich hätte eine Bitte."

„Ja?"

„Dürfte ich, sobald ich gesund bin, die Gemälde Ihres Vaters sehen? Gauguins Bilder?"

„Selbstverständlich. Ich werde es veranlassen."

„Und ich werde meinen weisen Mann aufsuchen, ihm danken und für Sie beten", fügte Aleena hinzu.

IX

In dem Monat, der folgte, gab es drei neue Fälle von Kinderlähmung – nicht gerade eine Epidemie, aber es war doch beunruhigend. Ein Mädchen aus einem abgelegenen Dorf an der Ostküste der Insel kam so spät, daß mir die Sinnlosigkeit einer Wärmebehandlung klar war. Alec flog sie zur Operation nach Sanderstown. Einem anderen Mädchen konnte ich – hauptsächlich dank Miß Sowerbys Einsatz – die

Gesundheit wiedergeben. Der dritte Patient genas nur teilweise. „Das alles könnte vermieden werden, wenn die Leute mehr Ahnung von Hygiene hätten", sagte ich beinahe heftig zu Alec. „Die hygienischen Zustände in den Dörfern sind erschreckend."

„Ich weiß", gab Alec zu. „Wir würden nur einige wenige Dinge brauchen, Latrinengräben, Asche oder Erde zum Abdecken, das alles an besonderen Stellen – aber das Problem besteht darin, ihnen beizubringen, warum es notwendig ist."

„Wir brauchen freiwillige Helfer für eine Aufklärungskampagne", meinte ich. „Ob uns vielleicht Jason Purvis bei dieser Sache helfen kann?"

„Ich glaube nicht." Alec schüttelte den Kopf. „Unser Künstler besitzt nicht genügend Ausdauer, um von Ort zu Ort zu wandern. Haben Sie jemals Paula Reece in Erwägung gezogen?"

„Kommt nicht in Frage", wehrte ich ab. Ich hatte Paula kaum mehr gesehen, seit sie Lucy hinausgeworfen hatte. Ich hatte keine ihrer Partys mehr besucht, und wenn wir uns bei anderen Leuten begegneten, begrüßte ich sie höflich, aber kühl. Mich packte immer noch der Zorn, wenn ich daran dachte, wie sie Lucy behandelt hatte.

Alec blickte nachdenklich aus dem Fenster. Schließlich sagte er: „Es gibt einen Menschen, der uns helfen könnte. Die Prinzessin. Die Insulaner würden alles tun, was Tiare ihnen befiehlt."

„Eine großartige Idee", stimmte ich ihm zu. „Sprechen Sie mit ihr."

„Doch nicht ich!" rief er. „Sie! Die arme Frau hat noch immer ein schlechtes Gewissen, weil Mana versucht hat, Sie zu töten, und gleichzeitig ist sie Ihnen dankbar, weil Sie sie, wenn auch indirekt, von Mana befreit haben. Also tragen Sie es ihr vor, Kit. Die beste Gelegenheit dazu wäre nächste Woche."

„Warum nächste Woche?"

„Haben Sie es vergessen? Die Privatbesichtigung der Gauguinbilder."

Ich hatte nicht mehr daran gedacht. Als Aleena nach Sanderstown ins Internat zurückgekehrt war, hatte Tiare mich angerufen und mich gefragt, ob mir der kommende Mittwoch recht sei. Ich hatte zugesagt. Sie hatte auch Alec gefragt, ob er sich die Bilder noch einmal ansehen wolle.

Ich war natürlich gespannt. „Ich wundere mich, daß niemand von diesen Bildern weiß, daß keine Gerüchte an die Außenwelt gedrungen sind", sagte ich zu Alec. „Wie kann man ein solches Geheimnis vor neugierigen Blicken bewahren?"

„Nur sehr wenige Leute wissen Bescheid", erklärte Alec. „Ganz Koraloona weiß zwar, daß die Prinzessin ein Erbe besitzt, aber nur wenige wissen, woraus es besteht. Wenn Gauguins Geliebte auf Tahiti gelebt hätte, wäre es etwas anderes, aber es ist nie bekanntgeworden, daß er sich lange Zeit hier aufgehalten hat, geschweige denn, daß er eine Geliebte hatte."

Am Tag der „Gauguin-Ausstellung" rief Tiare zeitig am Morgen Alec an und sagte, wir sollten früher hinaufkommen und an ihrem Privatstrand schwimmen. Anschließend könnten wir die Gemälde besichtigen und das Mittagessen bei ihr einnehmen.

Während der Fahrt erklärte mir Alec: „Sie können natürlich schwimmen, wenn Sie Lust dazu haben, aber meine Figur muß ich nicht unbedingt zur Schau stellen."

Tiare erwartete uns bereits im Badeanzug unter dem Sonnendach und begrüßte uns herzlich. Da ich bereits die Badehose anhatte, schlüpfte ich nur rasch aus Hemd und Hose. Dann lief ich ins Wasser. Tiare folgte mir und ließ sich lachend in die sanfte Brandung fallen.

Man merkte der Prinzessin ihr Alter nicht an. Als sie nach dem Schwimmen den Strand hinaufging, bewunderte ich ihre schlanke Figur. Ich sagte ihr nicht, daß sie großartig aussah, aber Alec kannte keine Hemmungen.

„Sie sind wirklich gut in Form, Prinzessin." Er beschattete seine Augen mit der Hand.

„Sprechen Sie als Arzt oder als Preisrichter bei einem Schönheitswettbewerb?" Sie trocknete sich ab.

„Als der Arzt, der Sie von Aleena entbunden hat. Und bei mir würden Sie jeden Schönheitswettbewerb gewinnen."

Sie nahm das Kompliment lachend entgegen. „Wie wäre es jetzt mit einem kleinen Drink?" Sie hatte im Schatten des Sonnendachs kühle Longdrinks bereitgestellt.

Ich nahm einen Schluck. „Köstlich. Was ist das?"

„Der beste Drink auf den Inseln. Die Milch einer frischen Kokosnuß, ein ordentlicher Schuß Gin und ein paar frische Limonen."

Nach einem weiteren Drink forderte uns Tiare auf: „Sehen wir uns jetzt das Erbe an!" Sie ging uns ins Wohnzimmer voraus.

Ich erinnerte mich sehr deutlich an die bequemen, mit Chintz bezogenen Sessel, an das alte Klavier, auf dem ein einziges Foto stand. Deshalb verblüffte mich die Veränderung, die mit dem Raum vor sich gegangen war.

Im hellen Sonnenlicht glühte er von Farben, wie ich sie noch nie gesehen hatte. Nicht nur an den Wänden, sondern überall, auf Kommoden und Tischen oder gegen Stuhlrücken gelehnt, leuchteten die großartigen Gemälde Gauguins.

Ich ging im Zimmer umher, blieb einmal vor diesem Bild stehen, dann vor jenem, überwältigt von der Vielfalt der Eindrücke.

Ein Bild fiel mir besonders auf, denn ich hatte sofort erkannt, was es darstellte. Es war ein großes Ölgemälde des verborgenen Teiches beim Wasserfall, den mir Bill Robins bei der ersten Besichtigung der Insel gezeigt hatte. Über den Rand des Wasserfalls beugte sich eine junge Frau, deren langes Haar bis zur Taille reichte und die eine Hibiskusblüte über dem linken Ohr trug.

„Das ist meine Mutter." Tiare betrachtete das Bild und fügte hinzu: „Sie und Vater sind oft dort geschwommen."

„Es ist phantastisch. Ihre Mutter war sehr schön."

„Erkennen Sie das da?" Tiare zeigte auf ein anderes Bild.

Es war die Hauptstraße von Koraloona, die fast genauso aussah wie heute. Nur die Straße selbst war ganz anders – nämlich rosa.

Das war außergewöhnlich, sah wunderschön aus, und das Rosa anstelle des grauen Staubs wirkte absolut passend.

„Er hantierte mit den Farben ein bißchen großzügig", bemerkte Alec, der dieser „modernen Malerei" eher reserviert gegenüberstand, und trat zu einem der Rattanstühle. „Das ist endlich etwas, das ich verstehe. Ein Schiff. Eindeutig ein Schiff." Es war die Skizze eines Segelschiffs, dessen Bug perspektivisch verkürzt war, so daß er aus dem Bild auf uns zuzufahren schien.

„Die *Oceanien*, das Schiff, auf dem Gauguin nach Koraloona gekommen ist", erklärte Tiare.

Auf einer Kommode beim Fenster standen drei Selbstporträts, und hinter dem Flügel lehnte ein großes, herrliches Bild vom Fest in Anani, auf dem die Insulaner beim Schein des aufgehenden Mondes gegorenen Orangensaft tranken, sangen und tanzten. Der Hain bestand aus roten Bäumen, im Vordergrund tanzten Mädchen in leuchtenden Sarongs.

Das Bild war schön und sinnlich, und einen Augenblick lang dachte ich traurig an den glücklichen Abend, den ich mit Lucy verbracht hatte.

Wir betrachteten die Bilder über eine Stunde, bevor die Prinzessin uns zum Essen auf die Veranda bat. Wir saßen noch zu Tisch, als Jim Wilson, der Schiffsausrüster, auf den Verandastufen auftauchte.

Er wünschte uns guten Appetit und fragte, ob er die Bilder wieder wegräumen könne.

„Ja, gerne", antwortete Tiare. „Ich hoffe, daß es Ihnen nicht zuviel Mühe macht. "

Jetzt erst erfuhr ich, wieso sich die Bilder in so ausgezeichnetem Zustand befanden. „Es klingt verrückt", erklärte Tiare, „aber wir bewahren sie in einem riesigen leeren Aquarium auf. Meine Mutter hat es bei einem Trödler gekauft. Es steht auf einem Gestell, und es befindet sich in meinem Schlafzimmer. In ihm haben alle Bilder Platz. Wir zeigen sie deshalb nicht öfter her, weil Jim Wilson das Aquarium mit einem Deckel aus dünnem Blei verschlossen hält, den er mit Gips versiegelt hat. Wenn jemand die Bilder sehen will, muß Jim den Gips wegschlagen und das Aquarium öffnen. Und jetzt ist er hier, um den Behälter wieder luftdicht zu verschließen. "

„Das ist ja schrecklich, wieviel Mühe ich Ihnen verursacht habe. "

„Es war mir ein Vergnügen, einem so begeisterten Verehrer der Kunst meines Vaters eine Freude zu machen", betonte Tiare.

Als wir nach dem Essen unseren Kaffee tranken, erinnerte ich mich an das ungelöste Problem der Hygiene auf der Insel. Tiare würde jetzt für mein Anliegen empfänglich sein, und ich erklärte ihr das Problem in wenigen Worten.

Sie überlegte. „Was genau erwarten Sie von mir?"

„Wir können nicht die Gewohnheiten der Insulaner an einem Tag ändern", gestand ich ein. „Selbst wenn sie Gräben ausheben und einfache Latrinen anlegen, werden sie nicht verstehen, was ich bezwecken will. Und hier könnten Sie eingreifen, Prinzessin. Sie könnten alle Dorfältesten von Koraloona hierherbeordern und ihnen die Notwendigkeit dieser Anlagen erklären. Das ‚Warum' ist am wichtigsten. "

Tiare war sofort dazu bereit. „Nennen Sie mir einen geeigneten Zeitpunkt, und ich werde alles in die Wege leiten. "

Es war einer der Tage, die man nie vergißt: zuerst die einzigartige Kunstausstellung und dann die Vorbereitungen für Koraloonas erste große Gesundheitskampagne.

AM 3. SEPTEMBER 1939 erklärte England Deutschland den Krieg. Die Monate nach dem Ausbruch des Krieges brachten mich wie alle Weißen in der Südsee in eine seltsam zwiespältige Lage. Die Bluts- und Freundschaftsbande zu den Menschen in Europa weckten in uns den Wunsch, ihre Bürde mitzutragen; doch wir waren nur Zuschauer bei einem Drama, in das wir nicht eingreifen konnten. Für uns war es der „europäische Krieg", der Kampf auf einem fernen Kontinent; Ursachen und Wirkungen waren weit von uns entfernt.

Dennoch löste der September 1939 fieberhafte Aktivitäten bei uns aus. Die Mitglieder des Union Jack Clubs bildeten ein Komitee, das es sich zur Aufgabe machte, Pakete für England zu organisieren. Doch das gestaltete sich schwierig. Wir lasen über die zunehmend strengere Rationierung in England, und uns war klar, daß Lebensmittelpakete dringend benötigt wurden, aber auf Koraloona produzierten wir nur leicht verderbliche Lebensmittel.

Andererseits stand Koraloona unter der wirtschaftlichen Schirm- herrschaft Neuseelands, und Colonel Fawcett ließ sich von dort Strickwolle schicken, die die Damen des Komitees fleißig zu Socken, Pullovern und ähnlich nützlichen Dingen für die Soldaten verarbeite- ten. Die Stricknadeln der Damen klapperten immer eifriger, je mehr der Krieg sich ausweitete. Ich persönlich konnte nur eine Zahlungsan- weisung an den Vertreter der Mission in Sydney senden. Mit diesem Geld schickte er monatlich von Australien aus Lebensmittelpakete an meine Familie in Nottingham.

Im April 1940 wurde die Kriegslage bedrohlich. Die *Sanderstown Sentinel* berichtete von einer Katastrophe nach der anderen. Hitler er- oberte Europa mit der Hemmungslosigkeit eines Verrückten. Wir befanden uns natürlich in Sicherheit, denn nicht einmal Hitler konnte den Pazifik erreichen, doch diese Tatsache nahm uns nicht unsere Angst. Coventry war zerstört worden. Wie ging es meinen Eltern? Wie ging es Clare? Wenn die Zeitung eintraf oder wenn das Radio ein- geschaltet wurde, wartete ich darauf, daß der Name Nottingham erwähnt würde. Es war nie der Fall, aber das beruhigte mich nicht. Welche Ironie, daß ich in einer so glücklichen Gemeinschaft im strah- lenden Sonnenschein lebte und dennoch jetzt so starkes Heimweh empfand!

Die *Mantela* konnte nur noch alle vierzehn Tage Koraloona anlau- fen. Der verminderte Kontakt mit Sanderstown eröffnete mir jedoch eine interessante Aussicht. Alec befürchtete, er könnte einmal selbst krank sein, wenn dringend ein Medikament aus Sanderstown gebraucht wurde. „Das ist ein wunder Punkt in unserem Versorgungssystem. Weil uns der Krieg zusätzliche Transportprobleme beschert, bleibt Ihnen nichts anderes übrig, als fliegen zu lernen", eröffnete er mir.

Alec hatte ein paarmal angeboten, mir Flugstunden zu geben; jetzt sah ich ein, wie wichtig es war, ihn vertreten zu können.

Eine Woche später war es soweit. Ich lernte überraschend schnell, die Gloster zu fliegen; dennoch hatte ich entsetzliches Lampenfieber, als ich nach drei Wochen zum erstenmal ohne Alecs beruhigende Gegenwart starten und landen mußte. Trotzdem, wenn ich mich erst einmal in der Luft befand, war ich von überschäumender Heiterkeit erfüllt, und nach meinem ersten Alleinflug hätte ich das Fliegen um nichts in der Welt mehr missen mögen.

Der Krieg berührte die Bewohner von Koraloona auf mancherlei Weise, obwohl er sich weit weg von uns abspielte und Ruhe und Frieden erhalten blieben. Eine seiner Folgen veränderte das Leben von Jason Purvis. Ein Vetter von ihm war bei einem Luftangriff ums Leben gekommen, und danach war Jason Purvis ein anderer Mensch geworden. Er trank zwar noch immer, aber er hielt den Krankenhausgarten in Ordnung und versuchte überhaupt, sich immer wieder nützlich zu machen. Dann bekam ich im Krankenhaus von einer Seite Hilfe, von der ich sie am wenigsten wünschte. Es passierte nach einer Zusammenkunft des Hilfskomitees im Union Jack Club, als Paula Reece sich zu Wort meldete. „Amerika ist zwar neutral, aber Sie haben mich immer als eine der Ihren behandelt, und ich möchte tatkräftige Hilfe leisten. Bitte sagen Sie mir, was ich tun kann."

„Das ist sehr freundlich von Ihnen, Paula", murmelte Colonel Fawcett. Er wandte sich den übrigen Anwesenden zu. „Irgendwelche Vorschläge?"

Ausgerechnet Alec stand auf. „Ja, Colonel. Ich brauche eine unbezahlte Hilfskraft, die Dr. Masters unterstützt."

Aufgeregtes Gemurmel erhob sich. Alle wußten, daß ich Paula Reece nicht leiden konnte. Ich kam nicht darüber hinweg, wie schäbig sie die arme Lucy behandelt hatte.

Ich wurde rot und trat Alec gegen das Schienbein.

„Kit wird mit dem, was ich sage, nicht einverstanden sein", Alec drehte sich zu mir um und klopfte mir väterlich auf die Schulter, „aber unser junger Freund hier steht am Rande eines Nervenzusammenbruchs."

„Das ist nicht wahr", behauptete ich.

„O doch! Und warum? – Nein, unterbrechen Sie mich nicht, Kit. – Meine Damen und Herren, nur wenige von Ihnen werden wissen, daß Dr. Masters in den letzten sechs Monaten elf Fälle der gefürchteten Kinderlähmung geheilt hat, der Krankheit, die angeblich kein Arzt heilen kann. Wir bekommen ununterbrochen neue Fälle herein, und Dr. Masters und Miß Sowerby müssen bei ihrer Behandlung alle zwei Stunden heiße Umschläge wechseln." Er machte eine Pause, bevor er dramatisch hinzufügte: „Alle zwei Stunden, drei Tage und drei Nächte lang. Im Augenblick befinden sich drei Patienten im Krankenhaus. Deshalb kann sich keiner der beiden ausruhen. Denn wenn man auch nur ein- oder zweimal versäumt, den Umschlag zu wechseln, bleibt der Patient auf Lebenszeit ein Krüppel."

„Halten Sie den Mund!" zischte ich erbost.

Spontaner Beifall brach los. Er hatte es so verdammt heldenhaft dargestellt. Ich kam mir lächerlich vor. Dann hob Alec die Hand, und im Raum wurde es wieder still. „Ich habe Ihnen unsere Probleme aus einem bestimmten Grund erzählt. Nicht um Kit zu loben, der nur seine Pflicht als Arzt tut, sondern weil es Miß Reece gegenüber nicht fair wäre, ihr Angebot anzunehmen, wenn sie nicht weiß, worauf sie sich einläßt. Aber wir können Sie brauchen, Paula."

„Ich bin gern bereit zu helfen", antwortete sie.

„Genehmigt. Die Sitzung ist beendet." Colonel Fawcett stürmte als erster zur Bar, während Alec mich zur Seite nahm.

„Die Insel ist zu klein, um jemandem auf Dauer zu grollen", meinte er. „Benehmen Sie sich nicht wie ein dummer Junge. Sie sind erwachsen."

Paula Reece trat also ihre Stellung als unbezahlte Hilfskraft an. Ich muß zugeben, daß sie sich bereits nach wenigen Tagen sehr geschickt anstellte. Keiner von uns erwähnte Lucy; wir bemühten uns, unbefangen miteinander umzugehen. Wir nannten uns beim Vornamen. Aber ihre Partys besuchte ich auch weiterhin nicht.

Allerdings ergab sich eine Schwierigkeit, an der nicht ich schuld war. Meiner erprobten Helferin, Miß Sowerby, widerstrebte das Eindringen dieser dritten Person ganz und gar.

Paula ignorierte Miß Sowerbys feindselige Haltung und arbeitete immer härter. Das Ergebnis war, daß die beiden einander an Arbeitseifer übertrafen.

Beider Hilfe war unschätzbar wertvoll. Die Behandlung der neuen Poliofälle machte uns viel Arbeit, wenn es sich auch zum Glück noch nicht um eine Epidemie handelte.

Dann, Anfang Dezember 1941, brachte uns ein Mann seine zehnjährige Tochter, der es sehr schlechtging. Die fürchterlichen Krämpfe der Kinderlähmung hatten bei ihr nicht die Beine, sondern das Zwerchfell befallen. Ihre Brustmuskeln wurden allmählich von der Lähmung ergriffen, so daß sie nicht die Kraft hatte, genügend Luft einzuatmen, und diese auch nicht ausatmen konnte. Es gab eine einzige Möglichkeit, sie am Leben zu erhalten; wir mußten uns vom Flottenstützpunkt in Sanderstown eine eiserne Lunge ausleihen. Ich bat Alec um Hilfe, und er zögerte keine Sekunde. „Ich erkundige mich sofort über Funk, ob man in Sanderstown einen Apparat entbehren kann."

„Wir haben nicht viel Zeit", sagte ich. „Sie kann nur mit größter Schwierigkeit atmen."

„Wenn wir eine Lunge bekommen können, müßten Sie sofort nach Sanderstown fliegen, Kit."

Als alles arrangiert war und ich die Gloster endlich aufgetankt hatte, war es bereits Nachmittag. Ich stieg auf in den blauen Himmel und nahm Kurs auf Sanderstown. Es sollte ein Wendepunkt in meinem Leben werden.

X

Ich erreichte Sanderstown ohne Zwischenfall und kreiste über der Stadt mit den breiten Alleen. Eine Menge Schiffe der Kriegsmarine lagen im Hafen. Ich flog geradewegs zum Zivilflugplatz westlich von Sanderstown, der sechs Kilometer von dem Flottenstützpunkt entfernt war. Bill Robins erwartete mich und fuhr mich direkt zum Stützpunkt, wo mich ein Lieutenant begrüßte. Der Lieutenant führte mich zu einem Lieferwagen, in dem die eiserne Lunge bereitstand.

Wir fuhren zum Flugplatz zurück, verstauten den Apparat in der Gloster und zurrten ihn fest. „Und jetzt", sagte ich, „kann ich bis morgen vergessen, daß ich dienstlich hier bin."

Bill Robins erklärte sich bereit, mir die Stadt zu zeigen. Der Gegensatz zwischen der trägen Schönheit von Anani und der Geschäftigkeit von Sanderstown war nicht zu übersehen. Bill Robins fuhr mich am Einkaufszentrum und am Marktplatz vorbei, dann setzte er mich am Hotel ab, damit ich mich vor dem Abendessen frisch machen konnte. Um acht Uhr kam er wieder und brachte mich zu seinem Haus.

Seine Frau Bessie bereitete mir einen herzlichen Empfang. Sie war eine reizende Londonerin, die ich auf ungefähr Vierzig schätzte. Wenn sie lachte, blitzten die Zähne in dem runden Gesicht. Sie hatte Grübchen in den Wangen, und aus ihren Augen leuchtete Lebensfreude.

Wir ließen uns im Wohnzimmer der Robins nieder, tranken eine White Lady, und dann sah Bessie nach dem Essen.

„Finden Sie nicht, daß die Japaner neuerdings sehr aggressiv werden?" fragte Bill.

„Sie meinen, weil die Amerikaner sie von dem Erdöl in Niederländisch-Indien abgeschnitten haben?" Alec hatte bereits etwas Ähnliches geäußert. „Damit will Amerika nur verhindern, daß sie China angreifen."

„Eins steht jedenfalls fest. Die Japaner können sich auf keinen Krieg mit den Amerikanern einlassen."

In diesem Augenblick kam Bessie aus der Küche und fragte: „Wo bleibt eigentlich unser zweiter Gast?"

„Wir haben ein Mädchen für Sie", erklärte Bill.

„Aber Bill", ermahnte Bessie, „bring den Doktor nicht in Verlegenheit."

„So habe ich es ja nicht gemeint." Bill zündete seine Pfeife an. „Ich habe nur gemeint, daß wir bei Tisch zu viert sind."

„Das war doch nicht notwendig", wandte ich ein. „Ich habe mich auf die Unterhaltung mit Ihnen gefreut und –"

„Da ist sie." Bill stand auf, ging zur Tür und kam mit Aleena herein.

Ich fiel aus allen Wolken. Statt des langbeinigen Schulmädchens sah ich eine schöne junge Frau vor mir.

War es die städtische Kleidung, die sie trug? Ein weißer Seidenrock statt der Shorts oder des Sarongs? War es der Hauch von Lippenstift?

Doch vielleicht war die Veränderung auch ganz selbstverständlich. Immerhin lebte ich seit mehr als drei Jahren auf der Insel. Aleena war knapp vierzehn gewesen, als ich sie kennenlernte, sie war für mich ein nettes Schulmädchen gewesen. Jetzt war sie siebzehn, hatte das Haar aufgesteckt, betrat lächelnd das Zimmer und begrüßte mich beinahe übermütig mit „Hallo, Kit". Ich hatte den Eindruck, daß sie, indem sie mich mit dem Vornamen ansprach, darauf hinweisen wollte, daß sie erwachsen war.

„Das ist eine wunderbare Überraschung, Aleena." Dann platzte ich heraus: „Ich kann es nicht fassen – du bist ja erwachsen."

„Das macht das Leben in der Großstadt." Sie lachte. „Welche der beiden Aleenas ist Ihnen lieber?"

„Natürlich die erwachsene."

„Das Essen steht auf dem Tisch", verkündete Bessie.

Das Dinner war ausgezeichnet. Bessie hatte australisches Roastbeef zubereitet, dazu gab es eine Flasche Wein, und Bill trank seinen Grünen Kleber.

Nach dem Essen wandte ich mich so beiläufig wie möglich an ihn. „Wenn Aleena sich außerhalb des Internats aufhält, übernehmen Sie vermutlich die Verantwortung für sie?"

„Ich habe es ihrer Mutter versprochen."

Ich stand auf und verbeugte mich formell vor ihm. „Dann bitte ich Sie um die Erlaubnis, Sir, mit Ihrer Schutzbefohlenen ein Tanzcafé aufsuchen zu dürfen."

„Bitte, erlauben Sie es, Bill!" rief Aleena. „Die Jungen, mit denen wir ausgehen, sind so langweilig. Ich möchte sehr gern tanzen. Ich verspreche Ihnen, daß ich um elf im Internat sein werde – so lange habe ich Ausgang."

„Ich werde dafür sorgen, daß sie nicht zu spät kommt", versicherte ich.

„Also gut. Fort mit euch." Bill klopfte seine Pfeife aus und seufzte resigniert: „Wie schön es ist, jung zu sein. Unterhaltet euch gut."

Ich war jung, jedenfalls jünger als er, und heute abend hatte ich meinen Doktortitel abgelegt und war für sie nur ein junger Mann, der mit ihr tanzen wollte.

Das Lokal hieß Café de Paris. Ich reichte Aleena den Arm und führte sie zu einem kleinen runden Tisch neben der winzigen Tanzfläche. „Champagner?" fragte ich nonchalant, als wir uns setzten. „Darfst du ihn trinken?"

„Natürlich. Wenn Mutter nicht dabei ist."

Ich winkte den Kellner herbei und bestellte.

Die Tanzfläche war halb leer. „Johnny Fresno und seine Band" spielten leise Musik, ein Potpourri aus dem Film „Schneewittchen", der in Sanderstown im Kino lief. Die Musik ging ins Ohr.

„Tanzen wir", schlug ich vor.

Sie stand auf. Die Band spielte eine langsame Melodie, Aleena bewegte sich graziös im Takt der Musik. Ich hatte den Arm um ihre Taille gelegt – ich war kein geübter Tänzer, aber sie tanzte so meisterhaft, daß sie mir das Gefühl gab, der großartigste Tänzer der Welt zu sein.

„Du bist die geborene Tänzerin", erklärte ich, als ich sie zum Tisch zurückführte. Der Kellner zeigte mir die Flasche Champagner und schenkte ein.

Als ich Aleena zutrank, gestand sie: „Ich habe geflunkert. Ich trinke zum erstenmal in meinem Leben Champagner."

Kurz darauf begann die Band wieder zu spielen, und Aleena meinte: „Oh, ich liebe dieses Lied. Laß uns noch einmal tanzen."

„Ja, gerne." Diesmal war es ein langsamer Foxtrott, wir tanzten noch enger, noch träumerischer, und sie murmelte: „Ich könnte ewig so weitertanzen."

„Wie, glaubst du, daß mir zumute ist?" flüsterte ich. Als der Tanz zu Ende war und wir zum Tisch zurückgingen, sagte ich: „Mir ist nie bewußt gewesen, wie schön du bist, Aleena."

Aleena setzte sich neben mich. Sie wollte etwas antworten, schluckte die Worte jedoch hinunter und sah mich an. Dann schmiegte sie sich an mich.

Durch ihre Reaktion ermutigt, fragte ich kühn: „Würdest du mir einen Gefallen tun?"

„Natürlich, wenn ich kann." Sie küßte mich auf die Wange.

„Laß dein Haar lose fallen. Wir haben gerade noch Zeit für einen Tanz, und ich möchte, daß dir deine schönen Haare auf die Schultern fallen. Stört es dich?"

„Natürlich nicht." Sie kicherte.

„Was ist daran so komisch?"

„Wenn du wüßtest, was für Mühe es mich gekostet hat, das Haar aufzustecken. Als ich von Bill erfuhr, daß du nach Sanderstown kommst, haben Kinawa und ich mein Haar mühsam mit Lockenwicklern eingedreht."

„Das hättest du nicht tun sollen."

Sie griff nach meiner Hand. „Es war so lustig. Kinawa hat amerika-

nische Zeitschriften, und wir haben eine Frisur ausgesucht, die dir
unserer Meinung nach am besten gefallen würde."

„Aleena, liebe Aleena." Meine Stimme klang heiser, als ich mir vorstellte, wie die beiden Mädchen in ihrem kleinen Zimmer auf dem Bett
saßen und Frisuren ausprobierten. „Du hast Kinawa sehr gern, nicht
wahr?"

„Ja. Wir haben uns in Gegenwart meines weisen Mannes ewige
Freundschaft geschworen."

„Was meinst du mit ‚mein weiser Mann'?"

„Jeder Mensch in Polynesien hat einen weisen Mann, der ihn in seinem geistigen Leben führt."

„Werdet ihr euren Schwur halten?" neckte ich sie.

„Dieser Schwur ist Teil unseres Lebens. Und jetzt werde ich mein
Haar über die Schultern fallen lassen. Ich möchte es aber lieber draußen
in der Garderobe tun." Sie stand auf und versprach: „Es wird nur einen
Moment dauern."

Während sie draußen war, erklärte ich dem Bandleader, daß wir
bald gehen müßten, gab ihm ein Trinkgeld und bat ihn, für unseren
letzten Tanz eine bestimmte Melodie zu spielen.

Sie kam zurück; die schwarzen Haare umrahmten ihr ovales Gesicht
und fielen ihr über die Schultern herab. Sie sah so schön aus, daß es mir
den Atem raubte. Die Band begann einen Schlager zu spielen, der
während des Krieges sehr beliebt war – *Good Night, Sweetheart*.

„Es ist schrecklich sentimental", gab ich zu, als sie ihre Wange an
meine schmiegte, „aber es gefällt mir trotzdem."

„Es ist himmlisch, es soll unsere Melodie sein." Und dann stellte sie
aus heiterem Himmel die Frage: „Möchtest du mit mir schlafen?"

„Also weißt du, Aleena!" Ich versuchte, nicht schockiert zu klingen,
aber mir war nicht wohl in meiner Haut. „Du kannst doch nicht – ich
bin schließlich dein Arzt ... Du solltest so etwas nicht einmal im
Scherz sagen."

„Ich wollte dich necken, weil ich so glücklich bin." Sie hielt immer
noch meine Hand. „Aber die meisten Mädchen auf den Inseln haben in
meinem Alter schon gewisse Erfahrungen gemacht."

„Sprich nicht darüber, Aleena." Ich bemühte mich um einen stren-
gen Tonfall.

„Ich meine nur, daß es für mich sehr schön wäre, wenn du der erste
wärst."

„Für mich wäre es auch sehr, sehr schön, weil du ein einmaliges
Mädchen bist. Aber vergiß nicht, daß wir uns eben erst richtig kennengelernt haben." Ich sah auf die Uhr. „Jetzt ist es jedenfalls Zeit,
zum Internat zurückzukehren, Aleena. Ich will nicht, daß du Ärger
bekommst."

Ich bezahlte die Rechnung, und wir gingen Hand in Hand in die
warme Nachtluft hinaus. Zum Internat waren es nur ein paar Schritte.
Vor dem Tor sagte sie: „Ich möchte dir etwas zur Erinnerung schenken." Sie zog einen Ring vom Finger.

„Das darfst du nicht", widersprach ich.

„Ich möchte es aber." Sie zeigte mir den Ring im Licht der Straßen-
lampe. Er bestand aus drei einzelnen goldenen Ringen, die wie Ketten-
glieder ineinandergefügt waren. Sie schob ihn mir auf den kleinen Finger.

„Es ist ein französischer Ring", erklärte sie, „den mein Großvater
meiner Großmutter geschenkt hat. Ich habe ihn von meiner Mutter."

„Er hat Gauguin gehört?" Ich war fasziniert.

Sie nickte. „Kommst du bald wieder?"

„Ich hoffe es. Die nächste Lieferung von Medikamenten muß Mitte
Dezember hier eintreffen. Vielleicht könnte ich sie abholen. Wenn
nicht, sehen wir uns zu Weihnachten."

„Aber das sind noch fast drei Wochen! So lange kann ich nicht warten!"

„Sie werden schnell vergehen", tröstete ich sie. „Ich werde die
Minuten zählen."

„Ich auch", flüsterte sie, während sie das Tor öffnete. Die Kirchen-
uhr schlug elf. Sie stellte sich auf die Zehenspitzen, legte mir die Arme
um den Hals und küßte mich auf den Mund. Als wir uns voneinander
lösten, legte sie mir den Finger auf die Lippen. „Küß niemand anderen,
bis wir uns wiedersehen."

„Bis dahin heißt es *Good Night, Sweetheart*. Vergiß unser Lied nicht.
Bis Mitte Dezember. Ich kann es kaum erwarten."

NICHTS hätte friedlicher und ruhiger sein können als dieser Sonntagmorgen in Sanderstown. Um sieben Uhr erwachte ich in meinem
Hotelzimmer, dachte eine Weile verträumt an den Abend mit Aleena
zurück und bestellte das Frühstück. Als es gebracht wurde, stand ich
am Fenster. Mädchen verließen in Reih und Glied das Pensionat in der

Nähe des Krankenhauses und begaben sich zur Messe. Sie waren alle weiß gekleidet, eine Nonne beaufsichtigte sie. Ich war so glücklich, so zufrieden mit dem Leben, daß ich ihnen beinahe „Guten Morgen" zugerufen hätte.

Dann schaute ich zum Himmel hinauf, um festzustellen, ob der Rückflug nach Koraloona problemlos sein würde, damit das kleine Mädchen möglichst bald die eiserne Lunge bekam. Das Wetter war gut, nur ein paar harmlose Kumuluswolken standen am Himmel.

Doch dann hörte ich ein ungewohntes Geräusch. Es erinnerte mich an das Summen von Bienen. Einige Leute auf der Straße blieben stehen und schauten auf das Meer hinaus, wo schwarze Punkte zu sehen waren, die sich innerhalb von Sekunden als Flugzeuge entpuppten.

Männer und Frauen begannen zu schreien, während sich das Dröhnen der Flugzeuge in ohrenbetäubendes Heulen verwandelte. Die Maschinen waren über dem Meer in Keilformation höher gestiegen und hatten dann plötzlich zum Sturzflug angesetzt.

Eine seltsame Art von Lähmung erfaßte mich. Ich sah gegen den blauen Himmel klar und deutlich die Bomben, die aus den Flugzeugen fielen, doch ich hatte ein Gefühl von Unwirklichkeit, als befände ich mich in einer anderen Welt.

Die Maschinen rasten dicht über den Dächern dahin und verschwanden.

Als die ersten Bomben einschlugen, warf ich mich zu Boden; gerade rechtzeitig, denn die halbe Wand meines Zimmers, ja, wie ich später erfuhr, fast die gesamte Vorderfront des Hotels stürzte ein. Mein Mund war mit Staub gefüllt. Keuchend kroch ich auf Händen und Füßen durchs Zimmer und suchte meine Kleider. Ich mußte möglichst rasch den Raum verlassen, bevor das Gebäude womöglich einstürzte. Über meinem Bett klaffte ein Loch in der Decke.

Irgendwie schaffte ich es, Hose, Hemd und Schuhe anzuziehen, und blieb dann schwankend stehen. Mein Gesicht war naß – von Schweiß und auch von Blut, doch das bemerkte ich erst später. Ich hielt mich am Bett fest und blickte durch die geborstene Wand hinaus, als ich ein neues Geräusch vernahm: ein langanhaltendes Pfeifen, als hole ein Riese tief Luft.

Aus Zeitungsberichten wußte ich, worum es sich handelte. Die Sturzkampfbomber waren fort, und jetzt wurden wir aus großer Höhe bombardiert. Das Pfeifen wurde immer lauter und ging dann

unvermittelt in eine Explosion über. Auf das Wellblechdach des
Hotels prasselte ein Hagel von Steinen. Der Luftdruck trug mich
mühelos wie auf einem Kissen aus den Trümmern meines Zimmers in
den Korridor. Ich blieb dabei fast völlig unverletzt, so sanft war die
Bewegung; es war, als hätten mich unsichtbare Hände von einem Ort
zum anderen befördert.

Mühsam kletterte ich die beiden Stockwerke hinunter, von dem
einzigen Gedanken beherrscht: Ich muß Aleena finden! Die Treppe
war stellenweise zerstört, aber ich überwand alle Hindernisse. Ich stolperte an einem Mann vorbei, der langsam auf die jenseitige Wand der
Hotelhalle zuging. Sein Pyjama war blutbespritzt, und er bewegte sich
seltsam marionettenhaft. Er ging vorsichtig, weil er ein Glas in der
Hand trug und es nicht fallen lassen wollte. In ihm befand sich ein
künstliches Gebiß.

„Es gehört meiner Frau", murmelte er. „Ich kann sie nicht finden."

Während ich mich durch die Halle zur Eingangstür kämpfte, dachte
ich immer wieder: Ich muß Aleena zur Gloster bringen – falls die
Maschine nicht zerstört worden ist – und mit ihr nach Koraloona
zurückfliegen.

Draußen umgaben mich das Entsetzen und die Panik verwirrter,
schreiender Menschen, die „Japaner, Japaner!" riefen. Sie versuchten
zu fliehen – aber wohin? Von der letzten Bombe zur nächsten? Rings
um mich brannte ein Dutzend Gebäude, doch am wildesten brannte es
am Flottenstützpunkt; das Feuer erstreckte sich über das Trockendock
und die riesigen Kräne bis zu den Lagerhäusern und den Munitionsde-
pots im Osten.

Es war beinahe unmöglich, die Straße zu überqueren, weil an der
Ecke eine umgestürzte Straßenbahn den Zugang versperrte. In den
ausgebrannten Trümmern des Waggons lagen Leichen, zu grotesken
Skulpturen erstarrt.

Endlich gelang es mir, das Einkaufszentrum zu erreichen, doch
dann blieb ich entsetzt stehen. Vor mir klaffte ein riesiger, mit rau-
chendem Schutt gefüllter Trichter im Boden; das war alles, was vom
Café de Paris geblieben war.

Aleenas Internat befand sich auf der gegenüberliegenden Seite des
Marktplatzes, und ich sah keine Möglichkeit, mich durch die in pani-
scher Angst schreiende Menschenmasse zu drängen, die in eine einzige
Richtung strömte, fort von der Zerstörung, hinaus auf die Felder, ins

Freie. Ich beschloß zu versuchen, über Nebenstraßen zum Internat zu gelangen; ich betete darum, daß es unversehrt war.

Weiter hinten ragten die Türme der katholischen Kirche über die kleinen Häuser empor – wenigstens sie stand noch.

Die Geschäftsarkaden, an deren Ende das Internat lag, entzogen das Gebäude meinen Blicken. Ich konnte nur beten, bis ich die Ecke erreichte, mich nach links wandte und entgeistert stehenblieb.

Das halbe Gebäude war weggerissen! Ich betrachtete die Ziegel- und Schuttberge, das verbogene Eisentor und fiel auf die Knie. Mein Herz war von Angst, Zorn und Verzweiflung erfüllt, und ich hatte das Gefühl, daß es im nächsten Augenblick aufhören würde zu schlagen. In diesem Augenblick ertönte das langanhaltende Sirenensignal, das Entwarnung bedeutete.

Mein Verstand begann zu arbeiten. Warum war es so still? Warum ertönten hinter den verbogenen Metallstäben des Eingangstors keine Schreie? Wie durch ein Wunder wurde ich von der Angst befreit, die wie ein eiserner Ring mein Herz umschlossen hatte. Ich vernahm die Stimmen von Jungen und Mädchen, die miteinander sprachen, vor Erleichterung weinten. Ich starrte ungläubig auf das Gebäude und begriff nicht, wieso Stimmen aus den Trümmern kommen konnten.

Dann drehte ich mich um. Eine Prozession von Jungen und Mädchen tauchte unter der Führung ihrer Lehrer aus der unversehrten Kirche auf und zog zum Internat.

Plötzlich rief eine Stimme: „Kit! Kit, mein Liebster!" Eine Gestalt löste sich aus der Reihe, stolperte auf mich zu, und dann stand Aleena vor mir. Tränen der Erleichterung strömten ihr über das Gesicht, und sie rief: „Gott sei Dank, Kit! Es war so schrecklich! Ich hatte solche Angst, du könntest tot sein!" Sie warf mir die Arme um den Hals und küßte mich, ohne sich um die anderen zu kümmern, ohne das Blut auf meinem Gesicht und meinen Kleidern zu bemerken.

Ich flüsterte: „Wenn jemand Gott danken muß, dann bin ich es."

Sie sah mich an, ihre Tränen versiegten. „Was ist mit dir passiert? Dein Gesicht, deine Brust, deine Hände, alles ist voll Blut."

Es sah schlimmer aus, als es war. Am Kopf hatte mich ein Balken gestreift; die Wunde hatte heftig geblutet, aber inzwischen war das Blut getrocknet, und die Kratzer auf Brust und Armen mußten nicht einmal verbunden werden.

„Ich habe gesehen, daß das Internat zerstört ist –", begann ich.

„Als die ersten Bomben auf den Stützpunkt fielen, befahlen uns die
Lehrer, in die Kirche zu laufen und in der Krypta Zuflucht zu suchen.
Wir gingen gerade die Stufen hinunter, als das Internat getroffen
wurde."

„Wir müssen fort von hier, Aleena", drängte ich. „Ich muß dem
kleinen Mädchen die eiserne Lunge bringen, damit es am Leben bleibt,
und außerdem befinden wir uns jetzt hier im Krieg." Ich erklärte ihr,
daß die Gloster auf dem Zivilflugplatz stand, der Angriff habe aber
dem britischen Flottenstützpunkt gegolten.

„Ich möchte ja mit dir kommen", erwiderte sie zögernd, „aber
soweit ich weiß, kann die Maschine nur zwei transportieren – und
Kinawa müßte auch mit."

Meine Nerven waren zum Zerreißen gespannt. Ungeduldig rief ich:
„Was zum Teufel hat Kinawa mit uns zu tun? Ihre Mutter soll sich um
sie kümmern!"

„Das geht im Augenblick nicht. Ihre Eltern sind in Kalifornien. Ich
kann Kinawa nicht allein lassen. Sie ist meine Blutsschwester."

Ich zögerte und dachte an die Überladung. Aber die beiden waren
schlank. Sie wogen zusammen bestimmt nicht mehr als Alec. „Also
gut." Ich drückte Aleenas Arm und rief zu den Jungen und Mädchen,
die mit den Lehrern weitergingen, hinüber: „Kinawa!"

Sie kam zu uns gelaufen. „Ich bin so froh, daß Ihnen nichts geschehen ist, Doktor."

„Es ist besser, wenn du nach Koraloona mitkommst."

Ich teilte einem der Lehrer mit, daß ich Aleena und Kinawa nach
Koraloona bringen würde. Er war froh darüber, daß ich ihm einen
Teil seiner Bürde abnahm. „Die Japaner haben den amerikanischen
Flottenstützpunkt auf Hawaii angegriffen", brach es aus ihm heraus.

„Pearl Harbor? Das ist unmöglich."

„Es ist wahr. Auch Singapur wurde angegriffen. Und sie sind in
Malaya gelandet. Ich habe es gerade noch gehört, bevor das Radio aus-
fiel."

„Unmöglich", wiederholte ich. Dann wurden mir plötzlich die
weltweiten Folgen bewußt, falls es stimmte. Ich wandte mich Aleena
und Kinawa zu: „Kommt jetzt, wir müssen gehen."

Zum Glück waren beide Mädchen unverletzt, jung und kräftig, so
daß die einzige Schwierigkeit darin bestand, uns durch die überfüllten
Straßen zum Stadtrand und zum Zivilflugplatz durchzukämpfen.

Kurz bevor wir ihn erreichten, stießen wir auf eines der wenigen japanischen Flugzeuge, die abgeschossen worden waren. Die Trümmer rauchten noch. Die beiden Männer der Besatzung saßen tot in ihren Sitzen. Einer von ihnen hatte seine Fliegerkombination geöffnet; darunter trug er das traditionelle rote Hemd, das besagte, daß er bereit war, sein Blut zu vergießen. Um die Stirn hatte er den *Hachimaki* gebunden, das Stirnband, mit dem ein Mann anzeigt, daß er bereit ist zu sterben.

„Kommt weiter", drängte ich, „wir dürfen keine Zeit verlieren."

Ein paar Minuten später befanden wir uns auf dem Flugplatz. „Die Maschine sieht aus, als sei sie in Ordnung", stellte ich fest. Die wenigen leichten Flugzeuge standen neben dem kleinen Hangar, die Japaner hatten sie vermutlich gar nicht gesehen.

Ein Mann tauchte aus dem Büro auf und winkte uns. Ich kannte ihn von meinen gelegentlichen Besuchen; er war ein großer, schlaksiger Australier und hieß Fellowes. „Kommen Sie herein, und hören Sie sich die Nachrichten an", forderte er uns auf.

Er besaß ein großes, batteriebetriebenes Kurzwellenradio. Ein Mann mit amerikanischem Akzent sagte gerade: „. . . und man nimmt an, daß drei- bis vierhundert Flugzeuge Pearl Harbor angegriffen haben. Die Verluste an Menschen, Flugzeugen und Schiffen sind enorm. Der Angriff begann fünf Minuten vor acht, und der Marinestützpunkt befand sich nicht in höchster Alarmbereitschaft. Gleichzeitig haben andere japanische Flugzeuge Singapur, die Philippinen und den britischen Stützpunkt in Sanderstown angegriffen."

„Damit erzählt er uns nichts Neues", brummte Fellowes.

„Können Sie Koraloona über Funk erreichen?" fragte ich ihn.

„Es gibt natürlich keinen Strom", erklärte er, „aber wir haben einen Generator, genau wie Sie in Koraloona, also müßte es gehen." Er drehte an verschiedenen Knöpfen, und gleich darauf sprach ich mit einem von Colonel Fawcetts Assistenten. Ich bat ihn, Dr. Reid auszurichten, daß ich unverletzt sei und daß die eiserne Lunge in eineinhalb Stunden betriebsbereit sein werde.

Wir gingen zur Nellie hinüber. Sie hatte nicht einmal einen Kratzer abbekommen. Wegen der Überladung erwies sich der Start aber dennoch als ein halsbrecherisches Unterfangen. Ein Mädchen hockte hinter meinem Sitz und hielt sich an der Rückenlehne fest, das andere lag in der eisernen Lunge. Nur so konnte ich verhindern, daß sie nach hinten glitten und das Gleichgewicht des Flugzeugs störten, wenn wir zu steigen begannen. „Falls wir überhaupt steigen", murmelte ich vor mich hin, während wir zur Startbahn rumpelten.

„Festhalten!" rief ich und gab Gas.

Wir rollten langsam an, schwankten, holperten, dann hoben wir endlich ein Stückchen vom Boden ab. Die Nellie zögerte, und ich glaubte schon, daß wir es nicht schaffen würden. Doch es ging gerade noch gut. Wir kamen knapp über die Hecke am Rand des Flugfeldes, und dann kreiste ich über dem Hafen, um Höhe zu gewinnen.

Während des Kreisens schaute ich hinunter. Der Anblick war erschreckend. Mehr als ein Dutzend Schiffe war zerstört. Einige lagen halb versenkt im Wasser, bei anderen schauten nur noch die Mastspitzen heraus.

Wir erreichten siebenhundert Meter Höhe, ich legte den Kurs mit dem Kompaß fest, dann konnte ich mich eine Stunde lang entspannen; ich mußte nur den Kurs auf Koraloona einhalten.

Endlich erblickte ich am Horizont einen Punkt.

„Wir sind gleich zu Hause!" rief ich. „Dort unten liegt Koraloona."

Der Punkt wurde langsam größer und grüner, ich nahm Bewegung, Leben, aber Gott sei Dank keine Spuren eines Bombenangriffs wahr.

Genau eine Stunde und fünf Minuten nach dem Start rumpelten wir über die Graspiste von Koraloona. Die Mädchen klammerten sich verzweifelt fest, um nicht umhergeschleudert zu werden.

„Zu Hause", stellte ich fest. „Zu Hause und in Sicherheit."

„Und glücklich." Aleena drückte meinen Arm, als wir endlich festen Boden unter den Füßen hatten, und ich küßte sie.

Zu unserem Empfang hatte sich eine große Menschenmenge versammelt. Tiares Austin und Alecs Krankenwagen standen am Rand des Flugfeldes. Als wir zu ihnen hinübergingen, brachte Alecs Stimme alle Fragen zum Verstummen, während Aleena ihrer Mutter in die Arme fiel. „Wenn wir uns beeilen, können wir das Leben des kleinen Mädchens vielleicht noch retten", sagte er. Er half mir, die eiserne Lunge auszuladen. „Sie müssen ganz schön was mitgemacht haben, Kit. Miß Sowerby und ich werden uns um alles kümmern. Wenn wir fertig sind, können Sie mir erzählen, was in Sanderstown geschehen ist."

„Ich komme in ein paar Minuten nach", versprach ich.

Die ungeduldige Menge wartete auf einen Augenzeugenbericht. Von allen Seiten prasselten Fragen auf mich ein, und ich konnte nicht alle beantworten. Dann kamen Tiare und Aleena zu mir. „Aleena hat gerade erzählt, wie Sie sie gerettet und in Sicherheit gebracht haben", sagte Tiare.

„Es war selbstverständlich", wehrte ich ab. „Ich machte mir große Sorgen um sie."

„Ich möchte Genaueres erfahren. Sie sollten bald einmal zum Essen zu uns kommen", erklärte die Prinzessin. „Ich habe das Gefühl, daß wir sehr viel zu besprechen haben." Ich wußte zunächst nicht, was sie meinte, aber dann bemerkte ich, daß sie den Ring an meinem kleinen Finger betrachtete, den Aleena mir am Abend zuvor gegeben hatte. War das wirklich erst gestern gewesen?

XI

DER Krieg veränderte alles. Nach wenigen Tagen wurde Koraloona von Sanderstown aus mit Erlassen überschwemmt. Eine Reihe von Verdunklungsmaßnahmen wurde den Inseln vorgeschrieben, und Colonel Fawcett wurde angewiesen, mit importierten Waren äußerst sparsam umzugehen, weil niemand garantieren konnte, wann wir wieder Dieselöl, Benzin, Zigaretten oder Alkohol bekommen würden. Die Japaner, die seit Jahr und Tag friedlich auf Koraloona lebten, wurden auf Penal Island interniert.

Aleena und ich sahen uns zunächst kaum. Wir alle waren zu sehr beschäftigt und außerdem höchst beunruhigt. Zwar glaubten wir nicht, daß die Japaner Koraloona angreifen würden, aber wir verfolgten ängstlich den schnellen japanischen Vormarsch und den anglo-amerikanischen Rückzug. Wenn die Japaner fähig waren, wenige Tage nach dem Angriff auf Pearl Harbor die kleine amerikanische Insel Wake nordwestlich von uns zu besetzen, welche Hoffnung gab es dann für eine schutzlose Insel wie Koraloona?

Wir wurden erst nach einigen Tagen über das gesamte Ausmaß des japanischen Angriffs unterrichtet. Die Verluste des britischen Stützpunktes in Sanderstown waren erschreckend: fünfzehn britische Kriegsschiffe waren gesunken oder schwer beschädigt, 1200 Seeleute waren ums Leben gekommen.

Noch schlimmer waren die Nachrichten aus der übrigen Welt; Pearl Harbor und Sanderstown waren nicht die einzigen Ziele gewesen. Tag für Tag brachte das Radio neue Einzelheiten. Singapur wurde bombardiert, und japanische Streitkräfte landeten in Siam und an der Nordostküste von Malaya. Und dann traf die bislang bitterste Nachricht ein. Ich saß mit Alec am Radio, als die BBC bekanntgab, daß zwei von Englands modernsten Kriegsschiffen vor der Küste von Malaya versenkt worden waren: die *Prince of Wales* und die *Repulse*.

„Damit ist England im Fernen Osten erledigt", stellte Alec fest, als wir uns mit einem Glas Bier auf die Veranda zurückgezogen hatten. „Die Japaner sind wahnsinnig geworden! Wir können nur hoffen, daß sich ihre Stoßkraft auf die Dauer nicht gegen die alliierten Streitkräfte Europas und Amerikas durchsetzen kann."

EIN paar Tage später rief mich Tiare in meinem Bungalow an. Das hatte sie noch nie getan. Ich erinnerte mich daran, daß sie Aleenas Ring an meinem Finger gesehen hatte, und fühlte mich nicht recht wohl in meiner Haut.

„Ich möchte mit Ihnen sprechen, Kit", erklärte sie. „Ich bin Ihnen für alles sehr dankbar, was Sie für meine Tochter getan haben, und ich möchte ein freundschaftliches Gespräch mit Ihnen führen. Ich hoffe, daß Sie in mir eine Freundin sehen, Kit."

Ich war mir dessen nicht sicher, denn ich wußte nicht, was sie dazu sagen würde, daß ich mich in Aleena verliebt hatte. „Natürlich, Prinzessin", antwortete ich. „Wäre es Ihnen morgen nachmittag gegen vier Uhr recht? Nach meiner Sprechstunde?"

Sie war einverstanden, und am nächsten Tag fuhr sie in ihrem Austin vor meinem Bungalow vor.

„Hoffentlich hatten Sie heute nicht zuviel zu tun", meinte sie lächelnd.

„Es war nicht allzuviel los", antwortete ich. „Kommen Sie, trinken wir etwas." Ich führte sie auf die Veranda hinaus. „Toma! Bitte bring eine Flasche Wein!"

Toma kam mit Weinkühler und Gläsern herein, stellte alles ab und verbeugte sich bis zum Boden.

Tiare hätte nicht bezaubernder sein können, aber trotzdem war ich noch immer besorgt, als wir Platz nahmen. Sie lehnte sich zurück, trank einen Schluck von dem gekühlten australischen Weißwein, sah mich fast ein wenig spöttisch an und bemerkte: „Sie sind also in Aleena verliebt."

„Ich liebe sie sehr", antwortete ich, ohne zu zögern.

Sie schwieg sehr lange und meinte dann: „Heißt das, daß Sie Aleena bald heiraten wollen?"

„Ja. Ich weiß natürlich, daß es sehr überraschend kommt."

„Nicht völlig überraschend." Sie lächelte. „Aber trotzdem –" Sie hielt inne, und einen Augenblick lang hatte ich Angst. „Ich mag Sie, Kit, und ich glaube, daß Sie und Aleena miteinander sehr glücklich sein würden. Aleena liebt Sie. Ich habe sie gefragt, als ich den Ring ihres Großvaters an Ihrem Finger gesehen habe, und ich bin davon überzeugt, daß es keine flüchtige Verliebtheit ist." Sie spielte mit ihrem Weinglas, und ich wartete auf das Wort, das kommen mußte.

„Aber . . ."

Da war es.

„Aber was? Wenn Sie im Prinzip einverstanden sind, Prinzessin –"

„Regen Sie sich nicht auf." Sie lächelte. „Ich will ja nur, daß Sie und Aleena nichts überstürzen. Aleena ist gerade erst siebzehn geworden. Ihr habt noch das ganze Leben vor euch."

„Aber wir lieben uns!"

„Um so mehr Grund zu warten, um sicherzugehen, daß es sich nicht um eine flüchtige Liebschaft handelt. Und eine Verlobungszeit halte ich doch für wichtig. Abgesehen davon findet unser weiser Mann – er heißt Tiki, Sie haben ihn bestimmt schon gesehen –"

„Allerdings." Ich versuchte, meinen Ärger zu unterdrücken. Tiki war einer dieser „weisen Männer", die meiner Meinung nach einen unheilvollen Einfluß ausübten. „Was hat er denn mit Liebe und Ehe zu tun?" platzte ich heraus.

„Alles", antwortete sie ruhig. „Wir lassen uns immer von ihm beraten, weil wir wissen, daß sein Rat gut ist."

„Und welchen Rat hat er Ihnen in dieser Angelegenheit erteilt?" Ich versuchte, nicht sarkastisch zu klingen.

„Er ist mit Aleenas und meiner Wahl einverstanden, aber er meint, daß Aleena und Sie zwei Jahre warten sollten."

„Zwei Jahre! Warum denn? Zwei ganze Jahre!"

„Sie sind ungeduldig, und Sie werden sehr rasch zornig. Ist das denn so lang und so schrecklich?"

„Vergessen Sie nicht, Prinzessin, ich kenne Aleena seit Jahren, ich habe miterlebt, wie aus dem Mädchen eine junge Frau wurde. Daß ich mich in Aleena verliebt habe, war eine natürliche Entwicklung. Es ist absurd, wenn wir warten sollen, bis sie neunzehn ist. Und vor allem", ich mußte meine Worte vorsichtig wählen, um sie nicht zu beleidigen, „vor allem wenn dies nicht Ihre oder Aleenas Entscheidung ist."

„Sondern die eines Medizinmannes?" Sie erriet meine Gedanken. „Das meinen Sie doch."

„Wenn Sie selbst diesen Entschluß gefaßt hätten, wäre es etwas anderes. Aber ich kann einfach nicht glauben, daß Sie diesen Mann über Aleenas Leben entscheiden lassen."

„Wir halten ihn für einen weisen Ratgeber; warum sollten wir uns nicht nach seinen Vorschlägen richten? Und überdies stimme ich dem weisen Mann zu." Tiare blickte auf ihre Armbanduhr. „Warten wir ab. Ich habe nichts dagegen, daß ihr euch als Verlobte betrachtet. Aber lassen Sie die Dinge ruhig angehen." Sie stand auf. „Und noch eins. Wir wollen keine Wiederholung der Affäre Lucy."

„Das ist unfair, Prinzessin!"

Sie seufzte leise. „Ich bin nicht unfair. Ich wollte Ihnen nur zeigen, wie zerbrechlich das Glück ist und um wieviel vernünftiger es wäre, wenn die Menschen warteten, bis sie sich eine solide Grundlage geschaffen haben. Das ist alles. Aber jetzt muß ich wirklich gehen, Kit. Ich vertraue Ihnen. Und denken Sie daran, was der berühmte Kapitän Cook seinen Männern gesagt hat, als sie zum erstenmal auf diesen Inseln landeten: ‚Es wird so lange alles in Ordnung sein, wie ihr die Regeln befolgt.'" Sie schüttelte mir die Hand. Auf den Veranda-stufen drehte sie sich noch einmal um. „Es gibt auf den Inseln einen Brauch. Wenn ein Paar eine Verlobung eingeht, schickt die künftige Schwiegermutter dem jungen Mann ein Geschenk."

„Das ist allerdings ungewöhnlich", meinte ich lachend, obwohl ich bekümmert an die zweijährige Wartefrist dachte. „Normalerweise schenken Schwiegermütter vor der Hochzeit nichts her."

Sie lachte ebenfalls. „Ich glaube, daß es ursprünglich eine Beste-chung war. Aber ... wenn ich Ihnen ein Geschenk schicke, dann ist es ein Zeichen meiner Wertschätzung."

Das Zeichen der Wertschätzung traf ein paar Tage später ein. Ich war gerade von der morgendlichen Sprechstunde in meinen Bunga-low zurückgekehrt und fand im Wohnzimmer ein flaches, in Packpa-pier gewickeltes Paket, das an der Wand lehnte.

„Von Prinzessin Tiare", verkündete Toma wichtigtuerisch. Das war also das Geschenk, das Zeichen des Einverständnisses meiner künftigen Schwiegermutter. Ein sehr gutes Omen für die Zukunft, vorausgesetzt, daß ich meine Ungeduld im Zaum halten konnte. Das Paket war mit Sisalhanf verschnürt und sehr groß ...

Nachdem ich die Verschnürung an mehreren Stellen gelöst hatte, stockte mir plötzlich der Atem, und eine Vorahnung ließ mein Herz schneller schlagen. Es war unmöglich! Und dennoch war ich plötzlich davon überzeugt, daß das Unglaubliche eintreten würde. Ich riß das Papier herunter, und vor mir lag wie ein in Erfüllung gegangener Traum ein Bild, das mir wie kein anderes gefiel: das Gemälde mit der rosa Straße! Ein Umschlag war an einer Ecke des rohen Holzrahmens befestigt.

Ich riß den Umschlag auf und entnahm ihm eine Karte. Die Mitteilung war sehr einfach gehalten. „Als Dank für die Rettung meiner einzigen Tochter und zur Linderung des Schmerzes, den meine Familie Ihnen bereitet hat. Möge Ihre Zukunft glücklich sein."

DIE Prinzessin hielt sich strikt an ihre Zusicherung, daß sie nichts dagegen hätte, wenn Aleena und ich uns trafen. Ich hatte mich noch immer nicht über den herrlichen Gauguin beruhigt, als Aleena mich ein paar Tage später anrief. „Ich bin so froh, daß Mutter dir gerade dieses Bild geschenkt hat. Könnten wir vielleicht morgen abend ins Kino gehen?"

Es war vermutlich Tiares Idee. Ich sagte erfreut zu. „Und wie wäre es anschließend mit einem Abendessen? Vielleicht bei mir zu Hause?" entgegnete ich. „Toma ist ein ausgezeichneter Koch."

Sie antwortete nur zögernd. „Ich würde liebend gern, Kit, aber laß Mutter etwas Zeit. Wir gehen besser zu Mollie Green's Hotel. Das ist auf keinen Fall unschicklich."

„Heißt das, daß man mir nicht traut?" fragte ich beinahe verärgert.

„O nein! Ich bin diejenige, der man nicht trauen kann. Das weiß Mutter. Sie behauptet, daß ich Großmutter nachgerate."

Der Film war besser, als ich erwartet hatte. Wir hielten Händchen und schmusten in der Dunkelheit ein bißchen, und der Film war für unser Gefühl viel zu rasch zu Ende.

Dann fuhren wir zu Mollie, und beim Dinner brachte ich Tiki, den weisen Mann, zur Sprache. „Alles, was er sagt, ist für dich das Evangelium, was? Mit welchem Recht entscheidet er über dein Leben? Noch dazu während eines Krieges, wenn die ganze Welt aus den Fugen geraten ist –"

„Er ist ein wunderbarer Mann", unterbrach mich Aleena. „Hast du ihn schon näher kennengelernt?"

„Nein."

„Das solltest du aber nachholen. Bitte tu es mir zuliebe."

„Vielleicht tue ich es wirklich, und sei es auch nur, um ihn zu fragen, warum wir so lange warten sollen."

„Das wird er dir nie erzählen", sagte Aleena ernst. „Er gibt nie seine Gründe bekannt, er läßt sich nie auf eine Diskussion ein, er sagt nur einfach ja oder nein."

ICH besuchte den weisen Mann dann tatsächlich. Vielleicht weil ich fühlte, daß ich auch Tiare damit eine Freude machen würde. Eines schönen Tages ging ich also zu Tikis Haus, das etwa einen Kilometer vom Krankenhaus entfernt lag.

Ich klopfte und öffnete dann die Tür zu einem kleinen, spärlich möblierten Zimmer. Schwacher Weihrauchduft hing in der Luft, und eine leise, aber sehr englisch klingende Stimme forderte mich höflich auf: „Kommen Sie herein, Doktor, kommen Sie herein."

Als ich das Zimmer betrat, saß Tiki entspannt in einem Lehnstuhl. Sein Alter war schwer zu schätzen, er hatte einen Bart und trug einen weißen, sorgfältig gebügelten Anzug.

„Sie sind zweifellos darüber erstaunt, daß ich so englisch wirke", erklärte er. „Ich wurde von einem begüterten Förderer der Mission adoptiert und an eine Universität in Neuseeland geschickt. Der Mann hielt mich für sehr begabt. Das war ich zwar nicht, aber ich tat mein möglichstes. Für mich war es ein Gebot der Höflichkeit, die Kleidung und einige der Umgangsformen meines Wohltäters anzunehmen. Daher die europäische Kleidung, die Sie so überrascht hat."

Ich hatte mit keinem Wort erwähnt, daß ich überrascht war, doch er hatte mit dieser Bemerkung recht.

„Zweifellos sind Sie auch erstaunt, daß ich der Ansicht bin, Sie und Aleena sollten erst nach Aleenas neunzehntem Geburtstag heiraten."

„Ich hatte eher den Eindruck, daß Sie uns verboten haben, vorher zu heiraten", entgegnete ich scharf.

Tiki lächelte. „Das Wort ‚verbieten' sollten wir nicht gebrauchen,

Doktor. Ich bin der Berater Tiares und ihrer Tochter; Sie kümmern sich als Hausarzt um ihr körperliches Wohlergehen. Meine Sorge ist die Gesundheit ihres Seelenlebens. "

„Aleenas religiöse Bedürfnisse werden von den Nonnen der Internatsschule sehr gut wahrgenommen", antwortete ich spöttisch.

Er lächelte rätselhaft. „So habe ich das eigentlich nicht gemeint. "

Ich geriet allmählich in Wut. „Warum haben Sie dann –?"

„Wenn Sie wissen wollen, warum ich diesen Rat erteilt habe, Doktor, muß ich Ihnen die Antwort schuldig bleiben. " Er legte die Hände auf die Armlehnen, als wäre er müde. „Ich bin nämlich auf meine Art auch ein Arzt, wissen Sie. "

„Ein Medizinmann!" brach es aus mir heraus. Dann entschuldigte ich mich hastig.

„Sie brauchen sich nicht zu entschuldigen", antwortete er würdevoll. „Ich kann mir Ihre Gefühle gut vorstellen. Doch das Berufsethos ist kein ausschließliches Vorrecht der britischen Ärzteschaft. Ich möchte, daß Sie beide glücklich werden, Doktor. Und ein Liebespaar kann nur glücklich werden, wenn seine Liebe vorher auf die Probe gestellt wird. Mehr kann ich Ihnen dazu nicht sagen. "

ALS ich Monate später eines Nachmittags auf der Veranda meine Siesta hielt, ließ mich ein ohrenbetäubendes Dröhnen aufspringen. Ich stürzte in den Garten und sah Flugzeuge dicht über den Baumwipfeln um den Vulkan von High Island kreisen. Dann flogen sie aufs Meer hinaus, aber drei von ihnen wendeten und fegten so niedrig über Koraloona hinweg, daß ich mich instinktiv duckte. Ich erkannte deutlich die japanischen Hoheitszeichen – ein weißer Kreis mit einer leuchtendroten Sonne in der Mitte.

Mich beherrschte ein einziger Gedanke: Im nächsten Augenblick würden Bomben explodieren und ich würde das gleiche erleben wie seinerzeit in Sanderstown.

Bevor ich mich noch nach einem Zufluchtsort umsehen konnte, waren die Flugzeuge schon wieder fort, stiegen hoch und zogen harmlos wie Möwen über den blauen Himmel davon. Ich beobachtete, daß sie High Island noch einmal umkreisten, als wollten sie einen letzten Blick auf den Vulkan werfen, und dann nach Westen, in Richtung auf Penal Island und ihre Flugzeugträger, davonflogen.

Ich rannte auf die Hauptstraße. Sämtliche Einwohner des Ortes schienen sich, von Angst und Neugierde getrieben, dort versammelt zu haben.

„Werden sie zurückkommen und uns bombardieren?" keuchte Mollie Green und ergriff meinen Arm. „O mein Gott! Was sollen wir tun?"

„Wir sind ihnen bestimmt keine Bombe wert", beruhigte ich sie. „Vielleicht handelte es sich um einen Übungsflug."

Allmählich gelangten alle zu der Überzeugung, daß es ein Übungsflug gewesen war und die Japaner die Gelegenheit benutzt hatten, von oben in einen Vulkan hineinzuschauen. Doch eine Stunde später – die meisten von uns befanden sich im Union Jack Club – rief Dick Holmes, der Funker, Colonel Fawcett im Club an. Er hatte von Penal Island beunruhigende Nachrichten erhalten.

Der diensthabende Polizeibeamte von Penal Island hatte ihm mitgeteilt, daß die Flugzeuge die Insel eine Stunde lang fotografiert hatten und dabei in einer Art Schachbrettmuster geflogen waren.

„Ich weiß, was das bedeutet", erklärte Jim Wilson. „Wenn man es genau macht, kann man daraus ein fast dreidimensionales Bild zusammenstellen, auf dessen Vergrößerung man dann jedes Gebäude, sogar jedes Fenster in jedem Gebäude erkennt."

„Was könnte sie denn an einem so winzigen Felsen wie Penal Island interessieren?" wollte Alec wissen.

„Vielleicht wollen sie dort landen", sagte Tiare besorgt.

„Das ist unmöglich", widersprach Mollie. „Es ist wie eine Festung."

„Es hat Leute gegeben, die sogar Sträflingen von der Teufelsinsel zur Flucht verholfen haben. Warum also nicht auch von Penal Island?" bemerkte jemand.

„Vor allem wenn dort ein halbes Dutzend Japaner interniert ist", erwähnte ich.

„Vielleicht wollen sie tatsächlich ihre Landsleute befreien", meinte einer der Anwesenden. „Eines muß man den Japanern lassen: Sie haben keine Angst vor dem Tod."

„Die hätten Sie auch nicht, wenn Sie den Tod als Ehre betrachten würden", warf Alec ein.

„Ich kenne jemanden, der zwar vor nichts zurückschreckt, aber dennoch nicht sterben will – Mana", sagte Tiare, und aus ihrer Stimme hörte man die Angst heraus.

EINEN Monat nachdem uns die japanischen Flugzeuge einen Schreck eingejagt hatten, berief Colonel Fawcett für Sonntag elf Uhr eine außerordentliche Versammlung der Mitglieder des Union Jack Clubs ein.

Er war sich seiner wichtigen Rolle voll bewußt, als er tief Luft holte und verkündete: „Wie wir alle wissen, kämpfen unsere tapferen Verbündeten, die Amerikaner, heldenhaft." Er legte eine dramatische Pause ein. „Ich kann Ihnen jetzt voll Freude und Stolz mitteilen, daß sie uns helfen werden, Koraloona zu verteidigen."

Die Leute starrten ihn ungläubig an. Fragen wurden laut: Wie viele? Wo werden sie wohnen? Sind unsere eigenen Soldaten nicht gut genug?

Colonel Fawcett hob die Hand. „Bitte, meine Damen und Herren, es besteht kein Grund zur Besorgnis. Es sind lediglich zwischen fünfzig und hundert Mann vorgesehen, die auf einem mit Radargeräten ausgerüsteten Stützpunkt ihren Dienst versehen werden. Die Anlage ist ein Glied in einer Kette von ähnlichen Militärstützpunkten, durch die das Hauptquartier in Sanderstown lebenswichtige Informationen über die Bewegungen der feindlichen Flugzeuge erhalten wird. Sie wird unsere Lebensweise auf der Insel nicht im geringsten verändern", fügte er nachdrücklich hinzu, doch ich ahnte, daß er sich irrte.

Ein paar Tage später traf Lieutenant Sam Truscott, der amerikanische Kommandant, auf einer Fregatte ein, um die Insel zu besichtigen. Sie ankerte vor Tala-Tala, und ein Kran beförderte zwei kleine viersitzige offene Fahrzeuge an Land, wie ich sie noch nie zu Gesicht bekommen hatte. Ich war aus purer Neugierde nach Tala-Tala hinuntergefahren, als ich sah, daß sich die Fregatte durch das Riff in das ruhige Wasser der Lagune schob.

„Die Dinger sehen sehr praktisch aus", bemerkte ich zu einem Matrosen.

„Sind sie auch", antwortete er freundlich. „Wir nennen sie Jeeps."

Am ersten Tag inspizierte Sam Truscott einen Streifen ebenes Land in der Nähe von Tabanea, und ein Militärexperte, der ihn begleitete, erklärte ihm, daß es das längste als Landebahn geeignete Grundstück auf der Insel sei. Hinter Tabanea würden sie ihr Lager und vier Radartürme mit Parabolantennen errichten.

Drei Wochen später kam ein großer grauer Frachter durch das Riff herein, legte an und entlud ein unglaubliches Arsenal an Fahrzeugen und Geräten. Die kreischenden Kräne beförderten Jeeps, Bulldozer, Traktoren und weiß Gott was noch auf den Pier. Innerhalb einer Woche entstand aus den Einzelteilen ein ganzes Dorf aus hölzernen Hütten für siebzig amerikanische Soldaten. Die vorgefertigten Teile verwandelten sich mittels Schrauben und Bolzen in solide Gebäude. Es gab einfach alles, von der Küche bis zu den Latrinen. Auf der anderen Seite von Tabanea schafften sie ein ähnliches Wunder. Die Landebahn war offenbar aus riesigen Metallplatten mit Löchern zusammengebaut und sah aus wie ein gigantisches Märklin-Bauwerk.

Lieutenant Truscott flog sein eigenes Flugzeug, eine AT-6 Harvard, das Schulflugzeug für die Mustang-Jäger. Er war ein netter Kerl, und ich genoß seine Anwesenheit, weil er der einzige Weiße in meinem Alter auf der Insel war. Eines Abends lud er mich auf einen Drink in die „Offiziersmesse" ein. Nach dem dritten Glas forderte er mich auf, auch noch zum Dinner zu bleiben. Es bestand aus den typischen riesigen amerikanischen Steaks.

„Wozu brauchen Sie ein Flugzeug?" erkundigte ich mich, während wir uns über die Steaks hermachten.

Er sah mich erstaunt an. „Ich bin Marineflieger, zur Armee abkommandiert, weil ich einen Radarkurs gemacht habe." Er bemerkte meinen verständnislosen Gesichtsausdruck und fügte hinzu: „Das ist ein Gerät, mit dem man Flugzeuge ausmacht. Außerdem habe ich eine Freundin, die einmal auf den Inseln gelebt hat. Ich werde durchsetzen, daß sie nach Sanderstown kommen darf. Und dann brauche ich ein Flugzeug, um sie zu besuchen. Übrigens, ich wollte Sie schon seit einiger Zeit etwas fragen. Könnten Sie als ehrenamtlicher Arzt für meine Einheit fungieren? Sie ist zu klein, um auf ein eigenes Krankenhaus oder Krankenrevier Anspruch zu haben."

„Wir können Dr. Reid nicht übergehen", wandte ich ein. „Immerhin ist er mein Vorgesetzter."

„Das stimmt", gab Truscott zögernd zu, „aber er ist nicht mehr der Jüngste. Und meine Jungs mögen Sie. Entschuldigen Sie, wenn es taktlos klingt, aber bei Leuten wie Colonel Fawcett und Dr. Reid verstehe ich immer nur die Hälfte von dem, was sie sagen. Sie hingegen benehmen sich ungezwungen, Sie könnten beinahe Amerikaner sein."

„Danke für das Kompliment, aber ich muß die Angelegenheit erst mit Alec besprechen."

„Ja, gut. Ich habe übrigens mit dem Verbindungsoffizier über diese Idee gesprochen und darüber, wie wir Sie für Ihre Dienste entschädigen können. Er wird mit dem nächsten Transportschiff, das in zwei Wochen fällig ist, einen Jeep für Sie kommen lassen."

Ein Jeep! Die robusten kleinen Arbeitspferde hatten mich von dem Augenblick an fasziniert, als ich den ersten erblickt hatte. Es wäre herrlich, einen zu besitzen, zumal die Tage meines klapprigen alten Wagens gezählt waren.

Alec legte mir keine Hindernisse in den Weg, ließ aber eine Bemerkung fallen, die darauf hinwies, daß er sich alt zu fühlen begann. „Ein Krieg ist das beste Mittel, um einem Mann deutlich zu machen, daß er in die Jahre gekommen ist."

Mir wurde zum erstenmal klar, daß Alec fast sein halbes Leben auf der Insel, die er liebte, unter Menschen, die er liebte, verbracht hatte; ich fragte mich, was er tun würde, wie sich sein Leben verändern würde, wenn er nicht mehr arbeiten konnte oder wollte. Bekommen Missionsärzte eine Pension? Würde er dadurch an die Insel gebunden sein? Oder würde er nach England zurückkehren und mit seiner Frau in Wimbledon in einer völlig anderen Welt leben?

XII

AN EINEM Septembermorgen des Jahres 1943 kam vor Beginn der Sprechstunde eine Frau ins Krankenhaus. Ich erkannte Jimbos Mutter, die ihren Sohn, der sichtlich unter Schmerzen litt, mühsam hereintrug.

„Da haben wir's!" rief Alec. „Ich habe ja gleich gesagt, daß das dicke Ende bei Ihrer Poliobehandlung nachkommen wird."

„Wir wissen noch nicht, ob es sich überhaupt um Polio handelt", antwortete ich ärgerlich.

Alec und ich begaben uns mit dem Jungen in den Operationssaal.

„Setz dich, Jimbo." Ich wies auf den Tisch. „Wo spürst du den Schmerz?"

Ich ergriff seine Hand, die feucht war. Zu meiner Beunruhigung konnte ich fast keinen Puls ertasten. Er murmelte etwas, das ich nicht verstand, weil seine Stimme so rauh war.

Ich wandte mich an seine Mutter. „Was sagt er?"

Sie deutete auf seinen Unterleib. „Er machen kein Wasser. Ein Tag kein Wasser macht Schmerz drinnen."

„Ich verstehe." Ich dachte an die lang zurückliegenden Zeiten, als ich an der Universität Tropenmedizin gehört hatte, und versuchte mich an Einzelheiten zu erinnern. Kaum fühlbarer Puls, Krämpfe, Heiserkeit, Harnverhaltung, feuchte Haut . . .

Der Junge auf dem Tisch begann plötzlich zu würgen. Er versuchte, sich aufzusetzen, seine Haut nahm eine bläuliche Färbung an, und er erbrach krampfhaft.

„Mein Gott!" stieß ich hervor.

Alec nickte entsetzt. „Cholera!"

Ärzte sind dazu erzogen, ihre Gefühle zu unterdrücken, aber es gibt Seuchen, die so rasch zuschlagen und so viele Menschen töten, daß man ihnen nicht emotionslos begegnen kann. Die Cholera gehört dazu. Ich blickte Alec an. Er sah verzweifelt aus. Vor Jahren hatte er eine Choleraepidemie miterlebt und wußte, was uns jetzt bevorstand.

Ich wandte mich an Miß Sowerby. „Wieviel Impfstoff haben wir?" fragte ich.

„Impfstoff? Vielleicht für fünfhundert Impfungen."

„Mein Gott! Fünfhundert Injektionen für dreitausend Menschen!" Während ich versuchte, mir die nächsten Maßnahmen zu überlegen, trafen zwei weitere Patienten ein. Wir mußten sie behandeln, wir mußten alle Inselbewohner impfen und die, die starben, begraben. Aber womit sollten wir das alles bewältigen?

Wenigstens waren die amerikanischen Soldaten geimpft, das gehörte zur militärischen Routine.

Alec machte einen Vorschlag. „Wir können den Impfstoff wenigstens dazu verwenden, die Seuche von Anani fernzuhalten."

„Eine gute Idee", bestätigte ich. „Miß Sowerby, bitte lassen Sie Jason Purvis und Paula Reece holen, sobald Sie Jimbo an den Tropf gehängt haben. Wir müssen die Massenimpfung sofort in Angriff nehmen. Ich werde das Militärlager anrufen, es von der Cholera unterrichten und um Hilfe bitten."

„Was für Hilfe?"

„Sam Truscott soll nach Sanderstown fliegen und soviel Impfstoff herbeischaffen, wie er bekommen kann. Und vielleicht schafft es Colonel Fawcett, über Funk Auckland zu erreichen und uns weiteren Impfstoff aus Neuseeland schicken zu lassen."

Es dauerte einige Zeit, bis ich Sam Truscott am Apparat hatte. Ich sagte ihm, daß die Cholera sein Lager bedrohte und daß jeder Dorfbewohner, der dort hinkam, Bazillenträger sein konnte.

Er erklärte sich sofort bereit, uns zu unterstützen. „Ich mach mich gleich auf den Weg. Mein Gott! Cholera! Ich mag gar nicht daran denken. Als hätte ich nicht schon so genügend Schwierigkeiten am Hals."

„Was für Schwierigkeiten?"

„Mit meinem Mädchen. Aber vergessen Sie es. Sie versuchen, Sanderstown über Funk zu erreichen, und ich setze mich ins Flugzeug."

Ich telefonierte mit Colonel Fawcett. Der Colonel und Dick Holmes nahmen bereits über Kurzwelle Kontakt mit Australien auf. Als ich den Hörer auflegte, waren auch Jason und Paula eingetroffen. Ein Dutzend weiterer Patienten, die sich im Anfangsstadium der Krankheit befanden, drängte sich im Garten, und Miß Sowerby murrte: „Das ist lächerlich, wir haben nicht einmal im Garten genügend Platz. Wir brauchen eine Isolierstation."

„Aber wo?" fragte ich.

Einen Augenblick lang herrschte Stille.

„Ich habe eine Idee", brachte Paula zögernd hervor. „Wir könnten Faalifu verwenden. Die Räume sind groß, und im Notfall steht auch noch der Garten zur Verfügung."

Ich war über diese großzügige Geste so verblüfft, daß ich nicht sofort antwortete. Alec zeigte sich jedoch auf Anhieb begeistert. „Sie sind einfach großartig, Paula. Sie machen direkt Florence Nightingale Konkurrenz."

Wir mußten uns jetzt mit praktischen Maßnahmen beschäftigen, denn innerhalb weniger Stunden hatten wir schon beinahe dreißig Patienten. Zuerst rief Alec Tiare an und bat sie, sofort herüberzukommen. Dann wurde Jim Wilson, der Schiffsausrüster, als Fahrer für den Krankenwagen rekrutiert. Er hatte genügend Zeit dafür, denn solange die Choleraepidemie anhielt, durfte kein Schiff Koraloona anlaufen, auch nicht die *Mantela*.

Tiare wußte nichts von den Choleraerkrankungen und wurde blaß, als sie die Heerschar der Kranken erblickte. Dann traten ihr Tränen in die Augen.

Alec schlug vor, daß Wilson und Tiare unverzüglich durch Anani und auch hinaus zu den Plantagen fahren sollten. Mit Hilfe eines Megaphons sollten sie alle Einwohner auffordern, sich sofort ins

Krankenhaus zu begeben, wo Miß Sowerby die Impfungen durchführen würde.

Am späten Nachmittag kam Sam Truscott mit den Medikamenten und dem übrigen Material aus Sanderstown zurück. Inzwischen waren fünfzehn Menschen gestorben. Das schreckliche daran war, daß wir nichts dagegen unternehmen konnten. Am nächsten Tag starben zweiundvierzig Kranke.

„Es ist tatsächlich eine Epidemie", sagte Alec. „Und es gibt keine Möglichkeit, die Toten nach altem Brauch zu bestatten. Wir verfügen weder über genügend Zeit noch über genügend Arbeitskräfte, um Gräber auszuheben. Aber jeder verwesende Leichnam stellt einen Gefahrenherd dar. Deshalb muß Jim Wilson sie auf See bestatten."

Es war mir klar, daß es die einzig praktikable Möglichkeit war. Aber ich wußte, welch hohe Bedeutung der Ahnenkult für die Bevölkerung von Koraloona hatte. Aus Miß Sowerbys Gesichtsausdruck schloß ich, daß sie das gleiche dachte. Normalerweise begruben die Insulaner ihre Toten in flachen Gräbern, so daß sie das Grab von Zeit zu Zeit öffnen und die Skelette ihrer Vorfahren betrachten konnten. Wenn wir die Toten auf See bestatteten, nahmen wir ihren Nachfahren diese Möglichkeit.

„Ja, ich weiß, was Sie denken." Alec seufzte. „Aber können Sie mir eine andere Lösung vorschlagen?"

Schließlich begannen wir, die Toten im Meer zu bestatten. Es blieb uns keine andere Wahl.

„Die Leute von Tabanea werden wütend sein", sagte Alec. „Einer von uns sollte versuchen, es ihnen zu erklären."

„Einer von uns" hieß, daß ich es tun sollte. Ich war natürlich nicht begeistert, aber Alec hatte recht. Eine Autorität, also zum Beispiel ein Arzt, mußte den Leuten klarmachen, warum wir die Toten im Meer bestatteten. Es war keine leichte Aufgabe. Bald war Tabanea erfüllt von dem verzweifelten Wehklagen der Männer und Frauen, denen wir die sterblichen Überreste ihrer Toten entrissen hatten. Auf den Straßen des Dorfes lagen als Opfergaben Berge von Lebensmitteln, dazu geschnitzte Götterstatuen und Idole, als wolle man die mißachteten Toten besänftigen.

Ich versuchte den Bewohnern von Tabanea zu erklären, daß es unmöglich war, so viele Gräber auszuheben und die Toten zu bestatten, daß nichts Unehrenhaftes daran war, wenn jemand auf See bestattet wurde. Vergeblich. Nach einer Stunde gab ich es auf und fuhr nach Faalifu zurück, um Miß Sowerby zu helfen.

Wir hatten gerade begonnen, die Kisten zu öffnen, die Sam Truscott aus Sanderstown gebracht hatte, als ich ein donnerartiges Geräusch wahrnahm. Es kam völlig überraschend, und einen Augenblick lang dachte ich, es sei Geschützfeuer. Doch rasch sah und roch ich die Ursache. Ungläubig schaute ich zu, wie dichter Rauch aus dem Krater des kegelförmigen Vulkans auf High Island brach.

„Der Vulkan!" schrie ich. Der Donner war inzwischen verstummt. Ich wartete auf die nächste Eruption, aber es war offenbar vorbei. Der Rauch breitete sich immer mehr aus, und die schwarze Wolke bedeckte allmählich den ganzen Himmel. Die Folge war nicht nur unheimliches Dämmerlicht, sondern auch scheußlicher Gestank.

„Beruhigen Sie sich, Junge!" Alec wischte sich die Stirn. „Es hat vor etwa zehn Jahren eine ähnliche Explosion gegeben. Und lange davor auch einmal. Doch es handelt sich um einen untätigen Vulkan."

„Sieht aber nicht so aus!" rief ich.

„Er explodiert ganz sicher nicht, falls Sie davor Angst haben. Etwa alle zehn Jahre wird der Druck der Gase im Inneren des Vulkans zu groß, und sie schaffen sich gewaltsam Luft; das ist alles", erklärte Alec.

Trotz seiner Versicherungen wirkte es sehr beängstigend, wie rasch der Himmel sich verfinsterte, weil die noch immer wachsende Wolke die Sonne verdeckte. Ich war davon überzeugt, daß der Vulkan im nächsten Augenblick wieder losbrüllen und diesmal Flammen und rotglühende Lava ausspucken würde; im Geiste sah ich bereits, wie der Lavastrom den Berg hinunterkroch, und meine Handflächen wurden feucht vor Angst. Der Vulkan war wie ein böses Omen.

Am Abend wurde ich hinüber ins Krankenhaus gerufen; ich traf eben noch rechtzeitig ein, um dabeizusein, als der Tod auch Jimbo holte. Einst hatte ich Tag und Nacht bei ihm gewacht, um ihn zu retten und um zu verhindern, daß er zum Krüppel wurde. Wie glücklich waren wir gewesen, als wir seine Krankheit besiegt hatten und er wieder auf den Straßen von Tabanea wie jedes andere Kind spielte. Und jetzt? Sein schäbiges kleines Radio lag neben seinem Kissen. Ich schaltete es ein. Leise erklang Musik. Im schwindenden Tageslicht redete ich mir ein, daß auf seinem Gesicht für einen Moment noch ein Lächeln lag. Aber sicher war ich mir nicht.

Nach einer Weile rief ich Sam Truscott an und bedankte mich für die

Lieferung. Dann fragte ich ihn, ob er bereit wäre, in seinem und in unserem Interesse Desinfektionstrupps in alle Winkel der Insel zu schicken, um die Seuche einzudämmen.

„Gern. Wir besitzen eine Menge Desinfektionszeug", antwortete er. „Ich schicke die Burschen morgen früh los. Aber ich habe auch eine gute Nachricht. Eine größere Nachschublieferung ist von Pearl Harbor angekündigt. In vier Tagen wird sie eintreffen. Damit habe ich einen Vorwand, nach Sanderstown zu fliegen und den Nachschub zu holen. Und gleichzeitig meine Freundin zu besuchen, die demnächst in die Staaten zurückfliegt. "

„Ich dachte, Sie hätten Schwierigkeiten mit dem Mädchen", bemerkte ich mit einem Lachen – das erste an diesem Tag.

„O ja, ziemliche." Er ließ es dabei bewenden. Nun, ich hatte schließlich andere Probleme.

Als nächstes fuhr ich nach Faalifu zurück, um Miß Sowerby bei den Impfungen zu helfen. Jason war schon in Faalifu eingetroffen und hatte begonnen, die Medikamente zu ordnen, die wir erhalten hatten.

Als ich ankam, bot das Anwesen einen Anblick, der geradewegs aus Dantes „Inferno" zu stammen schien. Ich erkannte das einst so elegante Haus kaum wieder.

Die Kranken und Sterbenden lagen in den Korridoren, auf den Terrassen, auf den Treppenabsätzen – wo immer sich Platz fand und auf allem, was man als Liege verwenden konnte. Ein paar Notlichter spendeten etwas Helligkeit.

Ich traf Paula auf dem Treppenabsatz. Sie hatte sich ein paar Kleider geholt. Im Schein der Sturmlampe, die sie trug, sah ihr Gesicht abgespannt aus. „Lasset euer Licht leuchten", scherzte sie und eilte weiter.

Später ging ich zwischen den Kranken im Garten umher; sie lagen unter Sonnendächern, der schwache Lampenschein erhellte kaum ihre Gesichter, und die schwarze Nacht schloß den Garten wie eine Mauer ein. Nach Mitternacht sank ich für einige Stunden in tiefen Schlaf. Ich erwachte, als die Sonne aufging. Das erste Tageslicht fiel auf das blaue, leicht gekräuselte Wasser der Lagune und tauchte den erwachenden Ort in goldenen Schimmer. Ich trat ins Freie. Auf dem Boden glitzerte Tau; der Nachtwind hatte den Schwefelgestank des Vulkans weggeweht, der Himmel war wie rein gewaschen, und es roch wieder nach frischem Grün. Doch dann fielen mir die Leichen ein, und die gute, reine Luft erschien mir wie ein böser Hohn.

Ich duschte, zog frische Kleidung an, frühstückte und beschloß, Alec im Krankenhaus aufzusuchen.

„Wie war die Nacht?" fragte ich Alec sofort.

„Dreiundzwanzig Tote. Das ist schlimm, Junge", sagte er, als er mein deprimiertes Gesicht sah. „Aber bei einer solchen Tragödie muß man alle persönlichen Gefühle ausschalten. Es ist wie das Meer, ein ständiger Wechsel der Gezeiten. Der Mensch ist in den Kreislauf der Natur eingebunden. So betrachten es die Polynesier."

Draußen auf der Veranda tupfte Miß Sowerby die Arme der Leute mit Äther ab, dann zog sie den Impfstoff mit der Injektionsspritze auf, prüfte, daß sich keine Luft darin befand, und injizierte dann das Serum.

Ich blieb kurz bei ihr stehen, doch sie ließ sich nicht stören. Offenbar beobachtete sie aus den Augenwinkeln den Garten, denn plötzlich rief sie zu meiner Verblüffung vorwurfsvoll: „Jason! Nicht im Dienst!"

Ich blickte auf. Jason schraubte gerade schuldbewußt eine Flasche zu, aus der er sich offenbar einen Schluck genehmigt hatte. Doch das war nicht das verblüffende. Verblüffend war, daß Miß Sowerby ihn mit seinem Vornamen angeredet hatte. Ich wäre nie auf die Idee gekommen, daß die strenge Missionarstochter Purvis' Vornamen kannte, geschweige denn benutzte.

Sie hatte wahrscheinlich mein Erstaunen bemerkt, denn ohne die Impfungen zu unterbrechen, erklärte sie rasch: „Seit Mr. Purvis uns hilft, versuche ich, ihn dazu zu bringen, daß er an seinem Roman arbeitet. Ich bestehe darauf, daß er täglich mindestens eine Seite schreibt." Damit war die Angelegenheit für sie erledigt, und sie wandte sich einem kleinen Mädchen mit ängstlich aufgerissenen Augen zu: „Hab keine Angst, mein Schatz. Es ist nur ein winziger Stich, der gar nicht weh tut."

„Sie können sehr gut mit Kindern umgehen, Miß Sowerby", bemerkte ich.

„Ich mag Kinder", antwortete sie kurz.

„Sie sollten selbst Kinder haben", sagte ich impulsiv und verschwand in der Ambulanz, bevor sie antworten oder erröten konnte.

DIE Tage und Wochen, in denen die Epidemie wütete, schienen kein Ende zu nehmen. Ich sah Aleena nur selten, eigentlich fast nur, wenn ich zu einem improvisierten Mittagessen in Tiares Haus kam. Einmal stritten wir beinahe, weil Aleena mich immer wieder bat, sie ebenfalls als Pflegerin arbeiten zu lassen, und ich es immer wieder ablehnte.

„Ich soll dich einmal heiraten", sagte sie schließlich verärgert, während Tiare uns leicht amüsiert zuhörte. „Und ich will dir helfen. Ich bin kein Kind mehr."

Ich blieb standhaft. „Wenn wir Hilfe brauchten oder wenn du Ärztin wärst, würde ich dich sofort darum bitten. Aber wir brauchen keine Krankenschwestern. Und die amerikanische Armee bewährt sich großartig bei der Desinfektionskampagne in den Dörfern."

Sie ließ sich nicht so schnell besänftigen. „Aber ich möchte dir zur Seite stehen, wenn du Schwierigkeiten hast."

„Das ist lieb von dir. Doch die beste Art, meine Lebensgeister aufzubauen, ist, hier eine Stunde mit dir zu verbringen."

Die Epidemie wütete gut zwei Monate lang, bis Ende November.

In diesen Wochen starben vierhundertelf Menschen, doch in der neunten Woche spürten wir, daß die Seuche abflaute. Das war auf mehrere Faktoren zurückzuführen. Ein zweimotoriges Flugboot hatte eine große Menge Medikamente nach Sanderstown gebracht, und Sam Truscott hatte sie nach Koraloona weiterbefördert. Gleichzeitig hatten die Amerikaner die Insel wirklich großartig „gesäubert". Sie hatten beinahe jedes Haus desinfiziert, nicht die kleinste Ansiedlung ausgelassen, Latrinengräben ausgehoben und sogar mobile amerikanische Toiletten aufgestellt.

Das nächste Problem hatte darin bestanden, die Dorfbewohner dazu zu erziehen, daß sie die Toiletten auch benutzten. Tiare besuchte in Begleitung ihres Hausboys jedes einzelne Dorf, nahm dabei auch manchmal Aleena mit und erklärte ihren Landsleuten die Vorzüge sanitärer Anlagen.

Dann hörte die Epidemie schlagartig auf. Eines Morgens wurden nur noch zwei Patienten eingeliefert, die beide geheilt wurden. Am Tag darauf wurde kein einziger Kranker eingeliefert. Und als ich am Abend in meinen Bungalow fuhr, roch die Luft rein.

Es war ein windstiller Abend, ruhig und warm. Er hüllte mich ein wie das warme Wasser der Lagune. Ich rief Alec in Faalifu an und teilte ihm die gute Nachricht mit.

„Das müssen wir begießen. Kommen Sie nachher zu mir in meinen Bungalow, mein Junge."

Als ich eintraf, hatten Miez und Maunz bereits die Whiskyflasche und zwei Gläser bereitgestellt. „Wir haben die Cholera besiegt. Heute haben wir uns unseren Drink verdient." Alec hielt mir ein Glas hin, dann verbesserte er sich. „Nein, mein Junge, nicht ,wir', sondern ,Sie'. Sie haben es mit Ihrer Jugend, Ihrer Energie und mit harter Arbeit geschafft. Sie haben mit aller Kraft gekämpft. Allein hätte ich es nie durchgestanden."

„Ich hätte es auch nicht allein geschafft. Ohne Sie wäre ich nie damit fertig geworden, das wissen Sie nur zu gut."

„Schön, dann beweihräuchern wir uns eben gegenseitig. Miez und Maunz, schenkt nach, randvoll."

Als wir gerade anstoßen wollten, hielt Sam Truscotts Jeep vor der Veranda. Er stieg aus und kam zu uns herauf.

„Herein mit Ihnen!" rief Alec und ließ ihm ein Glas bringen.

Truscott lachte. „Ich werde einem Schotten, der mich auf einen Drink einlädt, nie einen Korb geben." Dann öffnete er einen großen Umschlag. „Ich war heute in Sanderstown und habe Ausschnitte aus amerikanischen Zeitungen mitgebracht. Sie beide sind Berühmtheiten! Sehen Sie sich das da an."

Sam hob einen Zeitungsausschnitt in die Höhe, dessen Schlagzeile nicht zu übersehen war: BRITISCHE ÄRZTE RETTEN AMERIKANISCHEN STÜTZPUNKT VOR CHOLERAEPIDEMIE.

„Das war aus Los Angeles. Hier ist noch eine: ÄRZTE BESIEGEN CHOLERAEPIDEMIE AUF PARADIESISCHER INSEL."

Es gab ein Dutzend ähnlicher Schlagzeilen.

„Sie haben mir nicht erzählt, daß Sie heute nach Sanderstown fliegen", sagte ich. Das gehäufte Lob war mir etwas peinlich.

„Es kam sehr plötzlich", erwiderte Sam. „Meine Freundin hat durch einen Zufall Gelegenheit, in die Staaten zurückzufliegen, und ich wollte mich von ihr verabschieden. Jetzt muß ich sehen, wie ich eine Reise nach Kalifornien organisieren kann, damit ich sie dort wiedersehe."

„Brauchen Sie jemanden, der Ihnen die Koffer trägt?" fragte ich scherzend.

„Wäre möglich. Was würden Sie beide dazu sagen, wenn ich Ihnen einen Gratisflug nach Kalifornien verschaffe?"

„Wenn ich eine Ahnung hätte, wovon Sie sprechen, könnte ich mich vielleicht leichter entscheiden", meinte Alec.

„Ich habe eine Mitteilung von einem der hohen Tiere im Ärztekorps der amerikanischen Pazifikflotte erhalten. Die Marine ist beeindruckt, wie Sie beide mit der Choleraepidemie fertig geworden sind. Sie überlegt daher, einen von Ihnen auf einen Ärztekongreß nach Kalifornien einzuladen, bei dem die Krankheitsbekämpfung bei den Truppen im Pazifik besprochen werden soll. Es geht nicht nur um Cholera, sondern auch um Geschlechtskrankheiten, und neue Behandlungsmethoden haben Priorität. Unter anderem soll ein noch nicht erprobtes, aber offenbar sehr vielversprechendes Medikament vorgestellt werden."

„Die Einladung steht also noch nicht fest?" bohrte Alec.

Sam nickte. „Das stimmt. Dazu kommt noch, daß es ein langer und gefährlicher Flug ist. Ich muß Sie fairerweise darauf aufmerksam machen, daß die japanischen Jagdflugzeuge zur Zeit sehr aktiv sind."

Alec ließ uns von Miez und Maunz eine weitere Runde Whisky servieren. „Sie können meine Anwesenheit bei diesem Kongreß vergessen, Sam", bekundete er. „Ich bin kein Feigling, aber ich halte es für nicht besonders lustig, in einen Pulk japanischer Flugzeuge hineinzufliegen. Außerdem können wir ohnehin nicht beide zugleich fort, vor allem nicht nach einer Epidemie."

„Na schön", seufzte Sam, „wenn Sie sich weigern, müssen wir Ihren Assistenten als Ihren Stellvertreter schicken."

Ich bildete mir ein, daß ein zufriedenes Lächeln um seine Lippen spielte. Allmählich bekam ich das Gefühl, daß er Alec geschickt beeinflußt hatte, indem er ihn auf die Gefahren des Flugs aufmerksam machte und ihn dadurch bewog, auf Koraloona zu bleiben.

Alec und ich waren todmüde, deshalb verabschiedeten Sam und ich uns nach dem zweiten Glas Whisky und gingen gemeinsam zu unseren Jeeps. „Sie führen doch etwas im Schilde?" fragte ich mißtrauisch.

„Ja, und bis hierher hat alles geklappt. Ich habe gerade eine großartige Spritztour für uns organisiert. Kommen Sie doch auf einen Drink in den Club mit. Dort erkläre ich Ihnen alles."

Im Union Jack Club lotste er mich in eine ruhige Ecke, in der wir uns ungestört unterhalten konnten, und erklärte mir, was er vorhatte. Die amerikanischen Ärzte hatten tatsächlich Interesse daran, daß entweder Alec oder ich an ihrem Kongreß teilnahm, und es ging dort tatsächlich auch um ein neues Medikament gegen Cholera.

„Aber davon abgesehen, habe ich ein persönliches Anliegen an Sie", erklärte Sam. „Ich brauche Ihre Hilfe, Kit."

„Geht es um ein Mädchen?"

Er nickte.

„Wenn Sie sie geschwängert haben, können Sie mich vergessen. Ich würde nicht einmal für eine Million Dollar eine Abtreibung vornehmen. Schließlich steht auf Abtreibung Zuchthaus."

„Das meine ich doch nicht. Das Mädchen und ich brauchen Hilfe. Bitte lassen Sie mich nicht im Stich."

„Na ja, ein Urlaub in San Francisco wäre herrlich. Vorausgesetzt, daß Sie keine ungesetzlichen Tricks versuchen. Ich habe das Gefühl, daß Sie mich benützen wollen."

„Das stimmt. Wofür halten Sie mich – für einen selbstlosen Menschenfreund? Aber ich gebe Ihnen mein Wort, daß es sich um keine krummen Touren handelt. Wir fliegen übrigens zusammen."

„Sie nehmen an dem Ärztekongreß teil?"

„Ja. Ich hab's so hingedreht, daß ich der amerikanische Fremdenführer bin, der dem englischen Gast alles zeigt. Sobald die Einladung offiziell vorliegt, sage ich Ihnen Bescheid."

XIII

NACHDEM die schlimmen Wochen der Seuche überstanden waren, rief ich Aleena an, um sie zu einem Abendessen bei mir einzuladen. Tiare war am Apparat und sagte: „Aleena ist mit Kinawa schwimmen gegangen. Ich hole sie."

„Bemühen Sie sich nicht", sagte ich. „Ich wollte nur fragen, ob Aleena heute abend zu einem ruhigen Dinner zu mir kommen kann – Sie vertrauen mir doch?"

„Natürlich. Ich verstehe Ihren Wunsch und wünsche Ihnen und Aleena einen erholsamen Abend", antwortete sie in ihrer etwas förmlichen Art.

Das Abendessen verlief tatsächlich sehr ruhig; als wir nachher auf dem Sofa saßen und uns küßten, legte ich den Kopf in ihren Schoß – und schlief ein!

Sie ließ mich mindestens eine Stunde schlafen, bevor sie mir zärtlich über das Gesicht strich und flüsterte: „Ich muß jetzt gehen, Kit."

„Bin ich eingeschlafen?" Ich richtete mich auf und stöhnte. „Mein Gott, das ist ja schrecklich."

„Du bist erschöpft." Sie beugte sich vor, küßte mich und meinte lachend: „Ich werde dich zu einer gründlichen Untersuchung zu Dr. Reid schicken."

„Ich bin tatsächlich erschöpft, es tut mir leid, Liebling. Das ist ja wie bei einem alten Ehepaar: zuerst ein gutes Essen, dann ein kleines Schläfchen auf dem Sofa."

„Es wird wunderbar sein, wenn wir einmal soweit sind. Im März werde ich neunzehn."

„Und wir langweilen einander schon?" fragte ich neckend.

„Weit gefehlt. Aber jetzt fahre mich bitte nach Hause, Liebling."

Das tat ich dann auch und küßte sie an der Tür, wie es sich für ein verlobtes Paar gehört.

EIN paar Wochen nach Weihnachten aßen Alec und Jason Purvis bei mir zu Abend, als ein Jeep vor meinem Bungalow hielt und Sam Truscott rief: „Sind Sie zu Hause, Kit? Es gibt Neuigkeiten." Er stürmte ins Wohnzimmer und streckte mir ein Kuvert entgegen. „Hier, öffnen Sie!"

Ich riß den Umschlag auf. Der typisch amerikanische Briefkopf besagte: UNIVERSITY OF CALIFORNIA – FAKULTÄT FÜR EPIDEMIOLOGIE. Der Text lautete:

> Sehr geehrter Dr. Masters,
> da der Cholera-Ausbruch im Moto-Varu-Archipel die letzte Epidemie war, die wir verzeichnet haben, und daher die von Ihnen und Dr. Reid durchgeführte Prophylaxe und Behandlung für uns besonders interessant sind, laden wir Sie ein, an unserem am 13. Januar 1944 in San Francisco beginnenden Kongreß teilzunehmen. Wir freuen uns, Ihre Ansichten in einem Seminar, das sich mit den medizinischen Problemen im Pazifik befaßt, kennenzulernen.
> Selbstverständlich übernimmt die Universität die Kosten für Reise und Unterkunft und alle sonstigen Ausgaben.
> Ich hoffe, Ihre Zusage möglichst bald in Händen zu halten, und verbleibe mit besten Grüßen

Darunter befand sich eine schwungvolle, aber unleserliche Unterschrift. „Aber der dreizehnte Januar! Das ist in drei Tagen, Sam. Das können wir doch gar nicht schaffen." Ich stürzte noch einen Scotch hinunter.

„Natürlich schaffen wir es. Wir fliegen gleich morgen vormittag."

„Was?"

„Tut mir leid, die Post hatte Verspätung. Ich habe heute ein Telegramm bekommen und sofort bestätigt, daß wir fliegen. Sie können gleich nachher noch packen."

„Du wirst mir schrecklich fehlen", sagte ich zu Aleena, als ich am nächsten Morgen auf dem Weg zum Flugplatz bei ihr vorbeischaute, „aber es ist ja nicht für lange."

„Mir gefällt es nicht, daß du so plötzlich abreist."

„Ich weiß, aber ich muß, Liebling. Das Flugzeug geht in einer halben Stunde."

Sie begleitete mich zum Jeep, und wir küßten uns zum Abschied. Mein Verlangen erwachte, doch ich schob sie von mir. „Wir werden so bald wie möglich nach meiner Rückkehr heiraten", erklärte ich. „Ich kann einfach nicht mehr länger warten."

Ich stieg in den Jeep und wendete, um auf die Hauptstraße hinauszufahren. Als ich einen letzten Blick zurückwarf, sah ich, daß ihre Wangen tränennaß waren.

Ich liebte Koraloona. Ich liebte Aleena, und sie fehlte mir. Trotzdem wird man verstehen können, daß mein Herz höher schlug, als uns ein Wagen vom Militärflughafen Alameda zu den Wolkenkratzern von San Francisco brachte.

„Wenn Sie nicht zu müde sind, könnten wir gleich eine kurze Stadtbesichtigung machen", schlug Dr. Greene, unser Betreuer, vor. Eigentlich waren wir vollkommen erschöpft, aber ich brachte es nicht übers Herz, nein zu sagen. Also brausten wir die steilen Hügel hinauf und hinunter.

In den normalen Straßenlärm der Großstadt mischte sich das Klingeln der *Cable Cars*. Sie waren so voll, daß die Fahrgäste auf den Trittbrettern standen und sich festhielten. Dr. Greene bereitete es sichtliches Vergnügen, mit seiner schönen Stadt anzugeben. Irgendwann landeten wir dann schließlich doch im Mark-Hopkins-Hotel. Inzwischen war ich aber so müde, daß ich kaum den Luxus wahrnahm, den dieses amerikanische Hotel selbst während des Krieges bot – Seife, Shampoo, Rasierklingen, Papiertaschentücher ... Ich registrierte diese Annehmlichkeiten nur undeutlich, und obwohl ich mir offensichtlich die Schuhe ausgezogen hatte, erinnerte ich mich nachher nicht mehr daran. Ich fiel aufs Bett und schlief sechs Stunden lang wie ein Toter.

Am Abend dieses Tages dann rückte Sam Truscott endlich mit dem heraus, was ihn bedrückte. Wir trafen uns oben in der Hotelbar. Es war San Franciscos berühmteste Bar, ein kreisrundes Lokal mit schönen Panoramascheiben. Von den Fenstern aus hatte man einen phantastischen Blick auf die Stadt und die Bucht. Sam saß bereits an einem Fenstertisch, als ich eintrat. „Sehen Sie sich die Aussicht an!" rief er. Sie war atemberaubend; in den Wolkenkratzern funkelten die ersten Lichter, und Nebelschleier hingen über der Golden-Gate-Brücke.

„Nehmen wir einen Drink", schlug Sam vor. „In einer halben Stunde treffen wir meine Freundin zum Abendessen. Doch zuerst werde ich Ihnen alles erklären, damit Sie sich überlegen können, ob Sie uns helfen wollen."

„Ich habe Ihnen ja bereits gesagt, daß ich mich auf nichts Ungesetzliches einlasse."

„Keine Angst, es ist nichts dergleichen. Aber ich brauche Sie, um einen wichtigen Kontakt herzustellen. Sie kommen jetzt mit vielen Ärzten zusammen und haben die Möglichkeit, jemanden zu finden, der meiner Freundin helfen kann. Einen Spezialisten. Einige der besten Gynäkologen Amerikas nehmen am Kongreß teil."

„Sie ist also krank?"

„Nicht im eigentlichen Sinn des Wortes. Aber sie kann keine Kinder bekommen. Und sie will mich nicht heiraten, weil sie weiß, daß mir eine Familie so wichtig ist. Ich wäre bereit, darauf zu verzichten oder Kinder zu adoptieren, was immer sie will. Aber sie läßt sich nicht darauf ein."

„Entschuldigen Sie, aber ich sehe nicht, warum Sie mich hinzuziehen müssen. Ihre Freundin hat doch vermutlich ihren Hausarzt konsultiert. Ich begreife nicht, warum man ein solches Geheimnis daraus machen muß, wenn ein Mädchen kein Kind bekommen kann."

„So einfach ist es nicht. Erstens ist ihr Vater Richter am Obersten Gericht in San Francisco, sie muß daher sehr vorsichtig sein; zweitens hatte sie einen Freund, bevor ich sie kennenlernte, und der hat sie geschwängert. Doch dann hatte er offenbar keine Lust, sie zu heiraten, deshalb schickte er sie kurzerhand aus Sanderstown in die Staaten zurück. Daraufhin ließ sie von einem obskuren Arzt eine Abtreibung vornehmen, die dieser verpfuschte."

„Und jetzt ist sie unfruchtbar?"

„Das behauptet sie jedenfalls. Ich habe sie vor einem Jahr kennengelernt; wir wollen ein Kind, warten aber bisher vergebens."

„Und der Mann? Wissen Sie, wer der Vater war?"

„Nein, nur, daß er ein Scheißkerl ist und daß ich ihm den Schädel einschlage, falls er mir jemals über den Weg läuft."

Sein Geständnis klang sehr verwirrend. „Ich verstehe immer noch nicht, wie ich Ihnen helfen kann. Gehen Sie mit ihr zu einem guten Gynäkologen. Mehr müssen Sie nicht tun – Sie brauchen mich nicht."

„Sie begreifen nicht. Ich habe keine Möglichkeit, einen Spezialisten zu suchen. Und eine Operation in San Francisco kommt nicht in Frage, weil hier alle ihren Vater kennen. Ich verfüge zum Glück über genügend Kleingeld. Sie halten bei dem Kongreß Ausschau nach einem fähigen Arzt, der nicht in Kalifornien lebt, und vereinbaren mit ihm die Operation. Ich bezahle, was immer er verlangt, und Sie werden mein Trauzeuge sein."

„Und das Mädchen?"

„Ist damit einverstanden. Begreifen Sie, sie möchte einen Mann und Kinder haben."

„Es gibt dabei noch eine kleine Schwierigkeit", bemerkte ich, nachdem ich mir die Sache eine Weile überlegt hatte. „Ich kann mich nur an einen Spezialisten wenden, indem ich ihn offiziell als fachärztlichen Berater konsultiere. Das ist eine Frage der ärztlichen Etikette. Und deshalb muß ich alle Einzelheiten der Krankengeschichte wissen. Jeder Spezialist wird sich genau unterrichten wollen, bevor er auch nur an eine Behandlung oder Operation denkt."

„Ich verlasse mich da ganz auf Sie. Müssen Sie meine Freundin untersuchen?"

„Nein. Ich leite nur die Daten weiter. Übrigens, wie heißt Ihre Freundin?"

In diesem Augenblick wurde die Tür geöffnet, und eine junge Frau kam herein. Ihr Gesicht war mir zunächst durch eine Palme verborgen; dann stand sie vor uns. Ich erblickte ein strahlendes, sommersprossiges, schönes Gesicht und starrte es mit offenem Mund an. Es war Lucy!

„Das ist ja Kit – Dr. Masters." Lucy faßte sich als erste. „Wie schön, Sie wiederzusehen, Kit. Ich habe von der schrecklichen Choleraepidemie gelesen, mit der Sie und Alec Reid so großartig fertig geworden sind." Dann wandte sie sich vorwurfsvoll an Sam: „Du und dein geheimnisvoller Arzt. Du hättest mir längst verraten können, daß es sich um Dr. Masters handelt."

„Ich habe ja nicht gewußt, daß ihr alte Bekannte seid", erwiderte Sam völlig verdutzt. „Wo habt ihr euch denn kennengelernt?"

„Auf Koraloona", antwortete Lucy, ohne zu zögern. „Paula Reece hatte mich eingeladen. Du hast Paula doch bestimmt kennengelernt, Sam."

„Klar. Ein steiler Zahn."

Lucy wandte sich wieder mir zu. „Wie ich höre, sind Sie mit Aleena verlobt. Sie haben wirklich Glück. Ich habe von Anfang an gewußt, daß aus Ihnen beiden ein Paar wird. Sie ist reizend, eine echte Schönheit."

„Das stimmt", bemerkte Sam. „Ich wäre bestimmt selbst auf Aleena geflogen, wenn ich nicht schon in besten Händen wäre."

Iᴄʜ habe nur eine undeutliche Erinnerung an das Abendessen, weil mir die Situation fürchterlich peinlich war. Ich weiß noch, daß Sam zwischendurch verkündete, er müsse am folgenden Tag zu seiner Familie nach Los Angeles fahren. „Deshalb würde ich vorschlagen, daß ihr beide euch trefft und die Einzelheiten besprecht."

„Wie du willst. Wann und wo?" antwortete Lucy.

„Unten in der Hotelhalle?" schlug Sam vor. Dann sah er mich an. „Paßt Ihnen elf Uhr?"

Ich schüttelte den Kopf. „Nein, ich muß morgen vormittag an der Konferenz teilnehmen, aber wenn die Ärzte dann zu Mittag essen, geht es bestimmt."

„Also abgemacht, treffen wir uns morgen um halb eins", bekräftigte Lucy.

Dᴇʀ erste Konferenztag war nicht sehr anstrengend. Um neun Uhr Begrüßungsrede, dann Vorträge bis zwölf, Nachmittag zur freien Verfügung.

Ich konnte daher Lucy ohne weiteres in der Mittagszeit treffen, auch wenn ich es noch immer nicht fassen konnte, daß ich ihr unter solchen Umständen wiederbegegnet war. In der Nacht hatte ich deshalb kaum geschlafen, hatte mich im Bett herumgewälzt, und wenn ich einnickte, von ihr geträumt.

Ich betrat die Halle des Hotels gleichzeitig mit Lucy. Sie trug ein hellrotes Kleid, das um die Taille eng anlag und ihre Figur betonte. Doch ich registrierte dies nur nebenbei, denn seit wir uns wiedergesehen hatten, quälte mich die Frage: War ich der Mann, der an der Abtreibung schuld war? Nachdem wir in einer stillen Nische Platz genommen hatten, war es die erste Frage, die ich ihr stellte. Sie blickte zu Boden und nickte.

„Wie konntest du, Lucy?" brach es aus mir hervor. „Warum hast du es mir nicht gesagt?"

„Ich wußte nichts von meiner Schwangerschaft, als ich Koraloona verließ. Ich wurde fristlos entlassen, und ich glaubte damals, daß du im Sterben liegst. Du weißt selbst, wie nahe du dem Tod warst, Kit. Man hat mir nicht erlaubt, bei dir zu bleiben. Du hast ja keine Ahnung, wie schrecklich die Nacht auf der *Mantela* war. Ich saß fast die ganze Zeit mit Bill Robins im Salon und trank. Erst als Bill über Funk von Colonel Fawcett erfuhr, daß du nicht mehr in Lebensgefahr warst, fühlten wir uns besser."

„Aber als du feststelltest, daß du schwanger warst, und erfuhrst, daß ich am Leben geblieben war, hättest du mir schreiben müssen. Wir hätten geheiratet und wären bestimmt miteinander glücklich geworden."

„Wir hatten nie vor zu heiraten", erinnerte sie mich mit traurigem Unterton. „Außerdem gehöre ich nicht zu den Frauen, die einen Mann zu einer Heirat zwingen."

„Trotzdem hättest du mir schreiben sollen. Es war sehr unfair von dir, mir deinen Zustand zu verschweigen."

„Du hättest es nie erfahren, wenn der liebe alte Sam nicht in unsere persönlichen Angelegenheiten hineingestolpert wäre – unsere Romanze war ja längst vorbei und vergessen." Sie seufzte. „Wollen wir zum Essen zur Uferpromenade *Fisherman's Wharf* fahren? Dort werde ich dir den Rest der Geschichte erzählen. Außerdem gibt es da die besten Fischgerichte der Welt." Sie hängte sich bei mir ein. „Oder sagen wir, sie sind ebenso gut wie die auf Koraloona."

SCOMA'S RESTAURANT auf *Fisherman's Wharf* bot einen schönen Blick auf einen kleinen Hafen mit Fischerbooten und ein paar Jachten; dahinter sah man im Dunst die Golden-Gate-Brücke.

„Und dort liegt der Ozean." Lucy zeigte in Richtung der Brücke.

„Aber Koraloona kannst du von hier aus nicht sehen." Wir bestellten Seeohrsteaks, die zart, saftig und wie Schnitzel paniert waren.

„Ich war dir gegenüber nicht ganz aufrichtig", gab Lucy zu. „Ich habe dir nichts über meine Familie erzählt – sie genießt in San Francisco hohes Ansehen. Meine Eltern haben sehr altmodische Vorstellungen. Das wußte Paula. An jenem Abend, als sie mir befahl, Koraloona unverzüglich zu verlassen, drohte sie mir, meinen Eltern alles zu erzählen, wenn ich nicht sofort verschwände."

„Hattest du tatsächlich Angst vor deinen Eltern? Sie hätten dich doch wohl nicht verstoßen, nur weil du dich verliebt hattest."

„Ich habe mir nicht meinetwegen Sorgen gemacht, sondern deinetwegen. Paula drohte damit, meinem Vater zu erzählen, du hättest seine einzige Tochter verführt. Du hattest in London schon einmal Schwierigkeiten, und du bist Missionsarzt. Paula hätte dir schaden können. Deshalb verließ ich noch am gleichen Abend die Insel – deinetwegen."

„Und wann hast du bemerkt, daß du schwanger warst?"

„Fünf Wochen später in Honolulu. Ich wollte länger dort bleiben, weil ich auf der Insel Freunde habe. Zum Glück waren San Francisco und meine Eltern weit entfernt, also suchte und fand ich einen Arzt, aber er verpatzte die Abtreibung."

„Sam ist davon überzeugt", stellte ich erbittert fest, „daß der Mann, der dich geschwängert hat, ein Schwein ist, das dich sitzengelassen hat."

„Ich weiß. Aber es spielt keine Rolle, weil er nie erfahren wird, daß du dieser Mann bist. Und ich weiß, daß du so etwas nie tun würdest." Sie nahm einen Schluck Wein und lehnte sich zurück. „Ich freue mich, daß du Aleena gefunden hast. Ich selbst liebe Sam von ganzem Herzen, und deshalb will ich ihn nur heiraten, wenn ich ihm Kinder schenken kann. Es wäre die Erfüllung unserer Liebe."

„Ich verstehe deinen Standpunkt. Hast du denn die Informationen mitgebracht, die du mir aufschreiben wolltest?"

„Ich habe alles dabei. So, da ist die Aufstellung. Nein, lies nicht sofort. Und, es mag dumm klingen, aber es wäre besser, wenn wir nicht wieder allein zusammenkommen – schließlich sind wir beide verlobt."

„Ja, ich glaube, du hast recht."

AM FOLGENDEN Morgen traf ich Sam und Lucy erneut oben in der Bar meines Hotels.

„Wie geht es Ihnen?" fragte Lucy. „Wie war Ihr Ärzte-Dinner?"

„Ziemlich langweilig."

„Schade." Ihr Gesicht wurde ernst. „Sie haben nichts erreicht?"

„Ganz im Gegenteil. Ich habe mich an Dr. Morris gewandt", erklärte ich. „Er ist einer der führenden Chirurgen auf diesem Gebiet und dazu ein sehr netter Mensch; seiner Ansicht nach handelt es sich wahrscheinlich um ein ziemlich häufiges Problem, und er ist gern bereit, Ihnen beiden zu helfen. Doch er lebt in Boston und will – falls nötig – nur dort operieren. Außerdem besteht er darauf, daß Sam mitkommt."

„Natürlich", stimmte Lucy sofort zu. „Das haben Sie großartig gemacht, Kit. Danke. Du bist doch einverstanden, Sam?"

„Klar."

„Warum will er eigentlich mit Sam sprechen?" fragte sie.

„Er möchte sich nur davon überzeugen, daß Sie beide den Eingriff wollen. Die erste Untersuchung wird er in zwei Tagen in der Ordination eines befreundeten Kollegen hier in San Francisco vornehmen. Es ist übrigens gar nicht so einfach, einen berühmten Kollegen von einer Konferenz loszueisen, damit er eine Dame untersucht, die ihm völlig unbekannt ist."

„Um so dankbarer bin ich Ihnen dafür, Kit", meinte Sam, klopfte mir auf die Schulter und wandte sich dann an Lucy: „Ich habe dir ja gesagt, daß Kit ein wahrer Freund ist."

DIE Konferenz war größtenteils langweilig, jedenfalls für mich. Die meisten Themen interessierten mich nicht. Die vorgeschlagenen neuen Behandlungsmethoden erforderten teure Geräte, die für unser Krankenhaus nicht in Frage kamen.

Am dritten Tag jedoch gab es zwei faszinierende Sitzungen. Der Vormittag war dem neuen Medikament zur Bekämpfung der Cholera gewidmet, der Nachmittag den Geschlechtskrankheiten.

Nachdem ich geschildert hatte, wie Dr. Reid und ich versucht hatten, die Epidemie in den Griff zu bekommen, folgte eine Rede, die mich in Verlegenheit brachte. Der Vorsitzende des Untersuchungsausschusses für Cholera betrat nach mir das Podium und erklärte mit bewegter Stimme, welche Ehre es für ihn bedeute, dem „jungen eng-

lischen Arzt" seinen Dank auszusprechen. Die Ärzte standen wie ein
Mann auf und spendeten mir Beifall. Die Abendzeitungen brachten
einen zweispaltigen Artikel mit der Schlagzeile WÜRDIGUNG EINES
GROSSARTIGEN ARZTES und dazu mein Foto.

Während der Diskussion erfuhr ich etwas, das für mich von großem
Interesse war. Es handelte sich um das neue Medikament Sulfaguani-
din. Man hoffte, daß man damit endlich ein wirksames Mittel gegen
die Cholera gefunden hatte. Der vortragende Arzt berichtete, daß die
Amerikaner bereits im Labor Versuche angestellt hätten. „Es wäre für
uns aber eine ungeheure Hilfe, wenn unser geschätzter Kollege
Masters das neue Medikament an Ort und Stelle erproben könnte."

Er sorgte dafür, daß ich einen Vorrat des Medikaments nach Koraloona mitnehmen konnte.

Auf der Sitzung hielt auch Dr. Morris eine brillante Rede. Zwar gab
es auf Koraloona kaum Geschlechtskrankheiten, aber ich hatte immer
die Befürchtung, daß sie jederzeit, wie auf Tahiti, ausbrechen konnten.

„Wir sind auf dem Wege, ein neues Mittel im Kampf gegen die
Geschlechtskrankheiten zu finden", erklärte Morris. „Es ist lange her,
seit Ehrlich 1910 sein Salvarsan entdeckte. Demnächst kommt ein
neues Mittel auf den Markt, nämlich Penicillin. Die Herstellung bereitet uns noch einige Schwierigkeiten, aber ich bin davon überzeugt,
daß es die Behandlung von Gonorrhö und Syphilis revolutionieren
wird."

Ich hatte natürlich Abhandlungen über das aus dem Schimmelpilz
Penicillium notatum gewonnene Penicillin gelesen, das Alexander Fle-
ming 1928 entdeckt hatte. In den dreißiger Jahren, als ich Medizin studiert hatte, hatten er und Howard Florey damit Experimente unternommen.

Nach der Sitzung gratulierte ich Morris zu seinen Ausführungen. Er
bedankte sich und sagte dann: „Ich habe Miß Young und ihren Ver-
lobten heute vormittag getroffen. Ein sehr nettes Paar. Die Untersuchung hat ergeben, daß nur ein kleiner Eingriff notwendig sein wird.
Die Chance, daß Miß Young wieder fruchtbar wird, beträgt über
neunzig Prozent."

Ein seltsames Gefühl erwachte in mir. War ich womöglich eifersüchtig? Wenn unser Leben einen anderen Verlauf genommen hätte,
wäre Lucy vielleicht schon Mutter geworden – die Mutter meiner

Kinder. Ich dankte Dr. Morris und empfand dabei trotz aller Freude über die gute Nachricht eine gewisse Traurigkeit. Nach meiner Abreise würde ich Lucys heiteres, sommersprossiges Gesicht vermutlich nie wiedersehen.

BALD danach ging der Kongreß zu Ende. Ich kam noch ein paarmal mit Lucy und Sam zusammen, doch erst am letzten Tag, kurz bevor ich zum Flughafen fuhr, konnte ich einige Augenblicke mit ihr allein sein.

Lucy hatte versprochen, sich im Hotel von uns zu verabschieden, und da Sam sich verspätete, saß ich eine Zeitlang mit ihr allein im Foyer. Wir tranken Kaffee und plauderten über Koraloona.

Lucy hatte schon immer fröhlich ausgesehen, doch jetzt strahlte ihr Gesicht eine tiefe Zufriedenheit aus, an der ich keinen Anteil mehr hatte. Schließlich kam Sam hereingestürmt und rief: „Wir fahren in einer halben Stunde zum Flughafen!"

Er wandte sich an mich: „Genehmigen Sie sich noch einen Abschiedsdrink, während ich oben bin." Dann fügte er an Lucy gewandt hinzu: „Sei ein Engel, Liebste, und hilf mir beim Packen."

Er ging hinüber zum Aufzug. Sie ergriff meine Hand und sagte: „Also auf Wiedersehen, Kit, und alles Gute." Mit einem letzten traurigen Lächeln fügte sie dann fast flüsternd hinzu: „Wir haben uns doch geliebt, nicht wahr, Kit?"

Ich nickte stumm und sah ihr nach, wie sie endgültig aus meinem Leben verschwand.

XIV

ALS ich aus San Francisco nach Koraloona zurückkehrte, hatte ich das Gefühl, nach Hause zu kommen. Es war ein friedliches Zuhause, die Schrecken der Cholera waren vergessen. Das Leben verlief wieder in geordneten Bahnen. Wir konnten nachts durchschlafen, Toma bereitete seine köstlichen Mahlzeiten, im Union Jack Club nahm man die üblichen Drinks und spielte Bridge.

Die Epidemie hatte uns so sehr in Atem gehalten und uns solche Angst eingejagt, daß wir kaum Zeit gefunden hatten, an den Krieg zu denken. Wir hatten nur selten eine Zeitung zu Gesicht bekommen und waren oft zu erschöpft gewesen, um Radio zu hören. Deshalb hatten wir nur am Rande mitbekommen, daß die amerikanischen Erfolge im Pazifik eine entscheidende Wende gebracht hatten.

Auch die Nachrichten aus Europa und Afrika waren ermutigend. Die britische Luftwaffe hatte begonnen, Berlin zu bombardieren; in Nordafrika hatte „Monty" das deutsche Afrikakorps geschlagen, im Januar 1943 hatten die Russen Stalingrad befreit.

Aber nicht nur die Nachrichten von den Kriegsschauplätzen waren erfreulich, auf meinem persönlichen Kalender war ein noch schöneres Ereignis vermerkt. In wenigen Wochen würde ich heiraten. Die Hochzeit war auf den 8. März, Aleenas neunzehnten Geburtstag, festgesetzt. Tiare begann bereits, die Festivitäten zu planen, an denen die gesamte Insel teilnehmen sollte.

Am 12. Februar lief die *Mantela* ein und brachte auch Post mit. Ich erhielt drei Briefe von zu Hause. In ihnen stand, daß alle gesund waren, aber der Stift des Zensors hatte viele persönliche Bemerkungen durchgestrichen. Mutter und Clare halfen beim Roten Kreuz, und Vater arbeitete bei – der Name des Unternehmens war durchgestrichen, deshalb nahm ich an, daß es mit Funk oder sogar Radar zu tun hatte. Sie hatten aus Australien mehrere Lebensmittelpakete bekommen. Aber das war schon alles. Die Briefe hätten ebenso von einem Fremden geschrieben sein können. Natürlich verschlang ich jedes Wort, aber die Briefe hinterließen ein seltsames Gefühl der Schuld, wenn ich mein sorgloses Leben mit der gefährdeten Existenz meiner Eltern in Nottingham verglich.

Bei den Vorbereitungen für den 8. März traf Tiare fast alle Entscheidungen. Schließlich war sie nicht nur Erbprinzessin von Koraloona, es war auch ihre Tochter, die heiratete. Es war ihr gutes Recht, die Hochzeit so zu gestalten, wie sie es für richtig hielt. Nur die Eheringe kaufte ich selbst in Sanderstown.

An der Feier sollte die ganze Insel teilnehmen. Die Schulkinder bekamen frei, und die amerikanische Armee steuerte Schokolade bei. Alle Gebäude wurden mit Flaggen, Fahnen und bunten Bändern geschmückt.

Tiare besprach mit Jason und mir den musikalischen Teil. „Wir werden natürlich den traditionellen anglikanischen Gottesdienst abhalten", begann sie, „aber da ist auch noch Tiki . . . " Sie zögerte.

Ich griff ein, denn ich wußte genau, was sie wollte – daß die polynesischen Riten ebenfalls berücksichtigt wurden. „Aleena und ich sind uns darüber einig, daß die Hochzeit auf keinen Fall durch religiöse Differenzen beeinträchtigt werden darf."

„Danke, Kit. Ich habe gewußt, daß ich auf Ihre Bereitschaft zu diesem Zugeständnis zählen kann."

„Ich empfinde es nicht als Zugeständnis, sondern als Privileg."

EINE Woche vor der Hochzeit aßen Aleena und ich zur Abwechslung bei Mollie zu Abend. „Jetzt ist alles bereit", sagte ich. „Du wirst bald dein Elternhaus verlassen und mit mir leben."

„Der Weg ist nicht sehr weit." Sie lachte. „Wenn du mich schlägst, kann ich jederzeit zu meiner Mutter zurücklaufen."

„Dieser Fall wird wohl kaum eintreten." Nach dem Essen brachte ich sie nach Hause und hielt mit dem Jeep vor dem Gartentor. Das Wasser der Lagune schimmerte im Hintergrund wie Silber. Ich küßte sie. „Gute Nacht, Mrs. Masters."

„Sag so etwas nicht!" rief sie zornig. „Es bringt Unglück, wenn du mich vor der Hochzeit mit meinem neuen Namen anredest." Sie erschauerte. „Mir ist kalt."

„Bitte, Liebling –", begann ich.

„Mir ist kalt, ich friere. Es bringt Unglück, ich weiß es."

EINE Reihe höchst seltsamer Ereignisse folgte. Sie schenkten mir eine unvorstellbar zärtliche Liebesnacht, die jedoch, ohne daß ich dies hätte vorausahnen können, schreckliche Auswirkungen haben sollte.

Der Abend begann harmlos. Gegen sechs Uhr saß ich nach getaner Arbeit mit Alec bei einem Drink. Plötzlich kam Toma, der seine kranke Mutter besucht hatte, auf die Veranda. „Sie ist tot, Master! Meine Mutter tot!" rief er.

Wir glaubten es einfach nicht. Aber Tomas Mutter litt an schwerer Diabetes, und vielleicht hatte ihr Zustand sich drastisch verschlechtert.

„Ist sie bei Bewußtsein?" fragte Alec.

„Nein, Sir. Ganz tot."

„Es könnte sich um ein Diabeteskoma handeln", meinte Alec. „Ich fahre hinüber."

Wenn ich ihm nur zugestimmt hätte! Statt dessen machte ich mich erbötig, in das Dorf der alten Frau zu fahren. Ich nahm meine chirurgischen Instrumente und meine Arzttasche, dann stieg ich, begleitet von Toma und Miß Sowerby, in den Krankenwagen.

Als wir bei Tomas Mutter ankamen, war ich nicht darüber erstaunt, daß Toma die Frau für tot gehalten hatte. Sie befand sich tatsächlich in einem Diabeteskoma.

Die Schwierigkeit bestand darin, daß ich keine Ahnung hatte, was Tomas Mutter in den letzten Tagen gegessen hatte. Ich war daher auf Vermutungen angewiesen. Ich versuchte es mit einer Glukoseinjektion, und glücklicherweise kam sie ziemlich rasch zu sich. Toma hielt mich für den lieben Gott.

Nachdem ich noch einige Zeit abgewartet hatte, fuhr ich zurück. Miß Sowerby hatte sich bereit erklärt, die Nacht im Dorf zu verbringen für den Fall, daß unvorhergesehene Komplikationen eintreten sollten, obwohl nichts dergleichen zu erwarten war.

So kam es, daß ich nach Anani zurückkehrte, ohne auch nur das geringste von der katastrophalen Entwicklung zu ahnen, die sich während meines Krankenbesuchs angebahnt hatte.

Ich hatte mich gerade ins Bett gelegt, als eine weibliche Stimme von der Tür aus leise „Kit!" rief. Es war kaum mehr als ein Flüstern. Die Tür wurde aufgestoßen, und Kinawa trat ein. „Ich komme von der *Mantela*", erklärte sie. „Aleena und ich müssen unverzüglich fort."

„Warum, um Himmels willen?"

„Pscht! Ich habe nur eine Stunde Zeit."

„Eine Stunde wofür?" fragte ich verständnislos.

„Aleena will, daß ich Sie glücklich mache."

„Warum müßt ihr so plötzlich weg?"

Sie zögerte. „Es gibt große Schwierigkeiten", sagte sie schließlich. „Die Prinzessin, Aleena und ich wollten mit Ihnen sprechen, aber Sie waren weggefahren."

„Was ist mit Aleena? Sie kann mich doch nicht einfach verlassen."

„Die Prinzessin wird Ihnen morgen alles erklären. Aleena wird bald zurückkehren. Wir mußten sofort an Bord der *Mantela* gehen, Aleenas Mutter ist dann wieder nach Hause gefahren. Als ich das Licht in Ihrem Haus sah, bin ich hierhergeschlichen. Aleena will, daß ich Sie glücklich mache."

„Ich verstehe immer noch kein Wort", antwortete ich.

„Sie wissen ja, daß es so Brauch ist. Wenn hochgestellte Frauen ihre

Männer nicht glücklich machen können, weil der weise Mann es ihnen verbietet, dann haben sie das Recht, eine Ersatzfrau zu ernennen."

„Aber was hältst du davon?"

„Ich bin sehr stolz darauf, daß ich Ihnen helfen kann."

„Aber ich bin nicht sicher, daß –"

„Aleena hat mich darum gebeten, und deshalb ist nichts Schlechtes dabei."

Das Ganze war so phantastisch, daß ich mich nicht mehr auskannte. Ich wußte, daß für die Polynesier der Liebesakt ein Vergnügen war, sonst nichts; dennoch widerstrebte mir ein solcher Handel zutiefst, und ich wollte schon ablehnen, als Kinawa sagte: „Du darfst das Geschenk auf keinen Fall abweisen." Einen Augenblick lang fragte ich mich, ob Aleena vielleicht meine Charakterstärke auf die Probe stellen wollte, verwarf den Gedanken aber sofort, denn sie war ein Mensch, dem Falschheit vollkommen fremd war. Nein, es handelte sich um keinen gemeinen Trick. Es sollte ein großzügiges Geschenk sein. Daraufhin akzeptierte ich die Tatsache, daß ich ein Narr wäre und obendrein die beiden Mädchen vielleicht verletzte, wenn ich ein solches Geschenk zurückwies.

Als ich das Licht ausknipste, flüsterte sie: „Ich lege nur schnell meine Sachen ins Badezimmer." Sie kam nach wenigen Sekunden aus dem Badezimmer zurück und glitt wortlos, aber mit einem glücklichen Seufzer unter das Laken. Sie lag mir zugewandt auf der Seite, ihre Füße berührten die meinen, ihre Lippen, ihre Brüste drängten sich mir entgegen.

Sie küßte mich zärtlich, ich streichelte und liebkoste sie. Plötzlich war ich wie elektrisiert. Ich hatte das feine Narbengewebe an ihrem Schenkel, das sich nach der Entfernung des Melanoms gebildet hatte, erkannt.

Sofort war mir klar, daß ich sie in dem Glauben lassen mußte, ich hätte nichts bemerkt. Aleena war heimlich in mein Bett geschlüpft, und ich mußte ihr Geheimnis respektieren, mußte mich bis zum Schluß an die Spielregeln halten und so tun, als hätte ich nicht durchschaut, daß sie und Kinawa im Badezimmer die Rollen getauscht hatten.

Ich bedeckte sie mit Küssen, und sie gab sich mir hin, mit all der Lust, die sie für diese Nacht zurückgehalten hatte. Schließlich sank sie matt und erschöpft auf das Kissen zurück. Wir wußten, daß wir nun für immer vereint waren, ganz gleich, was uns widerfuhr, ganz gleich, was die Zukunft uns brachte.

Sie blieb noch ein paar Sekunden ruhig liegen, dann löste sie sich von mir. Ich mußte meine gesamte Willenskraft aufbieten, um nicht das Licht einzuschalten.

„Ein letzter Kuß", verlangte ich.

Sie beugte sich vor und küßte mich so leidenschaftlich, daß meine Lippen schmerzten. Dann stand sie auf, murmelte „meine Sachen" und stolperte ins Badezimmer.

Wenige Minuten später schien sie zurückzukommen, doch jetzt war es wieder Kinawa. „Ich kann die Eingangstür nicht finden. Vielleicht könntest du kurz die Taschenlampe einschalten."

Ich deckte die Taschenlampe halb ab und flüsterte: „Dort drüben." Kinawa drehte sich um, lächelte mir zu, so daß ich ihr Gesicht deutlich erkennen konnte, und sagte: „Ich hoffe, daß ich dich glücklich gemacht habe."

Vernahm ich hinter der Küchentür, hinter dem Haus leise Schritte? Ich durfte nicht nachsehen. Eine Minute später blickte ich aber doch zum Fenster hinaus und meinte undeutlich zwei Gestalten zu erkennen, die durch den Garten zur Straße gingen. Der Mond war jedoch hinter Wolkenschleiern verborgen, und so konnte ich meiner Sache nicht sicher sein.

XV

IN DIESER Nacht träumte ich immer wieder von Aleena; aber wenn ich zwischendurch erwachte, tauchte jedesmal die bohrende Frage auf: Was hatte Tiare veranlaßt, Aleena so unvermittelt fortzuschicken? Sie hatte sich so rasch dazu entschlossen, und der Grund mußte so schwerwiegend sein, daß Aleena sogar ihr Keuschheitsgelübde gebrochen hatte, wenn auch nur im geheimen.

Am Morgen, beim Aufstehen, nahm ich mir vor, gleich nach dem Frühstück Tiare zu besuchen, um Näheres zu erfahren.

Ich kochte Kaffee und setzte mich damit ins Wohnzimmer. Plötzlich schaute Alec zum Fenster herein und fragte: „Hätten Sie eine Tasse Kaffee für mich übrig?" Er stieß die Tür auf und trat ein. „Wie geht es Tomas Mutter?" wollte er wissen.

„Alles in bester Ordnung. Es war tatsächlich Diabeteskoma; eine Glukoseinjektion, und schon ging's ihr wieder besser."

Alec blickte sich suchend um, und als ich ihn fragend ansah, meinte er: „Ich sehe Ihren Bewacher nicht."

Ich starrte ihn verwundert an. „Was für einen Bewacher?"

„Reden Sie keinen Unsinn! Wo zum Teufel steckt der Leibwächter? Ich habe vor einer Stunde mit Lieutenant Truscott telefoniert, und er hat mir versprochen, daß er sofort einen Mann hierher in Marsch setzen wird."

„Aber wozu?" Meine Belustigung über ein offensichtliches Mißverständnis wich langsam einem unbestimmten Angstgefühl.

Alec sog scharf die Luft ein. „Mein Gott!" rief er. „Wissen Sie tatsächlich nicht, was sich ereignet hat? Japanische Fallschirmjäger haben gestern Penal Island besetzt!"

Ich starrte ihn mit offenem Mund an und ließ beinahe die Kaffeetasse fallen. „Das ist doch nicht möglich!" rief ich. „Wie konnte das geschehen? Japaner auf der Gefängnisinsel! Was ist mit den Wächtern? Sie waren doch bewaffnet. Haben sie sich denn nicht zur Wehr gesetzt?"

„Wie sollten sie gegen mit Maschinenpistolen ausgerüstete Japaner etwas ausrichten können. Alle bis auf zwei wurden regelrecht abgeschlachtet."

„O mein Gott!" Ich war zutiefst erschüttert. Jetzt begriff ich, warum Aleena in Sicherheit gebracht worden war. Schließlich stieß ich mühsam hervor: „Und die Gefangenen?"

„Alle Polynesier sind erschossen worden. Die Japaner wurden befreit. Auch Mana!"

„Das bedeutet also, daß sich Mana noch auf Penal Island befindet."

„Nein", antwortete Alec. „Mana hat mit einem zweiten Mann zusammen die Polizeibarkasse gekapert und wurde gesehen, wie er Kurs auf Koraloona nahm."

„Was wird die Prinzessin jetzt tun?" fragte ich bestürzt.

„Vor ihrem Haus steht ein Wächter, ein amerikanischer Soldat. Zum Glück befinden sich Aleena und Kinawa an Bord der *Mantela* in Sicherheit."

„Gott sei Dank." Ich war heilfroh, denn inzwischen hatte die *Mantela* bestimmt längst in Sanderstown angelegt. Dann fügte ich hinzu: „Sie nehmen an, daß Mana hierherkommt?"

„Das ist durchaus möglich. Er wird sich rächen wollen."

Ich überlegte angestrengt. „Wissen wir mit Bestimmtheit, ob Mana sich inzwischen auf Koraloona befindet? Hat man die Polizeibarkasse hier gefunden?"

Alec schüttelte den Kopf. „Aber das will nicht viel besagen. An der Küste gibt es unzählige versteckte Buchten."

In diesem Augenblick trat Miß Sowerby ein. Sie hatte sich in Tomas Dorf ein Fahrrad geliehen und kämpfte sichtlich mit dem ungewohnten Vehikel.

„Wie geht es Tomas Mutter?" erkundigte sich Alec.

„Sehr gut." Sie sah an unseren Mienen, daß etwas nicht stimmte. „Ist etwas nicht in Ordnung?"

Alec erzählte ihr, was geschehen war. Dann hörte ich ein vertrautes Geräusch – Tiares Austin hielt vor dem Bungalow.

Sie sprang heraus und lief den Weg durch den Garten herauf; ein amerikanischer Soldat mit Gewehr folgte ihr.

„Ich bin so froh, daß Ihnen nichts geschehen ist, Kit", betonte sie. „Und daß die Mädchen fort sind. Das Ganze ist schrecklich, und jetzt habe ich erfahren, daß die *Mantela* in Sanderstown überfällig ist." Sie blickte mich besorgt an. „Und was werden Sie jetzt tun? Falls Mana sich auf Koraloona befindet, dann gibt es nur einen Grund dafür: Er will Sie töten."

Ich versuchte, sie zu beruhigen, obwohl mir nicht ganz wohl zumute war. „Wir wissen nicht einmal mit Bestimmtheit, Prinzessin, ob Mana sich auf der Insel aufhält."

„Ich weiß es", murmelte sie bitter. „Ich kenne Mana. Er wird sich ganz bestimmt an Ihnen rächen wollen." Sie fuhr beinahe heftig fort: „Hat man Ihnen denn keinen Leibwächter geschickt?" Sie wandte sich dem Soldaten zu. „Ich habe geglaubt, daß die Armee Dr. Masters einen Wächter stellt."

„Es tut mir leid, Madam." Der Amerikaner zündete sich eine Zigarette an. „Soll ich mich beim Lieutenant danach erkundigen?"

„Lassen Sie's, es ist nicht Ihr Problem", antwortete sie. „Mein Bewacher heißt übrigens Dunhill", stellte sie ihn vor.

Ich schüttelte ihm die Hand und sagte: „Ich werde selbst Lieutenant Truscott anrufen."

Dunhill nahm auf der Veranda Platz, und ich brachte ihm ein Bier, das er dankbar annahm. Dann begab ich mich mit Tiare und Alec ins

Wohnzimmer. „Ich habe eine Idee", begann ich. „Sam Truscotts Einheit verfügt über etwa ein Dutzend Jeeps. Die Soldaten können die Inselstraßen abfahren und nach verdächtigen Personen Ausschau halten. Ich werde Sam darum bitten, er schuldet mir ohnehin noch einen Gefallen."

Sam organisierte die Suche zur See und zu Land effizient wie immer. Bereits nach einer Stunde waren seine Leute unterwegs.

„Ich fahre zu Colonel Fawcett hinauf und warte dort, bis wir von der *Mantela* hören", erklärte Tiare. „Zu Ihrem Schutz lasse ich Ihnen Dunhill da." Sie stieg in ihren Wagen und fuhr davon.

Nachdem auch Alec und Miß Sowerby sich verabschiedet hatten, setzte ich mich mit Dunhill auf die Veranda und schilderte ihm, wie Mana versucht hatte, mich zu vergiften. Doch ein Gedanke ließ sich nicht verscheuchen. Die *Mantela*. Sie hatte noch nie Verspätung gehabt. Wo befand sie sich im Augenblick? War sie etwa auf japanische Kriegsschiffe getroffen? Oder hatte ein U-Boot sie zum Ziel genommen?

Ich versuchte, die Befürchtungen beiseite zu schieben, bis ich etwa eine Stunde später jemand keuchend den Gartenweg herauflaufen hörte. Einen Augenblick später erschien der dicke, schwitzende Alec Reid auf den Verandastufen. Er hielt sich nur noch mühsam aufrecht.

Seine Stimme war ein heiseres Krächzen, und sein Gesicht war vor Kummer verzerrt, als er sagte: „Ich bringe leider eine furchtbare Nachricht. Versuchen Sie, sie mit Fassung zu tragen."

„Mein Gott!" rief ich entsetzt. „Sie wollen doch nicht etwa sagen –"

Er hatte das Gesicht in den Händen vergraben und blickte jetzt hoffnungslos auf.

„Aleena?" flüsterte ich.

„Die *Mantela*", stieß er hervor. „Sie ist versenkt worden. Sechzig Kilometer vor Sanders Island. Es gibt keine Überlebenden."

Die nächsten Stunden waren die schlimmsten meines Lebens. Die Insulaner trauerten nicht nur um die Tochter der Prinzessin; weil die Polynesier eine besondere Beziehung zum Meer haben, traf sie der Verlust des Schiffes, das mit dem Leben von Koraloona so eng verbunden war, ebenfalls schwer.

Tiare empfand das gleiche wie ich; wir gingen durch eine Hölle.

Für mich bedeutete Bill Robins' Tod das Ende einer Freundschaft, die mit meiner ersten Fahrt auf der *Mantela* begonnen hatte; mit Aleenas Tod aber war das Leben für mich sinnlos geworden. Ich konnte mir nicht vorstellen, wie ich ohne sie weiterexistieren sollte.

Auf der ganzen Insel herrschte Trauer. Selbst das Meer schimmerte grau, und die Sonne war hinter Wolken verschwunden. Zu dem Kummer gesellte sich die Ungewißheit darüber, was sich tatsächlich ereignet hatte. Aus Sanderstown wurde uns nur mitgeteilt, daß ein Aufklärungsflugzeug unwiderlegbare Beweise für den Untergang der *Mantela* entdeckt hatte: Ölflecke, zerschmetterte Rettungsboote, treibende Wrackteile, Schwimmwesten. Ich hörte sogar die Nachrichtensendungen des australischen Rundfunks ab, obwohl ich im Grunde wußte, daß ich nichts über die *Mantela* erfahren würde. Was bedeutete schon ein kleiner Küstendampfer im Vergleich zu den großen Schiffen, die täglich auf den Weltmeeren sanken?

Schließlich hielt ich es nicht mehr aus und fuhr in den Union Jack Club, nicht so sehr, um meinen Kummer zu ertränken, als um mit jemandem zu sprechen.

Im Club traf ich nur Sam Truscott an, der mir auf die Schulter klopfte und mitfühlend sagte: „Ich weiß, wie schwer es für Sie ist, Kit, und ich möchte Ihnen gern helfen."

„Es ist so verdammt sinnlos", sagte ich seufzend.

„Das ist es wirklich." Er starrte betrübt in sein Glas. „Nichts mehr auf dem Wasser, nur dieses eine Rettungsfloß."

Ich sah ihn verblüfft an. „Rettungsfloß? Was zum Teufel meinen Sie damit, Sam? Es hat doch geheißen, daß es keine Überlebenden gibt."

„Ach so, Sie können es ja gar nicht wissen. Wir haben eine direkte militärische Funkverbindung mit Sanderstown. Eine Suchmannschaft hat einen Überlebenden geborgen – einen Mann."

„Sind Sie sicher, daß es ein Mann war? Wenn Mädchen Hosen tragen, kann man sie leicht mit Männern verwechseln." Ich bettelte fast um einen Hoffnungsschimmer.

„Nein, Kit, wir haben den Mann identifiziert."

„Es war auch nicht Bill Robins?"

Sam schüttelte den Kopf. „Leider nicht. Ich habe mir den Namen des Mannes nicht gemerkt, aber ich habe gefragt, ob es sich um den Kapitän handelt, und erfuhr, daß es der Steward war."

Ich war den Tränen nahe. „Ich kenne ihn, er heißt Tomkins. Sind keine weiteren Einzelheiten bekannt?"

„Nichts."

„Ich verstehe." Ich trank mein Bier aus und fuhr nach Hause.

Mitten in der Nacht wachte ich auf. Ich dachte nicht an Mana, es war mir gleichgültig, ob er mich umbrachte oder nicht. Aber ich wollte mit Tomkins sprechen. Von ihm konnte ich erfahren, wie es zum Untergang der *Mantela* gekommen war.

Es würde nicht einfach sein. Ich durfte zwar mit der Nellie zu den Inseln in der Lagune fliegen, würde aber bei der derzeitigen Kriegslage nie die Erlaubnis für einen Flug nach Sanderstown erhalten. Doch es gab einen Ausweg.

Nach dem Frühstück fuhr ich über die Küstenstraße zu Sam Truscott. Ich fragte ihn geradeheraus, ob er mich auf seinem nächsten Flug nach Sanderstown als Passagier mitnehmen könne, um mir von Tomkins die letzten Augenblicke in Aleenas Leben schildern zu lassen.

„Das geht ohne weiteres", antwortete er. „Ich befürchte nur, daß Sie nachher noch unglücklicher sein werden als jetzt. Was den Flug betrifft – Sie sind unser Truppenarzt, deshalb kann ich Sie jederzeit mitnehmen."

So flog ich zwei Tage später mit Sam in seiner Mustang nach Sanderstown. Die amerikanische Armee stellte mir großzügig einen Jeep mit Fahrer zur Verfügung, damit ich Tomkins im Krankenhaus aufsuchen konnte. Er war für ein paar Tage dort untergebracht worden, damit er sich von dem Schock erholen konnte.

Tomkins erkannte mich sofort, als ich das Zimmer betrat. „Sieh mal einer an, der Doktor", begrüßte er mich.

„Ich wollte nur sehen, wie es Ihnen geht, Tomkins."

„Das ist wirklich nett von Ihnen, Doktor."

Nachdem wir eine Weile über Belangloses geplaudert hatten, erzählte Tomkins vom Untergang der *Mantela*. „Ich bin nur gerettet worden, weil ich mir gerade auf dem Achterdeck in aller Stille einen genehmigte. Als uns der erste Torpedo traf, gab es einen fürchterlichen Krach. Die Brücke flog senkrecht in die Luft."

„Und Sie?"

„Ich saß bei einem dieser neumodischen Rettungsflöße, als ich wie ein Streichholz hochgewirbelt wurde. Ich glaubte, daß es um mich geschehen wäre, aber es war ein Wunder, Sir. Der Luftdruck hob mich zuerst hoch und ließ mich dann direkt neben dem Floß ins Meer fallen."

Ich konnte es mir lebhaft vorstellen; ich mußte nur daran denken, wie mich seinerzeit der Luftdruck im Hotel hier in Sanderstown zur Tür hinausgetragen hatte.

„Und dann?" drängte ich.

Seine Stimme wurde ernst. „Dann sank die *Mantela* wie ein Stein. Innerhalb von fünf Minuten war sie verschwunden."

„Und keine Überlebenden?"

Er schüttelte den Kopf. „Alle befanden sich unter Deck. Keiner von ihnen hatte eine Chance, als uns die Japaner so unvermittelt angriffen."

„Ich kann mir vorstellen, wie Ihnen zumute ist. Prinzessin Tiares Tochter ist auch oft mit Ihnen gefahren, nicht wahr? Wußten Sie übrigens, daß wir verlobt waren?"

„Na so was, Sir. Ich hatte keine Ahnung. Herzlichen Glückwunsch. Ich habe gesehen, wie aus dem schlaksigen Mädchen eine schöne Frau geworden ist. Sie sind wirklich zu beneiden."

Mir stieg die Zornesröte ins Gesicht. Wie konnte er so von einer Toten sprechen!

Tomkins bemerkte meine Verärgerung. „Entschuldigen Sie, Doktor, habe ich etwas gesagt, was Sie beleidigt hat?"

„Es ist verdammt ungehörig, so von einer Toten zu sprechen", fuhr ich ihn an.

„Das tut mir wirklich leid. Ich habe nicht gewußt, daß die Dame tot ist."

Ich sah ihn an. Er hatte offenbar den Verstand verloren. „Es ist nicht zu glauben! Sie sollten mir erzählen, wie Aleena gestorben ist; ich wollte von Ihnen hören, wann Sie das letzte Mal auf der *Mantela* mit ihr gesprochen haben."

Er setzte sich auf. „Ich weiß nicht, was Sie meinen, Doktor."

„Auf der *Mantela*", stieß ich mühsam hervor. „Aleena und ihre Freundin Kinawa. Sie haben Koraloona auf der *Mantela* verlassen."

Jetzt nahm Tomkins offensichtlich an, daß ich den Verstand verloren hatte. „Sie sind ja verrückt geworden! Entschuldigen Sie, Doktor, ich wollte Sie nicht beleidigen, aber auf der *Mantela* befand sich weder Aleena noch ihre Freundin. Wir hatten keine Passagiere an Bord."

Ich sah ihn an. Ich wußte, daß Menschen durch einen Schock vollkommen durcheinandergeraten können, deshalb beugte ich mich vor und rüttelte ihn an den Schultern. „Sie lügen, Sie lügen! Warum?"

„Ich lüge nicht!" entgegnete er erregt. „Wir haben keine Frauen mitgenommen, das kann ich beschwören. Glauben Sie wirklich, daß ich Aleena nicht gesehen hätte, wenn sie an Bord gewesen wäre? Sie ist gut ein dutzendmal auf unserem Schiff gefahren."

Mir schwindelte, und ich hielt mich nur mit Mühe aufrecht. „Sind Sie vollkommen sicher?" fragte ich heiser.

„Mein Ehrenwort, Doktor. Ich leugne ja nicht, daß die beiden jungen Damen an Bord gekommen sind. Aber sie sind später, als es dunkel wurde, wieder von Bord gegangen."

„Und sie sind nicht wieder zurückgekommen?"

Ich war wie betäubt; ich konnte das Unglaubliche, das Unmögliche einfach nicht fassen. „Und was war später? Kommen Sie schon, Tomkins, ich will die Wahrheit wissen. Ich weiß, daß beide Mädchen an Bord zurückgekehrt sind."

Jetzt wurde er wütend. „Nie und nimmer. Ich war oben an Deck, bis die Gangway heraufgezogen wurde. Hören Sie also auf, mich anzuschreien und mich einen Lügner zu nennen."

„Entschuldigen Sie bitte. Versuchen Sie zu verstehen, was ich durchgemacht habe. Die beiden Mädchen hätten an diesem Abend Koraloona auf der *Mantela* verlassen sollen."

Ich hielt es keinen Augenblick länger in dem Krankenzimmer aus. Ich entschuldigte mich noch einmal, verabschiedete mich rasch von Tomkins und fuhr in den Offiziersclub, wo ich mich mit Sam Truscott treffen sollte. Das wichtigste war jetzt, daß ich Tiare sofort eine Nachricht zukommen ließ.

Sam übernahm es, die Neuigkeit zu übermitteln, indem er den Militärfunk benutzte. Er war genauso aufgeregt wie ich, und wir verfaßten hoffnungsvoll die Nachricht gemeinsam.

Daraufhin stellte Sam die Frage aller Fragen: „Und wo befindet sich Aleena jetzt?"

„Genau das müssen wir herausbekommen", antwortete ich bedrückt. „Wenn Aleena und Kinawa am Leben sind, wo stecken sie dann?"

Die einzige Antwort, die mir einfiel, war schrecklich.

Nach der wundervollen Stunde der Liebe hatte sich Aleena mit ihrer Freundin auf den Rückweg zum Schiff gemacht. Dabei mußten die beiden Mädchen geradewegs dem Mann in die Arme gelaufen sein, den wir alle am meisten fürchteten: Mana!

„ICH kann mir nur vorstellen, daß der Japaner sie entführt und nach Penal Island gebracht hat", erklärte ich Sam.

Er reagierte sofort. Schon zehn Minuten später befanden wir uns in der Luft, und eine Viertelstunde danach überflogen wir Koraloona, das wie eine kitschige Ansichtskarte unter uns lag. In der Ferne erblickte ich bereits den kahlen Felsen von Penal Island, auf dem Mana und seine Komplizen jetzt wahrscheinlich meine geliebte Aleena gefangenhielten und womöglich im Begriff standen, sie zu töten.

„Werfen wir mal einen genauen Blick darauf!" rief Sam, dann drückte er den Steuerknüppel nach vorn, und mein Magen rebellierte, als wir plötzlich zum Sturzflug übergingen. Die roten Dächer der Häuser von Penal Island und die schmale Straße rasten uns entgegen. Ich beobachtete, wie Männer erschrocken aus den Gebäuden liefen und zu dem kleinen Platz rannten, auf dem das Haus des Gefängnisaufsehers stand. Die japanische Flagge auf dem Dach flatterte im Wind.

Wir zogen eine Schleife, um die Insel noch einmal zu überfliegen.

Wieder ging Sam ganz tief hinunter. Als wir jedoch diesmal auf die Hauptstraße zu rasten, eröffneten die Japaner das Feuer. Wir hörten die Schüsse nicht, aber wir sahen die auf uns gerichteten Gewehre. Sam zeigte hinunter und rief: „Mein Gott, sehen Sie doch! Die Mädchen!"

Ich nahm flüchtig einen Kreis japanischer Soldaten wahr, die offenbar blindlings auf uns schossen, und in der Mitte des Kreises standen wie in einem Käfig zwei Mädchen. Sekundenbruchteile später lag die Gefängnisinsel hinter uns. Sam hatte keine Möglichkeit gehabt einzugreifen. Hätte er die Japaner unter Beschuß genommen, so hätten sich die Mädchen genau im Zielgebiet befunden.

Während ich versuchte, meine Gefühle unter Kontrolle zu bringen, hatte Sam Höhe gewonnen und war auf dem Heimflug.

Kurz darauf landeten wir, und Sam faßte einen Bericht an seinen Vorgesetzten in Sanderstown ab, der selbstverständlich die Engländer verständigen würde, daß Penal Island jetzt von Japanern besetzt sei.

„Und die Mädchen? Werden Sie auch melden, daß wir sie gesehen haben, Sam?"

„Natürlich. Wir müssen es sofort mitteilen. Wenn man auf Sanders Island nicht erfährt, daß wir Aleena gesehen haben, wird womöglich ein Bombenangriff auf Penal Island gestartet."

„Wir müssen die Mädchen herausholen, ganz gleich, was die Japaner dafür verlangen", drängte ich.

„Klar, aber wie sollen wir es anfangen? Und der Preis könnte horrend sein."

XVI

ALS ich nach einem Gespräch mit Tiare in meinen Bungalow zurückkehrte, war ich von tiefer Verzweiflung erfüllt. Ich ertrug es nicht, daran zu denken, in welcher Gefahr sich Aleena befand, und doch kreisten meine Gedanken nur um diesen einen Punkt.

Alec kam vorbei und versuchte mich zu beruhigen. „Mana hat es auf Sie abgesehen, nicht auf Aleena. Machen Sie sich ihretwegen keine Sorgen. Ihr wird nichts geschehen. Er hält Aleena nur gefangen, damit Sie leiden."

Noch ehe ich etwas antworten konnte, klingelte das Telefon. Es war Colonel Fawcett, der keine Zeit mit langen Einleitungen verlor. „Ich habe mit dem Stützpunkt in Sanderstown gesprochen. Eine verdammte Geschichte", knurrte er. „Können Sie sofort herkommen? Zu einer Besprechung, bevor ich versuche, die Japaner auf Penal Island über Funk zu erreichen."

„Ich bin schon unterwegs."

Die Gespräche zwischen Koraloona und Penal Island fanden nur zu bestimmten Zeiten statt. Als ich bei Fawcett eintraf, war es schon fast siebzehn Uhr, der Zeitpunkt, zu dem der Funkverkehr mit Penal Island aufgenommen wurde.

Holmes, der Funker, schaltete das Gerät ein. „Koraloona ruft Penal Island. Hören Sie mich? Over." Stille. Er wiederholte den Satz geduldig.

Das Warten war nervtötend. Ich war plötzlich entsetzlich erschöpft, nicht nur, weil ich Angst hatte, sondern weil ich keine Lösung sah. Mana hielt Aleena auf einer Insel gefangen, die von einer Einheit der japanischen Armee besetzt war und nur durch einen Sturmangriff genommen werden konnte.

Das Bild, das sich uns beim Überfliegen geboten hatte, war eindeutig gewesen: Wenn wir versuchten, die Japaner zu vertreiben, war es um die Mädchen geschehen.

Plötzlich schrie Holmes aufgeregt: „Colonel! Rasch! Ich glaube, sie haben sich gemeldet."

Fawcett griff nach dem Mikrofon. „Koraloona an Penal Island!" rief er. „Over."

Wir drängten uns um das Mikrofon und warteten auf die nächsten Worte. Eine gutturale Stimme verkündete: „Hier spricht Major Mana Sagawaki von der kaiserlichen japanischen Armee. Ich führe zur Zeit den Oberbefehl über Penal Island und –"

„Aber, Mana –", unterbrach ihn Fawcett.

„In Zukunft werden Sie mich mit Major Sagawaki anreden."

„Gut. Aber, Mana, die –"

Mana unterbrach ihn wütend. „Ich habe Ihnen befohlen, mich mit meinem militärischen Dienstrang anzureden. Sonst breche ich das Gespräch ab."

„Entschuldigen Sie, Major", stotterte Fawcett, rot vor Wut.

„So ist es schon besser", höhnte Mana. „Was wollen Sie, Fawcett? Meine Zeit ist beschränkt."

„Die Mädchen. Aleena, die Tochter der Prinzessin, und ihre Freundin – sie haben Ihnen nichts getan, Major." Fawcett stockte, weil er die nächsten Worte kaum über die Lippen brachte. „Ich hoffe, daß Sie sie freilassen werden."

„Damit Sie Penal Island bombardieren und wieder in den Besitz der Briten bringen können?" fragte Mana sarkastisch.

„Aber, Major –"

„Kein Aber. Eigentlich sollten die beiden Mädchen als Kriegsgefangene nach Japan geschickt werden. Vorläufig werde ich sie jedoch hierbehalten, damit Sie nicht auf die Idee kommen, uns anzugreifen. Alles Weitere werde ich zu einem späteren Zeitpunkt entscheiden. Ich werde mich in drei Tagen um die gleiche Zeit wieder mit Ihnen in Verbindung setzen. Lang lebe Japan."

Es klickte, und die Verbindung war abgerissen.

DIE nächsten drei Tage waren ein einziger Alptraum. Ich grübelte Tag und Nacht darüber nach, wie man die Mädchen befreien könnte. Konnte ich unbemerkt auf Penal Island an Land gehen? Vielleicht gab es im Felsen Geheimgänge, so daß ich im Schutz der Dunkelheit hinüberfahren und mich durch diese Gänge auf die Insel schleichen konnte? Natürlich war diese Vorstellung absurd, doch in meiner

Verzweiflung suchte ich tatsächlich Tiki auf, der die Örtlichkeiten genau kannte. Er versicherte mir, daß die Insel ein nackter Felsen war, in dem kaum Spalten vorhanden waren. Es gab nur die winzige Bucht und die schmale Straße, die zum höchsten Punkt der Insel führte.

Auch die arme Tiare stand unter Schock. Ich besuchte sie nicht nur in meiner Eigenschaft als künftiger Schwiegersohn, sondern auch als Arzt. Ihr Gesicht war eingefallen. „Ihr hättet nächsten Montag heiraten sollen", schluchzte sie verzweifelt. „Was wird jetzt geschehen? Ich kenne Mana. Er ist ein durch und durch böser Mensch."

Ich wußte, daß sie recht hatte, und es gab nichts, womit ich sie hätte trösten können.

AM ZWEITEN Tag nach dem Gespräch mit Mana lief eine britische Fregatte im Hafen ein, und die Mitglieder des „Operationskomitees", wie Fawcett es nannte, trafen mit uns in einem Zimmer des Union Jack Clubs zusammen. Es handelte sich um Captain Osmond von der britischen Kriegsmarine, Major Marshall von der Armee und um einen ruhigen, sanft wirkenden Mann mit blondem Haar und dicken Brillengläsern, der sich folgendermaßen vorstellte: „Ich heiße Ralph Skinner, aber man nennt mich allgemein nur ‚den Prof'."

Ich will auf die Beratungen im Club nicht näher eingehen, denn eigentlich kam wenig dabei heraus. Sowohl Captain Osmond als auch Major Marshall zeigten sich mitfühlend und taten ihr möglichstes, um meine Bedenken zu zerstreuen.

„Wir können es nur mit List versuchen", erklärte Captain Osmond. „Zum Glück ist Penal Island nicht so wichtig, daß es eine militärische Operation rechtfertigen würde, durch die das Leben der Mädchen gefährdet wäre. Wir müssen eben Katz und Maus spielen."

„Am wichtigsten ist, daß wir Geduld haben", bekräftigte der Major. „Wenn wir lange genug warten und nichts unternehmen, müssen sie handeln. Sonst verhungern sie nämlich. Und wenn sie handeln, dann können wir hoffen, daß sie einen Fehler begehen."

„Äußerste Zurückhaltung und die Möglichkeit einer unerwarteten Wendung sind alles, worauf wir im Moment bauen können", bemerkte Skinner, der Professor in Oxford war.

Dieser schwache Trost mußte mir genügen.

Am nächsten Nachmittag versammelten wir uns Punkt siebzehn Uhr im Funkraum. Diesmal war auch Tiare anwesend. Mühsam

unterdrückte Spannung lag über dem Raum, als wir uns hinter
Holmes zusammendrängten, der am Funkgerät Platz genommen
hatte. Colonel Fawcett ließ die Zeiger seiner Armbanduhr nicht aus
den Augen.

„Jetzt", verkündete Colonel Fawcett. „Fangen Sie an, Holmes."

Holmes schaltete das Funkgerät ein und begann mit dem Routine-
satz: „Koraloona ruft Penal Island. Hören Sie mich? Over."

Die Antwort kam augenblicklich. „Japanisches Hauptquartier auf
Penal Island an Koraloona. Hier spricht Major Sagawaki. Ich höre Sie.
Ich möchte mit dem Kapitän der englischen Fregatte sprechen, die
gestern aus Sanderstown in Koraloona eingetroffen ist."

Alle Anwesenden schnappten hörbar nach Luft. Wie konnte Mana
das wissen? Nicht einmal mit einem Teleskop hätte er diese Einzelheiten erkennen können.

„Kurzwellensender", flüsterte Osmond. „In dem Gebiet operiert
mindestens ein japanisches U-Boot – vermutlich das gleiche, das die
Mantela versenkt hat. Es hat uns zweifellos entdeckt und Penal in einer
verschlüsselten Botschaft darüber informiert." Er wandte sich höflich
an Fawcett und fragte: „Darf ich?"

Fawcett reichte ihm das Mikrofon, und Osmond meldete sich
gleichmütig: „Hier spricht Captain James Osmond von der königlichen Kriegsmarine."

„Von der gleichen Marine, die vor Malaya die *Repulse* und die *Prince
of Wales* verloren hat?" höhnte Mana.

„Wir sind ein Teil der alliierten Streitkräfte, die den Japanern vor
Guadalcanal schwere Verluste zugefügt haben, Major."

„Werden Sie bloß nicht unverschämt!"

Tiare berührte in diesem Augenblick Captain Osmonds Arm und
bedeutete ihm, daß sie mit Mana sprechen wollte.

Osmond nickte und sagte ins Mikrofon: „Hier ist jemand, der mit
Ihnen reden will."

„Wer?" antwortete Mana.

„Ich. Tiare." Sie weinte leise. „Mana, bitte, gib mir meine Tochter
zurück. Ich habe solche Angst um sie."

„Was meinst du damit, Frau?" fragte Mana zornig. „Deine Tochter
befindet sich in Sicherheit, und es geht ihr gut. Ihr könnte nur Gefahr
drohen, wenn die Insel angegriffen wird, denn dann sterben wir alle.
Wenn sie also in Gefahr gerät, sind die Engländer daran schuld."

„Mana, ich mach mir solche Sorgen. Ist sie eingesperrt?"

„Red keinen Unsinn. Glaubst du vielleicht, daß ich unsere Tochter in eine schäbige Gefängniszelle stecken würde? Kinawa und sie wohnen in einem Wächterhaus."

„Mana, hör doch –"

„Schluß jetzt. In drei Tagen melde ich mich wieder." Es klickte, und wir waren getrennt.

Wir fanden keinen Ausweg aus der Sackgasse, zumal nur jeden dritten Tag kurze Gespräche stattfanden. Zwei Wochen vergingen so, das Warten und die Untätigkeit wurden unerträglich.

Schließlich schlug Tiki, der Medizinmann, eine neue Aktion vor. Als wieder ein Gespräch fällig war, saß er am Funkgerät.

„Mana, hier spricht Tiki", begann der Polynesier. „Nein, unterbrechen Sie mich nicht. Vergessen Sie nicht, daß Sie zur Hälfte Polynesier sind und den Gesetzen unserer alten Götter gehorchen müssen."

„Was wollen Sie?" fragte Mana aufsässig, aber er war wenigstens bereit zuzuhören.

„Morgen früh komme ich zu Ihnen, um mit Ihnen von Polynesier zu Polynesier zu reden. Mr. Wilson wird mich in einer Barkasse zu Ihnen bringen; wenn es Ihnen lieber ist, können Sie uns mit der Polizeibarkasse entgegenfahren. Aber nehmen Sie keine Waffe mit. Ich bin der Priester und Ihr geistliches Oberhaupt. Mr. Wilson steht unter meinem Schutz, und Sie werden die Parlamentärflagge respektieren. Ist das klar?"

Es dauerte eine Weile, bis Mana antwortete. „Ich habe Ihnen nichts zu sagen, aber wenn Sie mit mir zusammentreffen wollen, werde ich Ihren Wunsch aus Respekt vor Ihrer Person erfüllen. Auf Wilsons Boot dürfen sich aber außer Ihnen keine Passagiere befinden. Auch ich werde nur vom Steuermann begleitet sein. Die Mädchen bleiben auf der Insel. Sind Sie damit einverstanden?"

„So sei es. Aber vergessen Sie nicht, es handelt sich lediglich um ein Gespräch. Ich habe Ihr Wort, daß Mr. Wilson nichts geschehen wird, und Sie haben mein Wort, daß wir unbewaffnet sein werden."

„Abgemacht", versicherte Mana. „Sobald ich Ihr Boot sichte, laufe ich aus der Bucht aus und fahre Ihnen entgegen."

Am nächsten Tag waren Tiki, Jim Wilson und ich kurz nach Sonnenaufgang zum Kai unterwegs. Der Morgendunst milderte noch die

Sonnenhitze, und draußen am Riff brachen sich die Wellen stetig und gleichmäßig.

Wider Willen war ich von Tiki beeindruckt, der die unheimlich wirkende Holzmaske und das volle Ornat eines polynesischen Priesters trug. Wir waren zu der Erkenntnis gelangt, daß Tiki Mana viel wirkungsvoller gegenübertreten konnte, wenn er seine religiöse Funktion und damit seine Neutralität betonte.

„Psychologie, alter Junge", hatte Colonel Fawcett orakelt. „Die Orientalen denken ganz anders als wir aus dem Westen."

Damit hatte er recht. Auch Mana war Anhänger einer mystischen Religion. Schließlich beruht der Schintoismus genau wie die alten Kulte der Südsee auf Ahnen- und Naturgötterverehrung. Eine Demonstration dieses gemeinsamen Hintergrunds konnte eine gute Basis für das Gespräch abgeben.

„Viel Glück", wünschte ich Jim.

„Ich weiß nicht, wann wir zurückkommen", bemerkte er; er meinte nicht nur „wann", sondern auch „ob".

Aber sie kehrten zurück.

Um mich abzulenken, hatte ich Alec in der Sprechstunde geholfen. Natürlich stand ich lange vor dem Zeitpunkt, an dem wir Jims Boot frühestens erwarten konnten, wieder am Kai. Noch nie in meinem Leben war mir das Warten so schwergefallen.

Doch endlich glitt das Boot, das immer noch die weiße Parlamentärflagge gehißt hatte, über das schimmernde Wasser. Inzwischen hatten sich auch die anderen am Kai versammelt.

Dann übertönte das Tuckern des Zweitaktmotors das Geräusch der Brandung, und einige Minuten später machte Jim am Kai fest.

Tiki hatte die Maske abgenommen, und sein Gesicht war ernst. Weil er wußte, wie groß meine Unruhe war, kam er sofort zur Sache. „Den Mädchen ist nichts geschehen. Sie werden natürlich bewacht, sind aber nicht eingesperrt, und es mangelt ihnen an nichts."

„Aber wird Mana sie freilassen?" fragte Tiare.

Als Tiki nicht sofort antwortete, griff Alec ein. „Heraus mit der Sprache, Mann. Was wollen Sie uns beibringen?"

Tiki überlegte noch einen Augenblick, dann antwortete er langsam: „Mana ist bereit, die Mädchen freizulassen."

„Gott sei Dank!" rief Tiare.

„Wann?" fragte ich.

„Aber er verlangt eine Gegenleistung", fuhr Tiki fort. Er sprach so ernst, daß seine Worte auf mich und auf die anderen wie ein kalter Schauer wirkten. Was konnte Mana von uns wollen?

„Mana läßt die Geiseln nur frei, wenn ihm dafür eine andere Geisel zur Verfügung gestellt wird." Er machte eine Pause, und ich sah, daß auf seiner Stirn Schweißperlen standen. „Diese Geisel sind Sie, Dr. Masters." Wieder legte er eine Pause ein. „Er will nur Sie und sonst keinen."

ICH hatte das Gefühl, daß die Zeit stillstand und daß Tikis Worte in eine eisige Stille tropften. Einige Minuten lang verharrte die Gruppe auf dem Kai regungslos, wie erstarrt vor der schrecklichen Entscheidung, die ich treffen mußte. Ich hatte keine Wahl, ich mußte den Weg gehen, der einem Todesurteil gleichkam.

Alle Blicke richteten sich auf mich, als erwarteten sie von mir eine Lösung. Obwohl ich zitterte, bemühte ich mich, ruhig zu sprechen. Gleichzeitig versuchte ich, mich nicht als Held aufzuspielen, denn ich fühlte mich in diesem Augenblick alles andere als heroisch. „Ich danke Gott, wenn wir Aleena retten können", sagte ich leise.

„Dafür kann ich mich verbürgen", versicherte Tiki.

„Aber der Preis!" rief Miß Sowerby. „Dr. Masters!"

„Bitte!" sagte ich mit allem Nachdruck. „Machen Sie mir das Ganze nicht noch schwerer, als es ohnehin ist. Ich bin kein Held."

„Das können Sie nicht tun, Junge!" rief Alec, der offenbar am Rande eines Nervenzusammenbruchs stand. Wir hatten sechs lange Jahre miteinander verbracht, und aus der anfänglichen Kollegialität war tiefe Freundschaft geworden. „Wir müssen mit ihm verhandeln."

„Das ist unmöglich", widersprach Tiki. „Es tut mir leid, mehr, als ich sagen kann, aber –"

„Ich fürchte, es ist tatsächlich nicht mehr zu erreichen", pflichtete ihm Captain Osmond bei. „Aber ich werde mit dem Prof reden. Ihm wird sicher etwas einfallen."

„Lassen Sie mich mit Mana sprechen!" rief Tiare plötzlich.

„Nein." Ich sprach jetzt betont schroff. „Überlassen Sie es mir, Prinzessin, bitte. Ich habe mir die Sache selbst eingebrockt."

Es ging um Leben oder Tod, und ich wußte, daß es kein Zurückweichen mehr gab.

BALD danach begaben wir uns alle in Colonel Fawcetts Bungalow, um eine „Krisensitzung" abzuhalten, wie er es nannte.

Während wir noch beratschlagten, läutete plötzlich das Telefon. Es war Dick Holmes aus dem kleinen Funkgebäude hinten im Garten. Er erklärte, daß aus dem Funkgerät plötzlich krächzende Geräusche gekommen seien. „Mana ist am Gerät, er will mit Ihnen sprechen."

Ich lief, so schnell ich konnte, zu Dicks Bungalow und griff nach dem Mikrofon. „Hier spricht Dr. Masters", meldete ich mich. „Was wollen Sie, Mana?"

„Sind Sie mit dem Austausch einverstanden?"

„Selbstverständlich. Haben Sie etwas anderes von mir erwartet? Ich bin Engländer, kein Japaner."

Ich wollte ihn in Wut bringen, um mehr über seine Absichten zu erfahren.

„Die Engländer sind Feiglinge. Sie haben Angst gehabt, um Singapur und Hongkong zu kämpfen. Haben Sie Angst?"

„Nein", log ich. „Ich verlange nur –"

„Verlangen? Sie sind ein feiger Engländer! Sie haben kein Recht, irgend etwas zu verlangen."

„O doch. Ich verlange Garantien für die Freilassung der Mädchen."

„Garantien? Sie haben das Ehrenwort eines japanischen Soldaten."

„Ehrenwort! Sie machen Witze! Was ist mit der japanischen Ehre englischen Kriegsgefangenen gegenüber, die jetzt in Sklavenlagern arbeiten?"

„Gefangene sind Feiglinge. Von Rechts wegen sollten sie sterben."

„Und Sie?" höhnte ich. „Sie halten sich wohl für tapfer? Sie waren besonders tapfer, als Sie mich ermorden wollten. Ich werde kommen, aber werden Sie den Mut haben, mit mir zu kämpfen, so wie letztes Mal, als ich Sie besiegt habe?"

Sein Schweigen sprach Bände. Wenn ich im Austausch gegen Aleena nach Penal Island kam, würde es mit Sicherheit keinen fairen Kampf geben.

Ich unterbrach die Stille. „Ich werde kommen. Aber erst, wenn mir Tiki garantiert, daß Sie sich an Ihr Versprechen halten und die Mädchen freilassen."

„Gern", fauchte er. „Ich will die Mädchen nicht. Ich will nur Sie. Morgen um dieselbe Zeit melde ich mich bei Tiki."

Iᴄʜ konnte nichts anderes tun, als drüben auf der Sträflingsinsel die Stelle der Mädchen einzunehmen. Wir debattierten die ganze Nacht, analysierten Vorschläge, entwarfen Pläne für Notfälle, aber wir fanden keinen Ausweg. Schließlich sprach Tiki über Funk mit Mana und legte die Modalitäten für den Austausch der Geiseln fest.

Um neun Uhr abends würde Jim Wilson mit der Barkasse auslaufen. An Bord würden sich Tiki, Tiare und ich befinden; etwa um die gleiche Zeit würden Mana, ein Soldat und die beiden Mädchen uns mit der Polizeibarkasse entgegenfahren. Mana hatte ausgemacht, daß er mit den Mädchen an Bord der Polizeibarkasse bleiben werde, während sein Begleiter auf unser Boot sprang und uns nach Waffen absuchte. Der Austausch würde erst durchgeführt, wenn der Soldat sich davon überzeugt hatte, daß wir nicht bewaffnet waren.

Es war eine traumhaft schöne Tropennacht. Der Vollmond stand tief am Himmel, dessen Farbe von Dunkelblau am Horizont zu blassem Azurblau im Zenit wechselte. Die Palmen um die Lagune rauschten im Nachtwind.

Es wäre sinnlos, wenn ich zu schildern versuchte, was ich in diesen Minuten empfand. Im Rückblick wird mir klar, daß ich eigentlich das gleiche hätte empfinden müssen wie ein zum Tode Verurteilter. Doch mein Geist war so benommen, daß ich nur an Aleenas Sicherheit denken konnte.

Die Barkasse tuckerte durch die Lagune. Neben mir schauderte Tiare plötzlich, obwohl die Nachtluft lau war. Sie hatte wenige Sekunden vor mir das Motorgeräusch des anderen Bootes vernommen, und das drohende Unheil machte sie frösteln. Niemand sprach, ich legte ihr nur die Hand auf die Schulter. Tiki seufzte und murmelte etwas Unverständliches.

Dann kam das andere Boot auf dem mondglänzenden Meer in Sicht und näherte sich, bis sich sein dunkler Umriß dicht vor uns vom Himmel abhob. Eine Stimme rief scharf: „Maschine stoppen!" Jim Wilson gehorchte sofort und schaltete die Zündung aus.

Als die beiden Boote nebeneinanderlagen, sah ich, daß die Polizeibarkasse viel größer war als unsere.

Die gleiche scharfe Stimme rief: „Festmachen!", und ein Tau landete vor Jims Füßen. Er zog daran, bis unsere Sandsackfender an die andere Schiffswand stießen und die beiden Boote längsseits lagen. Jim schlang das Tau um die Klampe an unserem Bug. Ein kleiner Japaner

im Tarnanzug lehnte sich oben über die Reling. Hinter ihm erkannte
ich Manas massige Gestalt.

„Jetzt heben Sie alle die Hände in die Höhe und lassen sie oben, während mein Mann Sie und das Fahrzeug untersucht. Ich mache Sie darauf aufmerksam, daß eine Maschinenpistole auf Sie gerichtet ist."

Eine kurze Aluminiumleiter wurde auf unser Deck heruntergelassen. Der Soldat kletterte herunter. Die Durchsuchung dauerte nur
wenige Minuten – dann verbeugte er sich mit übertriebener Höflichkeit. „Sie, Doktor? Leiter hinauf." Ich drehte mich um zu Tiare, um
mich von ihr zu verabschieden, doch der Japaner hielt mir ein Messer
an die Kehle. „Umdrehen!" zischte er. „Leiter hinauf!"

An Deck der Barkasse bellte Mana einen Befehl. Die Kabinentür
öffnete sich, und ich sah Aleena und Kinawa heraustreten. Aleena rief:
„Kit! O Kit!" und wollte auf mich zulaufen.

Mana verließ die Reling und richtete seine Maschinenpistole auf
meine Rippen. „Drehen Sie sich um!" knurrte er.

Ich empfand nicht so sehr Angst als Wut. Ich spürte es geradezu, wie
er hinter meinem Rücken grinste.

Dann kommandierte Mana die Mädchen an die Reling. „Rascher!"
befahl er. „Wir haben nicht endlos Zeit. Wir müssen den verehrten
Doktor an den Ort bringen, an dem . . ." Er beendete den Satz nicht,
aber es war klar, was er meinte.

Aleena schluchzte, doch Mana quittierte es nur mit einem höhni-
schen Lachen. Die Leiter scharrte über das Deck, als die beiden Mädchen nacheinander hinunterkletterten. Dann rief Tiare: „Gott sei
Dank, Liebling!"

Auf Jims Boot schluchzte Aleena haltlos, und auch Kinawa weinte.
Mana brüllte Befehle, und plötzlich wurde die Stille vom Geräusch des
Motors zerrissen. Das Boot wendete, die Gischt in seinem Kielwasser
schimmerte weiß im Mondlicht, wir waren auf dem Weg nach Penal
Island zu der unbekannten Hölle, die mich dort erwartete.

XVII

PENAL ISLAND war ein elender Ort mit einer schmalen Straße und ein
paar kleinen, verkrüppelten Bäumen auf dem winzigen, ungepflegten
Dorfplatz. Rings um ihn standen die Hütten der Wächter und das

lange, niedrige Gebäude mit dem Wellblechdach, das als Gefängnis diente.

Man schob mich in eine Zelle, deren Tür hinter mir verschlossen wurde. An einer Seite ersetzten Gitterstäbe die Wand. Ich stellte bald fest, daß ich der Sonnenglut oder dem Regen nur entgehen konnte, wenn ich mich in der gegenüberliegenden Ecke des Raumes verkroch. Es gab einen Hahn, aus dem Regenwasser floß, und in einer Ecke ein Loch, das als Toilette dienen sollte.

Weil ich auf einen langen Aufenthalt gefaßt gewesen war – falls ich am Leben blieb –, hatte ich im letzten Augenblick zwei Hemden, Unterwäsche, Seife und einen Rasierapparat eingepackt. Ich bekam sie nie zu Gesicht. Man erlaubte mir nicht, meine Kleidung zu wechseln, und ich durfte mich nicht rasieren. Ich konnte mich nur ohne Seife im Eimer waschen, und als ein japanischer Soldat zum erstenmal feststellte, daß ich mein Hemd gewaschen und zum Trocknen aufgehängt hatte, holte er Mana herbei.

„Sie benutzen Ihr Hemd, um dem Feind Zeichen zu geben", behauptete Mana.

Ich protestierte vergeblich. Ich wurde hinausgeschleppt und geprügelt.

Mana vollzog die Strafe selbst. Zwei der Wächter setzten sich auf meine Knöchel und Füße, so daß ich mich nicht rühren konnte. Es hatte keinen Sinn, sich zu wehren. Ich wagte es bald nicht mehr, denn ich lernte sehr rasch, daß jeder „Ungehorsam" weitere Schläge und Tritte zur Folge hatte.

Mana hatte sich einen langen Bambusstock zurechtgeschnitten und schlug brutal auf mich ein. Nach jeder Bestrafung war mein Rücken mit Striemen und Platzwunden bedeckt. Beim ersten Mal wurde ich ohnmächtig und kam erst zu mir, als man mir einen Eimer kalten Wassers ins Gesicht schüttete. Mir wurde klar, daß Mana zwei Ziele verfolgte: Ich sollte am Leben bleiben, um ihn als Geisel vor einem Angriff zu schützen, und ich sollte gefoltert werden, bis ich fast tot war. Fast, aber nicht ganz.

Das Essen war praktisch ungenießbar, und innerhalb kurzer Zeit hatte ich mindestens zehn Kilo abgenommen. Immer wieder wurde ich geprügelt, aber am schlimmsten waren die Qualen, wenn ich kein Trinkwasser bekam.

Ein Monat in der Hölle verging so. Ich war nicht nur auf den Tod gefaßt, ich sehnte ihn mit aller Kraft herbei, denn er war meine einzige Rettung vor Hunger und Folter.

Dann sah es so aus, als würde der Tod von einer ganz anderen Seite kommen, und ich war froh darüber. Ich wurde, wie dies schon zuvor ein paarmal geschehen war, in den Funkschuppen geschleppt, um zu hören, wie meine Freunde in Koraloona und auch Aleena um mein Leben flehten. Allerdings achtete Mana darauf, daß ich keine Gelegenheit bekam, etwas zu rufen.

Diesmal waren die Nachrichten aus Koraloona unmißverständlich. Ich jubelte insgeheim. Denn ich würde sterben – die Engländer würden mich von meinem Leiden erlösen. Und die Japaner würden mit mir umkommen.

Bei diesem Gespräch meldete sich Dick Holmes als erster, und dann kam Captain Osmonds Stimme über den Äther. „Können Sie mich hören, Doktor?"

„Er kann Sie hören", antwortete Mana für mich. „Wenn Sie uns angreifen, stirbt der Doktor."

„Das ist uns klar", bestätigte Osmond. „Aber wir wissen, daß Sie und Ihre Sadisten ihn gefoltert haben. Deshalb werden wir eine Luftmine auf Penal Island abwerfen, die Sie alle miteinander ins Jenseits befördert."

„Dann stirbt auch der Doktor."

„Das ist richtig. Es klingt brutal, aber wir wissen, daß Dr. Masters es begrüßen wird, wenn wir den Leiden, die Sie ihm zufügen, ein Ende bereiten."

„Sie sind dumm. Es geht ihm gut."

„Sie sind ein Lügner, Mana. Wir wissen, daß Sie ihn geprügelt haben. Wir haben die Insel fotografiert."

„Ich habe keine Fotografen gesehen."

„Natürlich nicht. Wir haben Penal Island aus einer Höhe von zweitausend Metern fotografiert. Mehrere Male. Diese Fotos können so sehr vergrößert werden, daß man jedes Gebäude und jede einzelne Gestalt erkennt."

Ich hörte verblüfft zu, und mein Herz klopfte wild. Sie wußten tatsächlich, daß man mich geprügelt hatte. Es gelang mir einzugreifen. Ich rief, so laut ich konnte: „Bombardieren Sie die Insel, Captain. Mit allen Bomben, die Sie haben. Kümmern Sie sich nicht um mich, ich gehe ohnehin drauf."

Ein japanischer Soldat schlug mich mit dem Gewehrkolben nieder, und ich schrie auf vor Schmerz. Eine andere Stimme meldete sich: „Hier spricht Professor Skinner. Wir haben diesen Schrei aufgezeichnet. Wir wissen, wodurch er ausgelöst wurde. Ich verspreche Ihnen, Dr. Masters, daß wir die Mine abwerfen werden."

„Das werden Sie nicht wagen", knurrte Mana, fragte dann aber doch: „Wann?"

„Morgen früh. Punkt sechs Uhr werden wir Penal Island überfliegen und eine Luftmine abwerfen. Der Zeitzünder wird auf acht Uhr eingestellt sein – also zwei Stunden später. Sie haben noch eine Nacht Zeit, Ihre letzten Gebete zu sprechen. Für Sie gibt es keine Rettung mehr, Mana, nur den Tod."

Als Mana und seine Männer begriffen, daß es sich um keine leere Drohung handelte, trat Stille ein.

„Wir bluffen nicht", fuhr der Prof fort, „weil wir wissen, daß Dr. Masters froh sein wird, wenn die Qual zu Ende ist."

„Hören Sie", rief Mana, „ich will wissen –"

Osmond unterbrach ihn. „Schauen Sie morgen früh zum Himmel. Die Mine wird auf Penal Island fallen, und dann kann Sie nichts mehr retten. Wir wissen, daß Sie unsere Entscheidung gutheißen, Doktor. Wir werden für Sie beten."

Es klickte, und Koraloona hatte abgeschaltet.

Mana kochte vor Wut. Er erteilte scharfe Befehle, um die Disziplin aufrechtzuerhalten. Ich wurde in meine Zelle zurückgebracht und legte mich auf das Bett.

Meine letzte Nacht auf dieser Welt brach an. Ich konnte nicht schlafen. Gedanken und Erinnerungen überwältigten mich.

Morgens um Viertel vor sechs kam Mana zu mir und höhnte: „Sie werden also sterben, Doktor, und Ihre Aleena nie heiraten. Dieses Schicksal hatte ich Ihnen von Anfang an zugedacht."

„Und Sie?" Ich versuchte, gefaßt zu wirken. „Auch Sie werden sterben, wenn die Mine um acht Uhr explodiert. Sie können es nicht verhindern, Mana. Sie werden es nicht wagen, sie zu entschärfen. Wenn Sie dabei nur den geringsten Fehler machen, explodiert sie."

„Was seid ihr Engländer doch für Idioten." Mana lachte. „Alles ist bereit. Wir warten nur noch, bis die Mine tatsächlich auf der Insel landet. Wenn es der Fall ist, werden wir feststellen, ob sie tickt. Wenn ja, werden Sie sterben, Sie Idiot, aber nur Sie, denn wir retten uns mit der

Polizeibarkasse. Die meisten meiner Männer befinden sich bereits an
Bord.“

„Unsere Flugzeuge werden Sie angreifen“, sagte ich.

„Von Penal Island bis zum Riff sind es nur anderthalb Kilometer.
Japanische Soldaten werden uns dort erwarten und uns zum Mutter-
schiff bringen. Nein, der einzige, der dran glauben wird, sind Sie!
Wenn die Bombe auf die Insel fällt, werden wir Sie an den Laternenpfahl ketten, damit Sie die Explosion in aller Ruhe abwarten können.“

Wieder erfaßte mich Verzweiflung. Sie würden flüchten. War der
britischen Marine nicht klar, daß die Japaner über die Polizeibarkasse
verfügten, mit der sie das Riff innerhalb weniger Minuten erreichen
konnten? Angenommen, die britische Luftwaffe würde Jagd auf die
Barkasse machen – konnte sie ein so kleines Ziel treffen, ein Boot, das
das Wasser der Lagune durchschnitt?

Meine Gedanken verwirrten sich, denn ich befand mich in elendem
Zustand. Ein Geräusch riß mich aus meiner Lethargie.

„Hören Sie!“ rief ich. „Ein Flugzeug!“

Auch Mana vernahm das gleichmäßige Dröhnen, rief einen Befehl,
und der einzige noch auf der Insel verbliebene Soldat half ihm, mich an
den Laternenpfahl auf dem freien Platz zu fesseln. Dann sagte Mana
etwas, und der Mann rannte davon – vermutlich gesellte er sich zu seinen Kameraden in der Barkasse.

Ein paar Sekunden später befand sich das Flugzeug über uns; es flog
ziemlich tief. Dann geschah es. Während wir hinaufblickten, fiel aus
dem Bombenschacht ein schwarzer, unförmiger Klumpen. Mana sah
ungläubig zu, wie das schwarze Paket zerplatzte und der Fallschirm
sich entfaltete. Der am Fallschirm befestigte Metallgegenstand hing
einen Augenblick lang regungslos in der Luft, dann schwebte er langsam zu Boden. Die Mine schlug auf der anderen Seite des Platzes auf
dem Boden auf und überschüttete uns mit Erde und Steinen.

„Horchen Sie!“ forderte ich Mana auf. „Ich höre sie ticken. Sie
auch?“

Es war nicht zu überhören.

„Ich gehe jetzt“, schrie Mana, „und werde mich in wenigen Minuten auf dem Riff befinden! Ich sollte Sie erschießen wie einen räudigen
Hund, aber ich lasse Sie lieber noch zwei Stunden leiden. Für Sie gibt
es keine Rettung, Doktor, und wir werden uns niemals wiedersehen.“

So stand es also. Sie würden entkommen! Mana rannte bereits den

Hügel hinunter. Wenige Minuten später hörte ich, wie der Motor der Barkasse gestartet wurde und dann das Geräusch, als sie von Penal Island ablegte.

Ich wartete auf den Tod.

IN DER Ferne sah ich verschwommen die Barkasse, mit der Mana flüchtete. Wenn ich den Kopf drehte, hatte ich fast überallhin freie Sicht. Das Riff war nicht weit entfernt, und weil der Morgen klar und wolkenlos war, wirkten die Entfernungen kürzer. Dann erblickte ich noch etwas; zuerst war der riesige, graue, zigarrenförmige Schatten nur undeutlich sichtbar, doch dann tauchte er auf der anderen Seite des Riffs langsam aus den Wellen. Das japanische U-Boot! Wäre ich nur frei gewesen! Ich hätte mich mit der Nellie auf das U-Boot gestürzt und um den Preis meines eigenen Lebens den Feind vernichtet, der die *Mantela* versenkt und Bill Robins in den Tod geschickt hatte.

Plötzlich zerriß eine ungeheure Explosion die Luft. Flammen schossen zum Himmel empor, und Trümmer flogen umher. Infolge meiner Benommenheit glaubte ich zuerst, daß die Mine vorzeitig detoniert sei und daß ich durch ein Wunder überlebt hatte, doch ein Blick überzeugte mich davon, daß sie noch immer vorhanden war.

Dann begriff ich endlich, daß sich die Explosion nicht auf der Insel, sondern auf dem Meer bei der Barkasse ereignet hatte. Ich schaute angestrengt auf die Lagune hinaus, aber ich konnte die Barkasse nicht entdecken. Sie war explodiert, und zwar mit solcher Wucht, daß ihre Trümmer sowie alle Menschen auf ihr einfach verschwunden waren. Ich war allein und würde in wenigen Minuten sterben, aber ich jubelte laut.

Auf dem Meer breitete sich langsam ein schwarzer Ölfleck aus, aus dem immer wieder Flammen züngelten. Für mich war nur eines von Bedeutung: Mana war mit Sicherheit tot. Ich würde mein Leben nicht umsonst opfern.

In diesem Augenblick muß ich in halbe Bewußtlosigkeit versunken sein, denn ich kann mich kaum an die folgende Zeit erinnern. Das unerbittliche Ticken der nur wenige Meter entfernten, halb in der Erde steckenden Mine drang undeutlich in mein Bewußtsein. Ich fühlte mich so kraftlos und elend, daß ich am liebsten den Zeitzünder vorgestellt hätte, nur um das schreckliche Ende schneller hinter mir zu haben.

Ich weiß nicht, wieviel Zeit vergangen war, als plötzlich das Geräusch einer Schiffsmaschine an mein Ohr drang. Vor Aufregung keuchend, suchte ich die Quelle des Geräusches zu entdecken. Und tatsächlich – in der Lagune sah ich ein Schiff!

Mein Herz hämmerte jetzt wie wild. Es kam näher, und ich erkannte, daß es sich um die britische Fregatte handelte. Doch die Briten würden es nicht mehr schaffen. Bis zur Explosion der Bombe blieb ihnen sicher nicht mehr genügend Zeit, um an der Insel anzulegen, den steilen Pfad heraufzulaufen und mich wegzuschaffen. Für mich gab es keine Hoffnung mehr.

Da stoppte die Schiffsmaschine, die Fregatte lag still und schaukelte sanft auf den Wellen. Hatte sie Maschinenschaden? Doch dann begriff ich, warum der Kommandant die Maschine gestoppt hatte. Unvermittelt durchbrach eine dröhnende Stimme die Stille.

Sie klang unwirklich, denn das Schiffsmegaphon war elektrisch verstärkt worden; ich glaubte eine Stimme aus dem Jenseits zu hören.

Ich traute meinen Ohren nicht, als die geisterhafte Stimme verkündete: „Seien Sie unbesorgt! Die Bombe ist eine Attrappe!"

Die Welt drehte sich um mich. Ich hörte noch das Dröhnen der Schiffsmaschine, und danach versank ich in tiefe Bewußtlosigkeit.

Ich bewegte einen Arm, drehte vorsichtig den Kopf. Niemand schlug mich. Statt dessen schob mir eine zarte Hand einen Strohhalm zwischen die Lippen.

Ich sog daran. Eine herrliche Flüssigkeit benetzte meine Zunge; ich habe nie mehr den Geschmack des mit Wasser gemischten frischen Limonensaftes vergessen. Jetzt gelang es mir, die Augen zu öffnen.

Aleena beugte sich über mich, streichelte mein Gesicht, meinen Bart, nahm mir den Strohhalm aus dem Mund und stellte das Glas weg.

„Wir werden uns nie mehr trennen", flüsterte sie.

Später wechselten sie und Miß Sowerby die Verbände auf meinem Rücken, dann tauchte Alec auf, der sich die Stirn wischte. Jason Purvis und Colonel Fawcett folgten etwas später, und schließlich kam auch Tiare.

Wir unterhielten uns einige Minuten, und dann übermannte mich wieder die Müdigkeit. Undeutlich hörte ich, wie Alec sagte: „Gehen wir, lassen wir ihn schlafen."

Am nächsten Tag fühlte ich mich viel besser und vertilgte zum Frühstück geräucherten Schinken, Eier und Kaffee. Gegen elf besuchten mich meine Freunde und beantworteten endlich meine vielen Fragen.

Vor allem wollte ich wissen, wer den genialen Plan zu meiner Rettung ausgearbeitet hatte und wie er durchgeführt worden war.

„Das war Professor Skinners Idee", erklärte Colonel Fawcett. „Ein verdammt schlauer Bursche. Er besprach das Problem mit den Pionieren und mit den Marineleuten, die für solche Sachen zuständig sind. Die Pioniere entfernten das Dynamit aus einer Luftmine, füllten statt dessen Sand ein und bauten einen tickenden Wecker ein. Da die Japaner nicht feststellen konnten, daß es sich um eine Attrappe handelte, war ihre Reaktion voraussehbar: Sie würden mit der Barkasse fliehen und Sie auf Penal Island zurücklassen – genau die Situation, die wir herbeiführen wollten."

„Ich verstehe noch immer nicht, wieso Sie so sicher sein konnten, daß die flüchtenden Japaner ums Leben kommen würden. Es war doch ein Zufall, daß das Boot genau in diesem Augenblick in die Luft flog."

„Keineswegs", widersprach Colonel Fawcett. „Die Explosion war exakt geplant. Der Prof hatte genau den richtigen Fachmann an der Hand: einen Taucher mit Atemgerät und Schwimmflossen. Wir mußten ihm nur eine Mine an den Gürtel hängen, ihn nachts mit Jims Boot in die Lagune bringen, ihn ins Wasser werfen und nach Penal Island schwimmen lassen. Auf Grund unserer Luftaufnahmen wußten wir, wo die Barkasse vertäut lag. Der Froschmann befestigte die Mine unterhalb der Wasserlinie an der Barkasse, stellte den Zeitzünder so ein, daß er zehn Minuten nach Einschalten der Zündung des Bootsmotors die Explosion auslöste, und schwamm dann zu Jims Boot zurück."

„Das Scheußlichste an dem Plan war", ergänzte Tiare, „daß wir Sie nicht wissen lassen konnten, daß die Bombe nur eine Attrappe war."

„Das war wirklich das Schrecklichste von allem", bestätigte Aleena. „Ich habe Angst gehabt, daß du an einem Herzanfall stirbst."

„Ich war nahe daran", erwiderte ich, und alle lachten.

„Ich finde, daß wir uns alle einen Drink verdient haben", stellte Jason fest. „Rein zufällig habe ich eine Flasche bei der Hand."

„Jason!" sagte Miß Sowerby warnend.

„Es ist ein besonderer Anlaß, Lorna, den wir unbedingt feiern müssen."

Alec nickte. „Wir alle wollen mit Ihnen anstoßen, Kit."

„Darauf, daß ich lebend zurückgekommen bin?"

„Genau", bestätigte Tiare, „aber überdies trinken wir auf Ihre bevorstehende Hochzeit mit Aleena."

„Wann?" Ich legte mich in das weiche Kissen zurück. Ich wurde schon wieder müde.

„Sobald Sie wieder auf den Beinen sind", versprach die Prinzessin.

XVIII

ES WAR wunderbar, wieder frei zu sein, doch ich hatte nicht erwartet, daß es so lange dauern würde, bis ich mich von den Mißhandlungen erholte. Wie es so oft in tropischen Gegenden geschieht, begannen einige der Wunden auf meinem Rücken zu eitern. Sie mußten laufend behandelt werden. Es bestand immer die Gefahr einer Blutvergiftung, und wir mußten mit der Hochzeit warten, bis ich vollkommen in Ordnung war.

Weil es in den Gewässern um Koraloona so viele Fische gab, war es nicht schwierig, meinem Körper das nötige Protein zuzuführen; genauso einfach war es, mich mit massiven Dosen von Vitamin A und B aufzubauen. „Sie werden in kürzester Zeit vor Kraft strotzen", versprach Alec heiter.

Doch mit der Zeit beunruhigte es ihn, daß die Wunden auf meinem Rücken so langsam heilten. Meine Kräfte kehrten zurück, doch das zerstörte Gewebe erneuerte sich nur langsam. Alec ließ sich große Vorräte des neuen Sulfonamidpuders bringen, der an jeden Soldaten ausgegeben wurde, damit dieser ihn auf Wunden streuen und sich vor Blutvergiftung schützen konnte. Nachdem wir die Verletzungen eine Zeitlang täglich damit behandelt hatten, heilten sie schneller, aber es war klar, daß es ein langwieriger Prozeß würde.

Monate vergingen, ehe Alec eines Tages mit den Fingern über die verheilten Striemen fuhr und endlich verkündete: „Alles in Ordnung, Junge."

Inzwischen schrieben wir bereits 1945. Ich teilte meiner Familie die unmittelbar bevorstehende Hochzeit mit und ließ dabei durchblicken, daß einige Briefe wohl verlorengegangen seien. Ich wollte eine kleine, stille Hochzeit. Die Zeremonie dauerte tatsächlich nicht lange, war aber alles andere als still. Jeder wollte daran teilhaben.

Von Aleena und mir abgesehen, waren an diesem Tag wohl die Kinder am aufgeregtesten. Sie hatten schulfrei bekommen, und das steigerte noch ihre Begeisterung. Lachend liefen sie in der Kirche ein und aus. Miß Sowerby, die Betkissen verteilte, stellte sanftmütig fest, daß Gott sich bestimmt darüber freute, wenn die Kinder sich in seinem Haus wohl fühlten. Seit sie mit Jason Purvis Freundschaft geschlossen hatte, war Lorna Sowerby weniger streng und entwickelte sich zu einer ansehnlichen Frau. Und auch Jason hatte in ungeahnter Weise von dieser Verbindung profitiert. Durch Miß Sowerbys Beharrlichkeit war es ihm gelungen, den Roman, den er sich immer erträumt hatte, endlich fertigzustellen. Ein Verlag in London hatte das Manuskript akzeptiert und bereits einen kleinen Vorschuß überwiesen.

Bei der Trauung wollten wir sowohl englische als auch polynesische Bräuche berücksichtigen. Tiki würde Aleena als ihr „Mentor" zum Altar führen, und Jason würde mein Trauzeuge sein. Bevor die Braut in Tiares altem Austin zur Kirche fuhr, würden sie und ihre Mutter an einer polynesischen Zeremonie teilnehmen, von der ich als Bräutigam ausgeschlossen war.

Ich hatte die Kirche noch nie so voll erlebt. Die Hochzeitsgäste, die keinen Platz mehr in der Kirche gefunden hatten, drückten ihre Nasen an den Fenstern platt. Die älteren Frauen hatten ihre schönsten Sarongs angelegt, die jungen Mädchen hatten sich mit Blumengirlanden aus Hibiskus und leuchtendrotem Salbei geschmückt.

Dank der Großzügigkeit Sam Truscotts, der einen Plattenspieler zur Verfügung gestellt hatte und sogar die Platte mit dem Hochzeitsmarsch aus Lohengrin herbeigezaubert hatte, spielte bei unserer Trauung das Philadelphia-Orchester. Wie jeder Trauzeuge griff Jason immer wieder in seine Westentasche, um sich zu vergewissern, daß die Ringe noch da waren.

Dann traf Tiares Wagen ein. Es wurde sofort still, sogar die Kinder hörten auf zu plappern, als Aleena mit Tiki eintrat. Er trug seine eindrucksvollen Zeremoniengewänder und hielt eine Art primitives Zepter in der linken Hand. Mein Herz schlug schneller, als Aleena endlich neben mir stand. Der Hochzeitsmarsch aus Lohengrin verstummte, und Pater Pringle begann mit dem Gottesdienst.

SPÄTER fanden überall auf der Insel Feiern statt, die größte natürlich im Union Jack Club. In Mick's Bar gab es eine Stunde lang Gratisdrinks. Natürlich mußten Aleena und ich nach Anani fahren, Jim Wilson begrüßen und in Mick's Bar vorbeischauen; dann kehrten wir nach Tala-Tala in den Union Jack Club zurück, von wo aus wir die Hochzeitsreise antreten würden.

Diese Reise hatten uns Captain Osmond und der Prof ermöglicht. Während des Krieges war es kaum möglich, private Reisen zu unternehmen, doch als Anerkennung dafür, daß, wie Captain Osmond es ausdrückte, „Dr. Masters Penal Island befreit hat", hatten die britischen Streitkräfte sich bereit erklärt, uns mit einem Flugboot nach Sanders Island zu bringen. Dort wollten wir eine Woche im Southern Cross Hotel verbringen. Das war im Augenblick relativ ungefährlich, weil die Japaner weit westlich von unserem Archipel operierten.

Als wir endlich Tala-Tala und den vergleichsweise ruhigen Club erreichten, erwartete uns eine Überraschung. Tiare hatte alle Gauguins herbringen und an den Wänden aufhängen lassen. Die konzentrierte Wirkung der leuchtenden Farben verschlug uns beinahe den Atem.

Wir hatten uns darauf geeinigt, daß keine Reden gehalten werden sollten, doch der Champagner floß reichlich und lockerte die Zungen.

Sam Truscott zog mich beiseite und zeigte grinsend auf seinen Plattenspieler. „Hochzeitsmusik ist meine Stärke. Der nächste, der an der Reihe ist, bin ich. Lucy war in Boston; die Operation ist erfolgreich verlaufen."

Als die meisten Champagnerflaschen geleert waren, gab Tiare Colonel Fawcett ein Zeichen. Inzwischen wartete ich bereits voll Ungeduld auf das Flugboot für unsere Hochzeitsreise, deshalb war ich wenig begeistert, als der Colonel verkündete: „Die Prinzessin möchte eine kurze Rede halten."

„Wie Sie wissen", begann Tiare, „ist es in anderen Ländern üblich, Jungverheirateten Hochzeitsgeschenke zu machen. Hier auf Koraloona ist es nicht Brauch, weil jeder von uns alles besitzt, was er zum Leben benötigt. Eine Erbschaft allerdings ist etwas anderes. Deshalb erkläre ich jetzt meine Tochter Aleena und ihren Ehemann Kit zu rechtmäßigen Besitzern von Gauguins Bildern, der gestorben ist, weil es damals hier keine Ärzte wie Alec Reid und Kit Masters gab, die ihre ganze Kraft für die Kranken einsetzen."

Das Ende ihrer Ansprache hörte ich nicht mehr, weil ich so erschüttert war. Ich fühlte Aleenas warme Hand in der meinen, und sie flüsterte: „Macht es dich glücklich?"

Wie konnte sie das fragen! Es war eine phantastische Geste von Tiare. Mir ging es nicht in erster Linie um die finanzielle Seite, sondern Tiares Geste bewies, daß sie mir grenzenlos vertraute.

Meine Verblüffung klang allmählich ab, und jetzt wurde mir erst richtig bewußt, daß Aleena und ich nach all den Leiden nun tatsächlich endlich verheiratet waren.

Draußen hörte ich die Motoren des Flugbootes aufheulen.

„Was für ein Tag!" rief ich.

Aleena antwortete mir mit einem strahlenden Lächeln.

Dann flogen wir über die Felder, Hütten und staubigen Straßen von Koraloona hinweg und nahmen Kurs auf Sanderstown und das Southern Cross Hotel.

XIX

BALD nachdem Aleena und ich begonnen hatten, uns in einem glücklichen, erfüllten Eheleben einzurichten, ging der Krieg an beiden Fronten zu Ende – zuerst in Deutschland, dann nach Abwurf der Atombombe auch in Japan.

Für uns löste das Kriegsende zwei Entwicklungen aus, die unser Leben entscheidend beeinflußten. Die Amerikaner verließen Koraloona, Sam Truscott war bereits abgereist. Während der nächsten Tage beobachteten die Insulaner mit offenem Mund, wie die amerikanischen Soldaten das Lager abbrachen mitsamt den Läden, der Kantine und den Küchen; nur die vorfabrizierten Baracken blieben wie leere Schneckenhäuser stehen.

Am letzten Tag traf ich den zigarrenkauenden Major, der die Arbeiten überwachte. Ich betrachtete gerade die traurigen Überreste des einst so geschäftigen Lagers und fragte: „Wie wollen Sie eigentlich die Baracken transportieren?"

Er sah mich erstaunt an. „Machen Sie Witze?" meinte er lachend. „Diese Hütten bleiben hier. Der Transport in die Staaten käme uns viel zu teuer. Der ganze Krempel gehört Ihnen, wenn Sie ihn haben wollen."

Ich erinnerte mich daran, daß Aleena und ich zugeschaut hatten, wie das Lager errichtet worden war. Schon damals hatte ich gedacht, daß man daraus nach dem Krieg ein großartiges, in einzelne Reviere unterteiltes Krankenhaus machen könnte. Einer Eingebung folgend, fragte ich: „Könnten wir das Camp für zehn Dollar kaufen?"

„Sie können es umsonst haben."

„Durch den Kauf würden wir zu rechtmäßigen Besitzern", ließ ich nicht locker. „Ich bin davon überzeugt, daß wir das Lager eines Tages verwenden können. Aber ich möchte nicht Gefahr laufen, daß es als Gemeinschaftsbesitz betrachtet wird."

„Da haben Sie vermutlich recht. Sie bekommen Ihre Bestätigung, wenn es Sie glücklich macht."

Als ich Alec erzählte, daß ich Hausbesitzer geworden war, und erwähnte, daß sich die Gebäude wunderbar für ein Krankenhaus eigneten, lachte er.

„Das stimmt", meinte er, „aber Sie träumen von Luftschlössern. Die Mission ist eine ehrwürdige Institution, aber sie muß mit der Subvention der Regierung und den Spenden der Gönner eine Menge Vorhaben finanzieren. Sie können das Ganze vergessen, Kit."

Nach diesem Gespräch dachte ich vorerst nicht weiter über dieses Problem nach. Die Kapitulation Japans führte zu einem wesentlich einschneidenderen Truppenabzug. Der Stützpunkt auf Sanders Island wurde aufgegeben, und das bedeutete, daß auch das Krankenhaus in Sanderstown geschlossen würde.

„Es ist ein Jammer", seufzte Aleena, als ich ihr davon erzählte. „Wir besitzen jetzt wunderbare Baracken in Koraloona, und in hundertsechzig Kilometer Entfernung befinden sich alle Einrichtungen für ein modernes Krankenhaus. Es ist jammerschade, daß wir sie nicht kaufen und Koraloona zu einem großen medizinischen Zentrum für die Inseln im Südpazifik ausbauen können."

Ich stimmte ihr zu und geriet ins Träumen. „Mit zwei oder drei zusätzlichen Ärzten und Miß Sowerby als gestrenger Oberschwester." Ich lachte. „Sie hat das Zeug dazu!"

Ich frage mich heute, wann wir zum erstenmal ernsthaft daran gedacht haben, ein modernes Krankenhaus einzurichten, wann wir uns gefragt haben, ob wir es je schaffen und woher wir das Geld nehmen würden. Wir haben darüber gesprochen, ohne wirklich daran zu glauben, aber dann verdichteten sich die nebelhaften Vorstellungen allmählich zu klaren Bildern. Der Durchbruch kam, als mir Aleena eines Abends im August 1945 – wir saßen nach dem Essen bei einer Tasse Kaffee auf der Veranda – eine merkwürdige Frage stellte.

„Kannst du dir etwas Sinnloseres als ein Aquarium vorstellen?"

„Worauf willst du hinaus, Liebling? Tiares Aquarium hat sich doch als sehr nützlich erwiesen."

„Glaubst du wirklich?" fragte sie nachdenklich. „Wenn es etwas gibt, das noch sinnloser ist als ein leeres Aquarium, dann ist es ein Schatz, den niemand zu Gesicht bekommt."

„Du sprichst heute in Rätseln", neckte ich sie. „Worauf willst du hinaus?"

Sie zögerte, holte tief Luft und erklärte ruhig: „Meiner Ansicht nach sollten wir die Gauguins verkaufen."

Ich glaubte meinen Ohren nicht zu trauen. „Die Bilder deines Großvaters verkaufen? Das kannst du nicht tun. Das ist undenkbar!"

„Ist es das wirklich? Ich meine es ernst. Und ich bin nicht plötzlich auf die Idee verfallen." Aleena griff nach meiner Hand. „Sie ist mir in den Sinn gekommen, als ich dich und Alec von einem neuen großen Krankenhaus schwärmen hörte, weil das in Sanderstown aufgelöst wird. Und kannst du mir erklären, wozu die Gauguins gut sind, wenn man sie in einem alten Aquarium versteckt?"

„Sie stellen einen unschätzbaren Wert dar."

„Gemälde sind dazu da, daß man sie sieht, nicht damit man sie versteckt, Liebling. Wir sollten sie verkaufen und für das Geld das neue große Krankenhaus bauen, von dem du träumst."

Aleenas Vorschlag war so überraschend gekommen, daß ich gar nicht die praktischen Probleme bedenken konnte, die sich daraus ergaben. Überwältigt schloß ich sie in die Arme. Im Geiste sah ich das moderne Krankenhaus schon vor mir. Und in diesem Augenblick erkannte ich, daß das „Paul-Gauguin-Krankenhaus" ein realistisches Vorhaben sein konnte.

Ich weihte Alec in unsere Pläne ein und bat ihn dann, in seiner Eigenschaft als verantwortlicher Arzt von Koraloona an die Mission in London zu schreiben und sie über das Krankenhausprojekt zu unterrichten. Er sollte meinen Namen nicht erwähnen, sondern nur erklären, daß die Gemälde ein Geschenk der Familie seien.

Ein paar Tage später schlug ich Alec nach der Sprechstunde vor: „Fahren wir hinüber zum Lager, und sehen wir einmal nach, was man damit anfangen kann."

Das verlassene Lager lag in der Nähe von Faalifu mitten in den Feldern. Alec und ich schlenderten über die gut instand gehaltenen, mit weißen Steinen eingefaßten Wege. Der Major hatte mir einen riesigen Schlüsselbund überreicht, und ich schwenkte ihn voll Besitzerstolz, was Alec amüsierte. Ich schloß die Tür der größten Baracke auf, die früher als Speisesaal gedient hatte. Dann sagte ich mit einer weit ausholenden Handbewegung: „Willkommen im PGK – im Paul-Gauguin-Krankenhaus."

Alec legte mir ernst die Hand auf die Schulter. „Freuen Sie sich nicht zu früh", warnte er mich. „Nach allem, was Sie durchgemacht haben, möchte ich nicht, daß Sie eine Enttäuschung erleben."

Alec hatte recht, wenn er zur Vorsicht mahnte. Ich hatte keine Ahnung, was die Bilder wirklich wert waren. Einen Tag zuvor hatte ich nach London an das Auktionshaus Christie's geschrieben. Falls man mir überhaupt antwortete, lag es durchaus im Bereich des Möglichen, daß man mir mitteilte, Gauguin-Bilder wären im Augenblick nicht gefragt. Es war besser, wenn ich meine Begeisterung zügelte.

Ich zeigte auf den großen Speisesaal. „Aus diesem Raum könnte man gut eine allgemeine Station machen. Er bietet Platz für mehrere Bettreihen."

So wanderten wir durch das Lager und überlegten, für welche Zwecke wir die einzelnen Baracken verwenden sollten. Die Offiziersmesse kam als Ruheraum für Genesende in Frage, die Büros könnten wir zur Röntgenstation umfunktionieren, und die Lagerräume konnten als Behandlungszimmer für ambulante Patienten verwendet werden.

Von Zeit zu Zeit rief Alec mir ins Gedächtnis: „Wir bauen Luftschlösser oder vielmehr Luftkrankenhäuser. Wir haben keine Ahnung, was die Bilder wert sind."

„Ich weiß, ich weiß", antwortete ich ungeduldig. „Aber es macht Spaß, einmal seiner Phantasie freien Lauf zu lassen. Vermutlich werde ich frühestens in einem Monat aus London Bescheid bekommen."

Doch wie sich herausstellte, dauerte es nicht so lange. Drei Wochen später setzte sich Christie's mit mir in Verbindung. Das Telegramm lautete wie folgt:

ÄUSSERST INTERESSIERT AN GAUGUINS STOP BITTE NICHTS UNTER-
NEHMEN BIS WIR VERBINDUNG AUFGENOMMEN HABEN STOP KÖN-
NEN SIE AM 1. OKTOBER UM 18 UHR IHRER ZEIT IM SOUTHERN
CROSS HOTEL IN SANDERSTOWN SEIN STOP WERDE VERSUCHEN SIE
DORT ANZURUFEN STOP GRÜSSE IAN PETRIE CHRISTIE'S

Ich lief zum Bungalow und rief Aleena beglückt zu: „Liebling,
Christie's ist äußerst interessiert. Sie werden mich anrufen."

Am gleichen Abend bat ich Dick Holmes, von Sanderstown aus ein
kurzes Telegramm an Christie's zu diktieren: Werde 1. Oktober im
Southern Cross sein.

ICH traf einige Stunden vor der vereinbarten Zeit in Sanderstown
ein. Der Rezeption des Hotels teilte ich mit, daß ich einen wichtigen
Anruf aus London erwartete und mich deshalb in meinem Zimmer
aufhalten würde. Doch es wurde sechs, sieben, acht Uhr, ohne daß der
Anruf kam. Ich wagte nicht, mein Zimmer zu verlassen, deshalb ließ
ich mir ein kaltes Abendessen sowie eine Flasche Bier aufs Zimmer
bringen.

Es war gut, daß ich nicht die Geduld verloren hatte. Kurz vor zehn
Uhr klingelte das Telefon schrill, und ich sprang so rasch auf, daß ich
mein zweites Glas Bier verschüttete. Ich hob ab, und bevor ich mich
melden konnte, fragte die Telefonistin geschäftsmäßig: „Sind Sie Dr.
Masters?"

„Ja."

„Hier spricht die Londoner Zentrale. Ich verbinde Sie jetzt mit Mr.
Petrie."

Ich konnte kaum glauben, daß die Frau, die so sachlich mit mir
sprach, so weit entfernt von mir in der Stadt saß, in der ich zum Arzt
ausgebildet worden war. Und ich befand mich auf der anderen Seite
der Erdkugel. Einen Augenblick später meldete sich eine männliche
Stimme. „Dr. Masters? Hier spricht Ian Petrie. Ich freue mich, daß die
Verbindung doch noch zustande gekommen ist."

„Ganz meinerseits." Ich zwang mich, leiser zu sprechen, weil ich
zuerst unwillkürlich geschrien hatte. „Ich freue mich über Ihr Interesse."

„Wir sind sogar sehr interessiert. Doch es ergeben sich noch einige
Probleme: die Echtheit, die Geschichte der Bilder. Aus den Angaben,

die Sie in Ihrem Brief gemacht haben, schließe ich freilich, daß die Bilder echt sind. Wenn Sie uns die Versteigerung übertragen, kann ich Ihnen versichern, daß sie zum Ereignis des Jahrhunderts wird. Sechzehn Gauguins! Das hat es noch nie gegeben. Ein großartiger Fund."

Dann erklärte er mir, daß das eigentliche Problem darin bestehe, daß Christie's zwar die Versteigerung übernehmen wolle, daß diese aber erst stattfinden könne, wenn seine Sachverständigen die Bilder begutachtet hatten. Was durchaus verständlich war.

„Natürlich können unsere Sachverständigen Sie auf Ihrer Insel aufsuchen. Wo liegt dieses Koraloona eigentlich?"

Ich erklärte es ihm, so gut ich konnte.

„Gut, dann wäre auch das geklärt." Er sprach plötzlich lauter, weil ein seltsames Geräusch, das wie Meeresrauschen klang, die Verständigung erschwerte. „Verbleiben wir so: Ich schreibe Ihnen noch heute einen Brief, in dem ich unsere Bedingungen festhalte. Wenn Sie damit einverstanden sind, unterschreiben Sie den Durchschlag und schicken ihn an uns zurück. Und ehe ich es vergesse: Könnten Sie ein paar Nachforschungen anstellen? Existieren vielleicht alte Briefe oder Notizen von Gauguin, die die Großmutter Ihrer Frau aufbewahrt hat? Sie begreifen sicherlich, wie wichtig die Provenienz ist. Wenn es womöglich Briefe gibt, in denen die Bilder erwähnt werden, wäre dies eine weitere Bestätigung für die Echtheit der Gemälde."

„Ich habe Gerüchte von Briefen gehört", antwortete ich, „aber ich glaube nicht daran. Sonst hätte sie im Laufe der Jahre schon jemand gefunden."

„Versuchen Sie es trotzdem. Jede Kleinigkeit ist nützlich."

„Ich werde nachforschen", versprach ich.

„Jetzt muß ich mich von Ihnen verabschieden, Doktor. Ich höre von Ihnen." Damit legte er auf und beendete ein Gespräch, das mich über Ozeane und Kontinente hinweg der Erfüllung meines Traums ein gutes Stück näher gebracht hatte.

XX

Als ich nach Koraloona zurückkehrte, fragte ich sofort Alec: „Haben Sie je gehört, ob es hier Briefe oder Notizen von Gauguin gibt?"

„Es gab Gerüchte über solche Briefe", antwortete er, „aber das war vor meiner Zeit. Ich habe nie daran geglaubt. Tiare schwört allerdings, daß ihre Mutter ihr erzählt hat, sie habe die Briefe des Malers aufbewahrt. Ich kann es mir nicht vorstellen, denn sie konnte doch gar nicht lesen. "

Nach dieser entmutigenden Auskunft ließ ich die Sache fürs erste auf sich beruhen, zumal ich mich in den Tagen danach um eine ganze Reihe Patienten kümmern mußte.

Etwa zwei Wochen später wurde das Rätsel um Gauguins Briefe jedoch auf außergewöhnliche Weise gelöst. In den Lagerbaracken, die die Amerikaner für uns hinterlassen hatten, befand sich etliches Gerümpel, das wir ausrangieren mußten. Eines Tages entdeckten wir unter dem Zeug, das wir wegwerfen wollten, einen alten, dunkelgrün lackierten Ablageschrank mit vier Schubladen.

„Den behalten wir", beschloß Alec. „Für unser derzeitiges Krankenhaus ist er zwar etwas groß, aber er ist praktischer als die alte Blechkiste. "

Wir brachten den Ablageschrank in unser altes Krankenhaus, und dann erklärte sich Alec bereit, die Akten in dem geräumigen Schrank zu verstauen und eine Kartei anzulegen.

Am nächsten Tag kam Alec keuchend und schwitzend in meinen Bungalow gelaufen und schwenkte einen großen, leicht verschimmelten Umschlag.

„Ich habe den ganzen Nachmittag an der Ablage gearbeitet", verkündete er aufgeregt. „Ich wollte jemanden beauftragen, die alte Blechkiste, die Tiares Mutter der Mission geschenkt hatte, auf die Müllkippe zu werfen. Ich stellte sie hochkant und hörte dabei, daß in ihr etwas herumglitt. Ich hätte schwören können, daß ich sie vollständig ausgeräumt hatte. Das ist doch komisch, dachte ich und sah nach. Doch sie war leer. " Er holte tief Luft. „Ich stellte die Kiste wieder hin und glaubte an eine Täuschung. Aber nein, jedesmal, wenn ich sie hochkant stellte, vernahm ich das gleitende Geräusch, und jedesmal, wenn ich den Deckel öffnete, war sie leer. Dann ging mir ein Licht auf. Das Ding hatte einen doppelten Boden, ein Geheimfach für Dokumente und dergleichen. "

„Aha. " Ich verstand noch immer nicht, warum er den Fund so dramatisch hochspielte. „Und in dem Geheimfach haben Sie diesen Umschlag gefunden. Ich nehme an, daß sein Inhalt aus irgendeinem Grund bemerkenswert ist. "

Er beugte sich vor und reichte mir den Umschlag. „Ich garantiere Ihnen, Kit, daß Sie derjenige sind, für den der Inhalt am interessantesten ist."

Ich griff nach dem Umschlag und entnahm ihm ein paar Briefe, die auf dem unterschiedlichsten Papier geschrieben waren; manche waren vergilbt, manche stockfleckig, bei einigen war die Tinte verblaßt. Ich musterte sie verdutzt. Sie waren alle in französischer Sprache abgefaßt.

Alec sah meinen verständnislosen Gesichtsausdruck. „Ja, mein Französisch ist auch ein wenig eingerostet. Trotzdem habe ich sehr bald herausbekommen, wer sie geschrieben hat und an wen."

Ich betrachtete die Briefe näher. Sie trugen alle die gleiche Unterschrift: *Paul*. Ich war wie vom Donner gerührt. Diese Briefe hatte Paul Gauguin an seine Geliebte Marama geschrieben, an Tiares Mutter!

Ich schwieg lange, nicht so sehr, weil ich aufgeregt war, sondern weil die Briefe in mir zärtliche Gefühle weckten. Endlich! Und ich erblickte im Geist den langen, schicksalhaften Weg dieser Liebe. Er führte zu Maramas und Gauguins schöner Tochter, die der Vater nie gesehen hatte, und weiter von Tiare zu Aleena und schließlich auch zu mir.

Ich will nicht auf die Probleme eingehen, die sich uns bei der Übersetzung der Briefe stellten. Mit meinem Französisch war es nicht weit her; Jason Purvis war zum Glück besser bewandert. Mit Geduld brachten wir schließlich den vollständigen Wortlaut zusammen. Als wir damit fertig waren, studierte ich sie eines Abends gemeinsam mit Aleena.

Wir saßen an einem Tisch und lasen im gelben Lampenlicht, was Gauguin seiner Geliebten geschrieben hatte: ... *Ich sehne mich so sehr nach Dir, daß es weh tut ..., selbst wenn ich nur einen Tag fortgehe, um zu malen.*

Doch es waren keineswegs ausschließlich Liebesbriefe. Einige von ihnen waren überaus profan, und manchmal schrieb er auch über seine Theorie der Malerei ... *Alles in allem sollte Malerei mehr Suggestion als Beschreibung sein, so, wie es die Musik macht.* Es waren insgesamt zwanzig Briefe, und in mehreren fanden sich Hinweise auf die Bilder und – was mich besonders freute – auch auf die „Rosa Straße".

Es gibt eine Redensart, daß man die Welt durch eine rosa Brille sieht ... Ich weiß, daß Du die kleine Hauptstraße als leuchtendes Rosa siehst, deshalb habe ich sie für Dich so gemalt, wie ich sie gesehen habe, als ich zum ersten Mal in Koraloona an Land ging ... Du wirst sehen, was ich meine, das Bild erklärt alles ...

„Und die Briefe erklären uns alles", ergänzte Aleena.

Das stimmte. Und wir verdankten ihre Entdeckung ausschließlich Alec. Wir waren ihm dankbarer, als wir es in Worten ausdrücken konnten. Die Briefe sagten so viel über die Herkunft der Bilder aus, daß auch die Sachverständigen von Christie's nicht mehr ihre Echtheit bezweifeln würden.

JETZT konnten wir die Dinge vorantreiben, weil wir wußten, daß wir auf dem richtigen Weg waren. Drei Wochen später trafen Mr. Petrie und Mr. Huson, ein renommierter Kunstexperte, auf Koraloona ein. Ian Petrie erwies sich als ein Mann Ende Vierzig mit vertrauenerweckendem Lächeln. Professor Huson war klein, hatte sehr weiße Hände und ein rosiges Gesicht. Um den Hals trug er ein schwarzes Seidenband, an dem drei goldgefaßte Lorgnons baumelten – vermutlich Lupen verschiedener Schärfe.

Ich führte die beiden Herrschaften in mein Wohnzimmer, und unter den gespannten Blicken dieser sichtlich erregten Experten begann ich, die Gemälde zu enthüllen.

„Seien Sie ja vorsichtig", flehte Petrie. „Mein Gott! Was für eine Entdeckung!"

„Eine herrliche Sammlung", murmelte Huson. „Wirklich faszinierend." Er machte sich unverzüglich daran, die Bilder mit Hilfe seiner Lupen einer genauen Prüfung zu unterziehen.

„Hier haben Sie einen Beweis dafür", unterbrach er plötzlich seine Untersuchung, „daß es sich bei den Gemälden nicht um Kopien handelt." Er hatte gerade das Bild eines Jungen mit einem Bündel roter Bananen in der Hand, drehte es um und zeigte mir die Rückseite der Leinwand. „Betrachten Sie einmal das Muster der Leinwand. Merkwürdig, nicht wahr?"

„Ich weiß nicht genau, wonach ich suchen soll", bemerkte ich unsicher. „Es sieht nicht anders aus als das Gewebe meines Hemdes."

„Richtig. Gauguin hat nämlich einheimisches Gewebe für seine Bilder verwendet – den *Tapa*, der aus der weichgeklopften Rinde von Maulbeerbäumen, Brotfruchtbäumen und anderen Pflanzen erzeugt wird. Der Künstler verwendete alles, was er gerade zur Hand hatte – Holz, Glas, Papier, Karton, Stoff – und natürlich auch billige einheimische Gewebe. Tapa ist sehr haltbar, und die Struktur des Gewebes ist so unverkennbar, weil es mit einem geriffelten Schlegel geklopft wird. Aber sehen wir weiter."

Er griff nach der gerahmten Kohle- und Tuscheskizze der *Oceanien*, entfernte vorsichtig die Stifte, mit denen die dünne Holzplatte befestigt war, und enthüllte das *Verso* des Bildes, wie er es nannte. Überrascht bemerkte ich, daß das Papier wie ein Kontobuch mit Zahlenreihen beschrieben war.

„Na also!" rief Huson triumphierend aus. „Diese Zahlen und das Datum ‚99', das er unter seine Signatur gesetzt hat, sind schlüssige Beweise. Gauguin war eine Zeitlang auf Tahiti als Angestellter im Ministerium tätig. Er hat dieses Papier aus einem Hauptbuch herausgerissen. Wahrscheinlich war es das einzige, das zur Hand war!" Seine Augen leuchteten begeistert. „Ich bin davon überzeugt, Doktor, daß die Bilder echt sind. Natürlich kann man theoretisch den Stil jedes Künstlers nachahmen. Doch Gauguins merkwürdige Stilisierung von Augen und Mund, die immer mandelförmig und durch einen waagerechten Strich geteilt sind, sowie die kantigen Gesichter sind charakteristische Merkmale, die nur schwer imitiert werden können."

„Es ist faszinierend, nicht wahr?" Aleena hatte dem Professor verblüfft bei seiner Untersuchung zugeschaut. „Sie sind also überzeugt?" fragte sie ihn.

„Absolut", lautete die Antwort. „Jetzt möchte ich noch die Dokumente studieren, aber ich bin meiner Sache so sicher, daß die Provenienz nur noch eine Formalität, eine zusätzliche Bestätigung ist. Übrigens, Mrs. Masters, können auch Briefe und Notizen selbst einen sehr, sehr hohen Wert darstellen, aber ich würde sie an Ihrer Stelle noch nicht verkaufen. In zehn bis zwanzig Jahren werden die Preise für Impressionisten unvorstellbare Höhen erreichen. Ich weiß, daß Sie die Bilder jetzt zur Finanzierung einer guten Sache verkaufen wollen. Behalten Sie jedoch die Briefe und Notizen, denn zugleich mit den Preisen der Bilder wird auch der für Autographen steigen. Ich werde sie wissenschaftlich untersuchen, Tinte, Papier und so weiter analysieren und damit ihre Provenienz nachweisen. Danach sollten Sie sie jedoch zehn Jahre oder noch länger aufbewahren – als Rücklage für die Zukunft."

Petrie war natürlich von der Bestätigung des Professors begeistert. „Ich habe nie an der Echtheit der Gemälde gezweifelt", erklärte er, „aber in der Kunstwelt ist Husons Wort Gesetz."

EINE Woche nachdem Mr. Petrie und Professor Huson nach England zurückgekehrt waren, erhielt ich ein Telegramm von Petrie, in dem er mir mitteilte, daß Christie's der Bank in Sanderstown – an die die Mission allmonatlich mein bescheidenes Gehalt überwies – eine Garantie für eine Überziehung meines Kontos um zehntausend Pfund gegeben habe.

Voraussetzung dafür war, daß die alleinigen Auktionsrechte an Christie's vergeben wurden. Kurz darauf bestätigte die Bank diese Abmachung schriftlich.

Die Dinge kamen in Fluß. „Wir können sofort mit dem Kauf von Geräten für das Krankenhaus beginnen", sagte ich zu Alec.

„Wir werden bald keine Zeit mehr für unsere Patienten haben", antwortete er gereizt.

„Aber, Alec. Was ist Ihnen denn über die Leber gelaufen?"

„Ich hoffe nur, daß Sie dieses Vermögen nicht mit vollen Händen ausgeben. Sie sind manchmal reichlich impulsiv."

Ich dachte kurz nach, dann sagte ich: „Ich mache Ihnen einen Vorschlag, Alec: Ich übernehme den Verkauf der Bilder, und Sie übernehmen den Einkauf der medizinischen Geräte und des Baumaterials." Seine Miene hellte sich auf, und ich fügte hinzu: „Auf diese Weise hole ich soviel wie möglich heraus, und Sie sparen soviel wie möglich ein. Einverstanden?"

„Abgemacht!" rief er.

Etwa eine Woche später erhielt ich wieder ein Telegramm von Christie's, in dem man mir mitteilte, daß die Versteigerung auf den zweiten Mai angesetzt sei.

Es war für mich kein Problem, für dieses so wichtige Unterfangen Urlaub zu bekommen. Alec war klar, daß es auch in seinem Interesse lag, wenn andere ein großartiges Krankenhaus finanzierten, in dem ihm der Posten des Chefarztes sicher war. Er war deshalb sofort einverstanden, daß ich vier Wochen Urlaub nahm, den ich ganz in England verbringen würde.

Petrie hatte mir geraten, spätestens drei Wochen vor der Versteigerung in London einzutreffen, und ich stimmte zu. Dadurch hatten

Aleena und ich Zeit, meine Eltern und die wenigen alten Freunde zu besuchen, mit denen ich in lockerer Verbindung geblieben war. Ich hatte Jason versprochen, seinen Verleger, und Alec, seine Frau Rhoda in Wimbledon zu besuchen. Ein oder zwei Theaterabende und vielleicht auch ein Konzertbesuch standen auf dem Programm, und ich wollte ein paar Erinnerungen auffrischen – etwa einen Bummel über den Covent-Garden-Markt oder entlang der Themse bei Oxford.

Da jetzt auf der ganzen Welt Frieden herrschte, erreichte uns der *Sanders Sentinel* regelmäßig; für gewöhnlich trafen allerdings die Ausgaben von zwei oder drei Tagen zugleich ein. Ich verschlang die Zeitungen gierig, nicht so sehr wegen der Lokalnachrichten als wegen der Berichte über das Leben in England, das infolge der Engpässe auf allen möglichen Gebieten noch entbehrungsreicher zu sein schien als während des Krieges. Eines Morgens fiel mein Blick auf eine kurze Nachricht. Mir war in der Überschrift das Wort „Bikini-Atoll" aufgefallen, weil diese Insel nordwestlich von unserem Archipel lag. Präsident Truman plante, zwei Atombomben, ähnlich jener von Hiroshima, zur Explosion zu bringen – eine auf dem Atoll und eine unter Wasser. Truman wollte der Weltpresse zeigen, wie eine Atombombenexplosion aussieht. Die Berichterstatter sollten den Atompilz aus sicherer Entfernung vom Meer aus bestaunen.

„Die sind verrückt", sagte ich zu Aleena und legte die Zeitung weg.

„Das hier ist auch verrückt, und du wirst dich darüber ärgern", sagte Aleena, die die Zeitung vom nächsten Tag überflog. „Das Foto von mir ist gräßlich."

„Ein Foto von dir? Wo?"

Sie reichte mir die Zeitung. Sie war bei einem halbseitigen, bebilderten Artikel aufgeschlagen, dessen Überschrift lautete: DER GAUGUIN-SCHATZ DER INSELPRINZESSIN.

„O nein", stöhnte ich. Offenbar hatten die Redakteure in Sanderstown Londoner Zeitungen gelesen und aus ihnen diese Geschichte übernommen. „Schon wieder geht der Rummel los! Das hat man davon, wenn man in ein königliches Haus einheiratet!"

Die Vorbereitungen für unsere Reise nach England liefen gut, und ich freute mich schon auf meine alte Heimat. Nicht nur wegen der Auktion, sondern weil ich London gern wiedersehen und meiner Familie in Nottingham meine schöne Frau vorstellen wollte.

XXI

Es ist fast unmöglich, unsere Aufregung zu beschreiben, als wir in der ersten Aprilwoche endlich auf dem Londoner Flughafen landeten. Koraloona war mir zwar zur zweiten Heimat geworden, doch ich sah dem Wiedersehen mit meinen Angehörigen und alten Bekannten voller Erwartung entgegen, und die wiederauflebenden Erinnerungen erfüllten mich mit ungeduldiger Vorfreude.

Auf seltsame Weise war die Zeit während der acht Jahre seit meiner Abreise für mich stehengeblieben. Obwohl ich natürlich von den Opfern der Londoner Bevölkerung während des Krieges wußte, war ich doch nicht auf die drastischen Veränderungen gefaßt.

Den ersten Hinweis auf die armseligen Lebensumstände sahen wir, als wir am frühen Morgen aus dem Flugzeug stiegen. Ein Bus stand auf dem Rollfeld bereit. Er war graubraun, die Kotflügel wiesen Dellen auf, die Polsterung der Sitze war zerrissen, als hätte jemand das Fahrzeug von einem Schrottplatz geholt.

Die Formalitäten waren rasch abgewickelt, denn Aleena war durch ihre Heirat britische Staatsbürgerin. Auch der Zoll interessierte sich nicht für unser Gepäck und die Pakete mit den Gemälden.

Petrie hatte Zimmer für uns im Fitzgerald Hotel bestellt, weil es nicht nur preislich erschwinglich und recht komfortabel war, sondern weil es auch in der Nähe seines Büros lag.

An der Rezeption reichte man uns eine Nachricht von ihm. „Es tut mir leid, daß ich Sie nicht vom Flughafen abholen konnte. Bitte rufen Sie mich an, und wenn es Ihnen recht ist, essen wir gemeinsam zu Abend."

Ich rief ihn an. „Wir kommen gern, vorausgesetzt, daß es nicht allzu spät wird."

„Machen Sie sich keine Sorgen. Ich hole Sie um halb acht ab."

Das Essen im Claridge, einem der renommiertesten Restaurants der Stadt, war nicht schlecht, aber es gab deutliche Hinweise darauf, unter welcher Lebensmittelknappheit England während des Krieges gelitten haben mußte und wie hoch der Preis für den Sieg gewesen war. Die Lebensmittelpreise wurden zwar amtlich festgesetzt, und die Grundnahrungsmittel wie Brot, Milch, Fleisch und Fisch waren nicht teurer geworden, jedoch entdeckten wir sehr bald, daß das Essen überaus eintönig war und meist aus Trockenei, Milchpulver, Walfleisch und Wurzelgemüse bestand.

Ich wollte auf keinen Fall, daß Aleena einen deprimierenden Eindruck von meinem Heimatland erhielt, aber je mehr ich in den ersten beiden „Besichtigungs"-Tagen zu Gesicht bekam, desto größer wurde meine Verzweiflung darüber, wie trist die Hauptstadt Großbritanniens geworden war mit den ausgebombten Gebäuden, den häßlichen Baulücken und dem allgemeinen Eindruck, daß die Stadt dringend ein paar Farbtupfer brauchte.

Doch es gab auch schöne Momente, die wir voll auskosteten. Für Aleena war es eine neue Welt und für mich die Wiederbegegnung mit einer altvertrauten Umgebung. Dank dem gemäßigten Tempo in London konnten wir in Ruhe die Vornehmheit der Stadt auf uns wirken lassen. Ja, London war eine vornehme, schöne Stadt mit überraschend vielen Parks, mit der Mall und dem Trafalgar Square und prächtigen Gebäuden an der Park Lane. Das alles wirkte besonders eindrucksvoll, weil die meiste Zeit über sonniges Wetter herrschte.

Am dritten Tag wurden wir zu einem Mittagessen in den Sitzungssaal von Christie's gebeten, bei dem einige Direktoren des Auktionshauses anwesend sein würden.

Von unserer Ankunft in London hatte Christie's anfangs keine Notiz genommen, als jedoch nun eine schöne, lächelnde junge Frau mit rabenschwarzem Haar, die das romantische Flair der Südsee umgab und die noch dazu Gauguins Enkelin war, am Stratford Place eintraf, waren die Direktoren entzückt, und es herrschte eine freundliche, gelöste Stimmung.

Wir nahmen eine rationierte, aber gut zubereitete Mahlzeit zu uns, und als der Portwein gereicht wurde, stand Petrie auf und hielt eine Rede. „Ich möchte einen Aspekt zur Diskussion stellen", begann er. „Obwohl es eine große Ehre für uns ist, die bisher wohl ungewöhnlichste Sammlung von Gauguin-Bildern versteigern zu können, so ist doch zu bedenken, daß der Kunstmarkt im Augenblick mehr an alten Meistern als an Impressionisten und Nachimpressionisten interessiert ist." Petrie richtete den Blick auf Aleena und mich. „Meine Kollegen und ich sind aber davon überzeugt, daß impressionistische und nachimpressionistische Bilder in den nächsten Jahren ungeheuer im Wert steigen werden. Diese Entwicklung hat noch nicht eingesetzt. Es wird vielleicht fünf oder zehn oder auch fünfzehn Jahre dauern, bis es soweit ist, doch es wird dazu kommen. In ein paar Jahren wird ein Gemälde von van Gogh oder Gauguin zehnmal soviel wert sein wie heute, vierzigtausend oder fünfzigtausend Pfund. Vielleicht sogar mehr. "

„Das ist nicht möglich." Aleena sah ziemlich unglücklich aus.

„Es ist nicht nur möglich, meine Liebe, auch nicht nur wahrscheinlich, sondern sicher. "

„Sie haben allerdings etwas übersehen." Ich wandte mich erregt an die Direktoren. „Alles steigt im Preis – aber bedenken Sie, wir lieben die Gauguins und verkaufen sie nur deshalb, weil wir ein Krankenhaus errichten wollen, um Leben zu retten. Dieses Krankenhaus brauchen wir jetzt, nicht später. Halten Sie sich vor Augen, meine Herren, daß nach der Schließung des Marinekrankenhauses in Sanderstown Menschen sterben werden, weil sie nicht rechtzeitig behandelt werden können. Wir verkaufen die Gemälde nicht – wir tauschen sie gegen Menschenleben ein. "

Petrie ließ sich nicht aus der Ruhe bringen. „Gestatten Sie mir die Frage, Doktor: Womit werden Sie in zehn Jahren die Kosten für Ihr großes, modernes Krankenhaus bestreiten, wenn alles teurer wird?"

„Das wird auf Koraloona nicht der Fall sein. "

„Leider irren Sie sich." Er sprach sehr entschieden. „Inflation ist ansteckend. Sie wird die ganze Welt erfassen. "

„Haben Sie eine Lösung für dieses Problem?"

„Nicht ich, aber Christie's", erklärte Petrie ruhig. „Doch darf ich Ihnen noch eine Frage stellen, Dr. Masters? Glauben Sie, daß vierzigtausend Pfund für Ihr Krankenhaus zunächst reichen würden?"

„O ja." Meine Begeisterung war offenbar unüberhörbar, denn die Direktoren lächelten. „Für einen solchen Betrag könnten wir uns sogar einen dritten Arzt leisten – zumindest für einige Jahre. Und dann wird die Mission vielleicht imstande sein, ihn fest anzustellen. "

„Genau!" rief Petrie triumphierend. „Deshalb schlage ich folgendes vor: Nehmen wir an, daß wir durchschnittlich fünftausend Pfund für ein Bild erzielen können. Versteigern wir vorerst nur acht und halten die übrigen acht zurück. Wir bieten Ihnen an, die Bilder für Sie aufzubewahren. Daraus erwachsen Ihnen keine Kosten, und die Aufbewahrung erfolgt in eigens dafür geschaffenen Tresorräumen mit konstanter Luftfeuchtigkeit und Temperatur. Die Bilder können zehn oder auch fünfzehn Jahre bei uns gelagert werden – die Entscheidung bleibt

Ihnen überlassen. Sie können die Werke jederzeit veräußern, obwohl ich hoffe, daß wir Sie beraten dürfen, zu welchem Zeitpunkt der Markt dafür günstig ist. Ich wette mit Ihnen, daß jedes Bild, das Sie heute nicht verkaufen, in zehn oder fünfzehn Jahren fünfzigtausend Pfund bringen wird."

„Wir sind uns da ziemlich sicher", bekräftigte ein anderes Vorstandsmitglied. „Wir kennen den Markt."

Ich sah Aleena an. „Es klingt ganz vernünftig."

Petrie lächelte. „Mein Vorschlag ist doch wirklich gut, nicht wahr?"

Wir wußten es beide, also nickten wir gleichzeitig, und alle lachten, als Aleena leise sagte: „Sie haben immer recht, Mr. Petrie."

ALEENA hatte darauf bestanden, daß ich meine Familie zuerst allein besuchen sollte. „Versetze dich in ihre Lage", meinte sie. „Es gibt tausend Dinge, über die sie mit dir sprechen wollen, ohne auf jemand Rücksicht nehmen zu müssen, den sie zum erstenmal in ihrem Leben sehen. Gib ihnen Gelegenheit dazu."

Es klang vernünftig, doch ich wäre nicht darauf eingegangen, wenn Alecs Frau Aleena nicht zum Übernachten zu sich nach Wimbledon eingeladen hätte. Aleena würde bestimmt in guten Händen sein. Falls mir Mrs. Reid jedoch nicht sympathisch war, konnte ich immer noch schnell eine Ausrede erfinden und Aleena zu meinen Eltern mitnehmen.

Meine Besorgnis erwies sich als unnötig. Ein Blick auf Mrs. Reid genügte, um alle Zweifel zu zerstreuen. Rhoda Reid war eine große, grauhaarige, attraktive Dame mittleren Alters, die durch ihre Vornehmheit beeindruckte. Ich konnte mir nur schwer vorstellen, daß diese elegante Frau sich jemals zu dem nachlässig gekleideten, schwitzenden, dicken kleinen Mann hingezogen gefühlt und ihn geheiratet hatte. Alec hatte sich vermutlich insgeheim königlich darüber amüsiert, wie verblüfft ich über seine Frau sein würde.

Als ich zu der eineinhalbstündigen Reise von King's Cross nach Nottingham im Zug Platz nahm, dachte ich nur noch an meine Familie. Ich versuchte mir vorzustellen, wie meine Eltern nach acht Jahren aussahen. Wir hatten miteinander am Tag nach meiner Ankunft telefoniert, und Vaters Stimme hatte genauso kräftig geklungen wie eh und je. Auch Clares Stimme hatte sich nicht verändert, nur Mutter klang anders. Aber wie würden sie aussehen?

Clare, die mich abholen wollte, war bestimmt diejenige, die sich am
meisten verändert hatte. Als ich sie das letzte Mal gesehen hatte, war
sie ein Teenager gewesen, jetzt war sie sechsundzwanzig.

Ich beugte mich aus dem Fenster, als der Zug in den Bahnhof ein-
fuhr, und erkannte meine Schwester sofort. Ihr Gesicht leuchtete vor
Freude, ihr braunes Haar flatterte im Wind, sie winkte mir und lief auf
mich zu. Tiefe Freude erfüllte mich, denn sie hinkte zwar ein wenig,
doch das hinderte sie nicht daran zu laufen. Sie hatte schon vor langer
Zeit die plumpen Schienen abgelegt, und obwohl sie immer leicht hin-
ken würde, war es längst nicht so schlimm, wie ich befürchtet hatte.

Wir umarmten uns lachend und glücklich. Clare war aufgeregt wie
ein Kind, und mir ging es ähnlich, deshalb leisteten wir uns statt der
Straßenbahn ein Taxi, und ehe wir's uns versahen, hatten wir unser
Elternhaus erreicht.

Mutter hatte wahrscheinlich durch die Gardinen im Wohnzimmer
geschaut, denn in dem Augenblick, in dem das Taxi hielt, ging die
Haustür auf, und Vater lief heraus; Mutter folgte dicht hinter ihm.

„Willkommen daheim, Doktor." Vaters Händedruck war noch
immer kräftig.

„Ich freue mich, daß ich wieder zu Hause bin", gab ich zurück.

„Du siehst wirklich gut aus, mein Junge. Das Eheleben bekommt
dir offenbar."

In Mutters Augen standen Tränen des Glücks, als sie mich in die
Arme schloß. Sie sah gebrechlich aus, und ihre Arme waren dünner als
früher. „Es tut gut, dich wieder zu Hause zu haben, Kit."

„Zur Feier des Tages sollten wir mit etwas anstoßen." Vater schob
mich ins Wohnzimmer. „Das gleiche wie immer – ein Glas Bier?"

Ich nickte und nahm Platz.

„Wie geht es deiner Frau – Aleena?" erkundigte sich Mutter. „Wir
freuen uns schon darauf, sie kennenzulernen."

„Und sie kann es nicht erwarten, euch kennenzulernen."

Wir unterhielten uns stundenlang, und natürlich wechselte das
Gespräch von dem Leben auf den Südseeinseln zu Nottingham. Die
Stadt war von den Bombenangriffen nicht so schwer betroffen worden wie andere Städte; sie waren jedoch nicht ganz ungeschoren
davongekommen, weil im Nordosten der Stadt zahlreiche Militär-
flugplätze angelegt worden waren; auf einem davon hatte Vater eine
Zeitlang Funker ausgebildet.

„Was wirst du jetzt unternehmen, nachdem der Krieg zu Ende ist?" erkundigte ich mich.

Stolz verkündete er: „Ich werde mehr Geld verdienen als je zuvor, mein Junge. Ich habe einen großartigen Posten bei einer Fernsehgesellschaft bekommen, denn ich habe mich in den letzten Jahren auf Radar, Sonar und Elektronik spezialisiert, und weil ich auch Fachmann für Funktechnik bin, haben sie bei mir sofort zugegriffen. Im Juni wird bei uns das Fernsehen eingeführt, und dazu brauchen sie Fachleute. Nächstes Jahr wirst du die Dächer nicht wiedererkennen – ein Wald von Metallmasten, die an den Schornsteinen befestigt sind."

„Jetzt übertreibst du aber", seufzte Mutter, doch sie war sichtlich stolz darauf, daß Vater einen so guten Posten ergattert hatte.

Nach dem Abendessen verteilte ich meine bescheidenen Geschenke. Obwohl ich dabei nicht sehr viel Phantasie entwickelt hatte, war in den spartanischen Nachkriegsjahren alles willkommen. Ich hatte ein halbes Dutzend Paar Seidenstrümpfe für Clare, ein Kleid für Mutter, mehrere Pullover in verschiedenen Größen sowie Tabak und Whisky für Vater mitgebracht.

„Das ist großartig", stellte er fest, „und ich möchte mich gleich für noch etwas bedanken – für die Lebensmittelpakete, die du aus Australien hast schicken lassen. Nicht alle sind angekommen – aber was kam, war für uns ein Geschenk des Himmels."

Alles in allem war es ein wunderbares Wiedersehen, und das Schönste daran war, daß ich in ein paar Tagen wieder in Nottingham weilen würde. „Mit deiner Frau", betonte Mutter.

Am nächsten Tag auf der Rückfahrt im Zug schlug ich die Abendzeitung auf. Einige Seiten waren dem Nürnberger Prozeß gewidmet; doch zufällig stach mir eine Überschrift ins Auge, in der wieder das Wort „Bikini-Atoll" vorkam.

Die Meldung lautete:

> Die Weltpresse ist eingeladen worden, der Explosion von zwei Atombomben beim Bikini-Atoll beizuwohnen. Die Reporter werden mit einem Kriegsschiff zum Beobachtungspunkt südlich der Wake-Insel gebracht. Die US-Marine hat siebenundsechzig schrottreife Schiffe in verschiedenen Entfernungen vom Bikini-Atoll vor Anker liegen. Sie sollen einige Zeit nach der Explosion untersucht werden, um den Grad der Verseuchung festzustellen.
>
> Insgesamt 42000 Soldaten, Matrosen, Flieger und Wissenschaftler

werden an dem Test teilnehmen. Auf einem der vor Anker liegenden Schiffe werden sich Ziegen, Schweine und Ratten befinden.

Bei dem Test werden zwei Bomben zur Explosion gebracht. Die eine wird in den Ozean abgeworfen, so daß es zu einer Unterwasserexplosion kommt, die andere auf das Atoll selbst, dessen wenige Bewohner derzeit evakuiert werden. Präsident Truman nimmt an, daß die Explosion noch in mehreren hundert Kilometer Entfernung zu sehen sein wird.

Wie dumm die Menschheit doch ist, dachte ich. Bedurfte es nach Hiroshima noch weiterer Beweise für die verheerende Wirkung radioaktiver Strahlen?

Ein paar Tage später absolvierte ich einen Pflichtbesuch bei dem Verlag, der Jason Purvis' Roman gekauft hatte. Ich sollte im Auftrag von Jason herausfinden, ob der Verlag ihn wirklich für einen erfolgversprechenden Autor hielt oder ob Jasons erstes Buch nur ein zufälliger Programmfüller war.

Das war keineswegs der Fall. Alfred Beale, der Verlagsleiter, empfing mich. Er war ein fröhlicher, extrovertierter Mann mit breiten Schultern und dem größten Schnurrbart, den ich je gesehen hatte. Mr. Beale wollte alles über seinen unbekannten Autor erfahren. Ich erzählte ihm das wenige, das ich wußte.

„Wird sich sein Roman verkaufen?" fragte ich.

„Davon bin ich überzeugt. Er wird in der nächsten Woche ausgeliefert, und die Buchhandlungen haben bereits viele Bestellungen aufgegeben." Er machte eine Pause, um die Wirkung seiner Worte zu beobachten. „Bitte richten Sie Mr. Purvis aus, daß er sich an die Arbeit machen und den nächsten Roman schreiben soll."

Ich versprach es, und weil ich wußte, wie ungeduldig Jason auf meine Nachricht wartete, schickte ich ihm ein Telegramm und berichtete von dem Gespräch.

Einige Tage danach, ich war gerade im Hotel, erhielt ich einen Anruf von Jason aus Sanderstown, ein Gespräch fast rund um den Erdball.

„Hallo, Kit! Geht es euch Turteltäubchen gut?"

„Ja, bestens. Aber ist bei Ihnen alles in Ordnung?" fragte ich ohne Umschweife. „Was ist los? Warum rufen Sie an?"

„Nichts ist los, ich wollte mich nur für das Telegramm bedanken. Das war eine wirklich gute Nachricht, nicht wahr? Und auch ich habe eine gute Nachricht parat."

„Dann raus damit."

„Erinnern Sie sich an Lorna?"

„Natürlich erinnere ich mich an Miß Sowerby. Soll die Frage ein Witz sein?"

Jason gluckste beinahe vor Vergnügen. „Sie heißt nicht mehr Miß Sowerby, sondern Mrs. Purvis. Wir haben vor zwei Tagen in Tala-Tala geheiratet und verbringen unsere dreitägigen Flitterwochen im Southern Cross Hotel in Sanderstown."

„Das ist allerdings eine tolle Neuigkeit. Aber Sie sind ein Schuft, so einfach hinter meinem Rücken zu heiraten. Sobald Sie wieder in Koraloona sind, holen Sie sich auf meine Rechnung bei Johnson eine Flasche Champagner und feiern ordentlich."

Nach kurzem Zögern antwortete Jason: „Danke für die gute Absicht, aber ich kann leider Ihrem Wunsch nicht entsprechen. Ich habe dem Teufel Alkohol abgeschworen, wie es bei der Heilsarmee so schön heißt."

Nachdem er auch Aleenas Glückwünsche entgegengenommen hatte, mußte ich daran denken, wie sehr sich Jason im Lauf der Jahre verändert hatte. Ich hatte noch deutlich unsere erste Begegnung im Garten des Krankenhauses vor Augen; er war damals so mager gewesen, als wäre er am Verhungern. Und jetzt waren die sittenstrenge Missionarstochter und der ehemalige Alkoholiker ein – hoffentlich glückliches – Paar geworden.

Am nächsten Tag fuhren Aleena und ich nach Nottingham. Mutter war angesichts von Aleenas exotischer Schönheit zuerst ein wenig befangen.

Doch Aleena gab sich so ungezwungen und herzlich, daß das Eis bald schmolz. Clare hatte Aleena sofort liebevoll in die Arme geschlossen, und Vater hatte sie auf die Stirn geküßt und festgestellt: „Herzlichen Glückwunsch, mein Sohn, du hast dir wirklich eine phantastische Frau ausgesucht."

Diesmal blieben wir zwei Tage in Nottingham. Es tat gut, eine Zeitlang nichts von der Auktion zu hören.

Die Tage nach unserer Rückkehr nach London vergingen wie im Flug, und ehe wir's uns versahen, befanden wir uns am Vorabend der „Jahrhundertauktion", wie es eine Zeitung ausgedrückt hatte. Doch würde es uns gelingen, die angestrebten vierzigtausend Pfund zu erzielen?

Am Abend vor der Versteigerung sank meine Stimmung auf den absoluten Nullpunkt. Ich war inzwischen davon überzeugt, daß das Ganze ein entsetzlicher Fehlschlag werden würde.

Es WAR 10 Uhr 45, als wir im Auktionssaal Platz nahmen. Die Spannung im Raum war fast mit Händen greifbar. Aleena und ich blickten in unsere Kataloge.

„Posten eins." Ich las den Text wahrscheinlich zum hundertsten Mal. „Ein Selbstporträt in Kreide und Pastell."

Die Gehilfen trugen die Staffelei herein, und die Gespräche verstummten. Mr. Dickinson, der Auktionator, betrat gemessenen Schrittes den Saal und begab sich auf das Podium. Er nickte uns zu. „Guten Morgen, Ladies und Gentlemen. Ich beginne ohne weitere Einleitung mit der Versteigerung. Posten eins. Darf ich hundert sagen?"

Ich zuckte zusammen. Er blieb weit unter dem Mindestpreis von 500 Pfund, den Petrie festgesetzt hatte. Während ich noch darüber nachdachte, hatten die Gebote in Hundertersprüngen 900 Pfund erreicht und kamen jetzt zögernder.

Dickinson sagte aufmunternd: „Sie sind überboten, Mr. Sorenson. Höre ich mehr? Tausend sind geboten. Und Tausendeinhundert." Sein Blick überflog den Raum. „Keine Angebote mehr? Es gehört Ihnen, Mr. Moresby."

Die nächsten sechs Bilder erzielten weit höhere Preise, doch als Mr. Dickinson das letzte Gemälde ankündigte, fehlten noch 10 000 Pfund zu dem angestrebten Gesamterlös von 40 000 Pfund.

„Und jetzt", betonte Mr. Dickinson, „kommen wir zu dem interessantesten Posten dieser Auktion. Ein Meisterwerk, das Sie sofort in seinen Bann ziehen wird."

Alle Blicke wandten sich dem „Verborgenen Teich" zu. Aleena ergriff meine Hand, wir dachten daran, welche Rolle der silbrige Wasserfall im Leben von Aleenas Familie gespielt hatte.

„Viertausend", kam das erste vorsichtige Gebot.

Mr. Dickinson lächelte. „Viertausend sind geboten, aber ich bin sicher, daß Sie viel höher gehen können, Gentlemen. Ja, das dachte ich mir. Danke, Sir: Viertausendfünfhundert sind geboten. Bitte, Mr. Stoephausen? Sechstausend? Danke."

Die Spannung stieg, als die Bieter einander höhertrieben.

„Ich höre Sie, Monsieur Lamy – zehntausend. Und von Mr. Brockbank werden zwölftausendfünfhundert geboten. Können wir auf einen runden Betrag erhöhen? Ja, Sie sind überboten, Mr. Brockbank. Wollen Sie noch einmal erhöhen? Nein?" Dickinson überblickte den Raum und überzeugte sich davon, daß die oberste Grenze erreicht war. „Bietet niemand mehr? Dann geht Posten acht für dreizehntausend Pfund an Monsieur Lamy." Er legte den Hammer weg. „Wenn die Käufer bitte so freundlich wären, zum Pult zu kommen und die Abrechnung zu erledigen. Ich wünsche Ihnen einen guten Tag."

Die Stühle scharrten auf dem Parkett, und Aleena und ich verließen den Raum.

An diesem Abend gaben wir ein Dinner zu Ehren unseres guten Freundes Ian Petrie. Christie's war uns eine unschätzbare Hilfe gewesen. Die Direktoren hatten uns gut beraten, als sie vorschlugen, die Hälfte der Gauguins für einen späteren Verkauf zurückzuhalten.

Wir tranken alle auf das Paul-Gauguin-Krankenhaus, und dann fügte Petrie hinzu: „Wer hätte gedacht, daß die künstlerische Inspiration und das Werk eines unheilbar Kranken letzten Endes dazu führen würden, daß unzählige andere Menschen geheilt werden? Es ist paradox. Doch Gottes Wege sind unerforschlich."

Ich sollte noch an diese Worte zurückdenken.

XXII

DAS letzte Stück der Reise nach Koraloona legten wir auf der *Mantela II* zurück. In Sanderstown gaben wir einen Funkspruch auf, daß wir am nächsten Morgen eintreffen würden.

Wie oft war ich mit der alten *Mantela* durch die Nacht gefahren, während Bill Robins an der Bar seinen Grünen Kleber als Nachttrunk bestellte! Ich konnte manchmal kaum glauben, daß diese Zeiten für immer vorbei waren. Doch die Erinnerung blieb bestehen, und wenigstens etwas hatte sich nicht verändert: die Schönheit eines Morgens auf See.

Zuerst konnte ich kaum die Palmen am Strand ausmachen, doch rasch kamen wir näher, und die Hügel traten deutlich hervor. Kaum einen Kilometer hinter Koraloona ragte High Island steil in den Himmel.

Eine Zeitlang schwiegen wir beide. Die Schönheit der Insel war atemberaubend. Man scheute sich, den Eindruck durch Worte zu verscheuchen.

Die gesamte Bevölkerung von Anani und Tala-Tala schien sich zu unserer Begrüßung versammelt zu haben, dazu viele Bewohner abgelegener Dörfer.

Die Matrosen warfen die Trossen an Land, und ehe wir's uns versahen, hatten wir wieder festen Boden unter den Füßen. Aleena fiel ihrer Mutter um den Hals, und ich schüttelte Alec die Hand.

„Wie froh bin ich, daß Sie wieder da sind, mein Junge", begrüßte er mich. „Ich bin es nicht mehr gewöhnt, sieben Tage in der Woche zu arbeiten."

„Es tut mir leid." Ich lachte. „Aber es war für eine gute Sache."

„Das weiß ich. Doch fahren Sie erst einmal nach Tala-Tala, und sehen Sie sich an, was wir hier geleistet haben, während Sie es sich in der großen Stadt gutgehen ließen."

„Wo steckt Jason Purvis?" fragte ich, denn ich wollte dem frisch verheirateten Paar Glück wünschen. Da erblickte ich die beiden.

Als ich ihnen die Hand schüttelte und gratulierte, wurde mir sogleich klar, wie sehr auch Lorna Sowerby sich verändert hatte. Sie trug ein leichtes Sommerkleid, und in ihrem Lächeln lag eine tiefe Zufriedenheit.

Ich wandte mich an Jason. „Sobald wir ausgepackt haben, bekommen Sie das schönste Hochzeitsgeschenk, das Sie sich wünschen können: drei druckfrische Exemplare Ihres Buches."

Inzwischen drängten sich auch die anderen um uns und beglückwünschten uns, denn der *Sentinel* hatte einen ausführlichen Bericht über die „Versteigerung des Jahrhunderts" gebracht. Pater Pringle bemühte sich redlich, den fröhlich singenden Schulchor nicht aus dem Takt kommen zu lassen, und wie ich befürchtet hatte, bestand Colonel Fawcett darauf, eine Begrüßungsansprache zu halten. Zum Glück faßte er sich kurz.

ALEC bewilligte uns nur einen Ruhetag, dann mußte ich die Baustelle besichtigen. „Sie werden verblüfft sein, was für Fortschritte wir gemacht haben", prophezeite er.

Er hatte nicht übertrieben. Alle waren dort eifrig an der Arbeit, obwohl die Temperatur auf fünfunddreißig Grad kletterte. In den

Baracken waren Trennwände aus Asbest-Hartpappe errichtet worden. Mit ein paar einfachen Handgriffen konnte man sie auseinandernehmen, wenn man den Raum vergrößern wollte. Der gemauerte Verbrennungsofen für den Krankenhausmüll und der hohe Schornstein daneben waren fast fertig. In der Nähe lagen ordentlich geschichtet Stöße von braunen Abflußrohren aus Ton. Ein großer Teil war bereits in Gräben verlegt.

Im Lauf der nächsten vierzehn Tage nahm das Krankenhaus vor unseren Augen Gestalt an. Die Gebäude standen zwar schon an Ort und Stelle, doch die Raumeinteilung im Inneren mußte verändert und viele Zimmer mußten durch Korridore miteinander verbunden werden.

Es war auch ein gutes Gefühl, die Geräte zu sehen, die Alec aus den Beständen des Marinehospitals von Sanderstown erworben hatte und die jetzt in den verschiedenen Abteilungen unseres Krankenhauses untergebracht waren – der Röntgenapparat, die eiserne Lunge, der Oszillograph und das Narkosegerät.

Ende Juni trafen wir die letzten Vorbereitungen. Wir hatten beschlossen, die Einweihungszeremonie am Montag, dem 1. Juli, abzuhalten; dabei sollte Tiare eine Gedenktafel enthüllen.

Am letzten Freitag im Juni erhielten wir zu unserer Freude unerwarteten Besuch. Mit der *Mantela II* traf ein Passagier ein, der sich sofort in Mollies Hotel begab. Von seiner Ankunft erfuhr ich erst, als ich einen Anruf erhielt. Ich hatte fast den Klang seiner Stimme vergessen, so lange lag unser letztes Beisammensein zurück. „Hallo, alter Gauner. Was gibt es Neues – und wie geht es der Allerschönsten?"

Ich traute meinen Ohren nicht. „Sam! Sam Truscott! Was zum Teufel machen Sie hier? Von wo aus rufen Sie an?"

„Von Mollies Hotel aus. Als Reserveoffizier hatte ich die Möglichkeit, gratis nach Sanderstown zu fliegen. Ich habe sofort zugegriffen, weil ich in Koraloona vorbeischauen und nachsehen wollte, wie Ihnen die Ehe bekommt."

„Ausgezeichnet", erwiderte ich lachend. „Wie geht es Ihnen? Und Lucy?"

„Könnte nicht besser sein. Dank Ihrer Hilfe ist der erste Truscottsprößling unterwegs."

„Meinen Glückwunsch. Das ist großartig. Ich komme gleich hinüber zum Hotel und hole Sie ab."

Ich sagte Aleena Bescheid, überzeugte mich davon, daß Alec mich nicht in der Sprechstunde brauchte, sprang in den Jeep, brauste die Hauptstraße entlang und hielt mit quietschenden Bremsen vor Mollies Hotel.

Sam hatte sich überhaupt nicht verändert. Er trug natürlich keine Uniform, sondern eine braune Hose und eine braune Lederjacke mit Reißverschluß, die vage an eine Fliegerjacke erinnerte. Unterwegs erzählte er mir, daß er als Reserveoffizier jährlich drei Wochen Dienst machen mußte. „Das Beste daran ist, daß ich während dieser drei Wochen einen Freiflug bekomme und mir meinen Einsatzort selbst aussuchen kann."

„Ich hätte angenommen, daß Sie sich für die Gratisreise ein lohnenderes Ziel aussuchen würden – Hongkong oder Singapur zum Beispiel."

„Die interessieren mich nicht sonderlich, aber ich gebe zu, daß ich eigentlich woandershin wollte. Ich habe versucht, auf eines der Schiffe zu kommen, die die Atombombentests beim Bikini-Atoll beobachten, aber es war kein Platz mehr frei."

„Richtig, die Tests finden ja am ersten Juli statt."

Sam nickte. „Aber so habe ich wenigstens die Gelegenheit, alte Freunde wiederzusehen."

Als wir es uns in unserem Bungalow auf der Veranda bequem gemacht hatten, brachte Aleena uns den Kaffee. Sam versetzte mir einen Rippenstoß und meinte grinsend: „Sie haben wirklich keine schlechte Wahl getroffen."

DIE Einweihungszeremonie für das Krankenhaus war einfach, aber eindrucksvoll. Bevor Tiare die bescheidene Gedenktafel enthüllte, segnete Pater Pringle das Gebäude, und dann murmelte Tiki geheimnisvolle Sprüche.

Tiare hielt als einzige eine Rede. Sie sprach von ihrem Vater, der nur deshalb so früh gestorben sei, weil er nicht die medizinischen Einrichtungen in Anspruch nehmen konnte, die das nach ihm benannte Krankenhaus von nun an bieten werde. Dann folgte die „Enthüllung" – Tiare hatte nur das Stück Stoff abzunehmen, das die Tafel verhüllte.

Jim Wilson hatte die Gedenktafel fein säuberlich mit blauen Buchstaben auf weißem Grund beschriftet:

PAUL-GAUGUIN-KRANKENHAUS
der Gesundheit und dem Wohlergehen der Inselbewohner
von Prinzessin Tiare von Koraloona gewidmet
1. Juli 1946

Tiare schloß die Zeremonie mit ein paar freundlichen Worten über den Einsatz und die Opferbereitschaft von Alec und mir, die Menge schwenkte Fähnchen, und wir begaben uns zum Union Jack Club, wo das Festessen auf uns wartete.

„Ich bin zwar hungrig", sagte Sam Truscott unterwegs, „aber bevor ich mich zum Essen setze, möchte ich etwas anderes tun. Wir waren alle so begeistert, daß wir ganz vergessen haben, was heute früh auf dem Bikini-Atoll geschehen ist. Ich möchte die neuesten Nachrichten im Radio hören."

Sobald alle im Club versammelt waren, begannen die Drinks zu fließen, während Sam an den Knöpfen des Radios drehte und den Weltdienst der BBC suchte.

„Hier ist die BBC", begann der Sprecher ruhig. „Ich sende diesen Bericht von der Korvette *Seattle* der Vereinigten Staaten, die rund siebzig Kilometer westlich des Bikini-Atolls im Pazifik vor Anker liegt. Gemäß dem Beschluß von Präsident Truman hat die B 29 *Gilda* genau um acht Uhr dreißig die erste der beiden Atombomben ausgeklinkt."

Die bisher so sachliche Stimme klang jetzt leicht erregt. „Obwohl wir uns in gebührender Entfernung vom Atoll befinden, wäre das Schiff, von dem aus wir den Atompilz beobachteten, beinahe gekentert. Wir mußten uns an der Reling festklammern. Und obwohl ich zentimeterdicke schwarze Schutzgläser trage, hatte ich den Eindruck, die Sonne wäre explodiert."

Der Berichterstatter zögerte, und man vernahm leises Rascheln von Papier. „Die zweite Bombe wurde unter Wasser gezündet und erzeugte weniger Lärm, doch wir waren näher dran, und einen Augenblick lang färbte sich das Meer um uns blutrot. Der Eindruck war noch erschreckender als bei der ersten Bombe, denn wir wußten, daß die zweite in achttausend Meter Tiefe in den Boden des Ozeans ein riesiges Loch reißen würde."

Als die Nachrichten zu Ende waren, wich das Schweigen ungeduldigen Rufen nach weiteren Drinks, und die beiden Barmixer hatten alle Hände voll zu tun. Erst jetzt bemerkte ich Jason, der allein in einem Korbstuhl saß, ein Magazin ungeöffnet auf den Knien liegen hatte und ins Leere starrte.

„Hat Ihnen die Einweihungsfeier nicht gefallen?" fragte ich.

„Doch, doch, die Zeremonie war in Ordnung. Es ist die verdammte Nachrichtensendung. Mich überläuft es kalt, wenn ich bedenke, was heute früh geschehen ist."

„Mir geht es genauso", stimmte ich zu. „Zum Glück sind wir weit genug davon entfernt."

„Mag sein." Seine Stimmung besserte sich nicht. „Aber Entfernungen sind verdammt relativ. Vor allem unter Wasser."

„Der Abwurf muß mächtige Wellen gemacht haben." Aleena war zu uns getreten. „Aber die Bombe richtet doch hoffentlich keinen weiteren Schaden an, oder?"

Jason lächelte gequält. „Ich bin kein Geologe oder Physiker, aber ich halte es für Wahnsinn, an der Struktur der Erde herumzupfuschen."

„Was meinen Sie damit?" fragte ich.

„Die Unterwasserexplosion beim Bikini-Atoll wird möglicherweise keine Nebenwirkungen haben, aber vielleicht werden doch Erschütterungen ausgelöst, die zu einer Verschiebung der Schollen in der Erdkruste führen. Die Folgen solcher Verschiebungen sind Erdbeben, Vulkanausbrüche und Verwerfungen der Bodenformation des Ozeans. Und niemand weiß genau, was Explosionen von der Größenordnung einer Atombombe bewirken können."

Ein Gong ertönte.

„Mittagessen!" Ich stand auf. „Kommen Sie, ich verhungere gleich. Sie sind zwar ein großartiger Schriftsteller, Jason, aber ein reichlich deprimierender Geologe."

AM DIENSTAG morgen begannen wir mit dem Umzug vom alten in das neue Krankenhaus. Jason half uns, die einzelnen Gegenstände zu verpacken, und Jim Wilson beförderte die wenigen Teile des Mobiliars hinüber, die noch brauchbar waren.

In das neue Gebäude einzuziehen war aufregend, aber daß wir das alte Krankenhaus aufgeben mußten, brach uns fast das Herz. Es war kindisch, doch schließlich hatten Alec und ich acht Jahre lang gemeinsam in dem kleinen Brettergebäude mit dem improvisierten Operationssaal gearbeitet, das wir als „Krankenhaus" bezeichneten. Als ich es zum erstenmal sah, hatte ich meine abgrundtiefe Enttäuschung nicht verbergen können, doch wir hatten mit Hilfe einer altjüngferlichen Missionarstochter die Kinderlähmung besiegt, und all die Jahre hatten wir gegen Krankheiten gekämpft, ohne Geld, ohne Geräte, hatten uns sogar von der Cholera nicht unterkriegen lassen.

Von nun an würden wir die Patienten in einem großen, ziemlich unpersönlichen Krankenhauskomplex behandeln. Als Hilfskräfte standen uns einheimische Mädchen zur Verfügung, die Mrs. Purvis zu Krankenschwestern ausbildete.

„Sie werden sich daran gewöhnen und sich über die vielen Verbesserungen freuen", tröstete mich Alec.

Zum Glück gab es am Tag darauf eine Ablenkung, eine große Party bei Paula Reece, zu Ehren unseres alten Freundes Sam Truscott, der am Abend abreisen mußte. Die Gäste waren sich einig, daß es die Party des Jahres werden würde. Paula hatte sichtlich keine Mühen und Kosten gescheut, um dieses Ziel zu erreichen. Ihr Personal war gut geschult, und sie hatte auch die beiden Stewards von ihrer Jacht kommen lassen.

Um den Swimmingpool waren Tische und Stühle aufgestellt worden, und ein kaltes Büfett hielt die verschiedensten Speisen bereit, die man nach Lust und Laune kombinieren konnte.

Als Aleena und ich zu Mittag eintrafen, war die Party bereits in vollem Gang; etwa dreißig Gäste saßen essend, trinkend und plaudernd an den Tischen. Dick Holmes war in den Swimmingpool gesprungen und rief mir zu: „Kommen Sie auf ein paar Runden mit rein! Ich hab nur zwanzig Minuten Zeit, dann muß ich wieder zurück in den Funkschuppen."

„Stört es dich, wenn ich ihm Gesellschaft leiste?" fragte ich Aleena. „Ich brauche ein wenig Bewegung im kühlen Wasser, um Appetit zu bekommen."

„Natürlich nicht", erwiderte sie lächelnd.

In der kleinen Umkleidehütte aus Bambus zog ich mir die Badehose an und sprang dann zu Dick Holmes ins Wasser. „Warum haben Sie es so eilig?" fragte ich, als ich wieder auftauchte.

„Ich habe vor einer Stunde einen Funkspruch aufgenommen." Wir waren am Ende des Beckens angelangt und hielten uns am Rand fest. „Es herrscht größte Aufregung, weil es in mehreren tausend Kilometer Entfernung ein kleines Erdbeben gegeben hat."

„Wie klein?"

„Vollkommen unbedeutend, nur habe ich merkwürdigerweise eine Art Echo gespürt – wenn man es so bezeichnen kann. Ich habe am Schreibtisch gesessen und gesehen, wie sich der Kalender an der Wand um mindestens zwei Zentimeter bewegt hat."

„Vielleicht haben Sie es sich nur eingebildet", meinte ich sorglos. „Passen Sie nur auf, daß es Ihnen nach dem Champagner nicht genauso geht."

Nachdem alle gegessen hatten, klimperte Paulas derzeitiger Klavierspieler sanfte Melodien in einer Ecke hinter der Holzplattform, die vor Jahren als Tanzfläche aufgestellt worden war. Die Paare wechselten unaufhörlich. Jason tanzte einmal mit Aleena, und ich forderte Tiare und Lorna Purvis auf.

Ich weiß nicht mehr, wann mir zum erstenmal auffiel, daß es ungewöhnlich dunkel wurde, doch dann drang plötzlich Alecs Stimme an mein Ohr, der in höchster Erregung „Feuer!" schrie.

Während wir uns in panischer Angst umdrehten, rief Alec: „Schauen Sie dorthin!" Er deutete zum nur knapp einen Kilometer entfernten Kegel von High Island. Aus den Flanken des Vulkans loderten Flammen. Sie schossen wie Brandfackeln zum Himmel empor und verschwanden – bis eine in den Garten fiel, uns nur knapp verfehlte und das Gras in Brand setzte.

Dann verwandelte sich unvermittelt das graue Zwielicht in pechschwarze Nacht. Als das Tageslicht so plötzlich dahinschwand, gerieten alle in Panik und versuchten zu fliehen. Doch wohin? Ich wurde in die Blumenbeete gedrängt; jemand schaltete im Garten das Licht ein, und dann kam der nächste Schock: Die Blumen waren von einer grauen Schicht bedeckt, als hätten sie sich in Steine verwandelt. Neben mir hörte ich Jasons Stimme, und ich drehte mich zu ihm um. Er streckte die Arme vor, seine weiße Hose war grau, und er rief ungläubig: „Es ist ein Staubregen!"

Dann tauchte Colonel Fawcett wie ein Gespenst vor uns auf. „Nein! Es ist Asche. Vulkanische Asche. Spüren Sie denn nicht die Hitze? Hören Sie denn nicht das Dröhnen und Poltern von High Island?"

Jetzt begriff ich endlich: Der Vulkan war ausgebrochen!

In die Schreie der Frauen mischte sich das Geräusch hastender Schritte. Alle versuchten, vor der Katastrophe zu fliehen. Doch es gab kein Entrinnen.

Eine große schwarze Rauchwolke hing über High Island; sie war es, die die Sonne verdunkelt hatte. Inzwischen war jedoch Ostwind aufgekommen, und die Wolke trieb wie ein Schiff, dessen Segel von Flammenzungen zerrissen werden, über uns hinweg. Der Vulkan schien seine Tätigkeit für den Augenblick eingestellt zu haben, als hole er Luft.

Die fliehenden Menschen blieben stehen. Anscheinend war niemand verletzt, aber alle spuckten, husteten und niesten, um die Asche aus Nase, Hals und Mund zu entfernen.

„Es dürfte vorbei sein", sagte ich.

Jason lachte bitter. „Vorbei! Wenn Sie mich fragen, war es erst der Anfang. Das ist noch nichts im Vergleich zu dem, was der Vulkan noch ausspucken wird. Und das alles wegen dieser verdammten Wissenschaftler und ihrer Bomben."

Ich schaute mich mit wild klopfendem Herzen um. Mein Gott, wo war Aleena?

„Aleena befindet sich im Wohnzimmer", beruhigte mich Alec kurz darauf. „Ihr ist nichts passiert. Ganz im Gegenteil zu dem dort." Er zeigte auf eine Leiche, die im Garten lag. Diesem Mann war ein großer Stein direkt auf den Kopf gefallen.

„Der ist aber längst nicht das einzige Opfer des Vulkanausbruchs." Alec wies auf die Gruppen von erschöpften Insulanern, die aus abgelegenen Dörfern dem Krankenhaus zustrebten.

Als die ersten Verletzten eintrafen, stellte sich heraus, daß besonders die kleinen Kinder schlimme Verbrennungen erlitten hatten. Sie hatten nach den herabfallenden Steinen gegriffen und sich dabei schreckliche Brandwunden eingehandelt. Andere hatten zu lange zu den Aschewolken hinaufgeblickt, darunter hatten ihre Augen gelitten. Diese Fälle brachten wir in Paulas Haus unter, wo ich sie behandelte, während Alec drüben im Krankenhaus zu helfen versuchte.

„Bitte, kümmere dich um die Leute mit Augenverletzungen", sagte ich zu Aleena. „Wir sind auf jede helfende Hand angewiesen. Aber sei vorsichtig. Geh nicht vors Haus. Die Wellblechdächer von Paulas Haus und dem Krankenhaus sind schräg, deshalb rollen die glühenden Lavasteine herunter."

Auf einem Tisch im Wohnzimmer standen Champagnerflaschen. Ich nahm drei noch ungeöffnete Flaschen an mich, für den Fall, daß jemand Flüssigkeit brauchte. Auf dem anderen Tisch befanden sich immer noch Platten mit den Speisen, die jetzt mit grauer Asche bedeckt waren. Noch während ich sie betrachtete, vernahm ich plötzlich ein lautes Krachen, und durch das Fenster sah ich, daß Flammen aus dem Vulkan schossen und den Himmel blutrot färbten.

Aleena warf sich mir in die Arme und rief: „Wie kann Gott so grausam sein?"

„Vielleicht ist es nicht Gott." Die Flammen waren wieder erloschen. „Vielleicht sind die Menschen daran schuld. Jason ist jedenfalls davon überzeugt."

Ich wollte schnell hinüber ins Krankenhaus zu Alec laufen, als ich ein Auto erblickte, das aus Richtung Anani kam. Trotz des Aschennebels erkannte ich, daß es ein Jeep war. Außer mir besaß nur die Funkstation einen Jeep; es mußte also Dick Holmes sein.

Er war es tatsächlich. Der Motor stotterte und spuckte und gab vor dem Krankenhaus mit einem letzten Röcheln endgültig den Geist auf. In diesem Augenblick wurde uns klar, daß wir vor einem weiteren Problem standen – der feine Staub drang in Luftfilter und Vergaser. Es bestand die Gefahr, daß binnen kürzester Zeit Nellie, Tiares alter Austin, mein Jeep und mein Ford sowie der Generator des Krankenhauses im Vulkanstaub ersticken würden. Selbst die Meereswellen spülten Ascheschlamm an Land. Anstelle von Wasser würden wir Kokosmilch verwenden müssen, und als Nahrungsmittel standen uns nur die Konserven in Johnsons Laden und im Union Jack Club zur Verfügung. Doch es sollte noch schlimmer kommen.

Als Dick aus dem Jeep stieg und sich die graue Ascheschicht vom Gesicht wischte, waren seine ersten Worte: „Der Funkapparat ist im Eimer. Alles ist mit Staub verstopft.“

Wir waren also von der Außenwelt abgeschnitten und konnten weder um Hilfe noch um Lebensmittel bitten.

Im Krankenhaus traf ich auf Jason, der Alec unterstützte und mit ihm zusammen versuchte, die zusammenströmenden Insulaner unterzubringen.

Wir hatten keine Ahnung, wie viele Menschen ums Leben gekommen waren, vor allem in abgelegenen Siedlungen. Von den Leuten, die im Gebiet von Tala-Tala Zuflucht gesucht hatten, waren bis jetzt vier gestorben – einer davon an Verbrennungen. Alec sah sehr müde aus – bis Kinder eintrafen, die seine Hilfe brauchten. Dann war er wieder hellwach, denn nun konnte er die Schmerzen der Kinder, die er so liebte, lindern.

Viele ältere Männer und Frauen kamen zu uns und baten um ärztliche Hilfe, doch ebenso viele wandten sich an Tiki und einige andere heidnische Priester um geistlichen Beistand. Tikis Wirkungsstätte war das Gebiet von Anani; warum er ausgerechnet an diesem Tag Tala-Tala besucht hatte, wußte ich nicht. Unter dem Schleier von Asche, der über Koraloona lag und das Sonnenlicht in gespenstisches Halbdunkel verwandelte, warfen sich Tiki und die anderen Priester in den schweren Zeremoniengewändern und -masken singend zu Boden. Sie wandten sich der Sonne zu, die infolge des dichten Rauchs nur ein undeutlicher Fleck am Himmel war. Im Augenblick war der Berg ruhig. Die meisten Flüchtlinge hatten sich in Paulas Haus oder in den Räumen des Krankenhauses zusammengedrängt. Und immerzu trafen weitere Flüchtlinge aus abgelegenen Dörfern ein.

„Die Verbrennungen nehmen überhand“, stellte Alec fest, während er mühsam neben mir durch die Asche von einer Krankenbaracke zur nächsten stapfte. „Wenn Holmes wieder einen Funkkontakt zustande bringt, müssen wir sofort Verbandzeug und Trypaflavin anfordern.“

Lorna Purvis reinigte und behandelte die Gesichter der bettlägerigen Patienten; das hübsche weiße Kleid, das sie zur Party getragen hatte, war zerrissen und schmutzig. Plötzlich sah ich, daß eine Wand Blasen warf und daß der weiße Anstrich abblätterte.

Alec sah mich wortlos an, und uns wurde schwer ums Herz. Sollte das Paul-Gauguin-Krankenhaus nur eine Lebensdauer von wenigen Tagen haben?

So weit wir das Land überblicken konnten, war es in Asche gehüllt. Ihr Gewicht drückte die Palmen zu Boden. Die Rattandächer vieler Hütten waren zusammengebrochen und hatten die Bewohner unter sich begraben. Es war schwer, Helfer zu finden; der Schock hatte die Menschen gelähmt. Sie hockten eng beisammen und trösteten sich gegenseitig.

Als es Nacht wurde und der Vulkan friedlich blieb, versuchten wir, im Krankenhaus und bei Paula einen Überblick zu gewinnen. Die Elektrizität funktionierte noch. Wir besaßen einen Vorrat an sauberem, destilliertem Wasser, den wir für Notfälle aufhoben; wir konnten Champagner trinken; und wenn keine weißglühenden Steine die Kanister in Brand setzten, verfügten wir über genügend Benzin und Dieselöl.

In der Nacht – ich hatte keine Ahnung, wie spät es war – ging ich auf die Veranda von Paulas Villa hinaus, um Luft zu schnappen. Auch wenn es hier draußen nach Schwefel roch, war es im Freien doch etwas angenehmer als im Haus. Alles war so entsetzlich heiß! Inzwischen begann der Farbanstrich überall abzublättern. In der Villa wie im Krankenhaus war die Luft so heiß, daß wir alle – Ärzte, Patienten, Krankenschwestern – bei der geringsten Anstrengung keuchten. Als ich auf einen Rattanstuhl fiel, um mich kurz auszuruhen, war auch der heiß – ich spürte es durch die Hose hindurch.

Im Vergleich zum Nachmittag und zum Abend verlief der Rest der Nacht ruhig. Natürlich konnte keiner von uns schlafen, denn von High Island drang immer wieder ein Donnergrollen herüber. Aber wenigstens spuckte der Vulkan kein Feuer.

Im Morgengrauen erblickten wir dann die ungeheure schwarze Wolke, die der Ostwind von uns wegtrieb. Während des Vormittags polterte der Berg von Zeit zu Zeit. Wir versuchten, dem Grollen keine Aufmerksamkeit zu schenken und den Verletzten soweit wie möglich Erleichterung zu verschaffen. Natürlich hofften wir, daß es nicht wieder zu einem Ausbruch kam, und warteten darauf, daß unser kleiner Erdenwinkel sich beruhigte und abkühlte. Uns umgab nur Zerstörung. Die Straße, die von Tala–Tala nach Tabanea führt, war von entwurzelten Bäumen und großen Ästen bedeckt, die unter der Last der Asche abgeknickt waren.

Sogar auf unserem Flugplatz lagen abgebrochene Zweige, aber auch unzählige tote Vögel. Manche sahen verbrannt aus, andere schienen einfach tot vom Himmel gefallen zu sein, als wären sie zu schwer geworden, um zu fliegen.

Gegen Mittag ging ich zu einer kurzen Lagebesprechung in den Union Jack Club hinunter, an der auch Dick Holmes und Sam Truscott teilnahmen. Plötzlich wurde draußen mein Name gerufen, und Aleena stürzte herein. „Wir sind gerettet! Ein Flugzeug!" verkündete sie jubelnd.

Keiner von uns dachte daran, daß es im nächsten Augenblick weißglühende Steine regnen könnte. Wir liefen alle zum Strand hinunter. Dort schützten wir unsere Augen, so gut wir konnten, vor dem Staub und blickten in die Höhe.

Ja, es war tatsächlich ein Flugzeug. Es konnte uns zwar nicht retten, wie Aleena angenommen hatte, denn es hatte keine Möglichkeit zu landen; doch die Menschen außerhalb des Katastrophengebiets sahen unsere Notlage und würden uns helfen. Das Flugzeug kreiste über dem Meer, dann ging es tiefer und brauste in geringer Höhe über den Strand hinweg. Bevor es wieder an Höhe gewann, fiel etwas aus der Maschine. Ein großer Jutesack schwebte an einem Fallschirm zu Boden.

Gemeinsam schleppten wir den schweren Sack ins Clubhaus. Er enthielt eine Botschaft: „Haltet durch, weitere Lieferungen folgen!" und die kostbarste Fracht, die es gab – Wasser, Dutzende unzerbrechlicher Flaschen mit sauberem Wasser, dazu Sulfonamidtabletten für unsere entzündeten Kehlen und eine ganze Reihe weiterer Medikamente. Der Sack enthielt noch einige andere Gegenstände, doch das Wasser war das wichtigste – das Wasser und das Wissen darum, daß wir auf Hilfe hoffen konnten.

ALEC, Lorna und ich befanden uns in einem Krankensaal, als der Himmel sich plötzlich wieder verfinsterte. „Am hellichten Tag!" stöhnte ich. „Was machen wir bloß, wenn die Elektrizität ausfällt?"

„Nicht den Mut verlieren, Junge", ermahnte mich Alec. „Es könnte schlimmer sein."

Ich murmelte: „Das bezweifle ich", als die Dunkelheit plötzlich von grellem Flammenrot durchbrochen wurde. Wir rannten hinaus. Die Helligkeit blendete uns, das Donnergrollen war betäubend. Beinahe im gleichen Augenblick fiel ein weißglühender riesiger Felsbrocken auf das Blechdach eines Gebäudes. Der Aufprall war so wuchtig, daß die Wände des Krankenhauses schwankten.

„Der Club!" rief ich entsetzt und lief die Straße hinunter. Aus dem Haus schossen lodernde Flammen. Die Mauern waren zwar aus Stein, aber die gesamte Einrichtung war aus Holz. Das Gebäude verwandelte sich binnen Sekunden in ein Inferno.

Zwei Gestalten stolperten heraus und fielen hin, waren jedoch offenbar unverletzt. Ihnen folgte ein Mann, dann eine Frau, die von Kopf bis Fuß in Flammen stand. Die schrecklichen Schreie vermischten sich mit dem Prasseln des Holzes und dem Klirren berstender Flaschen. Ich war dem Feuer so nahe, daß die Hitze meine Haare und Augenbrauen versengte.

Nur drei Menschen entkamen der Hölle – sie mußten sich in der Nähe der Tür befunden haben. Die erste, die hinausfiel – oder vielmehr, wie sich später herausstellte, von Sam Truscott hinausgestoßen wurde –, war Mrs. Fawcett. Der nächste war Sam, der ihr zweifellos das Leben gerettet hatte. Dann stolperte Dick Holmes halb brennend heraus, alle übrigen kamen ums Leben.

Ich rannte nach einer Decke und erstickte die Flammen auf Dicks Körper.

Sam half mir, Dick Holmes ins Krankenhaus zu tragen, wo Alec seine Verbrennungen behandelte. Gott sei Dank schien Sam unverletzt zu sein, aber sein Gesicht war unter der Schmutzschicht kaum zu erkennen.

Ich selbst sah vermutlich nicht besser aus. Arme, Beine und Gesicht waren mit getrocknetem Blut bedeckt, etwas tropfte mir von der Stirn in die Bartstoppeln. Ich fragte mich, wie spät es war; im gleichen Augenblick blickte Sam zum Himmel hinauf.

„Die Sonne steht hoch, es muß Mittag sein", stellte er fest. Mir fiel siedendheiß ein, daß Jason seit über zwei Stunden fort war. Er war in meinem Ford nach Anani gefahren, um weitere Patienten einzusammeln. Ich mußte ihn suchen.

Doch zuerst gab es noch etwas anderes zu erledigen. Der Brand des Clubs, die Geschwindigkeit, mit der ein stabiles Gebäude bis auf die

Grundmauern niedergebrannt war, hatten mir eine Heidenangst eingejagt. Paulas Villa und das Krankenhaus waren genauso gefährdet. Wir mußten einen Zufluchtsort finden, bis Hilfe kam.

In der Villa traf ich Tiare und Aleena, die verängstigt waren, sich aber zwangen, Ruhe zu bewahren.

„Wie geht es den Patienten?" fragte ich.

„Viel besser", antwortete Tiare. „Wir verfügen jetzt über mehr Wasser, das ist eine große Hilfe."

„Wie viele Patienten leiden unter Husten?"

„Ein halbes Dutzend spuckt Blut, aber es geht ihnen allmählich besser."

„Können die Patienten gehen, oder sind sie zu schwach?"

„Notfalls müßten sie dazu in der Lage sein", meinte Tiare. „Wohin gehen?"

Mir war eine Idee gekommen. „Es gibt auf der Insel einen Ort, an dem ihr vor dem Feuer sicher seid und auch reinere Luft atmen könnt."

„Welchen Ort meinst du?" fragte Aleena.

Ich wandte mich an Tiare. „Der verborgene Teich, den Gauguin und Ihre Mutter entdeckt haben. Die Felshöhle hinter dem Wasserfall. Würden Sie die Patienten dorthin führen, Prinzessin?"

Tiare sah mich verzweifelt an. „Ich glaube nicht, daß ich es kann."

„Hören Sie", drängte ich, „ich muß Jason suchen, ich weiß nicht, ob ihm etwas zugestoßen ist. Er ist zu Colonel Fawcett nach Anani gefahren. Aber zuerst bringe ich die Patienten in zwei Gruppen zu dem Pfad, der zum Teich führt. Jeder soll eine Flasche Wasser und ein paar Konserven tragen. Sind Sie bereit?"

Tiare nickte wortlos, als lege sie ihr Schicksal in meine Hände. Sie wußte, daß ich recht hatte. Die Höhle bot einen sicheren Schutz gegen Feuer.

Ich erklärte Sam, was ich vorhatte, dann verstaute ich die ersten sechs Patienten im Jeep und machte mich auf den Weg. Trotz des Aschestaubs sprang der Motor sofort an, und wir waren im Handumdrehen am Pfad angelangt. Die Patienten kletterten hinaus und begannen den schmalen Weg hinaufzugehen – es sah aus wie eine biblische Szene. Ich wendete, fuhr zurück, holte die zweite Gruppe und brachte sie ebenfalls zum Pfad. Dann überlegte ich, wie ich Jason finden konnte.

Ich schilderte Sam die Situation. „Tiare hat die gehfähigen Patienten

an einen sicheren Ort gebracht. Der Jeep ist übrigens sofort ange-
sprungen. Ein fabelhafter Wagen! Die großartigste Errungenschaft
des Krieges."

Sam erbot sich mitzukommen, um Jason zu suchen. Wir fuhren
langsam die Straße nach Anani entlang, und obwohl sie von einer dik-
ken Ascheschicht bedeckt war, kamen wir gut voran. Gelegentlich
mußte ich allerdings einen Bogen um Leichen schlagen, von denen
viele bis zur Unkenntlichkeit verbrannt waren.

„Soll das denn ewig so weitergehen?" fragte Sam hilflos.

„Vielleicht ist das Schlimmste vorbei", antwortete ich ohne große
Überzeugung.

„Hoffentlich." Dann rief Sam plötzlich: „Sehen Sie dorthin – was ist
das?"

Trotz des Staubs in der Luft erkannte ich es. Einige hundert Meter
vor uns befand sich mein alter Ford.

Sam schützte seine Augen mit der Hand, um besser zu sehen. „Ich
bin nicht sicher, aber es sieht aus, als stehe er."

Das bestätigte meine schlimmsten Befürchtungen. „Fahren wir
hin!" rief ich. „Wir haben keine Sekunde zu verlieren." Während wir
über die Straße rumpelten, sahen wir den Wagen immer deutlicher.
Ich hupte, und eine Hand tauchte auf und winkte schwach. Dann sank
der Arm herab.

Ich hielt neben dem Ford, sprang aus dem Jeep und stolperte hinüber. Jason lag zu Tode erschöpft im Fahrersitz.

Er schlug die Augen auf und starrte uns verständnislos an, bis ich
sagte: „Ich bin es, Jason. Ich bringe Sie zu Lorna zurück." Ich zog die
Wasserflasche aus der Tasche und hielt sie ihm an die Lippen. „Hier,
nehmen Sie einen Schluck."

Er hatte nicht die Kraft, seine geschwollenen, mit Blasen bedeckten
Lippen zu öffnen. Mir war klar, daß seine Luftröhre voll Aschestaub
war. Er atmete keuchend; die Anstrengung zehrte sichtlich an seinen
Kräften. Ich wischte ihm die Lippen mit ein wenig Wasser ab und versuchte, ihm ein paar Tropfen einzuflößen. Er bemerkte es nicht einmal, obwohl er von Zeit zu Zeit die Augen aufschlug.

„Helfen Sie mir, Sam, ich schaffe es nicht allein." Auch ich keuchte
vor Anstrengung.

„Es geht ihm verdammt schlecht", stellte Sam fest.

Ich nickte. „Wir müssen unbedingt erreichen, daß er etwas Wasser trinkt und seine Kehle dadurch frei wird. Halten Sie ihm den Mund auf."

Sam setzte seine ganze Kraft ein, und es gelang ihm, den Unterkiefer hinunterzudrücken. Ich schüttete Jason ungefähr ein Glas Wasser in den Mund. Das meiste floß wieder heraus und auf sein Hemd. Seine Kehle war fast völlig blockiert.

„Er schafft es nicht", sagte ich verzweifelt, hielt Jason wieder die Flasche an den Mund und versuchte es noch einmal. Die Feuchtigkeit in seinem Mund würde wenigstens seine Qualen ein wenig lindern. Mehr konnten wir nicht für ihn tun.

Jason schlug die Augen auf und versuchte ein paar Worte zu krächzen. Ich mußte ihm nicht sagen, wie es um ihn stand, er wußte es. Doch er wollte mir etwas mitteilen. Sam hielt Jasons Hand, während ich seine Lippen wieder mit Wasser befeuchtete.

Ich mußte mein Ohr ganz nahe an seinen Mund halten, um ihn verstehen zu können. „Vergessen ... Verleger ... Buch widmen ... Lorna."

Ich verstand. „Ich werde dem Verleger schreiben, daß die Widmung in das Buch aufgenommen werden soll", versprach ich.

Er konnte nicht mehr sprechen, doch er legte mir mühsam die Hand auf den Arm, um mir zu danken. Dann dachte ich daran, wie er mir einige Tage zuvor voller Freude mitgeteilt hatte, daß Lorna ein Kind erwartete.

„Erlauben Sie mir, bei der Taufe Ihres Kindes Pate zu sein?" fragte ich in dem Bemühen, ihm etwas Trost zukommen zu lassen. Einen Moment lang leuchteten seine Augen auf. Er stammelte etwas, hustete, dann seufzte er und war tot.

Ich schäme mich nicht zu gestehen, daß mir die Tränen über das Gesicht liefen. Ich hatte schon viele Menschen sterben sehen und wußte, daß der Tod Jasons Qualen beendet hatte, daß ich froh sein sollte, weil er nicht mehr litt. Doch ich konnte die Tränen nicht zurückhalten.

Sam trug ihn auf den Rücksitz des Jeeps. Auch ich drehte mich um, um zu gehen, und wäre beinahe hingefallen, weil ich über etwas stolperte.

Unter einer dünnen Ascheschicht lag ein flaches, dünnes Rechteck. Ich hob es auf und wischte die Asche mit dem Ärmel weg.

Es war die „Rosa Straße", mein Bild, das wie durch ein Wunder unbeschädigt war. Der arme Jason hatte auf dem Rückweg kostbare Minuten vergeudet, um zu meinem Bungalow hinaufzugehen und meinen kostbarsten Besitz zu retten.

Wir setzten uns langsam in Bewegung. Plötzlich spürte ich, daß ein seltsamer Vorhang aus unsichtbarer Hitze uns das Atmen schwermachte. Dabei nahm ich nichts Bedrohliches wahr, ich hatte nur das undeutliche Gefühl einer bevorstehenden Katastrophe.

Meine Vorahnung hatte mich nicht getrogen. Kurz darauf erschütterte der bisher fürchterlichste Ausbruch die gesamte Insel. Es war viel, viel schlimmer als alles Vorangegangene. Der Boden erzitterte, der Jeep wurde hochgeschleudert und fiel wieder auf die Räder, donnernde Explosionen folgten einander. Durch den Dampf und den Rauch über dem Vulkan zuckten Blitze. Glühendheißer Wind brauste über die Insel und entwurzelte Bäume. Dann loderten auf halber Höhe des Hügels oberhalb von Anani ebenfalls Flammen empor. Sie breiteten sich blitzschnell aus – der große Orangenhain oberhalb des Ortes war in Brand geraten.

Aus dem Krater des Vulkans schoß brennende Lava und erstarrte im Fallen. Ein Bombardement von weißglühenden Steinen ging auf die Siedlung nieder. Am Rand des brennenden Orangenhains verwandelte sich der Boden in einen brodelnden Fluß, als die geschmolzene Lava durch die Bachbetten ins Tal floß. Eine leuchtendrote Lawine, ein glühender, anfangs schmaler Fluß, der mit jedem Meter breiter wurde, wälzte sich auf Anani zu.

Wir starrten entsetzt zu dem Ort hinüber, der sich in ein Meer von Bränden und Explosionen verwandelt hatte.

„Mein Gott!" stieß Sam hervor. „Können wir denn gar nicht helfen?"

Ich schüttelte den Kopf. „Aussichtslos. Es wird einige Stunden lang unmöglich sein, den Ort zu betreten. Das ist das Ende von Anani und seinen Bewohnern."

Nur ein Wunder hatte die Überlebenden von Tala-Tala gerettet. Gestein und Lava, die der Vulkan auswarf, waren vom Schicksal in Richtung Anani gelenkt worden, und die tiefe Schlucht oberhalb des Ortes hatte sich dem Lavastrom als Bett angeboten.

„Es ist eine Ironie des Schicksals", sagte ich zu Sam, „wenn Paula nicht ihre Party veranstaltet hätte, wären die meisten ihrer Gäste in Anani geblieben und jetzt tot. Paula hat uns das Leben gerettet."

XXIII

VIER Tage waren vergangen, ohne daß der Vulkan gegrollt hatte. Täglich warfen jetzt Flugzeuge Versorgungsgüter ab: Medikamente, Wasser in versiegelten Behältern, Trockenmilch und Konserven.

Die Botschaften, die wir erhielten, waren tröstlich – demnächst würden Schiffe nach Koraloona auslaufen, die Wissenschaftler nahmen an, daß das Schlimmste vorüber war. Also fuhr ich am dritten Tag, an dem Ruhe herrschte, mit dem Jeep zum verborgenen Teich und brachte die Patienten in Paulas Villa zurück.

Mir stand jetzt eine schwere Aufgabe bevor: die Fahrt nach Anani. Sam Truscott begleitete mich, da Alec im Krankenhaus gebraucht wurde.

Der Anblick, der sich uns bot, war so entsetzlich, daß ich es zuerst gar nicht begreifen konnte – es gab kein Anani mehr! Nichts erinnerte daran, daß hier eine glückliche, blühende, friedliche Siedlung gewesen war.

Im Hafen ragten nur noch ein paar Stümpfe wie verfaulte Zähne aus dem schlammigen Wasser; mehr war vom Kai nicht übriggeblieben, an dem ich einst von der *Mantela* an Land gegangen war.

Die Hauptstraße säumten noch ein paar zerstörte Häuser, Skelette in einer Landschaft, die ich kaum wiedererkannte.

Gegenüber den Resten des Kais, dort, wo der Hof des Schiffsausrüsters gewesen war, stand die graue Silhouette von Jim Wilsons Lastwagen wie ein versteinertes Denkmal.

Ein paar Schritte weiter stießen wir auf Johnsons zerstörten Laden. Und in dem Trümmerhaufen, der einst das Heim von Colonel Fawcett gewesen war, suchten wir nach Überlebenden, doch vergeblich.

Ich weiß nicht, wie lange wir versuchten, Spuren der Menschen zu finden, die mit Anani untergegangen waren. Die Bungalows von Alec und mir waren verschwunden, unter Trümmern begraben. Miez und Maunz und Toma mußten sofort tot gewesen sein – ich hoffte es jedenfalls.

Schließlich schlug ich Sam vor: „Gehen wir zu Johnsons Laden. Vielleicht finden wir etwas zum Trinken. Ich bin am Verdursten. Dann fahren wir nach Tala-Tala zurück."

„Einverstanden." Wir kehrten zu der Ladenruine zurück, trieben ein paar Flaschen auf, wischten sie an unseren Hemden sauber und stapften dann wieder ins Freie hinaus, Sam zuerst. Plötzlich rief er: „Du meine Güte! Schiffe!" Als ich die geborstene Veranda erreichte, winkte er hektisch wie ein schiffbrüchiger Matrose auf einer einsamen Insel.

Ich starrte regungslos aufs Meer hinaus und erblickte drei kleine Frachter, die schon ziemlich nahe waren.

Natürlich hatten wir gewußt, daß bald Rettung eintreffen würde, doch der Anblick trieb mir Tränen in die Augen. Wir waren während unserer Heimsuchung oft davon überzeugt gewesen, daß wir die Katastrophe nicht überleben würden. Erst jetzt wußte ich, daß wir wirklich gerettet waren.

ZWANZIG Jahre sind nun seit dem verheerenden Vulkanausbruch vergangen, zwanzig Jahre, in denen die Insel schöner als zuvor wiedererstanden ist. Vor kurzem entdeckte ich eine Notiz im *Sentinel*: „Der verborgene Teich" von Paul Gauguin war bei einer Auktion für den erstaunlichen Betrag von 170 000 Pfund verkauft worden.

Wie klug war doch der Rat von Ian Petrie gewesen, nur acht von den sechzehn Bildern versteigern zu lassen. Wir haben diesen Rat befolgt, doch vor einigen Monaten hat Aleena, die stolze Mutter eines Jungen (er studiert in Oxford Medizin) und zweier Mädchen, unseren alten Freund Petrie gefragt, ob es jetzt an der Zeit sei zu verkaufen.

Petrie stimmte zu, und wir verkauften. Die acht bei Christie's deponierten Gauguins brachten insgesamt über achthunderttausend Pfund. Das Geld wurde in einen Treuhandfonds eingebracht, mit dem wir das Krankenhaus vergrößern, denn dieses hat sich inzwischen zu einem der wichtigsten medizinischen Zentren im Südpazifik entwickelt.

Koraloona hat sich sehr verändert. Zwanzig Jahre Frieden und Wohlstand auf den Inseln haben viele Menschen angelockt, die sich hier niedergelassen haben. Anani ist nicht wieder aufgebaut worden. Tala-Tala wurde Hauptstadt, hat sich zu einem großen, blühenden Ort entwickelt und besitzt heute einen großen, betriebsamen Hafen. Statt Mick's Bar gibt es jetzt ein Dutzend Bars und Cafés auf Koraloona, und es sind auch drei Hotels entstanden. Das berühmteste heißt *Mollie Green*, unserer unvergeßlichen Mollie zu Ehren.

Es hat mich nicht gereizt, die Insel für immer zu verlassen. Abgesehen davon, daß Aleena in England nie heimisch geworden wäre, besaß ich auch keine gefühlsmäßige Bindung an die Heimat mehr, seit mein Vater vor wenigen Jahren starb und Mutter ihm einige Monate später ins Grab folgte. Und um Clare brauchte ich mir keine Sorgen mehr zu machen, denn sie hat einen gutsituierten Anwalt in Nottingham geheiratet.

Viele der alten Gesichter sind natürlich verschwunden. Dick Holmes hat einen Job in England angenommen. Wo sich Paula aufhält, weiß ich nicht. Mrs. Fawcett kehrte schon vor zwanzig Jahren trauernd und einsam nach Neuseeland zurück. Ich habe nie wieder von ihr gehört.

Doch zwei treue Kameraden sind mir geblieben: Alec Reid und Lorna Purvis. Alec ist vor fünf Jahren in Pension gegangen, und ich habe als sein Nachfolger die Leitung des Krankenhauses übernommen. Er ist nicht nach Wimbledon zurückgekehrt. Seine Frau Rhoda war einige Jahre zuvor gestorben, das hat ihm die Entscheidung erleichtert. Für ihn war die Insel sein Zuhause und wird es immer bleiben.

Auch Lorna wird ihr Leben auf der Insel verbringen. Sie ist jetzt Oberschwester des Paul-Gauguin-Krankenhauses. Sie hat den Verlust ihres Mannes tapfer ertragen und ihren Sohn ebenfalls Jason genannt. Die Liebe zu ihrem Sohn und ihr fester Glaube haben ihr zu einer wirklich bewundernswerten heiteren Gelassenheit verholfen.

Alle diese Gedanken und Erinnerungen gingen mir durch den Kopf, als wir vor einigen Tagen bei einem Dinner in unserem Bungalow Alec Reids Geburtstag feierten.

Als Alec sich erhob, um ein paar Worte zu sprechen, sah ich ihn vor mir, wie er mich vor vielen Jahren begrüßt hatte – seinen schäbigen Tropenhelm, seine ewig schweißglänzende Stirn, die Krawatte, mit der er seine Hose festband. Jetzt legt er etwas mehr Wert auf seine Kleidung.

Ich ließ meinen Blick über die Tischrunde schweifen. Am anderen Ende der Tafel saß Aleena, sie sah schön und glücklich aus wie immer. Tiare, reifer geworden, strahlte heitere Gelassenheit aus. Aleena blinzelte mir zu und zeigte verstohlen auf Lorna, die mißbilligend die Hand auf das Glas ihres Sohnes legte, als dieser sich nachschenken wollte. Es war die gleiche Geste, mit der sie Jason am Alkoholgenuß gehindert hatte.

„Sie haben mir die Ehre erwiesen, meinen Geburtstag mit mir zu feiern", begann Alec seine Rede. „Zum Dank dafür werde ich mich kurz fassen und anstatt von mir von Kit und Aleena sprechen. Wir alle wissen, daß die Insel das neue Leben, das aus den Ruinen erblüht ist, diesen beiden Menschen verdankt. Sie sind ein guter Mensch und ein guter Arzt, Kit, und ein wenig ist das wohl auch mein Verdienst. Sie haben eine wunderschöne Frau – und Kinder, die ihren Eltern in jeder Beziehung nachgeraten."

Er hielt inne, zog sein Taschentuch heraus und tupfte sich die Stirn mit der altvertrauten Geste ab. Dann hob er sein mit Whisky gefülltes Glas und brachte einen Trinkspruch aus: „Ich will zum Schluß meinen Landsmann Robert Burns zitieren: ,Sie sehen heißt, sie zu lieben, nur sie zu lieben, sie für immer zu lieben.'"

Bis heute weiß ich nicht, ob er damit Aleena oder unsere Insel Koraloona gemeint hat.

Foto: Jerry Bauer

Noel Barber

In Ungarn traf ihn während des Volksaufstands von 1956 eine Maschinengewehr-kugel in den Kopf, und in Marokko handelte er sich fünf Messerstiche in den Rücken ein – schmerzliche Erfahrungen, die den meisten Journalisten genügt hät-ten, um künftig die Schauplätze dramatischer Konflikte zu meiden. Nicht so Noel Barber, den es während seines langen Berufslebens als Zeitungsreporter, Aus-landskorrespondent, Kriegsberichterstatter und schließlich als Romanautor immer an die vorderste Front zog. Der im Juli 1988 verstorbene Schriftsteller be-reiste in Diensten der Singapurer Zeitung *Malaya Tribune* und vor allem als Aus-landskorrespondent für die Londoner *Daily Mail* jeden Winkel der Erde zwischen Südamerika und Korea. Er durchquerte den Himalaja, um über die Flucht des Dalai Lama möglichst wirklichkeitsgetreu zu berichten, und er wurde Augenzeuge eines der Attentate auf den jordanischen König Hussein. Noch ein Jahr vor seinem Tod, als Siebenundsiebzigjähriger, betonte Noel Barber: „Für mich gibt es nichts Aufre-genderes, als ein Flugzeug oder ein Schiff zu besteigen, um auf der Suche nach einer Story in eine fremde Gegend vorzudringen. "

Koraloona war Barbers vierter Romanbestseller. Und wie immer ließ der weitge-reiste Engländer auch hier viele eigene Erfahrungen in die Handlung einfließen. Als Korrespondent der *Daily Mail* hatte Barber einst in Pago Pago ein Boot ge-chartert und war in die pazifische Inselwelt hinausgesegelt, um über einen neu-seeländischen Einsiedler zu berichten, der seit acht Jahren ganz allein auf einer der Cookinseln wohnte. Und auch einen Vulkanausbruch sowie eine Choleraepide-mie kannte Barber aus eigener Anschauung. Beides hatte er als Berichterstatter in Mexiko beziehungsweise Indien miterlebt.

So verwundert es nicht, daß der Autor 1987 in einem Rückblick auf all die Jahre erklärte: „Es war ein wunderbares Leben, und es war reich an Abenteuern. "

Ja, mein Liebling, jetzt bist Du da

Du wurdest am 19.12.1963 um

Rotkreuzkran— — —ünchen g—

Kamst gena— — —, wog—

warst so— — —st eine—

von 35 cm — — —L. Abe—

Dir nach H— — —m 1.Mal d—

— — —s März dann—

— — —richt—

o Uhr im

en. Du

3200 Gramm,

ptumfang

urfte ich mit

p

nt

DAGMAR
Mein Weg
zu Dir

Eine Kurzfassung des Buches von
DOROTHEE LEHMANN
Mit Fotos aus dem Besitz der Autorin

ange

rst D

rst a

aufrecht halten

der der 13. 4. 64

, der warst du 1 1/2.

„*Als ich erfuhr, daß Dagmar mongoloid ist,*
wußte ich, daß sich unser Leben verändern würde.
Aber nie hätte ich gedacht, daß dieses Kind wie ein
Stern zwischen uns fallen würde, daß es unseren
Horizont erweitern, unsere Maßstäbe verändern
würde." Nicht immer wären diese Worte Dorothee
Lehmann so leicht über die Lippen gekommen.
Damals, in jener dunklen Stunde, als sie nach der
Geburt eines behinderten Kindes ihr Leben zerstört
sieht, will sie sich nicht mit den Tatsachen abfinden.
Erst als Dagmars Leben durch eine schwere Lungenentzündung bedroht ist, begreift sie, wie unendlich
viel ihr dieses kleine Wesen bereits bedeutet. Sie
versucht, Dagmar so anzunehmen, wie sie ist, erschließt
ihr die Welt in winzigen Schritten. Heute ist Dagmar
ein lebensfroher, von allen akzeptierter Mensch. Und
Dorothee Lehmann eine Mutter, die mit bewundernswerter Offenheit dem Leser nahezubringen versucht,
was sie selbst nie für möglich gehalten hätte: daß aus dem
schweren „Schicksalsschlag" die größte Bereicherung
ihres Lebens geworden ist.

EIN LEBEN ENTSTEHT

MEIN Blick geht vom Taschenkalender zu ihm. Meine Augen halten die seinen fest. „Ich glaube, wir bekommen ein Kind!"

„Ach was, das ist doch gar nicht möglich!" Mein Mann lächelt. Aber hinter seinen flachsigen Worten ist eine verlegene, schelmische Unsicherheit spürbar, ein verschämtes Sichbeugen vor etwas ganz Natürlichem. Ein Kind!

Ein Leben würde aus unserer Liebe entstehen, ein sichtbarer Beweis dafür, daß wir zusammengehören. Unser Kind!

Neun Monate Schwangerschaft – neun Monate sich nicht allein fühlen, verantwortlich sein für zwei, Zusammengehörigkeit. Ein „Ich" wird zum „Wir". Die stete Gegenwart des werdenden Lebens in mir.

Längst ist das Kind in unseren Gesprächen und in meinen Gedanken nicht mehr namenlos. Und einmal mit Namen benannt, wird es zu einer Wirklichkeit, die nach Vorstellungen sucht: Wie sieht es aus? Was wird es einmal machen? Wird es ein Junge sein oder ein Mädchen? Welche Haarfarbe wird es haben, welche Augen?

Liebevoll staple ich Hemdchen, Jäckchen, Windeln. Nachdenklich lege ich sie vor mich hin und versuche, mir mein Kind vorzustellen.

Ich beziehe das Bettchen, und voller Staunen denke ich daran, daß dieses Kind, das noch in meinem Bauch lebt, bald zwischen diesen weißen Spitzendecken liegen wird. Aber ich habe auch Angst. Dann trete ich auf den Balkon, atme tief durch und blicke auf die vielen Menschen: Sie alle sind so zur Welt gekommen.

So vieles müssen wir noch bedenken. Wie soll es finanziell weitergehen? Wenn alles gut läuft, wird mein Mann noch zwei Semester bis zu seinem Betriebswirtschaftsexamen brauchen, ein Jahr also. Sein Studium wäre damit beendet, vielleicht könnte ich meines dann fortsetzen. Denn ich hatte meine Ausbildung an der Kunstschule unterbrochen, damit wir unsere Miet- und Stromrechnungen bezahlen konnten. Auf alle Fälle müßte ich erst noch weiterarbeiten.

Wie werden wir das machen? – Ach, das wird schon alles irgendwie gehen.

Weihnachten rückt näher. Nächstes Jahr werden wir mit unserem Kind feiern. Wird es dann schon laufen können?

„Gefällt dir der Name Tatjana?"

„Ja, sehr gut!"

„Und wie soll es heißen, wenn es ein Junge wird?"

„Vielleicht Jens – oder Holger?" Nordische Namen sind gerade sehr in Mode.

Weihnachtsbaum kaufen, Koffer für das Krankenhaus packen, alles in Ordnung, alles fertig.

Und plötzlich nachts die ersten Wehen. Aufstehen, anziehen, auf die Uhr schauen: alle zwölf Minuten eine Wehe. Dann laufe ich wieder ins Schlafzimmer. „Du! Wach auf!" sage ich liebevoll zu meinem Mann und wecke ihn. „Ich habe Wehen – unser Kind kommt!"

In diesem Moment gehöre ich noch zu dem großen Kreis von Müttern, die ihr Kind erwarten. In wenigen Stunden werde ich eine Außenseiterin sein. In meinem Alter ist die Chance, ein mongoloides Kind zu bekommen, eins zu tausendsechshundert. Ich werde dazugehören.

Der Beginn unseres Weges

Unser erstes Kind. Der 31.12.1963 war als Termin errechnet. „Ein Silvesterscherz", ulkten unsere Freunde, und lachend legte ich die Arme um meinen runden Bauch.

Wie glücklich war ich, als ich schon am achtzehnten Dezember in die Klinik mußte. Dreizehn Tage der Schwangerschaft waren mir „geschenkt" worden. Die Wehen wurden immer stärker, und ich dachte mit ungläubigem Staunen daran, daß ich in wenigen Stunden ein Kind haben würde. Und dann, kurz nach Mitternacht, war es soweit. Ich bekam eine kurze Narkose.

Durch meine eigene Stimme erwachte ich. Immer wieder sagte ich: „Das ist mein Kind, das schreit!" Ich wiederholte es ununterbrochen, und dann hörte ich schließlich die Stimme der Hebamme, die mir antwortete: „Ja, Frau Lehmann, das ist Ihr Kind."

Merkwürdig, daß ich nicht – wie zweiundneunzig Prozent aller Mütter – fragte: „Ist es gesund?", sondern: „Ist es ein Junge oder ein Mädchen?" Da hob die Schwester das Baby hoch und zeigte es mir, und ich schloß die Augen. Noch nie zuvor hatte ich ein solches Gesicht gesehen! Es mag herzlos klingen, aber ich dachte immer nur: Das ist nicht mein Kind, und wenn es mein Kind ist, so wird es morgen anders aussehen. Aber ich öffnete die Augen nicht mehr. Ich hörte die Ärzte und Hebammen leise flüstern. Heute kann ich es kaum glauben, daß ich nicht sofort auf den Gedanken kam, daß Dagmar krank sein könnte, anders sein könnte als andere Kinder.

Und dann hörte ich die Hebamme sagen, die sicher die ganze Zeit auf meine Frage gewartet hatte: „Es hat alle Glieder, das Herz schlägt kräftig, und das Schreien klingt gesund."

Sie und alle anderen wußten schon, daß vor zehn Minuten ein mongoloides Kind auf die Welt gekommen war, aber niemand hatte den Mut, es mir zu sagen. Dann ließ man mich allein. Später erfuhr ich, daß man anderen Müttern das Kind in Sichtweite stellte; Dagmars Bett stand am anderen Ende des Raumes. Ich hörte nur ihr Schmatzen. Ich war unendlich müde.

Früh am Morgen wurde ich in mein Zimmer gebracht. Kurze Zeit später legte man mir Dagmar in den Arm. Vielleicht hoffte man, daß ich selber darauf käme. Ich sah mein Kind an: Es hatte kaum eine Nase, tief herabhängende Mundwinkel, merkwürdig verklebte Augen und abstehende, borstige Haare über einer hohen, runden Stirn.

Heute kann ich so darüber schreiben, denn jetzt ist Dagmar für mich ein zauberhaftes Mädchen mit lustigen Augen, schönem Haar und einer Stupsnase. Doch damals war ich wie benommen. Ich appellierte an mein „Muttergefühl", aber ich brachte es einfach nicht über mich, dieses Gesicht zu küssen. Ich mußte sogar meinen Blick abwenden und betrachtete lange, lange die niedlichen kleinen Finger. Endlich holte man die Kleine, und ich versuchte zu schlafen.

Gegen Mittag kam meine Familie. Ich war lustig und gut aufgelegt. Warum machte ich mir überhaupt Sorgen? Unser Kind würde genauso hübsch werden wie wir. Trotzdem rief ich meinem Mann zu: „Schön ist sie nicht, aber sie hat eine sehr hohe Stirn. Intelligenz hat eben ihren Preis!" Wir lachten alle, und dann durften wir zur „Scheibe" gehen.

Wieder war ich wie benommen. Als mein Mann und meine Schwester sich umdrehten, sah ich ihre Gesichter. Es war niederschmetternd. Kurze Zeit später war ich wieder allein. Erst lange danach erfuhr ich, daß mein Mann Stunden durch die Straßen lief und daß meine Schwester meine Mutter in Coburg anrief. Fünf Stunden später war meine Mutter in der Klinik.

Und dann stand ich wieder vor dieser „Scheibe". Ich achtete nur auf die anderen Leute, nicht auf die Babys und nicht auf meine Mutter. Und plötzlich wußte ich, daß sie jetzt meine Dagmar sahen. Sie starrten wie fasziniert auf das Kind, das Lächeln auf den Gesichtern gefror. Ich blickte kurz hin. Ja, da war sie, meine Kleine. Die eigenartig hohe und runde Stirn, die merkwürdigen Augen, der hängende Mund und der abstehende Haarkranz. Und plötzlich erwachte in mir das erste Gefühl für dieses Kind. Ein unbestimmtes Mitleid. Ich wollte sie vor den Blicken dieser Menschen schützen. Ich wollte sie an mich reißen und weglaufen.

Dagmar war – medizinisch gesehen – ein schwerer Fall: Sie hatte nicht einmal einen Saugreflex, und das Füttern war eine Qual für uns beide. Ich hielt ihr die Nase zu, sie öffnete den Mund, ich goß ein Löffelchen Milch hinein, sie verschluckte sich, aber einen Teil schluckte sie auch – so überlebte sie. Bis heute ist mir unklar, wie es mir möglich war, volle drei Wochen lang nach der Geburt all die Anzeichen für Dagmars Krankheit abzuschmettern. Unbewußt wollte ich mich wohl vor der Wahrheit schützen.

Wie in einem Film läuft folgende Szene vor mir ab: Heiliger Abend. Eine junge Frau betritt mit einem neugeborenen Kind das weihnachtlich geschmückte Wohnzimmer. Am Eßtisch sitzen ihre Familie, ihr Mann, die Familie ihres Mannes, und auf allen Gesichtern steht Verzweiflung geschrieben, nur die junge Frau lacht.

Sie hält das Baby den ihr so nahestehenden Menschen entgegen und sagt: „Was ist heute eigentlich los mit euch? Seid doch glücklich! Wir haben doch das schönste Geschenk erhalten – ein gesundes Kind!"

Die Sekunden verrinnen langsam wie zähe Tropfen. Nie mehr werde ich die Erinnerung daran abwaschen können. Es herrscht eine unheimliche Stille, nur die Kerzen knistern am Baum. Alle halten den Atem an.

„Nein!" würde nun jeder Regisseur schreien, der etwas auf sich hält.

„Das ist zuviel: Heiliger Abend, unheilbar krankes Kind, ahnungslose Mutter, warmer Kerzenschimmer. Das ist ja wie in einem schlechten Theaterstück!"

Aber bei uns war es die Wirklichkeit. Und was muß in diesen Menschen am Tisch vorgegangen sein, die doch schon seit Dagmars Geburt alles wußten; denen ihre Verzweiflung, die vermeintliche Ausweglosigkeit der Lage schon tiefe Wunden zugefügt hatten, die nie mehr vernarben sollten.

Ihre Situation war furchtbar, aber auf das Schlimmste mußten sie noch warten: Wie würde ich reagieren, wie würde ich es annehmen, ertragen? Denn noch war meine vom Arzt festgesetzte „Schonzeit" nicht abgelaufen. Und sie mußten Haltung bewahren, Masken tragen. Manchmal gelang es ihnen ganz gut, manchmal nicht.

Mein Mann hatte es als erster erfahren. Als er nach seinem ersten Besuch mein Krankenzimmer verließ, teilte der Arzt es ihm mit und ordnete an, daß ich frühestens zehn Tage nach der Geburt „informiert" werden dürfe. Und um sicherzustellen, daß ich wirklich ahnungslos durch diese zehn Tage kam, entschloß sich mein Mann, niemandem etwas zu sagen. Aber irgendwo mußte er doch seinen Kummer loswerden, und so weihte er wenigstens seinen Bruder ein; die ersten Kontakte zu einem Kinderarzt wurden aufgenommen, die ersten Informationen eingeholt. Die Familien wußten zunächst noch nichts. Doch als meine Mutter das Kind zum erstenmal sah, erkannte auch sie das „Krankheitsbild"; unter einem Vorwand verließ sie mein Zimmer und verlangte sofort einen Arzt zu sprechen.

Ich war noch glücklich und unbefangen, als ich am Mittag des vierundzwanzigsten Dezember nach Hause entlassen wurde. Ich verachtete Mutter und Schwiegermutter, die scheinbar nicht über genügend Herz verfügten, um einen Weg zueinanderzufinden – und wußte nicht, daß ihre Haltung meisterlich war: In ihrer kopflosen Verzweiflung hatten sie grausame und sinnlose Debatten darüber geführt, welche Familie an dieser Tragödie „schuld" sei. Und trotz dieser gegenseitigen Verletzungen saßen sie nun gemeinsam an einem Tisch und versuchten sich in lockerem Geplauder.

Ich war wirklich ahnungslos, zumindest machte ich es mir vor. Dabei hatte ich viele Signale aus meiner Umwelt erhalten, die mir eigentlich die Augen hätten öffnen müssen: unzählige Versprecher, mitleidige Blicke der Schwestern und Ärzte, Tränen, Fragen, eigenes Unbehagen, vertraute Menschen, die plötzlich so anders waren; und ich bin fast überzeugt, daß ich vom ersten Moment an alles wußte, aber es nicht wissen wollte. Der Arzt hatte mir eine Schonzeit eingeräumt – und ich mir selber auch, denn am Abend vor dem Tag, an dem ich „es" erfahren sollte, suchte sich mein Körper einen Weg, um der Wahrheit zu entrinnen – ich bekam eine Gallenkolik.

Ein eiserner Ring lag um meine Brust, der sich immer enger zusammenzog, Schmerz ließ meinen Körper sich aufbäumen, und in meiner Verzweiflung krallte ich mich am Kopfende meines Bettes fest. Voller Panik holte mein Mann meine Tante, die Ärztin war. Nach Dagmars Geburt war sie nach München gekommen, ungläubig – bis sie Dagmar gesehen hatte. Nun übernachtete sie bei meinen Eltern und wollte noch bis morgen bleiben, um mir nach der „Wahrheit" mit Informationen und für Gespräche zur Verfügung zu stehen.

Ich spürte ihre kühlen Finger, die über meinen Brustkorb und Rükken glitten. Ich hörte das Wort „Gallenkolik" und wunderte mich, daß eine Kolik um so vieles schmerzhafter war als eine Geburt.

Dagmar als Baby

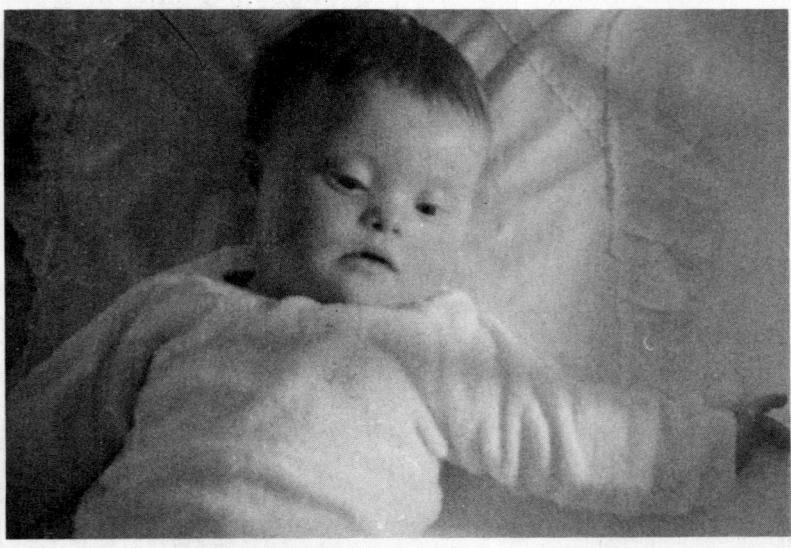

Und während mein Mann und meine Tante in einer Apotheke Morphium und eine Spritze besorgten, wand ich mich vor Schmerzen in meinem Bett. Erst als die Nadel sich in meine Vene schob, zog sich der Schmerz zurück, und ich betete in müder Mutlosigkeit, daß die Wirkung der Spritze ewig anhalten möge. Am Morgen ebbten die wellenartigen Krämpfe ab, und ich fiel in tiefen Schlaf. Als ich erwachte, war ich in solcher Panik vor einer neuen Kolik, daß meine Tante beschloß, noch zwei Tage zu bleiben.

Um den Preis einer Kolik hatte sich mein Unterbewußtsein nun eine weitere Frist von zehn Tagen erkauft. Doch dann kam die Stunde der Wahrheit. Dagmar war genau drei Wochen alt. Es sollte der Tag werden, an dem ich in einen Abgrund gestürzt wurde.

Dagmar hatte Schnupfen. Dr. W., Oberarzt in einer Münchner Klinik, – ich wußte nicht, daß mein Mann bereits seit Dagmars Geburt mit ihm Kontakt hatte – kam, und ich führte ihn ins Schlafzimmer, wo Dagmar in ihrem Spitzenbettchen lag. Mein Mann und meine Mutter blieben im Wohnzimmer zurück. Sie wußten, nun würde meine kleine Welt zerbrechen.

Ich trat an Dagmars Bettchen und zog die Decke etwas beiseite, da hörte ich die Worte: „Diese Kinder sind sehr anfällig für Infektionen!"

Ich will es nicht wahrhaben, trete vom Abgrund zurück, drehe mich um, will es verhindern, sehe ihn an. Ich sehe in forschende Augen, die prüfen, wie ich reagiere. Mein Gesicht ist noch unbefangen, zuversichtlich, jung, unverletzt. Nie mehr wird es so sein.

Da bewegt sich sein Mund, ich höre die Stimme, und sie sagt: „Ihnen ist sicher schon die Schrägstellung der Augen aufgefallen . . ." Entsetzen sickert in mein Bewußtsein. Einmal in meinem Leben habe ich ein mongoloides Kind gesehen, nur einmal – und plötzlich weiß ich: Dagmar ist mongoloid.

Nun hilft mir auch meine Schutzmauer nichts mehr. Dieses Wort kann ich – einmal gedacht – nicht mehr zurücknehmen.

Ich sitze auf der Bettkante, wie aus einer anderen Welt dringt die monotone Stimme des Arztes zu mir herüber: „musisch, bringt Freude, sehr anfällig, ungeheure Förderungsfähigkeit, Lebensfreude". Aber all das sagt mir noch nichts.

Ich glaube, Tränen sind die zweite Stufe des Leids, in der ersten Hölle schmerzlicher Gefühle sind uns Tränen verwehrt. Der Körper antwortet mit Gleichgültigkeit. Unerträgliches muß zum Erträglichen gemacht werden.

Ich decke Dagmar zu, wir gehen ins Wohnzimmer, ich sehe auf den Boden, bemerke deswegen nicht die Blicke, die die anderen wechseln, ich teile mit: „Unser Kind ist behindert. Es wird anders sein, anders als andere!" Das Wort „mongoloid" kann ich noch nicht aussprechen.

Dr. W. nimmt bedrückt Mantel und Hut, er legt ein Schnupfenspray auf den Tisch. Dann geht er.

Plötzlich habe ich das Gefühl, verrückt zu werden. Weder meine Mutter noch mein Mann teilen mein Entsetzen. Ihre Gesichter sind besorgt, ja, aber nicht zerstört wie meines. Ich muß raus, ich will weg, ich kann die Blicke meiner Mutter nicht länger ertragen, ich fange an zu schreien, wenn mein Vater mich noch einmal so ansieht, denn plötzlich ist auch mein Vater da. Mein Mann und ich ziehen unsere Mäntel an, wir fahren in unserem alten DKW durch Schwabing, schweigend, wortlos, stumm. Nachts liege ich wach und buchstabiere das bis dahin in meinem Leben nie benutzte Wort: *mongoloid.*

Morgens bin ich verschlossen, meine Schalen habe ich zugeklappt wie eine Auster. Niemand soll mich mehr verletzen. Mein Mann läßt mich in Ruhe, denkt, es ist der Schock. Wochenlang leben wir mit diesem Mißverständnis, und erst dann erfahre ich durch Zufall, daß ich die letzte war, die die Wahrheit erfahren hat. Und noch einmal werden Wochen vergehen, bis ich mir eingestehen kann, daß ich es ja doch von Anfang an ahnte.

Dagmar sollte ursprünglich Tatjana heißen. Dieser damals sehr seltene Name erschien mir plötzlich unpassend. So wählte ich einen Namen, der mir schon immer den Eindruck von etwas Liebenswertem vermittelt hatte: *Dagmar.* So heißt meine Tatjana nun *Dagmar Tatjana,* und sie ist sehr stolz darauf.

Mongoloid – nach jener Nacht des verzweifelten Buchstabierens will ich mehr wissen, die Buchstabenfolge genügt mir nicht mehr.

Ich greife zu Lexika und Fachliteratur:

> Mongolismus – mongoloide Idiotie – Schlitzaugenbildung – Sattelnase – Degenerationszeichen – körperliche Anomalien – zu große Zunge – schwerste Intelligenzdefekte – Überstreckbarkeit der Gelenke – Morbus-Down-Syndrom – wegen der Mongolenfalte über dem Auge und der abgeflachten Nasenwurzel auch Mongolismus genannt – Teilungs-

fehler der Chromosomen – meist Zufall, selten erblich – fehlerhafte genetische Information – überzähliges Chromosom 21 – häufig Herzfehler – Infektanfälligkeit – frühe Sterblichkeit.

Ich trete an Dagmars Bett. Sie ist ein kleines Mädchen, zart und zerbrechlich. Ich nehme eines der kleinen Händchen, die ich von Anfang an geliebt habe, und schließe die Augen. Lieber Gott, hilf uns!

Als Dagmar zwei Monate alt war – ich hatte sie auf dem Arm, und wie so oft war ich niedergeschlagen, und Tränen tropften auf ihren Kopf –, da sagte Dr. W.: „Ich weiß, Sie können es mir noch nicht glauben, aber irgendwann in den nächsten Jahren kommt der Moment, wo Sie erkennen werden, wie wunderschön das Leben mit so einem Kind ist und wieviel Reichtum es Ihnen geben wird. Und das sage ich nicht zum Trost – sondern aus meiner Erfahrung!"

Wie wahr sollte dieser Satz werden. Als ich erfuhr, daß Dagmar mongoloid ist, damals in diesen dunklen Wintertagen, wußte ich, daß sich unser Leben ändern würde. Aber nie hätte ich gedacht, daß dieses Kind wie ein Stern zwischen uns fallen würde, daß es unseren Horizont erweitern, unsere Maßstäbe verändern würde.

DIE „FRÜHFÖRDERUNG" – LAUDATIO FÜR EINE OMI

DAGMAR war tatsächlich sehr infektanfällig – Schnupfen und Husten lösten einander ab. Dr. W. stand jeden zweiten Abend nach seinem Dienst müde vor unserer Tür. Auf seine Kosten hatte er sogar Frischzellenspritzen besorgt. Aber diese Therapie mußten wir bald abbrechen, denn bei einer Bronchitis wurde erkennbar, daß Dagmar einen Herzfehler hat. Blau angelaufen lag sie in ihrem Bettchen, und Dr. W. schickte uns zu einem Kardiologen in ein großes Krankenhaus. Danach wußten wir: Dagmar hat eine schwere Anomalie des Herzens. Dieser neuerliche Schlag bewirkte jedoch, daß in mir Bewunderung für dieses Kind an die Stelle von Mitleid trat.

Dieser Wandel war ungeheuer wichtig. Dagmar war für mich nun kein atmendes, willenloses Bündelchen mehr, das dahinvegetierte. Ich begann, in ihr das zu sehen, was sie wirklich war: ein Mensch mit dem Willen zum Leben.

Ich fing an, Fachliteratur zu studieren, lieh mir Bücher von Dr. W.

und aus Bibliotheken, begann, mich über Förderungsmöglichkeiten zu informieren. Der Verein „Lebenshilfe e.V., München" steckte damals noch in den Kinderschuhen, und die Eltern, die den Verein gegründet hatten, waren 1963 ohne jede Erfahrung, ohne jede offizielle Unterstützung und mit ihren eigenen Problemen voll ausgelastet.

Unser Kind wurde mitten in den Beginn einer „Revolution" hineingeboren – eine Revolution, die die Erkenntnis mit sich brachte, daß eben auch Behinderte geboren werden.

Aber eine Neuorientierung ist mühsam, verlangt viel Eigeninitiative und Einfallsreichtum. Und doch – was ist in dieser Zeit nicht alles geschehen: Überall wurden Lebenshilfe-Vereine gegründet; drei Jahre später entstand die Aktion Sorgenkind; die für uns so wichtige Friedel-Eder-Schule wurde durch Initiative einer einzigen Mutter und eines Arztes gegründet. Und in einem Zimmerchen des Max-Planck-Instituts wuchsen in einem alten Küchenkühlschrank die ersten Blutkulturen zur so wichtigen Chromosomen-Auszählung: War das Morbus-Down-Syndrom Zufall oder erblich?

Eine Generation von Eltern war herangewachsen, die zu ihren Kindern stand, die ihr eigenes und das Los ihrer Kinder verbessern wollte. Die Öffentlichkeit wurde mit der Behinderung konfrontiert. Die Zeit des Versteckens, der Scham, der Schande war vorbei.

Aus Büchern, Gesprächen, Informationen erarbeitete ich mir dann mein eigenes „Frühförderungsprogramm" für Dagmar.

Regel Nummer eins stand über allem: Kinder wie Dagmar mußten zu jeder Zeit gefördert werden. Selbst Schlafunterbrechungen wurden gerechtfertigt durch eine sinnvolle Gymnastik für die überstreckten Bänder und Muskeln. Ständige Ansprache war nötig. Mit sechs Monaten muß das Kind hingesetzt, mit zwölf Monaten hingestellt werden, damit eine normale Entwicklung wenigstens teilweise gewährleistet werden kann. Durch ständiges Zeigen von Gegenständen und Benennen derselben sowie Zählen bei jedem Vorgang sollten sich bei Dagmar Dinge einprägen, die sie letztlich auf den Weg der Normalität führen sollten.

Gott sei Dank hat Dagmar eine Oma, die mein ehrgeiziges 24-Stunden-Trainingsprogramm so mißverstand, daß sie es in vierundzwanzig Stunden Schmusen, Lachen und Wiegen umwandelte.

Als ich meiner Mutter erklärte, daß Dagmar ab sofort stündlich

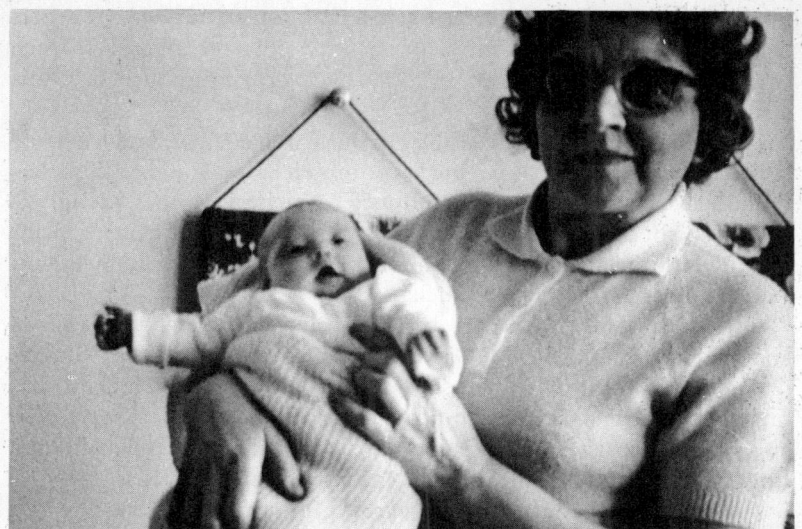

Dagmar – bei der Omi in guten Händen

beturnt, angesprochen und zum Greifen angeregt werden müsse, war
sie begeistert. Das Sofa im Wohnzimmer verwandelten wir in Dagmars „Tagesbett", um sie immer „zum Fördern griffbereit" zu haben.
Diese Maßnahme stellte sich als unnötig heraus, denn die nächsten
sechs Monate verbrachte Dagmar fast ausschließlich in Omas Armen.

Meine Mama! Dagmar war ihr erstes Enkelkind, und ich darf allen
Ernstes behaupten: Dagmars Frühförderung hieß OMI.

Mein Trainingsprogramm war dagegen natürlich eine ziemlich
zähe Sache. Mit Ernst und Würde zählte ich bei den Übungen deutlich
vor mich hin: eins-zwei-drei-vier und eins-zwei-drei-vier, und während ich an Dagmars Beinchen arbeitete, nahm sie gelassen ihren Daumen in den Mund, drehte den Kopf zur Seite und schloß die Augen.

Oft lag ich noch im Bett – der Wecker zeigte sieben Uhr – und hörte,
wie sich der Schlüssel in der Wohnungstür drehte. Dann sah ich den
Hut meiner Mutter auftauchen, sah, wie zwei Arme nach meiner
schlafenden Dagmar griffen, die neben mir in ihrem Bettchen lag. Die
zwei verschwanden, vorsichtig wurde die Tür geschlossen, und schon

hörte ich Dagmars glucksendes Lachen und Omis Stimme: „Geliebtes Engelchen, wie hast du denn heut nacht geschlafen?" Wenn ich nach einer Stunde ins Wohnzimmer kam, lag Dagmar friedlich in Omis Arm und schlief.

Unendlich oft schaukelte sie Dagmar in ihren Armen, und ich hörte Wörter von ihr, die ich noch nie vernommen hatte: Kuschuschunele – Hununele, mein Kuschunele, Hununele. Weicher, warmer Klang.

„Was heißt das?" fragte ich dann wohl, aber sie wußte es auch nicht. Und Kuschunele fährt ihr mit ihren kleinen Händchen ins Gesicht, tastet es ab und gluckst vor Glück.

Um so auffälliger war der Bruch, wenn sich meine Mutter mit anderen, eher ungebetenen Gästen über Dagmar unterhielt. Mit tränenerstickter Stimme sprach sie von dem grausamen Schicksal, das uns alle getroffen hatte, und brachte es so fertig, die völlig Verstörten zur Tür hinauszuschieben. Dann ging sie summend in die Küche, um für sich und Dagmar eine Spezial-Quarkspeise zuzubereiten.

Diese Theatralik hat Dagmar geerbt. Und um ehrlich zu sein: Das macht sogar einen Teil ihres Zaubers aus.

In meinem Trainingsprogramm stand, daß Dagmar im Alter von etwa sechs Monaten zu sitzen habe. Trotz Omis heftigem Protest kauften wir also einen hohen, frei schwingenden Stuhl mit hellblauem Plastiksitz und kleinem Tischchen davor. Nun hatte Omi die Arme frei, und Dagmar hing im Stuhl. Dagmar schien zu ahnen, wer der Urheber dieses neuen Zustands war, denn während sie mit Omi lange, liebevolle Blicke tauschte, war ich nun abwechselnd zwei vorwurfsvollen Augenpaaren ausgesetzt.

Außerdem fand es Dagmar wohl sehr langweilig, uns beim Fensterputzen und Wäschesortieren zuzusehen. Nachdem sie Besseres gewohnt war, legte sie einfach ihr Köpfchen auf den kleinen Tisch vor sich und schlief ein. Sanft wollte sie mich zum Aufgeben des Sitzprogrammes zwingen. Fast hatte sie mich soweit, da bemerkte ich, daß meine Mutter nun immer häufiger im Sessel saß – Dagmars Stühlchen genau vor sich.

Dagmar und Omi hielten lange Plauderstunden. Omi las ihr aus der Zeitung vor, und Dagmar spielte mit den raschelnden Blättern. Die Briefe, die meine Mutter an ihre Schwester in Amerika schrieb, wurden auf Dagmars Tischchen geschrieben; und wenn Dagmar die dünnen Luftpostblätter mit ihren Händchen zerknitterte, machte Omi auf den Brief einen Pfeil in diese Richtung und schrieb dazu: „Das hat der kleine Goldengel gemacht."

Dagmar lernte während dieser Plauderstunden ihr ganzes Repertoire von „Winke-Winke" über „Handi-Bussi", „Bitte-Bitte" bis „Horch!" Sie liebte diese Spiele über alles. Glücklich ließ sie sich in den Schwingstuhl setzen, und schon bei der ersten Frage: „Wie macht man Winke-Winke?" spulte sie ihr gesamtes Repertoire ab.

Bei all diesem Treiben kam ich mir fast ein wenig überflüssig vor, und weil Omi auch noch viele Dinge im Haushalt erledigte, beschlossen wir nach einiger Zeit, daß ich wieder halbtags arbeiten könnte, denn die finanziellen Probleme wuchsen uns langsam über den Kopf.

Im Herbst bestand mein Mann sein Examen. Auch er hatte längst sein Herz an Dagmar verloren, und ein gemeinsamer Nenner verband nun Omi und Papi, die sich vorher gründlich abgelehnt hatten. Fast war so etwas wie ein heiteres kleines Glück entstanden. Der alles glättende Alltag hatte jeden von uns auf seinen Platz gewiesen.

Dann rückte die Vorweihnachtszeit näher. Beim Wühlen auf dem Speicher fiel ein kleiner hopsender Nikolaus, den ich vor einem Jahr für mein noch nicht geborenes Baby gekauft hatte, aus einer Schachtel; und für einen Moment sah ich das Kind, das ich mir bis zu Dagmars Geburt immer vorgestellt hatte. Weinend lehnte ich mich gegen die Wand. Da war der Abgrund wieder, dieser unendlich tiefe Abgrund. Ich durfte nicht hineinrutschen. Aber ein unheilvolles Gefühl blieb.

Es täuschte mich nicht. Kurz danach bekam Dagmar ihre erste Lungenentzündung, wenig später die zweite.

Furchtbare Erinnerungen sitzen tief in mir – mühselig überdeckt: Ich sehe vor mir das Sauerstoffzelt im Krankenhaus, diesen kleinen liebenswerten Menschen, der um jeden Atemzug kämpft, das kranke Herz, das unter dem Hemdchen rast. Ich höre den rasselnden Atem, das quälende Husten, ich sehe die halbgeschlossenen Augen, das blaue Gesichtchen, die blauen Hände.

Bei der zweiten Lungenentzündung bekommen wir sie nach Hause – noch kein Jahr ist sie alt und der „Fall" fast abgeschlossen, die Akte fast zugeschlagen. Wir sind wie von Sinnen, mit der Verzweiflung ist unsere Liebe ins Unendliche gewachsen – und seit diesem Moment ist Dagmar für uns unsere herzkranke Tochter, die geistige

„Horch!" Omis Plauderstündchen mit Dagmar

Behinderung ist zweitrangig geworden. So bringt ein Schock oft die Dinge ins rechte Lot.

Meine Arbeit habe ich längst wieder aufgegeben. Von einem Tag zum anderen muß ich zu Hause bleiben. Mein Chef bringt mich an die Tür, drückt meine Hand, ruft mir nach: „Wenn Sie können – kommen Sie einfach wieder!" Ich nicke, doch auf dem Weg zur Treppe weiß ich, daß ich nie wiederkommen werde. Und plötzlich weiß ich auch, daß ich nie wieder in meinem Leben meine Kunstschule betreten werde. Aber das alles ist jetzt nicht wichtig.

Dagmar überlebt auch diese zweite Lungenentzündung. Aber danach bleibt sie schwach, krank, hinfällig. Ein Besuch beim Kardiologen gibt mir „Gewißheit": Ihre Lebensspanne ist nur kurz bemessen. Er zeigt mir die Röntgenaufnahme des riesigen Herzens. Ich erschrecke, werde aufgeklärt. Das Herz ist ein Muskel, er ist beansprucht bis an die Grenzen seiner Belastbarkeit, bald wird er den ganzen Brustraum füllen. Aber ich verdränge alles. Ich weiß nur eines: Dagmar will leben, und wir müssen ihr dabei helfen.

So ziehen wir ihretwegen aus der lauten, schmutzigen Schleißheimer Straße in Schwabing aufs Land. Wir werden es nie bereuen. Es soll eine wunderschöne Zeit in unserem Leben werden.

Zurück bleibt Omi – zwar besucht sie uns oft, aber es ist nicht mehr wie früher. Odelzhausen ist so schwer zu erreichen. Doch im Dezember kommt wieder eine Aufgabe auf sie zu: Meine Schwester, ein paar Jahre älter als ich, erwartet ein Baby . . .

Alle unausgesprochenen, peinigenden Ängste und Befürchtungen werden von einem gesunden, goldigen Jungen – Wolfram – hinweggefegt.

Wann wurde das Band zwischen Dagmar und Omi wieder neu geknüpft? Fünf Jahre später, ganz mühelos und ohne Knitterstellen, denn da zogen wir zurück nach München.

Alle drei Enkelkinder – nach Wolfram kam noch meine zweite Tochter Britta zur Welt – sind nun groß.

Zwei akzeptieren und eine genießt es: Dagmar ist die ganz große Liebe in Omis Leben geblieben.

Im Dachauer Hinterland

Wenn man die Überschrift liest, könnte man auf den Gedanken kommen, ich meinte etwas Hinterwäldlerisches, Zurückgebliebenes. O nein – fünf Jahre Dachauer Hinterland, das waren fünf Jahre der Fülle, der Geborgenheit, der Wärme – und wieder weggezogen sind wir nur, weil Dagmar in die Vorschule mußte.

Als wir den Mietvertrag unterschrieben, haben wir uns nicht getraut zu sagen, daß wir mit einem behinderten Kind einziehen würden. Aber hier wurde alles anders, der Grundstein zu einem Leben „ohne Scham" wurde bei diesen warmherzigen, wenn oft auch derben Menschen gelegt. Hier wird nichts beschönigt, Salz wird in Wunden gestreut, und wenn man meint, vor Schmerz fast versinken zu müssen, sind Hände da, die hochziehen, und Worte, die nicht trösten, sondern alles zurechtrücken.

Dachauer Hinterland – liebliches, zauberhaftes, reiches Land. Jeden Morgen packte ich Dagmar in den Kinderwagen, und dann zogen wir los, es zu erkunden. Die befestigten Straßen mündeten in kleine, ausgewaschene Wege; grobe Steine waren in die ausgefahrenen Rinnen gerollt, und ich habe drei Kinderwagen „verbraucht", bis wir wieder wegzogen.

Ich liebte den Geruch aus Erde und Dung, den warmen Geruch der Kräuter, aber auch den Geruch des nassen Grases, des feuchten Bodens. Immer vertrauter wurden mir Wälder und Wiesen. Wenn ich in ein Dorf kam, erhob sich manchmal eine Bäuerin mühsam aus dem Gemüsebeet, kam zum Zaun: „Gell, is schon schwer, das Kreuz Gottes, aber i sag Eahna ...", und dann erzählte sie mir ein Leben, ein Schicksal. Wir gehörten dazu, gehörten zum Kreis der Gottgeprüften.

Als ich Britta erwartete, riefen die Leute mir von überall zu: „Tun's nur fest schnaufen, bei der Luft wird's g'sund, das Kleine!" Und dann nach Brittas Geburt, als ich vom Krankenhaus nach Hause zurückkam, da winkten sie aus den Fenstern und riefen: „Ist's g'sund?" – „Ja!" – „Mei, i hab so viel g'bet!"

Am Nachmittag kamen sie. Sie wollten mein „Wunder" selbst in Augenschein nehmen, und sie brachten die schönsten Geschenke, die ich je bekam: Blumen und Erdbeeren aus den Gärten (denn es war Anfang Juni), Persil und Wegwerfwindeln, und für den stolzen Vater

Spazierfahrt auf den Odelzhausener Wegen

eine Salami („Damit er a Kraft kriegt für den nächsten Buam!"). Aber das größte Geschenk war, wenn sie mich in den Arm nahmen und ungeschickt fest an sich drückten: „Mei, freut mich das, und Gottes Segen!"

Doch dann wurde auch geschaut, ob ich die Dagi nicht vernachlässigte, denn sie gehörte dazu, zu uns, zum Dorf, zu Gott, denn er hat ja gewollt, daß sie so ist.

DEINE SCHWESTER BRITTA

MEINE zweite Tochter, Britta, wurde 1967 geboren. Sie kam fast drei Wochen zu spät zur Welt, wog darum neun Pfund und verwirrte die Säuglingsstation damit, daß sie schon am ersten Tag ihres Lebens ihren Kopf hin und her drehte und interessiert allen Ärzten und Schwestern „nachschaute".

Sie war von Anfang an ein kleiner fertiger Mensch, wie ich ihn mir neun Monate und drei Wochen lang gewünscht hatte. Als ich sie das erstemal in meinen Armen hielt, mit ihrem runden Köpfchen, den Biberhaaren, den schon offenen, dunkelblauen, großen Augen, war ich von einem Stolz erfüllt, als hätte ich als erste Frau auf dieser Welt so eine Leistung vollbracht. Ich war unbeschreiblich glücklich. Und wie schwer hatte ich es mir gemacht, ein zweites Kind zu wollen. Immer war da die furchtbare Angst gewesen, das zweite Kind könnte auch nicht normal sein. Und dann stellten sich mir noch zwei Sätze in den Weg, an denen ich nicht vorbeikonnte, ja, an denen ich schließlich sogar Halt suchte, um meine Unsicherheit erklärlich zu machen.

Der erste Satz war der Rat, wegen Dagmar so bald wie möglich ein „neues Kind" zu bekommen; es sollte Dagmar in der Entwicklung mitziehen und fördern. Aber dieser Gedanke erschien mir sofort barbarisch. Ich sah ein Kind eine Last ziehen, der es nicht gewachsen sein konnte. Heute weiß ich, dieses spontane Verneinen der Zweckmäßigkeit meines zweiten Kindes war richtig. Das Schicksal der Zweckmäßigkeit kann einen Menschen zerbrechen.

Der andere Satz war kurz und knapp: Ein gesundes Kind hat Anspruch auf eine gesunde Umgebung!

Damals hatte ich diesem Satz wenig entgegenzusetzen. Heute weiß ich es besser. Ich habe erlebt, daß viele Kinder sich in einer sogenannten „gesunden Umgebung" neurotisch, tieftraurig, unsicher entwikkelt haben. Damals wußte ich nur, daß ich Dagmar liebte und mich nicht von ihr trennen wollte. Wie ein böser Fluch umkreisten mich die beiden Sätze, aber den ersten Satz entkräftete ich durch mein Versprechen, dich, Britta, nie mit deiner Schwester zu „behängen", und den zweiten durch die Gewißheit, daß es „nur" eines besonderen Menschen bedürfe, um mit der Belastung einer „besonderen Familie" wachsen und gedeihen zu können.

Still und sanft reihten sich die Tage aneinander; jeden Nachmittag streckte ich mich auf der Couch aus, legte meine Arme um meinen Bauch, und dann sprach ich mit diesem kleinen werdenden Menschen und wiederholte mein Versprechen.

Am neunzehnten Dezember wurde Dagmar drei Jahre alt. Ich zündete drei Kerzlein an, ich war plötzlich ganz verzweifelt. Dagmar konnte immer noch nicht stehen, und die Zukunft schien mir grau in grau. Weinend lief ich den ganzen Morgen durch die Gegend, versuchte, meinen Gedanken und Erinnerungen zu entfliehen. Und das erste Mal „sprach" dieses kleine Wesen zu mir. Zaghaft stieß es gegen meine Bauchdecke, und ich hielt den Atem an. Vorsichtig legte ich meine Hand auf die Stelle, Schmerz und Verzweiflung fielen von mir ab. Ich weiß, man kann es medizinisch erklären: Die Mutter war erregt, das Kind war erregt, die Mutter hypersensibel. Aber man kann es auch als ein Wunder sehen: Ich wußte, du hattest mir ein Zeichen gegeben, und alles würde gut werden.

Ich weiß nicht, wie du später mit Dagmars Behinderung fertig geworden bist, aber während deiner Kindheit war sie keine Belastung für dich. Und das nicht aufgrund meines umsichtigen Waltens. Es war sicher viel Glück dabei – und nicht zuletzt spielte euer beider Persönlichkeit eine entscheidende Rolle.

Von Anfang an hast du in Dagmar das liebenswerteste Familienmitglied gesehen. Und während du uns mit kritischen dunkelblauen Augen betrachtetest, nahm dein Gesicht sofort einen fröhlichen Ausdruck an, wenn Dagmar zu deinem Bettchen robbte, sich mühsam hochzog und dich streichelte.

Während du schliefst, saß Dagmar stundenlang vor deiner Tür, wartete auf dein Erwachen, auf einen Laut von dir, und wenn wir vorbeigingen, legte sie einen Finger an die Lippen und sagte: „Pscht! Bebe schläft!"

Als du ungefähr ein Jahr alt warst und Dagmar viereinhalb, da tobtet ihr glucksend im Laufstall herum, und wenn ich froh ins Zimmer kam, um an eurer Freude teilzunehmen, wurdet ihr still und wartetet, bis ich das Zimmer wieder verließ oder mich in einen Sessel setzte und mich nicht um euch kümmerte.

Deine Entwicklung war atemberaubend, vor allen Dingen für mich. Wie ein Wunder erschienen mir deine Fortschritte. Als ich dich zum Greifen animieren wollte, mußte ich feststellen, daß du schon die nächste „Stufe" erreicht hattest: Du griffst nach dem Klötzchen und warfst es sofort aus dem Bett. Glücklich trug ich „deine Daten" in ein Buch ein. Mit neun Monaten konntest du stehen, und deine Beine bogen sich rund wie ein Reifen. Die Therapie dagegen hieß: Raus aus dem Laufstall – Britta darf noch nicht stehen. Das war ein Freibrief, denn nun zogt ihr wie ein Vernichtungstrupp durch die Wohnung, du wie ein kleiner Dackel auf den Knien, Dagmar im Schneidersitz hinter dir her. Ich glaubte, plötzlich Zwillinge zu haben. Tausend Hände hätte ich gebraucht, nur zwei hatte ich – und viele Tränen, denn ich war ständig erschöpft.

Alles machtest du anders als in Büchern beschrieben. Stand da der rührende Satz: „. . . und in diesem Alter beginnt unser Kind mit seinen ersten Gehübungen. Zaghaft wird es von Mama zu Papa tapsen, sich stolz in die auffangbereiten Arme werfen", so war dein Weg ganz anders: Du machtest nie Gehübungen, ich animierte dich ja auch nicht dazu, wegen der rundgebogenen Beine.

So saß ich eines Tages im Sessel und las Zeitung – und plötzlich spaziertest du an mir vorbei, mit einem Ball in den Armen. Du gingst zur Balkontür, und dort ließest du dich ganz selbstverständlich auf den Hosenboden fallen. Du hattest nie geübt, du konntest eben einfach laufen.

Zurück blieb Dagmar – verzweifelt und verstört. Ihr Baby konnte ihr weglaufen. Eine furchtbare Zeit begann für sie. Ihre ersten wackligen Schritte waren nicht dasselbe, das spürte sie. Zwar kamst du immer gleich zu ihr zurück – aber oft saß sie zusammengesunken und unglücklich am Boden. Sie robbte dir auch nicht mehr nach – ihre Heiterkeit und Fröhlichkeit waren dahin.

Kurze Zeit später wurde sie wieder schwer krank. Es war ihre dritte Lungenentzündung, und sie mußte ins Krankenhaus. Nur einmal in der Woche durften wir sie besuchen. Zum ersten Mal waren wir zwei allein, und Dagmar fehlte uns sehr. Oft wolltest du in Dagmars Bett schlafen. Es war die letzte Zeit in deinem Leben, daß du die „Jüngere" warst, denn als Dagmar schwach und verstört aus dem Krankenhaus kam, fand für euch der Rollenwechsel statt. Ab diesem Moment warst du ihre „große Schwester" – noch nicht einmal zwei Jahre alt.

Ich wollte dir diese „Verpflichtung" abnehmen, aber dann merkte ich, daß ein weiterer Wunsch von mir Wirklichkeit wurde: Unbeeinflußbar tatest und tust du, was du für richtig hältst. Obwohl du noch nicht viel sprechen konntest, wurdest du nun Dagmars Dolmetscher. Wenn Dagmar verzweifelt weinte, konntest du mir sagen, warum. Und manchmal rufe ich dich noch heute an, Dagmar schluchzt ihren Schmerz ins Telefon, und du erklärst deinen Eltern die Sachlage.

Trotz des Rollenwechsels: Die Liebe zwischen euch war geblieben. Öfter gingst du nun zu einer Freundin spielen; ich ließ Dagmar nicht mitgehen. Es war mein Versprechen an dich, von dem du nichts wußtest. Am Anfang mußte ich mir viel einfallen lassen, damit du allein gingst – im nachhinein weiß ich, daß dieser Weg der richtige war.

Dagmar rutschte immer tiefer in eine schwierige Situation. Sie hatte mittlerweile jeden Versuch aufgegeben, dir zu folgen. Und in meiner Liebe zu euch beiden, lebte ich in seltsamer Zerrissenheit: in unendlichem Stolz auf dich – und wenn ich mich in diese Wolke aus Glückseligkeit stürzen wollte, hielt mich eine dumpfe, schmerzende Trauer um Dagmars Erkenntnis ihrer Grenzen zurück.

Weißt du noch, wie verzweifelt sich Dagmar auf den Boden warf, als sie zum erstenmal ihre Stimme vom Kassettenrecorder hörte? Wie ihr bewußt wurde, daß sie nie sprechen würde wie wir? Sie weinte und rief fassungslos: „Bin nicht ich – bin nicht ich!" Es war das zweite Mal – nach dem Laufen –, daß sie merkte, daß sie anders war als du. In diesem Moment habe ich unvorstellbar gelitten. Die lustigen Lieder, Gedichte und Unterhaltungen, die wir für Omi zusammengestellt und auf dem Recorder aufgenommen hatten, gingen unter in Tränen.

Heiß wird es mir, wenn ich an den Moment denke, als du von mir erfuhrst, daß Dagmar behindert ist. Ich habe ihn so verdrängt, daß ich nicht einmal mehr weiß, wie alt du warst. Auf alle Fälle gingst du schon in die Schule, und ich dachte, du wüßtest es längst. Es war ein Herbsttag, draußen wartete eine andere Mutter im Auto, um dich zur Schule mitzunehmen. Wir waren in Eile, ich packte dein Pausenbrot ein, die Sonne schien schräg durch das Dielenfenster, und da standst du mit einem Mützchen auf dem Kopf und zogst deine Jacke an.

„Was sagt denn die Claudia dazu, daß deine Schwester behindert ist?" fragte ich fast beiläufig und verknotete den Plastikbeutel.

Dein Arm bleibt in der Jacke stecken. „Dagmar ist doch nicht behindert." Deine Augen werden ganz groß.

„Du mußt doch wissen, daß Dagmar geistig behindert ist!" fahre ich dich fast unwirsch an. O Gott, Kind, so habe ich es dir nie sagen wollen. Gerade du hättest ein Recht darauf gehabt, schonend darauf vorbereitet zu werden. Ich nehme dich in die Arme.

„Sie hat doch nur einen Herzfehler", sagst du.

„Nein, sie ist geistig behindert!"

„Das habe ich nicht gewußt."

Verstört lief ich den ganzen Morgen herum, dann holte ich dich von der Schule ab, dein Gesicht war wie immer: fröhlich, gelassen, heiter.

An diesem Nachmittag erzählte ich dir viel von Dagmars Krankheit, und sicher bezog ich eine Menge ihrer Eigenschaften ein, die du liebgewonnen hattest. Du wirktest ganz ruhig, fast unbeteiligt. Als Dagmar sich zu uns setzte, hörte ich auf zu reden, ich merkte, wie du sie beobachtetest. Aber du sahst nur das dir schon seit Jahren vertraute und liebgewordene Gesicht.

Viele Momente sind mir in Erinnerung geblieben, die mir gezeigt haben, was für ein reifer, besonderer Mensch du bist. Manchmal wollte ich dich „ausloten", in dich hineinsehen. Dann stellte ich dir zum Beispiel die Frage: „Hätte ich Dagmar in ein Heim geben sollen, wäre das besser gewesen für uns?" – Du warst gerade sehr wütend auf Dagmar, und du wolltest schon spontan den Mund öffnen. Aber dann schmiertest du dein Butterbrot in der Küche weiter, und schließlich sagtest du: „Nein, dann wärst du nicht so, wie du bist", und nach kurzem Zögern fügtest du einen Satz hinzu, an den ich oft denke und der mir so oft geholfen hat: „Jetzt weiß ich halt, wenn mir morgen etwas passiert, behältst du mich auch. Das ist ein gutes Gefühl." Und dann hast du in dein Butterbrot gebissen und bist ins Wohnzimmer marschiert, um heftig mit Dagmar weiterzustreiten.

Deinen Freundinnen habe ich Dagmar stets nur vorgestellt, danach mußte ich sie aus dem Zimmer locken. Das war sehr schwer, und noch schwerer war es natürlich, die enttäuschte Dagmar dann zu beschäftigen. Und wenn ich konnte, schlüpfte ich schnell zu dir und deinen Freundinnen ins Zimmer oder in den Garten und plauderte beiläufig über Dagmar, über das, was sie alles nicht kann und vor allen Dingen über das, was ihr mitgegeben worden war: ihr Gefühl für Menschen, Situationen. Angstvoll beobachtete ich die Mädchen. Es ging mir nicht um Dagmar, ich wollte nicht, daß du verletzt würdest. Aber all deine Freundinnen waren zauberhaft.

Wie hast du selbst deine Schwester gesehen? Im Biologie-Leistungskurs im letzten Schuljahr wird auch über Chromosomen geredet, zwangsläufig muß über Anomalien gesprochen werden. Da fallen dann auch die Worte: Trisomie 21, Morbus-Down-Syndrom; Merkmale: Idiotie, große Zunge, Schwachsinn, schwerste Intelligenzdefekte.

„Nein", sagst du und stehst auf, „das stimmt nicht!"

Die junge Lehrerin, die keine Ahnung von deiner Schwester hat, ist erschrocken. Sie hat die Worte aus ihrem Lehrbuch vorgelesen, es sind genau die Worte, die das beschreiben, was jeder bei dem Wort „mongoloid" denkt. Aber du weißt mehr, und du siehst Dagmar vor dir, die Schwester, mit der du seit deiner Geburt zusammenlebst.

Was nun folgt, weiß ich nur von dir und deiner Freundin. Es ist ein Plädoyer für deine Schwester. Atemlos sprichst du von ihrer Lebensfreude, von ihrem tiefen, unerschütterlichen Wissen um das Gute und das Böse, um das, was verletzt und was besänftigt. Die Gabe der Schwester, Freude zu bereiten, zu trösten und zu lieben.

„Und wenn Sie das als Schwachsinn bezeichnen, dann sollten alle schwachsinnig sein."

Damit hast du an dem Punkt angeknüpft, wo ich resignierte: Jahrelang wurde ich in jedem Wohn- oder Wartezimmer wie magisch von den ledergebundenen Rücken der Lexika angezogen. Zwanghaft griff ich nach dem Band mit dem Buchstaben „M", und wenn ich das Wort „Mongolismus" gefunden hatte, verschwammen vor meinen Augen die Bezeichnung Schwachsinn und das furchtbare Wort Idiotie. Du hast diese Bücher für immer für mich „zugeklappt", der Buchstabe „M" hat wieder seine normale Bedeutung bekommen.

KINDERGEBURTSTAGE

DAGMAR war fünf Jahre alt, da begannen mich Gewissensbisse bezüglich ihrer Förderung zu plagen.

Auf der Habenseite meines Gewissens konnte ich zwar einiges aufführen, wie Liebe, „Förderung" durch Britta, ein- bis zweimal in der Woche Unterricht bei einer Logopädin, wunderschönes Montessori-Spielzeug – aber Dagmar entnahm der Habenseite nur die Liebe und Brittas Anregungen; Spielzeug und Unterricht perlten an ihr ab wie Wassertropfen an einem ölgetränkten Papier. Und nachdem mein Gewissen auf der Sollseite einige leere Stellen bemerkte wie zum Beispiel besondere medizinische Betreuung oder ständige, gezielte Förderung durch geschulte Kräfte, fing ich an, ernsthaft darüber nachzudenken, was mit Dagmar in Zukunft geschehen sollte.

Wir lebten noch in Odelzhausen, die nächste „Förderungsstelle" lag weit entfernt – aber genau gegenüber von unserem Haus gab es einen hübschen Kindergarten mit einer großen, von Büschen umstandenen Wiese, einem Pavillon, vielen bunten Klettergerüsten. Das Ganze wurde von einer Ordensschwester mit resolutem, liebevollem Gesicht und lauter Stimme souverän regiert.

Wie die Urmutter aller Mütter tröstete sie hier, wiegte da, schimpfte dort, und so manchen Buben zog sie heftig an den Ohren. Ich faßte mir ein Herz, nahm Dagmar an die Hand, und wir gingen zum Zaun und riefen die Ordensschwester.

Ein bis zwei Stunden täglich, ob das wohl möglich wäre? Liebevoll blickte sie auf mein Kind. „Freilich, wir können's ja versuchen!"

Jeden Nachmittag brachte ich Dagmar nun mit der neugekauften Kindergartentasche an den Zaun und öffnete ihr die Tür. Nach einer Woche stellte ich sie vor unsere Haustür und zeigte hinüber zum Zaun. „Geh!" sagte ich und schloß die Haustür hinter ihr.

Mit unsicheren Schritten tapste sie hinüber. Ich sah aus dem Fenster, und ihre Hilflosigkeit trieb mir die Tränen in die Augen. Klein und zerbrechlich stand sie am Zaun, die Hände um die Pfosten geklammert, und wenn niemand sie durch Zufall bemerkte und hineinließ, dann ging sie die paar Schritte zur großen Eingangstür, aber sie konnte auch diese nicht öffnen. Mutlos ließ sie sich auf die Treppenstufen sinken, ein kleines, verlorenes Bündelchen. Wie ein Schlag traf mich die Erkenntnis, daß Dagmar immer Hilfe brauchen würde. Weinend lief ich hinaus, öffnete ihr die Tür, und weinend lief ich zurück.

Wenn ich sie dann nach eineinhalb Stunden abholte, saß sie allein, aber glücklich in einer Ecke; vor ihr lagen Bonbons, Brezeln und Brote, und sie aß vergnügt die ihr zugedachten Dinge. Wenn ich sie fragte, was sie heute gemacht habe, zeigte sie auf die rechte Seite, und dort lagen Dutzende von bunten Bildern, die alle anderen Kinder, nur nicht Dagmar, gemalt hatten.

Nach einigen Wochen begriff ich, daß diese Förderung nur Dagmars Bäuchlein zugute kam. Ich dankte der Schwester, die sowieso ihr Äußerstes getan hatte. Denn mit den übrigen vierzig bis fünfzig Kindern war sie vollkommen überlastet. Zwischendrin hatte sie Dagmar sogar noch auf den Armen herumgetragen, um sie ein wenig an den Spielen der anderen teilnehmen zu lassen, denn Dagmar lief zu diesem Zeitpunkt noch sehr schlecht.

Von Dagmars Logopädin erfuhr ich von einem neuen und sehr guten Kindergarten. Ein Einführungsgespräch ergab, daß Dagmar vorerst wöchentlich an drei Tagen „Unterricht" hätte. Plötzlich wurde alles anders. Unser kleiner, manchmal zwar chaotischer, aber immer gemütlicher, warmer Schlupfwinkel wurde gestört. Wir mußten uns nach außen hin öffnen. Unser Leben mit der Uhr begann, und die zeitlichen Unterschiede zwischen dem Arbeitstag meines Mannes und Dagmars Kindergartentagen wurden zum Problem.

Am Anfang war es mir noch leicht über die Lippen gekommen, daß ja auch mein Mann in München arbeite und der Transport zum Kindergarten somit kein Problem sei. Aber mein Mann begann seinen Arbeitstag um acht Uhr. Dagmar wurde also kurz nach sieben Uhr in sein Auto gestopft, Plastikbeutel mit frischen Windeln und Wäsche begleiteten sie, und verzweifelt sah ich dem Auto nach, denn ich wußte, ihr Kindergartentag begann erst um neun Uhr. Bis dahin wurde sie in einer „Auffanggruppe" betreut, und wenn die Erzieherin dann um neun Uhr kam, war Dagmar schon völlig erschöpft.

Noch schlimmer wurde es, wenn mein Mann auf Geschäftsreise war, und das kam sehr häufig vor. Mit meinen zwei verschlafenen Kindern fuhr ich dann in meinem uralten VW zum Kindergarten, denn niemals hätte ich mich getraut, Britta über eine Stunde lang allein zu lassen. Und nachmittags gegen zwei mußte ich Britta entweder aus dem Bett zerren oder von einem Spiel wegziehen, um Dagmar wieder abzuholen. So kam es, daß wir die kindergartenfreien Tage genossen – faul und erschöpft schliefen wir aus, und Erinnerungen an die Wärme der früheren Zeit hüllten uns ein.

Später gab ich dann auch einmal eine Anzeige auf, damit Dagmar gegen Bezahlung vom Kindergarten von einem Pendler abgeholt würde. Aber das klappte auch nicht so richtig, denn die Fahrer waren meistens junge Leute, die am Nachmittag oft unvorhergesehen etwas vorhatten. Sie riefen mich dann an, um abzusagen, und Hals über Kopf hetzte ich mit Britta los, um mein armes Küken abzuholen.

Das alles wurde auf die Dauer zuviel für mich. Britta und Dagmar hatten längst die Nase voll. Und so wurde Dagmar wieder einmal das Gewichtlein, das unsere Lebenswaage beeinflußte. Ihretwegen zogen wir nach München zurück.

Wir mieteten ein Haus, das günstig zum Büro meines Mannes und zum Kindergarten lag. Wir hatten einen Garten und genügend Platz. Aber der Gedanke, unser Dorf verlassen zu müssen, trieb uns die Tränen in die Augen. Dieser warme, geschützte und überschaubare Schlupfwinkel, der für immer für die Geborgenheit meiner Kinder stehen wird, war ein Zuhause gewesen, das wir nun verlieren würden.

An einem dieser letzten Nachmittage – meine Kleinen schliefen – sah ich mir zum erstenmal den wunderschönen Friedhof von Odelzhausen an. Fast fünf Jahre hatte ich ihn gemieden. Tief in mir hatte die Angst gesteckt, daß Dagmar hier beerdigt werden würde. Nun dachte ich darüber nach, daß wir ihretwegen hierhergezogen waren und sie nicht nur diese kritische Zeit überlebt hatte, sondern wir sogar schon Zukunftspläne für sie und uns schmiedeten. Glücklich und voller Zuversicht verließ ich den Friedhof.

Aber dann floß doch noch so manche Träne. Der Abschied von den vielen lieben Menschen fiel uns schwer. Am letzten Apriltag machten wir uns auf den Weg. Voraus mein Mann mit den beiden Mädchen; sie begriffen das alles noch nicht, sie winkten fröhlich.

In München ging Dagmar nun täglich von neun bis zwölf in den Kindergarten. Unser Lebensrhythmus kam wieder in geordnetere Bahnen, und mein Gewissen bezüglich ihrer Förderung war beruhigt.

Ich wußte Dagmar in guten Händen. Auch Britta sah voller Freude
einer neuen Zeit entgegen. In einem Monat wurde sie drei Jahre alt,
dann durfte auch sie in einen Kindergarten.

Ein Arzt – wie für uns gemacht

Irgendwann in diesen Jahren begann ich, eine Abneigung gegen
Ärzte zu entwickeln. Dagmar hatte mit fünf Jahren ihre dritte Lungenentzündung hinter sich. Vom Kardiologen hörte ich nur Erstaunen
darüber, daß sie immer noch lebte, und verschiedene Kinderärzte, die
ich mit Dagmar aufsuchte, waren, wie mir schien, weniger an Dagmars Bronchitis oder Schnupfen interessiert, als vielmehr daran, wie
alt ich zum Zeitpunkt der Geburt war oder ob ähnliche „Fälle" schon
einmal in der Familie vorgekommen seien.

Und wie ich außerdem fand, sprachen sie immer allzu salbungsvoll
von der großen Aufgabe, die da auf mich zukomme, ohne auch nur die
geringste Anstrengung zu machen, mir meine Aufgabe ein wenig zu
erleichtern: Eine kürzere Verweildauer im Wartezimmer hätte zumindest bewirkt, daß Dagmar – die zu dieser Zeit noch panische Angst vor
Ärzten hatte – sich nicht derart verausgabte, daß sie schon völlig blau-
geschrien im Sprechzimmer landete.

So waren meine Gefühle sehr zwiespältig. Einerseits hatte ich den
Ärzten viel zu verdanken, andererseits glaubte ich, mich gegen sie
schützen zu müssen. Ich konnte es kaum noch ertragen, daß sie statt
des Schnupfens die „Herzanomalie dieser Kinder", die „Infektanfälligkeit dieser Kinder", „die überstreckten Gelenke dieser Kinder" als das
eigentliche Problem zu betrachten schienen. Denn jedesmal, wenn ich
die Bezeichnung „diese Kinder" hörte, starb ein wenig Hoffnung in
mir – Hoffnung, mit Dagmar normal leben zu können. Kurz: Ich war
weit entfernt davon und auch nicht willens, ein Vertrauensverhältnis
zu einem Arzt aufzubauen.

Seit Monaten fuhr ich nun zum Einkaufen an einer Kinderarztpraxis
vorbei. Von der Straße aus war sie kaum sichtbar – doch in Gedanken
merkte ich mir dieses Haus. Hier war ich noch nie gewesen – und der
nächste Notfall kam bestimmt!

Als der Notfall wirklich eintrat, packte ich meine zwei Kinder ins

Auto, wartete ewig im Wartezimmer, ertrug das Starren der anderen Mütter – voller Angst, daß Britta es bemerken könnte –, und dann durften wir ins Sprechzimmer. Ich war entsprechend voreingenommen, als sich nach einiger Zeit die Tür öffnete und der Mensch ins Zimmer trat, der ganz wichtig für mich, für Dagmar, für die ganze Familie werden sollte.

Sein Lächeln schlug bei Dagmars Anblick nicht in ein pathetisch-wissendes Ernstwerden um, im Gegenteil, er schob sich gemütlich hinter seinen Schreibtisch, nahm die beiden neuangelegten Karteikarten in die Hand, schaute über den Rand seiner Brille und fragte trocken: „Womit kann ich den drei Damen dienen?"

Obwohl sich mein Gefieder glättete, war meine Stimme aggressiv-forsch: „Dagmar hat Fieber, einen Herzfehler, wie viele dieser Kinder . . ." Ich verstummte.

Er sah mich lange an, prüfend, ohne Mitleid, und trotzdem hatte ich zum erstenmal das Gefühl, daß ein Arzt spürte, was ich mitgemacht hatte, daß meine Aggressivität Verzweiflung war. Und ich wußte, daß ich nicht zu erklären brauchte, daß ich Dagmar liebe und daß sie für mich ein „vollwertiger" Mensch ist. Für ihn war Dagmar vom ersten Moment an ein liebenswertes kleines Mädchen, gebrechlicher als andere: des Herzfehlers wegen, den man von ihren blauen Händchen und Lippen ablesen konnte.

Und dieses Gefühl, das er mir vermittelte und das mich in solche Geborgenheit fallen ließ, daß ich an seinem Schreibtisch fast in Tränen ausgebrochen wäre, hat er auch später mit seinen Reaktionen und Taten immer wieder bestätigt und gefestigt.

Immer öfter sprach ich nun von meinen Problemen. Er ließ mich ausreden. Nie gab er mir einen Ratschlag, entweder waren es Anweisungen, die ich unbedingt befolgen mußte, oder er half meinen Gedanken durch geduldiges Zuhören auf die Sprünge. Waren Kommentare nötig, so sprach daraus einfache, tiefe Menschlichkeit, und seine optimistische Ausstrahlung machte mir selbst an schwarzen Tagen wieder Mut.

Aber er ließ mich auch „gewähren", um mir nicht unnötig ein schlechtes Gewissen zu machen. Eigentlich war es ihm und auch mir klar, daß die beste Therapie für Dagmar Liebe und Wärme war. Doch zuweilen überkam mich die Angst, etwas zu versäumen. So hatte ich zum Beispiel von einem Medikament gehört, das nach Schädelverletzungen, Gehirnerschütterungen und Hirnhautentzündung sehr stark die Gehirntätigkeit anregt. Von großen Erfolgen – auch bei Behinderten – war die Rede.

Ich bat ihn, es damit zu versuchen. Er zögerte kurz, dann schrieb er das Rezept aus. Als sich herausstellte, daß Dagmar danach Durchfall bekam und nachts schlecht schlief, setzte ich das Medikament ab; ich teilte es ihm mit, und er nickte nur. Auf jeden Fall hatte ich nun das Gefühl, nichts unversucht gelassen zu haben.

Und wie stand Dagmar zu ihrem „Dokto"? Mit ihrem Gespür für die Qualität eines Menschen einerseits und ihrer Angst vor Ärzten andererseits war sie in einen argen Gewissenskonflikt geraten.

Unvergleichliche Szenen spielten sich ab: Dagmar soll ein Faden am Mund gezogen werden, sie weiß es und ist seit Stunden verzweifelt und in Kampfstimmung. Wir erscheinen, und „Dokto" zischt mir durch die Zähne zu: „Schwester Hannelore wird den Faden ziehen."

Dann sind wir im Sprechzimmer, Schwester Hannelore kommt mit einem Wattebausch, um die Stelle zu reinigen, „Dokto" steht mit einer riesigen Büroschere in der Tür und unterhält sich mit einer Mutter auf dem Gang über belanglose Dinge. Laut klappert die Schere in seiner Hand, und Dagmar macht runde Augen vor Wut und Angst. Doch der Faden ist längst gezogen, hinter dem Wattebausch war die kleine Schere verborgen, wir alle lachen laut und befreit. Nur Dagmar nicht, sie fühlt sich hintergangen. Wütend läuft sie zu ihrem „Dokto", umfaßt seinen Bauch und tritt auf seine Füße. „Du blöde Ziege!" schimpft sie, und er brummt gemütlich: „Sag wenigstens Ochse!", und dann füllt er ihre Hände mit Gummibärchen.

Als Dagmar ihre vierte Lungenentzündung bekommt, stellen wir fest, daß Antibiotika als Saft oder Tabletten von ihr nicht mehr vertragen werden. Sie muß sich stundenlang übergeben, ihr kleines blaues Gesicht ist aufgelöst, Herpesblasen bedecken den Mund.

Wir reden nicht vom Krankenhaus – der Arzt kennt Dagmar, weiß, daß sie all ihre Kraft aus Willen, Umgebung, Familie, Liebe und Vertrautheit bezieht. Jeden Morgen gebe ich telefonisch den Krankenbericht durch: Temperatur, Allgemeinzustand, Besonderheiten. Ich fühle sein Vertrauen zu mir, er hat die Verantwortung übernommen, ich selbst kann nur sein Handlanger sein.

Abends nach neun Uhr kommt er dann, müde steigt er aus seinem Auto. Aber wenn ich die Haustür öffne, scheint die Müdigkeit von ihm abgefallen zu sein – er kann nicht ahnen, daß ich vom Badezimmerfenster aus seine Ankunft beobachtet habe –, Optimismus strahlt von ihm aus, Zuversicht und das Wissen, daß alles gutgehen wird. Die Anspannung fällt nach und nach von mir ab. Auch Dagmar, die teilnahmslos und geschwächt in ihrem Bettchen liegt, scheint belebt. Ergeben nimmt sie die Spritze hin. Und wenn der Arzt wieder gegangen ist, bleibt noch für Stunden sein guter Geist spürbar; er hat die Zuversicht dagelassen.

Als es Dagmar dann bessergeht, wird es recht turbulent: Rosig sitzt die kleine Patientin in ihrem Bett und wartet voller Kampfeslust auf den Höhepunkt des Tages: die Spritze von ihrem „Dokto"! Die Prozedur läuft jedesmal gleich ab. Auch mein Mann und Dagmars treuer Paladin, Omi, die in dieser Zeit Tag und Nacht an Dagmars Bett sitzt, nehmen an dem „Spiel" begeistert teil.

Dagmars „Dokto" kommt, sägt die Ampulle auf, fragt kurz: „Wem darf ich heute eine Spritze geben?", und Dagmar schreit sofort: „Hau ab!" Während er die Spritze aufzieht, werfe ich mich aufs Bett, ziehe Dagmar mit nacktem Po über mich, und Omi oder Papi wirft sich auf Dagmar. Auf diesen Menschenberg wiederum stürzt sich nun der listige Arzt und ruft: „Wen ich treff', der schreit!" – und schon hört man Dagmars wütenden Schrei.

Wenn sich dann der Menschenberg wieder auflöst, muß Dagmar furchtbar lachen und sammelt die vom „Dokto" zufällig verlorenen Gummibärchen ein. Und während wir Eltern überlegen, wie wir ihm diese Liebe jemals vergelten können, ruft Dagmar ihm glucksend nach: „Du blöde Ziege!" – und er dreht sich um und sagt: „Jetzt beleidigst du mich schon wieder! Sag halt wenigstens Esel!"

Die fünfte Lungenentzündung, Jahre später, kommt mit brachialer Gewalt. Sie trifft Dagmar mitten in der Pubertät, in einem Alter, das ihr von dem Kardiologen nie zugestanden worden war. Aber er kennt Dagmar nicht, kennt nicht ihren Lebenswillen.

Als die Krankheit beginnt, ahne ich nicht, daß Dagmar fast drei Monate nicht zur Schule gehen können wird, daß sie abmagern wird – aber vor allen Dingen weiß ich noch nicht, ob sie überhaupt überlebt. Dagmar ist in einem elenden Zustand. Innerhalb von drei Tagen hat diese Krankheit aus einem lebensfrohen Mädchen mit etwas Husten ein apathisches, todkrankes Bündelchen gemacht. Mit ernstem Blick stellt der Arzt die Diagnose.

„Frau Lehmann, Dagmar muß ins Krankenhaus. Ich glaube aber, ich kann Ihnen versprechen, daß Sie Dagmar bald wieder nach Hause mitnehmen dürfen. Wenigstens zeitweise. – Ich muß die Überweisung schreiben!" fügt er hinzu. Ich nicke.

In der Klinik wird Dagmar geröntgt. Sie ist völlig aufgelöst, in Panik, will ihren Papi sprechen. Die nette Schwester ermöglicht es. Dagmar wiederholt monoton immer nur einen Satz: „Papi, bitte sag Mami, will nach Hause."

Dann sitzen wir in einem Vorraum, das heißt: ich sitze, Dagmar lehnt schwer atmend an meinen Beinen. Sie will keinerlei Kontakt mit irgend etwas in diesem Raum. Wie viele Tränen hatte ich geweint in all den Jahren, seit ich von der Behinderung dieses Kindes wußte, und wie wenig wögen diese Tränen die entsetzliche Leere auf, wenn es Dagmar nun nicht mehr gäbe. Habe ich jahrelang um meine Fassung gerungen, um dieses Kind jetzt – wo ich alles begriffen habe – zu verlieren? Meine Tränen tropfen in ihr Haar. O Gott, wie liebe ich dieses Kind.

Verschwommen sehe ich einen Arzt das Zimmer durchqueren. Er hat ein Röntgenbild in der Hand. „Wo ist die Bahre?" ruft er aufgeregt. Ich will aufstehen, aber Dagmar klammert sich an mich.

Er blickt auf das Röntgenbild, dann auf Dagmar. „Das ist ja nicht möglich. Bei so einem Befund kann man doch nicht mehr stehen."

Sekundenlang sieht er Dagmar an, dann mich, dann läuft er zurück in den Behandlungsraum, ich höre ihn mit unserem Arzt telefonieren. Minuten später steht er wieder vor uns, ich erhebe mich, Dagmars Atem rasselt laut, ihr Gesicht ist blau angelaufen, aber sie hält sich auf den Beinen, klammert sich an mich. An seinem Gesicht erkenne ich: Er hat seine Meinung geändert.

„Du darfst heim!" sagt er laut und deutlich zu Dagmar, und als möchte er ihre Qual verkürzen, schiebt er uns in Richtung Tür. Dagmar begreift, und mit der Erleichterung verläßt sie alle Kraft. Der Arzt und ich tragen sie. Und während des Tragens meint er: „Ich weiß jetzt, was Ihr Hausarzt damit sagen wollte, daß Dagmar ihren Lebenswillen aus ihrer Umgebung zieht. Sie können sich nicht vorstellen, wie ver-

heerend das Röntgenbild aussieht, ich dachte, das Kind muß fast
bewußtlos sein. "

Wir betten Dagmar ins Auto, und in seinem Gesicht lese ich höchste
Achtung vor diesem kleinen Menschen. „Auf der Station steht ein
Bett mit Sauerstoffzelt bereit. Rufen Sie an, oder kommen Sie sofort,
wenn es nötig wird. Sie können sich auf uns verlassen. "

Ich nicke. Dagmar ist währenddessen schon eingeschlafen.

Ein Arbeiter von der Baustelle gegenüber hilft mir zu Hause Dagmar hinaufzutragen. „Mei, is das Madl blau!" meint er, und dann strei-
chelt er mit seinen zementverklebten Händen vorsichtig über ihren
Kopf. Verlegen wischt er die Hände an seiner Hose ab. „Alles Gute,
gell!"

Eine Stunde später ist Dagmars Arzt da. Wir sprechen nicht von
Risiko, nicht von Verantwortung, nicht von dem bereitstehenden
Bett in der Klinik. Aber es ist auch das erste Mal, daß wir nicht lachen.
Doch sogar in dieser Situation läßt er seinen guten Geist zurück.

Manchmal habe ich in dieser Zeit ein schlechtes Gewissen, daß ich
ihm zuviel aufbürde, aber ich spüre auch seine Freude darüber, daß er
und Dagmar den Kampf gewinnen.

Dagmar weiß, wieviel sie ihm zu verdanken hat. Wenn sie nun
manchmal eine Spritze oder Impfung braucht, geht sie allein ins
Sprechzimmer. Vor Angst und Abwehr hat sie zwar ihre Oberlippe
hochgezogen, aber sie weiß, daß sie Vertrauen zu ihm haben kann,
und als größte Belohnung gelten nicht mehr die Gummibärchen, sondern sein Lob.

Seit Dagmar größer ist, überlasse ich ihr die Wahl der für sie so
wichtigen „Arzt-Menschen" und scheue mich auch nicht, nach ein-
oder zweimaligem Besuch eine Praxis nicht wieder aufzusuchen,
wenn ich spüre, daß Dagmar dort alles ablehnt. Dank dieser Methode
hat sich die Liste unserer positiven Erlebnisse verlängert, und ich
beneide Dagmar um diesen Instinkt und ihre Entschlossenheit. Da hat
sie wirklich vielen von „uns" einiges voraus.

Ich denke da zum Beispiel an den Zahnarzt, der Dagmar bei ihrem
ersten Besuch eine Stunde lang alle Sprechzimmer seiner Praxis zeigte,
sie auf Behandlungsstühlen herauf- und hinunterfahren ließ und
sich geduldig warmes und kaltes Wasser von ihr in den Mund und

versehentlich auch in die Nase spritzen ließ; ein wenig erschöpft und blaß sah er schon aus, als wir schließlich gingen.

Doch als Lohn ließ sich Dagmar eine Woche später eine Spritze in den Mund (!) geben, während wir händeringend vor der Sprechzimmertür standen, vor die unsere Tochter uns verbannt hatte. Wir schlossen Wetten ab, ob sie den Mund öffnen würde oder nicht, um unsere überreizten Nerven ein wenig abzulenken, denn nur zu gut hatte ich noch den Termin in einer Zahnklinik in Erinnerung, bei dem alles schiefgelaufen war.

Dort hatte Dagmar natürlich nicht den Mund geöffnet. Alles war viel zu hektisch gewesen, aber da das Ziehen des Zahnes dringend notwendig war, bekam sie eine Spritze für eine Kurznarkose. Das Unglaubliche geschah: Dagmar, die in diesem Moment Todesangst vor dem Einschlafen hatte, schaffte es mit ihrem Willen, wach zu bleiben. Zwei Ärzte brachten sie schließlich in ein anderes Zimmer, der Zahn wurde gezogen, und Dagmar war jahrelang geschockt.

Natürlich hatte ich dem netten Zahnarzt nichts davon erzählt. Aber da kam Dagmar schon strahlend auf uns zu, in der ausgestreckten Hand hielt sie wie eine kostbare Perle ihren Zahn; und der ebenso glückliche Zahnarzt beteuerte, daß sie viel mutiger sei als ihr Papi.

Als wir ihm danken wollten, sah er uns nachdenklich an. „Nicht nötig", meinte er, „diese Erfahrung war für mich persönlich sehr wichtig."

Doch dann müssen wir eilen, denn Dagmar ist mit ihrem Zahn zum Aufzug vorangelaufen und zeigt ihn dort einer älteren Dame.

GELIEBTE SCHULE

ALS Dagmar sich dem Schulalter näherte, war ich trotz meiner großen Liebe zu ihr immer noch auf der Suche nach ihrer Normalität. Die Worte Entwicklungsrückstand, intellektuelle Fehlentwicklung, Grad der Behinderung – in Prozenten ausgedrückt – waren fast mein Lebensinhalt geworden. Sie hatten tiefe Wunden geschlagen. Das Wort „Intelligenz" war zu einem Zauberwort geworden, dem das Kind, das ich geboren hatte, nie gerecht werden konnte. Und Dagmar, dieses kleine, liebe und sensible Wesen, konnte mir ihre ganze

Palette menschlicher Qualitäten auffächern – ich maß sie immer an diesem Wort.

Beinahe wäre ich an diesem Wort, an meiner Blindheit, meiner sinnlosen Suche zerbrochen. Aber da hat mich das Glück getragen – vielleicht war es nicht mein Glück, sondern Dagmars besonderer Stern, und ich durfte davon profitieren.

An einem Tag im Juni – Dagmar war siebeneinhalb Jahre alt – holte ich sie vom Kindergarten ab, und neben den kleinen Wehwehchen und Freuden des Tages lag als weitere Neuigkeit in ihrem Handgepäck ein sehr detaillierter Fragebogen, der mich durch die Rubrik „Weiterfördernde Einrichtung im kommenden Jahr" aufforderte, Farbe zu bekennen.

Viele Eindrücke, Gesprächsfetzen, Hinweise hatte ich wie ein Computer in mir gespeichert, und so drückte ich auf meine „innere Taste", und heraus kam ein Name, den ich im Telefonbuch nicht einmal finden konnte. Über eine andere anthroposophische Einrichtung erfuhr ich Telefonnummer und Adresse. Sinnend saß ich über meinem Notizzettel, mußte mir eingestehen, daß mein geringes Wissen über Rudolf Steiner eine Bildungslücke war, und stolperte über den Ausdruck „Schule für seelenpflegebedürftige Kinder". Denn eines wußte ich bestimmt: Das einzige nicht Pflegebedürftige an Dagmar war ihre Seele. Dieser Teil ihres Menschseins war ohne jede Behinderung.

Doch dann wählte ich die Nummer, sprach kurz mit einer Dame und erhielt einen Termin.

Als ich einen Tag später die vier Treppen zu einer kleinen Wohnung in Schwabing hinaufstapfte – denn so winzig hat „unsere" Schule einmal angefangen –, da klopfte mir das Herz bis zum Hals, und nicht nur, weil ich Dagmar diese vier Treppen heraufgetragen hatte.

Der Unterricht hatte noch nicht begonnen, Jungen und Mädchen liefen von Zimmer zu Zimmer, ein fröhliches Chaos herrschte, unzählige Mäntel und Gummistiefel in der Diele signalisierten Überfüllung, fragende Gesichter blickten zu mir auf. Und Minuten später, während ich noch die Atmosphäre des ersten Morgenkreises kennenlernte, rutschten Dagmars Finger aus meiner Hand. Hier brauchte sie mich nicht. Auf Anhieb fühlte sie sich wohl.

Unergründlich sind die Quellen, aus denen bei ihr Wissen, Liebe oder Ablehnung entspringen. Sie braucht nicht zu zögern – wie

„wir" –, von Zweifeln wird sie nicht geplagt. Dagmar kann sich auf ihre Quellen verlassen.

Und so ist mir auch noch gut in Erinnerung, daß ich bei dieser so wichtigen Entscheidung keine wesentliche Rolle spielte. Dagmar und ihre Schule hatten sich gefunden – Dagmar und die Kinder ihrer Schule hatten sich gefunden. Alles andere war nur noch Formsache, Papieraustausch, Personalienangabe.

In drei verschiedenen „Rahmen" hat Dagmar ihre Schule erlebt: erst in der kleinen Wohnung in Schwabing, dann in umgebauten Pavillons einer Landschaftsgärtnerei, später in einem großen, neuen Schulhaus. Aber nur der Rahmen veränderte sich, der Inhalt und die Menschen blieben immer dieselben: von ihr geliebt und vertraut.

Und mit welcher Freude hat sie jeden Schultag des Jahres erlebt, wie sehr hat sie die Feiern der Schule genossen. Ihre Auftritte auf der Bühne: für sie und uns ganz große Ereignisse. Die Gemeinsamkeit, die sie erleben durfte, die Schullandheimaufenthalte, die die erste Selbständigkeit brachten, die Vorbereitungen auf die großen Feste des Jahres – aneinandergereihte Tage des Glücks.

Und in dieser Harmonie und Geborgenheit, in diesem Gefühl des Angenommenseins konnte sie endlich viel erlernen. Sie hat diese Schule als gefestigter und im Rahmen ihrer Möglichkeiten fertiger Mensch verlassen, und wenn ich „ihrer Möglichkeiten" schreibe, so meine ich Möglichkeiten, die ich in vielen Bereichen nicht besitze, weil mir ihre Sensibilität fehlt.

Sie hat auch vieles, trotz aller Mühen, nicht lernen können, aber sie hat gelernt, das, was sie kann, einzusetzen und das, was sie will, durchzusetzen. Und sie hat auch gelernt, sich einzuordnen, anzupassen. Mit Selbstsicherheit und feinem Gespür kann sie Situationen meistern, Stimmungen erahnen, Freude und Heiterkeit vermitteln.

Aber wieviel Dagmar in dieser Schule auch gelernt haben mag, mein Pensum war größer, mein Lernprozeß schwieriger. Schon am ersten Elternabend, als wir sieben jungen Mütter mit fragenden und vom Schicksal verletzten Gesichtern um die Lehrerin saßen, von der wir uns die Rettung unserer Welt versprachen, litt ich angesichts der Leistungen, die all die anderen Kinder schon vollbrachten. Dagmar erschien mir als das schwächste Glied selbst dieser Kette. Und voller Staunen hörte ich die erste Bemerkung von Frau H. über mein Kind.

Sie hatte gerade mit einer anderen Mutter ein praktisches Problem durchgesprochen, das für Dagmar und mich noch in unendlichen Fernen zu liegen schien – und gedankenverloren sah ich sie an. Da fiel ihr Blick auf mich. Plötzlich nahm ihr Gesicht einen heiteren Ausdruck an. „Ach ja, und Ihre Dagmar!" sagte sie. „Das Mädchen ist ja eine ganz besondere Persönlichkeit!"

Unsicher lächelte ich. War das die Einleitung, um mir beizubringen, daß Dagmar ihre Probezeit nicht bestanden hatte? Und schnell fuhr die Lehrerin fort: „Mit Dagmar muß ich mich besonders gut stellen. Sie ist der Katalysator der Klasse. Wenn sie Pause machen will, wollen alle Pause machen. Und wenn sie aufsteht und ans Fenster geht, gehen alle mit. Also muß ich sie begeistern, dann habe ich auch alle anderen begeistert."

Das also war der erste Elternabend. Soviel Wärme hatte aus diesen Worten geklungen, und so eilte ich nach Hause und suchte das Wort „Katalysator" im Wörterbuch. Die kürzeste Beschreibung, die ich fand, lautete: „Katalysator, der, (gr.-lat.); Stoff, der, ohne sich zu ändern, Bewegung fördert oder hemmt."

Der Tenor dieses ersten Elternabends blieb erhalten. Während die anderen Kinder in Dagmars Klasse im Laufe der Jahre das Lesen, Schreiben und Rechnen erlernten – dicke Siegel, die für Dagmar immer verschlossen bleiben, weil sie ihr keine Steigerung ihres Lebensgefühls vermitteln konnten –, durfte ich lernen, daß Dagmar durch ihre „besondere Persönlichkeit", ihre Heiterkeit und Sensibilität für Harmonie und Ausgeglichenheit in ihrer Umwelt sorgte. Natürlich mißbrauchte sie auch zuweilen ihre „harmonisierende" Stellung: Wenn sie einmal wütend auf alle war, fiel ihr auch prompt der Weg ein, alle zu strafen. Flink griff sie nach der Kompottschüssel und schloß sich in die Toilette ein . . .

Handwerklich war sie besonders geschickt, und noch mehr lag ihr das Organisieren in Küchenangelegenheiten. Wie Mutter Courage gab sie dann mit energischer Miene Anweisungen. Aber wie wandelbar war und ist sie! Verträumt wird ihre Miene, wenn sie Musik und Tönen lauscht. Bald stapelten sich bei uns zu Hause die Instrumente: Kantele und Psalter, Flöte, Xylophon und Glockenspiele. Und wie zart und behutsam ging sie mit diesen Instrumenten um, wie untröstlich war sie, als einmal, nur einmal, eine Saite ihrer Kantele riß –

während sie in meiner Küche die Töpfe mit Schwung in die Fächer
warf, um mir rationelles Arbeiten zu demonstrieren.

Gestärkt durch die Liebe und Anerkennung ihrer Lehrerin und der
Schule gab sie ihr bejahendes Lebensgefühl an mich weiter, und plötzlich kam der Moment, wo ich erkannte, wie töricht, dumm und fixiert
ich gewesen war.

Überglücklich machte mich die immer wiederkehrende Bemerkung der Lehrer und Mitarbeiter der Schule: „Aber Sie haben Dagmar
doch zu einer solchen Persönlichkeit erzogen. Sie haben sie immer an
allem teilhaben lassen." – Und in Gedanken teilte ich dieses Kompliment mit Omi, Papi, Britta, Freunden und Bekannten.

Hatten wir mit unserem Vorgehen wirklich den richtigen Weg
beschritten, dieses schwerbehinderte kleine Menschlein ins Leben ein-
zuführen? War dies die Belohnung dafür, daß wir sie überallhin „mit-
geschleift" hatten? Tatsächlich hatten wir als erstes eine Tragetasche
für Dagmar gekauft. Mein „Förderungsprogramm" sah ja vierundzwanzig Stunden „Ansprache" vor. Und wenn wir unsere Freunde
besuchten, ging Dagmar von Arm zu Arm, bis sie einschlief. Erst
dann brachten wir sie ins Schlafzimmer.

Und später in Odelzhausen? Mindestens zweimal in der Woche
erschien unsere Familie wie ein Viergestirn in den gemütlichen Wirt-
schaften des Dachauer Hinterlandes. Dagmar liebte diese verräucher-
ten, lauten Wirtsstuben, in denen Weltpolitik und Fußballergebnisse
wieder und wieder diskutiert wurden und deren Luft ihrem Herzen
sicher nicht guttat. Oft saß sie auf dem biernassen Tresen und patschte
im Schaum, manchmal trug die Wirtin sie herum, oder die halbwüch-
sige Tochter des Wirts zeigte ihr die jungen Kätzchen im Stall. Immer
gehörte Dagmar dazu.

Als wir wieder nach München zogen, waren wir jeden Sonntagmorgen beim Dixieland-Frühschoppen in Schwabing. Und während
mein Mann begeistert im Takt der Musik klatschte, schlug Dagmar
vor der Band ihr Lager auf. Im Schneidersitz saß sie dort, die Gäste
stiegen über sie hinweg – und wenn es besonders rhythmisch wurde,
dann erhob sie sich und „swingte" im Takt mit. Und mein Mann, den
ich bat, sie zu bremsen, rief begeistert: „Laß sie doch – das hat sie von
mir! Sieh nur: Was für ein Feeling sie hat!" Sie hatte es wirklich, die
Leute klatschten ihr zu – und gottergeben lehnte ich mich zurück.

War es dieses „Teilhaben" am Leben, oder war es Omis grenzenlose Anerkennung, Papis durch keinen Zweifel angefochtene Liebe, Brittas stete Zuwendung, meine durch Glück und Intuition bestimmte Erziehung? Ja und nein. Denn was hätte all das geholfen, wenn man in der Schule nicht Dagmars Wesen erkannt und gefördert hätte? Wenn man gerade bei ihr stur auf der Einhaltung eines vorgegebenen Rasters bestanden hätte? Irgendwann hätte sie aufgegeben, ihr Zauber wäre in Entmutigung versunken.

Seit ihrem ersten Tag auf dieser Erde hatte Dagmar immer wieder ihre Kräfte fürs Überleben einsetzen müssen: ohne Saugreflex geboren, mit Lungenentzündungen belastet, mit einem schweren Herzfehler geschlagen, hatte sie doch nie aufgegeben, sondern für ihr Leben gekämpft. Ein Gefühl kam in mir auf, das ich nie für möglich gehalten hätte – ich war stolz auf Dagmar. Und dieses Gefühl hat mich nie mehr verlassen.

Dagmars intellektuelle Fähigkeiten, die ich so gering eingeschätzt hatte, *waren* gering, wogen leicht. Aber vollgepackt und schwer senkte sich die andere Waagschale, gefüllt mit den Eigenschaften eines reifen Menschen. Und nie mehr maß ich Dagmar an dem Wort „Intelligenz", das für mich seitdem sowieso eine andere Bedeutung bekommen hat.

Und so brauchen diese Zeilen über ihre Schulzeit auch nur kurz zu sein, denn das Wesentliche und der Reichtum dieser Zeit durchdringen das ganze Buch, haben seine Entstehung überhaupt erst möglich gemacht.

Natürlich habe ich inzwischen Bücher über Rudolf Steiner gelesen, ich habe Eurhythmie-Stunden genommen, um Dagmars Leistungen auf diesem Gebiet – und sie waren hier besonders groß – würdigen zu können. Und ich habe Toleranz genossen, die sich nicht nur auf unsere Kinder erstreckte. Auch wir Eltern durften davon profitieren. Und ganz im geheimen habe ich die Schule schon bald für mich umgetauft: Schule für Dagmar und ihre Mutter, deren Seele äußerst pflegebedürftig gewesen war.

Lange schon liegt die Schulzeit hinter uns, aber Gegenwart und Zukunft werden immer von ihr durchwoben sein. Immer noch ziehen wir Kraft aus jener Zeit – und der Gedanke an diese Schule wird uns auch weiterhin helfen, mit Problemen und Sorgen fertig zu werden.

FAST alle Sommerferien haben wir gemeinsam mit Dagmar verbracht. Gerade im Urlaub ist uns Dagmar immer sehr „nahegekommen". War es die andere Umgebung, die uns unser Kind mit allen seinen Eigenarten so bewußtmachte?

Besonders gern erinnere ich mich an unsere Ferien in Südfrankreich, viele Jahre fuhren wir dorthin, zwei- oder dreimal auch mit guten Freunden. Unsere Töchter waren alle im gleichen Alter, so etwa dreizehn bis siebzehn Jahre, aber Dagmar wirkte immer wesentlich jünger, als sie jeweils war.

Morgens wurde das Taschengeld für Eis, Getränke oder das Tretboot verteilt, aber schon am ersten Tag merkten die Kinder, daß sie mit ihrem Geld nicht auskommen würden, wenn sie ihr Eis bei dem fliegenden Händler kauften. Er verlangte den doppelten Preis wie das kleine Bistro gleich nebenan. Doch im Bistro hatte man so seine Probleme. Man konnte nicht einfach nur auf das Eis zeigen, man mußte es in französischer Sprache verlangen, lief Gefahr, auch noch etwas gefragt zu werden, kurz: Man wurde gefordert.

Eine entsetzliche Zwickmühle, in die unsere kleinen Damen da geraten waren. Ernste Palaver wurden abgehalten, und wir Mütter schüttelten uns auf unseren Luftmatratzen vor Lachen.

Dagmar hörte aufmerksam den Kriegsräten zu, in denen ständig das Wort „Eis" fiel, und während die anderen noch diskutierten, stand sie auf und kam Minuten später mit einem Eis vom Bistro zurück. Ehrfürchtiges, aber auch neidvolles Schweigen breitete sich unter den Französisch lernenden Gymnasiastinnen aus. Und Britta kam auf die glorreiche Idee, Dagmar zu schicken, die offensichtlich keine Probleme hatte, das Gewünschte zu erhalten.

So gab man ihr das Geld für vier Eis, erhöhte dann auf fünf (das war ihr Lohn – den Aufwand mußten die anderen vier zu gleichen Teilen tragen), und machte ihr klar, sie müsse die Finger einer Hand spreizen, was „fünf" bedeutete, und dazu sagen: „Cinq glaces." Auf das „S'il vous plaît" wurde nach längeren wortreichen Diskussionen verzichtet. Dagmar übte geduldig, aber plötzlich stand sie auf, zeigte den

anderen einen Vogel und verkündete: „Quatsch, Glas! Brauch kein
Glas, will doch nicht trinken, will Eis", und während die anderen noch
ihre Wünsche mitteilen wollten, ob Vanille oder Schokolade, bekamen sie wieder einen Vogel von Dagmar gezeigt, die nun einwandfrei
klarstellte, wer hier das Sagen hatte.

Dann marschierte sie an der langen Reihe der anderen Wartenden
vorbei, die ebenfalls vor dem Bistro wegen Limonade, Bier oder Eis
anstanden. Und während die vier Auftraggeberinnen sich vor Scham,
aber auch Entzücken über die Dreistigkeit Dagmars unter ihren Badetüchern versteckten und hohe Töne des Entsetzens von sich gaben,
ging sie direkt zur Eistruhe, hob den Deckel, zog sich hoch und beugte
sich kopfüber bis zur Taille über den Rand der Truhe. Fünfmal sah ich
ihre Hand, die wahllos unten etwas griff und auf den Rand legte, dann
gab sie sich einen Ruck, stand wieder, legte den Deckel auf und rief:
„Muß zahlen!" Und ein Ober, der ihr schon die ganze Zeit lachend
zugesehen hatte, rechnete mit ihr ab.

Bei den anderen angekommen, drückte sie ein dickes Schokoladen-
eis an ihre warme Brust, dann ließ sie die kleineren Eistüten mit dem
Rest des Geldes auf eine der Luftmatratzen fallen und beobachtete
sodann stumm den Pöbel, der sich nun auf Geld und Eis stürzte.
Zufrieden sank sie neben mir in den Sand, schmatzte an ihrem Schoko-
ladeneis und sagte: „Ell-Bätsch! Doch Eis!" Denn ich hatte sie am
Morgen wegen Durchfalls auf halbe Ration gesetzt. Und um nicht
eingreifen zu müssen, drehte ich verschlafen blinzelnd meinen Kopf
weg. Endlich konnte ich auch ungehindert lachen.

IM DARAUFFOLGENDEN Jahr fuhren wir wieder an denselben Ort.
Aber wir waren allein, unsere Freunde blieben diesmal zu Hause.

Etwas traurig machten wir uns früh am nächsten Morgen auf den
Weg zum Meer. Aber dann blies der Wind durch die offenen Autofen-
ster, er brachte Düfte und Gerüche mit, die wir schon kannten, vertraute Landschaft zog an uns vorbei, und zuversichtlich trösteten wir
unsere Kinder, daß wir sicher wieder unsere alten Sonnenplätze vor
dem Bistro mieten konnten. Doch schon die Parkplatzsuche gestaltete
sich schwierig – es war August –, und nachdem wir das Auto irgendwo quer abgestellt hatten, schoben wir uns mit Taschen, Körben und
Bällen durch die Menschenmenge in Richtung unseres Bistros.

Dieses Bistro war ein kleiner Betrieb, der nur während der Hauptsaison geöffnet hatte. Während dieser Zeit wurde man hier mit den herrlichsten Delikatessen verwöhnt. Feinschmeckermenüs mit acht Gängen waren für die Stammkunden obligatorisch. Man konnte an der Bar Bier, Wein, Espresso oder einen Aperitif bestellen und dabei einen kleinen Plausch halten. Und auf dem schmalen Sandstreifen, der zwischen Terrasse und Meer lag, konnte man Luftmatratzen und Sonnenschirme mieten. Es war ein kleines, sich selbst genügendes Paradies – wenn man hineinkam.

So verstimmt wir auch erst über die Menschenmassen waren, die – wie wir – in Richtung Strand gingen, in dem Moment, als wir den Sand in unseren Sandalen spürten, als wir über die Köpfe und Sonnenschirme hinweg das tiefblaue Meer sahen, gehörten wir dazu. Willig reihten wir uns ein in den Zug der Lemminge und steuerten auf die wettergegerbten Planken zu, die über den Sand direkt zu unserem Paradies führten.

Wir erblickten das vertraute provisorische Bretterhaus, das auf Pfählen im Sand gebaut war. Durch die weitgeöffneten Küchenfenster konnten wir die Köche sehen, die schnell und geschickt arbeiteten. Genüßlich sog ich den Duft von Olivenöl und Knoblauch ein, mein Blick verlor sich in den Körben mit Lauch, Tomaten, Löwenzahnblättern. Unter dicken Leinentüchern, die über große Platten gelegt waren, blitzten silberne und rote Fische hervor, und mir lief das Wasser im Munde zusammen.

Schneller wurde unser Schritt, fast liefen wir an der Bretterwand entlang, dann noch die zwei Stufen, und schon standen wir in „unserem" Bistro. Vorn gab es die lange Bar, hinter der sich, durch eine Mauer getrennt, die Küche befand. Neben der Küche, im rechten Teil des fensterlosen, dämmrigen Raumes, hatte man einige Tische und Stühle – wohl für Regentage – hingestellt, und gleich davor prangte Dagmars Kühltruhe.

Vor dem Bistro befand sich die Terrasse. Sie bestand aus einer Holzbühne, auf der zehn lange Tische und unzählige Stühle, akkurat in Reih und Glied, noch auf Gäste warteten, denn es war noch recht früh. Ein kleines Geländer lief um die Terrasse, und vorn in der Mitte führten drei oder vier breite Holzstufen an den Strand. Über diesen luftigen Ort hatte man Strohmatten gespannt, und obwohl es noch nicht

sehr heiß war, empfanden wir die Kühle hier im Schatten als sehr
wohltuend. An der Bar hantierte ein junges Mädchen herum, sie ordnete Flaschen, Gläser, Tassen, füllte Bier- und Weinflaschen in die
Kühlschränke unter der Bar und fuhr flink mit einem weißen Lappen
über die Theke.

Dann hörten wir die tiefe, energische Stimme von Madame. Sie
stand neben den Luftmatratzen am Strand und erklärte den Fragenden,
daß alle Matratzen, alle Sonnenschirme „occupés" seien, und mit einer
wegwerfenden Handbewegung, von der wir bisher geglaubt hatten,
nur Dagmar beherrsche sie so meisterlich, gab sie den Fragestellern zu
verstehen, daß sie sie für Dummköpfe hielt, drehte sich um und kam
die Treppe herauf. Hier standen wir, und ihr Gesicht war sehr abwei-
send, aber da bog Dagmar – wie immer als letzte – um die Ecke.

Dagmar erkannte freudig ihre Kühltruhe, und Madame erkannte
freudig Dagmar und dann auch ein wenig uns, und Dagmar und Britta
bekamen ein Eis und wir Getränke und schließlich sogar drei Luftmatratzen und zwei Sonnenschirme.

Glücklich sanken wir auf unsere dicken Matratzen: Wir hatten es
geschafft, an dieser total überfüllten Küste einen Platz an der Sonne zu
ergattern. Aber eigentlich war es Dagmar gewesen, der wir dieses Privileg verdankten.

Langsam verteilten wir unsere Sachen, cremten uns ein, grüßten
nach allen Seiten, denn diese Menschen waren in den nächsten
Wochen unsere Nachbarn. Und dann, als wir in der Sonne lagen, die
Augen geschlossen, da spürten wir die Leere. Mir fehlten die Stimmen
von Traudl und ihrem Mann, von Gudrun, Gabi und Sven, mir fehlte
das laute Schreien der Kinder, das Fragen und Kichern und die stets
aktuelle Frage: „Was wollen wir heute eigentlich essen?" Ich vermißte
das Stöhnen über Sonnenbrand, angegessene Speckfalten und Sand-
körner im Butterbrot – und Dagmar empfand es wohl ebenso. Denn
als ich die Augen öffnete, bemerkte ich, daß sie verzweifelt auf ihre
Schwester sah, die sich ganz dem Sonnenbaden hingab.

Dagmar drehte den Kopf zur Veranda. Dort hinter ihr, in ihrer
Reichweite, brodelte das Leben, dort waren Menschen, waren Lachen
und Reden, Essen und Trinken. Und im selben Moment wußte Dagmar, wo sie ihren Urlaub verbringen wollte.

Langsam arbeitete sie sich vor in dieses Reich der Geräusche und

Gerüche. Zuerst saß sie auf der Holztreppe, kurze Zeit später auf einem Stuhl am Geländer. Ich holte sie zurück, legte sie neben mich, eingeschmiert und mit Sand paniert, und damit sie mir nicht entwischen konnte, behielt ich ihre Hand in meiner – für Vorübergehende ein rührender Anblick. Aber Dagmar erkannte sofort die Fessel, und flink überlegte sie. Einen Grund gab es doch immer, um zu entwischen. „Muß Klo!" sagte sie schließlich, sprang auf und lief Richtung Bistro. Und natürlich kam sie nicht zurück.

Noch eine Stunde später stand sie an der Bar, trank auf Pump Mineralwasser und Cola, und ich sandte meinen Mann, sie auszulösen. Natürlich kamen beide nicht zurück. Aber ich hatte nun die Verantwortung weitergereicht, nahm ein Buch und las; schließlich schlief ich sogar ein. Als ich aufwachte, waren meine Lieben immer noch nicht da. Ich blickte auf und sah, daß mein Mann an der Bar in ein Gespräch vertieft war. Dagmar stand nun bereits hinter der Theke und spülte Gläser. Sie erteilte nach allen Seiten hin Kommandos, und angstvoll beobachtete ich die Wirtin, aber Madame wirkte sehr vergnügt. Liebevoll zerzauste sie Dagmars Haar, und die Kellner lachten.

Am nächsten Tag übernahm Dagmar zeitweise den „Dienst" an der Eistruhe. Ich war mit den Nerven vollkommen fertig und wollte Hals über Kopf abreisen. Schon vom Zuschauen wurde mir ganz elend. Wünsche der Anstehenden wurden von Dagmar nicht beachtet. Jeder mußte froh sein, überhaupt etwas zu bekommen, und wegen Verständigungsschwierigkeiten – aber auch wegen Dagmars Blick – setzte sich keiner einer Diskussion aus. Zum Zahlen gingen die Leute an die Kasse, alles funktionierte scheinbar reibungslos, die Schlange der Wartenden war noch nie so kurz. Doch irgendwie hatte Madame es dann geschafft, Dagmar vom Thekendienst fernzuhalten. Ich weiß nicht, wie – aber Dagmar erkannte ihre Autorität an.

Sie schwamm nun ganz im Kielwasser von Madame. Wenn Madame am Tresen tratschte und beide Arme aufgestützt hatte, so dauerte es nicht lange, bis unter ihrer Achsel Dagmars Kopf auftauchte. Versonnen lehnte sie sich an Madame, und ab und zu griff diese in Dagmars Haar und zerzauste es liebevoll.

Mein Mann und ich versuchten, uns für diese „Ferienliebe" erkenntlich zu zeigen. So genossen wir täglich die gigantischen Menüs, tranken unzählige Gläser Wein und Wasser, Espressos und Cappuccinos.

Dagmar machte in dieser Zeit alle Aschenbecher sauber, räumte die Gläser von den Tischen, kam nie in meine Reichweite, schimpfte Kinder aus, die nicht ordentlich aßen, kurz, sie war die Seele des Bistros.

Auch Britta kam auf ihre Kosten. Sie wurde braun wie eine Haselnuß, aß von früh bis spät Sahneeis und genoß die wohlige Faulheit einer Vierzehnjährigen.

So waren wir alle glücklich, und zu verdanken hatten wir das Dagmars Initiative. Wie farblos und unbeholfen kam ich mir in den ersten Tagen vor, wenn ich an der Bar meinen Cappuccino bestellte. Dagmar hingegen genoß bereits ihr Glück in vollen Zügen – sie hatte es sich erkämpft, hatte ihre Urlaubstage von Anfang an für das genutzt, was ihr wichtig erschien: den Kontakt zu anderen Menschen. Sie hatte den ersten Schritt getan und andere von sich überzeugt. Und sie war mit der Zuneigung der anderen belohnt worden. Wir alle suchen genau dasselbe, aber wir nähern uns auf mühsamen Umwegen diesem Ziel, und meist brechen wir viel zu spät auf.

Der letzte Tag im August war auch unser letzter Tag am Meer. Wir wußten nicht, daß auch unser Bistro an diesem Tag für die Sommersaison seine Tore schloß. Schon mittags hatten wir uns verabschiedet, um zu packen. Es war ein stürmischer Abschied gewesen zwischen Dagmar und Madame, und auf Dagmars Drängen fuhren wir am Abend noch einmal ans Meer.

Es dämmerte bereits, und die Strandpromenade war leer. Oberhalb des Bistros parkten wir das Auto auf der Straße. Der Strand lag verlassen da. Von irgendwoher hörten wir Musik. Voller Abschiedsschmerz liefen wir über die Planken, die zu „unserem" Bistro führten. Vor dem Küchenfenster waren die Läden geschlossen – aber die Musik wurde immer lauter. Und als wir um die Ecke bogen, saßen sie alle da: die Kellner und Stammgäste, Madame und die Lieferanten. Sie feierten Abschied, und wir wurden mit großem Hallo begrüßt. Ich begriff nur so viel, daß die Wirtin ganz glücklich erzählte, daß Dagmar sie verstanden habe. Sie hatte Dagmar mittags zur Feier eingeladen!

Es war ein heiterer, gelöster Abend. Wir haben noch einmal viel gelacht, herrlich gegessen, wir gehörten plötzlich zu einem Kreis, der uns ohne Dagmar – und ohne die Menschlichkeit und Wärme der Wirtin – immer verschlossen geblieben wäre. Und Dagmar? Sie saß weit von mir entfernt, umschlungen von Madames Armen.

BEI der Lektüre dieser heiteren Ferienepisoden wird vielleicht mancher Leser skeptisch fragen: Lief denn immer alles so problemlos mit den „anderen"? Hat Dagmar nie Ablehnung, Zurückweisung erfahren? Auch viele Mütter von behinderten Kindern, mit denen ich ins Gespräch kam, haben mich gefragt, ob ich nicht ebenfalls die Zudringlichkeit der Blicke fürchte, das Auffallen mit meinem Kind. Nein, das Auffallen wegen Dagmars Aussehen habe ich nie gefürchtet, und das war wohl auch der Grund, daß es für mich so leicht war, Dagmar überallhin mitzunehmen.

Jeder Mensch, der nicht der Norm entspricht, fällt auf, und Dagmar entspricht nicht der Norm. Aber ihre äußere Auffälligkeit stellte nur für kurze Zeit ein Problem für mich dar. Es war die Zeit, als ich Angst hatte, daß Britta ihre Schwester ablehnen könnte. Davor und danach war ich immer bereit, Dagmar zu akzeptieren, so wie sie ist. Mein Naturell hat es mir allerdings leichtgemacht: Ich spüre die Reaktionen der Umwelt nicht so stark.

Es muß schon sehr massiv kommen, bis ich etwas merke. Manchmal allerdings habe ich unter den Reaktionen der Mitmenschen sehr gelitten. Ich erinnere mich an eine Situation in einem Fahrstuhl im Kaufhaus. Mir gegenüber befand sich eine Frau, sie war hochschwanger. Wir standen alle recht eng beieinander, und als Dagmar – sie war noch klein, sieben, acht Jahre alt – sie berühren wollte, wich die Frau voller Entsetzen aus; sie drückte sich an die Wand, die Augen weit geöffnet, und schlug das Kind auf die Hand. Ich riß Dagmar zurück, und als die Frau und ich uns ansahen – all die anderen schienen den Atem anzuhalten –, stiegen ihr und mir Tränen in die Augen. Trotz ihrer Reaktion gab es etwas, das uns verband.

Zwei, drei „unangenehme" kleine Erlebnisse gab es noch, doch sie sind im Grunde nicht erwähnenswert. Wie oft ecken unsere gesunden Kinder an, und wir bemerken es nicht oder vergessen es schnell wieder. Richtete sich etwas gegen Dagmar, blieb es vielleicht etwas länger haften, aber heute ist auch das vergessen.

Dagegen habe ich viele Momente in Erinnerung, in denen Dagmar

gerade wegen ihrer Behinderung eine besondere Stellung einnahm –
nicht nur in den Ferien unter südlicher Sonne. Können Sie sich vorstellen, daß jemand unbehelligt an einer Schlange Wartender in einem
überfüllten Münchner Biergarten vorbeigehen darf, um dann mit
einer schäumenden frischen Maß zurückzukommen?

Arme Britta, sie versuchte es auch, war viel kleiner, viel niedlicher.
Aber immer kam sie mit leerem Krug und leeren Händen zurück; ehr-
fürchtig sah sie auf ihre Schwester.

Ein Mensch wie Dagmar fordert seine Umwelt heraus. Er ist ein
„Gradmesser", und man kann nicht neben ihm leben, ohne Stellung
nehmen zu müssen. Toleranz wird vielleicht gefordert, aber auch der
Betreffende selbst und seine Eltern müssen sie haben. Menschen,
denen Dagmar auffällt, sind nicht von vornherein Menschen, die sie
nicht akzeptieren. Die einfache Gleichung „Anschauen = Ablehnen"
ist glücklicherweise nicht die Regel.

Doch auch Menschen, die mit Dagmar nur bedingt umgehen können, sind oft und gern mit uns zusammen, und Dagmar ist dabei.
Ohne Worte und Verletzungen ist eine Art Abkommen entstanden,
das von allen eingehalten wird. Dagmar begreift inzwischen, warum
ich manchmal ihre Spontanität bremse. Und es tut ihr nicht weh!

Und die, die Dagmar überhaupt nicht ertragen können? Sie bleiben
einfach weg, ohne Worte. Denn jedes Wort in dieser Richtung ist wie
ein furchtbarer Schlag. Aber es gibt Menschen, die diese Grenzen
nicht kennen. Ihnen „verdanken" wir schmerzliche Erfahrungen.

Gedankenlosigkeiten, die uns sehr weh taten. Ja, die gab es auch.
Zum Beispiel durch den unwirsch hingeworfenen Satz eines nervös
gewordenen Optikers beim Versuch, Dagmar eine Brille anzupassen:
„Das lohnt ja doch nicht!"

Oder durch die Bemerkung einer Mutter, die in ihrem Schmerz,
weil ihr Kind auf der Intensivstation lag, meinen Trostversuch: „Ich
weiß, wie dir zumute ist, denn als Dagmar ..." verzweifelt unterbrach: „Ach, das ist doch etwas anderes." Mit diesen Worten ließ sie
mich in meiner Verzweiflung stehen. Ihr Kind wurde Gott sei Dank
gesund, aber uns trennten von da an Welten.

Auch Bemerkungen von anderen Seiten haben uns oft sehr verletzt.
Doch eigentlich war es immer nur das Versagen einzelner Menschen.

Trotzdem wollte ich unsere schlechten Erfahrungen in meinem

Buch auflisten. Ausführlich war mein Bericht über zwei von meiner
Kirche abgesandte Frauen, die mir acht Wochen nach Dagmars
Geburt noch ein wenig mehr den Boden unter den Füßen wegzogen.
Vier Seiten hatte ich der Ungeheuerlichkeit der Sätze „Dieses Kind ist
eine Strafe Gottes. Trotzdem sollten Sie es taufen lassen, solche Kinder
sterben sehr früh!" gewidmet. Dann strich ich sie durch. Wieder hatten nur einzelne Menschen versagt.

Dem Bruch einer Freundschaft hatte ich drei Seiten gewidmet.
Doch auch diese strich ich wieder. Die Sätze „Euer Kind ist eine
Zumutung für uns. Auch die anderen empfinden es so und werden
euch meiden!" sprechen für sich. Selten fällt uns sofort die richtige
Antwort ein. Aber in diesem wichtigen Moment war sie da: „Dann
bin ich sehr froh, daß wir Dagmar haben, so kann ich vor unserer Tür
die Spreu vom Weizen trennen!"

Daraufhin machten uns gar die Freunde dieses Freundes Vorwürfe:
„Ein Freund hat das Recht, ja sogar die Pflicht, zu sagen, was er
denkt!" – Wußten sie nichts von einer Grenze des guten Geschmacks,
begriffen sie nicht einmal, daß sie über ein Schicksal sprachen?

Wieder war es das Versagen einzelner gewesen. Dennoch wollte ich
zunächst auch diesen Erfahrungen einen Platz in meinem Buch einräu-
men, denn ich spürte das Ungleichgewicht. Aber da war diese
Schwelle in mir, die mich immer wieder die Passagen über die schlechten Erfahrungen streichen ließ.

Zufällig erzählte ich meinem Frauenarzt, daß ich ein Buch über
Dagmar schreibe. Wir kennen uns nicht besonders gut, er warf einen
Blick auf meine Karteikarte, entnahm den Notizen, daß mein erstes
Kind mongoloid ist, und es entfuhr ihm der Satz: „Ja, ja! Dieses
Krankheitsbild haben wir auch bald ausgerottet."

Betretenes Schweigen machte sich zwischen uns breit, und um es zu
durchbrechen, fuhr er fort: „Im letzten Jahr habe ich zwei mongoloide
Kinder entbunden. Eine Mutter hat sich trotz fortgeschrittenen Alters
geweigert, eine Fruchtwasseruntersuchung machen zu lassen. Nun ist
sie ganz verzweifelt. Die andere wollte ihr Kind behalten, obwohl sie
seit dem dritten Schwangerschaftsmonat wußte, daß es mongoloid
sein wird. – Wenn Sie damit einverstanden sind, gebe ich den Müttern
Ihre Adresse. Sie können sich dann wegen Ihres Buches mit Ihnen in
Verbindung setzen."

Plötzlich wußte ich, warum ich alles Negative weggeschoben hatte. Für die anderen Mütter hatte ich es getan – und für alle Menschen, die noch nie mit einem behinderten Kind in Berührung gekommen sind. Sie alle hören immer nur Negatives: Schicksalsschlag, Kreuz Gottes, entsetzliches Los, Tragödie.

Für sie habe ich geschrieben, daß das Leben mit einem Kind wie Dagmar schön und normal sein kann, wenn wir ein wenig Glück mit unserer Umwelt haben, wenn wir das Kind lieben und die Zuversicht in unserem Leben immer die Oberhand behält.

Aber immer schreibe ich von Umwelt, von Freunden, von uns Eltern, und etwas Wichtiges vergesse ich fast: Da ist ja auch noch Dagmar – und *ihr* Blick auf andere.

Dagmar lehnt ab oder liebt – ein Zwischending gibt es nicht, und nie mehr im Leben wird sie von ihrer einmal gefaßten Meinung abgehen. Und dabei handelt es sich nicht nur um Situationen und Dinge, auch Menschen werden in diese zwei Schubladen sortiert.

Jubelnd kommt sie die Treppe heruntergewirbelt, weil es geläutet hat und sie Besuch über alles liebt. Schon steht sie auf Zehenspitzen, um sich dem Eintretenden an den Hals zu werfen, da hält sie inne, geht gar einen Schritt zurück und gibt verhalten die Hand.

Unangenehm wird es für uns, wenn sie auch noch fragt: „Wann gehst du wieder?" – sie spricht dann plötzlich sehr deutlich. Und im Winter fügt sie vielleicht noch hinzu: „Zieh den Mantel nicht aus!"

Mit Schrecken erinnere ich mich an folgende Situation: Die Frau eines Geschäftsfreundes meines Mannes ist da, wir kennen uns kaum, und wir überbrücken unser Fremdsein mit dem Erzählen lustiger Alltagsgeschichten. Nach dem dritten Sherry enthülle ich Dagmars Geheimnis: Wenn wir eine Party geben, steht Dagmar natürlich an der Tür, jubelnd fällt sie ihren „Schatzkönigen" und „Schatzmäusen" um den Hals. Aber manche Gäste läßt sie nicht herein. Jemand von uns muß dann eingreifen und Dagmar von der Tür entfernen, damit auch die Dagmar unwillkommenen Menschen das Haus betreten können.

Die Frau des Geschäftsfreundes und ich lachen uns halb tot. Da läutet es, und Dagmar kehrt von der Schule heim. Sie ahnen sicher schon, was kommt! Das ist gut, denn ich kann gar nicht darüber schreiben ... Aber ich kann Ihnen ernsthaft versichern: Dagmars Geschmack deckt sich nicht immer mit meinem!

ALLES, was Dagmar kann, hat sie mühsam lernen müssen. Einige Fertigkeiten – für deren Verwendung sie keine Notwendigkeit sah – hat sie für immer verweigert, andere beherrscht sie relativ gut, und in einigen Dingen hat sie gar echte Perfektion erreicht.

Dagmar überrascht ihre Umwelt in Lokalen und Restaurants stets damit, daß sie mit jedem schwierigen Spaghettigericht, mit jedem Fondue spielend fertig wird; kein Fleck ziert Tischdecke oder Pulli, anmutig führt sie ihr Glas zum Mund.

Auch Britta ißt äußerst appetitlich und diszipliniert. Und so könnten wir stets einen hervorragenden Eindruck hinterlassen, hätte ich nicht mittlerweile ein Glas Rotwein umgeworfen und mein Mann in der Zwischenzeit sein Hemd durch Flecken „verschönert".

Dagmars „Laufkarriere" verlief ähnlich. Sie war dreieinhalb Jahre alt, mühsam an mich geklammert konnte sie stehen. Der Orthopäde sagte: „Dagmars Bänder sind viel zu überstreckt. Vermutlich wird sie nie laufen können. Sie sollten ernsthaft an eine rollstuhlgeeignete Wohnung denken!"

Dagmar hat laufen gelernt. Langsam und mühsam. Und Dagmar hat tanzen gelernt: voller Grazie, voller Schwung und Rhythmus. Und einmal, als sie auf der Schulbühne stand und eine Tarantella tanzte, legte ich eine Gedenkminute für den Orthopäden ein. Aber die Narben auf meiner Seele sind deshalb nicht verschwunden.

Heute ist Dagmars Art, sich zu bewegen, höchst facettenreich. Ihr Repertoire ist groß: mißmutig kann sie wie eine Ente watscheln, frohgelaunt wippt sie in weiten Schwingröcken an ihrer staunenden Umwelt vorbei, voller verhaltenem Charme kann sie anmutig auf einem Stuhl sitzen, um jemanden zu bezaubern, und Sekunden später gleicht sie einer behäbigen, schwerfälligen Bauernmagd, wenn etwas sie verstimmt hat.

Jahrelang hat sie versucht, durch Körpersprache das zu ersetzen, was ihr stets am schwersten gefallen ist: das Sprechen.

Gefragt, ob Dagmar richtig sprechen könne, würde ich spontan antworten: „Nein!" Um mich schon nach Sekunden des Überlegens zu verbessern: „Aber natürlich kann sie sprechen! Manches kann sie sogar viel treffender ausdrücken als wir!" Und wieder einmal spüre ich, daß Dagmar in keine Norm zu pressen ist.

In allen Lexika und Fachbüchern steht, daß Menschen mit dem Morbus-Down-Syndrom wegen der zu großen Zunge nur unartikuliert sprechen können. Aber Dagmars Zunge ist nicht zu groß. Doch so wie die Bänder und Sehnen an Armen, Händen und Beinen „überstreckt" sind, sind es wohl auch die Bänder ihres Stimmapparats: Deutliches Sprechen fällt ihr unendlich schwer. Natürlich „hört man sich ein", natürlich wird ihr Wortschatz von Jahr zu Jahr etwas größer, natürlich verfügt sie über kurze, prägnante Sätze. Doch wenn sie mir etwas ganz Neues erzählen will, aus einem Gebiet, über das wir noch nie gesprochen haben, und ich sie deswegen bisweilen nicht verstehe, bricht sie noch heute unversehens in Tränen aus.

Aber Dagmar fängt sich schnell wieder. Nach dem Tränenausbruch findet sie sofort den wirklich Schuldigen. „Du bist doof!" wirft sie mir an den Kopf, sie schafft damit Ordnung in ihrer Welt, und ihre Mutter ist zerknirscht.

Omi hingegen überbrückt alle ihr unverständlichen Sätze mit der Bemerkung: „Ja, mein Engel!" Sie sagt es so oft und in so unpassenden Situationen, bis Dagmar schließlich ruft: „Hör auf! Sag nicht ,ja', sag ,nein'! Ach, du spinnst wirklich!" Und mit einer abschließenden Handbewegung weist sie Omi in ihre Schranken.

Natürlich haben wir kleine oder lange Unterhaltungen, und all die Sätze, die ich sie in den Episoden „sagen lasse", hat sie wirklich gesprochen: manche genau so, manche eben auf ihre Art.

Manchmal „schafft" sie ganz erstaunliche Sätze, und „schaffen" steht hier nicht für mühsam erringen, sondern für Kreativität. Und absolut fehlerfrei sind ihre Sätze, wenn sie irgendwo das Kommando übernommen hat.

Aber im ganzen gesehen war die Sprache für sie etwas ungeheuer Frustrierendes, und ich glaube, sie hätte resigniert, wenn nicht das Wichtigste in ihrem Leben die Menschen wären. Als sie ihre Unfähigkeit erkannte, sich allen verständlich zu machen, begann sie, ihren Körper zu schulen.

Abscheu und Freude, Liebe und Trauer, jedes elementare Empfinden wandelte sie in Bewegung und Ausdruck um. Und durch die

Kombination ihres Wortschatzes mit ihrer Körpersprache scheint es, als könnte sie „perfekt" sprechen.

Einige Episoden, die diese „Sprachbegabung" veranschaulichen, sind in meiner Erinnerung hängengeblieben: Meine Cousine aus Kalifornien ist mit ihren Kindern bei uns zu Besuch. Britta und Nicole sind am selben Tag im selben Jahr geboren, sie haben sich immer als Zwillinge gefühlt, und nun, als sie sich gegenüberstehen, beide sieben Jahre alt, ist da die Sprachbarriere. Beide sind verunsichert, Nicole ist auch noch übermüdet und weint; sie hat sich so auf ihren „Zwilling" gefreut, und nun haben sie keine gemeinsame Basis.

Ein paar Stunden später kommt meine Cousine lachend zu mir ins Zimmer und fällt japsend in einen Sessel. „Stell dir vor", meint sie vergnügt, „Stevie tröstet gerade Nicole. Und weißt du, was mein kluger Sohn sagt?"

„Nein", erwidere ich.

„Er sagt, ‚Sei doch nicht so traurig, Nicole. Britta kann doch nichts dafür, daß sie nicht so perfekt Englisch kann wie Dagmar . . .!'"

Auch ein Schulfest ist mir noch gut in Erinnerung. Dagmar steht auf der Bühne – übrigens ihr liebster Platz im Leben – und soll einen mühsam erlernten Text sprechen. Vor Aufregung hat sie eine Menge wieder vergessen, aber sie läßt sich dadurch nicht entmutigen wie viele andere Kinder, sie ersetzt pantomimisch die ihr fehlenden Worte. Mütter sind meist betriebsblind, und so bin ich nur traurig, daß unser geduldiges Üben für den Moment sinnlos war. Spontan sage ich leise: „Ach Gott, die Arme!" Da dreht Dagmars Eurhythmielehrerin sich zu mir um und meint erstaunt: „Dagmar braucht die Sprache nicht. Sie drückt alles mit ihrem Körper aus. Ist das nicht wunderbar?" Beschämt nicke ich.

Wenn ich es mir recht überlege, waren Dagmars Sprachschwierigkeiten nie entscheidend. Irgendwie hat sie es unter Einsatz ihrer ganzen Person immer geschafft, „verstandener" Mittelpunkt zu sein.

Wen wundert es jetzt noch, wenn ich sage, daß es Dagmar sogar gelungen ist, aus ihrer Sprache etwas besonders Lebendiges zu machen. Neben stereotypen Sätzen, die sie aus einer Situation heraus übernommen hat und in ähnlichen Situationen bedenkenlos wiederholt – was natürlich Heiterkeit und lautes Lachen hervorruft –, hat sie einen ganz eigenen Gebrauch der Sprache entwickelt. Voller Phantasie, Vorstellungskraft und Kreativität. Dagmar ist es gerade aufgrund ihres sprachlichen „Unvermögens" gelungen, manchen Dingen ein Glanzlicht aufzusetzen. Teilweise haben wir diese „Lichtlein" in unseren eigenen Sprachgebrauch übernommen.

So ist aus dem gegen die Scheibe schwirrenden Schmetterling ein Schwirreling geworden, ein Ratsch-Tisch kann nur ein Stammtisch sein, Glückwein steht viel treffender für Glühwein, der Schatzkönig ist ihr Herzensschatz.

Etwas ratlos wurden wir, als sie sich von meiner Schwester zum Geburtstag eine „kecke Kugel rund rund blau" wünschte. Endlich hatte sie mal einen Wunsch, und wir wollten ihn unbedingt erfüllen. Ein Auslandsgespräch mit Dagmars „Dolmetscherin" Britta brachte die Lösung, gemeint war eine doppelreihige Kette aus blauen Holzkugeln.

Dagmars Eigenart, Doppelwörter einfach umzudrehen, „bekämpfte" ich so lange, bis Dagmar all meinen Bemühungen zum Trotz als eindeutige Siegerin feststand. So ist es nun fast kalter Kaffee, wenn eine Schatzmaus sich vom Ratsch-Tisch erhebt, zum Abschied auf den Tisch klopft und erklärt: „Ich muß leider zum Ballfuß!"

Auch die sonntäglichen Anrufe unserer Freunde an eisigkalten sonnigen Wintertagen: „Geht ihr mit zum Stockeisen?" haben sich eingebürgert, und wie Sie sehen, hat Dagmar sich hier gewandt und mutig an ein Dreierwort getraut. Und für alle nördlich der Mainlinie: Stockeisen ist gleich Eisstockschießen ist gleich einfach pfundig!

Als wir eines Tages ein großes weißes Sofa geliefert bekommen, werden Dagmars Augen rund und fröhlich: „Oh!" ruft sie und blickt auf die dicken weißen Polster. „Große Gemütlichkeit!" Und als der Schreiner mir zeigt, wie man diese herrliche Couch auf eine Fläche von ein Meter achtzig mal zwei Meter ausziehen kann und eine riesige weiße Liegewiese entsteht, wirft Dagi sich bäuchlings darauf, drückt ihren Kopf in die weichen Kissen und wiederholt beglückt: „Ganz große Gemütlichkeit!"

Die „ganz große Gemütlichkeit" – sie steht nunmehr als Synonym für Schlafen im allgemeinen – ist nicht nur in unseren Sprachgebrauch übergegangen. Auch unsere Freunde benutzen diesen Ausdruck.

Eines Tages – dieses Buch war gerade im Entstehen – hatte ich mit meinem Mann wegen einer Kleinigkeit einen mittleren Ehekrach.

Dagmar, die Harmonie über alles liebt, beobachtete ihre Mutter, die wütend in der Küche stand und heftig den Ausguß polierte; die Mutter hatte nur deswegen noch nicht das Feld geräumt, weil sie hoffte, daß ihr Mann in die Küche käme, um sich bei ihr zu entschuldigen. Und bei dieser Gelegenheit wollte sie ihm eigentlich noch ganz schnell etwas an den Kopf werfen, was sie im Zuge der vorherigen Argumentation ganz vergessen hatte. Aber dieser Mann dachte gar nicht daran, in die Küche zu kommen, denn es war Samstagnachmittag, und im Fernsehen lief die Sportschau. Da griff Dagmar ein, drohend stand sie vor ihrem Vater, stemmte ihre Fäuste energisch in die Hüften: „Mami ist sehr sauer! Du geh sofort in die Küche – sag Entschuldigung!"

Als er nicht reagierte, verschränkte sie die Arme vor ihrem Bäuchlein, warf die Haare zurück und wippte mit dem Fuß: „Herr Leeehmann, ich waaarte!"

Schließlich packte sie entschlossen seine Hand, zog ihn hoch, zerrte ihn in die Küche zur immer noch heftig polierenden Mutter, nahm derselben den Alibilappen aus der Hand und sagte: „Hööör auf! Gib Papi dickes Bussi."

Und als wir uns lachend einen Kuß gaben, kommandierte sie gleich weiter: „So, jetzt langt's! Gib mir einen Pudding!" Und mit dem Pudding in der Hand eilte sie ihrem Vater nach ins Wohnzimmer.

Man sollte also nicht behaupten, daß Dagmar nicht sprechen kann.

Ihren wohl zauberhaftesten Ausspruch hat ihr die Liebe in den Mund gelegt. Sie saß mit uns und ihrem Schatzkönig – einem Freund von uns – in einem Lokal, und liebevoll fuhr er ihr durchs Haar, liebevoll sah er sie an. Zarte Röte legte sich auf ihr Gesicht, verschämt senkte sie die Lider, und dann flüsterte sie leise: „Ich habe deine Augen auf mir gefühlt."

Eine „Lesekarriere" besonderer Art

Ab einem bestimmten Zeitpunkt in Dagmars und meinem Leben hatte ich schließlich die Hoffnung aufgegeben, daß Dagmar irgendwann einmal in ihren Mußestunden gemütlich in einer Ecke sitzen würde, ein aufgeschlagenes Buch in Händen, um atemlos den Abenteuern eines Buchhelden zu folgen.

Aus zwei Gründen mußte ich diese Zukunftsvision ad acta legen: erstens wurde mir klar, daß Dagmar nie lesen lernen würde – und zweitens kannte ich Dagmar in der Zwischenzeit gut genug, um zu wissen, daß ihr ein Leben aus zweiter Hand, wie ein Buch es eben vermittelt, niemals Ersatz sein konnte für das richtige Leben.

Der gravierende Unterschied zwischen einem Leben „aus zweiter Hand" und den von Dagmar inszenierten Aktivitäten besteht darin, daß sie die ganze Familie einbezieht, uns teilhaben läßt, denn in ihrer Lebensfreude ist sie manchmal sehr laut.

Nachdem sie in einer Silvesternacht *Die Fledermaus* im Theater gesehen hatte, war sie von dieser Operette hingerissen. Wir hatten zwar ein wenig Blut und Wasser geschwitzt, als sie während der Gefängnisszene im dritten Akt den Bemühungen des betrunkenen Gerichtsdieners Frosch, einen Hut an einen nicht vorhandenen Nagel zu hängen, mit der lauten Bemerkung: „Jetzt reicht's aber!" Einhalt gebieten wollte. Klar und deutlich waren die Worte vom ersten Rang erschollen – der Schauspieler zuckte ein wenig erschrocken zusammen –, und ich rutschte fast unter den Sitz. Aber ein Blick auf Dagmars Gesicht zeigte mir, daß meine Tochter in Gedanken längst auf der Bühne stand, daß alles andere um sie herum versunken war.

Noch in derselben Woche eilte ich in ein Schallplattengeschäft, kaufte eine Kassette mit den schönsten Melodien der *Fledermaus*, und nun durften wir ein Jahr lang diesen herrlichen Klängen lauschen. Arien trällernd liefen wir durchs Haus, und unser Kater preßte sich verzweifelt unter Schränke und Betten.

Und dann besuchte uns Alexander, der siebzehnjährige musisch begabte Sohn meiner Cousine. In seinem Gepäck befand sich eine Videokassette mit der Aufzeichnung von *Carmen*.

Damit kam der große Wechsel. Im Zuge ihrer Reifung erkannte Dagmar die Dramatik dieser Oper – und sie gefiel ihr ungeheuer. Mit ihrem Hang zur Theatralik durchlebte Dagmar die Tragik des Carmen-Schicksals; mit gesammeltem Gesicht und getragenen Gesten schritt sie voller Würde an ihren einfältig lächelnden Eltern vorbei.

Als Alexander mit seiner Kassette wieder abfuhr, trat eine gewisse Leere in Dagmars Leben, aber eine Freundin von uns, die sich gerade nach einem Wunsch von Dagmar erkundigte, brachte dann eine Musikkassette von höchster Qualität: Julia Migenes und Plácido

Domingo sangen die Partien aus *Carmen* (und daß sie in französischer Sprache sangen, erschien uns anfänglich nicht als Manko).

Dagmar war überglücklich. Wieder und wieder tönten nun die Klänge der Toreros und Zigeuner durch das Haus.

Es konnte nicht ausbleiben: Dagmar erkannte schließlich, daß der Schluß der Oper – wenn Carmen Josés Liebe zurückweist und bei der Wahl zwischen Unfreiheit und Tod den Tod wählt – das Nonplusultra der darstellenden Kunst ist.

Manchmal glaubte ich wirklich, verrückt zu werden, wenn Dagmar – in schwingendem Rock und mit Ketten behängt – in französischer Sprache (ein wenig verstümmelt klang es schon, aber das fiel mir infolge meiner eigenen Mängel auf diesem Gebiet nicht auf) José in seine Schranken wies, ihm den Ring, den er einst als Liebespfand ihr gegeben – der aber in unserem Fall das Geschenk einer alten Tante war (und deswegen echt Gold und mit herrlichem Stein) –, hinschleuderte und dann erstochen zusammenbrach.

Und während ich auf dem Boden herumkroch, um das teure Stück zu retten, ertönte der Auszug der Toreros, und Dagmar zischte mir, reglos am Boden liegend, zu: „Geh raus! Störst!"

Das waren die Momente, in denen ich wieder voller Inbrunst von einer lesenden Dagmar träumte.

Heute glaube ich, daß Dagmar schon sehr früh beschlossen hat, nie ein Buch in die Hand zu nehmen, und ein wenig habe ich das Gefühl, leider mein Scherflein dazu beigetragen zu haben.

Als sie vier oder fünf Jahre alt war, heiter und vergnügt, zwar oft ängstlich in neuen Situationen, aber nie stumpfsinnig und desinteressiert, da schien mir der Zeitpunkt gekommen, sie einer „Fachkraft" zuzuführen, und zweimal in der Woche schaukelten wir vier Kilometer über Land zu der Logopädin (wir wohnten noch in Odelzhausen) und kehrten nach Stunden wieder erschöpft zurück.

Aber wieder einmal hatte ich die Rechnung ohne Dagmar gemacht. Denn ihr herausragendstes Merkmal ist ja schon immer ihr Wille gewesen. Mit großen Augen verfolgt sie meine Anstrengungen, ihr etwas Ungeliebtes nahezubringen, und wenn wir dann zu dem Punkt kommen, an dem sie Farbe bekennen muß, zieht sie ein klein wenig die Oberlippe hoch: Ich habe den Kampf wie üblich verloren.

Auch damals wollte ich nicht wahrhaben, daß Dagmar bei ihrer ersten Logopädin das herrliche Montessori-Spielzeug, die Memory-Karten, Lernuhren, Bilderbücher und Schautafeln, Farbpaletten und Holzpuzzles von Anfang an ablehnte. Unglückseligerweise kaufte ich unter großen finanziellen Opfern ähnliche Spielsachen, die Dagmar ebenfalls nicht mochte. Und mein größter Fehler war wohl, daß ich dreimal täglich meinen Wecker auf den Tisch stellte und mit Dagmar jeweils genau zehn Minuten „übte". Dieser preußische Lehrvorgang fand ebensowenig ihr Gefallen wie meine Turnübungen mit ihr in der frühkindlichen Phase.

Schweren Herzens verabschiedete ich mich also von der wirklich netten Logopädin, die bei allen anderen Kindern wahre Wunder bewirkt hatte und die mit dem Frust der Unerziehbarkeit von Dagmar selbst noch nicht ganz fertig geworden war, und meinte, der Fehler müsse bei mir liegen. Verzweifelt verdoppelte ich meine Bemühungen. Dagmar begann den Wecker und alles Dazugehörige zu hassen, und ihre Oberlippe zog sich angewidert von Tag zu Tag ein wenig höher. Irgendwann gab ich auf, aber da war es schon zu spät. Zu tief saß inzwischen Dagmars Haß auf jedes Buch.

Nach der Einschulung versuchte Dagmars geliebte Lehrerin mit Intelligenz, Einfühlungsvermögen und besonderen Tricks ihr das Geheimnis der Buchstaben zu vermitteln. Alle in der Klasse schrieben oder lasen mehr oder weniger fehlerfrei. Aber wie immer die Lehrerin es anstellte: Dagmar durchschaute sofort alle Tricks, zog die Oberlippe hoch und verweigerte.

Meine Mutter, die ihren ganzen Ehrgeiz in ihr Engelchen legte, bemerkte plötzlich, daß die Aufforderung „Komm, hol das Buch, wir üben ein bißchen!" Dagmar für ein bis zwei Stunden in ihrem Zimmer verschwinden ließ, wo sie ruhig abwartete, bis der Anfall von Ehrgeiz vorüber war. Das hatte die fatale Folge, daß wir nun – wenn Dagmar uns auf die Nerven ging – nur kurz sagten: „Hol das Buch! Wir üben!" Dann trat die ersehnte Ruhe ein.

Als wir später nach Hamburg zogen, mußte die neue Lehrerin lauthals lachen, als ich ihr mitteilte, daß Dagmar nicht lesen könne. Ich höre sie noch sagen: „Das haben wir bald. Bei uns lernen alle Mongoloiden lesen." Ich hätte sie warnen sollen, aber ich widersprach nicht.

Am nächsten Abend brachte Dagmar strahlend eine Schultasche voller Bücher mit. Sie blätterte darin, und ich war klug genug, mich den Büchern nicht zu nähern. Aber mit den Wochen wurde ein Buch nach dem anderen wieder abgeliefert, und nach einem halben Jahr waren sowohl die Lehrerin als auch ich so taktvoll, dieses Thema nie mehr zu erwähnen.

FERNSEHTERROR

NEBEN *Carmen* und ähnlichen Exzessen gehört Dagmars Liebe dem Fernsehen. Auch hier ist sie kein passiver Zuschauer, sie sieht voll Interesse zu, spielt nach, schaltet ab.

Endlose Dialoge klingen aus ihrem Zimmer, und tritt man ein, sieht sie auf ihre Hände: „Geh raus, Mama! Störst!" Folgsam verlasse ich den Raum, und sofort verwandelt Dagmar ihn wieder in den Schauplatz für einen Krimi, in ein Theater.

Natürlich unterscheidet sich ihr Geschmack oft von meinem. Eigentlich teilt nur Omi Dagmars Fernsehvorlieben, aber ich habe die beiden im Verdacht, daß sie sich gegenseitig zuarbeiten.

Da gab es eine Zeit, als es in den bundesdeutschen Haushalten noch nicht üblich war, mehr als einen Fernseher zu besitzen. Auch Videogeräte gab es noch nicht, und so war die Familie gezwungen, sich auf ein bestimmtes Fernsehprogramm zu einigen. In den Diskussionen um die abendliche Programmgestaltung mußte man mit bestechender Intelligenz und Überzeugungskraft auftreten, Schwächen des Gegners mußten durchschaut und erbarmungslos ausgenutzt werden, kurz: Man mußte ein Meister im Taktieren sein.

Dagmar und Omi waren, was das betrifft, Genies! Bereits am Tag vorher wußten sie, daß zum Beispiel Rudi Carrell in seiner Show zu sehen sein würde. Und so fiel am Vorabend ganz harmlos beim Abendessen der Satz: „Also, das Kind und ich, wir freuen uns schon so auf Rudi Carrell und seine Show." Der Satz wurde unterstrichen von Dagmars enthusiastischen Freudebekundungen wie „Omi-Umarmen", Juhu-Schreien und ähnlichem.

Gewarnt durch vorherige Niederlagen, begannen mein Mann und ich verbissen nach dem wie vom Erdboden verschwundenen Fernsehprogramm zu suchen. Nach zwei Stunden fanden wir es unter den Badetüchern und lasen erschöpft: *Casablanca* mit Humphrey Bogart und Ingrid Bergman – zur selben Zeit im anderen Programm. Wie elektrisiert fuhren wir auf, bereit, uns in den Kampf zu werfen, aber die beiden Verschwörer hatten sich in der Zwischenzeit schon ins Bett begeben, und tiefe Atemzüge klangen an unser Ohr.

Am nächsten Morgen saßen wir am Frühstückstisch, Dagmar und Omi kamen die Treppe herunter, und bevor einer von uns den Mund aufmachen konnte, ertönte schon Dagmars Stimmchen: „O ja, Omi, wie schön!" Und Omi erschien mit strahlendem Gesicht, und als sie unsere sich gerade öffnenden Münder sah, eröffnete sie sofort das Feuer: „Also, ich sage euch, das Kind freut sich ja so auf heute abend." Dagmar hatte inzwischen ein Foto von Rudi Carrell neben sich gelegt und sagte von Zeit zu Zeit: „Du, mein Liebling", und Omi überlegte fieberhaft, was für kleine Häppchen man zu dieser zauberhaften Fernsehstunde reichen könnte. Das war das Ende unserer Träume. *Ade Casablanca.*

Einmal haben wir uns durchgesetzt, aber es hat uns keine Freude bereitet. Während der Vorspann zu „unserem" Film lief, haben Dagmar und Omi im Bad geplätschert und sind kurz darauf ins Bett gekrochen. Das schlechte Gewissen hat mich aus meinem Sessel getrieben, ich bin in ihr Zimmer geschlichen und habe kleinlaut gefragt: „Was ist denn los?"

Und da kam die stahlharte Stimme meiner Mutter: „Hoffentlich gefällt euch dieser Mist. Daß ihr dem Kind aber auch die einzige Freude in seinem Leben nehmen müßt!" Und Dagmar tönte von der anderen Seite: „Genau!" Zerknirscht gehe ich nach unten, und damit ich nicht allein leide, erzähle ich alles meinem Mann, diesem Rabenvater. Schuldbewußt starren wir in die Röhre. Und zum Schluß wissen wir nicht einmal mehr, welchen Film wir gesehen haben.

DIE VERFÄLSCHTE STATISTIK

ICH weiß gar nicht mehr, wann sie in unser Haus kam: die Psychologin, die ihre Diplomarbeit über „Geschwister behinderter Menschen" schreiben wollte. Frau H., Dagmars Lehrerin, hatte sie mir angekündigt und noch kurz hinzugesetzt, daß die junge Dame bisher nur negative Erkenntnisse hatte sammeln können. Als Gegenbeispiel waren wir nun angeführt worden – mit dem leichtsinnigen Nebensatz: Dort läuft wirklich alles hervorragend.

Als die Dame anrief, vereinbarten wir einen Termin. Ich konnte ja nicht ahnen, daß gerade an diesem Tag starker Föhn herrschen, Britta ihre zweite Sechs in Latein im ersten Halbjahr nach Hause bringen, der Kater Tommi sich auf dem Teppich erbrechen und Dagmar auch etwas Ungeheuerliches anstellen würde. Es war so ungeheuerlich, daß ich es vergessen habe, jedenfalls hatte ich sie damals aus erzieherischer Ohnmacht zum Nachmittagsschlaf ins Bett gesteckt, den Kater auf Diät gesetzt und Britta mit Reitverbot bestraft.

Natürlich strafte ich mit all diesen Maßnahmen vor allem mich selber. Der Kater strich um meine Beine und miaute markerschütternd, Dagmar spielte in ihrem Bett Flöte, und Britta malte hingebungsvoll ein Bild, angeblich für die Zeichenstunde. Alle waren wütend auf mich, am wütendsten aber war ich auf mich – und da läutete es auch noch, und mit zerrauften Haaren öffnete ich die Tür. Der ausgemachte Termin fiel mir erst jetzt wieder ein, und ich führte die aufmerksam und prüfend um sich blickende Psychologin in unser Haus.

Was soll ich lange erklären? Es war einfach grauenvoll. Britta gab zum erstenmal in ihrem Leben jemandem nicht die Hand, ich jagte völlig gestreßt den miauenden Kater in den Garten und führte dann die Dame in das verdunkelte Zimmer von Dagmar, die trickreich ihre Flöte versteckt hatte und mit unglücklicher Stimme flüsterte: „Böse, böse Mami!"

In der Zeit zwischen dem Hochziehen der Rolläden und dem Verlassen des Raumes konnte ich noch einmal Dagmar hören, die der Dame versicherte, daß sie weder Papi noch Mami noch Britta liebe. Wütend blickte ich auf die kleine Schauspielerin, die nun Publikum gefunden hatte und mir beim Hinausgehen auch noch hinterherrief: „Und Mami ist eine blöde Kuh!"

Während ich mich bemühte, die Spuren von Tommis Magenverstimmung vom Teppichboden zu entfernen, erschien die Dame wieder und wollte nun mit Britta sprechen. Ich tat das einzige, was im nachhinein als positiv bezeichnet wurde: Ich verließ das Zimmer, nachdem ich Britta gerufen hatte, aber ich tat es eigentlich nur, um Tommi zu suchen, der am Nachmittag normalerweise nie nach draußen darf.

Doch wie ich auch lockte und flötete, er wollte mich nicht hören, und ich sah ihn schon von einem Auto überfahren oder im Versuchslabor enden. Endlich fand ich ihn im Garten, wohlig zusammengeringelt und die unergründlichen Augen auf mich gerichtet. Mit gekonntem Griff packte ich ihn und schleppte ihn ins Haus.

Die angehende Diplompsychologin machte einen verstörten Eindruck, und ich versuchte sie aufzumuntern, doch sie hatte es plötzlich furchtbar eilig, unser Haus zu verlassen.

Britta saß friedlich malend über ihrem Bild, und meine Würde verbot mir zu fragen, was los gewesen war. Von oben hörte ich Dagmars Geflöte; auf eine Auskunft von ihr brauchte ich erst gar nicht zu zählen. Auch Frau H. erfuhr nichts von den Gesprächen, die die angehende Psychologin mit meinen beiden Kindern geführt hatte, und ich glaube, sie hat auch nie die Diplomarbeit einsehen dürfen. Ich für meinen Teil habe die Befürchtung, daß mein brechender Kater und ein Lateinlehrer, der Brittas Intelligenz nicht zu würdigen wußte, die Statistik verfälscht haben.

EIN DENKWÜRDIGER TAG

ALS Dagmar ungefähr vierzehn Jahre alt war, kletterte sie eines Tages aufgeregt aus dem Schulbus; noch auf dem Weg zum Gartentor kramte sie in ihrer überfüllten Schultasche – und zusammen mit alten zerfransten Papiertaschentüchern, zusammengeknüllten Bonbonpapierchen und Stanniolkugeln flatterte mir ein weißes Brieflein entgegen und mit ihm ein Jahr schönster Vorbereitungen auf einen großen Tag: Dagmars Konfirmation.

Mit großen, glücklichen Augen und geröteten Wangen stand sie neben mir, und dreimal mußte ich ihr das Brieflein vorlesen, dann mußte ich Omis Telefonnummer wählen und Omi das Brieflein noch einmal vorlesen, und dann telefonierten Omi und Dagmar eine halbe Stunde lang, und Dagmars Augen wurden immer größer und glücklicher. Und als sie einhängte, sagte sie: „Ich habe bald ganz großes Fest!"

Und ein Reigen erwartungsfroher Monate begann!

Durch Elternbriefe wurden wir von Pfarrer W., der selber einen mongoloiden Jungen hat und sich in die farbige, arglose Welt seines

Walter und meiner Dagmar hineinversetzen kann, darüber informiert,
daß es ein besonderes Fest werden würde: Eine Konfirmation, die
gesunde und geistig behinderte Jugendliche am Tisch des Herrn vereinen solle. Zwanzig Paare waren vorgesehen, denn von den sechzig
Jugendlichen, die in diesem Jahr in der K.-Kirche konfirmiert werden
sollten, hatte ein Drittel spontan die Aufgabe als „Betreuer" übernommen. Und wie ich später in Gesprächen mit den jungen Menschen
erfahren durfte, wollten sie damit ihrem großen Schritt ins christliche
Leben der Erwachsenen einen besonderen Glanz verleihen. Nicht nur
die Erinnerung an Geschenke und Familie sollte ihnen bleiben, sondern die Begegnung mit einem behinderten Menschen, der mit zu
ihnen gehörte.

Schon nach einer Woche brachte Dagmar aus ihrer Konfirmanden-
stunde einen kleinen weißen Ordner mit, und jede Woche wurde nun
ein neues Blatt dazugeheftet. Abend für Abend blätterte sie in ihrem
Konfirmationsbuch, und Omi kam und las ihr immer wieder daraus
vor. Kleine, einprägsame Sätze standen unter Zeichnungen und Bildern. „Gott sagt: Ich gehöre zu dir. Und du gehörst zu mir." – „Jesus
ist mein Freund. Wenn man einen Freund hat, ist man nicht allein."

Doch nicht genug damit. Pfarrer W. sprach das Konfirmandenbuch
auf ein Tonband – und er sang all die Lieder auf Band, die bei der Konfirmation mitgesungen werden sollten. Dabei überspielte er die Bänder nicht einfach, sondern machte für jedes Kind ein eigenes Exem-
plar, das dem jeweiligen Sprachverständnis angemessen war. Und
immer wieder hörte man die Worte: „Liebe Dagmar", oder: „Der
Pfarrer fragt mich: ‚Dagmar, hast du Gott lieb?', und ich sage ‚Ja!'".

Gerührt eilte ich zum Telefon, um mich zu bedanken. Im Hintergrund lief das Band, und Dagmar saß andächtig davor.

Vielleicht konnte ihm keines der Kinder für diesen liebevollen Einsatz danken. Ich möchte es hiermit nochmals tun. Dagmar hört bis
heute die Kassette, sie schlägt das Buch dazu auf, und es ist stets ein
besonderer Moment für sie, hat doch diese Kassette Stunden der
Besinnung und der Erinnerung ermöglicht. So ist sie ein heißgehüte-
ter Schatz geworden.

Natürlich spielte die Kassette ununterbrochen in „unserer Vorberei-
tungszeit", wir alle liefen singend durchs Haus. Und Dagmar merkte
voller Glück, wie auch wir uns auf ihre Konfirmation freuten.

Kurz nach Weihnachten kam dann ein bemerkenswerter Tag. Die jungen Menschen aus der Gemeinde und unsere Kinder sollten sich kennenlernen. Feierlich geschmückt war der Gemeindesaal, von den Müttern gebackene Kuchen prangten auf dem Büfett, Kaffee- und Teekannen verströmten zarten Duft, und bald erfüllten Tellerklappern und Löffelklirren, Reden und Lachen den Raum.

Später gab es gemeinsame Spiele, das Fremdsein schlug in jugendliche Ausgelassenheit um, Verkrampfungen lösten sich: Die Erinnerung an einen ganz besonderen Nachmittag nahmen wohl alle mit nach Hause.

Eine Woche später traf man sich wieder – und wir Eltern wurden gebeten, uns im Hintergrund zu halten. Spiele und Volkstänze lösten einander ab, irgendwann wurde ein sehr schönes Lied miteinander gesungen, und als dann Stille eintrat, sagte Pfarrer W. zu den behinderten jungen Menschen: „Und nun sucht euch euren Freund, mit dem ihr gemeinsam an den Tisch des Herrn gehen wollt."

Dagmars Blick suchte „ihre Freundin", die sich ganz in die Nähe von Dagmar gestellt hatte, sich nun aber nicht rühren durfte, und als Dagmar zu ihr lief, fiel Ute ihr um den Hals. Noch heute sehe ich, wie die beiden herumwirbelten – zwei junge Mädchen im selben Alter, und Ute lachte glücklich: „Ich hab so gehofft, daß du mich holst."

Bis heute telefonieren die beiden zuweilen miteinander – und gleich werde ich hinuntergehen und Dagmar sagen, daß sie unbedingt wieder einmal Ute anrufen muß.

Vom Februar an kamen von allen Seiten Anfragen, mit was man denn Dagmar eine Freude bereiten könne. Aber Dagmar hat keine Wünsche, sie braucht nur Menschen um sich und Kontakt zu ihnen, dann ist sie wunschlos glücklich. Aber irgendwann meinte mein Mann spontan: „Von mir bekommst du einen riesengroßen Blumenstrauß!" – „O ja!" jubelte Dagmar, und nun wußte ich auch eine Antwort auf alle Fragen. „Blumen!" sagte ich schlicht, und wenn man Dagmar fragte, so antwortete sie: „Riesengroßen Blumenstrauß."

Sie begann nun, klare Vorstellungen von ihrem großen Tag zu entwickeln. Sie bestand auf einer Feier im Haus. Wir setzten uns zusammen und konnten ihr auch klarmachen, daß es keine „Party" sei, trotzdem war ihre Liste der Einzuladenden sehr lang. Und jeden Vorschlag von ihr griffen wir auf, denn nur einmal in ihrem Leben würde sie einen solchen großen Tag haben. Ich glaube, sie war die glücklichste Konfirmandin in jenem Jahr.

Zwei- oder dreimal gingen wir mit ihr in die K.-Kirche. Sie kannte sie schon von einem Foto, das in ihrem Konfirmandenbuch enthalten war, aber ihre Augen strahlten, als sie die Kirche betrat. Hier also würde ihre Feier sein.

Dagmar, die normalerweise neue Kleider haßt, wurde von Omi so eingestimmt, daß sie sogar freudig zum Einkauf eines „goldigen Kleidchens" ging (und nie wieder wollte sie es später tragen, es gehörte zu „ihrem Tag"). Aber ihr größter Wunsch war es, in der Kirche einen Blumenstrauß in der Hand zu halten. Ich wagte zaghafte Einwände, aber Omi machte sich zu Dagmars Fürsprecherin. Sie überging – ganz in Dagmars Sinne – alle Regeln und bestellte ein Bukett, das so manche Braut in Verlegenheit gestürzt hätte.

Dagmars Blumenwunsch! Eine nicht enden wollende Flut von Sträußen und Buketts wurde schon am Vorabend bei uns abgegeben, liebevoll erst in Vasen, dann in Bowlentöpfe, aluumwickelte Eimer und große Gläser arrangiert.

Ich ertappte Omi dabei, wie sie den Wert der Blumensträuße umrechnete, und fuhr sie ärgerlich an. Da wurde sie ganz still und sagte dann nur: „Dagmar muß an einem Tag all die Blumen bekommen, die eine andere Frau in ihrem ganzen Leben bekommt." – Und dann heulten wir beide, und seit dieser Zeit erhält Dagmar zu allen besonderen Anlässen Blumen von uns. Und sie liebt sie.

Dann endlich brach er an, der denkwürdige Tag. Grau und kalt war es in den zurückliegenden Apriltagen gewesen, und ich hatte schon Strickjacken bereitgelegt, aber die Sonne strahlte an diesem Sonntagmorgen vom blankgeputzten Himmel, und als ich die Fenster öffnete, drang der Klang der Kirchenglocken von weit her zu uns herein.

Dagmar saß bereits aufgeregt auf der Bettkante, und Omi übernahm nun die Regie des Anziehens und Frisierens.

Aufgeregt lief ich die Treppe hinunter. Immer wieder wurden Blumen abgegeben, Speisen mußten aus der Tiefkühltruhe geholt werden, andere aus dem Kühlschrank. Drei große Tische hatte ich gedeckt: rosa, hellblau und gelb. Dagmar wollte später am hellblauen sitzen. Ich arrangierte Blumen darauf. Die Auswahl war reichlich. Blumen standen überall: auf dem kalten Büfett, auf den Fensterbänken, und als Dagmar herunterkam, war sie glücklich, weil fast auf jeder Treppenstufe ein Blumenstrauß auf sie wartete – ein wahres Meer von Blüten.

Ich war noch im Morgenrock, als mein Mann mit Dagmar und Omi – und dem „Brautstrauß" – das Haus verließ. Ich riß mir die Lockenwickler aus den Haaren, machte hier noch etwas und da, und Britta hetzte hinter mir her und half, wo sie nur konnte. Diese Hektik gehört einfach zu diesen schönen Festen, weil wir unser Bestes geben wollen für einen Menschen, den wir lieben.

Aber auch wir kamen rechtzeitig zur Kirche. Dagmar und Ute hatten sich bereits im Garten getroffen, und auch die Familien hatten sich begrüßt. Dann betraten wir Eltern die moderne, schöne Kirche. Durch die langen bunten Glasfenster fiel das Sonnenlicht und zauberte auf dem warmen Fichtenholz der Wände weiche Reflexe. Große Kerzen brannten.

Es waren wunderschöne eineinhalb Stunden. Wir sangen alle Lieder mit, sahen Dagmar und Ute zum Tisch des Herrn gehen, und Omi schluchzte ungehemmt, aber auch mein Mann und ich hatten sehr feuchte Augen.

Als dann die nunmehr konfirmierten jungen Menschen paarweise durch den Mittelgang dem Ausgang zustrebten, da sah ich sie, meine Kleine. Feierlich schritt sie neben Ute einher, den Blumenstrauß hatte sie mit beiden Händen fest umklammert, und auf ihrem sonst so spitzbübischen Gesicht lagen Würde, Ernst und Andacht. Kein Blick ging zu uns herüber, all ihre Aufmerksamkeit war auf dieses Hinausgehen konzentriert, und aus meinen sowieso schon feuchten Augen tropften nun die Tränen – vor Stolz und Rührung.

Im Gemeindesaal bekamen dann die jungen Menschen ihren Konfirmationsbrief mit einem Spruch und ein schönes Messingkreuz zur Erinnerung überreicht. Einige kurze Reden wurden gehalten.

Viel von dieser Feierlichkeit haben wir mit nach Hause genommen. Es wurde auch da noch ein wunderschönes Fest, die Sonne brannte heiß vom Himmel, und wir haben zusammen mit Dagmar ein kleines Haselnußsträuchlein gepflanzt. Es war eine reizende Idee einer Freundin, die Dagmars Blumenwunsch auf diese Weise erfüllt hatte. Und bis heute wird dieser – mittlerweile riesige – Strauch sorgfältigst behandelt. Er gehört zu Dagmar und „ihrem Tag".

Dagmars Konfirmation hat auch noch auf Brittas Konfirmation –
drei Jahre später – ihren Glanz geworfen.

Britta verwarf alle ihr vorgeschlagenen Konfirmandensprüche: Sie
wollte denselben wie Dagmar. Und so kommt es, daß meine Töchter
denselben Vers aus dem 2. Korintherbrief (4,6) haben, und er paßt zu
beiden: „Gott hat einen hellen Schein in dein Herz gegeben. "

DER ERSTE GROSSE ABSCHIED – DER DANN DOCH KEINER WURDE

BUNT, hektisch und voller Erwartungen begann das Frühjahr 1981.
Wir hatten uns entschlossen, nach Hamburg zu ziehen. Ich konnte
damals nicht wissen, wie schwer mir dieser Wechsel fallen würde.

Dagmar war inzwischen siebzehn Jahre alt, das Ende ihrer Schulzeit
näherte sich, und ich machte alle unsere Umzugspläne davon abhän-
gig, wie sich ihr zukünftiger Weg abzeichnen würde. Aber ein Knoten
nach dem anderen löste sich, das Verworrene wurde übersichtlich.
Die Behörden arbeiteten überraschend zügig – und plötzlich hatte ich
einen blauen Umschlag in der Hand und ahnte, was er enthielt.

Zitternd setzte ich mich auf die Treppe, lehnte mich an das Geländer. Ich sah aus dem Fenster, ich sah die vertrauten Efeuranken, ich sah
die kleine Mauer, auf die Britta immer geklettert war, wenn sie Dagmar hatte ärgern wollen. Wo war die Zeit geblieben?

Dann öffnete ich den Bescheid. Unser Antrag war genehmigt worden. Dagmar durfte am dreizehnten Juni in die Lebens- und Dorfge-
meinschaft in B. ziehen.

B. liegt an der Grenze zwischen Ober- und Niederbayern, zwei,
drei Bauernhäuser sind es, eine Scheune, ein Weiher, ein kleiner Tal-
kessel, sanfte, runde Hügel schützen den Ort. Dagmar kannte B.
schon aus den Ferien. Sie kannte die Tiere, die Arbeit, die Menschen.
Und als wir sie fragten, ob sie nach B. wolle, waren es gerade die Menschen, die den wichtigsten Platz in ihrer Vorstellung einnahmen,
gerade dieser Begegnung sah sie voll froher Erwartung entgegen.

Ein sonst langwieriger, sich über Jahre erstreckender Prozeß war in
kürzester Zeit entschieden worden. Dagmar hatte so etwas wie das
Große Los gezogen: Sie durfte nach B. mit der Aussicht, daß in ein
oder zwei Jahren ihre ganze Klasse dort einziehen würde – eine

Lebensgemeinschaft, die schon vor zehn Jahren entstanden war, sollte so fortgeführt werden.

Begeistert und mit lauter Stimme erzählte ich die gute Neuigkeit, aber es war die laute Stimme der Angst und der Trauer: Ich brauchte Dagmar doch. So viele Jahre hatte ich all meine Kräfte mobilisiert, ich hatte mit mir und meinem Schicksal gekämpft – und nun, als die Jahre der Entmutigung hinter mir lagen, als mein Schicksal untrennbar mit dem meines Kindes verbunden schien, sollte ich sie „hergeben".

Trotzdem beugte ich mich der Vernunft. Dagmar hatte ein Recht auf ein eigenes Leben in einem Kreis von Menschen, die ihr vertraut waren und die sie mochte; sie hatte ein Recht auf ein Leben, in dem sie ihr Können beweisen konnte und – nie die Schwächste sein würde. Nie würde ich ihr so ein Leben bieten können. Nie durfte ich die Blicke von Dagmar vergessen, wenn sie ihrer Schwester nachsah: Britta auf dem Fahrrad, hinter sich das Badezeug eingeklemmt. „Bis gleich!" ruft sie, lacht, dreht sich noch einmal um, die Haare fliegen. Bis gleich – wie lang waren diese Stunden für Dagmar gewesen. Und wie viele Situationen würden noch auf uns zukommen, die Dagmar vielleicht wieder das Gefühl geben würden, „anders" zu sein: die Tanzstunden, der Führerschein, die Freunde.

Aber die folgenden Wochen machten alles noch schwerer. Nie vorher und nie nachher habe ich mich so auf Dagmar eingestellt. Wenn ich las, und sie setzte sich zu mir, so legte ich das Buch beiseite, um mich mit ihr zu unterhalten – ich konnte es ja nicht mehr lange tun. Und wenn ich ihr früher beim Einkaufen in den Kaufhäusern einfach in den Gängen vorausgeeilt war, so ging ich jetzt Hand in Hand mit ihr, blieb stehen, wo sie es wollte, und wenn sie genug hatte, dann ließ ich meinen unerledigten Einkaufszettel in die Tasche gleiten und machte mich mit ihr auf den Weg nach Hause.

Manchmal fuhren wir in ein Straßencafé nach Schwabing, sie löffelte riesige Eisbecher leer; traurig trank ich meinen Kaffee oder Espresso, stellte mir vor, wie mein Leben ohne Dagmar aussehen würde, und empfand den Gedanken an diese Leere wie einen Stich.

Jeden Tag nahm ich ein wenig mehr von ihr Abschied. Aber ich mußte nicht nur von Dagmar Abschied nehmen. Unterschwellig spürte ich in mir die Angst, den mir vertrauten Ort verlassen zu müssen, von unseren Freunden Abschied zu nehmen. Würde ich mich in

Hamburg, dieser neuen, fremden Stadt zurechtfinden; mit anderen
Menschen, einem anderen Leben?

Verzweifelt begann ich mit den Vorbereitungen für Dagmars neuen
Lebensabschnitt. In einer Ecke meines Zimmers fing ich an, ihre
Sachen zu packen. Es durfte nichts vergessen werden, denn ich konnte
nicht – wie die anderen Mütter – in einer Stunde in B. sein, um Verges-
senes zu bringen. Viel zu weit war unser zukünftiges „Zuhause" von
diesem Dorf entfernt. Düstere Gedanken schossen mir durch den
Kopf. Dagmar mit Fieber, blau und zerbrechlich, wie schnell konnte
ich dann bei ihr sein? Bei ihr, die mich während jeder Krankheit so
dringend braucht. Traurig sah ich Omi zu, die tränenblind unzählige
Namensbänder in vertraute Sachen nähte.

Und Dagmar? Sie freute sich aufrichtig. Glücklich beobachtete sie
unsere Aktivitäten und fragte jedesmal: „Für B.?", und wir nickten,
drehten den Kopf weg, damit sie unsere Tränen nicht bemerkte. Und
der dreizehnte Juni rückte immer näher.

NOCH etwas gab es, das sich wie ein drohendes Gebirge vor mir auf-
türmte: der Abschied von der Schule, die seit zehn Jahren fest mit meinem und Dagmars Leben verwoben war, der Abschied von all den
Menschen – nie wieder das Hupen des Schulbusses hören, das vertraute Gesicht des Busfahrers sehen, ein Lachen fliegt hin und her:
„Heut ist sie schlecht gelaunt!" – „Ach, das haben wir gleich!"

Als Dagmar mir den „Monatsbrief für Juni" übergibt, steht da ein
Datum und dahinter der Vermerk: „Morgenkreis mit Abschiedsfeier
für Dagmar." Als ich es schwarz auf weiß vor mir habe, weiß ich, daß
ein Abschnitt in meinem Leben unwiderruflich zu Ende geht. Aber ich
darf nicht daran denken, und voller Hektik beginne ich mit den Vorbereitungen für diesen Tag.

In glühender Hitze, denn es ist der heißeste Juni seit Menschenge-
denken, stehe ich in der Küche. Während ich Unmengen von
Abschiedskuchen backe, laufen mir Tränen übers Gesicht.

Als Dagmar von der Schule kommt, öffne ich ihr mit verheulten
Augen. Ich sehe dem Bus nach, das letzte Mal war er heute da, denn
morgen fährt Dagmar mit mir zur Schule. Wir gehen ins Haus, Dagmar begutachtet die Abschiedskuchen, und zusammen räumen wir die
Küche auf, stellen alles zurecht.

An diesem Tag geht Dagmar früh ins Bett, von der Hitze ist sie sehr erschöpft. In ihrem Zimmer lege ich ihr blaues Kleid für den nächsten Tag heraus – und plötzlich springt sie noch mal aus dem Bett und stellt die alte zerschlissene Schultasche daneben.

„Nicht vergessen!" sagt sie.

„Die brauchst du doch jetzt nicht mehr!"

Am anderen Morgen werde ich von der Sonne geweckt. Ein neuer heißer Tag beginnt. Wir ziehen uns an, packen die Körbe und Flaschen ins Auto, fahren los. Der Münchner Morgenverkehr verschlingt uns. Ich werde ganz nervös, schaue auf die Uhr. Dagmar sitzt hinter mir. Ihr Gesicht ist voller Erwartung. Sie hält einen Korb mit Kuchen auf dem Schoß und strahlt mich an, wenn ich einen Blick in den Rückspiegel werfe.

Vor der Schule bekomme ich den besten Parkplatz. Hektisch packe ich die Körbe aus, ein junger Mann öffnet die Gartentür, hilft uns, und wir huschen in den Schulsaal.

Wir sind spät dran, alle Kinder sitzen bereits im „Morgenkreis", zwischen ihnen entdecke ich die lieben und vertrauten Gesichter der Mitarbeiter. Die hellen Vorhänge werden zugezogen, das Licht dringt in warmen Farben herein. Dagmar sitzt mir gegenüber in ihrem blauen Kleid. Sie wirkt gesammelt, ernst und sehr erwachsen. Andächtig lauscht sie dem Klavierspiel, und immer wieder schaut sie zu ihrer Lehrerin hinüber, und ich kann das Band förmlich sehen, das zwischen den beiden in den zehn Jahren gewachsen ist.

Als Frau H. dann über Dagmars Abschied spricht, zeigt sie auf ein sehr kleines Mädchen und holt es zu sich. „Als Dagmar zu uns kam, war sie so klein wie dieses Mädchen hier."

Meine Gedanken wandern zurück zur Einschulung. Da standen sie mit ihren Zuckertüten: Sylvie und Dagmar, Angelika und Christiane, Thomas und Kerstin, Florian und Wolfgang. Sie alle wußten noch nicht, daß die schönste Zeit ihres Lebens beginnen sollte.

Und dann muß ich schlucken: Thomas, der kleine Thomas, meiner Dagmar so ähnlich, der viel zu früh an Leukämie sterben mußte. Er brachte der Klasse die erste Erfahrung mit einem großen Schmerz. Und uns Eltern die furchtbare Gewißheit, daß – wenn eines unserer kranken Kinder von uns geht – der gedankenlose Satz aus der Umwelt: „Das war besser für das Kind!" unser Herz zerreißt. Denn für uns geht nicht unser „krankes" Kind, sondern *unser* Kind. Und der Tod ist nicht besser für unsere Kinder – sie leben doch so gern.

Frau H. hat in der Zwischenzeit andere Mädchen geholt, jedes ein wenig größer, jedes Dagmar so ähnlich, und ich weiß, daß sie allen – auch mir – zeigen möchte, wie erwachsen Dagmar geworden ist.

Ein Mädchen neben mir stößt mich an – wir sollen alle singen; ich versuche mich auf das Lied zu konzentrieren und singe eifrig mit.

Und dann darf Dagmar den Morgenkreis auflösen. Da steht sie, voller Würde, meine große Kleine.

Viel später, beim Zusammenpacken, frage ich Frau H., ob es wohl gut ist, Dagmar bereits vierzehn Tage nach ihrer Ankunft in B. zu Brittas Konfirmation nach München zu holen, und schon während ich frage, wird mir bewußt, daß es nicht mehr ihre und meine Entscheidung ist. Wir schauen uns an, zwei Menschen, die sich sehr nahegekommen sind in all den Jahren. Als ich mit Dagmar die Schule verlasse, wird mir bewußt, wieviel Gutes ich hinter mir zurücklasse. Ich bringe es nicht fertig, mich noch einmal umzudrehen.

Doch gleichzeitig weiß ich, daß dieser Abschied nur ein Mosaiksteinchen ist. Noch habe ich Dagmar, aber täglich werde ich sie näher an den Rand ihrer bisherigen Welt führen, von dem aus sie in ein neues Leben fliegen wird. Und ich werde von Erinnerungen gefesselt zurückbleiben.

DANN war er da, der dreizehnte Juni. Glücklich saß Dagmar in der Badewanne, und ich dachte daran, wie klein und hilflos sie einst gewesen war, wie mühsam ich sie aufgezogen hatte, wie dünn diese Beinchen – fast bis zum sechsten Lebensjahr – ohne Muskeln an ihrem Körper „gehangen" hatten. Nun stand sie fest auf dem Boden und machte sich auf den Weg ins Leben.

Mein Mann, der bereits seit Mai in Hamburg arbeitete, war gekommen, um Dagmar an ihren neuen Lebensort zu begleiten. Traurig und verloren schauten wir uns an, als wir ihren „Hausstand" ins Auto luden. Als wir dann alle losfuhren, wurde auch Britta seltsam ruhig; von hinten aus dem Fond fehlte das vertraute Streiten unserer Kinder.

Schon eine Stunde später fuhren wir ohne Dagmar wieder nach Hause. Wir hatten sie von Hand zu Hand übergeben, wir hatten auch die Verantwortung übergeben.

Das Betreten des Hauses, der Weg in ihr Zimmer, ihr Bett ... Was würde sie jetzt gerade tun? Ich hatte geglaubt, ein Leben lang mit ihr verbunden zu sein, und innerhalb von vier Monaten war etwas eingetreten, was viel zu früh für mich gekommen war. Ich weiß, daß ich den Abnabelungsprozeß von Dagmar – so wie alle anderen Mütter auch – überstanden hätte, wäre ich in vertrauter Umgebung, unter vertrauten Menschen und eine Stunde von B. entfernt gewesen.

Ich hätte mein Küken aus dem Nest gleiten lassen können, und die enge Verbundenheit mit den gewohnten Lebensumständen hätte mich getragen. So aber war ich vor Schmerz wie versteinert.

Vom Umzug nach Hamburg wollte ich nichts mehr wissen, jeden Tag wartete ich wie gelähmt auf den Abend, denn um sieben Uhr durfte ich Dagmar anrufen.

Nach einer Woche spitzte sich die Lage zu. Über Dagmar war das ganz normale Heimweh hereingebrochen. Punkt sieben Uhr stand sie bereits am Telefon und hob ab, wenn es klingelte. Stets wartete sie auf meinen Anruf, nie mußte sie geholt werden.

Nach kurzen einleitenden Sätzen: Wie es ihr gefalle – „Gut!" – Was sie mache – „Viel und Haushalt", kam plötzlich ein Bruch in ihre Stimme, und im vertrauten leisen Singsang folgte dann immer die Frage: „Wann kommst du? Wann holst du mich?" Und ich antwortete mit fester und fröhlicher Stimme: „Noch nicht, du wohnst doch jetzt in B.", worauf sie fast weinend sagte: „Langt jetzt hier. Will wieder heim, bitte, Mami!"

Sechs Wochen lang stand sie um sieben Uhr am Telefon, sie fragte, ich antwortete, sie weinte, ich legte auf, ich weinte.

Dann kamen die Sommerferien. Als wir Dagmar abholten und sie auf uns zulief, holte ich tief Luft. So hübsch hatte ich sie noch nie gesehen. Braungebrannt, mit von der Sonne gebleichtem Haar kam sie uns entgegengewirbelt, jubelnd schlug sie ihre Arme zuerst um Omis Hals und überreichte ihr dann ein Geschenk, von dem Omi den Wunsch hat, daß wir es mit in ihr Grab legen. Es war ein herzförmiger Stein. Dagmar hatte den Stein entdeckt und für Omi gehütet.

Während der Ferien fanden wir rasch in unser altes Leben. Endlich hatte ich die Energie, den Umzug vorzubereiten, flink ging mir alles von der Hand, laut und geschäftig war es wieder in unserem Haus, ich lebte auf, lachte und schimpfte, polterte und tröstete. Die Welt war wieder in Ordnung, denn Dagmar hatte laut erklärt, nie wieder nach B. zu wollen, und ich hatte nicht vor, sie dazu zu zwingen.

Bisweilen sah Dagmar nachdenklich auf die sich stapelnden Kartons und lauschte aufmerksam meinen Erklärungen, daß wir bald umzögen. Wütend betrachtete sie die Leute, die unser Haus mieten wollten – all das gefiel ihr nicht. Aber dann begann ich ihr von ihrem neuen Zimmer zu erzählen, und davon, daß auch Omi mitkäme, und ihr Argwohn legte sich. Doch drei Tage vor Ferienende – ich überlegte seit Tagen eine Einigung mit B. – kam sie zu mir und sagte: „Ferien sind um. Ich will wieder nach B." Mein Magen krampfte sich zusammen, alle Kraft fiel von mir ab.

Schwerfällig sortierte ich ihre Sachen aus, traurig packte ich ihre Koffer, und dann brachte ich Dagmar wieder nach B. Als wir unser Haus verließen, drehte sie sich noch einmal um: „Und was wird mit Haus?" fragte sie.

„Weiß nicht", entgegnete ich leise.

„Tschüs, Haus!" sagte sie.

Wieder aus B. zurückgekehrt, rief ich sie nicht gleich an, meine Stimme hätte sie durcheinandergebracht; ich verschob es auf den nächsten Abend. Und in drei Tagen sollte der Umzug sein. Da sagte sie mir am Telefon, daß sie Ohrenschmerzen habe. Ich holte sie am nächsten Morgen ab, wir gingen zum Ohrenarzt, wir gingen zum Kuchenessen, und dann warteten wir auf den Bus aus B., denn der Leiter von B., Herr G., hatte in München einiges zu erledigen und wollte Dagmar wieder mit zurücknehmen. Menschen liefen an uns vorbei, ich sah Dagmar an, und noch einmal nahm ich in Gedanken Abschied von ihr. Da schob sie ihre Hand in meine und sagte leise: „Mami, will bei dir bleiben!"

Als Herr G. kam, überzog eine leichte Röte mein Gesicht. Aber Herr G. besitzt neben seiner Intelligenz auch hochsensible Fühler. Mit einem Blick hatte er unsere Situation erfaßt, und bevor ich meinen Mund zu einem Gestammel öffnen konnte, sagte er geradewegs: „Wenn Sie in drei Tagen umziehen, dann machen Sie den Umzug mit Dagmar. Richten Sie in der neuen Wohnung auch noch Dagmars Zimmer ein, dann weiß sie, wo ihr Zuhause ist, und hat auch eine Vorstellung von dem Ort, an den Sie gehen. Und dann bringen Sie sie wieder. Das ist die beste Lösung für Sie und für Dagmar."

Am liebsten wäre ich ihm um den Hals gefallen. Auf diese Weise ließ er mir alle Türen offen.

So kam es, daß Dagmar mit uns nach Hamburg umzog, so kam es, daß sie zu spüren bekam, wieviel Heimweh ihre Mutter in dieser Stadt entwickelte und wie sie sich an alles klammerte, was ihr Heimat versprach. Es gibt Menschen, die ihr Leben lang immer wieder umziehen und überall rasch Freundschaften schließen; sie sind weltoffen und kosmopolitisch. Ich bewundere sie, überall sind sie zu Hause. Ich gleiche ihnen überhaupt nicht.

Schwerfällig hänge ich an dem, was mir vertraut ist, keine Unruhe habe ich im Herzen, etwas zu versäumen, ich will nicht die Welt erobern, mir haben meine Wege um Odelzhausen genügt.

Und so kam von mir auch nie eine Aufforderung oder Frage an Dagmar, ob sie nach B. zurückkehren möchte. Und sie selber spürte wohl, daß ich sie brauchte. Vielleicht war sie auch unsicher, so vieles war anders, wo war ihr Zuhause, wo gehörte sie hin?

Und da sie es nicht wußte, blieb sie in dem Kokon, den ich um uns aus Gefühlen, Heimweh und Erinnerungen gesponnen hatte.

Noch heute spricht sie oft von ihrer Zeit in B., aus der sie viele schöne Erinnerungen mitgenommen hat, und von ihrer Klasse, die dort ihre Lebensgemeinschaft weiterführen kann. Aber eine Warteliste liegt zwischen ihrem Wunsch dazuzugehören und seiner Erfüllung.

Manchmal denke ich, es war falsch, Dagmar in diesen Kokon miteingesponnen zu haben, sie nicht hinausgelassen zu haben. Aber auf meinem Weg mit Dagmar hatte ich schon früh gelernt, daß eines ins andere greift, auf jeden Schritt folgt der nächste, auch auf den Stolperschritt, und zum Schluß erscheint alles ganz logisch.

In einer neuen Stadt

Wen wird es noch wundern, daß Dagmar sich als erste von uns in Hamburg wohl fühlte? Die den Behinderten nachgesagte Fixiertheit überließ sie ihren Eltern; und selbst Britta und Tommi, der Kater, brauchten eine gewisse Zeit, um den Abschiedsschmerz von vertrauten Freunden und ihrer alten Umgebung zu überwinden.

Und Omi, die wir mitgenommen hatten mit dem Versprechen, daß
stets ein Rückflugticket mit offenem Datum für sie parat sein würde,
legte oft beim Frühstück den Flugschein auf den Tisch, mit der
Bemerkung: „Ich werde mich mal heute nach den Flügen erkundigen!" Aber bei ihr war es nicht Heimweh – denn wo Dagmar ist, ist ihr
Zuhause –, sondern die Tatsache, daß Dagmar oder wir ihr „zu frech
gekommen waren", und kleinlaut kochte ich ihre Lieblingsspeisen,
um mein Nest zusammenzuhalten.

Irgendwann in jenen Wochen fiel mir eine Broschüre in die Hand,
die eines Tages im Briefkasten gelegen hatte: „Was und wo in Hamburg?" oder so ähnlich hieß sie. Auch Schulen waren aufgeführt. Und
während ich die Zeilen überflog, fand ich die Sparte: „Sonderschulen
der Freien und Hansestadt Hamburg". Keine der Straßen klang mir
vertraut, aber eine der Telefonnummern begann mit einer „Acht", ein
Zeichen dafür, daß die Schule nicht allzuweit von unserer Wohnung
entfernt sein konnte.

Ich legte das Heft beiseite und blickte auf Dagmar, die in einer Sofa-
ecke lümmelte und Omis Bemühungen, die Gläser in der Vitrine
gefälliger zu arrangieren, tatkräftig mit der Bemerkung unterstützte:
„Sieht doof aus, Omi, furchtbar!" Und Omi antwortete geistesabwesend: „Gleich, mein Engel!"

Ich fragte das Engelchen: „Möchtest du eigentlich wieder in die
Schule?" Und schon wandte ich mich zum Telefon, hob ab und wählte
die mit „acht" beginnende Nummer. Aus den Augenwinkeln sah ich,
daß Dagmar mit wirbelndem Rock an mir und Omi vorbeistürmte,
aber da meldete sich schon eine Stimme, und ich trug mein Anliegen
vor. Der Zeitpunkt war schlecht gewählt, das Sekretariat wegen der
Mittagszeit nicht besetzt, doch die Dame, die mir das mitteilte, klang
freundlich, und obwohl sie mir erklärte, daß es eigentlich keine
Chance gäbe, da die Abschlußklasse vollkommen überfüllt sei, blieb
doch ein Fünkchen Hoffnung bestehen, als ich aufgelegt hatte.

Dagmar war in der Zwischenzeit „in voller Montur" zurückgekehrt; eine Mütze saß, tief in die Stirn gezogen, auf ihrem Kopf, und in
der Hand hielt sie ihre alte, so vertraute Schultasche; Hefte und Stifte
zeichneten sich durch das dünn gewordene Leder ab.

Plötzlich war alles ganz einfach. Hatte nicht Dagmar immer in entscheidenden Momenten das Zünglein an der Waage gespielt? Wußte

sie nicht stets viel mehr von günstigen Zeitpunkten als jeder noch so
exakt rechnende Astrologe?

Und außerdem: Selbst wenn all das nicht entscheidend war – wer
konnte ihr schon widerstehen?

So griff ich nach Mantel und Stadtplan, Omi reichte uns noch
schnell Dagmars Zeugnisse, und wir fuhren los.

Dagmar war lebhaft, wie schon lange nicht mehr, und ich brauchte
den ganzen Weg, um sie ein wenig auf die Erde zurückzuholen. Ich
versuchte ihr zu erklären, daß sie vielleicht gar nicht mehr genommen
würde, und falls doch, dann nicht mit ihren alten Freundinnen und
ihrer geliebten Frau H.

Aber Dagmar wischte alle Einwände beiseite, sie zeigte sich nur
kurz enttäuscht, als wir in den fremden Schulhof einbogen, an unbekannten, fremden Menschen vorbei dem Rektorenzimmer zustrebten. Und weil wir nicht angemeldet waren, platzten wir mitten in eine
Lehrerkonferenz. Im nachhinein denke ich, daß genau dies das richtige
war. Denn als all die Blicke etwas gereizt auf uns ruhten und ich schon
einen Schritt zurück machen wollte, nahm Dagmar ihre Mütze ab,
schüttelte ihr Haar und sagte laut und mit strahlender Miene einen
bayerischen Gruß: „Grüß Gott, ihr Leute alle!"

Mit diesem bühnenreifen Auftritt wischte sie die Gereiztheit fort
und hatte sich so dem gesamten Lehrerkollegium mit ihrer besten
Seite vorgestellt. Wortlos überreichte ich die Zeugnisse, und während
wir hinausgingen, hörte ich bereits die Stimme meiner Telefonpartne-
rin von vorhin, die sehr einfühlsam unseren Wunsch vortrug.

Ein paar Telefongespräche wurden dann noch geführt, und nach
einer Woche kam ein Brieflein ins Haus mit der Mitteilung, daß Dagmar vom nächsten Montag an probeweise am Unterricht teilnehmen
dürfe.

Dagmar, mit dem anscheinend von ihr gepachteten Glück, hatte
wieder ins Schwarze getroffen. Von den drei Betreuerinnen der
Gruppe (einer Psychologin, einer Logopädin, einer Praktikantin) war
sie begeistert, auch ihre zwei Mitschülerinnen erschienen ihr sehr nett.
Etwas besorgt sah sie sich allerdings ihre sechs Klassengefährten an,
„gestand'ne Mannsbilder", die fast zwei Meter maßen.

Jungen von dieser Größe kannte Dagmar aus ihrer Schule nicht.
Vielleicht hatte es den einen oder anderen gegeben, aber so vereinzelt

waren sie nicht so aufgefallen. Ein halbes Dutzend im Gardemaß in geballter Formation hingegen war nicht zu übersehen.

Doch schon nach einer Woche hatte Dagmar herausgefunden, daß jeder einzelne von ihnen bei all seiner Kraft und Größe stets darum bemüht war, auf sie Rücksicht zu nehmen, sie zu beschützen. Immer vertrauter wurde mir nun das Klassenzimmer. Damals konnte ich noch nicht ahnen, daß das Schulzimmer in ein paar Monaten fast mein Zuhause werden würde – während dieser furchtbaren Zeit nämlich, als mein Mann mit dem Auto schwer verunglückt war und ich in den folgenden sechs Monaten, die er im Krankenhaus verbrachte, irgendwohin gehen mußte mit meinen Tränen und Ängsten, wo ich mich geborgen fühlte, wo ich wußte, daß man mich verstand. Dort hörte ich dann die Berichte der Lehrerinnen, daß Jan oder Sven oder Kai beim gemeinsamen Stadtbummel ganz aufgeregt über Dagmars vor Anstrengung blaue Hände waren. Sie schlugen eine Rast für Dagmar vor, sie erkannten ihre panische Angst vor dem Wind, der ihr die Luft nimmt, und hielten ihr Schirme vors Gesicht. Manchmal machten zwei von ihnen mit den Händen eine „Affenschaukel", und dann trugen sie Dagmar. Und während ich dies schreibe, wird mir wieder einmal bewußt, wieviel uns die „Behinderten" oft an Einfühlungsvermögen und Mitleiden im positivsten Sinn voraushaben.

Dagmar liebte diese Ritterlichkeit. Immer öfter hatte ich den Eindruck, daß sie nun „hofhielt". Die zwei anderen Mädchen waren beide recht ruhig und von sehr sanftem Naturell. Dagmar verstand sich gut mit ihnen, aber die Beschäftigung mit ihnen fiel ihr schwer: Die beiden konnten schreiben und lesen, sie schnitten mit kleinen Scheren Sternchen aus Goldpapier, denn die Adventszeit war gerade angebrochen, und Dagmar mit ihrem fast angeborenen Widerwillen gegen alle „Kleinarbeiten" und mit ihrer übergroßen Liebe zu Menschen entschied sich schnell dafür, lieber die Erziehung der sechs jungen Männer zu übernehmen.

Streng wurde zum Beispiel von ihr das Händewaschen nach den Toilettengängen beobachtet und kontrolliert – „Hände nicht naß! Riechen nicht nach Seife! Noch mal waschen!" –, und sie hatte Erfolg. Denn von Dagmar vor allen anderen als „Schwein" bezeichnet zu werden traf die zarten Seelen der großen Jungen. Nie zuvor waren sie in diesen Räumen so bezeichnet worden, keine Erzieherin hätte gewagt, dieses Wort in den Mund zu nehmen, und wenn Dagmar mit lauter Stimme sagte: „Du bist ein Schwein – geh richtig mit Seife waschen!", wandten die Lehrerinnen den Blick ab, um sich nicht zu verraten. Sie wußten, um wieviel heilsamer die Kritik eines Mitschülers ist, und Dagmar mit ihren in die Hüften gestemmten Fäusten wirkte sehr autoritär. Die so Beschimpften schlichen mit hängenden Köpfen noch einmal zur Toilette zurück.

So war Dagmar in ein Glückstöpfchen gefallen. Wieder wurden ihr Liebe und Anerkennung entgegengebracht von Menschen, die sie mochten. Und als sie in dem bereits in den „Spielplan" aufgenommenen Theaterstück *Des Kaisers neue Kleider* die anspruchsvolle Rolle einer Haremsdame (die es vorher, glaube ich, gar nicht gegeben hat!) ergatterte, hing für sie der Himmel voller Geigen.

Bei der Aufführung versuchte sie dann, den Kaiser, die Minister und das gesamte Fußvolk an die Wand zu spielen, und durch einige unfaire Tricks gelang es ihr, „viele Lacher" zu bekommen. Ihre Mutter saß stolz auf ihrem Stuhl und nahm errötend lächelnd die Huldigungen der anderen Eltern entgegen: „Dat is man 'ne süße Deern!"

Später – in den furchtbaren dunklen Wochen nach dem Unfall meines Mannes –, als ich in dieser Schule meine Zelte aufschlug und mich einmal für die angebotene Tasse Kaffee damit revanchieren wollte, die Tassen aller Kinder abzuspülen, was Dagmar verhinderte („Spinnst wohl, Mami, Marion und Kai Spüldienst!"), da wußte ich, wie schwer es mir fallen würde, diesen kleinen Teil von Hamburg wieder zu verlassen. Die Stunden zusammen mit Dagmars Lehrerinnen und Dagmars Freunden und Mitschülern, diese Wärme, die sie ausstrahlten und die ich so dringend brauchte, haben mich aufgefangen und linderten meine Verzweiflung über diesen Schicksalsschlag.

Als Dagmar von der Schule abging, löste sich die ganze Abschlußklasse auf, ein kleiner Trost für sie und mich. Über ihrem Bett hängen noch heute zwei Fotos aus der Hamburger Zeit, in den Schubladen liegen Briefe, die ihre Freunde ihr nach München sandten, und in dem Ordner, den ich für sie angelegt habe, ruhen zwei Zeugnisse, die mir auch beweisen, daß ich sie „richtig" sehe:

Während Dagmars Anstrengungen um Zahlen und Buchstaben „große Mühe" unterstellt wird und der sprachliche Ausdruck für sie sehr problematisch ist, „... hat ihre fröhliche und kontaktfreudige

Britta (li.) und Dagmar (re.) beim
sommerlichen Planschvergnügen

Der Weißu

„Schmarr'n!" Manchmal wird der
„Goldengel" zum kleinen Kobold.

Deine Omi

Dagmar und ihr Vater auf dem Münchner Oktoberfest

Die stolze Konfirmandin mit ihrer Schwester

Mit Mamis Manuskripten auf dem Weg zum Verlag

AM HEER

Art wesentlich zu einem entspannten und harmonischen Klassenklima beigetragen".

Und der letzte Absatz widmet sich ganz ihrer wahren „Sendung": „Dagmar beteiligt sich mit enormer Ausdrucksfähigkeit und Begeisterung am darstellenden Spiel. Das gleiche gilt für den Musikunterricht; hervorzuheben ist hier besonders ihr sicheres Gefühl für Rhythmus und Harmonie."

NACHTTOUR

IRGENDWANN war es Dagmar zuviel geworden. Erst war ihr Papi mit dem Auto schwer verunglückt und dann ein halbes Jahr im Krankenhaus gewesen, und als er wieder nach Hause kam, lagen Trauer und Beklemmung über allen, weil wir noch nicht wußten, ob er je wieder würde richtig laufen können. Britta besuchte ihre Cousinen in Kalifornien, und zu alldem Unglück und Verdruß waren auch noch Schulferien.

So blieb Dagmar nicht viel anderes übrig, als sich nach dem Frühstück ins Wohnzimmer zu setzen; sie blätterte ein paar Zeitschriften durch und sah Tommi bei seinen Bemühungen zu, eine Wespe zu fangen. Am Nachmittag machte sie den Fernseher an. Die Ferienprogramme liefen: *Die Kinder aus Bullerbü*, *Pippi Langstrumpf* – Abenteuer, Lebensfreude, Lebenslust überall . . ., aber nicht zu Hause.

Als ihr Papi am späten Nachmittag von der physikalischen Therapie nach Hause kam, war sie ihm erwartungsfroh entgegengelaufen, aber er hatte nur gerufen „Vorsicht!" und versucht mit zwei Krücken das Gleichgewicht zu halten.

Da war sie zurück ins Wohnzimmer gegangen, später sah sie wieder die verweinten Augen ihrer Mutter. Alles war so anders geworden.

An diesem Abend wollte sie früh zu Bett. Papi kam noch in ihr Zimmer, er spürte ihre Traurigkeit. So alberten sie ein wenig herum, spielten Verstecken und riefen die Mami. Dagmar legte den Kopf auf Papis Bauch, und plötzlich schlief Papi, bevor Mami gekommen war. Da schlüpfte sie aus ihrem Bett, huschte ins große Schlafzimmer und legte sich dort ins Bett. Kurz darauf kam Mami, streichelte ihr über den Kopf, nahm ihr Nachthemd und ging aus dem Zimmer.

Es wurde ruhig, aber Dagmar konnte nicht einschlafen. So stand sie auf, zog die Sachen an, die sie ans Fußende des Bettes gelegt hatte, und ging wieder in ihr Zimmer ..., aber Papi schlief fest. Im Dunkeln suchte sie nach ihrer Tasche und packte ein paar Schulhefte ein – sie spielte einfach eine Rolle nach, die sie am Nachmittag im Fernsehen gesehen hatte.

Die Nachtbeleuchtung in der Diele und im Treppenhaus war eingeschaltet, ein sanfter, weicher Schein. Dagmar ging zur Haustür. Sie war von innen verschlossen, aber der Schlüssel steckte. Ob sie wohl versucht hat, an ihm zu drehen, oder ob ihr das nicht abenteuerlich genug war? So faßte sie sich ein Herz und öffnete die Kellertür – nie sonst geht sie freiwillig allein in den Keller, aber heute war ein Abenteuertag, deswegen schloß sie sogar die Kellertür hinter sich, und mit klopfendem Herzen stieg sie die Treppe hinunter in den Bügelraum.

Das Fenster lag hoch, es ging auf den Vorgarten hinaus, und Dagmar holte die Leiter, die ihre Mutter zum Fensterputzen benutzte, stellte sie auf, öffnete das Kellerfenster, doch von außen war die Öffnung mit zwei dicken Eisenstäben gesichert.

Sollte das Abenteuer schon zu Ende sein? Gleich neben der Tür des Bügelraums lag das Handwerkszeug ihrer Eltern. Sie nahm eine riesige Klempnerzange sowie zwei oder drei Schraubenzieher und stopfte alles in die Tasche mit den Schulheften. Ein Seil zum Befestigen von Gegenständen auf Gepäckträgern nahm sie auch noch mit, vielleicht wollte sie ja eine Expedition machen.

Sie stieg die schmalen Stufen der Aluleiter empor, schob ihren Kopf durch die Stangen, warf die Tasche in den Vorgarten und zwängte sich zwischen den Eisenstangen hindurch. O Gott, ging das schwer! Sie blieb stecken und schrie wohl, aber niemand hörte sie. Auch zurück kam sie nicht mehr. Mühsam schob sie sich Millimeter für Millimeter durch die kantigen Stäbe. Irgendwie schaffte sie es. Erschöpft lag sie dann auf der weichen, warmen Erde; es war eine laue Nacht im Juli.

Durch Büsche, die sie sonst mied, denn sie haßt Zweige und Nadeln, mußte sie nun den Vorgarten – der wie eine Felsenterrasse angelegt war – durchqueren. Und noch ein Hindernis lag vor ihr: Die Gartentür, sonst immer offen, wenn sie hinauswollte, war abgeschlossen. Schon dachte sie an Umkehr – aber vielleicht würde sie ja auch dieses Hindernis bewältigen. Und sie bewältigte es.

Spät war es, weit und breit kein Mensch. Zum erstenmal in ihrem
Leben erlebte Dagmar die Nacht allein. Vielleicht läutete sie jetzt an
der Tür, vielleicht hatte sie Angst. Auf jeden Fall hörten Mami und
Papi sie nicht.

So schulterte sie ihre Tasche und marschierte mutig in die Dunkelheit hinein. Vorn lag die große Chaussee. Dagmar überquerte die
breite Straße. Dort in dem Laden kaufte ihre Mutter manchmal ein.
Daneben war ein kleines Antiquitätengeschäft, Treppen führten zum
Eingang hinauf, und Dagmar setzte sich hin. Ein Mann näherte sich,
er fragte sie etwas, Dagmar bekam Angst, und unwirsch sagte sie ihm,
er solle sie in Ruhe lassen. Der Mann ging weiter, und Dagmar begann
zu weinen. Sie war so müde, ihr Herz schmerzte von dem langen Weg,
und plötzlich war sie zu schwach, ängstlich und erschöpft, um nach
Hause zurückzukehren. „Mami, Mami", weinte sie verzweifelt.

Aber Mami schlief. Ich hatte ja mein Bett besetzt vorgefunden, das
Bett, neben dem das Telefon für den ersten Stock stand. Und so ging
ich in Brittas leeres Zimmer, öffnete die Balkontüren und las noch ein
wenig; dann schlief ich tief und fest.

Es muß Stunden später gewesen sein, als mein Mann, auf einem
Bein humpelnd, aufgeregt in Brittas Zimmer stürzte: „Es läutet! Es
läutet ununterbrochen!" rief er und hielt sich am Türrahmen fest.

Von weit, weit her kehrte ich aus meinem Schlaf zurück, dann hörte
auch ich das Nachdröhnen der Dreigongglocke. Ich lief zum Dielenfenster. Der Schein einer Stablampe zuckte unregelmäßig über die
Hauswand. Ich öffnete das Fenster und rief: „Ja, bitte?"

„Sind Sie Frau Lehmann?"

„Ja, was ist los?"

„Ihre Tochter Dagmar sitzt bei uns auf dem Polizeirevier!"

„Unmöglich, meine Tochter ist behindert und schläft!" Ein anderes
Mädchen hatte vielleicht aus Angst Dagmars Personalien angegeben.
Wütend überlegte ich schon, wer das gewesen sein könnte. Der
Beamte bemerkte mein Zögern.

„Sehen Sie doch einfach mal nach!" rief er. Ich schloß das Fenster
und ging leise zu meinem Bett. Es war leer. Fassungslos starrte ich die
Kissen an, und fassungslos stand mein Mann in der Tür.

Ich lief die Treppe hinunter, die Haustür war abgeschlossen, der
Schlüssel steckte, ich schloß auf. Draußen standen die beiden Beam-

ten. Sie traten ein, fragten mich, seit wann die Tür von innen verschlossen sei, überprüften den Schlüssel. „War Ihre Tochter nach dem Abschließen noch im Haus? Haben Sie sie gesehen?"

„Ja!"

Wir waren ratlos. Wie war sie hinausgekommen? Meine Dagmar war weggelaufen! Die Polizisten fragten mich, warum ich nicht ans Telefon gegangen sei und in welchem Zimmer Dagmar normalerweise schlafe. Und warum sie kein Medaillon mit ihrem Namen umhabe.

Ich konnte ihnen keine Antwort geben. Dagmar hatte etwas getan, was ihrer Persönlichkeit derart widersprach, daß meine Gedanken wie gelähmt waren.

„Und sie ist einfach so in Ihr Auto gestiegen?" fragte ich die Polizeibeamten. Mir wurde eiskalt.

„O nein. Wir haben zu zweit ganz schön auf sie einreden müssen, bis sie drin war. Und auf dem Revier war sie völlig verschüchtert, sie wollte niemand Auskunft geben. Wir mußten eine Diplompsychologin holen. Nachts um halb drei! Der hat sie dann immerhin Namen und Adresse gesagt. Doch das hat uns nicht viel geholfen. Sie sind ja nicht ans Telefon gegangen. Warum nicht?"

Es war mir zu mühselig, den Bettentausch zu erklären. Mich beschäftigte vielmehr die Frage, wie Dagmar hinausgekommen war. Von innen verschlossene Haustür, heruntergelassene Jalousien, vergitterte Fenster. Ich ging zur Kellertür und öffnete sie – das Licht brannte. Unten stand die Tür zum Bügelraum offen, meine Haushaltsleiter lehnte an der Wand, und das vergitterte Fenster war offen.

„Nein!" Ich schrie fast. „Dagmar geht nicht einmal in den Keller, um eine Limonade zu holen. Nie würde sie in den Keller gehen. Und sehen Sie doch selber: die Eisenstäbe!"

Der Beamte maß die Zwischenräume aus. „Wenn sie schmal ist, kommt sie durch." Und nach einiger Zeit meinte er: „Nun ja, schmal ist sie nicht gerade!"

Aber trotzdem blieb es die einzige Möglichkeit. Wir fanden dann im Vorgarten Dagmars Fußabdrücke. Nun erschien mir nichts mehr unmöglich. Ich warf mir einen Trenchcoat über und fuhr mit meinem Auto hinter dem Streifenwagen zur Wache.

In einem Großraumbüro hinter der kleinen Anmeldung saß meine

Tochter. Sie war von ungefähr zwanzig Streifenbeamten umringt, und eine hübsche blonde Diplompsychologin hatte ihre Arme um Dagmar gelegt. Auf einem großen Tisch lagen Dagmars Habseligkeiten: ihre Tasche, eine Strickjacke, ihre „Bruchwerkzeuge" und die aufgeschlagenen Schulhefte. Und es waren ausgerechnet Hefte, auf denen nur DAGMAR stand.

Sie begann laut zu weinen, als sie mich sah, und ich drückte sie fest an mich. Von einigen jungen Streifenbeamten hörte ich nun Vorwürfe, aber es waren Vorwürfe der Erleichterung, ich sah es ihren Gesichtern an. Dagmar saß nämlich mindestens schon zwei Stunden hier – stumm, mutlos und störrisch. Und wer würde mir schon glauben, daß sie bis zu diesem Zeitpunkt noch nie weggelaufen war!

Und als ich – noch auf der Wache – Dagmar fragte, wieso sie den Polizisten denn keine Antwort gegeben habe, wurde ihre Miene verschlossen und streng. „Und warum der Dame?" fragte ich weiter. Da kicherte sie und meinte schelmisch: „Der schon! Hat wunderschöne blonde Haare!" So hatten wir doch noch einen ganz guten Abgang – lachend wurden wir verabschiedet.

Am nächsten Morgen wartete ich vor Dagmars Tür, bis sie aufwachte, und dann mußte sie mit mir Zentimeter für Zentimeter des Weges abgehen. Und als sie mittendrin nicht mehr wollte und trickreich auf ihren Herzfehler verwies, konnte ich nicht anders: Ich gab ihr einen leichten Stoß in Vorwärtsrichtung. So habe ich wenigstens genau erfahren, wo sie die Straße überquert, wo sie gesessen und daß ein Mann sie angesprochen hatte. Auf diese Weise weiß ich nun fast alles.

Ja, fast alles – nur die Hauptsache nicht. Auf die Fragen „Warum bist du weggelaufen?" und „Wo wolltest du hin?" hat sie noch niemandem eine Antwort gegeben, selbst Britta nicht, die wir sofort in Kalifornien anriefen. Und wenn man hartnäckig weiterfragt, beginnt sie zu weinen.

War es die bedrückende häusliche Situation nach dem Unfall, der sie entfliehen wollte? Oder war es Abenteuerlust, ein Versuch, frei zu sein und unabhängig?

Seit dieser Zeit hat sie sich jedenfalls nie wieder auf die „Walz" begeben.

FEMME FATALE

NACHDEM wir wieder nach München gezogen waren, begann nun bald für Dagmar der Ernst des Lebens. In einer Werkstatt für Behinderte machte sie jetzt ganz neue Erfahrungen. Voller Freude erzählte sie mir zum Beispiel am Abend, daß eine Arbeit nun endlich geschafft sei, jubelnd berichtete sie von der letzten Kiste – und voller Enttäuschung merkte sie am nächsten Morgen, daß neue Kisten mit derselben Aufgabe auf sie warteten.

Und so konnte es nicht ausbleiben, daß sie als das Schönste in diesem Werkstattleben die Pausen entdeckte, das Schwätzchen mit den anderen, das Herumstehen und Necken. In dieser Beziehung unterscheidet sich eine Werkstatt für Behinderte kaum von einer x-beliebigen Werkstatt.

Und da Dagmar durch die Erziehung ihrer sechs Schulkameraden jegliche Scheu vor dem männlichen Geschlecht verloren hatte, begann sie, sich mit viel Charme einem ganz speziellen Neuland zu widmen. Dagmar hat noch nie ihr Licht unter den Scheffel gestellt, so konnte es nicht ausbleiben, daß auch die jungen Männer in Dagmars Werkstatt diesem Zauber erlagen.

Bereits einige Wochen nachdem Dagmar mit ihrer Arbeit begonnen hatte, war festzustellen, daß sie nun jeweils mit großem Getöse dem Werkstattbus entstieg, irgendeinem Jungen manchmal noch schnell eine Ohrfeige verpaßte, um dann mit triumphierendem Blick und kampfgerötetem Gesicht das Haus zu betreten. Sodann begann sie, in ihrer Handtasche zu wühlen, und reichte mir einen zerknitterten Brief: „Lies!", und gehorsam las ich vor (natürlich wurde ich nur eingeweiht, weil Dagmar nicht lesen kann!):

> „Liebste Dagmar, meine allergeliebteste Dagmar, ich habe Dich so lieb, ich will mich mit Dir verloben. Love heißt Liebe. Ich liebe Dich. Immer Dein Anton."

Ich hielt diese Briefe mehr für Schreibübungen, zumal Dagmar mir stets die Zettel entriß, „Blöder Hund" murmelte und trällernd im ersten Stock verschwand, um sich fürs Abendbrot zu waschen und umzuziehen (sie ist übrigens die einzige in der Familie, die diese Noblesse besitzt).

Ähnliche Briefe hatte ich nun täglich vorzulesen. Ich erfreute mich an Antons korrekter Rechtschreibung und Zeichensetzung, an mehr dachte ich nicht, zumal Dagmar Bobby Ewing aus der Fernsehserie „Dallas" und fast alle Freunde meines Mannes liebte. Der jeweilige Favorit war der Schatzkönig, dem die Schatzmäuse folgten. Ihre furchtbare Drohung: „Setz dich zu mir, sonst bist du nie mehr mein Schatzkönig" wurde von allen sehr ernst genommen.

Als meine Mutter einmal meinte, unsere Freunde seien doch sämtlich verheiratet, meinte sie sehr weise: „Die Netten sind alle verheiratet." Und diese Einsicht ist kaum zu entkräften.

Nach den Weihnachtsferien war Anton nicht mehr aktuell, statt dessen taten sich neue Dinge.

Im Werkstattbus mit Dagmar fuhr auch Nicky. Er ist ein Schwergewicht, und wo er hintritt, wächst kein Gras mehr. Um Dagmar seine Gunst zu zeigen, setzte er sich jeweils auf ihre weiten Röcke, und keine Macht der Welt konnte ihn bewegen, sein Hinterteil ein wenig zu heben, wenn Dagmar aussteigen mußte. Nun gibt es kaum etwas auf dieser Welt, was Dagmar mehr liebt als ihre weiten Schwingröcke, und es muß sehr ärgerlich für sie gewesen sein, wenn sie bei ihren Bemühungen aufzustehen, den Stoff reißen hörte. So saß ich nun fast jeden Abend und nähte Volants an, und beschämt gebe ich zu, daß in mir eine gewisse Wut auf Nicky wuchs. Auf Dagmar auch – denn sie fragte alle zehn Minuten, wann ich denn nun endlich fertig sei.

Irgendwann rief ein Alfred an und beteuerte mir, er denke Tag und Nacht nur noch an Dagmar. Als ich Dagmar fragte, wer Alfred sei, sagte sie wieder nur: „Blöder Hund!" Und hinter Nicky saß einer im Bus, der wurde immer ganz rot, wenn er Dagmar sah.

Im Moment sind wir vor Dagmars aufregendem Umgang für die Dauer eines Jahres – dann kommt sie wieder in die Werkstatt – sicher. Denn Dagmar besucht zur Zeit eine Tagesbildungsstätte und verliebte sich dort Hals über Kopf in einen ganz bezaubernden Zivildienstleistenden, der mit bewundernswerter Fassung die Verstümmelung seines Namens „Percy" in „Birschti" trägt.

Nun liebt Dagmar nur noch Bobby Ewing, Birschti und fünfzehn Schatzmäuse (nämlich unsere Freunde).

Toast Hawaii

NACH zwei Jahren Werkstatt erhielt Dagmar, wie schon erwähnt, die Chance, in einer Tagesbildungsstätte für junge Erwachsene noch einmal in einen „Lernprozeß" einzusteigen. Die Dauer der Schulung beträgt etwa ein Jahr, und während dieser Zeit durchlaufen die jungen Menschen mehrere Förderungsgruppen. Dieses vor den Toren Münchens laufende Bildungsprojekt hat Modellcharakter – und wie wichtig wäre es, daß solche Förderung in bestimmten Abständen immer wieder erfolgte, denn all das in den Jahren zuvor mühsam Erlernte wird viel zu schnell wieder vergessen. Wie viele Tränen und Anstrengungen sind dann umsonst gewesen, Jahre der „Erziehung" werden in Frage gestellt.

Als Dagmar erfuhr, daß sie dort auch in eine Theatergruppe, die sie beharrlich „Theatertruppe" nennt, aufgenommen werden würde, war sie für diese Schule Feuer und Flamme. Das Ziel der Theatergruppe ist unter anderem deutlicheres Sprechen, flüssiges Reden, Koordination, Konzentration, Ausbau der „Merkfähigkeit". Auch das Überwinden von Hemmungen – letzteres ist allerdings mehr für die anderen Kursteilnehmer gedacht.

Ein weiteres sehr wichtiges Trainingsprogramm wird in der Wohngruppe absolviert. Die jungen Menschen „üben" hier das Leben in einer Gemeinschaft mit Selbstverantwortung, Aufgabenteilung und größtmöglicher Selbständigkeit.

Als der erste Teil dieses „Wohngruppenprojekts" für Dagmar anstand, zeigte sie mir ihre Vorfreude dadurch, daß sie von Samstagmorgen an mit kurzen Unterbrechungen auf ihrem gepackten Koffer saß, um auf den Montagmorgen zu warten.

Und beim Einsteigen in den Bus, der sie dann für vier Tage entführte, warf sie mir statt einer Kußhand den barschen Befehl an den Kopf: „Bloß nicht anrufen – bloß nicht!"

„Nein", versprach ich.

Am Abend fehlte sie mir dann zwar schon ein wenig, aber die vier Tage gingen vorüber. Am Donnerstagabend stand Dagmar strahlend mit Beuteln und Paketen in der Tür. Wir beide waren sehr glücklich, uns wiederzusehen, und viel und laut erzählte sie dann von diesen Tagen.

Als anschließende Trainingsmaßnahme ließ ich sie gleich ihr Bett selber beziehen. Sie arbeitete hart, und nach einer Stunde öffnete sie feierlich die Tür, und ich durfte eintreten. Ich lobte sie lautstark, selbst das Spannbettlaken saß korrekt. Die am Boden liegende, zerbrochene Nachttischlampe hatte ich sowieso nie recht leiden können – Dagmar wohl auch nicht, denn mit einer abfälligen Handbewegung in Richtung Scherben meinte sie nur: „Macht nichts!"

Ein paar Tage später kramte sie aus ihrer Tasche eine Elterninformation über die „Wohnwoche", und erfreut las ich ihr unter anderem vor:

> Beobachtungen: Dagmar war hilfsbereit während der vier Tage. Sie bereitete mit Ch. E. ohne Aufsicht Toast Hawaii zu, erledigte dies sehr gut und sicher; sie vergaß allerdings, den Backofen vorzuheizen.
> Auch die Einkäufe im Supermarkt wurden von ihr sorgfältig erledigt. Zwar traute sie sich zuerst nicht, nach einem Artikel zu fragen, nach Ermutigung tat sie es dann aber doch.
> Im Straßenverkehr war sie sehr vorsichtig.
> Lerninhalte: Zubereitung von Toast Hawaii
> Tischdecken für die Gruppe
> Kaffee und Tee kochen
> Übungsvorschläge für zu Hause: Kaffee mit der Maschine zubereiten.
> Ein kleines Gericht (z.B. Toast Hawaii) selbständig zubereiten.

Aufgeführt war noch das Rezept für Toast Hawaii. Dagmar schlüpfte in ihren Mantel, nahm sich Geld aus meiner Tasche und ging in den Lebensmittelladen nebenan.

Lassen Sie uns eine Stunde überspringen! Nachdem ich das Haus gelüftet hatte und nur noch ein schwacher Geruch von verbranntem Brot und Käse in den Gardinen hing, tröstete ich mein verzweifeltes Kind und ermunterte es zu neuen Toasts Hawaii.

Auch diesmal durfte ich nicht dabeisein („Geh raus! Ist eng!"), aber bei einem Kontrollgang sah ich, daß Dagmar diesmal vor der Sichtscheibe des Ofens saß und hingebungsvoll hineinstarrte. Die vier Toastscheiben gelangen, glücklich aßen wir sie, und als das Telefon läutete und eine Freundin von mir anrief, wurde sie von Dagmar sofort zu einem neuen Satz Toastbroten eingeladen. Die Zubereitung lief nun schon etwas routinierter und nachlässiger. Und als ich Kritik daran übte, konterte meine Tochter kurz: „Blöde Mami!", blieb aber nun standhaft an der Seite meiner Freundin, die tapfer zwei Scheiben stark gerösteten Toasts verzehren mußte.

Und nun eskalieren die Dinge. Der ganze Kühlschrank ist voller Käse, Schinken und Ananas. Und Dagmar wird in ihrer Genialität immer generöser; längst sitzt sie nicht mehr vor dem Ofen, die Entmutigung angesichts vier schwarzer Kohlestückchen hat sie überwunden, und stets gelingt es ihr beim Servieren, das am wenigsten verbrannte Stück für sich zu behalten. Im Moment hat sie ihre ganze Gunst ihrem geliebten Papi geschenkt – denn sie verteilt und entzieht ihre Liebe wie eine kostbare Gabe –, und mich macht das im Augenblick besonders glücklich, denn ich erhalte nur eine Scheibe Toast, während mein Mann, hilfesuchend um sich blickend, vor zwei Kohletafeln sitzt.

Als mir vor ein paar Tagen noch einmal die „Elterninformation" in die Hände fiel, erkannte ich, daß Dagmar instinktiv immer das Richtige täte, wenn wir uns nur endlich abgewöhnen könnten, sie erziehen zu wollen. Da steht es ja schwarz auf weiß: „... sie erledigte dies sehr gut und sicher; sie vergaß allerdings, den Backofen vorzuheizen." Sehen Sie: Sie wußte, warum!

Mit ihrem sicheren Gespür für Qualität und ihrer Forderung nach Liebe, nach Lernen, nach neuen Eindrücken, liebt Dagmar die Einrichtungen der Tagesbildungsstätte. Viel nimmt sie daraus mit, vieles hat sie gelernt, was ihr den Weg in ein selbständiges Leben ermöglicht.

In wenigen Monaten ist diese Schulung vorbei. Dagmar wird dann wieder in ihre Werkstatt zurückkehren, in der sie auch viele Herzen gewonnen hat, und ihre Freude, diese Menschen wiederzusehen, wird ihre Enttäuschung mildern, die Tagesbildungsstätte verlassen zu haben.

Psychisch ist sie überhaupt ungeheuer belastbar, ich schrieb es schon, aber körperlich ist sie sehr schwach, ihr Herzfehler hat ihr enge Grenzen gesetzt, und oft fällt ihr die lange Arbeitszeit schwer.

Aber irgendwie ist sie auf ihrem Weg nie stehengeblieben, oft hat sie mich verblüfft mit ihrem Einsatz und ihrer Energie. Und so versuche ich, alle Sorgen um die Zukunft zu verdrängen.

„Hallo, mein Papi, ob es wohl Eifersucht ist, daß sie so wenig über Dich geschrieben hat? Ist sie eifersüchtig auf Dich – oder ist sie eifersüchtig auf mich? Vielleicht hat sie ja noch vor, Seiten um Seiten über Deine Liebe zu mir und meine Liebe zu Dir zu berichten, aber manchmal vergißt sie so vieles, und manchmal erscheinen ihr Dinge so selbstverständlich, daß sie glaubt, sie gar nicht extra sagen zu müssen.

So will ich Dir etwas sagen. Ich kann es nicht so ausdrücken, aber Du kannst es in meinen Augen lesen, schon seit dreiundzwanzig Jahren, und Deine Antwort war seit diesem einen Tag immer dieselbe.

Als ich noch klein war, sehr klein, da habe ich gespürt, daß Traurigkeit um mich war. Trostlose und unendliche Traurigkeit. Ich war so schwach und konnte weder Kopf noch Ärmchen heben, aber ich wollte diesen Kreis der Traurigkeit durchbrechen. Oft hat Mami mich ins Wohnzimmer aufs „Tagebett" gelegt, und ich hörte Dein nervöses Blättern in Deinen Prüfungsunterlagen, und mit aller Kraft wollte ich mein Köpfchen zu Dir drehen, aber es gelang mir nicht. Und oft spürte ich Deinen Blick, und da waren wieder diese Verzweiflung und Traurigkeit.

Ich begann zu weinen über meine Unfähigkeit, Dir in dieser Trauer beistehen zu können – aber Du konntest mich nicht verstehen und riefst Mami, und sie trug mich herum. Oft war ihr Gesicht feucht, und aus ihren Augen fielen Tränen in mein Haar.

An diesem einen Tag, als Du nach Hause kamst, ernst und bedrückt, da hatte Mami mich gerade auf dem Arm, und sie ging Dir entgegen, und wir standen beide vor Dir. Ich hatte noch nie in meinem Leben gelächelt, es war so schwer und anstrengend, aber plötzlich spürte ich, daß ich Dir ein Zeichen geben müßte, ein Zeichen, daß Du mich lieben dürftest, so wie ich bin, und daß ich Dich nie enttäuschen würde.

Und da kam es ganz von selbst: Ich lächelte Dich an, und selig über diese Leistung, die ich Dir entgegenbringen konnte, schloß ich ganz benommen die Augen. Und als ich sie wieder öffnete, sah ich zum ersten Mal Dein wahres Gesicht: ein glückliches Gesicht, mit lachenden, strahlenden Augen. Du nahmst mich ungeschickt und doch behutsam in Deine Arme und küßtest mich auf die Stirn, und ich war so erschöpft, daß ich sofort einschlief – zum ersten Mal in Deinen Armen.

Noch fünf, sechs Wochen sollten bis zu meinem zweiten Lächeln vergehen, so sehr hatte ich mich verausgabt, aber seit dieser Zeit wußtest Du, daß ich Dir ein Zeichen gegeben hatte. Und von nun an spürte ich Dich wie eine Wand hinter mir."

Nach diesem Satz hätte Dagmar ihren Brief liegengelassen, sie hätte ihn liegengelassen zwischen ihren Schätzen, zwischen Kassetten und Gummibärchen, Fotos und getrockneten Blumen; und sie hätte sich nicht mehr um ihn gekümmert. Sie

Wenn der Vater mit der Tochter ...

kämpft nicht um Dinge, die ihr schon gehören. Und du gehörst ihr seit jenem Moment mit Leib und Seele.

Als Dagmar sechs Monate alt war, begann dein Examen. Wenn du zur Uni losfahren wolltest, stand ich mit ihr auf dem Balkon, sie konnte ihr Köpfchen immer noch nicht heben, aber sie hörte deine Stimme und strampelte, und da zog ich ihr den rechten kleinen Wollschuh mit den weißen Satinbändchen aus und warf ihn dir zu. Und du liefst, um den Schuh zu fangen, und riefst: „Bring mir Glück, kleine Hada!"

Und sie brachte dir Glück. So blieb ihr Schuh jahrelang in deinen

Autos, ein Bild von ihr in deiner Börse, und sie selber wohnt in deinem Herzen.

Tatsächlich wußte ich bis zu Dagmars Geburt nicht, wen ich da geheiratet hatte. Vor der großen Lostrommel der Ehe stehend, hatte ich mich in zwei braune Augen verliebt, und wenn ich an unsere Zukunft dachte, so dachte ich an Kerzen und Meeresbrandung, an warmen Sonnenschein, an deine Hand auf meiner Schulter, an Glück und Liebe, an kleine Kümmernisse, die du wegküssen konntest. Und der Beginn, die ersten zwei Jahre unserer Ehe, schien all das wahrzumachen.

Wir lebten in einer Traumwelt, wir ignorierten unseren Geldmangel, eigentlich ignorierten wir alles, was nicht mit unserer Liebe zusammenhing.

Und dann warf das Leben ein Schicksal zwischen uns, von dem ich immer geglaubt hatte, daß es an Schwere nicht zu überbieten sei. Doch du brachtest Dagmar eine Liebe entgegen, an der ich mich immer orientieren konnte. Du hattest Dagmar als liebenswert erkannt, und von dieser Meinung bist du nie mehr abgewichen. So konntest du letztlich meine Probleme mit ihr nicht verstehen. Ihre körperliche Behinderung belastete dich nicht, ich nahm sie dir ab, und ihre geistige Behinderung wurde wettgemacht durch ihren Charme, ihre Ausstrahlung. Dagmar war nun keine Bedrohung mehr für unser Lebensglück, sie war für dich einfach ein liebenswertes Familienmitglied, das Freude, aber eben auch Sorgen macht, und oft fühlte ich mich durch deine Haltung unverstanden, ja sogar allein gelassen.

Heute, und schon seit vielen Jahren, weiß ich, daß dein Verhalten, deine Sichtweise ihrer Person, das Wichtigste war. Es war die Basis und hat mir die Möglichkeit gegeben, hemmungslos Tränen zu vergießen, Verzweiflung auszusprechen – geboren aus körperlicher und seelischer Überanstrengung – und mich darauf zu verlassen, als deine Antwort das zu hören, was ich hören wollte: „Aber wir lieben sie doch!"

Dagmar war ein Prüfstein – für dich, für mich und für die Menschen, die um uns sind. Sie hat das Holz getestet, aus dem diese Menschen geschnitzt sein müssen. Toleranz, Intelligenz, Menschlichkeit und Weitsicht – das sind die Ingredienzen dieses Holzes. Und du hast es noch vor mir begriffen.

DAGMAR UND DIESES BUCH

ALS zum erstenmal ein Artikel von mir über Dagmar veröffentlicht wurde – es war in einer Zeitschrift für Eltern –, da war Dagmar noch so klein, daß ich es ihr nicht zu sagen brauchte.

Später dann erschien in Dagmars Schulzeitschrift ab und zu ein Artikelchen von mir über schulische Angelegenheiten, und jemand sprach sie darauf an. Ich mußte ihr die Zeilen vorlesen, sie hörte aufmerksam zu, stand auf, sagte „Aha!", und damit war die Sache erledigt.

Doch dann begann ich „richtig" zu schreiben. Kleine, heitere Episoden waren es zunächst, ich dachte noch gar nicht an ein Buch. Mehr und mehr schrieb ich, und ich begann mich wesentlich zu „wandeln". Körperliche und seelische Belastungen wichen, ich entspannte mich. Ich schrieb nicht – es schrieb sich von allein.

Und dann kam der Zeitpunkt, als es Dagmar auf die Nerven zu gehen begann, daß ihre Mutter entweder vor einem Block saß und mit komischem „Kritzel-Kratzel" (Steno) die Seiten füllte oder in eine „Tipp-Schiene" (Schreibmaschine) weiße Blätter einzog, ständig geistesabwesend tippte, sortierte, lochte und ablegte. Und meine Auskunft, daß ich ein Buch über sie und mich schreibe – denn inzwischen hatte dieser Gedanke Gestalt angenommen –, war in ihren Augen fast zur Ausrede geworden, wenn etwas nicht klappte.

Am Anfang sollte ich ihr ab und zu etwas vorlesen. Ich tat es dann – sorgfältig ausgewählt –, und wenn die lustige Stelle oder Pointe kam, sagte sie stets: „Schmarr'n!" Denn hinter der Situationskomik erkannte sie wohl intuitiv die manchmal auch gereizte Stimmung des damaligen Moments. Dann machte sie eine große abwertende Geste in Richtung meines Buches und verließ das Zimmer.

Nie wäre dieses Buch entstanden, wenn Dagmar lesen könnte. Viel zu groß wäre meine Angst, irgend etwas könnte sie verletzen.

Merkwürdige Szenen spielten sich nun immer häufiger ab. Während ich gedankenverloren schreibe, wie Dagmars Entwicklung meinem Leben einen anderen Sinn und mir selber Reife beschert hat, stürmt mein kleiner Engel aufgeregt herein, hat seinen Lieblingsrock in den Händen, alt und zerrissen, und die Zeichen stehen auf Sturm.

Meine Augen verlieren ein wenig die Sanftheit, denn ich weiß, was nun kommt, und will den Anfängen wehren. Daher zische ich wütend: „Hau bloß ab! Deine zwei anderen Lieblingsröcke hängen gebügelt und sauber im Schrank!"

Und während der darauffolgenden Diskussion – denn Dagmar bleibt mir absolut nichts schuldig – spielt sich dann, wenn auch nicht in logischer, so doch in chronologischer Reihenfolge (denn ich unterbreche mein Schreiben natürlich nicht), folgende Szene ab:

> Mutter schreibt: „. . . aber der wirkliche Lernprozeß setzte bei mir ein. Ich begann Dagmar . . ."
> Dagmar zischt: „Hau selber ab und näh den Rock!"
> Mutter spricht: „Wenn du weiter so frech bist, werde ich wahnsinnig sauer!"
> und schreibt: „. . . in einem anderen Licht zu sehen, ich begann sie als Persönlichkeit zu . . ."
> Dagmar zischt: „Selber sauer! Und was machst du da?"
> Mutter schreibt: „. . . begreifen, und plötzlich war es das erste Mal, daß . . ."
> und spricht: „Laß mich endlich in Ruhe. Ständig störst du mich!"
> Dagmar zischt: „Blödes Buch – blöde Mami!"
> und mit großem Abgang verläßt sie den Raum, während ihre Mutter schreibt: „. . . ich stolz auf sie war!"

Und dann schaut die Mutter ihrem Kind nach. Sie ist furchtbar stolz auf dieses Kind und ein wenig auch auf sich. Sie denkt daran, daß dieses Kind eine Mordspersönlichkeit geworden ist, und dann nimmt sie den Rock, den Dagmar wütend auf einen Stuhl geworfen hat, liebevoll auf. Sie ist glücklich, daß es dieses Kind gibt – und sie steht auf und näht die Volants wieder an.

WAR es unser beider Glück, war es meine Intuition, oder war es gar Dagmars eigener hartnäckiger Wille, daß sie sich trotz meiner anfänglichen ständigen Suche nach ihrer „Normalität" einfach auf den Weg zu Heiterkeit und Lebensfreude machte?

Dieses Buch ist keine Aneinanderreihung pädagogischer Meisterleistungen, es quillt nicht über von Entwicklungssprüngen, basierend auf Geduld und Einfühlungsvermögen, umfaßt „nur" die Erinnerungen an dreiundzwanzig Jahre, die von Jahr zu Jahr schöner, heller, selbstverständlicher und klarer wurden – nicht weil unser Leben eine Perlenkette aneinandergereihter schöner Tage war, sondern weil dort, wo die rechte Liebe ist, das Schöne, das Heitere, das Gute in Erinnerung bleiben. Denn das habe ich gelernt: daß die Liebe das Wichtigste ist, denn wenn sie uns verläßt, weil wir sie verlassen wollen, sehen wir in einen großen Zerrspiegel: Das Liebenswerte wird zur Fratze, das Zauberhafte entstellt.

Und letztlich zeugt dieses Buch von den Leistungen eines zauberhaften, kleinen Menschen, der seiner recht festgefahrenen Umwelt über so manche Dinge die Augen geöffnet hat. Und sicherlich ist diese Leistung um vieles größer als meine.

Dorothee Lehmann

„Wenn Dagmar lesen könnte, hätte ich dieses Buch nie geschrieben." Nachdenklich blickt Dorothee Lehmann auf das rotkarierte stoffbezogene Fotoalbum. Es ist eins von der Art, wie man es früher hatte. 1963, um genau zu sein. Dem Jahr, in dem Dagmar geboren wurde.

Dorothee Lehmann blättert die vergilbten Seiten um. Die ersten Babyfotos von Dagmar, liebevoll mit Herzchen verziert, mit kleinen, tagebuchartigen Notizen versehen. Dann ein hellblauer Briefumschlag mit der Aufschrift „Mamis erster Brief an Dich". Der Umschlag ist leer.

„Als ich diesen Brief schrieb, habe ich fest daran geglaubt, daß Dagmar ihn eines Tages würde lesen können", erinnert sich Dorothee Lehmann. „Es war ein Brief von der Art ‚Zuerst hast Du uns ja viel Kummer bereitet, mein Kind, aber jetzt ist das alles vergessen'. Ich versuchte mir einzureden, Dagmar sei ein Grenzfall, würde irgendwie noch normal werden. Und dann kam der Tag, an dem ich diese Illusion aufgab. In meinem Schmerz habe ich den Brief zerrissen. Schade eigentlich." Sie lächelt. Es ist ein Lächeln ohne jede Bitterkeit. Schon lange hat sie aufgehört, Dagmar mit anderen Menschen zu vergleichen. „Dagmar ist etwas ganz Besonderes. Ein zauberhaftes Wesen, das mit seiner ungeheuren Spontaneität und Lebensfreude alle anderen ansteckt und sich selbst nicht als behindert empfindet." Hin und wieder gibt es allerdings Situationen, die auch für Dagmar die Frage nach dem „Warum" aufkommen lassen. Warum zieht die jüngere Schwester Britta jetzt in eine eigene Wohnung und sie nicht? Warum ist stets jemand in ihrer Nähe, der auf sie „aufpaßt"? Warum hat ihre Mutter dieses Buch über sie geschrieben? Es ist nicht immer leicht für Dorothee Lehmann, darauf Antworten zu finden. In den meisten Fällen begründet sie die Unterschiede, die Dagmar zwischen sich und ihrer Umwelt wahrnimmt, mit der Tatsache, daß Dagmar einen schweren Herzfehler hat. Mit dieser „Halbwahrheit" gibt sich ihre ältere Tochter zufrieden. Auch das anfängliche Mißtrauen gegen das „blöde Buch" ist mittlerweile verschwunden. Stolz hat Dagmar die Manuskripte und Fotos eigenhändig zum Verlag getragen.

Zwei Jahre ist es jetzt her, daß Dorothee Lehmann sich ihre Erfahrungen mit einem behinderten Kind in nur vier Monaten von der Seele schrieb. Doch noch immer bekommt die fünfzigjährige Autorin Briefe von Betroffenen und Nichtbetroffenen, Anfragen von Journalisten. Auch bei den Lesungen war die Resonanz stets erfreulich. „In dieser Hinsicht ist das letzte Jahr sehr schön für mich gewesen. Ich bin bewegt, mit wieviel Anteilnahme die Leser Dagmars Schicksal verfolgen", freut sich die impulsive Münchnerin. Dann fällt ihr etwas ein, und sie schmunzelt. „Natürlich gab es da auch oft verzwickte Situationen. Wenn ich eine lustige Stelle aus meinem Buch vorgelesen habe, bemerkte ich plötzlich, daß alle mit ernster Miene zuhörten, weil sich keiner getraut hat zu lachen. Dann habe ich selbst gelacht, um den Leuten klarzumachen, daß man auch über ein behindertes Kind lachen kann."

Aus dem behinderten Kind ist eine junge Frau geworden, die jetzt so alt ist wie Dorothee Lehmann war, als sie zum erstenmal Mutter wurde: fünfundzwanzig Jahre. Zwei Frauen, zwischen denen Welten liegen und die doch so viel verbindet. Eine davon wird immer ein Kind bleiben, auch wenn sich der Radius an Eigenständigkeit vergrößert hat.

Dagmar hat mittlerweile eine „Lebensstelle" in einer Werkstatt für Behinderte gefunden. Jeden Morgen steht sie um Viertel nach sechs auf; um Viertel vor sieben wird sie von einem Bus abgeholt, der zur Werkstatt fährt, wo sie bis halb fünf arbeitet. Arbeiten heißt in diesem Fall verschiedene Metallteile zusammenschweißen, einfachere handwerkliche Tätigkeiten ausführen, Gartenarbeit. Bis Dagmar wieder im Haus ihrer Eltern ankommt, ist es halb sechs. „Für Dagmar ist das ein langer, anstrengender Tag, doch sie fühlt sich in der Werkstatt wohl, und wir sind sehr froh, daß sie die Chance bekommen hat, dort zu arbeiten", erklärt Dorothee Lehmann. Sie selbst hat nie wieder daran gedacht, ihre eigenen beruflichen Pläne von einst zu verwirklichen. Die Liebe zur Kunst ist zwar geblieben und auch im ganzen Haus der Lehmanns zu spüren, doch Farbtöpfe und Kohlestifte sind bereits vor Jahren endgültig in den Keller gewandert. Einer geregelten Arbeit nachzugehen wäre auch in der jetzigen Situation für Dorothee Lehmann kaum denkbar. Wenn Dagmar kommt, muß jemand zu Hause sein, und ihre Anfälligkeit für Krankheiten ist weitaus größer als bei anderen „Kindern".

Nach wie vor wird das Leben der Familie Lehmann zu einem großen Teil von Dagmar bestimmt, einer Tochter, die so viel fordert und noch mehr gibt. Ob Dorothee Lehmann ein weiteres Buch schreiben wird? Sie zuckt die Achseln. „Vielleicht." Sie hat angefangen, Erinnerungen an ihre Kindheit in Kattowitz aufzuschreiben. Das Schicksal einer Familie, die ihre Heimat verlor. Aber so etwas muß für Dorothee Lehmann von innen kommen. „Ich kann mich nicht einfach an den Schreibtisch setzen und zu mir sagen: ‚Du schreibst jetzt.' Dann starre ich noch nach drei Stunden auf ein weißes Blatt Papier."

Eine typische Romanautorin ist Dorothee Lehmann sicherlich nicht. Sie kann nur über Menschen schreiben, die ihr wirklich am Herzen liegen. So wie Dagmar.

Das Gold des Amazonas

Eine Kurzfassung des Buches von
WERNER J. EGLI

Illustrationen von Günter M. Heesch

Zuckerhut und Copacabanastrand – für diese Sehenswürdigkeiten hat Alex nur ein müdes Lächeln übrig. Denn ohne einen Cruzeiro in der Tasche, aber ständig die Polizei auf den Fersen, lebt es sich nicht gut in Rio de Janeiro. Überaus mißlich wird die Lage aber für Alex und seinen Freund Jamelão, als ihnen ein Mord angehängt wird und die korrupte Polizei der aufgebrachten Öffentlichkeit unbedingt einen Täter präsentieren muß.

PACO kam mitten in der Nacht nach Hause. Ich war noch wach, weil ich eben erst von der Straße hereingekommen war und auf meinen Lippen noch den Kuß spürte, den mir Maria gegeben hatte.

Als Paco ins Zimmer trat, hockte ich auf meinem Bett und wußte sofort, daß sie hinter ihm her waren. Diesmal schien es ernst zu sein. Sein Hemd war naß vom Schweiß, das Haar klebte ihm auf der Stirn. Er mußte um sein Leben gerannt sein. Und in seinen Augen lag Angst. Das hatte ich bei ihm noch nie gesehen.

Ich heiße Alex. Paco ist mein Bruder. Er hat denselben Vater wie ich – Gander. Auch der schwachsinnige Clem, der damals in unserem Laden nebenan sein Bett hatte, ist Ganders Sohn. Meine Mutter ist weder Clems noch Pacos Mutter. Gander war schon einmal verheiratet gewesen.

Der Teufel weiß, warum meine Mutter Gander geheiratet hat. Dadurch wurden seine Söhne meine Halbbrüder. Und er wurde mein Vater. Wenn meine Mutter noch einmal von vorn hätte anfangen können, glaube ich, wäre sie Gander kein zweites Mal auf den Leim gekrochen.

Ich hatte mich schon daran gewöhnt, daß ich Ganders Sohn war und der Halbbruder von Paco und Clem, aber ich haßte es noch immer, wenn mich einer von ihnen Kleiner nannte, weil ich der Kleinste in der Familie war und sie mich für zurückgeblieben hielten, nur weil ich meiner Mutter ähnlicher sah als Gander, der ein Klotz von einem Mann war und zwei Klötze als Söhne hatte, auf die er besonders stolz war.

Paco löschte das Licht. Dann ging er zum Fenster und zog die Vorhänge bis auf einen Spalt zu.

„Was habt ihr angestellt?" fragte ich. „Eine Bank ausgeraubt?"

„Schnauze!" entgegnete er scharf, ohne sich umzudrehen. Den Jähzorn, den Paco neben anderen üblen Charakterzügen besaß, hatte ihm

Gander vererbt. Als Ganders Sohn aufzuwachsen war für keinen von uns einfach gewesen. Das konnte man Paco zum Beispiel ansehen. Er war erst achtzehn, sah jedoch aus wie dreißig. Das Leben hatte ihn gezeichnet. Seine Seele mußte voller Narben sein, sein Herz kalt wie Stein, falls er überhaupt ein Herz hatte. Dreimal schon hatten sie ihn im Gefängnis eingesperrt. Und jetzt waren sie wieder hinter ihm her.

„Da kommen sie", hörte ich Paco leise sagen. Ich rutschte vom Bett und ging zum Fenster. Die Bullen kamen langsam die Straße herauf- gefahren in ihrem schwarzen Streifenwagen. Es waren vier, und derje- nige, der neben dem Fahrer saß, leuchtete mit einem Suchscheinwer- fer die Hausfassaden ab.

Sie kamen direkt auf unser Haus zu, das am Ende der Straße stand. Von unserem Laden und unserem Haus aus führten nur noch Pfade den Hügel hinauf, zwischen den Hütten der Leute hindurch, von denen niemand ein Auto besaß. Deshalb war die Straße nie weiterge- führt worden als bis zu unserem Haus, das auf der Grenze zwischen Santa Teresa und den übrigen Stadtteilen von Rio de Janeiro stand, genau zwischen Gut und Böse, so daß es mir in meiner Kindheit oft nicht klar war, wohin ich eigentlich gehörte.

Die Bullen hielten vor dem Laden an und stiegen aus. Einen von ihnen kannte ich. Capitão Luis Galegos hieß er, und er war ein ganz besonders übler Schweinehund.

„Die Bullen sollten verdammt sein!" hörte ich Paco fluchen, und er duckte sich schnell, als Galegos seine Stablampe anknipste und den Lichtstrahl genau auf unser Fenster richtete. Paco kniete vor seinem Bett nieder und langte mit der Hand darunter. Ich wußte, was er suchte. Er hatte seine Automatik dort unten liegen, eine echte ameri- kanische Pistole, die er bei einem Einbruch erbeutet hatte. Er kroch halb unter sein Bett, und als er wieder zum Vorschein kam, hatte er die Automatik in der Hand.

„Ich leg den ersten um, der reinkommt!" zischte er und kauerte sich der Tür gegenüber an der Wand nieder. Ich dachte daran, aus dem Fenster zu klettern und zu verschwinden, aber draußen waren ja die Bullen. Außerdem, falls es richtig schlimm würde, brauchte meine Mutter jemand, auf den im Notfall Verlaß war. Auf Gander war nur insofern Verlaß, als daß er diesem Bullen Galegos in seiner hinter- listigen Art ebenbürtig war. Auf Clem war überhaupt kein Verlaß.

Bei dem dauerte es eine Ewigkeit, bis er begriff, was los war. Und außerdem war meine Mutter nicht seine Mutter.

Galegos klopfte an die Ladentür. Vom Fenster aus konnte ich ihn schräg unten sehen.

Gander trampelte die Treppe hinunter. „Wer, zum Teufel, ist dort draußen?" brüllte er.

„Polizei!"

„Es ist nach Mitternacht, verdammt noch mal! Anständige Leute schlafen um diese Zeit!"

„Mach lieber auf, Gander, oder wir zünden dir die Hütte über dem Kopf an!" drohte Galegos.

Gander öffnete die Tür und ließ Galegos herein. Die anderen beiden und der Fahrer mußten draußen warten.

Paco stand regungslos an der Wand, die Automatik auf die Tür gerichtet. „Was siehst du?" fragte er mich im Flüsterton.

„Gander hat Galegos reingelassen", sagte ich.

„Ausgerechnet Galegos", stieß Paco hervor.

„Es ist leicht, Galegos zu bestechen."

Draußen wurde es lebendig. Überall tauchten Gestalten auf, lösten sich wie Schatten aus dem Dunkel und glitten in das schwache Licht der einzigen Laterne, die etwas weiter unten stand, dort, wo unsere Straße in eine andere mündete. Es waren Leute von unserer Straße und vom Hügel hinter unserem Haus. Ich entdeckte einige meiner Freunde. Lúcios dunkle Gestalt durchbrach für eine Sekunde den Lichtstreifen der Stablampe, die jetzt ein anderer Bulle in der Hand hielt. Lucilla und Jorge kamen aus einer dunklen Lücke zwischen den Häusern. Und natürlich war Kiko dabei mit seinem Radiorecorder, aus dem Musik brüllte.

Es war ein ziemliches Gedränge um den Streifenwagen herum, und die Situation wurde für die drei Bullen immer gefährlicher, weil es unter den Leuten einige gab, die eine Gelegenheit nicht ausgelassen hätten, einem Bullen hinterrücks ein Messer zwischen die Rippen zu stoßen.

Da kam Galegos aus unserem Laden. Hinter ihm trat Gander durch die Tür. „Was ist das für ein gottverdammter Zirkus!" brüllte er in den Lärm hinein, und er schritt auf Kiko zu. „Mach die verdammte Musik aus, du Hammel!"

Lucilla glitt an Galegos heran, dessen Gesicht gepudert war, damit es vor Schweiß nicht so glänzte. Kiko drehte seinen Recorder aus.

„Wenn mir einer von euch sagen kann, wer bei Zafirelli, dem Italiener, eingebrochen hat, kriegt er 'ne Belohnung", sagte Galegos.

„Was ist bei Zafirelli passiert?"

„Jemand hat Gino Zafirelli in seinem Laden niedergestochen. Jetzt liegt er im Krankenhaus und ringt mit dem Tod."

„Das hat keiner von uns getan!" rief einer. „Niemand von uns würde so was tun!"

„Es war einer von hier", beharrte Galegos. „Oder einer von dort oben." Er machte eine vage Kopfbewegung zu den Hütten am Hügel hinauf.

„Immer sollen es Leute von Santa Teresa gewesen sein, wenn was passiert ist", sagte Lúcio. Kiko machte den Recorder wieder an. Die Bullen hatten genug und stiegen in den Streifenwagen. Er fuhr langsam die schmale Straße hinunter, durch die Pfützen, die voll mit Unrat waren, den der Regen heruntergeschwemmt hatte. Unten an der Kreuzung, an der Laterne, schwenkte der Streifenwagen dann nach rechts ab.

Vor dem Haus lärmte Gander, daß die Sache jetzt vorbei sei und sich alle wieder aufs Ohr hauen sollten. Er ging rein und knallte die Ladentür zu. Ich blickte mich nach Paco um. Er hockte mit seiner Automatik auf der Bettkante. Gander kam die Treppe herauf und schlug gegen die Tür. „Macht auf!"

Paco öffnete. Gander stampfte herein, wuchtig wie ein Bär. Er trug eine Hose und ein löchriges Unterhemd und war barfuß.

„Du hast verdammtes Glück gehabt", knurrte er und musterte Paco, „daß Galegos kam und nicht ein anderer. Willst du wissen, wieviel es mich gekostet hat, daß Galegos wieder wegging, ohne das ganze Haus zu durchsuchen?"

„Ich hätte ihn abgeknallt", sagte Paco eisig.

„Wenn du Galegos abgeknallt hättest, wärst du den Rest deines Lebens im Knast, und das hält kein Mensch aus, nicht einmal einer, der schon vorher kaputt ist."

„Ich bin nicht kaputt!"

„Warum hast du dann Zafirelli niedergestochen?"

„Das war nicht ich!"

„Aber du warst dort, Himmel noch mal! Zwanzigtausend Cruzeiros habe ich Galegos gegeben und einen Goldring mit zwei Rubinen. Mir kommt die Galle hoch, wenn ich daran denke, Paco! Wenn Zafirelli abkratzt, kommt Galegos wieder her, hat er gesagt. Und dann hat er keine Wahl mehr, verstehst du? Nicht einmal hunderttausend Cruzeiros können dann die Bullen davon abhalten, ihre verdammte Pflicht zu tun. Und weißt du, was ihre verdammte Pflicht ist, Paco? Dich zu verhaften. Und dich einzusperren."

„Bullen lassen sich immer bestechen!"

„Für einen Mord müßte man ihnen fünf Jahre hintereinander den Urlaub finanzieren, verflucht noch mal! Ich habe den Zaster dafür nie im Leben, verstehst du?" Gander ging zur Tür und knipste das Licht an. „Habe ich dir nicht gesagt, ich will nicht, daß Blut an deinen Händen klebt? Habe ich das nicht tausendmal gesagt, zum Teufel!"

„Ich habe Zafirelli nicht niedergestochen!"

„Wer dann?"

„Jamelão", sagte Paco.

„Jamelão?" Gander drehte sich zu mir um. „He, was bist du so blaß? Bist du krank oder was?"

Ich schüttelte den Kopf und starrte Paco an. Und Paco grinste. Vielleicht wußte er doch was von Maria und mir. Ich merkte, wie mir das Blut in den Kopf stieg. Jamelão war nämlich Marias Bruder.

„Jamelão Ribeiro", sagte Paco. „Er hatte ein Springmesser. Zafirelli kam plötzlich herein, und er sah uns, und da sprang ihn Jamelão von hinten an. Es kam zu einem Handgemenge, und da muß ihm Jamelão die Klinge zwischen die Rippen gestoßen haben, denn Zafirelli ging zu Boden, und aus seinem Mund kam Blut, und er hat nur noch geröchelt. Auf einmal ist dann ein Alarm losgegangen, und als wir davonrannten, tauchten die Bullen auf, und wir trennten uns, und ich rannte durch die Stadt, bis ich sicher war, daß keine Bullen hinter mir her waren, und dann erst bin ich nach Hause gelaufen."

„Und kaum warst du da, kamen auch schon die Bullen", knurrte Gander. Er wandte sich mir zu. „Hast dich aufregen müssen, wie? Wegen deinem Bruder? Und weil du keinen Mumm in deinen Knochen hast, ist dir jetzt kotzübel, was?"

Paco lachte spöttisch. „Kleiner, du siehst drein wie ein geprügelter Hund!"

„Dabei habe ich ihn nicht ein einziges Mal geschlagen", spottete Gander.

Das solltest du mal versuchen, dachte ich, und ich spürte, wie Wut in mir aufkam. Ich mußte mir einreden, daß meine Zeit mit Gander ohnehin bald abgelaufen war, und ich dachte an Maria und daran, daß ich meinen eigenen Weg gehen würde, zusammen mit Maria, und daß mir Gander nicht mehr in mein Leben pfuschen konnte, sobald ich ihm endgültig den Rücken gekehrt hatte.

„Ich will, daß du für ein paar Tage verschwindest, Paco", sagte Gander. „Falls Zafirelli stirbt, verstehst du?"

Paco nickte. Und Gander drehte sich um und ging hinaus. Paco stand auf und machte die Tür hinter ihm zu. „Stimmt es, daß Jamelão den Italiener niedergestochen hat?" fragte ich ihn.

„Er war es, Kleiner. Und wenn Zafirelli das Zeitliche segnet, dann ist er zuerst dran, glaub es mir."

Ich dachte an Maria. Jamelão war ihr Bruder und mein Freund. Unten hörte ich Gander reden. Er sprach mit meiner Mutter. Paco zog sein verschwitztes Zeug aus und legte sich aufs Bett.

Ich kletterte aus dem Fenster. Vom Sims ließ ich mich auf ein schmales Schrägdach fallen, und von dort sprang ich auf die Straße hinunter. Ich tat das, seit ich etwa zehn Jahre alt war und den ersten Sprung überlebt hatte, ohne mir das Kreuz zu brechen. Mit der Zeit wurde es immer einfacher. Ich ging an unserem Laden vorbei. Dann nahm ich den Weg, der zum Hügel hinaufführte. Man mußte im Dunkeln aufpassen, daß man nicht vom Weg abkam und in die Rinnen trat, die voll waren mit Kloake. Die Hütten hier hatten keine Toiletten. Und kein fließendes Wasser. Der ganze Hügel war voll mit Hütten. Hütten aus Blech und Brettern und aus Ästen. In den Hütten und auch in den Lücken zwischen ihnen schliefen Leute und Schweine und Hunde und Hühner. Jamelão wohnte hier auf dem Hügel. Und Maria.

2

IN JENER Nacht, als Capitão Luis Galegos von Gander zwanzigtausend Cruzeiros erhalten hatte, damit er nicht weiter nach Paco suchte, ging ich nicht mehr nach Hause. Ich überlegte mir, ob ich mich zur Hütte von Maria schleichen sollte, und dachte daran, daß mir ihr Onkel wahrscheinlich den Kopf abschlagen würde, wenn er mich erwischte. Gerade ging ich an der Hütte vorbei, in der Sixto mit seiner Mutter, seinen zwei Brüdern und einer kleinen Schwester wohnte. Wahrscheinlich hätte ich auch bei Kiko unterkommen können. Aber Kiko war eigentlich kein guter Freund von mir. Ich ging also auch an der Hütte vorbei, in der Kiko und seine Familie hausten, und ohne daß ich es wahrhaben wollte, kam ich der Hütte von Maria immer näher.

Um zu überlegen, setzte ich mich auf einen umgestülpten Plastikeimer. Durch eine schmale Lücke zwischen zwei Hütten konnte ich ein kleines Stück von Marias Hütte sehen. Ich dachte, daß es eine Schande wäre, wenn Zafirelli abkratzte. Zafirelli, Schmuck und Uhren. Zwar kannte ich ihn nicht, aber ich wußte, daß sein Laden unten in der Stadt erst dreimal überfallen worden war, weil Gino Zafirelli und sein Bruder Georgio Protektion hatten. Wer Protektion hatte, wurde selten überfallen, weil sich niemand mit der Mafia anlegen oder sogar die Aufmerksamkeit der Todesschwadron auf sich lenken wollte. Ich wußte, daß der Laden in einer guten Gegend war, irgendwo an der Avenida Presidente Vargas, einer der Hauptgeschäftsstraßen von Rio. Zafirelli konnte sich Protektion leisten.

Ich erhob mich. Von der Rückseite her schlich ich mich an Marias Hütte heran. Ich wußte, wo sie schlief. Ihr Lager befand sich im hinteren Teil der Hütte, die in der Mitte durch eine Bretterwand und einen Vorhang geteilt war. Im vorderen Teil hausten Marias Onkel und seine Frau. Hinten in der Hütte, unter einem löchrigen Wellblechdach, das auf einer Seite von einer Lehmziegelmauer gestützt war, wohnten Jamelão und Maria.

Ich kauerte mich bei der Lehmmauer nieder. „Maria!" flüsterte ich.

Jemand bewegte sich in der Hütte. „Alex?" fragte Maria mit leiser Stimme. „Bist du das?"

„Ja."

Nach ein paar Minuten kam sie heraus. Wir entfernten uns ein Stück von der Hütte und kauerten uns hinter einem Gestrüpp nieder.

„Was tust du hier?" fragte Maria leise. „Habe ich dir nicht gesagt, du sollst vorsichtig sein?"

„Ich bin vorsichtig", sagte ich. „Ist Jamelão nach Hause gekommen?"

„Jamelão?" Sie blickte mich erstaunt an. Obwohl das Gestrüpp Schatten über uns warf, schimmerten ihre Augen hell. Sie hatte graublaue Augen, die von einer besonderen Klarheit waren. Niemand sonst bei uns hatte solche Augen. Sie bildeten einen ganz eigenartigen Kontrast zu ihrer dunklen Haut und den schwarzen Haaren.

„Ist Jamelão nach Hause gekommen?"

„Nein. Ich habe ihn nicht gesehen. Er ist am Nachmittag weggegangen. Ich habe ihn gefragt, wohin er geht. Er hat nur gesagt, daß er mir vielleicht ein Geschenk mitbringt. Ist etwas passiert, Alex?"

„Jemand hat bei Zafirelli eingebrochen." Ich wollte ihr nicht sagen, daß Zafirelli niedergestochen worden war, aber sie merkte, daß es schlimmer sein mußte als nur ein Einbruch. Einbrüche passierten jeden Tag, und Maria wußte, daß Jamelão sein Taschengeld nicht vom Bonifatius-Haus erhielt oder weil er Glück hatte bei den Pferderennen im Jockey-Club. Er war auch kein Bettler, der beim Hotel Serrador auf dem Gehsteig hockte, und er war kein Trödler auf dem General-Osório-Platz, wo die Touristen allerlei Krimskrams kaufen konnten. Jamelão war ein Dieb. Und manchmal wurde er zum Einbrecher.

„Du willst mir nicht sagen, was geschehen ist", sagte Maria plötzlich. „Weil es mit Jamelão zu tun hat."

„Vielleicht ist es nicht so schlimm, Maria", antwortete ich. „Gander hat Galegos zwanzigtausend Cruzeiros gegeben."

„Wozu?"

„Damit er uns in Ruhe läßt. Er wollte Paco verhaften."

„Wegen dem Einbruch bei Zafirelli?"

„Ja."

„Und was hat das mit Jamelão zu tun?"

„Das ist es, was ich nicht weiß."

Ich hörte, wie Maria Luft holte. Durch das Gestrüpp hindurch konnten wir die Lichter der Stadt blinken sehen. Wie Sterne. Dort unten war Rio de Janeiro, unsere Stadt, zu der wir nicht gehörten. Rio de Janeiro, die schönste Stadt der Welt.

Das Meer konnten wir nicht sehen. Auch nicht die Strände der Bucht, die jetzt kalt waren und menschenleer, den weltberühmten Zuckerhut und den Corcovado-Berg mit der Statue des Heilands, der seine Arme ausgebreitet hat, als wollte er alle seine Kinder an sich drücken. „Gott ist Brasilianer", sagen die Leute, und sie lächeln. Ich kenne niemand, der das ernstlich glaubt, aber ich weiß, daß ich eben nicht die richtigen Leute kenne. Ich kenne fast nur Leute, die sagen, daß der über dreißig Meter hohe Christus die Arme ausgebreitet hat, um seine ganze Ratlosigkeit auszudrücken. Nicht einmal er, so sagen die Leute, die ich kenne, vermag etwas zu ändern.

Wir saßen lange beieinander und redeten nicht viel. Es wurde so kühl, daß ich zu frieren begann. Maria zog die Knie bis unters Kinn und umschlang ihre Beine mit den Armen. Plötzlich hörten wir jemand den Weg heraufkommen. Es war Jamelão. Maria ergriff meine Hand.

„Hab keine Angst", flüsterte ich. „Ich werde ihm sagen, warum ich hier bin." Ich zog Maria mit mir. Wir traten hinter dem Gestrüpp hervor und auf den steilen Weg hinaus.

Jamelão sah uns sofort und kam auf uns zu. Er trug ein dunkles Hemd und eine dunkle Hose. Er packte Maria beim Arm. „Geh ins Haus!" sagte er leise, aber bestimmt.

„Alex kam wegen dir her", sagte sie schnell.

„Das stimmt", bestätigte ich. „Die Polizei war da. Wegen Zafirelli. Galegos hat gesagt, daß er zurückkommen und die Täter verhaften wird. Er wird überall nach dir suchen, Jamelão."

„Galegos wagt es nicht hierherzukommen. Niemand wagt es."

„Das letztemal haben sie Soldaten hergeschickt", sagte Maria. „Sie werden es wieder tun."

„Geh jetzt besser ins Haus!" befahl Jamelão, der zwei Jahre älter war als seine Schwester. „Und rühr dich nicht mehr!"

Sie gehorchte. Wir warteten, bis sie in der Hütte verschwunden war.

„Was hat Galegos gesagt?" wollte Jamelão wissen.

„Er hat gesagt, daß er den Mörder finden wird, wenn Zafirelli stirbt. Und dann wird es heißen, daß du der Mörder bist."

„Hat Paco etwa gesagt, daß ich Zafirelli niedergestochen habe?"

„Stimmt es etwa nicht, daß du es gewesen bist?"

„Er ist halt doch eine Ratte", sagte Jamelão. „Ich habe ihn gewarnt, daß er nicht hineingehen soll, weil hinten Licht brennt. Aber er hat nur gelacht und gesagt, daß Zafirelli wie ein Stock schlafen und überhaupt nichts hören werde. Ich half ihm beim Aufbrechen der Tür, aber er ging allein hinein. Ich blieb draußen, weil Leute auf der Straße waren.

Plötzlich hörte ich, wie eine Tür ging. Dann hörte ich Zafirellis Stimme. Er rief einen Namen. Ich glaube, es war der Name seines Bruders, mit dem er gemeinsam den Laden hat. Und dann polterte etwas, und Glas zersplitterte, und ein paar Sekunden später stürzte Paco heraus, und wir rannten zusammen davon. Sein Hemd war voll Blut, und irgendwo warf er das Messer weg, mit dem er Zafirelli niedergestochen hat. Unterwegs haben wir in einem kleinen Laden das Fenster eingeschlagen. Paco brauchte etwas zum Anziehen, weil sein Zeug blutig war. Danach trennten wir uns, und ich lief hinunter zum Strand, und dann entschloß ich mich, nach Hause zu gehen. Geh auch nach Hause, Alex. Es kommt schon alles in Ordnung. Paco wollte ihn bestimmt nicht umbringen. Es war ein Unglück."

Ich ging den Weg hinunter. Wenn Zafirelli starb, war Paco ein Mörder. Und einen Mörder würde Galegòs nie laufenlassen, nicht einmal für hunderttausend Cruzeiros.

Die ganze Nacht hindurch lief ich herum. Dann wurde es hell. Ich war todmüde.

ICH glaube, die ganze Welt denkt, Rio de Janeiro ist ein Paradies. Als Gino Zafirelli vor mehr als dreißig Jahren herkam und mit ihm sein Bruder Georgio, da dachten sie wahrscheinlich auch, Rio sei ein Paradies. Gino und Georgio Zafirelli gehörten zu den Leuten in Rio, die man als reich bezeichnen kann. Sie gehörten zur Oberschicht. Sie hatten zwei Juwelierläden und eine herrschaftliche Villa im Kolonialstil, inmitten einer exotischen Parkanlage über dem Strand von São Conrado.

Gino und Georgio waren hochangesehene Bürger, von denen man sagte, daß sie Waisenhäuser beschenkten und die Kirche mit großzügigen Spenden unterstützten. Daß zumindest Gino Zafirelli so nebenbei der italienischen Mafia angehörte, konnte ihm ebensowenig nachgewiesen werden wie seine Führerschaft in der *Esquadrão da morte,* der berüchtigten Todesschwadron, der zum Beispiel Marias ältester Bruder Pedrito zum Opfer gefallen war. Die Leute, die die Todesschwadron unterstützten, gehörten zu jenen, für die Rio ein Paradies war, weil sie allen Reichtum der Welt und das Glück für sich gehortet hatten. Und Leute wie Pedrito und Jamelão und mein Bruder Paco schlichen sich nachts davon und suchten nach einem kleinen Anteil an dem

Reichtum und nach einem winzigen Zipfel des Glücks, und manchmal fanden sie es. Dann steckten sie es schnell in die Tasche und rannten davon, und dadurch wurden sie Verbrecher, und die ehrbaren Leute hetzten die Bullen auf sie, und weil es die Polizei oft nicht wagte, die Verbrecher bis hinauf in die Hügel zu verfolgen, nach Santa Teresa zum Beispiel, schickten die ehrbaren Leute ihre Killer aus, die der gnadenlosen Todesschwadron angehörten.

So war es in Rio de Janeiro, und so ist es wohl auch heute noch.

Es gibt Geschwüre in Rio, das sind die Favelas. Elendsviertel. Es gibt Dutzende davon an den steilen Hängen der Hügel, durch die vierspurige Tunnels führen, damit man schnell von einem Stadtteil in den anderen gelangen kann und dabei diese faulen Wucherungen nicht zu sehen braucht, von denen es so kleine gibt wie Santa Teresa und solche, in denen mehr als hunderttausend Menschen nisten. Kaum jemand wagt sich in ihre Nähe. Es ist, als ob die Leute in den Favelas Aussätzige wären. Als ob die Geschwüre jederzeit aufbrechen könnten und man dann von dieser furchtbaren Seuche angesteckt würde, die Armut heißt.

Ich fragte Paco am nächsten Tag, wer Zafirelli niedergestochen hatte. „Ich will es genau wissen", sagte ich.

Er wurde wütend und schrie, daß ich mich um meine eigenen Angelegenheiten kümmern solle. Da wußte ich, daß er es gewesen war und nicht Jamelão. Ich betete im stillen, daß Zafirelli am Leben bleiben würde.

Es nutzte nichts. Zafirelli starb am Nachmittag. Ich weiß nicht, wer es zuerst erfuhr. Auf einmal hieß es, daß Zafirelli tot sei.

Ich ging sofort auf mein Zimmer. Paco lag auf dem Bett. Er rauchte.

„Zafirelli ist tot", sagte ich.

Er starrte zur Decke hinauf. Ich setzte mich auf den Bettrand.

Dann kam Gander herein. „Am besten wäre es, wenn Jamelão sofort abhaut", meinte er. „Bevor das Militär kommt."

„Vielleicht kommt das Militär nicht", wandte Paco ein. „Niemand weiß, wer es getan hat."

„Zafirelli wußte es", sagte ich. „Vielleicht hat er der Polizei noch sagen können, wer ihn niedergestochen hat."

„Zafirelli hat es schlimm erwischt", erwiderte Paco. „Der hat nichts mehr sagen können!"

Gander ging zur Tür. Dort drehte er sich noch einmal um. „Sag deinem Freund, daß er sich dünnmachen soll, bevor es zu spät ist, Paco!"

Paco nickte, und Gander ging hinaus.

3

Es wurde Abend, ohne daß etwas geschah. Ich wagte nicht, Maria aufzusuchen, sondern ging runter in den Laden. Gander war fort, und meine Mutter war dabei, einen alten Kochherd aufzumöbeln. Sie kratzte mit einer Feile die schwarze, angebackene Kruste von einem Rost. Als sie mich hörte, blickte sie kurz auf. Wir befanden uns hinten im Laden, dort, wo eine Tür auf einen kleinen, überdachten Abstellplatz hinausführte, der mit Maschen- und Stacheldraht eingezäunt war. Dieser Platz war seit Jahren voll mit Kram, der im Laden nicht mehr untergebracht werden konnte: sperrige Möbelstücke, Krankenhausbetten, Kühltruhen, Autoreifen, Teerfässer und anderes Zeug.

Im Laden selbst türmte sich das Gerümpel, das wir auf unseren Streifzügen durch die Stadt oder auf den Müllhalden erbeutet hatten, bis unters Dach. Alte Rasierapparate, Kameras, Taschenlampen, Bilderrahmen, Nachttöpfe, wackelige Schemel, rostige Eimer, verbeultes Geschirr, Silberbesteck in verstaubten Schatullen, die mit Samt ausgelegt waren, verstimmte Musikinstrumente, Schuhe mit löchrigen Sohlen und Kleider, die kein Mensch mehr tragen wollte.

Wir arbeiteten alle fürs Geschäft, aber wenn ich etwas haßte, so war es die Tatsache, daß meine Mutter schuftete wie eine Sklavin, ohne sich auch nur ein einziges Mal zu beklagen. Solange ich lebte, hatte ich meine Mutter nie untätig gesehen. Ich wünschte, ich hätte sie dazu überreden können davonzulaufen. Irgendwohin. Zusammen mit mir und Maria und vielleicht mit Jamelão. Aber meine Mutter hing irgendwie an Gander. Ich verstand nie, was sie mit ihm verband. Ihm bedeutete sie nichts. Sie war sein Besitz. Sie gehörte zum Laden wie das Zeug, das allmählich verstaubte.

Meine Mutter hielt in der Arbeit inne. Langsam richtete sie sich auf. Sie legte die Feile auf den Herd und wischte die Hände an der Schürze ab.

„Ich glaube, es ist Zeit, mit dem Abendessen anzufangen", sagte sie. Sie lächelte, kam auf mich zu und blieb vor mir stehen. „Hast du mit Maria gesprochen?" fragte sie plötzlich.

„Maria?"

„Die Schwester von Jamelāo. Man sagt, daß ihr befreundet seid, du und Maria."

Ich wollte sie erst fragen, woher sie das wußte, aber dann sagte ich ihr, daß ich Maria in der letzten Nacht kurz gesehen hatte. Und daß ich mit Jamelāo gesprochen hatte.

„Es war nicht Jamelāo, nicht wahr?" fragte sie dann. Ich merkte, wie mir der Schweiß ausbrach. Ich hielt den Mund.

„PACO!"

Gander brüllte den Namen so laut, daß unten im Laden wahrscheinlich die Regale wackelten.

Paco saß auf seinem Bett. Er sah ziemlich elend aus. Gander kam die Treppe herauf und trat mit einem kräftigen Fußtritt beinahe die Tür aus dem Rahmen. Ich hatte ihn schon lange nicht mehr so wütend gesehen. Paco setzte ein Trotzgesicht auf, als Gander vor seinem Bett stehenblieb, die Fäuste in die Hüften gestemmt.

„Das Gerücht geht um, daß es nicht Jamelāo gewesen ist, der Zafirelli niedergestochen hat", sagte Gander schnaufend. „Die Leute reden, Paco!"

„Wen kümmert es, was die Leute reden", gab Paco scharf zurück. Er konnte furchtbar aufsässig sein.

„Mich!" schrie ihn Gander an. „Mich kümmert es! Wir haben ein Geschäft hier, falls dir das noch nicht aufgefallen ist. Wir haben einen Ruf zu wahren!"

Paco sprang auf. „Ich verschwinde von hier! Das Geschäft ist nicht mein Geschäft, und ich hasse es, seit ich denken kann! Ich geh weg!"

„Nein, du gehst nicht weg. Niemand geht weg außer Jamelāo. Sag ihm, daß er weggehen soll! Gib ihm Geld! Fünftausend Cruzeiros. Damit kommt er ganz schön weit, wenn er sparsam ist. Und wenn Gras über die Sache gewachsen ist, kann er zurückkommen."

Galegos kam, bevor es dunkel wurde, und er brachte Militär mit. Soldaten in vier Jeeps, alle mit Maschinenpistolen bewaffnet.

Der Capitāo betrat den Laden allein. Ich war oben. Durch die Decke

hörte ich ihn mit Gander verhandeln. Und Gander sagte ihm, daß es
Jamelão gewesen war. Dann gab er ihm Geld. Galegos verließ den
Laden. Mit einer Eskorte ging er die Straße hinauf. Die Leute blieben
in den Häusern. Und auf dem Hügel war es still. Es schien fast, als
wäre Santa Teresa unbewohnt.

Galegos hatte ein Megaphon dabei. „Im Namen des Gesetzes!" rief
er zu den Hütten hinauf. „Ein Junge, der Jamelão Ribeiro heißt, soll
sich mit erhobenen Händen zeigen und zur Wasserstelle herunterkom-
men."

Seine Stimme, durch das Megaphon verzerrt, hallte über den Hügel
hinweg. Von meinem Zimmerfenster aus konnte ich sehen, wie unten
auf der Querstraße, dort, wo die Laterne stand, noch mehr Jeeps auf-
tauchten und die Straße blockierten. Soldaten mit grimmigen Gesichtern unter braunen Helmen sprangen aus einem Militärlastwagen und
formierten sich, als wollten sie Santa Teresa angreifen.

Galegos ging unterdessen den Hügel hinauf, weiterhin begleitet von
der Soldateneskorte. Aus den Hütten heraus, durch Spalten im Wellblech und in den Brettern, beobachteten feindselige Gesichter die
Truppe. Niemand versuchte sie aufzuhalten.

Da tauchte oben auf dem Hügel der Chef der Favela auf. Arturo hieß
er, ein stämmiger Mann mit einem Schnurrbart. Er war seit vier Jahren Chef von Santa Teresa, ein ziemlich ruhiger Mensch, der lesen und
schreiben konnte. Die meisten Leute mochten ihn. Er strahlte Zuversicht aus.

Arturo kam Galegos entgegen. Sie trafen sich auf der steilen Straße
und sprachen kurz miteinander. Dann begleitete Arturo Galegos zur
Hütte von Jamelão. Die Soldaten nahmen draußen Aufstellung.
Arturo betrat die Hütte zuerst. Dann folgte Galegos.

Von unserem Haus aus konnte man die Hütte von Jamelão und
Maria nicht sehen. Und da mir Gander verboten hatte, das Haus zu
verlassen, kletterte ich aus dem Fenster, obwohl die Soldaten unten
standen und mich sahen.

Gander brüllte hinter mir her, daß ich zurückkommen solle. Ich tat,
als wäre ich schwerhörig, und lief den Hügel hinauf. Ich wollte mich
an die Hütte von Jamelão und Maria heranschleichen, aber als ich noch
etwa hundert Meter davon entfernt war, hörte ich ein Zischen, und als
ich herumfuhr, sah ich Jamelão im schmalen Eingang einer Hütte, die

einem alten Mann gehörte, den wir alle nur *Charutão* nannten, was „der, der Zigarren raucht" heißt.

Ich lief zu ihm hin. In der Hütte war es schon fast dunkel. Der alte Mann lag auf einem rostigen Krankenhausbett. Er sah ziemlich blaß aus und hatte die Augen geschlossen. Seine Nase war weiß und spitz.

„Ist er tot?" fragte ich.

Jamelão nickte. „Er muß am Nachmittag gestorben sein. Noch hat es niemand gemerkt."

„Hat dir Paco nicht gesagt, du sollst von hier verschwinden?" fragte ich Jamelão leise.

„Wohin soll ich gehen?"

„Irgendwohin!"

„Wenn ich von hier weggehe, nehme ich Maria mit", sagte er. „Ich kenne Galegos. Ich weiß, was er will. Er will Maria!"

„Maria?" Mir war sofort klar, was Jamelão meinte. Galegos hatte einen Bruder, der in der Stadt ein Bordell betrieb. Das war kein Geheimnis in Santa Teresa. Und ab und zu holte er sich die Mädchen dort, wo sie am billigsten und am einfachsten zu kriegen waren. In den Favelas.

„Er hat es schon einige Male versucht", fuhr Jamelão fort. „Er bezahlt gut. Es ist eine ständige Verlockung für unseren Onkel. Einmal wird er ihr erliegen. Aber mach dir keine Sorgen, Alex. Ich pass' schon auf, daß Maria nichts passiert."

Ich konnte mir nicht denken, wie er das anstellen wollte. Erstens war er von heute an ein gesuchter Verbrecher, der sich vor der Polizei versteckt halten mußte, und zweitens lag die Entscheidung nicht bei ihm, sondern bei seinem Onkel. Und der war bestimmt nur auf seinen eigenen Vorteil bedacht.

Ich liebte Maria über alles. Ich wollte sie beschützen, aber ich wußte nicht, wie. Wir hätten alle zusammen davonlaufen können. Jamelão, Maria und ich. Wir hatten Ersparnisse; ein paar hundert Cruzeiros würden wir bestimmt zusammenkriegen. Aber wohin hätten wir gehen können?

Jamelão spähte durch ein Loch in der Bretterwand. „Jetzt kommt Galegos heraus", sagte er. „Er ist wütend."

Ich kroch zu einer Spalte zwischen zwei Brettern, von wo aus ich Galegos und die Soldaten sehen konnte. Galegos sagte etwas zu einem

Offizier. Der Offizier spuckte in den Staub. Dann gab er den Soldaten einen Befehl, und die Soldaten liefen den Hang hinunter und an unserem Laden vorbei. Galegos und die Offiziere blieben oben vor der Hütte von Jamelão und Maria stehen. Sie redeten miteinander. Unten teilten sich die Soldaten in kleine Gruppen. Sie gingen von Hütte zu Hütte.

„Die werden dich hier finden", sagte ich.

Jamelão schüttelte den Kopf. „In einer halben Stunde ist es dunkel. Dann ist es besser, wenn sie verschwinden. Sonst erwischt es einige von ihnen ganz bestimmt."

Jamelão hatte recht. Die Soldaten hörten mit dem Durchsuchen der Hütten auf, noch bevor es dunkel wurde.

Es blieb in Santa Teresa still, bis Galegos und die Soldaten mit den Jeeps und den Lastwagen verschwunden waren. Dann kamen die Leute aus den Hütten. Auch Jamelão und ich verließen die Hütte des alten *Charutão*. Wir gingen den Hügel hinauf zu Jamelãos Hütte. Unterwegs sagte er einer Frau, daß der alte Zigarrenraucher gestorben sei.

In der Hütte hockte Jamelãos Onkel in einem Sessel, dessen Polster aufgeplatzt war. Füllmaterial quoll heraus. Der Onkel trug kein Hemd. Als er uns sah, grunzte er.

„Ich hoffte, die Hölle hätte dich geschluckt!" Ein Blick aus seinen kleinen dunklen Augen streifte mich. „Und dich dazu."

„Wo ist Maria?" fragte Jamelão.

„Fort", antwortete er.

Mir wurde ganz heiß. „Wo ist sie?"

„In Sicherheit!"

„Was hat dir Galegos für Maria geboten?" fragte Jamelão scharf. „Hunderttausend Cruzeiros?"

„Nicht genug", erwiderte sein Onkel spöttisch. „Morgen wird es mehr sein." Er lachte. „Ich habe ihm gesagt, daß du es nicht gewesen bist. Ihm ist es egal, wer es gewesen ist, du oder Paco. Aber die Freunde von Zafirelli werden sich um dich kümmern. Und um Paco."

„Wenn du Maria an Galegos verkaufen willst, dann bekommst du es mit mir zu tun!" sagte Jamelão drohend. „Ich bin ihr Bruder."

Ein tückisches Glitzern trat in die Augen seines Onkels. „Du drohst mir?" sagte er. „Du bringst einen Mann um, und dann drohst du mir?"

Jamelão drehte sich um. Er packte mich am Arm. „Komm!" rief er.

Ich folgte ihm hinaus. „Du hättest nicht lockerlassen sollen", wandte ich mich an Jamelão, als wir zusammen zwischen den Hütten hindurchgingen. „Wenn wir jetzt wüßten, wo Maria ist, könnten wir sie warnen."

„Falls sie irgendwo hier in der Favela ist, dann ist sie bei José Ruiz."

Wir gingen zu José Ruiz. Maria war nicht dort. Niemand schien etwas zu wissen. Frauen fürchteten um ihre Söhne, um ihre Männer. Die Todesschwadron würde die Favelas im Auge behalten.

4

Sie zündeten die Favela im Morgengrauen an.

Ich war allein im Zimmer. Paco hatte sich irgendwo versteckt. Ich erwachte aus einem Traum, und zuerst dachte ich, die Sonne ginge auf, als ich den rötlichen Lichtschimmer sah, der sich über das Fenster bewegte. Dann hörte ich Clem brüllen.

Mit einem Satz war ich aus dem Bett. Unten rannte Clem in der Unterhose auf die Straße hinaus. Der beißende Geruch von Rauch hing plötzlich in der Luft. Gander stürzte aus dem Laden. Fluchend starrte er zum Hügel hinauf, dann schrie er Clem zu, er solle die leeren Teerfässer und die Benzinkanister, die hinter dem Laden unter dem Schrägdach standen, wegschaffen. Gander rannte in den Laden zurück. Meine Mutter rief nach mir. Ich war längst dabei, mich anzuziehen, als sie die Treppe heraufgerannt kam.

„Jemand hat Feuer gelegt!" rief sie. „Die Hütten am Hügel brennen!" Sie sah, daß Paco nicht im Zimmer war, und drängte mich zur Eile. Unten im Laden tobte Gander. Er brüllte nach mir. Ich sollte ihm helfen, den Kram aus dem Laden zu schaffen. Ich machte, daß ich hinunterkam.

Gander schleifte Zeug aus dem Laden ins Freie. Er befahl meiner Mutter, dafür zu sorgen, daß sich die Leute nicht an der Ware vergriffen. Meine Mutter ging hinaus, aber sie konnte im Durcheinander nicht alles im Auge behalten. Gander schleppte nach und nach den halben Laden vors Haus. Je mehr Zeug er herausbrachte, desto schwieriger wurde es, die Leute vom Diebstahl abzuhalten. Meine Mutter war

machtlos. Schließlich sah Gander, daß alles sinnlos war. Die leeren
Teerfässer hinter dem Haus hatten schon Feuer gefangen. Die Flammen leckten jetzt an einer Bretterwand empor. Dann krachte es plötzlich im Haus. Das war Ganders Munition. Der Laden und das Haus
gingen in Flammen auf.

„Wir sind ruiniert!" brüllte Gander. „Mein Leben ist vernichtet!"

Der Hügel hinter unserem Haus war ein Flammenmeer. Die ganze
Favela brannte.

S IE zerstörten die Favela, aber sie konnten sie nicht vernichten.

Noch rauchten verkohlte Pfosten und Bretter, als schon die Leute
zurückkehrten und geschäftig in den Trümmern herumwühlten. Hier
und dort begannen neue Hütten zu entstehen. Männer schleppten in
langen Reihen Baumaterial zum Hügel hinauf. Frauen trugen den
Schutt aus dem Dorf zum Abhang. Das Leben ging weiter.

Ich rannte durch die Trümmer der Favela und rief nach Maria.
Marias Onkel war nicht da. Seine Frau wachte über einem kleinen
Berg von Kram, den sie zusammengetragen hatte. Um sie herum lag
verkohltes Zeug. Ich fragte sie nach ihrem Mann.

„Ich glaube, er ist in die Stadt gegangen", sagte sie.

„Und Maria?"

„Ich weiß nicht, wo Maria ist. Lieber Gott, vielleicht ist sie im Feuer
umgekommen."

„Man hat keine Leichen gefunden außer der vom Zigarrenraucher.
Und der war schon tot. Weißt du wenigstens, ob Jamelão verhaftet
worden ist?"

„Einige sollen heute morgen verhaftet worden sein. Ich weiß nicht,
ob Jamelão dabei ist."

Noch einmal suchte ich die ganze Favela ab. Ich fragte überall nach
Maria. Und ich durchsuchte Hütten, die leergestanden hatten und in
Trümmern lagen. In der Nacht ging ich nicht nach Hause. Aber ich
traute mich auch nicht, die Favela zu verlassen. Ich schlief unter einem
Baumskelett auf dem Hügel.

Am nächsten Tag berichteten die Zeitungen nur, daß bei einer Säu-
berungsaktion des Militärs und der Polizei mehrere Personen verhaftet worden seien, die verdächtigt wurden, mit dem Mord an Zafirelli
etwas zu tun zu haben. Namen wurden nicht genannt.

Ich fragte mich, was Ganders Pläne waren. Ihm traute ich zu, die Gelegenheit beim Schopf zu packen und seinen alten Plan zu verwirklichen, mit dem er uns schon immer gedroht hatte, wenn etwas schiefgegangen war.

Amazonas. Für Gander hatte dieses Wort eine magische Kraft, die in ihm ein absonderliches Fieber weckte. Es war das Gold.

Seit ich ihn kannte, war er vom Goldfieber gebeutelt. Er redete ständig davon, wie leicht es war, ganz schnell ein steinreicher Mann zu werden. Man mußte nur eine mutige Frau haben und mutige Kinder.

Wir waren Klötze an seinen Beinen. Zumindest meine Mutter und ich. Und Clem natürlich auch, weil er ein Trottel war. Konnte es sein, daß jetzt die Entscheidung gefallen war? Ich mußte es wissen.

Als meine Mutter morgens einkaufen ging, lauerte ich in einer Seitenstraße. Sie erschrak furchtbar, als sie mich erblickte. Weil ich so heruntergekommen aussah mit Ruß und Dreck an den Kleidern, und außerdem hatte ich während der letzten Nächte kaum geschlafen. Ich brauchte ihr nicht zu sagen, warum ich nicht nach Hause gekommen war. Sie wußte, daß ich Maria suchte. Man hatte es ihr berichtet.

„Die Leute sagen, daß Galegos Maria in die Stadt gebracht hat", erzählte meine Mutter.

„Ich werde sie finden", antwortete ich.

Sie nahm Geld aus ihrer Tasche und gab es mir. „Nimm es", sagte sie, als ich den Kopf schüttelte. „Ich habe gehofft, dich bald zu sehen. Deshalb habe ich mehr Geld mitgenommen, als ich brauche."

Sie sagte mir, daß sich Paco in der Stadt verborgen halten würde, solange die Polizei nach ihm fahndete. Ob man Jamelão verhaftet hatte oder ob es ihm gelungen war, sich zu verstecken, wußte meine Mutter nicht. Ich fragte sie, was Gander im Sinn hatte, und sie sagte, es sei gut möglich, daß er auf die Idee käme, sich zu den Goldfeldern des Amazonas aufzumachen.

„Ich weiß nicht genau, was er vorhat", fuhr sie fort. „Aber was immer er auch tun wird, Alex, ich werde bei ihm bleiben."

Ich nickte. Etwas anderes hatte ich von ihr nicht erwartet. Sie war ungeheuer loyal. Als ich mich von meiner Mutter verabschiedete, weinte sie nicht. Das war gut so. Mir kamen fast die Tränen.

Um die Mittagszeit ging ich in die Stadt hinunter. Ich las die Zeitung auf einer Parkbank. Keine Zeile, daß Jamelão verhaftet worden wäre. Ich schöpfte frischen Mut und aß an einem Würstchenstand einen Hot dog. Danach fühlte ich mich etwas besser. Als es dunkel war, schlich ich mich zum Hügel und ging zu Marias Hütte.

„Du hast Nerven hierherzukommen", sagte ihr Onkel und stopfte sich eine halbe Banane in den Mund.

„Ich will nur wissen, was mit Maria geschehen ist", entgegnete ich.

„Ich weiß selbst nicht, wo sie ist", sagte er. „Vielleicht ist sie abgehauen, mit ihrem Bruder."

Ich drehte mich um und raste aus der Hütte. Ich war ganz wirr im Kopf, weil ich nicht wußte, ob er die Wahrheit gesagt hatte oder nicht. Die Sorge um Maria machte mich ganz krank.

Ich setzte mich am Hang hin. Was sollte ich sonst tun? Ich hatte alle nach Maria gefragt. Ich wollte wieder weggehen, als ich Lucilla kommen sah. Sie nahm mich beim Arm. „Komm, ich muß dir was sagen."

„Dann sag es."

„Nicht hier, wo uns alle zusehen."

Ich ging mit ihr ein Stück weit weg. Hinter einer Hütte blieben wir im Dunkeln stehen. Sie griff in den Ausschnitt ihrer Bluse und zog eine dünne Goldkette mit einem Anhänger heraus. Das brachte mich fast um den Verstand. Die Goldkette hatte ich vor einigen Tagen in einem kleinen Laden geklaut, der allerlei Firlefanz führte. Nichts Teures, nur vergoldet. Der Anhänger in Herzform zum Aufmachen, damit man ein winziges Bildchen in den Deckel kleben konnte.

„Woher hast du das?" fragte ich atemlos.

„Von Maria. Sie hat gesagt, du sollst nicht nach ihr suchen", antwortete Lucilla. „Sie hat gesagt, daß alles in Ordnung ist, wie es ist, und daß es keinen Sinn hat, wenn du dir Gedanken um sie machst, weil sie alles, was sie tut, freiwillig tut."

„Wann hast du sie gesehen?"

„Heute. In der Stadt. Sie hat hübsch ausgesehen. Mit einem neuen Kleid und wundervollen Schuhen. Sie hat gesagt, daß alles in Ordnung ist und die Polizei Jamelão ganz bestimmt freilassen wird."

„Dann ist also Jamelão doch verhaftet worden", stellte ich grimmig fest. „War Maria allein?"

„Nein. Sie war mit einem Mann zusammen. Er war jung, und er trug einen richtigen Anzug. Nadelstreifen. Und Krawatte. Ein feiner Pinkel. Aber er hat Augen wie aus Eis. Als er sah, daß ich mit Maria

redete, kam er schnell herüber, und Maria gab mir die Kette, und dann zog er sie mit sich, und ich sah, wie sie in ein schwarzes Auto stiegen und davonfuhren."

Ich mußte tief Luft holen. In meinem Kopf wirbelten Bilder durcheinander. Der feine Pinkel konnte nur ein Mädchenhändler sein. Vielleicht hatte er Maria schon an einen steinreichen alten Mann verkauft. Lucilla gab mir die Kette, und ich steckte sie in die Hosentasche. „Tut mir leid, daß ich dir nicht mehr sagen kann", meinte Lucilla. „Paß auf, daß dir nichts passiert, Alex. Es ist gefährlich, wenn man sich mit diesen Leuten anlegt."

Lucilla glaubte also, daß sich Maria verkauft hatte, damit Jamelão freigelassen wurde. Und wahrscheinlich hatte ihr Onkel obendrein ein schönes Sümmchen eingesteckt.

Ich entschloß mich, zum Untersuchungsgefängnis zu gehen und dort auf Jamelão zu warten. Irgendwann würden sie ihn freilassen. Wahrscheinlich noch in dieser Nacht.

5

Es WAR genau zwei Uhr in der Nacht, als sich die kleine Tür neben dem Haupttor öffnete. Ich drückte mich tief in die Türnische eines Hauses schräg gegenüber vom Untersuchungsgefängnis. Das Licht der Straßenlampen traf mich nicht.

Jamelão trat auf den Platz heraus. Hinter ihm ging die Tür zu. Das Laternenlicht beleuchtete seine schmale Gestalt. Er blickte sich um. Links vom Gebäude waren auf einem Parkplatz mehrere Streifenwagen der Polizei geparkt.

Auf der Straße fuhr langsam ein Auto vorbei. Es war ein amerikanisches Modell, ein Buick Roadmaster Riviera. Hinter dem Fahrer saßen zwei Männer.

Jamelão überquerte den Platz. Ich schaute ihm nach. Als er bei der ersten Straßenkreuzung angelangt war, verließ ich mein Versteck. Ich lief durch eine schmale Gasse und erreichte die Querstraße, als Jamelão diese gerade überqueren wollte. Dort trat ich auf den Bürgersteig hinaus und hob eine Hand. Er erkannte mich und kam schnell auf mich zu. Sein sonst so ebenmäßiges Gesicht war ganz verschwollen.

„Himmel, die haben dich ganz schön zugerichtet!" rief ich.

„Das war gestern", sagte er schnell. „Heute wollen sie mich umbringen." Er ergriff meine Hand. „Sie haben mich freigelassen, um mich umzubringen, Alex!"

Er zog mich mit sich über die Straße. Hinter uns fuhr ein Auto vorbei. Jamelão begann zu laufen, und ich lief mit ihm und warf einen Blick über die Schulter zurück. Das Auto war der Buick, den ich vor dem Untersuchungsgefängnis gesehen hatte. Wir rannten auf eine schmale Einbahnstraße zu, rannten, als säße uns der Teufel im Nakken.

Bei einer Kreuzung hielten wir an. Wir schauten nach links und nach rechts. Es war niemand auf der Querstraße. Irgendwo schlug eine Glocke die Zeit. Es war halb drei.

Hinter uns, in der Häuserschlucht, durch die wir gelaufen waren, blieb alles still. Jamelão legte einen Arm um meine Schultern und lachte aufschnaufend.

„Wir haben sie abgehängt", sagte ich und umarmte ihn. Wir lachten beide.

Nach einer Weile, als wir leichter atmen konnten, fragte ich ihn, wer die Leute waren, die es auf ihn abgesehen hatten.

„Die Leute, die Maria in ihrer Gewalt haben", antwortete er. „Sie wissen, daß sie keine Ruhe vor mir haben, solange ich am Leben bin."

„Wer sind diese Leute?"

„Ich weiß nur einen Namen. Galegos hat ihn genannt, als er mich in meiner Zelle aufgesucht hat. Vargas heißt er. Nilo Vargas. Er hat meinem Onkel das Geld für Maria gegeben und zugestimmt, daß man mich freiläßt."

„Und wo ist Maria?"

„Ich weiß nicht, wo Nilo Vargas wohnt. Ich weiß nur, daß Maria bei ihm ist. Galegos hat gesagt, daß Vargas eine große Summe für Maria bezahlt hat." Jamelão holte tief Luft. Seine Hand auf meiner Schulter wurde schwer. „Wir werden sie finden", meinte er. „Mach dir keine Sorgen, Alex."

Wir entschieden uns, weiter die schmale Einbahnstraße entlangzugehen. Es war sehr still zwischen den dunklen Häusern. Der Lack der geparkten Autos glänzte. Die Straße führte in die Richtung der Bucht. Der Wind kam vom Meer her und war voll mit seinem Geruch.

Irgendwie verspürte ich jetzt ein gutes Gefühl in mir. Manchmal braucht man dringend einen Freund in der Nähe. Und Jamelão war ein Freund. Der einzige, den ich hatte.

Jamelão schien zu wissen, wohin die Straße führte. Er kannte sich in der Stadt aus. Trotzdem war es gut, daß ich wachsam blieb. Jamelão bemerkte das Auto nämlich nicht, das falsch herum geparkt war, mit der Front in unsere Richtung. Es war der Buick Riviera. Er stand zwischen den anderen Autos. Ich blieb stehen und packte Jamelão am Arm. Das war der Moment, als die Scheinwerfer angingen und wir vom gleißenden Licht geblendet wurden. Der Achtzylindermotor heulte auf. Reifen quietschten, und der Buick schoß auf uns zu. Wir warfen uns im letzten Moment zur Seite.

Ich schlug mit der Schulter hart gegen den Kotflügel eines alten Käfers, wurde herumgewirbelt und stürzte in die schmale Lücke zwischen dem Käfer und dem nächsten Auto. Irgendwie hielt ich Jamelão die ganze Zeit am Ärmel fest, und dadurch riß ich ihn mit. Als der Buick an uns vorbeiraste, sah ich, wie es im linken hinteren Seitenfenster aufblitzte, und ich hörte Jamelão schreien. Der Buick wurde mit dem Heck gegen den Käfer geschleudert und riß ihm den rechten Kotflügel weg, gegen den ich kurz zuvor geprallt war. Das Blechstück landete scheppernd auf dem rissigen Asphalt.

Ich sprang auf, als die Bremslichter des Buick aufleuchteten. Der Buick kam etwa hundert Meter entfernt zum Stehen. Zwei Türen sprangen auf, und zwei dunkle Gestalten sprangen heraus. Der eine mußte den Umrissen nach Galegos sein. Wer der andere war, wußte ich nicht. Vielleicht Vargas.

Ich packte Jamelão und zog ihn auf die Beine. Wir liefen die Straße hinunter auf eine finstere Häuserlücke zu. „Ich bin getroffen", hörte ich Jamelão keuchen.

Die beiden Männer verfolgten uns. Wir rannten, bis Jamelão nicht mehr rennen konnte. Ich versuchte ihn aufrecht zu halten, aber die Beine gaben unter ihm nach, und wir sanken zusammen zu Boden. Jamelão rang nach Atem. Es war dunkel um uns herum. Ich spürte, wie die Hand, mit der ich ihn festhielt, klebrig wurde von seinem Blut.

Unsere Verfolger kamen näher. Ich konnte sie nicht sehen, aber ich spürte die Gefahr, die von ihnen ausging. Sie würden uns beide töten, das war sicher. Ich schrak hoch, als irgendwo eine Tür knarrte.

Das schwache Licht einer Lampe fiel auf uns. Drei, vier dunkle Gestalten huschten durch die Strahlen, lautlos wie Schatten. Eine der Gestalten ließ sich dicht vor uns nieder.

„Was ist mit euch?" fragte eine Stimme leise.

„Man verfolgt uns", stieß ich hervor.

„Die Bullen?"

„Galegos. Von der Todesschwadron."

Die Gestalt packte mich am Arm. „Komm", sagte die Stimme. „Beeil dich!"

Ich stand auf. Die anderen Gestalten packten Jamelão. Sie trugen ihn

zu einer schmalen Tür auf der anderen Seite der Gasse. Die Lampe verlöschte. Die Tür wurde hinter uns zugemacht und ein Riegel vorge-
schoben. Ich konnte nichts sehen. Die Luft war dick.

„Woher seid ihr?" fragte eine Stimme.

„Santa Teresa", sagte ich. „Mein Freund ist verletzt."

„Er blutet stark, Sal", fiel eine andere Stimme ein.

„Leg ihn dort auf den Boden, wo kein Teppich ist", sagte die erste
Stimme.

Sal stieß mich an. „Wie heißt du?"

„Alex. Mein Freund heißt Jamelão."

„Jamelão? He, ich kenne einen Jamelão von Santa Teresa. Er hat
eine hübsche Schwester."

„Maria."

Sal lachte auf. „Ich heiße Sal", sagte er, und wir gaben uns im Dunkeln die Hand.

Sie gehörten zu einer der vielen Straßenbanden von Rio. Keiner von
ihnen war älter als siebzehn. Sie hatten keine Eltern oder waren
irgendwann davongelaufen. Jetzt streunten sie herum und hausten in
leerstehenden Häusern und alten Bauruinen.

Sal knipste eine Taschenlampe an. Ich sah, daß er ein hagerer Junge
mit dunklen, mißtrauischen Augen war. Er hatte zwei Leibwächter,
einen kleinen Wicht mit tückischen Rattenaugen, der sich Roy nannte,
und einen Mulatten, der nicht sehr groß war, aber mit kräftigen Muskeln bepackt, die er sich als Bodybuilder antrainiert hatte. Er hieß
Jaime, aber in der Stadt nannte man ihn voller Ehrfurcht „Mister Universum".

In der Nacht, als uns Sal aufnahm, war noch Augusto da, ein blasser
Kerl mit fahlem blondem Haar. Er hatte eine Ladung Stoff gebracht,
und am nächsten Morgen wollte er sich schleunigst wieder dünnmachen, da er fürchtete, die Polizei würde die Gegend absuchen.

Sal machte die Taschenlampe aus. Draußen gingen Galegos und
sein Begleiter auf der Gasse auf und ab. Durch einen Spalt in den Brettern, mit denen die Fensteröffnungen verbarrikadiert waren, konnte
ich Galegos deutlich sehen, als er mitten auf der Gasse stehenblieb.
Sein Begleiter war ein schlanker Mann, der einen Nadelstreifenanzug
trug. Sein schwarzes Haar war dick mit Brillantine bepflastert. In der
linken Hand hielt er eine große Automatik.

Ich fragte Sal, ob er den Mann kannte. „Das ist Nilo Vargas", sagte Sal leise, während er neben mir hinausspähte. „Wer sich mit Vargas anlegt, muß ganz schön lebensmüde sein. "

Er konnte es kaum fassen, daß Nilo Vargas sich persönlich um uns kümmerte.

„Sie werden morgen das ganze Revier durchkämmen", meinte Augusto. „Und wenn Vargas erfährt, daß du den beiden Unterschlupf gewährt hast, dann bist du hier in dieser Stadt erledigt. "

Sal fuhr herum. „Von wem sollte er es erfahren? Vielleicht von dir, du Laus?" Er packte Augusto beim Hemd. Das war wahrscheinlich der Moment, in dem Augusto entschied, in aller Frühe abzuhauen. „Du hältst den Mund, klar! Du weißt, was mit Leuten passiert, die ihr Maul nicht halten können!"

„Ich sag kein Wort, bestimmt", versprach Augusto.

Draußen kamen Galegos und Vargas wieder vorbei. Die beiden gingen die enge Straße hinauf, und schließlich verschwanden sie. Jetzt wollte Sal genau wissen, was los war, und ich erzählte ihm, was passiert war und daß es um Maria ging und um Jamelãos Leben, weil erstens Galegos einen Täter für den Mord an Zafirelli brauchte und zweitens, weil Nilo Vargas mit Jamelão kein Risiko eingehen wollte. Er mußte damit rechnen, daß Jamelão keine Ruhe geben würde, solange er, Vargas, Maria als sein Eigentum betrachtete.

Am nächsten Morgen, nachdem Augusto gegangen war, befahl Sal, alles zusammenzupacken. Er traute Augusto nicht.

Jamelão war an diesem Morgen ziemlich fertig. Aber die Verletzung war nicht lebensgefährlich. Die Kugel hatte ihn an der rechten Brustseite gestreift, und wahrscheinlich waren zwei Rippen gesplittert. Jeder Atemzug bereitete ihm höllische Schmerzen.

Wir zogen in ein anderes Haus, einige Straßen weiter. Hier gab es im Keller mehrere große Räume, die einmal das Lager eines Lebensmittelladens gewesen waren. Die Holzregale dienten jetzt als Schlafkojen.

Sal trieb irgendwo schmerzstillende Tabletten für Jamelão auf. Außerdem nutzte er seine Beziehungen zur Unterwelt und verschaffte sich Informationen über Galegos und Nilo Vargas. Demnach war die Suche nach Jamelão in vollem Gange.

Claudia, Sals Freundin, hörte von anderen Mädchen auf der Straße, daß Nilo Vargas einen seltenen Schmetterling gefangen habe, mit dem er sich sogar am Ipanema-Strand zeigte und im exklusiven „La-Bonina"-Nachtklub.

Ich wurde fast wahnsinnig, weil ich nichts tun konnte, solange Jamelão flachlag.

Nach zwei Tagen hielt ich es nicht mehr aus. Ich wußte inzwischen, wo Vargas wohnte. Er hatte eine Villa in São Conrado.

Ich ging zuerst zu unserer Straße. Dort traf ich Lúcio. Er erzählte mir, daß sich Gander entschlossen habe, sein Glück am Amazonas zu versuchen. Obwohl ich damit gerechnet hatte, traf mich die Nachricht wie ein Hammerschlag. Ich hatte Angst um meine Mutter. Kaum einer nahm seine Frau mit zum Amazonas. Aber ich wußte, daß meine Mutter Gander nie verlassen würde und Clem schon gar nicht, weil Clem ziemlich unbeholfen war. Zu Mittag traf ich Jorge. Von ihm erfuhr ich, in der Favela hieße es, daß man für einen Verrat an Jamelão hunderttausend Cruzeiros bezahlen wollte. „Nimm dich in acht", sagte er. „Jamelão hat hier nicht nur Freunde."

Ich fragte Jorge nach Paco, und Jorge meinte, daß Paco sich wahrscheinlich Gander angeschlossen habe. „Wenn du Maria sehen willst, dann bring ich dich heute nacht hin", sagte er. „Zum Bonina."

„Ist sie dort?"

„Jetzt nicht, aber am Abend bringt Vargas sie dorthin. Er zeigt sie überall herum, aber man sagt, daß sie nicht für ihn bestimmt ist, sondern für einen Mann, der ein Vermögen für sie bezahlt hat."

„Wer ist der Mann?"

„Niemand weiß es. Aber Vargas muß sehr viel Geld für sie bekommen."

„Ich werde dafür sorgen, daß Vargas dieses Geschäft nicht macht", sagte ich.

Gegen Abend fuhren Jorge und ich zum La-Bonina-Nachtklub, und dort sagte ich, daß ich allein sein wollte. Wir rauchten eine Zigarette, bevor Jorge davonfuhr. Ich wartete die halbe Nacht darauf, daß Vargas mit Maria erscheinen würde. Ich weiß nicht, was ich getan hätte, wenn er tatsächlich zum La Bonina gekommen wär, denn ich war ziemlich durcheinander. Ich stellte mir vor, daß ich ihm Maria einfach hätte entreißen und mit ihr davonlaufen können.

Hunger quälte mich, aber ich wagte es nicht, meinen Posten auch nur für fünf Minuten zu verlassen.

WIR begegneten uns am nächsten Abend. Es war Freitag, und ich stand mir seit mindestens drei Stunden gegenüber dem La Bonina die Beine in den Bauch. Ich sah sie alle kommen und gehen, die geschniegelten Herren und ihre Schönen in Samt und Seide, die schlanken, braungebrannten Glieder mit Gold behängt, das höchstwahrscheinlich aus dem Amazonas kam. Und dann sah ich den weißen Schlitten die Straße entlangfahren. Mir stockte das Blut in den Adern, denn neben dem Fahrer saß Maria, und der Wind wehte durch ihr Haar und spielte mit einem langen weißen Seidenschal. Es war ein Cadillac Eldorado Brougham, ein schneeweißes Cabriolet mit Chromspeichenrädern und allerhand vergoldetem Zierat.

Der Mann am Steuer war Nilo Vargas. Sein Haar war mit einer dicken, glänzenden Brillantineschicht bedeckt und eng am Kopf nach hinten gekämmt, mit einem schnurgeraden Mittelscheitel. Im Licht der Neonleuchten wirkte sein Gesicht schmal, mit scharfgeschnittenen Zügen und hochstehenden Wangenknochen. Er steuerte den Wagen mit der linken Hand. Sein rechter Arm lag auf der Rückenlehne der Sitzbank, und seine rechte Hand, mit einem dicken, funkelnden Ring, ruhte auf der nackten Schulter Marias.

Vargas fuhr am Portal des La Bonina vorbei, dann hielt er an und wartete, bis ein BMW wegfuhr, und manövrierte den Cadillac rückwärts hinein.

Ich sah, wie er ausstieg, um den Cadillac herumging und für Maria die Tür öffnete. Er nahm ihre Hand, half ihr beim Aussteigen, und ich konnte deutlich all den Glitzerkram sehen, den sie an den Armen trug und um den Hals. Ihr Haar war lockig und glänzend, und sie trug Schuhe mit bleistiftdünnen Absätzen. Ich rannte über die Straße. Da sah sie mich, und es war gerade in dem Moment, als er ihr einen Kuß auf den Hals gab, und ihre Augen weiteten sich jäh. Sie erschrak furchtbar und wurde ganz steif in Vargas' Arm. Er merkte, daß irgend etwas los war, und drehte sich um. Er sah mich überrascht an, dann Maria, und jetzt ging ihm auf, wer ich war, und sein Gesicht verzog sich vor Wut.

Ich blieb stehen. Etwa zwanzig Schritte trennten uns. Vargas packte Maria beim Handgelenk und sagte etwas zu ihr, was ich nicht verstehen konnte. Sie nickte eifrig, und ich konnte ihr ansehen, daß sie Angst hatte.

Er kam auf mich zu und zog Maria mit sich. Dicht vor mir blieb er stehen. Seine Augen waren schmal geworden, sein Blick war eiskalt. Sekundenlang starrte er mich an, und ich erwiderte seinen Blick. Keiner von uns sagte ein Wort, aber ich spürte die Gefahr deutlich, die von ihm ausging.

„Komm", sagte er plötzlich zu Maria, und ein Lächeln breitete sich auf seinem schmalen Gesicht aus. „Wir wollen uns doch einen schönen Abend machen."

Er zog sie ruckartig mit sich, und sie öffnete den Mund. Sie hatte meinen Namen auf ihren Lippen, während sie an seiner Hand davonging, aber ich vernahm keinen Laut. Wie gelähmt stand ich am Straßenrand und starrte ihnen nach, bis sie im La Bonina verschwunden waren. Erst dann fiel die Starre von mir. Ich drehte mich um und ging die Straße entlang. Beim Cadillac blieb ich stehen. Ich nahm die dünne Goldkette mit dem kleinen aufklappbaren Herzen aus der Hosentasche und ließ sie auf den Ledersitz fallen. Wenn Maria das Herz bemerkte, würde sie wissen, wie sehr ich sie noch immer liebte und daß ich niemals aufgeben würde, solange ein Funken Leben in mir war.

WÄHREND der nächsten Tage geschah nichts Außergewöhnliches. Aber wir nahmen uns vor, vorsichtig zu sein. Jamelão konnte sowieso nicht das Haus verlassen, weil er unter Fieber und Schüttelfrost litt. Drei Tage später konnte er wenigstens schon wieder aufstehen. Über der Wunde hatte sich eine dicke Kruste gebildet.

Ich ging zwei Abende nicht zum La Bonina, da ich damit rechnen mußte, daß mir Leute von der Todesschwadron auflauern würden.

Am dritten Tag tauchte plötzlich Augusto in unserem Versteck auf. Irgendwo, aus nicht gerade verläßlicher Quelle, hatte er erfahren, daß Vargas seinen teuren Schmetterling nach Itaituba fliegen lassen würde, mit seinem Privatflugzeug.

Jamelão, der auf einem Gartenstuhl am einzigen Fenster saß, durch das die Sonne in den Keller scheinen konnte, wurde leichenblaß. „Wer hat dir das gesagt?" fragte er.

„Ich hab's gehört. Auf der Straße."

Jamelão erhob sich. Er war ziemlich mager geworden, und sein Gesicht war eingefallen.

„Ich geh jetzt", sagte Augusto.

Als wir allein waren, sahen wir uns nur an. Die Minuten verstrichen, und es war sehr still, aber plötzlich hieb Jamelão mit der Faust gegen den Kühlschrank, daß es krachte.

„Itaituba", stieß er hervor. „Dieser verfluchte Hund will Maria in die Hölle schicken. Dafür breche ich ihm das Kreuz!"

„Wenn es stimmt, was uns Augusto gesagt hat", sagte ich, „dann gehen wir eben auch dorthin und holen sie zurück."

„Du weißt, was du da sagst?" fragte Jamelão.

„Ja. Ich weiß, was ich sage."

„Und du weißt, wo Itaituba ist?"

„Ja. Es ist ein Nest im Amazonasgebiet."

Jetzt lächelte er. „Schon mal was von der Serra Pelada gehört, vom nackten Berg?"

„Natürlich. Gander hat oft genug von der Serra Pelada erzählt. Vom Gold und von Tausenden von Männern, die sich dort in die Erde hineinwühlen wie Maulwürfe. Gander wollte schon einige Male dorthin ..." Ich hielt plötzlich inne. Gander war mit Sack und Pack zum Amazonas gezogen. Sollte es tatsächlich wahr sein, daß ich ihn irgendwo im Urwald wiedersehen würde, ihn und Paco und Clem? Und meine Mutter?

Jamelão schien meine Gedanken zu erraten. „Glaubst du, daß Gander ausgerechnet zur Serra Pelada gezogen ist?"

„Ich weiß nicht, was ich glauben soll", sagte ich.

Er legte mir die Hand auf die Schulter. „Wir müssen herausfinden, wer der Mann ist, der Maria gekauft hat. Und dann sollten wir uns überlegen, wie wir dorthin kommen, ohne daß man uns unterwegs abfängt." Plötzlich funktionierte sein Verstand messerscharf. „Vargas und Galegos warten nur darauf, daß wir unser Versteck hier verlassen. Sie wissen, daß wir Maria nicht im Stich lassen, und es gibt Dutzende von Möglichkeiten, uns auf dem Weg nach Itaituba im Hinterhalt aufzulauern."

„Du meinst, daß sie deshalb Ruhe gegeben haben?"

„Ich bin sicher, Alex! So leicht geben sie nicht auf."

„Und wie willst du verhindern, daß wir unterwegs in eine Falle geraten? Es sind einige tausend Kilometer von Rio nach Itaituba. Die einzige Straße führt durchs Hinterland und durch den Regenwald."

„Die Straße ist nicht der einzige Weg", entgegnete Jamelão. „Es gibt eine andere Möglichkeit."

Ich blickte ihn ungläubig an. Dachte er etwa an den alten Banditenpfad über das Hochland, der seit Jahrzehnten von niemandem mehr benutzt wurde? Gab es diesen Pfad überhaupt in Wirklichkeit, oder war er das Resultat einer der geheimnisvollen Geschichten des Hochlandes, Geschichten, von denen ich eine Gänsehaut gekriegt hatte, wenn sie der alte Gerardo erzählte, der in unserer Straße wohnte. Da ging es um Räuber, Kopfjäger und berüchtigte Bandenführer, die ahnungslosen Reisenden auflauerten.

Jamelãos Stimme klang plötzlich scharf. „Wir haben die Wahl, Alex. Entweder nehmen wir die Straße durchs Hinterland und werden von einer der Militärpatrouillen erwischt und an Galegos ausgeliefert, oder wir versuchen, über das Hochland nach Itaituba zu gelangen." Er holte tief Luft. „Du kannst auch hierbleiben, wenn du willst."

„Ich habe nicht gesagt, daß ich hierbleiben will! Aber wir sollten mit jemand reden, der Bescheid weiß."

Jamelão nickte. „Der alte Gerardo weiß Bescheid. Gehen wir zu ihm."

„IHR müßt wahnsinnig sein", sagte der alte Gerardo mit seiner krächzenden Stimme und trank einen Schluck *Cachaça* aus der Flasche, die wir ihm mitgebracht hatten. Es war dunkel in seinem kleinen Haus in Santa Teresa, und es roch nach Feuer, obwohl sein Haus nichts abgekriegt hatte. Wir wollten nicht, daß er eine Lampe anzündete, weil wir fürchteten, daß uns jemand gefolgt war.

Die einzige Beleuchtung war das fahle Mondlicht, das durchs Fenster schien. Der alte Gerardo saß in einem Polsterstuhl. Sein Gesicht war runzelig und eingefallen.

„Es ist mehr als vierzig Jahre her, daß ich den Weg über das Hochland gegangen bin. Und ich war zusammen mit zwanzig anderen jungen Männern, die alle vor Kraft strotzten und bis an die Zähne bewaffnet waren. Wir eskortierten einen Goldtransport aus den Bergen nach Minas Gerais. In einer Schlucht, die wir fortan Schlucht der Skelette nannten, wurden wir von *Cangaceiros* überfallen. Sie haben die Hälfte von uns umgebracht. Es ist ein gefährliches Unternehmen, das ihr vorhabt. Man muß jung sein und verwegen, wenn man so etwas durchstehen will. Und man darf keine Angst haben."

„Wer sagt, daß wir Angst haben, Gerardo?" meinte Jamelão und lachte. „Wir haben Feuer im Blut, genau wie du, als du jung warst."

„Du kennst das Land nicht. Du kannst keinen Baum vom anderen unterscheiden. Die Sonne zeigt dir die Zeit nicht, die Sterne weisen nicht die Richtung, in die du gehen mußt. Du hast keine Beziehung zur Welt dort draußen, weil dich die Stadt gefangengehalten hat."

„Sag uns, worauf wir achten müssen, Gerardo", beschwor ich den alten Mann mit fester Stimme. „Sag uns etwas über den Weg und über das Hochland und den Urwald!"

Er überlegte lange und rauchte dabei eine dicke schwarze Zigarre. Schließlich befahl er mir, die alte Truhe hervorzuziehen, die hinter seinem Bett in der Ecke stand. Sie war schwer und mit Staub und Spinnweben bedeckt. „Mach auf!" forderte mich der alte Gerardo auf.

Ich hob den Deckel hoch. Die Kiste schien voller Gerümpel zu sein. Der alte Gerardo beugte sich ächzend vor und griff hinein. Mit einem Ruck zog er eine große Machete heraus, deren breite Klinge rostig war und viele Scharten hatte. Die Machete war so lang wie sein Arm. Er warf mir das Buschmesser zu, und ich fing es auf. Dann wühlte er in der Truhe herum und brachte schließlich einen alten Revolver zum Vorschein, der in einem Lederfutteral steckte. Er hob das Futteral am Gürtel hoch und nahm mit zitternder Hand den Revolver heraus.

„Das ist der alte Colt, den ich damals bei dem Goldtransport dabeihatte", sagte er, während er die Waffe betrachtete. „Er ist lange nicht mehr gebraucht worden." Er klappte die Trommel auf. „Geladen", stellte er fest. „Die Patronen sind schon vierzig Jahre lang drin."

Der alte Gerardo gab Jamelão den Gürtel, das Futteral und den alten Colt. Jamelão legte sich den Gürtel um die Hüften, so daß das Futteral an der rechten Seite herunterhing. Er steckte den Colt hinein, der Griff ragte heraus.

Gerardo grub abermals in der Truhe und brachte einen Feldstecher zum Vorschein, einen Kompaß und eine Landkarte, die vergilbt und fleckig war. „Ein Mann namens Benito hat die Karte gezeichnet", erklärte er und faltete sie vorsichtig auseinander. „Der Banditenpfad ist darauf eingezeichnet, außerdem die Wasserstellen im trockenen Hochland, die Flüsse und die Stellen, die für einen Hinterhalt günstig sind. Benito kannte das Land wie seinen Handrücken. "

Wir blieben die halbe Nacht bei Gerardo, und seine knochigen Finger folgten den Linien auf der Landkarte, und er erzählte uns vom Hochland. Als wir ihn verließen, war uns, als wüßten wir Bescheid. Wir umarmten ihn zum Abschied, weil wir nicht wußten, ob wir ihn jemals wiedersehen würden, und er gab uns einen alten Lederkoffer für seine Schätze aus der Truhe und einen kleinen Beutel mit, der mit einigen Messingperlen an einer dünnen Lederschnur hing. Dies war ein Medizinbeutel, den der alte Gerardo vom Häuptling eines Indiostammes bekommen hatte, als er ihm seine von Goldschmugglern entführte Tochter zurückgebracht hatte.

Wir gingen auf Umwegen in die dunkle Stadt zurück. Als wir in unseren Unterschlupf kamen, war nur Sal dort. Er war aufgeregt, weil er erfahren hatte, daß wir verraten worden waren. „Wir müssen schnellstens von hier verschwinden!" rief er. „Irgend jemand hat den Mund nicht halten können. "

„Augusto?" fragte ich.

Sal hob die Schultern. Er hatte keine Ahnung, wer uns verraten hatte.

7

SAL löschte das Licht und öffnete die Tür einen Spalt. In diesem Moment ertönte draußen ein schriller Pfiff.

Sal stieß einen Fluch aus und drückte die Tür schleunigst wieder zu. „Zu spät", flüsterte er und schob den Riegel vor. „Sie sind da und warten auf uns. "

„Wer sind sie?" fragte Jamelão.

„Galegos und seine Getreuen von der Todesschwadron. Der Pfiff war ein Signal, das ich mit Jaime ausgemacht habe. "

„Was tun wir jetzt?"

„Wir benützen den Notausgang", sagte Sal grimmig. „Gib mir deine Hand, Alex!"

Wir gaben uns alle drei die Hände. Sal führte uns durch den dunklen

Keller und eine Treppe hinauf. Plötzlich gewahrte ich über uns einen hellen Schimmer. Mondlicht schien durch eine kleine Fensteröffnung, die sich in einer Backsteinmauer befand. Unter der Öffnung blieb Sal stehen.

„Wenn ihr auf meine Schultern steigt, könnt ihr euch am Sims hochziehen und durch das Fenster kriechen. Auf der anderen Seite ist ein Schrägdach und darunter ein kleiner Innenhof. Die einzige Tür führt in den Keller des Nachbarhauses. Der Keller befindet sich direkt über einem Kanalschacht, den wir aufgebrochen haben. Das Loch ist mit einer Eisentür verschlossen. Ihr könnt es nicht einmal im Dunkeln verfehlen, ihr braucht nur dem Gestank nachzugehen."

„Ich dachte, du führst uns?" sagte ich schnell.

Sal schüttelte den Kopf. „Die wollen Jamelão und dich. Die wollen nichts von mir, und selbst wenn sie was wollen, weiß ich, wie ich mit ihnen fertig werde."

„Wohin führt der Kanal?" fragte Jamelão.

„Nach etwa einem Kilometer trifft er auf mehrere andere Kanäle. Es gibt dort einen Schacht nach oben. In der Schachtwand sind Eisenstreben eingelassen. Oben befindet sich ein Deckel, den man mit einiger Anstrengung anheben kann." Sal packte mich beim Arm. „Wir treffen uns gegenüber dem Stadttheater auf dem Marechal-Floriano-Platz. Es gibt Neuigkeiten von Maria."

„Was weißt du?" fragte Jamelão sofort.

„Ich weiß, wer Maria ge – "

Sal wurde jäh unterbrochen, als Motorgeräusch durch das Kellergewölbe dröhnte. Irgendwo klirrte eine Fensterscheibe.

„Wer hat Maria gekauft?" stieß ich leise hervor.

„Nicht jetzt", sagte Sal. „Los, steig auf meine Schultern!"

Durch die Backsteinmauern drangen Männerstimmen, die von harten, polternden Schlägen übertönt wurden. Sie waren dabei, die Tür einzuschlagen.

Sal stieß mich an. „Los, gib mir den Koffer. Der behindert dich nur."

„Ich nehme den Koffer mit!" fuhr ich ihn an.

Sal verschränkte die Finger beider Hände ineinander, so daß ich mit einem Fuß hineinsteigen konnte. Ich gab Jamelão den Koffer. Dann stieg ich auf Sals Schultern und erreichte mit ausgestreckten Armen knapp die untere Kante der Öffnung. Sal drehte sich unter mir, packte meine Füße und stemmte mich hoch, während ich mich an der Kante hinaufzog. Ich hatte einige Mühe, durch die Öffnung zu rutschen, doch schließlich gelang es mir, mich in ihr zu drehen. „Reich mir den Koffer herauf." Jamelão stieg auf Sals Schultern und übergab mir den alten Lederkoffer. Ich ließ mich auf der anderen Seite der Mauer auf das Schrägdach hinunter. Jamelão folgte kurz darauf. Vom Schrägdach sprangen wir in den kleinen Innenhof, dessen Boden mit Glasscherben bedeckt war. Rechts von uns, in einer rissigen Mauer, befand sich eine Tür. Wir rannten beide gleichzeitig darauf zu, als es zweimal hintereinander knallte.

Eine Männerstimme schrie etwas, das wir nicht verstehen konnten. Dann knallte es noch einmal, einen Moment standen wir wie gelähmt vor der Tür, und ich starrte in das blasse Gesicht von Jamelão, der zu der kleinen Öffnung hochsah, durch die wir vor Sekunden gekrochen waren.

„Jemand hat geschossen", flüsterte Jamelão. „Jesus, jetzt haben sie Sal erwischt."

Ich schob mit der linken Hand den Eisenriegel von der Tür zurück. „Komm! Wir können nichts für ihn tun!" Die Tür ging nach innen auf. Ein furchtbarer Gestank drang aus der tiefen Finsternis, die wir jetzt betraten. Jamelão schlug die Tür hinter sich zu. Wir tasteten uns voran, und ich stieß gegen eine verputzte Mauer. Meine Hände glitten die Mauer entlang und berührten plötzlich kaltes Eisen.

„Ich hab Streichhölzer", flüsterte Jamelão. Ich hörte, wie er in seinen Taschen herumsuchte. Meine Finger ertasteten inzwischen eine Eisenstange. Ich rüttelte daran. Sie ließ sich nach rechts schieben. Hinter mir flammte ein Streichholz auf. Die kleine Flamme beleuchtete schwach den Raum, in dem wir uns befanden. Ich stand vor einer rostigen Eisentür, die mit schweren Verstrebungen verstärkt war. Die Stange, die ich zur Seite geschoben hatte, war zur Sicherung der Tür angebracht worden. Ich schob sie ganz zurück, und die Tür ließ sich aufziehen. Ein Schwall stinkender, feuchtwarmer Luft drang hervor. Jamelão trat neben mich. Unzählige piepsende Schatten huschten durch den Schein der Streichholzflamme, die schließlich verlöschte.

„Der Kanal ist voll mit Ratten", raunte ich Jamelão zu. Draußen wurden Stimmen laut. Galegos' Leute waren in den kleinen Innenhof gelangt. Wir durften keine Zeit mehr verlieren. Ich watete als erster in den Kanal. Jamelão folgte mir. Er zog die Eisentür hinter sich zu.

Die Luft war zum Schneiden dick. Wir gaben uns die Hand, und ich ging voran durch die Dunkelheit, den Koffer unter dem Arm. Wir mochten etwa fünfzig Meter gegangen sein, als hinter uns quietschend die Eisentür aufging.

„Sie könnten durch den Kanal entkommen sein", sagte eine Männerstimme.

„Das ist unmöglich", erwiderte ein anderer Mann. „Dieser Gestank ist pures Gift. Mach die Tür zu, Idiot! Da ist niemand drin. Glaub es mir."

Der Lichtkegel einer Taschenlampe huschte über die Kanalwände, glitt über uns hinweg, dann verlöschte er. Die Eisentür wurde zugeschlagen. Wir gingen weiter und stiegen schließlich durch den von Sal erwähnten Schacht nach oben.

Nachdem wir dem Kanal entronnen waren, streunten wir herum, bis die Sonne aufging, dann gingen wir hinunter zur Copacabana, und dort trafen wir Sixto und Kiko, die Volleyball spielten.

„He, Jamelão, weißt du nicht, daß dein Bild in der Zeitung ist?" fragte Kiko. „Die haben dich abgedruckt, und es steht darunter, daß du der Mörder von Zafirelli bist und daß dein Komplize Gander heißt. Die Bullen suchen in der ganzen Stadt nach euch."

„Sie werden uns nicht finden", sagte Jamelão. „Kannst du uns einen Gefallen tun?"

„Sicher. Was denn?"

„Kauf uns zwei Hemden und zwei Jeans. Hier ist das Geld." Jamelão gab ihm ein paar Scheine. Kiko lief davon, und zwanzig Minuten später hatten wir neue Hemden und Hosen an. Unser Zeug, das nach Kloake stank, warfen wir in eine Mülltonne. Wir tranken Kaffee in einer Kneipe, wo die Morgenzeitung auf dem Tisch lag. Jamelão hatte es geschafft, auf die Titelseite zu kommen. Die Schlagzeile hieß: MÖRDER NOCH IMMER AUF FREIEM FUSS.

Der Artikel zitierte Galegos, der verkündete, daß der Mörder nur haarscharf einer Falle der Polizei entgangen sei. „Wir sind aber zuversichtlich" – so stand es dort –, „daß wir ihn in den nächsten Tagen erwischen. Er hat kein Zuhause. Er streunt in der Stadt herum, und es ist gut möglich, daß er versuchen wird, Rio de Janeiro zu verlassen.

Deshalb ist auch die Stadtpolizei alarmiert und das Militär. Der Mörder, Jamelão Ribeiro, und sein Komplize Paco Gander werden uns nicht entkommen."

„Paco Gander?" fuhr ich auf. „Die wissen nicht einmal, wer ich wirklich bin."

„Das macht keinen Unterschied", sagte Jamelão. „Wir hocken beide im selben Boot, mein Freund."

Ich wurde ziemlich nervös, obwohl mein Bild nicht in der Zeitung war, aber niemand beachtete uns. Zu Mittag saßen wir auf dem Marechal-Floriano-Platz auf einem niederen Mäuerchen. Unser Essen bestand aus Hot dogs mit viel Senf und Cola.

Plötzlich war Jaime, Mr. Universum, da. „Mir nach!" zischte er im Vorübergehen.

Wir folgten ihm über den Platz. Auf der anderen Seite stand ein alter Militärjeep mit laufendem Motor im Parkverbot. Am Steuer hockte Sal, und er grinste unter dem Schirm seiner Mütze hervor, obwohl sein Gesicht ziemlich verschwollen war.

„Steigt ein!" sagte Sal. „Los, wir werden beobachtet!"

Kaum saßen wir alle drei im Jeep, fuhr Sal ruckartig an. Ich warf einen Blick über die Schulter zurück. Hinter uns fiel mir der schwarze Ford auf, der gerade einem alten Kastenwagen die Vorfahrt nehmen wollte. Der Kastenwagen wich nicht aus. Im Gegenteil, der Fahrer brüllte mit hochrotem Kopf aus dem Fenster und rammte dann den Ford. Die Trillerpfeife eines Polizisten ertönte. Es kam zu einem Stau. Ein Mann sprang aus dem Ford und rannte zwischen den Autokolonnen hindurch die Straße entlang. Der Mann hatte einen Revolver in der Hand. Er war weiß gekleidet. Sein blondes Haar leuchtete in der Sonne. Als er sah, daß er uns nicht einholen konnte, blieb er stehen.

Irgendwo in der Innenstadt, im Hinterzimmer eines Tabakwarenladens, der einem von Sals Freunden gehörte, sagte uns Sal, daß er uns nicht länger Schutz geben könnte.

„Sie haben mich ziemlich in die Mangel genommen. Ich bin erledigt, wenn sie mich noch einmal erwischen. Ich habe ihnen gesagt, daß Jamelão den Italiener nicht umgebracht hat, aber das hat sie gar nicht interessiert."

„Wer waren sie? Galegos' Bullen?"

„Bullen in Zivil. Galegos war dort, und später gesellte sich Nilo

Vargas zu ihnen. Wahrscheinlich gehören fast alle zur Todesschwadron. Außer Vargas und seinen beiden Leibwächtern waren noch ein Blonder dabei, den sie Max nennen, und ein Schwarzer."

„Was wollten sie wissen?" fragte Jamelão grimmig.

„Ob ihr schon rausbekommen habt, wo sich Maria befindet."

„Hast du ihnen gesagt, daß wir das schon wissen?"

„Sicher. Da haben sie sich gefreut wie Weihnachtsmänner, und Galegos hat Vargas in die Hand versprochen, daß ihr niemals lebend weiter als zehn Kilometer von der Stadt wegkommt, weil man euch auf der Straße im Hinterland abfangen wird."

„Genau das haben wir uns gedacht", sagte Jamelão. „Deshalb nehmen wir den alten Banditenpfad durch das Hochland und –"

„Schlag dir das aus dem Kopf, Jamelão", unterbrach ihn Sal. „Selbst wenn ihr aus der Stadt rauskommt und es tatsächlich schafft, Itaituba zu erreichen, eure Chancen, Maria zurückzuholen, sind gleich Null!"

Sal hatte keine Ahnung, daß wir beim alten Gerardo gewesen waren. Ich sagte es ihm, und ich sagte ihm auch, daß es niemand gab, der den alten Banditenpfad besser kannte als der alte Gerardo.

Sal beäugte mißtrauisch den alten Lederkoffer, den ich nicht aus der Hand gab. „Was ist eigentlich Wichtiges in deinem Koffer, Alex?"

„Zeug, das uns der alte Gerardo mit auf den Weg gegeben hat", sagte ich. „Wer ist der Mann, der Maria gekauft hat?"

„Ich hoffe, da ist eine Maschinenpistole drin oder eine Panzerfaust." Sal grinste schief. „Wenn ihr Maria zurückhaben wollt, müßt ihr sie nämlich Saturnino wegnehmen."

„Wer ist Saturnino? Sag uns etwas über Saturnino, Sal!"

„Saturnino ist der Goldkönig. Sein Königreich ist die Serra Pelada, der nackte Berg. Seine Untertanen sind die *Garimpeiros*, die für ihn das Gold aus der Erde graben. Sie schuften für ihn wie Sklaven. Der größte Anteil des Goldes, das die Garimpeiros an ihn abliefern müssen, geht über Schmuggelpfade durch den Urwald ins Ausland. Mit dem Rest macht sich Saturnino ein königliches Leben. Er bezahlt seine wilde Horde und besticht die Regierungsbeamten, die eigentlich dafür sorgen sollen, daß das Gold in den Besitz des brasilianischen Staates gelangt und nicht in die Hände privater Goldhändler im Ausland, die einen höheren Preis dafür bezahlen."

„Woher weißt du das alles?" fragte Jamelão.

„Ich habe mich erkundigt", erwiderte Sal. „Ich habe Beziehungen, verstehst du?"

„Wenn es stimmt, was du über Saturnino erzählst, dann frage ich dich, warum die Regierung ihm nicht längst das Handwerk gelegt hat", wandte ich ein.

„Er ist zu mächtig, Alex. Er kann sich Freunde leisten, wo immer er sie haben will. Jeder weiß, daß es kaum einen Politiker gibt, der sich nicht bestechen läßt. Korruption heißt dieses Spielchen, Alex, und Männer wie Saturnino schreiben die Regeln. Obwohl er den Staat jährlich um Millionen betrügt, hat niemand Lust, sich mit ihm anzulegen." Sal grinste von einem Ohr zum anderen. „Außer euch beiden natürlich. Ihr seid wahnsinnig."

„Wir wollen Maria zurückholen. Und wir lassen uns nicht davon abhalten. Von niemandem."

8

WIR verließen Rio in der Nacht.

Bevor wir uns von Sal und seinen Freunden verabschiedeten, brachte Augusto noch die Nachricht, daß die Militärpatrouillen an der Straße ins Hinterland regelrechte Steckbriefe erhalten hätten, mit dem Foto von Jamelão, das man von ihm aufgenommen hatte, als er verhaftet worden war. Von mir gab es kein Foto, aber mein Name war drauf und eine Beschreibung.

Sal stellte uns einen echten amerikanischen Armeejeep zur Verfügung, Jahrgang 42. Der Jeep hatte schon im Zweiten Weltkrieg Dienst getan, und Sal nannte ihn den „General". Wir wollten ihm einige Cruzeiros dafür geben, aber Sal lehnte ab, denn der General war eigentlich seit Jahren als gestohlen gemeldet und hatte gefälschte Nummernschilder.

Vargas und Galegos vermuteten bestimmt, daß wir die Straße entlang der Küste nach São Paulo nehmen würden. Diese Strecke konnte unmöglich kontrolliert werden, da es sich dabei um das Straßenstück unseres Landes handelt, das am stärksten befahren wird. Auf der Autobahn zwischen Rio und São Paulo herrscht ständig ein chaotischer Verkehr, und eine Polizeikontrollstelle wäre wahrscheinlich von wütenden Autofahrern im Nu über den Haufen gefahren worden. Von São Paulo aus führt eine Straße westwärts ins Hinterland nach Campo Grande und von dort nach Norden in das riesige Urwaldbekken des Amazonas. Die Fahrt über diese Strecke mit einem vorsintflutlichen Gefährt wie unserem General hätte je nach Wetterverhältnissen und Straßenzustand Wochen gedauert.

Brasilien ist das größte Land Lateinamerikas. Man kann sämtliche Länder Europas maßstabgerecht auf der Landkarte Brasiliens unterbringen und noch ein Stück von Afrika dazu. Habe ich alles in den paar Jahren gelernt, die ich zur Schule gegangen bin. Für Gander war Schulbildung immer wichtig. Wer nicht einmal weiß, daß Brasília die Hauptstadt unseres Landes ist und nicht Rio oder São Paulo, der ist so dumm wie ein Maultier und verdient denselben Respekt. Brasilien hat eine Fläche von 8 511 965 Quadratkilometern. Das ist mir geblieben. Und daß Brasilien noch immer einer der größten Kaffeeproduzenten der Welt ist und trotz seiner ungeheuren Bodenschatzreserven bei der Weltbank tief in der Kreide steht und daß eines Tages womöglich die Hölle los sein wird, weil die Schulden nicht zurückgezahlt werden können.

Ich besaß nicht nur die Landkarte, die Benito gezeichnet hatte, sondern auch eine Straßenkarte von Brasilien. Viele Straßen gibt es nicht, und die, die im Gebiet des Amazonas eingezeichnet sind, sind während der Regenzeit meistens unbefahrbar.

Wir fuhren von Rio aus nordwärts nach Belo Horizonte. In dieser Stadt hielten wir nur an, um zu tanken. Es war mitten in der Nacht. Wir sahen keinen Menschen außer dem alten Tankwart, der uns mißtrauisch musterte.

Außerhalb von Belo Horizonte kletterten wir über einen Maschendrahtzaun und klauten zwei leere Benzinkanister von einem Schrottplatz. Wir fuhren den Rest der Nacht durch, ohne einmal anzuhalten. Ziemlich spät am Morgen erreichten wir die Hauptstadt Brasília. Wir fuhren durch das Regierungsviertel, vorbei am Justizministerium. Brasília ist keine Stadt, in der ich mich wohl gefühlt hätte, weil alles so künstlich aussieht und genau so, wie es die Architekten Lúcio de Costa und Oscar Niemeyer auf dem Reißbrett gezeichnet haben. Es gibt keine alten Stadtteile, weil Brasília erst seit 1960 existiert, und nur hier und dort kann man Anzeichen dafür erkennen, daß sich im Laufe der

Zeit außer Regierungsbeamten auch einige ärmere Leute eingenistet haben.

In einem Laden am Stadtrand kauften wir zwei Dutzend Kilobüchsen mit schwarzen Bohnen, drei Dutzend verschiedene Trockensuppen, Schokolade und anderen Kram, darunter Schlafsäcke, Moskitonetze, Decken und einen Rucksack.

Es war Nachmittag, als wir die Stadt verließen.

Jetzt waren wir endlich auf dem Weg zum Amazonas, und wir wußten beide, daß wir die Zivilisation hinter uns ließen und uns sozusagen den Gesetzen der Wildnis auslieferten.

Am Anfang fuhren wir einige Kilometer weit auf einer breiten Straße mit Mittelstreifen durch das knochentrockene Land, aber dann wurde die Straße plötzlich schmal, und der Asphalt war voller Löcher und Risse.

Nordwestlich von Brasília verzweigt sich die Straße. Die Abzweigung nach rechts führt durchs Hinterland zum Rio São Francisco. Die andere Straße führt direkt nordwärts und ist nicht asphaltiert, weil sie nur vom Militär benutzt wird. Es ist ein Stück der alten Goldstraße von Niquelândia nach Minas Gerais, auf der der alte Gerardo die Goldtransporte als Wächter begleitet hatte.

Nachdem wir an der Tankstelle bei der Abzweigung aufgetankt und die beiden Reservekanister gefüllt hatten, fuhren wir auf dieser Straße nordwärts. Unser General tanzte schwungvoll durch die Rillen, machte Bocksprünge, daß die Federung quietschte, und Jamelão hatte alle Hände voll zu tun, ihn unter Kontrolle zu halten. Erst als die Dunkelheit über das Land hereinbrach, hielten wir an. Wir fuhren etwas von der Straße weg auf einen Platz, wo es Büsche gab. Als Jamelão den Motor abgestellt hatte, blieben wir ruhig hocken. Es war totenstill.

„Ich glaube, außer uns ist niemand hier im Hochland", sagte ich nach einer Weile zu Jamelão.

Wir aßen an diesem Abend kalte Bohnen aus der Büchse, weil wir zu müde waren, um ein Feuer zu machen. Jamelão war ziemlich erschöpft. Er klagte zwar nicht, aber ich wußte, daß er noch immer Schmerzen hatte. Die Nacht über hüllten wir uns in unsere Wolldekken ein und schliefen neben dem Jeep am Boden.

Der eigentliche *Caminho do Lampião*, der Pfad des Lampião, fängt bei einem zerfallenen Steinhaus an, das im Schatten eines verwitterten alten Baumes am Straßenrand steht. Lampião – das war der berüchtigte Bandenführer, der einst einsamen Reisenden aufgelauert hatte. Hier, mehr als dreihundert Kilometer nördlich von Brasília, inmitten einer öden Berglandschaft, in der dieser Baum der einzige größere Baum weit und breit war, mündet ein schmaler Karrenweg von Westen her in die Hauptstraße. Dieser Karrenweg ist der Beginn des alten Banditenpfades.

Der alte Gerardo hatte uns von einer Kneipe erzählt, die früher an manchen Abenden zum Bersten voll gewesen sei mit saufenden Männern. Maultiertreiber und Fahrer von Goldtransporten hatten hier haltgemacht. Es hatte auch einen Laden gegeben, in dem man allerlei Dinge hatte kaufen können, und daneben mehrere Pferche für die Maultiere.

Wir erreichten diese Stelle am Nachmittag des nächsten Tages. Der General war heißgelaufen, und wir hatten unsere Trinkwasserreserve aus dem Plastikkanister für die Kühlung des Motors fast aufgebraucht.

Jamelão fuhr in den Schatten des Steinhauses, das kein Dach mehr hatte. Hier hielten wir an, und während wir im Jeep sitzen blieben und uns umsahen, breitete sich grenzenlose Enttäuschung auf Jamelãos Gesicht aus. „Das muß die Kneipe gewesen sein", sagte er und meinte damit das Steinhaus. „Aber eine Tankstelle seh ich weit und breit nicht."

Ich nahm Benitos Karte hervor, um mich noch einmal zu vergewissern, daß wir tatsächlich am richtigen Ort waren. Benito hatte an dieser Stelle ein Kreuz eingezeichnet und darunter GASOLINA geschrieben. Und Gerardo hatte gesagt, daß hier schon vor vierzig Jahren eine richtige Zapfsäule gestanden hatte.

„Nach Benitos Karte gibt es erst wieder Benzin am Rio Araguaia", sagte ich. „Das schaffen wir nie."

„Wir fahren, solange das Benzin reicht", erwiderte Jamelão. „Danach gehen wir." Er stieg aus dem Jeep. Die Gebäuderuine warf einen langen Schatten über den hartgebackenen Boden, der übersät war mit Überresten von Zeug, das die Leute damals hier zurückgelassen hatten. Wir gingen um die Ruine herum und fanden eine Stelle, wo rußgeschwärzte Ziegelsteine lagen. Obwohl die alte Zisterne ausgetrocknet war, beschlossen wir, die Nacht hier zu verbringen. Da wir bis Sonnenuntergang genug Zeit hatten, trugen wir Brennholz

zusammen und machten ein Feuer. Während der letzten zwei Tage
hatten wir nichts Warmes gegessen, und so bereiteten wir uns nach der
Anweisung des alten Gerardo eine *Feijoada* zu, eine Mahlzeit, die
hauptsächlich aus schwarzen Bohnen besteht, aus einem Brei von
Maniokmehl und aus Büchsenrindfleisch. Wir tranken je eine Büchse
Bier dazu, und anschließend rauchten wir. Es wurde langsam dunkel
und kühler.

Wir saßen am Feuer, als wir ein Geräusch vernahmen. Jamelão griff
sofort nach Gerardos altem Revolver, den er seit dem vorhergehenden
Tag an der Hüfte trug. „Hast du das gehört?" flüsterte er.

Ich nickte. Wir lauschten angestrengt. Kein Laut war in der Dunkelheit zu hören. Fast eine Viertelstunde verging, ohne daß etwas
geschah. Das Feuer brannte beinahe nieder. Schließlich legte ich ein
paar Holzstücke hinein. Der Feuerschein wurde wieder heller und
erleuchtete die Nacht. Plötzlich sahen wir eine Gestalt bei der alten
Steinmauer. Mir blieb für einen Moment das Herz stehen. Dort drüben, keine zwanzig Schritte entfernt, stand ein Mann, schwarz wie ein
Mönch!

„Siehst du ihn?" zischte Jamelão. „Soll ich auf ihn schießen?"

„Schieß!" stieß ich hervor.

Jamelão drückte ab. Der Colt in seiner Hand ging mit einem ohren-
betäubenden Knall los. Grelles Mündungsfeuer erhellte für eine
Sekunde die Gestalt, aber als das Echo des Schusses verhallt war,
befand sich der Mann nicht mehr dort, wo wir ihn eben noch gesehen
hatten.

„Ich glaube nicht, daß ich ihn getroffen habe", keuchte Jamelão.
„Was meinst du, wer er ist?"

„Vielleicht ein Cangaceiro", sagte ich. „Einer von Lampiãos Banditen."

Kaum hatte ich das ausgesprochen, hörten wir eine Männerstimme
lachen. Wir fuhren herum und erstarrten, denn im Lichtschein des
Feuers stand der Mann, den wir vorhin bei der Steinmauer gesehen
hatten.

Jamelão spannte noch einmal den Hahn. Den Colt mit beiden Händen haltend, richtete er die Mündung auf den Mann. Es war ein
Schwarzer oder ein Mischling.

„Was schießt ihr auf einen armen Mann wie Júlio?" Der Unbekannte lachte. „Ich bin allein auf dieser Welt und will euch nichts Böses tun. Schaut euch meine Hände an. Es ist kein Blut mehr daran. Hier, schaut, wie sauber sie sind." Er kam uns mit staksigen Schritten und mit weit von sich gestreckten Händen entgegen. Das schmutzige Hemd hing zerfetzt von seinen mageren Schultern herunter. „Ich habe Buße getan, Freunde. Ich habe das Kreuz getragen, bis mein Rücken brach! Ich bin ein reumütiger Sünder, dem der Allmächtige vergeben hat."

„Du bleibst jetzt besser stehen, Mann!" befahl Jamelão mit heiserer Stimme. „Wir haben dich nicht eingeladen."

Der Mann hielt unverzüglich in seinem Schritt inne, aber anstatt ruhig stehenzubleiben, begann er zu tanzen, daß seine alten Knochen knackten.

„Das muß ein Irrer sein", sagte Jamelão. „Womöglich ist er irgendwo weggelaufen ..."

„Ich höre dich, mein Freund!" rief der tanzende Mann aus. „Du darfst ruhig denken, daß Júlio verrückt ist. Aber ich bin nicht verrückt. Und ich weiß, was ich weiß!" Er brach plötzlich seinen ungelenken Tanz ab, hob die rechte Hand und zeigte mit seinem knochigen Finger in unsere Richtung. „Ihr könnt mich fragen, wenn ihr etwas wissen wollt", sagte er krächzend. „Ich könnte euch zum Beispiel sagen, wo es Benzin gibt für euren Jeep."

„Dann sag es uns!" forderte ich ihn auf.

„Ich habe nichts gegessen. Das ist alles, was ich will. Eine warme Mahlzeit."

„Und dann sagst du uns, wo es Benzin gibt?"

„Ich bringe euch dorthin. Morgen früh. Wenn es hell ist."

Júlio kam auf uns zu. Jamelão hielt ihm den Revolver entgegen, aber Júlio beachtete ihn nicht. Es bedurfte auch keiner Aufforderung, daß er sich am Feuer niederlassen sollte. Er öffnete die Schnürsenkel an seinen knöchelhohen Schuhen und streckte seine langen, dünnen Beine bequem von sich, als wollte er die Nacht bei uns verbringen.

„Júlio ist müde", sagte er. „Aber bevor ich schlafe, wäre es gut, wenn ich das Loch in meinem Bauch stopfen könnte. Was gibt es zu essen?"

„*Feijoada*", antwortete ich. „Du kannst meinetwegen den Kochtopf ausputzen, der dort neben dem Feuer im Gras liegt."

Júlio nahm den rußgeschwärzten Kochtopf und klaubte mit den Fingern den Brei heraus. Dann ließ er den leeren Kochtopf auf den Boden fallen und legte sich auf den Rücken. Er rülpste und verschränkte die Hände hinter dem Kopf.

„He, du schläfst nicht hier an unserem Feuer!" stieß Jamelão hervor.

Júlio schloß die Augen. Einige Minuten später schnarchte er, und er schlief die ganze Nacht, während Jamelão und ich kein Auge zumachten. Als der Tag graute, waren wir todmüde.

Júlio fuhr mit uns zur Schlucht der Skelette. Wir waren bis zum späten Nachmittag unterwegs, und unser Benzinvorrat war beinahe aufgebraucht. Aber Júlio versicherte uns, daß wir uns keine Sorgen zu machen brauchten.

Die Sonne stand bereits tief über den ausgedehnten Hügeln am Horizont, als Júlio nach Norden zeigte, über eine steinige Ebene hinweg, die von tiefen Rinnen durchzogen war. Hinter der Ebene erhob sich eine zerklüftete Felskette.

„Dort, in diesen Felsen, war einer der versteckten Schlupfwinkel von Lampiãos Banditen", sagte Júlio. „Ich war einmal dort."

Jamelão hielt an. Der Motor war wieder einmal heißgelaufen. Wir schütteten unser letztes Wasser in den Kühler.

„Wie weit ist es noch?" fragte ich Júlio.

„Nicht mehr weit", sagte er. „Ihr müßt mir vertrauen."

„Dir?" fragte Jamelão. „Eher vertraue ich einem, dem Hörner auf der Stirn wachsen."

Júlio lachte. Es machte ihm nichts aus, daß wir ihn für einen verrückten Schurken hielten. Ich wünschte, wir hätten ihn einfach stehenlassen können, aber mit dem Rest Benzin, den wir noch hatten, wären wir nicht mehr weit gekommen.

Seit wir unterwegs waren, gab es Anzeichen dafür, daß sich das Wetter bald ändern würde. An beiden Abenden zuvor hatten sich bei Sonnenuntergang dunkle Wolkenbänke über den Horizont geschoben. Auch an diesem Abend überzog sich der Himmel mit einem merkwürdigen Schmiermuster dünner Wolken. Wir wußten, daß wir keine Zeit zu verlieren hatten, wenn wir den Araguaia noch vor den ersten Regenfällen überqueren wollten. Laut Gerardo konnte sich der Fluß von einem Tag auf den anderen in ein wütendes Ungeheuer verwandeln.

Wir erreichten die Schlucht der Skelette, als es schon fast dunkel war. Die Straße führte über einen scharfen Grat hinweg und an einem Steilhang hinunter in einen Einschnitt.

Der Grund der Schlucht lag im Schatten. Vom Grat aus konnte man erkennen, daß die Straße in mehreren spitzen Kehren am Steilhang hinunterführte. An einigen Stellen war sie von Geröll verschüttet. Júlio sagte, daß es auf dieser Seite keinen anderen Zugang zur Schlucht gebe.

„Und wo ist das Benzin?" fragte ich ihn argwöhnisch.

Er zeigte in die Tiefe der Schlucht hinunter. „Dort! Nicht weit von hier." Er schwang sich aus dem Jeep und bedeutete uns mit einer Handbewegung, ihm mit dem Wagen zu folgen.

„Wenn er gelogen hat und dort kein Benzin ist, brech ich ihm das Kreuz", flüsterte Jamelão. Er legte den ersten Gang ein, und wir fuhren langsam hinter Júlio her. Rechts von uns fiel der Hang beinahe senkrecht ab, und ich wagte es kaum, über den Straßenrand hinunterzublicken. Jamelão geriet ins Schwitzen. An einigen Stellen war die Straße nicht breiter als der Jeep. Ein kleiner Schwenker hätte genügt, und wir wären auf direktem Weg in den Abgrund gesaust.

Auf dem Grund der Schlucht hielten wir an. Ein ausgetrocknetes Bachbett schlängelte sich zwischen steilen Uferbänken hindurch. Im Licht der Scheinwerfer konnten wir eine kleine Steinhütte erkennen, die vor einer fast senkrecht aufsteigenden, von tiefen Spalten und Rissen durchzogenen Felswand stand. Überall im Stoppelgras verstreut lagen helle, rundliche Gegenstände, die ich zuerst für Flußsteine hielt. Aber Jamelão stieß mich mit dem Ellbogen an und sagte: „Das sind keine Riesenostereier, Alex. Das sind Totenschädel."

Ich fröstelte ein wenig und bemerkte aus dem Augenwinkel, wie Jamelão Gerardos Colt aus dem Futteral zog. Júlio war unterdessen, ohne ein Wort zu sagen, in der Hütte verschwunden. Wir stiegen aus dem Jeep und schauten uns um. Überall lag Gerümpel.

„Júlio!" brüllte Jamelão. „Wo, zum Teufel, ist das Benzin?" Jamelãos Stimme hallte als Echo von den Steilwänden der Schlucht wider. Da bemerkte ich in der Türöffnung der Steinhütte einen flackernden Lichtschein, der nach und nach heller wurde. Und plötzlich drangen dumpfe Trommelschläge aus der Hütte zu uns in die Nacht hinaus.

Ich spürte, wie das Blut in meinen Adern erstarrte. Ein gellender

Schrei, der mir durch Mark und Bein drang, ließ mich zusammenfahren. Dem Schrei folgte ein Gesang, wie ich ihn zuvor nur bei den Makumbazeremonien in unserer Nachbarschaft gehört hatte.

Gemeinsam gingen wir auf den Eingang der Hütte zu, aus der jetzt dünner Rauch quoll. Júlios Gesang war lauter geworden, der Rhythmus der Trommel gleichmäßiger. Am Eingang blieben wir stehen. Júlio hockte auf einem Schemel und hatte eine Makumbatrommel zwischen den Knien. Sein Oberkörper war nackt.

Das Kerzenlicht beleuchtete das Innere der kleinen Hütte, und der Anblick, der sich unseren Augen bot, war unfaßbar. Links und rechts von Júlio saßen Frauengestalten in weiten, bunten Röcken, völlig mit Staub bedeckt. Zerfetzte Spitzentücher hingen von ihren Schultern. Die Frauen hatten weder Hände noch Füße, und ihre Köpfe waren verwitterte Totenschädel, denen der flackernde Lichtschein Leben gab, das sie nicht besaßen. Es waren drei solche Gestalten in der Hütte. Alle drei trugen zu Turbanen gebundene Kopftücher.

Wir waren zwar einiges gewohnt, hatten wir doch in Rio oft genug Makumbazeremonien beigewohnt, aber das, was Júlio hier in dieser kleinen Steinhütte der Serra Dourada aufführte, war erschreckend. Plötzlich hörte Júlio auf zu trommeln. „Kommt herein", sagte er. „Das ist ein geheiligter Ort. Kommt herein und ergebt euch den Göttern. Jesus Christus, öffne diesen beiden dummen Jungen die Augen, damit sie sehen können, was ihnen bisher verborgen geblieben ist."

„Ich betrete diese Hütte nicht!" weigerte sich Jamelão.

„Und was hat das alles mit unserem Benzin zu tun?" fragte ich mit rauher Stimme. Ich spürte, wie meine Kehle ausgetrocknet war.

„Benzin, mein Junge, ist eine Gabe Gottes. Ihr werdet beten müssen. Ihr werdet Opfer bringen müssen! Welcher von euch ist bereit, mir ein bißchen von seinem Blut zu geben?"

„Von uns kriegst du nichts", fuhr Jamelão ihn an. „Wir verbringen die Nacht beim Jeep, und ich warne dich, laß uns in Ruhe. Ich werde nicht zögern, dich niederzuschießen, wenn es sein muß."

„Du bist ziemlich abgebrüht, wie?" Júlio lachte. Ohne sich weiter um uns zu kümmern, nahm er wieder die Makumbatrommel zwischen die Knie und begann sie zu schlagen. Wir gingen zum Jeep zurück und hockten uns dort nieder. Aus der Hütte klang Júlios Gesang, unterbrochen von Geschrei und Gelächter.

„Wir sollten ein Feuer machen und etwas zu essen", sagte Jamelão. Wir machten kein Feuer. Irgendwann, es mochte kurz vor Mitternacht sein, schwebte Júlio in Trance aus der Hütte. Er war bis auf seine schmutzige Unterhose nackt. Barfuß wankte er durch das Geröll und verschwand im Mondschatten der Steilhänge. Er sang nicht. Er stakste davon, und seine Schritte wurden leiser, bis sie schließlich ganz verstummten. Auch in dieser Nacht wachten wir, obwohl wir so müde waren, daß wir uns immer wieder anstoßen mußten, wenn einem von uns die Augen zufielen.

Es war eine lange Nacht. Wir warteten vergeblich auf die Rückkehr Júlios. Am Morgen entschlossen wir uns, den Spuren nachzugehen. Sie waren deutlich zu erkennen und führten die Schlucht entlang bergwärts. Während wir nebeneinander hergingen, hatte Jamelão die ganze Zeit den Revolver in der Hand.

Nach etwa einem Kilometer kamen wir zu einer Stelle, wo das ausgetrocknete Bachbett eine Krümmung machte. Júlio hockte regungslos im Schatten der Steilwand auf den Überresten eines Lastwagenwracks, das mit den Rädern nach oben im Bachbett lag. Es war ein alter Lastwagen der brasilianischen Armee, und er hatte offenbar Benzin transportiert. Mehr als zwei Dutzend Fässer lagen im Geröll rechts vom ausgetrockneten Bachbett.

Die Sonne schien Júlio ins Gesicht. Langsam gingen wir auf ihn zu, und jetzt erst schien er uns zu bemerken. Er hob den Kopf, und ein breites Grinsen zerriß sein zerfurchtes Gesicht.

„Hat euch Júlio zuviel versprochen, oder nicht?" rief er uns entgegen. Er zeigte auf die Benzinfässer. „Was sagt ihr nun?"

„Er hat nicht gelogen", sagte Jamelão und steckte den Colt in das Futteral zurück. „Es ist unglaublich, Alex! Wenn wir das einmal erzählen, glaubt uns niemand."

9

WIR ließen Júlio in der Schlucht der Skelette zurück. Es schien uns, als sei er dort am besten aufgehoben. Es gab Benzin, und das war sein ureigenstes Wunder. Irgendwann, vielleicht in zwei oder drei Jahren oder vielleicht erst in zehn, würden die Fässer durchgerostet sein.

Dann würde es Júlio wahrscheinlich schwerfallen, ein neues Wunder zu vollbringen.

Wir durchquerten die Hügelzüge der Serra Dourada. Und wenn wir abends am Feuer saßen und den Flammen zusahen, kamen wir unweigerlich auf Júlio zu sprechen, und Jamelão war felsenfest davon überzeugt, daß Júlio in seinem Irrsinn der einzig wahre *Égun* war, den es in Brasilien gab, ein echter Priester der Toten.

Ich hatte keine Ahnung, ob Júlio tatsächlich ein Priester der Toten war oder nur ein armer Wicht, den die Einsamkeit verrückt gemacht hatte. Ich weiß nur, daß in meinem Heimatland Millionen von Menschen an die Macht merkwürdigster Riten glauben.

Tagelang hatten wir Glück mit dem Wetter. Ohne Schwierigkeiten durchquerten wir nacheinander mehrere Quellflüsse des Rio Tocantins', die in den südlichen Ausläufern der Serra Dourada ihren Ursprung haben. Einige waren vollkommen ausgetrocknet, andere flossen in dünnen Rinnsalen durch sandige Betten.

Zwischen dem Rio Tocantins und dem Rio Araguaia regnete es zum erstenmal. Ein kurzes, aber heftiges Gewitter überraschte uns, als wir das Nachtlager aufschlugen. Es dauerte nicht lange, da waren wir bis auf die Haut durchnäßt, und es gab weit und breit keinen schützenden Ort, an dem wir hätten Zuflucht finden können.

Als das Gewitter vorbei war, tauchte zwischen glühenden Wolkenbändern noch einmal blutrot die Sonne auf. Es war plötzlich ziemlich schwül geworden. Dunst stieg aus den Tälern und breitete sich in Schleiern über dem Horizont aus.

Wir verbrachten eine unangenehme Nacht an einer Senke, die bis zum Rand mit einer braunen Brühe gefüllt war. Alles, was wir besaßen, war naß geworden. Es gelang uns zwar, ein Feuer zu entfachen, doch es dauerte lange, bis die Kleider an unserem Leib trockneten.

Am nächsten Tag schien wieder die Sonne, die Luft aber blieb weiterhin feucht, und das war ein sicheres Vorzeichen für die bald beginnende Regenzeit.

Nach Benitos Karte befanden wir uns jetzt bereits auf der Westseite der Serra Dourada, die in nördlicher Richtung verläuft.

Während der Weiterfahrt durch eine hügelige Landschaft redeten wir kaum ein Wort. Wir warteten beide darauf, daß sich vor uns endlich das Urwaldtal des Araguaiaflusses auftun würde.

Die einzige Möglichkeit, den Fluß zu durchqueren, ohne dabei gesehen zu werden, war die Furt oberhalb der *Ouro Fino*, der gefährlichsten Stromschnellen des Araguaia. Diese befanden sich mehr als hundert Kilometer nördlich der Bananalinsel, der größten Binneninsel der Welt. Nach Angaben von Gerardo hatten vor etwa vierzig Jahren ein Priester und zwei Nonnen des Salesianerordens dort eine kleine Missionsstation gegründet, um Stammesgruppen der Carajá-Indios zu christianisieren und die wilden Xavantes zu zähmen. Die Mission existierte nur ein paar Jahre, bevor sie von den Xavantes überfallen und niedergebrannt wurde.

Weder Gerardo noch Júlio hatten uns sagen können, wie es heute bei den Stromschnellen aussah. Aber der alte Gerardo hatte uns vor den letzten Kopfjägerbanden gewarnt, die noch immer im tiefsten Urwald hausten und sich nicht einfangen ließen wie die anderen Indios, die inzwischen in einem riesigen Reservat im Gebiet des Rio Xingu untergebracht waren.

Der Araguaia ist ein Fluß, der nach Norden hin zum Rio Tocantins fließt und sich vor der kleinen Urwaldstadt Maraba mit ihm vereint. Somit gehört er zu einer großen Anzahl anderer Ströme und Flüsse, die zusammen ein verzweigtes Flußsystem von unglaublichen Ausmaßen bilden. „Amazonien, das ist eine Welt aus Wald und Wasser", hatte Gander häufig genug gesagt.

Jamelão und mir verschlug es den Atem, als wir am steilen Flußufer standen und über das braune Wasser hinweg zum anderen Ufer blickten, das so weit entfernt war und so unbezwingbar aussah, als wären wir die ersten Menschen, die hier standen und den Fluß durchqueren wollten. Wir wußten nicht genau, wo wir uns befanden, weil wir von der Straße abgebogen und einem kaum erkennbaren Pfad gefolgt waren.

Es wurde Abend, es regnete gleichmäßig, und die Luft war feucht und warm und richtig klebrig. Ich konnte kaum atmen.

Jamelão erklärte, daß dies unmöglich die Furt sein könne, weil die Uferböschung fast zwanzig Meter tief und nahezu senkrecht abfiel. Außerdem floß das braune Wasser des Araguaia hier ziemlich schnell, denn weiter flußabwärts befanden sich Stromschnellen. Wir konnten ein leicht an- und abschwellendes Geräusch hören. „Am besten folgen wir dem Flußufer ein Stück weit", sagte Jamelão.

„Hinunter oder hinauf?"

„Hinauf, damit wir uns von den Stromschnellen entfernen."

Das Ufer auf der anderen Seite des Flusses war dunkel. Doch schienen sie im Regen aufzutauchen, die gräßlich bemalten Gesichter der Xavantes, ihre lauernden Augen, mit denen sie uns gierig beobachteten. „Ganz schön abgelegen hier", meinte ich.

„Ich habe gelesen, daß es keine Kopfjäger mehr gibt", sagte Jamelão. Irgendwie erriet er immer meine Gedanken.

„Die Fachleute sind darüber unterschiedlicher Meinung", entgegnete ich.

Wir blieben die Nacht dort, wo wir den Fluß erreicht hatten. Es war eine Nacht, in der ich mich mit dem Urwald ein bißchen vertraut machte. Ich lag in meinem Schlafsack unter dem Moskitonetz und lauschte den Geräuschen der Wälder am Araguaia.

Die Bäume redeten. Die Tiere waren wach wie ich. Ich vernahm das leise Murmeln des Wassers, das unter der Uferbank entlangfloß, durch überhängendes Gestrüpp und um die freigespülten Wurzelstöcke mächtiger Bäume herum.

Es war eine Nacht, die nicht enden wollte. Die Stechmücken ließen uns trotz der Moskitonetze keine Ruhe. Das Geschrei in den Baumkronen wurde unerträglich. Wenn ich aufblickte, sah ich Xavantes im Dickicht lauern. Wenn ich die Augen schloß, kam mir Maria in den Sinn, und ich wurde wütend.

„Warum schläfst du nicht?" fragte Jamelão einmal.

„Ich muß über gewisse Dinge nachdenken", sagte ich.

„Die Mücken sind furchtbar. Man muß aufpassen, daß sie einen nicht um die Augen herum stechen." Jamelão setzte sich auf. „Und wir müssen vorsichtig sein, wenn wir den Fluß durchqueren. Es gibt nicht nur Krokodile, sondern auch Piranhas und Giftschlangen."

Wir redeten noch eine Weile und ließen es auf uns niederregnen. Schließlich war nichts mehr trocken, und irgendwann schlief ich ein. Am nächsten Morgen, sobald es hell wurde, fuhren wir ohne Frühstück los und suchten uns einen Weg am Ufer entlang flußaufwärts.

Die Morgenröte färbte den Himmel purpurrot. Es regnete nicht mehr, aber die Luft blieb feucht und stickig. Aus dem Wald kam der Gesang zahlloser Vögel.

Nach etwa einer halben Stunde Fahrt durch einen Tunnel aus Laub

und Zweigen erreichten wir eine Bucht, in der das Wasser des Araguaia beinahe stillstand. Das Flußufer war an dieser Stelle flach. Bäume
und Gestrüpp wuchsen aus dem seichten Wasser. Es gab überall im
Sand und in der Lehmerde Spuren von Tieren, die nachts aus dem
Wald gekommen waren, um zu trinken.

Jamelão machte mich auf ein riesiges Krokodil aufmerksam, das am
Ufer lag und im schwachen Licht der Morgensonne döste. Eine ganze
Flottille von Krokodilen trieb langsam und geräuschlos durch das
brackige Wasser der Bucht.

Wir entschieden, daß hier unmöglich die Furt sein konnte, und
fuhren weiter. Bald kamen wir an einigen Hütten vorbei, die aus
Schilfmatten und Astwerk gebaut waren. Sie standen auf einer kleinen
Lichtung und schienen verlassen zu sein.

Wir fuhren fast eine Stunde am Ufer entlang, ohne eine Stelle zu finden, die für eine Durchquerung günstig gewesen wäre. So entschieden
wir, umzudrehen und flußabwärts zu fahren. Vielleicht befand sich die
Furt näher bei den Ouro-Fino-Stromschnellen. Als Jamelão den Jeep
wendete, gewahrte ich einige Dutzend Affen, die uns von den Bäumen herunter beobachteten. Sie begleiteten uns ein Stück, hüpften
dabei so geschwind von Baum zu Baum, daß es manchmal aussah, als
könnten sie fliegen.

Die Furt war dadurch zu erkennen, daß ein Karrenweg über das
steile Ufer hinunterführte und im braunen Wasser des Araguaia verschwand. Außerdem waren von einem Holzhaus einige halbverkohlte
Pfosten übriggeblieben, die aus dichtem Gestrüpp ragten.

„Das muß die Furt sein!" rief Jamelão. Das Haar klebte auf seinem
nassen Gesicht. Seit einiger Zeit regnete es wieder. Wir waren bis auf
die Haut durchnäßt, aber dafür ließen uns die Moskitos in Ruhe.

Wir traten ans Ufer und schauten auf den Araguaia hinaus, der träge
durch den Regen floß. Es war unmöglich festzustellen, wie tief der
Fluß hier war, aber das weit entfernte Ufer auf der anderen Seite schien
ziemlich flach zu sein, und so nahmen wir an, daß der Fluß an dieser
Stelle nirgendwo tiefer als vielleicht einen halben Meter sein konnte.
Unser General würde das mit Leichtigkeit schaffen.

„Was meinst du?" fragte mich Jamelão, nachdem wir den Araguaia
eine Weile beobachtet hatten.

„Irgendwo müssen wir es versuchen. Warum nicht hier?"

Wir gingen zum Jeep zurück und stiegen ein. Langsam fuhr Jamelão das steile Ufer hinunter und ins Wasser hinaus. Der Fluß war tatsächlich nicht sehr tief. Allmählich entfernten wir uns immer weiter vom Ufer, ohne daß das Wasser mehr als bis zur Radmitte des Jeeps stieg. Wir waren beide furchtbar angespannt, und ich spürte, wie mein Herz pochte. Wenn wir mitten im Fluß steckenblieben, gab es keine Rettung mehr. Die *Jacarés*, die Krokodile, würden uns fressen.

„Solange das Wasser nicht höher steigt als der Auspuff, ist alles in Ordnung", sagte Jamelão.

Ich war froh, daß wir dem anderen Ufer immer näher kamen.

„Hörst du die Stromschnellen?" fragte Jamelão.

Ich hörte sie schon die ganze Zeit. Ein leises Grollen.

Plötzlich sackte der Jeep ab. Wasser klatschte an den Seiten hoch. Die Räder verloren ihren Kontakt mit dem Grund des Flusses. Der Motor heulte auf, und als Jamelão den Fuß vom Gaspedal nahm, drang Wasser in den Auspuff. Der Motor starb ab, während sich der Jeep im Wasser zu drehen begann. Er neigte sich zur Seite. Mit einer Hand versuchte ich, unser Gepäck festzuhalten, das hinten auf dem Sitz lag, jedoch nicht festgebunden war. Jamelão wollte den Motor starten. Es gelang ihm nicht. Die Strömung erfaßte uns, trieb uns flußabwärts. Der Jeep drehte sich um seine eigene Achse, geriet in einen Strudel und kippte jäh nach meiner Seite hin um.

Wasser schwappte über mir zusammen. Mein Kopf schlug gegen die Streben der Windschutzscheibe. Mein einziger Gedanke in diesem Moment war, aus dem Jeep herauszukommen. Ich schlüpfte seitlich hinaus und machte zwei, drei schnelle Schwimmzüge, um dem Sog zu entrinnen. Da merkte ich, wie eine unbändige Kraft nach mir griff, mich herumwirbelte und in die Tiefe zog. Allmählich wurde mir die Luft knapp. Ich hatte das Gefühl platzen zu müssen. In diesem Moment gab der Unterwasserwirbel mich jäh frei, und ich merkte, wie ich nach oben trieb. Ich half mit Händen und Füßen nach, und trotzdem schien es eine Ewigkeit zu dauern, bis ich an der Wasseroberfläche ankam.

Ich rang nach Luft, hustete und erbrach mich beinahe, während ich im Fluß trieb. Weiter oben sah ich die Räder des Jeeps aus dem Wasser ragen. Der Rucksack, den Jamelão in Brasília gekauft hatte, schwamm in einiger Entfernung den Fluß hinunter, wurde von einem Wirbel erfaßt, drehte sich immer schneller im Kreis und wurde plötzlich in die Tiefe gezogen.

Ich wandte mich im Wasser um. „Jamelão!" schrie ich. „Jamelão!" Ich versuchte vergeblich, gegen die Strömung zu schwimmen. Sie wurde immer stärker. Meine Bewegungen erlahmten. Um Kräfte zu sparen, mußte ich mich treiben lassen, weg von unserem Jeep und weg von Jamelão, den der Araguaia wahrscheinlich für immer zu sich genommen hatte.

Und jetzt hörte ich das Rauschen und Grollen der Stromschnellen. Der Schreck lähmte mich. Ich ging sofort unter und schluckte eine Menge Wasser. Als ich auftauchte, war ich beinahe ohnmächtig.

Die Strömung wurde stärker, meine Fahrt den Fluß hinunter immer rascher. Das Rauschen und Grollen verwandelte sich immer mehr in ein Tosen und Donnern. Das Wasser packte mich mit roher Gewalt und riß mich auf die schäumenden Stromschnellen zu, von denen ich nur die weißen Kronen sehen konnte, die hier und dort aus dem Fluß stiegen.

Ich würde sterben, das war gewiß. Niemand würde mich je finden. Die Piranhas warteten schon.

GESCHMEIDIG sprangen sie von Felsen zu Felsen. Ihre nackten Körper glänzten vom Schweiß und vom Wasser. Sie waren bis auf den Lendenschurz nackt, und sie hatten alle Stangen bei sich und Stricke.

Wie Gestalten aus einer fremden Welt tauchten sie im Sprühnebel auf, der über den Stromschnellen wogte. Sie jagten in weiten Sprüngen über das schäumende Wasser hinweg durch die Gischt, indem sie wie Stabhochspringer ihre langen Stöcke zu Hilfe nahmen. Am Ufer standen andere, die zusahen. Unter ihnen befanden sich Frauen und Kinder.

Draußen im Fluß, zwischen den Felsen, über die das Wasser hinwegschwappte, warf sich eine der Gestalten in die Fluten. Andere sprangen hinterher. Ihre Stöcke flogen ins Wasser und zersplitterten an den Felsen, als wären es Streichhölzer.

Die Gestalten im Wasser bekamen einen Menschen zu fassen, der hilflos im Strom getrieben hatte. Dieser Mensch war ich. Ich hatte sie schon am Ufer entlanglaufen sehen, bevor ich die Stromschnellen erreichte.

Mit den Seilen zogen sie mich aus dem Fluß auf eine Steininsel. Dort, in einem Einschnitt, in dem sich ein alter Baumstrunk verkeilt hatte, drehten sie mich auf den Bauch. Sie schüttelten mich, bis mir das Wasser aus dem Mund und aus der Nase lief. Ich erbrach den halben Fluß. Es dauerte eine Weile, bevor ich mich für die Rettung bedanken konnte.

„Danke", sagte ich zu einem von ihnen. Ich hielt ihn für den Anführer, weil er der größte von ihnen war und eine Narbe auf der linken Wange hatte. „Wer seid ihr?" fragte ich.

Sie gaben mir keine Antwort. Aber einer deutete mit der Hand auf den kleinen Medizinbeutel, der mir an der dünnen Lederschnur vom Hals hing. Mit kehliger Stimme gab er einige abgehackte Silben von sich. Der Beutel schien ihm ungeheuren Eindruck zu machen, und auch die anderen fingen an zu reden, und ich hatte keinen blassen Schimmer, was das zu bedeuten hatte, nahm aber hoffnungsvoll an, daß mir dieser alte Talisman nun doch noch Glück bringen würde. Ich zeigte mit dem Daumen auf mich.

„Ich bin Alex", bedeutete ich ihm. „Alex." Dann sagte ich ihm, daß ich nicht allein gewesen war und daß mein Freund vielleicht irgendwo unterhalb der Stromschnellen ans Ufer geschwemmt worden war und Hilfe brauchte. Aber die Indios schüttelten nur verständnislos den Kopf.

Der Mann mit der Narbe gab den anderen einen Befehl, und sie gehorchten sofort. Ich wurde an Händen und Füßen gepackt, und sie schleiften mich achtlos über die Stromschnellen durch den tobenden Fluß zum Ufer, wo der Rest der Bande auf uns wartete. Ich schluckte auf dem Transport noch einmal Wasser.

Am Ufer ließen sie mich einfach liegen. Die Kinder strichen eine Weile mißtrauisch um mich herum. Ich war halb ohnmächtig und hatte keine Kraft mehr, mich zu bewegen. Erst nach einer Weile gelang es mir, mich aufzusetzen.

Die Kinder wichen sofort zurück. Ich versuchte es mit einem Lächeln. Das war falsch. Ein Mann kam herbei und schlug mir mit einem Stock in den Nacken.

Ich fragte ihn, ob er ein Xavante sei, und zeigte auf ihn und die anderen, die bis zum Dickicht zurückgewichen waren.

Der Mann löste einen dünnen Lederriemen von seinem Gürtel, den er um seinen dicken Bauch trug. Er machte an einem Ende eine kleine Schlinge und streifte sie mir über den Kopf. Das andere Ende nahm er in die rechte Hand. Er entfernte sich ein Stück weit, bis der Riemen angespannt war, dann zog er zweimal hintereinander schnell daran. Ich wußte, was das bedeuten sollte, aber ich war nicht bereit, mich ihm wie ein Hund zu unterwerfen. Ich griff nach dem Riemen und entriß ihn ihm.

„Ich bin ein Mensch!" schrie ich. „Ich bin kein Hund, verstehst du?"

Offensichtlich verstand er nicht. Er kam auf mich zu und hob seinen Stock zum Schlag. Da stand ich auf und warf ihm den Riemen zu. Er ergriff ihn und ging davon, vorbei an seinen Freunden und an den Frauen und Kindern, sein Haupt hoch erhoben und die Brust stolzgeschwellt. Ich trottete hinter ihm her. Ich war sein Hund.

10

Ich war ziemlich sicher, daß sie mich in ihr Dorf schleppen und mich dort langsam zu Tode martern und anschließend in einem riesigen Suppentopf garkochen würden. Während sie mich auf einem Trampelpfad durch den Urwald schleppten, kam immer stärker der Wunsch in mir auf, daß ich lieber im Araguaia ertrunken wäre. Wie Jamelão, mein Freund, den ich nie mehr wiedersehen würde.

Es war alles vergeblich gewesen. Die lange Fahrt über die Serra Dourada war hier zu Ende gegangen. Nicht einmal der Medizinbeutel, den ich vom alten Gerardo bekommen hatte, vermochte Wunder zu wirken.

Ich stolperte und fiel hin. Der Indianer, der mich an der Leine hatte, blieb stehen. Die anderen Indios kamen herbei. Einer senkte die lange Stange, die er in den Händen hielt, und stieß mich mit dem Ende an.

„Steh auf!" sagte er auf portugiesisch zu mir. Es dauerte eine Weile, bis mir bewußt wurde, daß der Mann Wörter meiner Sprache benutzt hatte.

„Lieber Gott, du sprichst portugiesisch!" rief ich und taumelte auf die Beine. „Wer sind die Leute?" Ich zeigte in die Runde. „Ich habe gehört, daß es hier noch wilde Xavantes gibt."

„Kopfjäger", sagte der Mann nur und grinste. Sein Gebiß wies breite Lücken auf. Außerdem waren die wenigen Zähne beinahe schwarz.

„Seid ihr Kopfjäger?" fragte ich.

„Wir sind Carajás", sagte der Mann. Er deutete mit dem Zeigefinger seiner rechten Hand auf die dunklen Kreise, die er unter den Augen auf den Wangen hatte. Entweder waren diese Kreise aufgemalt oder tätowiert. Mir fiel auf, daß sie alle diese Kreise auf den Wangen hatten, die Männer wie auch die Frauen und sogar einige der älteren Kinder. „Carajás", wiederholte der Mann. „Entweder du gehst mit, oder wir werfen dich in den Fluß!"

„Wohin bringt ihr mich?"

„*Thukuthiri* will dich sehen", sagte der Mann.

„Thukuthiri? Wer ist das?"

„Wir nennen ihn Thukuthiri, den Bärtigen. Er wird über dein Los entscheiden." Als er sich abwandte, stieß mir einer seine lange Stange in den Rücken. Ich stolperte vorwärts und hinter dem Mann her, der das andere Ende der Leine in der Hand hielt.

Der Pfad führte zu einer Lichtung mit einer Ansammlung von kleinen Strohhütten. Dies mußte die Siedlung der Carajá-Indios sein. Ich gewahrte Dutzende von halbnackten Menschen, denen die dürftigen Kleidungsstücke wie Lumpen vom Leib hingen. Das ganze Dorf war voll Unrat. Vor den Hütten lagen die Überreste von Fischen. Der Geruch, der in der Luft hing, war ranzig.

Die Indios, die mich gefangen hatten, hielten in ihrer Siedlung nicht an. Nur einige von ihnen verließen uns und verschwanden in ihren Hütten, während andere sich uns anschlossen. Eine Flasche mit Zuckerrohrschnaps machte die Runde.

Der Pfad führte zwischen kleinen Feldern hindurch und dann durch ein Stück Wald, der schon ziemlich stark abgeholzt worden war. Der Wald wurde immer lichter, und schließlich gab er den Blick auf einen See frei, der wahrscheinlich mit dem Araguaia verbunden war. Am Ende des Sees, dort wo das Ufer aus einer breiten Sandbank bestand, hatte jemand ein großes Haus mit Giebeldach gebaut.

Das Haus stand auf einer Plattform, die auf dicken Pfählen ruhte. Ein Teil dieser Plattform bildete eine Veranda, von der eine Treppe zu einem Bootssteg hinunterführte. Dieser Bootssteg reichte durch das seichte Wasser hinaus bis zu einer tieferen Stelle, wo ein kleiner, rostiger Fischkutter und ein schnelles Motorboot vertäut waren. Am Ufer, wo der Urwald kahlgeschlagen worden war, stand neben einem Wellblechschuppen und einigen Dutzend roten Benzinfässern ein einmotoriges Flugzeug. Eine holprige Piste führte in den Urwald hinein. Von einem Mast hing schlaff ein gelber Windsack.

Zivilisation. Ich schöpfte Hoffnung. War die Zeit der Kopfjäger vorbei?

Die Indios brachten mich zur Rückseite des Hauses. Der Krieger, der mich an der Leine hielt, zog mich bis zum Fuß einer Holztreppe, die zur Plattform hinaufführte. Dort bedeutete er mir niederzuknien, und als ich mich weigerte, kam ein anderer hinzu und stieß mir das Ende seiner langen Stange in die Kniekehlen. Ich fiel mit dem Gesicht in die schlammige Erde. Als ich mich aufrichtete, gewahrte ich am oberen Ende der Treppe die wuchtige Gestalt eines Mannes mit einem wilden dunklen Vollbart. Der Mann stand breitbeinig am Rand der Plattform und blickte zu mir herunter. Er trug eine braune Hose und ein braunes Uniformhemd, hatte die Fäuste in die Hüften gestemmt und wippte in seinen schwarzen, blankpolierten Stiefeln leicht auf und nieder.

Ich erhob mich auf die Knie und wischte mir mit dem Ärmel den Schmutz aus den Augen. Der Mann auf der Plattform beugte sich weiter vor. Sein Schädel war kahlgeschoren und glänzte.

„Bist du Gander, oder bist du Ribeiro?" fragte er mit sanfter Stimme und französischem Akzent. Mir blieb die Luft weg. Woher wußte er, wer ich war? Hatte mich nach mehr als zweitausend Kilometern die Vergangenheit schon eingeholt?

„Da staunst du, *mon ami*." Der Mann auf der Plattform lächelte. „Wir haben seit Tagen nach euch Ausschau gehalten. Es war ziemlich klar, daß ihr entweder hier durchkommt oder weiter flußaufwärts."

„Woher wissen Sie über uns Bescheid?" fragte ich. „Wo bin ich hier überhaupt?"

„Dies hier ist die alte Salesianermission", erklärte der Bärtige. Er lächelte verschlagen. „Es wäre aber falsch, mich für einen Priester zu halten, *mon ami*. Ich glaube weder an Gott noch an die Gerechtigkeit. Diese Indios vertrauen mir trotzdem, und sie sind mir ergeben. Sie nennen mich Thukuthiri, den Bärtigen, und verlangte ich von ihnen, dich zu töten, sie würden es tun."

Ich fragte ihn, wieso er von mir und Jamelão wußte, und er deutete zum Hausdach hinauf, wo eine lange Antenne in den grauen Regenhimmel ragte.

„Funk", sagte er nicht ohne Stolz. „Ich bekomme die halbe Welt rein – Europa, Rußland, was du willst, Junge. Die Polizei sucht nach euch! Auf deine Ergreifung sind hunderttausend Cruzeiros ausgesetzt, ganz gleich, ob du Gander bist oder Ribeiro. Man hat uns hier vor mehr als einer Woche alarmiert." Der Mann kam die Treppe herunter. Das Leder seiner Stiefel knirschte. Auf der vorletzten Stufe blieb er breitbeinig stehen. Seine blaßblauen Augen musterten mich von Kopf bis Fuß. „Welcher von beiden bist du?" fragte er nochmals.

„Mein Name ist Gander", sagte ich. „Alex Gander."

„Wo ist dein Freund Ribeiro?"

„Er ist im Fluß ertrunken, als der Jeep umkippte."

Er hob die Braue über dem linken Auge. „Über diese Nachricht wird sich Vargas bestimmt nicht freuen, *sacrebleu!*"

„Nilo Vargas?" entfuhr es mir. Ich wollte mich von den Knien erheben, aber einer der Indianer hinter mir stieß mir das Ende seiner Stange ins Genick.

„Vargas will euch beide lebend haben", sagte der Bärtige. „Stimmt es, daß ihr Zafirelli umgelegt habt?"

„Nein! Ich habe bis jetzt noch niemanden umgebracht, aber allmählich kriege ich Lust dazu!" Ich wurde wütend. „Sagen Sie dem Indio hinter mir, er soll mich nicht noch einmal mit der Stange stoßen!"

„Die Geschicklichkeit, mit der meine Carajás mit ihren *Zingas* umgehen, ist verblüffend, nicht wahr? Aber sie können auch gut ihre Lanzen und ihre Keulen handhaben. Besonders Uatau hat sich einen Namen gemacht, als er, nur mit einer Lanze bewaffnet, der Fährte eines verletzten Jaguars folgte und ihn zur Strecke brachte."

Uatau war der Indio mit der Narbe, der etwas größer und muskulöser war als die anderen. Er trat vor, als sein Name fiel. Der Bärtige sagte etwas zu ihm. Uatau hörte mit ausdruckslosem Gesicht zu. Plötzlich holte er mit einer blitzschnellen Bewegung aus, und im nächsten Moment flog eine Lanze haarscharf an mir vorbei auf ein Schwein zu, das in der Nähe im Dreck wühlte. Die Lanze durchbohrte das Schulterblatt und traf das Herz des Tieres. Das Schwein sprang quietschend herum und fiel zur Seite. Uatau rief etwas, und einige der jungen Indios rannten auf das verendende Schwein zu, und während drei es an den zuckenden Hinterbeinen hochrissen, schnitt ihm ein anderer die Kehle durch.

„*Voilà,* heute ist Sonntag", sagte der Bärtige. „Die Carajás haben sich mit deiner Festnahme ein Festessen verdient, und du wirst beim Tanz ihr Ehrengast sein."

„Entweder bin ich ein Gefangener, oder ich bin ein Gast!" stieß ich ziemlich scharf hervor. Ich packte den Lederriemen an meinem Hals, löste die Schlinge und streifte sie mir über den Kopf. „Wissen Sie überhaupt, warum uns die Polizei sucht? Nicht weil Zafirelli umgelegt worden ist! Das macht niemandem was aus. Jamelão und ich werden gesucht, weil die Polizei allen möglichen Verbrechern Handlangerdienste erweist."

„*Eh bien!* Das sind starke Worte für einen Jungen wie dich", sagte der Bärtige. „Ich nehme an, daß ihr Nilo Vargas in die Quere gekommen seid."

„Stimmt haargenau! Er hat die Schwester meines Freundes verschleppt und nach Itaituba verkauft."

„Was regst du dich darüber auf, *mon ami?* Solche Geschäfte werden seit Jahren täglich abgewickelt." Der Bärtige kam die letzte Stufe herunter und packte mich am Arm. „Tut mir leid für dich, aber die Reise ist zu Ende! Ich kann dich nicht laufenlassen, selbst wenn ich es möchte. Es würde meine geschäftlichen Beziehungen gefährden."

„Ihre Beziehungen zu Nilo Vargas?"

„Und anderen. Ich handle mit allem, was Geld bringt. Jaguarfelle, Krokodilhäute, Vogelfedern, indianische Handarbeiten, Gold, Diamanten –"

„Und Mädchen!" unterbrach ich ihn.

Er nickte. „Ein lohnender Geschäftszweig, wenn man bedenkt, daß es im Regenwald Tausende von einsamen Männern gibt: Straßenarbeiter, Holzfäller, Goldsucher. Von mir kannst du keine Unterstützung erwarten. Morgen werde ich dich Vargas übergeben, hunderttausend Cruzeiros kassieren und mich anschließend tüchtig besaufen. Uatau hat einige seiner Krieger ausgeschickt, um das Flußufer abzusuchen. Sollte dein Freund noch am Leben sein, werden die Carajás ihn finden, verlaß dich darauf."

Der Bärtige gab Uatau ein Zeichen. Dieser sagte etwas zu den

Kriegern, die bei ihm standen. Sofort stürzten sie herbei, und ehe ich mich zur Wehr setzen konnte, hatten sie mich an den Armen gepackt. Sie schleiften mich zum Blechschuppen hinüber, und dort fesselten sie mich mit Hanfstricken an Händen und Füßen. Neben der Blechhütte, halb vom Unkraut überwachsen, stand ein Raubtierkäfig, dessen Boden mit Stroh ausgelegt war. Die Indios warfen mich hinein und schlossen die Tür mit einem Riegel. Da meine Hände auf dem Rücken gefesselt waren und ich mich deshalb kaum bewegen konnte, brauchten sie nicht zu befürchten, daß ich den Riegel aufschob. Hilflos und verzweifelt lag ich im modrigen Stroh und starrte zwischen den Gitterstäben hindurch zum Haus hinüber. Thukuthiri, der Bärtige, ging die Treppe hinauf. Oben wurde er von einem halbnackten Indiomädchen erwartet. Er legte einen Arm um das Mädchen und verschwand mit ihm im Haus.

Uatau gebot einem jungen Krieger, sich bei der Blechhütte hinzusetzen, so daß er den Käfig im Auge behalten konnte. Der Krieger war mit Pfeil und Bogen bewaffnet. Außerdem hatte er ein Messer in einer Scheide an der linken Hüfte.

Am Abend sollte ein Festtanz stattfinden, aber der Regen wurde im Laufe des Nachmittags immer stärker, und als es Abend wurde, goß es wie aus Kübeln. Mein Wächter kroch unter eine Plane aus blauem Plastik. Das Fest fiel aus.

Ich fror. Der Boden um den Käfig herum verwandelte sich in einen glucksenden Sumpf. Seit unser Jeep im Fluß umgekippt war, war ich bis auf die Haut durchnäßt. Ich fing an zu schlottern und dachte, bis der Tag graut, krepierst du. Es machte mir nichts aus. Jamelão war tot. Und Maria war wahrscheinlich längst Saturninos Frau.

Ich starb nicht. Ich machte in dieser Nacht zwar kein Auge zu, aber obwohl ich fror, hatte ich kein Fieber. Vielleicht war ich zäher, als ich selbst glaubte.

Irgendwann am Morgen kam der Bärtige in Begleitung einiger Carajás. Sie hatten den Plunder dabei, den sie aus dem Jeep geborgen hatten. Viel war es nicht. Ein Moskitonetz. Ein Beutel mit den letzten Büchsen Rindfleisch und Bohnen. Die Machete, die mir der alte Gerardo gegeben hatte.

„Wenn der Regen nachläßt und das Wasser im Fluß sinkt, holen wir den Jeep heraus", sagte der Bärtige. „Vargas kommt heute gegen

DAS GOLD DES AMAZONAS

Abend hier an." Der Bärtige zeigte mir einen Tennisschuh. „Das ist alles, was wir von deinem Freund gefunden haben. Etwa einen halben Kilometer von den Stromschnellen entfernt."

Ich starrte den Schuh an und spürte, wie es mir die Kehle zuschnürte.

Er öffnete den Käfig, und sie holten mich heraus und brachten mich zu einer Hütte in der Siedlung der Carajás. Dort ließen sie mich an einem Feuer sitzen, bis mir etwas wärmer war, und dann gaben sie mir aus einem Napf zu essen, wahrscheinlich Stücke von dem Schwein, das Uatau gestern mit der Lanze getötet hatte. Ein alter Mann in zerfetzten Hosen legte eine Decke um meine Schultern.

Es regnete den ganzen Tag. Kinder, die am Flußufer spielten, fanden unterhalb der Stromschnellen einen Stoffetzen. Es war ein Stück von einem Ärmel, der zu Jamelãos Hemd gehört hatte. Es machte mir nun nichts mehr aus, da ich mich mit der Tatsache abgefunden hatte, daß Jamelão nicht mehr am Leben war.

Nachdem die Carajás mich wieder in den Käfig zurückgebracht hatten, hielten sie es nicht mehr für nötig, mich zu bewachen. Am Nachmittag kam der Bärtige, eine Zigarre zwischen den Lippen. Er brachte mir die Nachricht, daß Nilo Vargas' Flugzeug nur noch hundert Kilometer entfernt sei. „In knapp einer Stunde ist er hier."

Ich sagte nichts. Eine Stunde lang wartete ich darauf, endlich das Motorgebrumm des Flugzeuges zu hören. Es war Spätnachmittag, und es regnete nicht mehr so stark. Die Piste war ziemlich aufgeweicht, und ich hoffte, daß Vargas sich bei der Landung das Genick brechen würde.

Von meinem Käfig aus konnte ich sehen, wie Vargas mit seiner Cessna den See zweimal überflog. Auf der Plattform stand der Bärtige, die Fäuste in die Hüften gestemmt, und von der Siedlung her kamen die Carajás gerannt, und alle schauten dem Anflug der weißen Cessna zu. Es ging kaum ein Wind, und es regnete fast nicht mehr. Ich beobachtete, wie die Cessna niederging und der Dreck spritzte, als sie mit dem Fahrwerk die Rollbahn berührte. Ich sah Vargas' Gesicht hinter dem Kabinenfenster und daneben das Gesicht seines blonden Handlangers, dem ich schon in Rio begegnet war.

Die Cessna hopste aus dem Dreck heraus, setzte wieder auf, wurde langsamer, und der Bärtige kam schon die Treppe herunter, um seine

Gäste zu begrüßen, als die Cessna plötzlich einen letzten kurzen Hüpfer machte und dann mit der spitzen Nase voran in den Dreck flog.

Die Einstiegstür über der Tragfläche ging auf, und Nilo Vargas trat auf die Tragfläche heraus, in weißer Hose und weißem Hemd, die Krawatte lose gebunden.

„Verflucht noch mal, Benoît, können Sie nicht dafür sorgen, daß diese Piste in Ordnung gehalten wird!" brüllte er zu dem Bärtigen hinüber. „Wozu haben Sie denn diese Wilden in Ihrer Obhut!"

„Pardon, Monsieur Vargas, aber so, wie es letzte Nacht geregnet hat, ist da nichts zu machen!" rief der Bärtige. Er schickte einen Carajá mit einem roten Schirm hinaus, und die anderen Indios umrundeten das Flugzeug. Vargas brüllte sie an, sie sollten ihre Finger gefälligst von seiner Cessna lassen.

Eines war gewiß: Vargas war nicht hierhergeflogen, um mich nach Rio zurückzubringen, denn eine günstigere Gelegenheit, als hier im Urwald einen Menschen spurlos verschwinden zu lassen, gab es nirgendwo sonst.

Dann stieg zu meiner Überraschung Galegos aus der Cessna. Er trug sogar Uniform. Sein gepudertes Gesicht war weiß.

Vargas sagte etwas zu ihm, und Galegos sprang als erster von der Tragfläche. Er landete in einem Dreckloch, versank bis zu den Knien, ruderte mit den Armen in der Luft und fiel voll aufs Gesicht.

Wären meine Hände nicht gefesselt gewesen, ich hätte vor Begeisterung geklatscht.

Die Carajás halfen ihm aus dem Dreck. Vargas brüllte, daß er nicht hergekommen sei, um ein Schlammbad zu nehmen, und die verdammten Indios sollten einige Bretter herbeischaffen.

Der Bärtige schrie die Carajás an, und sie rannten davon, und bald darauf kamen sie mit geflochtenen Schilfmatten zurück. Da der Dreck durch die Lücken in den Schilfmatten drang, trugen die Carajás Vargas schließlich auf den Schultern hinüber zum Platz, wo der Bärtige stand. Vargas war stinkwütend, und der Bärtige versuchte ihn zu beruhigen, aber Vargas unterbrach schroff seine Entschuldigungen.

„Sorgen Sie dafür, daß diese Halbwilden Stricke herbeischaffen und die Cessna ins Trockene ziehen! Wir starten morgen in aller Herrgottsfrühe." Er wandte sich um. „Wo sind die Gefangenen?"

„Es ist nur einer!"

„Nur einer? Was ist mit dem anderen?"

„Der ist ersoffen. Im Fluß." Der Bärtige zeigte hinter sich in die Richtung des Araguaia. Unterdessen hatten die Carajás den Blonden herübergetragen, und Galegos erreichte fluchend den Rand der Piste, über und über mit Dreck beschmiert.

„Er hat nur einen!" rief Vargas Galegos zu. „Der andere ist im Fluß ertrunken."

Galegos spuckte Dreck aus. „Welcher von beiden ist es?"

„Dort drüben ist er!" rief der Bärtige und zeigte zu meinem Käfig hinüber.

„Gander!" stieß Galegos hervor. „Ausgerechnet der Falsche."

„*Mon Dieu*, warum ist er der Falsche?" fragte der Bärtige.

„Weil der andere der Mörder ist. Wir können Gander nicht in die Stadt zurückbringen und sagen, er sei der Mörder. Das kauft uns kein Mensch ab, nachdem die Zeitungen berichtet haben, daß Jamelão Ribeiro der Mörder ist."

„Dein Pech, Galegos." Vargas grinste.

„Mich interessiert nur das Geld", meldete sich der Bärtige zu Wort. „Von wem werde ich bezahlt?"

„Wir bezahlen zwanzigtausend Cruzeiros für Gander", sagte Galegos, „obwohl wir überhaupt nichts zahlen sollten, weil er eigentlich völlig wertlos ist und wir ihn wahrscheinlich an die Krokodile verfüttern müssen."

„Tut mit ihm, was ihr wollt", knurrte der Bärtige. „Mir ist das egal!"

Vargas streckte dem Bärtigen die Hand hin. „Freut mich, daß wir miteinander klarkommen."

Sie schüttelten sich die Hände, und dann kamen sie herüber, und ich nahm die Gelegenheit wahr, Vargas vor die Füße zu spucken, als er vor dem Käfig stand und sich zu mir herunterbeugte.

Vargas wurde blaß. „Wenn nicht so viele Leute zugesehen hätten, hätte ich dir damals vor dem La Bonina den Bauch aufgeschlitzt!" zischte er.

Galegos wandte sich an mich. „Wir haben den alten Gerardo ein bißchen in die Zange genommen. Er wollte euch nicht verraten. Hat einiges erdulden müssen, der alte Knacker. Aber schließlich hat er uns gesagt, daß ihr versucht, über den Banditenpfad zu entkommen."

„Was habt ihr mit ihm gemacht?"

„Max hat ihn zuletzt gesehen", mischte sich Vargas ein und deutete auf den Blonden. „Sag ihm, was du mit ihm gemacht hast."

„Ich habe ihn an eine Autobatterie angeschlossen", sagte Max. „Das hat er nur eine gewisse Zeit ausgehalten."

„Ihr habt ihn umgebracht?" fragte ich leise. „Ihr habt meinen alten Freund Gerardo getötet?" Ich senkte den Kopf und preßte die Lippen zusammen. Ich hätte mir den Schmerz aus dem Leib schreien können, aber ich blieb stumm.

Mitten in der Nacht erwachte ich. Der Mond schien durch ein Loch in den Wolken. Drüben in der Siedlung brannte Feuer. Im flackernden Schein konnte ich Gestalten sehen, die betrunken herumtaumelten. Max, der Handlanger von Vargas, kam aus dem Haus. Er ging auf den Schilfmatten, die von den Carajás ausgelegt worden waren, zum Rand der Piste und inspizierte die Cessna. Sie steckte nun nicht mehr mit der Nase im Dreck. Die Carajás hatten das Flugzeug mit Seilen herausgezogen und anschließend sogar gewaschen.

Max ging um das Flugzeug herum. Er trat neben eine Schilfmatte und zog seinen Schuh voll Dreck heraus. Ich hörte ihn fluchen.

Dann wandte er sich zur Wellblechhütte hinüber. Die Mücken machten ihm zu schaffen. Die Luft war voll mit ihnen. Mein Gesicht und meine Hände waren ganz verschwollen. Max hielt inne und zündete sich eine Zigarette an. Dann drehte er sich um und ging in Richtung See davon. Ich schaute ihm nach, und da entdeckte ich eine Gestalt, die plötzlich unten am Ufer des Sees aufgetaucht war. Die Gestalt glitt wie ein Schatten durch die Nacht und näherte sich Max. Und Max sah die Gestalt nicht.

11

ICH kann nicht mit Bestimmtheit sagen, was in jener Nacht mit Max geschah. Der Mond kam in dem Moment wieder hinter den Wolken hervor, als Max zusammensackte. Ich dachte erst, er sei ausgerutscht oder gestolpert, vielleicht weil er zuviel Zuckerrohrschnaps getrunken hatte, aber so, wie er vornüber aufs Gesicht fiel, konnte er nur von irgend etwas getroffen worden sein. Von einem Pfeil vielleicht. Oder von einer Keule. Er rollte über die Sandbank und verschwand dahinter. Ich starrte fast eine Viertelstunde lang hinüber zu den Dunstschleiern über dem See und wartete darauf, daß er wiederauftauchen würde, aber er blieb verschwunden.

Vom Haus auf der Plattform drang Gelächter herüber. Der Bärtige grölte ein französisches Lied. Eines der Mädchen, das sie von der Siedlung herübergeholt hatten, kreischte.

Plötzlich öffnete sich im Haus auf der Plattform die Tür. Vargas erschien. Sein weißes Hemd war bis zum Nabel geöffnet. Goldketten und Anhänger glänzten auf seiner dunklen Brust. In der linken Hand hatte er ein Glas, in dem Eiswürfel klirrten. Der Bärtige folgte ihm.

„Wo, verdammt, ist überhaupt Max?" fragte Vargas mit schwerer Zunge. Er taumelte zur Treppe. „Max!" brüllte er in die Nacht hinaus. Seine Stimme verhallte. „Das gefällt mir nicht", sagte Vargas zu dem Bärtigen. „Das gefällt mir überhaupt nicht, Benoît!"

„*Merde,* vielleicht ist er ins Wasser gefallen, oder die Jacarés haben ihn gefressen."

Vargas rief wieder nach Max. Er kam die Treppe herunter, eine Pistole in der Hand. Jetzt schwankte er nicht mehr. Langsam ging er zu dem Weg, der zur Wellblechhütte führte. Die Moskitos fielen in Schwärmen über ihn her. Ich hörte ihn fluchen.

„He, hast du Max gesehen, du Hundesohn?" brüllte er, als er noch etwa zwanzig Schritte entfernt war.

Ich hob den Kopf. „Nein."

Vargas kehrte um. Ich schaute ihm nach, wie er die Treppe zur Plattform hinaufstieg. Oben drehte er sich noch einmal um und rief nach Max. Er wartete eine Weile vergeblich auf Antwort. Dann ging er ins Haus.

Es war Uatau, der von hinten an den Käfig heranschlich und ihn öffnete. Er war bis auf einen Lendenschurz nackt. In der linken Hand hielt er einen Bogen, der größer war als er selbst, und mehrere Pfeile. Er bedeutete mir herauszukommen.

Ich kroch aus dem Käfig. Uatau schnitt mit einem Messer die Hanfstricke durch, mit denen meine Hände und Füße gefesselt waren. Als ich frei war, gab mir Uatau mit einer Handbewegung zu verstehen, daß ich ihm folgen sollte. Leichtfüßig glitt er vor mir durch die Dunstschleier, die vom See her über den morastigen Boden strichen.

Wir schlichen an der Wellblechhütte vorbei und überquerten im fahlen Mondlicht die Piste. Kurz bevor wir die andere Seite erreicht hatten, ging im Haus auf der Plattform die Tür auf. Ein Suchscheinwerfer, der am Verandageländer neben der Treppe montiert war, wurde eingeschaltet und erhellte mit seinem gleißenden Licht die Nacht.

„*Sacrebleu,* wer ist dort draußen?" rief der Bärtige.

Der Lichtkegel erfaßte zuerst die Cessna, huschte dann über die Piste und holte uns ein. Plötzlich war es um uns herum taghell. Ich rannte meinem eigenen langen Schatten hinterher auf den Wald zu. Uatau befand sich rechts von mir. Er erreichte den Rand der Piste in dem Moment, als der Bärtige nach einem Gewehr brüllte. Vargas lärmte dazwischen. Ein Gewehrschuß krachte. Ich warf mich neben Uatau ins Gestrüpp.

„Lauf weiter!" drängte Uatau. „Rasch! Rasch!"

Ich erhob mich und schaute zurück. Oben auf der Plattform stand der Bärtige mit dem Gewehr an der Schulter. Mündungsfeuer flammte auf. Die Kugeln fuhren in einiger Entfernung durchs Gestrüpp. Galegos kam die Treppe heruntergerannt, Vargas folgte ihm. Beide hatten Revolver in den Händen.

„Gander ist frei!" schrie Vargas. „Dort laufen sie!"

Ich blickte nicht mehr zurück. Geschmeidig bewegte sich Uatau vor mir her einen Pfad entlang, der in den Urwald hineinführte. Ich blieb dicht hinter ihm und schützte beim Laufen mein Gesicht mit den Armen vor den Ästen, die in den Pfad hineinragten. Wir überquerten eine Lichtung mit verschiedenen Pflanzungen. Auf der anderen Seite der Lichtung führte der Pfad durch dichtes Unterholz.

Sie standen nebeneinander im Mondlicht und starrten mich an, als käme ich aus einer anderen Welt.

Es waren sechs kleingewachsene Indios. Fünf Männer und ein magerer Junge. Ihre Kleidung war ziemlich dürftig. Fünf trugen nichts als einen Lendenschurz, der sechste hatte eine zerrissene Hose an, deren Beine über dem Knie abgetrennt waren.

Alle waren mit hellen Farben bemalt. Drei von ihnen waren mit Pfeil und Bogen bewaffnet, zwei besaßen lange, dünne Blasrohre, und der letzte hatte eine mächtige Keule geschultert. Mit ausdruckslosen

Gesichtern blickten sie Uatau entgegen. Die sechs Ureinwohner schienen hier auf uns gewartet zu haben.

Uatau blieb stehen. Er drehte sich nach mir um und bedeutete mir, ihm zu folgen. Ich schüttelte den Kopf.

„Wer sind diese Leute?" fragte ich.

„Xavantes", sagte Uatau. Er kam zu mir zurück, packte blitzschnell den Beutel, den ich am Hals trug, und riß ihn mit einer heftigen Bewegung von der Lederschnur. Dann ging er auf die sechs Gestalten zu. Jetzt trat einer von ihnen vor. Es war der, der die Hose trug. Als Uatau vor ihm stehenblieb, streckte er die Hand aus. Uatau gab ihm den Beutel, und der Indio hob ihn so ins Mondlicht, daß er ihn begutachten konnte.

Uatau sagte etwas zu ihm und wies über die Schulter auf mich.

Der Indio mit der Hose zeigte seinen Begleitern den Beutel. Sie schienen ziemlich beeindruckt.

Ich hatte keine Ahnung, was sich da vor meinen Augen abspielte. Mißtrauisch beobachtete ich die Indios, die sich leise mit Uatau unterhielten. Ich fragte mich, was sich Uatau von meiner Befreiung versprach und warum der kleine Beutel, den mir der alte Gerardo gegeben hatte, einen solchen Eindruck auf diese Leute machte.

Nach mehreren Minuten umarmten sich Uatau und der Anführer der Gruppe. Der Anführer übergab Uatau wieder den Beutel, und Uatau kam zu mir zurück.

„Du frei", sagte er und drückte mir den Beutel in die Hand. „Geh, Xavante! Geh!" Er schubste mich auf die sechs kleinen Indios zu und verschwand im Unterholz.

Keiner von ihnen konnte Portugiesisch. Sie versuchten auch nicht, ein Gespräch mit mir anzuknüpfen oder mir auf andere Art zu zeigen, daß ich nicht für ihren Suppentopf bestimmt war und mein Schädel nicht irgendwann als Schrumpfkopf einen Hütteneingang zieren würde.

Ich nahm an, daß es sich bei ihnen um die letzten wilden Xavantes handelte.

Uatau war wahrscheinlich inzwischen wieder zum Haus des bärtigen Franzosen zurückgekehrt. Warum hatte er sich der Gefahr ausgesetzt, mich aus dem Raubtierkäfig zu befreien? Diese Frage beschäftigte mich, als ich als vierter in der Reihe der Xavantes dem Pfad folgte. Aber was immer seine Gründe gewesen sein mochten, er hatte mir wahrscheinlich das Leben gerettet.

Als der Tag graute, hatten wir wohl zehn Kilometer zurückgelegt. Die ganze Zeit waren die Xavantes einem schmalen Urwaldpfad gefolgt, der von einem ungeübten Auge kaum wahrgenommen worden wäre. Der Pfad führte durch ein Gewirr von Pflanzen, die an mehreren Stellen so dicht wuchsen, daß das Tageslicht kaum durch das Blätterdach zu dringen vermochte. Die Indios gingen hintereinander. Der erste in der Reihe war der kleine, magere Junge, der, seinen Bogen in der Hand, überall im Gestrüpp eine Lücke fand.

Etwa eine Stunde nachdem es Tag geworden war, vernahm ich plötzlich ein Geräusch, das ich nur zu gut kannte. Motorgeräusch. Ich kannte mich mit Flugzeugen zwar nicht sehr aus, aber seit ich die Cessna von Vargas bei der Landung am Araguaia gehört hatte, hätte ich sie wahrscheinlich mit keiner anderen Maschine mehr verwechseln können.

Sie kam von Osten her, und einige Momente lang konnte ich sie nicht sehen, doch dann tauchte sie über dem Blattwerk auf, weiß und strahlend im Licht der Sonne, die irgendwo hinter dem Urwald aufgegangen war, ohne daß wir es bemerkt hatten.

Ich weiß heute noch nicht, wie es Vargas geglückt war, uns ausfindig zu machen. Von oben sah die Erde für ihn bestimmt aus wie ein grüner, flauschiger Teppich, in dem wir Menschen stecknadelklein sein mußten. Wahrscheinlich war es ein Zufall. Oder vielleicht war es der Franzose, den er dabeihatte. Der kannte wahrscheinlich alle Jagdpfade der Xavantes.

Inzwischen war die Cessna so tief heruntergekommen, daß ich für den Bruchteil einer Sekunde das Gesicht von Vargas hinter dem Kabinenfenster sehen konnte. Die Cessna lärmte so tief über uns hinweg, daß sie beinahe mit dem Fahrwerk den Rand der Baumkronen streifte.

Ich wirbelte herum und entriß dem Jungen den Bogen. Die übrigen Xavantes wichen erschrocken zurück. Dann streckte ich die Hand aus und bat um einen Pfeil. Der Anführer schüttelte den Kopf.

„Er kommt zurück!" versuchte ich ihm zu erklären. „Der will mich umbringen!" Kaum hatte ich ausgesprochen, wurde das Motorgeräusch wieder lauter. Diesmal kam die Cessna von Nordwesten her auf uns zu. Vorn auf ihrer rechten Seite war ein Fenster offen. Der

Franzose beugte sich heraus. Deutlich konnte ich erkennen, daß er an einem Jagdgewehr herumhantierte.

Die Xavantes schienen mit solchen Dingen schon Bekanntschaft gemacht zu haben. Sie sprangen blitzschnell auseinander und warfen sich links und rechts neben dem Pfad ins schützende Dickicht.

Ich ließ mich zu Boden fallen, als das Jagdgewehr des Franzosen aufblitzte. Ich weiß nicht, worauf er gezielt hatte, aber entweder hatte er schlechte Augen, oder er war noch betrunken. Keine der Kugeln, die er abfeuerte, kam in meine Nähe. Die Cessna brauste direkt über mich hinweg.

Nach und nach tauchten die Xavantes aus dem Unterholz auf. Sie hatten Angst, das konnte ich deutlich am Ausdruck ihrer Gesichter erkennen. Der Anführer packte den Medizinbeutel, den er um den Hals trug, streifte die Schlinge über seinen Kopf und hielt den Beutel in seiner geschlossenen Faust gen Himmel.

Während die Cessna aus einer weiten Schleife heraus von Südosten her auf uns zuflog, murmelte der Anführer irgendwelche Beschwörungen. Die anderen fünf Xavantes verneigten sich andächtig. Die Cessna glitt wie ein riesiger Raubvogel über die Bäume hinweg auf uns zu. Der bärtige Franzose beugte sich weit aus dem Seitenfenster, die Jagdbüchse im Anschlag. Mündungsfeuer blitzte auf. Eine Kugel schlug dicht neben dem Anführer in die dicke Rinde eines Gummibaumes. Die Cessna war jetzt fast direkt über uns. Und da geschah es. Ein Knall! Blauer Rauch drang aus den Luftschlitzen hinter dem Propeller. Der Motor begann zu stocken und zu stottern. Die Cessna sackte jäh ab. Das Fahrwerk peitschte durch eine Baumkrone. Dem Franzosen entfiel vor Schreck das Gewehr. Es gelang Vargas, das Flugzeug noch einmal hochzuziehen. Eine dünne blaue Rauchfahne wehte hinter ihm her. Dann knallte der Motor zweimal nacheinander. Die spitze Nase mit dem noch rotierenden Propeller neigte sich immer mehr der Erde zu, und die Cessna flog unaufhaltsam den hohen Bäumen entgegen. Wie gebannt starrte ich durch die Blätter und Äste der Cessna nach, bis sie mit berstendem Krachen in den Regenwald hineinsauste. Bäume splitterten. Metall wurde auseinandergerissen. Dann stieg Rauch auf, und plötzlich herrschte eine Stille, wie ich sie zuvor im Urwald noch nicht wahrgenommen hatte. Die Tiere schwiegen. Kein einziger Vogel war zu hören.

Mehrere Minuten verstrichen. Dann vernahm ich in der Ferne ein dumpfes Donnergrollen. Der Anführer der Xavantes ließ langsam die Faust mit dem Medizinbeutel sinken. Er wandte sich mir voller Stolz zu, und auf seinem dunklen Gesicht breitete sich ein Grinsen aus. Ich verbeugte mich.

Später vernahm ich, daß Galegos wie durch ein Wunder den Absturz unverletzt überlebt hatte und daß die Xavantes den Franzosen auf schauerlichste Art für seine Betrügereien bestraft hatten, mit denen er seit Jahren zur systematischen Vernichtung der Ureinwohner des Amazonasgebietes beigetragen hatte. Sein Schädel soll noch heute irgendwo im Urwald auf einem kunstvoll verzierten Stock aufgespießt sein. Was mit Vargas geschah, erfuhr ich auch erst später. Er hatte sich beim Aufprall das Genick gebrochen.

Nach dem Absturz stieg noch eine Weile Rauch auf, aber dann begann es zu regnen. Wir gingen den ganzen Tag durch den Regen. Schließlich, es wurde schon allmählich dunkel, kamen wir an ein kleines Flüßchen.

Am Ufer hielten wir an. Die Xavantes errichteten ein Lager. Es regnete stark. Donner rollte über uns hinweg, und ab und zu erhellte das grelle Licht von Blitzen den Wald. Ich war hundemüde.

Am nächsten Tag folgten die Xavantes dem Flüßchen in nordwestlicher Richtung. Der Pflanzenwuchs wurde immer üppiger, der Urwald dunkler und dunkler.

Es regnete ununterbrochen. Manchmal kam ein starker Wind auf, und aus dem Dauerregen wurden jeweils kurze, aber heftige Gewitter. Das kleine Flüßchen schwoll von Stunde zu Stunde mehr an.

Für mich war es ein mühseliger Marsch. Ich brauchte zwar nichts zu tragen, aber die Kleider hingen mir schwer am Leib. Außerdem fehlte mir der innere Antrieb für einen längeren Spaziergang durch den Regenwald. Ich wußte weder, wo wir uns befanden, noch gelang es den Xavantes, mir über das Ziel ihres Marsches etwas mitzuteilen. Ich versuchte, mir Benitos Karte in Erinnerung zu rufen. Wenn ich mich recht entsinnen konnte, floß irgendwo westlich des Araguaia ein anderer Fluß nordwärts durch den Urwald. Dieser Fluß war der Rio das Mortes, was schlechthin Fluß des Todes bedeutet. Die Xavantes waren zweifellos auf dem Weg dorthin.

12

Drei Tage folgten die Xavantes dem kleinen Fluß in nordwestlicher Richtung. Allmählich machte es mir nichts mehr aus, im Morast zu schlafen. Ich aß Schildkröteneier und Wurzeln, die süß schmeckten, und an einem Nachmittag erlegte einer der Xavantes mit seinem Pfeil eine *Capybara,* die über dem Feuer gebraten wurde. Die Capybara ist das größte Nagetier Amerikas und letztes noch nicht ausgestorbenes Wasserschwein.

Ich lernte in dieser Zeit einige Wörter der Xavantessprache. Und sie zeigten mir, wie man den Saft einer Pflanze, die am Flußufer wuchs, zu einem grünlichen Saft verrieb, der leicht nach Knoblauch roch. Wenn man sich damit einrieb, blieben die Moskitos weg.

Wir folgten dem schmalen Pfad nordwärts, und an einem Mittag hörte ich plötzlich Motorgeräusch, aber es war kein Flugzeug. Es war ein Bulldozer, der sich wie ein gelbes Ungetüm durch den Wald arbeitete. Vorne am Bulldozer war eine hydraulisch arbeitende Riesenschere befestigt, mit der man die größten Bäume abzwicken konnte, als wären sie dünn wie Bleistifte.

Ich schaute mich um. Es gab hier keine Tiere mehr. Der Wald schien sich zum Sterben bereit gemacht zu haben. Niemand würde diesen Bulldozer aufhalten können. Durch das Geäst schimmerte Helligkeit. Der Wald war hier zu Ende. Ich glaube, in diesem Moment verstand ich zum erstenmal im Leben, was Gander meinte, als er einmal gesagt hatte, daß Amazonien zum Sterben verurteilt sei. Ich sah es in den Gesichtern der Xavantes. Ich sah es im Licht, das von jener Stelle her in den Wald drang, wo der Bulldozer mit seiner Stahlschere einen Baum nach dem anderen fällte. Ein Baum in einer Minute. Sechzig Bäume in einer Stunde.

Ich merkte gar nicht, daß mich die Xavantes verließen. Sie waren einfach nicht mehr da, als ich aus meinen Gedanken aufschrak.

Der Mann in der Kabine des Bulldozers wurde auf mich aufmerksam. Es war ein Weißer mit einem Schnurrbart und einer Schirmmütze auf dem Kopf. Ich hob die Hand zum Gruß, aber er schaute mich nur an und fuhr fort, die nächsten Bäume umzulegen.

Das Holzfällercamp stand dort, wo der kleine Fluß in den Rio das Mortes mündet. Im Umkreis von mehreren Kilometern war der Urwald abgeholzt. Die größten Stämme lagen auf einem Stapel am Ufer, wo zwei riesige Holztransporter vertäut waren. Die kleineren Baumstämme wurden an Ort und Stelle zu Brettern zersägt, mit denen wiederum die Baubaracken und die anderen Häuser gebaut wurden.

Auf den ersten Blick konnte ich nicht erkennen, ob es sich bei der Ansammlung der Bretterbuden nur um ein Camp für die Holzfäller und Straßenbauarbeiter handelte oder tatsächlich schon um eine kleine Ansiedlung, die durch den Fluß und durch eine neue Urwaldpiste mit der Außenwelt verbunden war. Es gab auf jeden Fall zwei Kneipen hier und eine kleine Kirche mit einem Türmchen. Vor einem Lebensmittelladen, auf einem erhöhten Gehsteig aus Planken, standen Schilder mit einem Angebot von Waren zu Sonderpreisen. Zuckerrohrschnaps war fünfmal teurer als in Rio. Die einzige Straße führte zwischen zwei Häuserreihen hindurch nach Norden. Ein alter VW Käfer stand vor einem Haus, bis zu den Achsen im Morast eingesunken. Der Käfer war das einzige Fahrzeug außer einem Motorrad, das mit einer Plane zugedeckt war, und den Lastwagen, die auf einem Platz hinter den Häusern standen. Es waren riesige Mercedes-Laster, orange gestrichen, verbeult und mit Lehm bedeckt.

Einige Männer, die gelbe Regenhäute trugen und weiße Helme, versuchten unten am Ufer mit Sandsäcken einen Deich zu bauen, um den steigenden Fluß einzudämmen.

Niemand beachtete mich, als ich auf die ersten Hütten zuging. Es regnete stark. Das Haar klebte mir am Kopf. Hemd und Hose trieften. Bei jedem Schritt versank ich mit meinen ausgelatschten Tennisschuhen knöcheltief im Dreck.

Aus einer der beiden Kneipen kam Musik von einem alten Grammophon. Es war Mittag. Ich zog die Schultern etwas hoch und ging weiter.

„Alex!" Ich hörte jemand meinen Namen rufen, aber ich dachte: Das bildest du dir nur ein, weil du inzwischen verrückt geworden bist. Mit hochgezogenen Schultern, die Hände in den Hosentaschen, ging ich weiter.

„Alex, bleib stehen!"

Ich wandte den Kopf, und da sah ich die Frau unter dem schrägen Vordach einer Bretterhütte. Sie trat vor, und das graue Tageslicht fiel auf ihr Gesicht, und ich konnte sehen, daß es eine Frau war, die ich nicht kannte.

„Komm her, Alex!" rief mir die Frau zu.

Da ging ich auf sie zu, und sie lächelte und streckte die Arme aus. Ich betrat den Vorbau der Hütte, und sie nahm mich bei der Hand.

„Wir haben dich schon erwartet", meinte sie. „Man sagte mir, daß dich die Xavantes herbringen." Sie führte mich durch die Tür.

Er saß auf einem Bett und grinste mich an. Blaß sah er aus und mager, und im ersten Moment dachte ich, das ist sein Geist.

„Ich bin's", sagte er. „Ich bin's wirklich. Jamelão, dein Freund."

Ich wollte etwas sagen, aber meine Kehle war wie zugeschnürt. Die Frau ließ meine Hand los, ging zum Bett und setzte sich auf den Rand.

„Ich bin Olivia Caldero", stellte sie sich vor. „Arbeiter einer Straßenbaukolonne haben ihn gefunden und hierhergebracht. Er hatte hohes Fieber, aber jetzt geht es ihm schon etwas besser."

„Es geht mir so gut, daß ich aufstehen könnte", ergänzte er. „Aber sie läßt mich nicht. Sie ist Krankenschwester, Alex, und sie ist sehr streng."

„Ich dachte, die Krokodile hätten dich gefressen", sagte ich. „Es ist nur einer von deinen Tennisschuhen übriggeblieben."

Er lachte, und dann ging ich zum Bett und beugte mich nieder, und wir umschlangen uns und drückten uns. „He, du stinkst ja wie ein Indio!" rief Jamelão.

„Ich weiß", sagte ich. „Es ist ein Mittel gegen Stechmücken."

Er ließ mich los. Sein Gesicht war voll mit blutverkrusteten Beulen. Auch seine Hände und Arme sahen furchtbar aus. Er hatte rotgeränderte Augen und eine Schramme an der Stirn, die ihm wahrscheinlich Olivia Caldero genäht hatte. Wir sahen uns eine Weile an, und dann lachten wir und umarmten uns aufs neue, und er wollte wissen, was ich alles erlebt hatte, nachdem unser Jeep im Araguaia umgekippt war.

Ich erzählte ihm von den Carajás, die mich bei den Stromschnellen aus dem Fluß geholt hatten, und von dem bärtigen Franzosen. Er wußte schon, daß Vargas mit dem Flugzeug zum Araguaia geflogen war. Es gab hier eine Funkstation. Man hatte vor zwei Tagen einen Notruf aufgefangen, der dann plötzlich verstummt war.

Ich erzählte ihm, daß Vargas mit seiner Cessna abgestürzt sei. Ich erzählte ihm auch von Uatau, der mich aus dem Raubtierkäfig befreit hatte. „Ich kann mir nicht erklären, warum", sagte ich. „Am nächsten Morgen hätten sie mich aus dem Flugzeug in den Fluß geworfen."

„Es gibt eine Erklärung", mischte sich Olivia Caldero ein. „Uatau ist kein Freund des Franzosen, den die Indios den Bärtigen nennen. Ich kenne sie beide. Der Bärtige behandelt die Carajás wie Sklaven. Die Carajás arbeiten für ihn. Sie erlegen Krokodile, und er verkauft die Häute. Dafür versorgt er sie mit Zuckerrohrschnaps. Vor einigen Jahren haben mehr als hundert Familien dort gelebt. Heute sind es nur noch knapp zwei Dutzend. Der Schnaps hat furchtbaren Schaden angerichtet unter diesen Leuten. Sie haben sich im Streit gegenseitig umgebracht. Viele starben an Krankheiten, die von Touristen eingeschleppt wurden. Diejenigen, die weggingen, leben jetzt auf der Bananalinsel. Dort herrscht Elend, obwohl man es nicht auf den ersten Blick erkennen kann und die Touristen zu Tausenden kommen, um die Indios zu sehen. Uatau hat seine Leute gewarnt. Er hat ihnen den Untergang prophezeit, aber als er ihnen den Vorschlag machte, sie tiefer in den Urwald zu führen und sich mit den Xavantes zu vereinen, da wollte nur eine Handvoll mit ihm gehen. Die anderen waren schon zu verseucht von unserer Zivilisation."

„Ich verstehe trotzdem nicht, warum mich Uatau befreit hat", sagte ich.

„Es war eine Gelegenheit, sich gegen den Franzosen aufzulehnen. Außerdem – so habe ich gehört – hat er bemerkt, daß du einen Medizinbeutel um den Hals trägst. Die meisten Indios sind abergläubisch. Indem er dich befreite, wollte er die Götter gewogen stimmen. Er wußte auch, daß Jamelão dem Fluß entronnen war und durch den Urwald irrte. Er schickte einen Boten zu den Xavantes und einen anderen hierher. Ich habe seit vier Tagen gewußt, daß du kommst, Alex. Jamelão wurde schon vorher am Ende der Straße gefunden."

Ich blickte Jamelão an. Er seufzte.

„Der Fluß hat mich die Stromschnellen hinuntergetrieben. Keine Ahnung, wie ich am Leben geblieben bin. Ich schlug mit dem Kopf gegen einen Stein. Dann wußte ich nichts mehr. Irgendwann später erwachte ich. Ich lag im Gestrüpp am Flußufer, und es war Nacht. Ich hörte Stimmen in der Nähe. Der Mond schien, und ich sah Gestalten, die den Fluß entlangkamen. Ich wollte davonlaufen, aber ich hatte keine Kraft dazu. Ich blieb liegen und schloß die Augen. Einer kam zu mir. Er beugte sich über mich. Dann sagte er etwas, was ich nicht verstehen konnte, und nach einer Weile ging er davon. Später kam er noch einmal zurück. Er legte eine Kalebasse mit Wasser neben mich und einen Beutel, der Brotstücke enthielt, zwei Büchsen Rindfleisch und ein Messer. Ich machte eine Büchse mit dem Messer auf und aß ein wenig von dem Fleisch. Es wurde Morgen, ich kroch vom Flußufer weg und versteckte mich im Wald. In der Nacht folgte ich einem Pfad in westlicher Richtung. Ich wußte nicht, wo ich war. Irgendwann wurde ich so müde, daß ich nicht mehr gehen konnte. Als ich erwachte, hörte ich den Lärm von Bulldozern, und ganz in der Nähe fielen Bäume um. Plötzlich kamen Männer auf mich zu, die Bäume mit roter Farbe markierten. Sie entdeckten mich. So bin ich hierhergekommen, und wenn du mich fragst, ist es wie ein Wunder."

„Es ist ein Wunder, daß du am Leben bist, Jamelão", sagte Olivia Caldero. „Und daß Alex wohlbehalten hier angekommen ist."

Olivia Caldero war nicht nur staatlich diplomierte Krankenschwester mit Urwalderfahrung, sie war auch die einzige weiße Frau im Camp am Rio das Mortes. Und obwohl sie verhältnismäßig alt war, schon fast dreißig, machten ihr nahezu zweihundert Männer den Hof, respektvoll, wenn sie nüchtern waren, manchmal auch mit stürmischer Verehrung.

Olivia Caldero wußte, wer Saturnino war. Von ihr erfuhren wir, daß der nackte Berg weit von Itaituba entfernt war, jener Stadt, in der wir Maria vermuteten. Saturninos Hauptquartier, eine alte Villa, die früher dem Besitzer einer Kautschukplantage gehört hatte, befand sich auf einem Hügel über der Stadt, bewacht von einem Trupp von Leibwächtern, die bis an die Zähne bewaffnet waren.

Den Versuch, Maria aus den Klauen Saturninos zu befreien, hielt Olivia Caldero für ein hirnverbranntes Unterfangen. Während der Zeit, die wir in ihrer Hütte verbrachten, wurde uns immer klarer, daß es sich bei Saturnino nicht um einen schmutzigen kleinen Halsabschneider von der Sorte eines Nilo Vargas' handelte, sondern um einen Mann, der durch die Hölle gegangen war, um sich zwischen dem Rio Tapajós und dem Rio Xingu ein Reich zu schaffen, in dem er über Recht und Unrecht genauso entschied wie über Leben und Tod.

Olivia Caldero kannte im Camp einen Mann, der zwei Jahre lang für Saturnino gearbeitet hatte, und zwar als Pilot einer zweimotorigen Maschine, mit der er regelmäßig einen Teil des Goldes außer Landes geschafft hatte. Der Mann hieß Pedro Bocas. Er war etwa fünfunddreißig Jahre alt, stammte aus São Paulo und war genau wie Jamelão und ich in einem Elendsviertel aufgewachsen. Er hatte keine Familie mehr, seit seine Frau und seine kleine Tochter an Malaria gestorben waren. „Ihr könnt ihm vertrauen", versicherte uns Olivia eines Abends, als wir alle in der Hütte saßen und auf Pedro Bocas warteten. Es ging Jamelão schon ziemlich gut. Zwar sah er noch krank aus, und er war schwach, aber das Fieber hatte nachgelassen.

„Hast du Bocas erzählt, weshalb wir nach Itaituba wollen?" fragte ich Olivia besorgt.

„Ich habe ihm nur gesagt, daß ihr keine Freunde von Saturnino seid." Olivia war dabei, an ihrem Herd ein Abendessen zuzubereiten. Sie war eine hervorragende Köchin.

Als Pedro Bocas an diesem Abend kam, regnete es draußen wie aus Eimern. Trotzdem trug er einen dunklen Anzug, ein weißes Hemd und eine Krawatte. An der Tür zog er die Gummistiefel aus. Er stellte eine Flasche Wein auf den Tisch und gab Olivia eine wunderbare Orchidee, die er an diesem Tag im Urwald gepflückt hatte. Ihr Duft war betäubend süß wie Parfüm. Olivia tat die Orchidee in eine Vase und stellte sie an das kleine Fenster.

„Ihr wollt nach Itaituba, habe ich gehört", begann Pedro Bocas.

Jamelão nickte. Er sagte Pedro, daß Saturnino einem Mädchenhändler in Rio seine Schwester Maria abgekauft habe.

Pedro Bocas runzelte die Stirn. „Und jetzt wollt ihr hingehen und Saturnino das Mädchen wegnehmen?" fragte er mit spöttischem Unterton.

„Wir sind fest entschlossen", antwortete ich trotzig. „Und niemand wird uns daran hindern können, nicht einmal Saturnino selbst!"

Pedro Bocas blickte mich aus seinen dunklen Augen nachdenklich an. Sein Gesicht war ernst. Er setzte sich auf einen Stuhl am Tisch. „Gut", sagte er und griff nach dem Korkenzieher. Olivia brachte Gläser. „Ich kann dafür sorgen, daß ihr heil zur Serra Pelada kommt."

„Zum nackten Berg?" entfuhr es mir.

„Ja. Ihr könnt mit Raimundon fliegen. Er ist ein guter Freund. Jede

Woche fliegt er zweimal von Maraba hierher und zweimal zum nackten Berg. Mit Fracht. Er ist der beste Pilot, den ich hier kenne. Von der
Serra Pelada aus könnt ihr mit einem anderen Versorgungsflugzeug
nach Itaituba fliegen."

Olivia trug das Essen auf. Es gab Schweinefleisch, frische Bohnen,
Tomaten und Kartoffeln. Pedro Bocas lobte Olivias Küche sehr.
Dann erzählten wir ihm alles, was uns seit Rio auf dem Weg hierher
passiert war. Pedro war ein aufmerksamer Zuhörer. Er unterbrach
mich nur einmal, als ich ihm sagte, daß der Beutel, den mir der alte
Gerardo gegeben hatte, bei den Carajás und bei den Xavantes größtes
Aufsehen erregt hatte. Er wollte ihn unbedingt sehen.

„Das ist ein Medizinbeutel, wie ihn bei den Xavantes nur Männer
von Rang tragen", sagte er, als er ihn in der Hand hielt. „Die Messingperlen bedeuten, daß dieser Beutel einmal einem Häuptling gehört
hat. Uatau sah das sofort, als dich seine Leute aus dem Fluß holten, und
ich glaube, daß dies der Grund war, warum er dich befreit hat."

Pedro Bocas kannte den Urwald, und er kannte Saturnino, denn er
hatte jener Gruppe von Abenteurern angehört, die Saturnino Anfang
der sechziger Jahre in den Regenwald begleitet hatten, um nach den
legendären Goldvorkommen zu suchen.

„Wir erreichten damals im September alle zusammen einen kleinen
Nebenfluß des Xingu", erzählte Pedro. „Und dort fanden wir das
erste Gold. Wir waren neunzig Männer, und jeder steckte sich ein
Claim ab. Wir dachten, hier ist alles Gold der Welt, das größte Goldvorkommen, das es je gab. Nur Saturnino wollte weiter. Er glaubte,
daß es irgendwo tiefer im Urwald einen Ort aus purem Gold gab.
Dann ließ er uns wählen. Wer dableiben wollte, sollte auf seinem
Claim stehenbleiben. Wer sich entschied, mit ihm weiterzugehen,
sollte sich hinter ihn stellen. Der Proviant und die Ausrüstung wurden
gerecht aufgeteilt. An diesem Abend folgten Saturnino sieben Mann
in den Urwald hinein. Einer davon war ich."

„Dann habt ihr den nackten Berg gefunden?" fragte Jamelão.

„Wir fanden Gold. Viel Gold. Wir steckten alle unsere Barrancos ab.
Das sind Claims von zehn mal zehn Metern. Jeder von uns hatte ein
Dutzend solcher Claims. Als die Regenzeit hereinbrach, machten wir
uns auf den Rückweg nach Maraba. Unterwegs wurden wir von
Indios überfallen. Drei von uns starben. Einer war verletzt. Wir hätten

ihn tragen müssen. Da tötete ihn Saturnino, als ich mich vom Lager entfernt hatte, um zu jagen. Wir waren nur noch drei. Saturnino, Gilberto und ich. In einer Nacht wurde Gilberto von einer Giftschlange gebissen. Er starb am nächsten Tag. Ich war sicher, daß Saturnino ihm die Schlange unter die Decke gelegt hatte. Von nun an war ich sehr vorsichtig, aber Saturnino versuchte nicht, mich auch aus dem Weg zu räumen. Er machte mir statt dessen den Vorschlag, sein Partner zu werden. Ich lehnte ab. Ich wollte nichts mit ihm zu tun haben. Ich verkaufte ihm meine Barrancos, und mit dem Erlös kaufte ich ein altes Flugzeug. Unterdessen rannten bereits Tausende von berauschten Garimpeiros in den Urwald hinaus zu der Stelle, wo wir das Gold gefunden hatten. Es war ein Berg. Wir nannten ihn den nackten Berg, weil er wie eine Beule aus dem Urwald herausragte. Jetzt ist er abgetragen. Heute graben dort sechzigtausend Garimpeiros nach Gold."

„Für Saturnino?"

„Nicht alle. Aber Saturnino ist der Herrscher dort. Tausende von den besten Claims gehören ihm. Die Garimpeiros kriegen von ihm mehr für das Gold, als wenn sie es dem Aufkäufer der Regierung abgeben. Saturnino schafft das Gold ins Ausland, wo er dafür noch höhere Preise erzielt. Den Gewinn steckt er in seine eigene Tasche."

„Hast du für ihn auch Gold geflogen?"

Pedro Bocas nickte. „Zwei Jahre lang. Zuerst transportierte ich nichts als Waren von der Stadt zu den Garimpeiros. Aber nach einer Weile verlangte er, daß ich Gold nach Bolivien fliegen sollte."

„In Bolivien wird das Gold dazu benutzt, Rauschgift zu kaufen, das für den Markt in den Vereinigten Staaten von Amerika bestimmt ist", sagte Olivia. „Es ist ein übles Geschäft."

„Wie kommen wir an Saturnino ran?" fragte Jamelão. „Wir wollen Maria befreien, bevor es zu spät ist."

„Dabei wird euch niemand helfen können", erwiderte Pedro Bocas. „Aber ich kann dafür sorgen, daß ihr zur Serra Pelada gelangt. Raimundon fliegt unser Lager am Dienstag und Freitag an. Er kennt einige der Piloten, die für Saturnino Gold transportieren. Vielleicht kann er euch einen Tip geben, wie ihr von der Serra Pelada aus am besten weiterkommt."

„Wenn Raimundon am Dienstag hier landet, fliegen wir mit ihm zur Serra Pelada. Und dort sehen wir dann weiter", sagte ich.

Raimundon war ein hagerer Mann, dessen linke Gesichtshälfte von einem furchtbaren Brandmal entstellt war. Die narbige Haut spannte sich beinahe durchsichtig über seinen Wangenknochen. Das linke Auge steckte wie eine tote Murmel in einer tiefen Höhle, von der sich eine höckrige Narbe über die Schläfe hinwegzog. Von Olivia hatten wir erfahren, daß Raimundon vor einigen Jahren im Urwald abgestürzt war.

Pedro Bocas sagte ihm, daß wir nach Itaituba unterwegs waren. Raimundon erlaubte uns, im Frachtraum des Transportflugzeuges mitzufliegen. Er flog eine alte Pilatus Porter, die schon ziemlich verbeult war. Olivia erklärte ihm, daß wir beide mittellos seien und für den Flug nicht bezahlen könnten. Das störte ihn nicht.

„Ich will nur keinen Ärger", sagte er. Mehr nicht. Er war ein sehr wortkarger Mann.

Wir verabschiedeten uns am Mittag von Olivia Caldero und Pedro Bocas. Olivia gab uns Medizin für Jamelão mit und falls wir die Malaria oder die Amöbenruhr oder sonstwas kriegen sollten. Und Pedro Bocas hatte einen Rucksack aufgetrieben, der prall mit Zeug gefüllt war, das wir brauchen konnten.

Raimundon saß bereits im Cockpit des Flugzeuges. Der Motor ratterte. Die Blechteile am Rumpf zitterten, und alles an dem Flugzeug schien lose zu sein und zu wackeln.

Bevor wir einstiegen, überraschte uns Pedro Bocas mit einem Revolver, den er mir aushändigte. „In den Garimpos herrscht das Gesetz des Stärkeren", sagte er.

Es wurde ein schwerer Abschied, und später, als wir im Laderaum von Raimundons Klapperkiste zwischen Säcken und zwei großen Kühltruhen hockten, wurde uns erst richtig klar, daß wir im Lager am Rio das Mortes unsere besten Freunde zurückließen.

13

RAIMUNDON, unser Pilot, war wirklich ein schweigsamer Zeitgenosse. Auf dem Flug vom Rio das Mortes zur Serra Pelada sprach er fast kein Wort. Er hatte auch das Funkgerät ausgeschaltet. Das monotone Dröhnen des Motors erfüllte das Flugzeug.

Wir flogen nicht sehr hoch. Schätzungsweise tausend Meter, meinte Jamelão. Graue Wolkenfetzen hingen gespensterhaft unter uns über dem dunkelgrünen Urwald. Wir überquerten ein Gebirge. Das war die Serra do Roncador, ein unwegsames Gebiet, das ziemlich zerklüftet war. Links von uns war ein Flußlauf zu erkennen. Jamelão meinte, dies sei der legendäre Rio Xingu. Genau wußten wir aber nicht, wo wir uns befanden.

Raimundon flog nordwärts. Wahrscheinlich orientierte er sich nach den Flüssen, denn er hatte keine Landkarte im Cockpit. Außer den Flußläufen gab es dort unten nichts. Keine Ortschaften. Keine Pflanzungen. Keine Straßen.

Von hier oben konnte ich mir kaum vorstellen, daß der Mensch in der Lage war, diesen Urwald auszubeuten, bis nichts mehr übrig war. Kein Gold mehr. Keine Bäume. Kein Wasser. Keine Erde, die urbar gemacht werden konnte.

„In hundert Jahren wird es den Amazonasregenwald nicht mehr geben", hatte Gander einmal behauptet. Und er nannte Zahlen. Hunderte von Hektar Wald werden Tag für Tag abgeholzt. Ich hatte eine von tausend hydraulischen Scheren gesehen. Waren es tausend Bäume, die pro Minute umfielen? Oder mehr?

Nach einer Weile überflogen wir eine große Lichtung am Fluß, auf der einige Dutzend Wellblechbaracken standen. Die Lichtung erstreckte sich mehrere Kilometer am rechten Flußufer entlang und etwa zwei Kilometer landeinwärts. Der Rauch, den wir schon seit fast einer halben Stunde beobachtet hatten, stammte nicht von einem Lagerfeuer, sondern stieg aus dem Schlot eines Hüttenwerkes. Durch das Fenster auf der anderen Seite konnten wir, etwa fünf Kilometer vom Fluß entfernt, an den steilen Hängen einer Hügelkette mehrere Bergwerke erkennen. Stufenförmig wurden die Hügel von riesigen Bulldozern abgetragen. Lastwagen brachten Ladungen von erzhaltigem Gestein über schmale Schotterpisten zur Hütte, wo das Gestein auf Förderbändern und dann in den Schmelzöfen landete. Abraum bildete mehrere übereinanderliegende Terrassen, unter denen Hunderte von Hektar Urwald verschüttet waren. Am Flußufer lagen große Lastkähne vertäut, bereit, die Erzladungen den Fluß hinunterzutransportieren.

Unzählige Millionen Tonnen Eisenerz ruhten seit Jahrmillionen im jungfräulichen Boden, über dem sich dieses riesige Waldgebiet ausbreitete wie eine schützende Decke. Wo immer der Regenwald durch Landepisten und Straßen zugänglich gemacht worden war, baute man inzwischen Gold, Zinn, Kupfer und Bauxit ab. Die Ausbeutung des Amazonasgebiets war ein gigantisches Projekt, dem nichts und niemand mehr Einhalt gebieten konnte.

Wir flogen immer weiter nach Norden. Es regnete die ganze Zeit. Am Spätnachmittag entdeckte Jamelão auf der rechten Seite des Flugzeuges eine kleine Stadt, die aus lauter Hütten und Baracken bestand. Wie ein Geschwür breitete sie sich im Urwald aus, durchzogen von einem unregelmäßigen Netz aus lehmigen Straßen und schmalen Pfaden. Von mehreren Hütten stieg Rauch auf. Rund um dieses Geschwür war der Urwald gerodet, zertrampelt, die Erde durchgeackkert, voll mit Löchern, in denen der Regen schmutzige braune Tümpel bildete.

„Serra Pelada", sagte Raimundon. Es waren die ersten Worte, die wir von ihm hörten, seit wir am Rio das Mortes gestartet waren.

„Wo ist der Berg?" fragte Jamelão.

„Der Berg?" Ein leises spöttisches Lachen. „Der Berg war einmal dort drüben." Raimundon zeigte zum Seitenfenster hinaus. Etwa einen Kilometer vom Rand der Hüttenstadt entfernt konnten wir ein riesiges Loch in der Erde erkennen. Raimundon flog etwas tiefer, und mit ungläubigem Staunen starrten wir hinunter in das Loch, in dem es wimmelte wie in einem Ameisennest. Tausende von Männern kletterten in langen Reihen aus dem Loch heraus und schütteten am Rand den Dreck aus, den sie in Säcken auf dem nackten Buckel trugen. Und im Loch selbst, auf kleinen Terrassen an den fast senkrecht abfallenden Hängen, gruben sich andere tiefer und tiefer in die braune Erde hinein. Hunderte von Garimpeiros standen dort unten bis zu den Hüften in der braunen, schmutzigen Brühe und hackten mit Pickeln Stück um Stück von der Böschung. Alles war braun dort unten, schmutzigbraun, die Menschen, die Erde, das Wasser. Nur das Gold nicht, aber das konnten wir nicht sehen.

Als wir nach einer holprigen Landung auf dem durchweichten Rollfeld von Serra Pelada aussteigen wollten, sagte Raimundon, daß wir im Flugzeug bleiben sollten, bis es Nacht würde.

Ich lugte durchs Fenster. Am Rand der Piste standen einige Männer.

Sie sahen heruntergekommen, wild und gefährlich aus. Einer von ihnen trug einen Cowboyhut. Eine Zigarette hing ihm schief im Mundwinkel. Aus einer Lederscheide am Hosengürtel ragte der Griff eines Messers. Er war der einzige, der ein Hemd trug. Es klebte naß an seinem hageren Oberkörper.

Raimundon kletterte aus dem Cockpit, als ein Lastwagen langsam rückwärts an das Flugzeug heranfuhr.

Männer begannen die Güter aus dem Frachtraum des Flugzeuges auf den Lastwagen zu laden. Draußen schimpfte der Lastwagenfahrer über den Regen, den Urwald, die Moskitos, den Dreck und das verfluchte Gold. Raimundon schwieg die ganze Zeit.

Jamelão und ich hockten hinten im Laderaum. Die Männer, die hereinkamen, sahen uns zwar, aber nur der mit dem Cowboyhut beachtete uns. „Seid ihr durchgebrannt?" fragte er spöttisch.

„Ich suche meine Mutter", antwortete ich. „Kennst du in diesem Nest vielleicht jemand, der Gander heißt?"

Der Mann musterte mich eingehend. „Gander?" fragte er gedehnt. „Hast du einen Bruder, der Paco Gander heißt?"

„Könnte sein", sagte ich ausweichend.

„Wenn du ihn sehen willst, geh zu Maria Madalena." Der Mann wuchtete sich einen Sack auf die Schulter und sprang auf die Ladepritsche des Lastwagens.

Ich wechselte einen Blick mit Jamelão. Das Herz klopfte mir bis zum Hals. Wenn Paco hier war, konnte es gut sein, daß sich auch der Rest meiner Familie in Serra Pelada aufhielt, Gander und meine Mutter und Clem.

Wir befolgten Raimundons Rat und verließen das Flugzeug erst, als es dunkel war. Da es stark regnete, waren nicht viele Leute auf der Straße, die vom Rollfeld direkt zur Ortschaft führte. Es schien die Hauptstraße zu sein. Links und rechts standen Hütten. Nirgendwo sonst hatte ich so armselige Unterkünfte gesehen, zusammengebastelt aus Wellblechstücken, Brettern, Ästen, Grasmatten, Zeltplanen und Palmblättern. Hinter den ersten Hüttenreihen brannte eine Lampe an einem Pfahl. Sie beleuchtete Wäsche, die auf einer Leine hing, und den Unrat und das Gerümpel, die überall herumlagen.

Das Zentrum der Ortschaft war nicht zu übersehen. Die Bretterhütten waren etwas größer. Es gab einige Wellblechbaracken, und es gab

Neonleuchtschriften und Lampen, die von den Schrägdächern über den Gehsteigen hingen. Links und rechts der Straße reihten sich die *Boîtes*. Das sind Garimpeirokneipen, in denen sich die Goldgräber besaufen, solange sie ein bißchen Geld haben.

Aus einer Boîte, über deren Tür mit roter Leuchtschrift BARRACÃO stand, stürzte plötzlich ein Mann. Er sprang von dem erhöhten Brettergehsteig herunter auf die Straße. Hinter ihm kamen fünf andere heraus. Sie verfolgten den Fliehenden über die Straße. Als sie ihn erwischt hatten, rissen sie ihn nieder. Die fünf Männer knieten auf ihrem Opfer und drückten ihm den Kopf in den Morast. Der Mann schlug mit Armen und Beinen um sich, aber schließlich erlahmten seine Kräfte. Als er regungslos mit dem Gesicht nach unten dalag, zerrten sie ihn hoch und schleiften ihn die Straße hinunter auf ein Haus zu, das eine falsche Fassade hatte.

Über dem Eingang hing ein Schild, das ich erst jetzt bemerkte. Für einen Augenblick stockte mir das Herz. MARIA MADALENA stand dort in goldenen Lettern. Und darüber war eine nackte Frau abgebildet, die Hörner auf der Stirn hatte und einen Dreizack in der Hand. Ein weiblicher Teufel.

Die Männer schleiften ihr Opfer auf den Eingang zu. Sofort kam es dort zu einem Gedränge. Vor dem Gehsteig hielten die Männer an. Ich konnte nicht erkennen, ob der Mann, den sie dorthin geschleift hatten, überhaupt noch am Leben war. Von überall her kamen Garimpeiros. Sie drangen lärmend auf die fünf Männer ein und schüttelten die Fäuste.

Wir standen etwa zwanzig Meter weit entfernt in der Mitte der Straße, naß bis auf die Haut.

Die Tür des Maria Madalena ging auf. Zwei Männer kamen heraus und verschafften sich Platz auf dem Gehsteig. Einer von ihnen schoß mit einem Revolver in die Luft. Es wurde still. Der Mann mit dem Revolver rief etwas in die Boîte hinein. Alle Augen waren auf die Tür gerichtet. Die Gestalt eines Mannes erschien. Der Mann trat auf den Gehsteig heraus, und als ihn das Licht der Neonreklame beleuchtete, die am Vorbaudach angebracht war, erkannte ich ihn.

Es war Paco, der dort stand. Mein Bruder Paco. Mit einem dünnen Schnauzbärtchen auf der Oberlippe. Ich packte Jamelão am Arm.

„Himmel, das ist Paco", flüsterte ich. Es schien, als wäre eine Ewigkeit vergangen seit jener Nacht, als er ins Zimmer gekommen war und unter seinem Bett die Automatik gesucht hatte.

Paco war der Chef. Nicht einer der ganz großen Chefs oder sogar ein *Dono*, aber immerhin hatte er etwas zu sagen, und in gewissen Fällen konnte er sogar über Tod und Leben entscheiden.

In diesem Fall, so erfuhr ich später, war es so, daß ein ziemlich törichter *Caboclo* aus dem hungernden Nordosten unseres Landes einem Garimpeiro seine Ersparnisse geklaut hatte. Der Caboclo war nicht nur ein armer Teufel, der dort, wo er herkam, sein Leben lang nichts anderes gewesen war als eben ein Caboclo, ein Mestize, der weder lesen noch schreiben konnte und deshalb von allen ausgenützt wurde, er war auch so dumm, daß er den gestohlenen Geldbeutel nicht etwa wegwarf, sondern bei sich trug.

Im Maria Madalena kaufte sich der Caboclo von einer der verführerischen *Mulheres livres*, einer der freien Frauen, die meistens noch Mädchen waren, ein bißchen Liebe. Der Caboclo hatte keine Ahnung, daß das Mädchen einen anderen Kunden hatte, der nicht mehr kommen konnte, weil ihm seine ganzen Ersparnisse abhanden gekommen waren. Und das Mädchen erkannte den Geldbeutel, aus dem der Caboclo einen Schein nach dem anderen zog. Damit war der Caboclo geliefert. Das Mädchen verriet ihn.

Der Fall wurde Paco unterbreitet, weil Paco der Chef war, seit ihn Saturnino, der große Dono, als Aufpasser und Rausschmeißer angestellt hatte. Der Caboclo war schon halb tot, als die Männer ihn zum Gehsteig schleppten.

Das Mädchen, das mit anderen Mulheres livres aus dem Lokal gekommen war, bezeugte alles und präsentierte als Beweisstücke einige zerknitterte Geldscheine und einen Geldbeutel, in dem sich eine Bescheinigung fand, auf der stand, daß der Mann, dem der Geldbeutel gehörte, Romero Quadros hieß und daß er einen Anteil am Claim mit der Nummer 1662 besaß.

„Wer kennt Romero Quadros?" fragte Paco in die Menge.

„Ich kenne ihn", meldete sich ein Mann und trat vor. „Romero Quadros ist mein Schwager."

„Ist dieser Mann hier Romero Quadros?"

„Nein. Dieser Mann ist meiner Meinung nach ein Caboclo, der meinem Schwager die sauer verdienten Ersparnisse geklaut hat."

„Es gibt Zeugen für das Verbrechen!" rief Paco. „Es gibt schlagkräftige Beweise. Dieser Mann ist ein Dieb, der einen hart arbeitenden Mann um seine Ersparnisse gebracht hat. Romero Quadros hingegen ist ein guter Mann, dem nichts Übles nachzusagen ist. Deshalb entscheide ich jetzt über das Maß der Strafe." Paco machte eine Pause.

„Schieß ihn nieder, Paco!" brüllte ein Mann aus der Menge.

Jamelão stieß mich an. Er deutete mit einer Kopfbewegung zur anderen Straßenseite hinüber. Dort stand Raimundon, unser Pilot, unter dem Gehsteigdach. Er lehnte an einem Stützpfosten und rauchte eine Zigarette. Plötzlich bemerkte er uns. Unbeeindruckt von dem, was vor der Kneipe vor sich ging, kam er auf uns zu.

„Deine Mutter arbeitet dort drüben im Restaurant", sagte er zu mir und ging weiter.

„Kann er ohne Hilfe stehen?" hörte ich in diesem Augenblick Paco fragen.

„Kaum!" schrie einer der Männer, die den Caboclo aufrecht hielten.

„Dann laßt ihn gehen. Er kann gehen, wohin er will."

Die Männer grölten und ließen den Caboclo los. Er fiel vornüber mit dem Gesicht in den Dreck. Die Menge wurde still. Alle starrten auf die Gestalt, und zuerst rührte sich der Caboclo nicht. Aber dann begann er zu kriechen. Einige Male verließ ihn die Kraft, und er sackte zusammen, aber vielleicht hätte er es trotzdem geschafft, wenn nicht Paco gewesen wäre.

Paco wartete, bis der Caboclo seine Hand ausstreckte, um nach den Bodenbrettern des Gehsteiges zu fassen. Dann machte er einen Schritt nach vorne und trat mit seinem sauberen Schuh in den Nacken des Mannes. Einige der Mädchen klatschten, und Paco grinste. Mich packte die Wut, und ich brüllte Pacos Namen. Er blickte jäh auf und entdeckte mich. Auf seinem Gesicht breitete sich ungläubiges Staunen aus. Die Männer auf der Straße drehten sich nach mir und Jamelão um. Feindselige Blicke trafen uns.

„Du hast versprochen, daß er gehen kann, wohin er will!" rief ich zornig.

„Von Kriechen hat kein Mensch was gesagt!" brüllte ein Mann aus der Menge höhnisch.

Ich zog den Revolver, den mir Pedro Bocas gegeben hatte, und ging auf die Männer zu. „Der Mann ist genug bestraft!" rief ich. „Und ich lasse es nicht zu, daß mein Bruder einen Menschen umbringt, auch wenn er nur ein Caboclo ist."

„Habe ich dir nicht oft genug gesagt, daß du dich nicht in meine Angelegenheiten mischen sollst, Kleiner!" schrie Paco.

Ich richtete den Revolver auf ihn. „Du bringst niemand um, Paco", würgte ich hervor.

„Dieser Mann ist ein Verbrecher", gab er zurück.

„Das bist du auch", erwiderte ich.

Er starrte mich an. „Willst du mich umbringen, Kleiner?" fragte er lauernd.

Ich wischte mir mit dem Handrücken den Regen aus dem Gesicht. In diesem Moment wußte ich, daß ich nicht fähig gewesen wäre abzudrücken.

Paco wußte das auch. „Das ist mein kleiner Bruder!" rief er. „Er bringt es nicht fertig, mich niederzuschießen!"

Grölendes Gelächter folgte seinen Worten. Paco lachte mit, aber sein Lachen erstarb plötzlich. Er blickte an mir vorbei auf die Straße. Und hinter mir wurde es still. Langsam wandte ich den Kopf, und da sah ich meine Mutter. Sie kam im Regen über die Straße, und die Männer machten ihr Platz.

Klein sah sie aus und dünn, und das Haar hing ihr ungekämmt am Kopf herunter. Sie kam zu mir und streckte die Hand aus. „Gib mir den Revolver, Alex", sagte sie leise.

Ich ließ den Hahn des Revolvers zurückgleiten, bis er mit einem leisen Klicken anschlug. Ich gab ihr den Revolver nicht, sondern steckte ihn in meinen Gürtel. Dann nahm ich meine Mutter bei der Hand.

„Was müßt ihr euch in Dinge einmischen, die euch nichts angehen!" stieß Paco scharf hervor. „Und habe ich dir nicht verboten, nachts auf die Straße zu kommen, Mutter!"

Meine Mutter hob den Kopf. Sie blickte Paco nur an, und er nahm den Fuß vom Genick des Caboclos, aber der Caboclo rührte sich nicht mehr.

Sie sagte kein Wort zu Paco. Er senkte die Lider und trat fluchend vom Gehsteigrand zurück.

„Kommt", sagte meine Mutter leise und drehte sich um. Jamelão und ich gingen mit ihr durch die Menge.

14

Sie sagte, daß sie noch zu arbeiten hätte, aber erst wollte sie uns nach Hause bringen. Wir gingen durch den Regen, und hinter uns erklang Gelächter, und ich blickte über die Schulter zurück. Ich sah, wie sie den Caboclo durch den Dreck schleiften.

„Schau nicht zurück, Alex", bat mich meine Mutter. „Dein Bruder tut seine Pflicht für Saturnino."

„Er hat den Caboclo umgebracht", erwiderte ich. „Ist das etwa seine Pflicht? Leute umzubringen?"

„Das gehört wahrscheinlich auch zu seiner Pflicht. Ich habe ihn nicht gefragt. Aber er weiß, daß ich mit seiner Arbeit nicht einverstanden bin. Er tut, was er will. Er hat schon früher nie gefragt, Alex."

„Was ist mit ... mit Gander?" fragte ich.

„Dein Vater ist krank. Es steht nicht gut um ihn, sagt der Arzt. Er soll nach Itaituba ins Krankenhaus. Aber dort sterben sie wie die Fliegen. Er will hierbleiben, wo ich für ihn sorgen kann."

Ich ging neben ihr und konnte es nicht fassen, daß Gander, der knochenharte Abenteurer, krank war.

Jamelão hängte sich bei meiner Mutter ein. „Es gibt viel zu erzählen. Sie wundern sich bestimmt, daß wir hier sind."

„Ich war sicher, daß Alex eines Tages kommen würde", sagte sie. „Und ich bin froh, daß du auch hier bist, Jamelão. Ich habe gehört, daß der Italiener an seiner Verletzung gestorben ist und daß man überall nach dir gesucht hat."

„Wir sind ihnen allen entwischt", antwortete Jamelão lachend. „Wir haben viel Glück gehabt. Wissen Sie, wo Maria ist?"

„Soll sie denn hier sein?" fragte meine Mutter ungläubig.

„Saturnino hat sie einem Mädchenhändler abgekauft", warf ich ein. „Man hat sie mit dem Flugzeug nach Itaituba gebracht."

„Darüber ist mir nichts zu Ohren gekommen, Alex."

Wir verließen die breite Straße, und meine Mutter führte uns durch enge Lücken zwischen kleinen Hütten, die beinahe auseinanderfielen. Schließlich gelangten wir zu einer Hütte, die keine Schilfgrasmatte als Tür hatte, sondern eine aus Holzbrettern, und aus deren Dach ein

Blechrohr ragte. Meine Mutter wollte geradewegs auf die Hütte zuge-
hen, aber ich hielt sie zurück. „Wo ist Clem?" fragte ich.

„Er arbeitet."

„In der Nacht?"

„Er ist stark wie ein Bär. Er arbeitet Tag und Nacht. Die Leute
mögen ihn, und sie bezahlen ihm einen guten Lohn."

„Wo arbeitet er?"

„Im Loch. Er bringt den Dreck aus dem Loch. Er arbeitet in einem
von den tiefsten Barrancos. Clem ist der einzige, der mehr als fünfzig
Ladungen macht. Das schafft niemand sonst."

„Und Gander? Was arbeitet er?"

„Er ist zu krank, um zu arbeiten. Kommt!"

Sie ließ meine Hand los und ging auf die Brettertür zu. In der Hütte
war es dunkel. Sie trat zuerst ein, und wir warteten, bis ein Licht auf-
flackerte, ehe wir folgten.

Die Hütte war klein. Vier mal drei Meter ungefähr. Auf einem
schmalen Metallbett lag Gander. Das Gesicht gelblichweiß. Ich
erkannte ihn kaum wieder. Er war nur noch Haut und Knochen. Ein
struppiger Bart war ihm gewachsen, voller grauer Strähnen. Er sah
furchtbar verkommen aus und so hilflos wie ein Kind. Man sah ihm
an, daß die eisige Hand des Todes ihn berührt hatte. Er blickte mich
an, und nichts bewegte sich in seinem eingefallenen Gesicht. Jamelão,
der neben mich getreten war, flüsterte: „Guten Abend."

Meine Mutter hielt eine Petroleumlampe nahe an mein Gesicht.
„Das ist Alex", sagte sie. „Dein Sohn Alex."

Seine Augen in den dunklen Höhlen wurden etwas größer. Er
wollte etwas sagen, aber nur ein Stöhnen kam aus seinem Mund.
Meine Mutter gab ihm etwas zu trinken, beugte sich dann nieder und
half ihm, sich aufzusetzen. Sie schob ihm ein Kissen in den Rücken,
und er lehnte sich zurück. Sein Atem ging schwer und rasselnd.

„Gelbsucht, Malaria", stieß er nach einer Weile hervor. „Alles
zusammen, verflucht noch mal! Wenn's nicht besser wird, bring ich
mich um."

Jedes Wort schien ihm Mühe zu bereiten. Er war am Ende, das
konnte ich deutlich genug erkennen. Der Regenwald hatte ihn zum
Greis gemacht. Das Fieber verbrannte ihn. Er fragte uns, wie wir hergekommen seien, und Jamelão sagte es ihm. Er hörte zu. Meine

Mutter hatte sich auf einen Stuhl gesetzt. Sie war müde. Wenn ich sie anblickte, lächelte sie. Das tat gut.

Plötzlich stand meine Mutter auf. „Ich muß jetzt gehen", sagte sie. „Ich arbeite bis Mitternacht."

Ich ging mit ihr hinaus. „Er muß ins Krankenhaus", sagte ich draußen zu ihr.

Sie drückte meine Hand. „Er stirbt, Alex", erwiderte sie. „Er will nicht ins Krankenhaus. Dein Vater will nicht mehr leben, verstehst du? Bleib hier bei ihm, bis ich wiederkomme."

„Das kann ich nicht", antwortete ich.

Jamelão kam aus der Hütte. Er ließ die Tür hinter sich offen. „Er hat nach dir verlangt, Alex", sagte er.

„Geh zu ihm", bat meine Mutter leise.

Was hätte ich tun sollen? Ich ging in die Hütte. Als ich eintrat, wischte sich Gander gerade mit einem Taschentuch den Schweiß von der Stirn. Ich blieb lange und hörte mir an, was er zu sagen hatte. Er fand irgendwie Kraft, mir sein Leben zu erzählen. Er berichtete mir von der Zeit vor dem Zweiten Weltkrieg, als er ein Junge gewesen war. Und wie er russische Soldaten getötet hatte, als er zwölf Jahre alt war. Und von der Flucht aus Berlin. Und den vielen Träumen, die er gehabt hatte, als er seine alte Heimat verließ und als Matrose auf einem Panama-Frachter anheuerte. Jetzt war sein Traum endgültig zerstört, und er hatte nicht die Kraft, noch einmal anzufangen.

Von allen seinen Söhnen hatte er erwartet, daß sie so würden, wie er selbst hatte sein wollen, aber wegen seiner Schwächen nie geworden war. Clem war ein Trottel, und aus Paco war ein kaltblütiger Verbrecher geworden. Blieb nur noch ich. Bisher war ich stets seine größte Enttäuschung gewesen. Jetzt tat ihm sein Verhalten leid, und er wünschte, er hätte mir eine Chance gegeben, so zu sein, wie ich bin. Er bat mich nicht um Verzeihung, aber bevor ich ihn verließ, gab er zu, daß er Fehler gemacht hatte. Und das kostete ihn mehr als Überwindung.

Jamelão und ich gingen durch den Ort und suchten einen Piloten, der Gander nach Itaituba ins Krankenhaus flog. Es fand sich niemand.

Gander erschoß sich in dieser Nacht. Meine Mutter fand ihn, als sie nach Mitternacht nach Hause kam. Sie wußte nicht, daß er einen Revolver gehabt hatte.

Er war schon kalt, als Jamelão und ich in die Hütte kamen. Meine Mutter hatte das Bettzeug gewechselt, Gander trug ein weißes Hemd, und meine Mutter hatte sein Haar gewaschen und ihn rasiert. Sie schickte uns, Paco zu holen. Wir gingen zur Boîte Maria Madalena. Dort wollten sie uns erst nicht reinlassen. Ich sagte einem riesigen Gorilla von Mann, daß Pacos Vater gestorben sei. Da durften wir rein. Wir warteten, bis Paco endlich erschien.

„Was willst du?" fragte er.

„Dein Vater ist tot", erwiderte ich.

Er fluchte. Dann sagte er, daß er jetzt keine Zeit habe hinüberzugehen. Erst in einer Stunde oder so.

„Ich bringe meine Mutter weg von hier", fuhr ich fort.

Er hob die Schultern. „Sie ist deine Mutter, nicht wahr?" sagte er spöttisch. „Du kannst mit ihr machen, was du willst."

„Und Clem kommt auch mit."

„Das glaube ich nicht, Kleiner. Clem arbeitet für mich."

„Du meinst, es ist dein Barranco, auf dem er arbeitet."

Er lachte. „Natürlich ist es mein Barranco, Kleiner. Aber Clem wird für seine Arbeit bezahlt! Es geht ihm gut! Er hat eine Hütte und fünf Hunde. Clem liebt Tiere. Er ist ein glücklicher Mensch, seit er hier ist."

„Ich werde ihn selbst fragen", sagte ich.

„Frag ihn, Kleiner. Er ist so glücklich, daß er niemals müde wird. Und er ist stolz darauf, daß er der Stärkste ist und die meisten Ladungen heraufbringt. Er ist immer gut gelaunt. Am Abend sitzt er vor seiner Hütte und füttert seine Hunde, und dann geht er wieder ins Loch und arbeitet bei Laternenlicht noch eine Schicht. Clem wird nicht mit euch kommen."

WIR standen im Morgengrauen im Regen und starrten in das riesige Loch hinein. Ich wußte, daß tief unten, dort, wo Männer bis zur Brust im braunen Wasser standen und mit ihren Schaufeln und Pickeln die steilen Hänge abgruben, kein Tunnel begann, durch den man einen sicheren Ort hätte erreichen können. Es war einfach ein Loch – ausgebuddelt, weil es in diesem Dreck Gold gab.

Tausende von Männern gingen in diesen frühen Morgenstunden an uns vorbei. Die einen kamen zur Arbeit, andere gingen nach Hause.

An den steilen Hängen mit den kleinen Terrassen wimmelte es von Garimpeiros. Die nebeneinander- und übereinanderliegenden und ineinanderverschachtelten Terrassen waren die Barrancos, Goldgräberclaims von drei mal drei Metern. Vier, fünf Männer gruben und hackten sich auf jeder von diesen Terrassen tiefer und tiefer in die Erde hinein, trugen mehr und mehr von dem Hang ab und machten damit das Loch größer und größer.

Vor einigen Jahren, hatte Pedro Bocas erzählt, war hier noch ein Berg gewesen, der aus dem Urwald herausgeragt hatte wie eine große, dicke Beule. Jetzt war die Serra Pelada nur noch ein Loch. Ein Loch voller Ameisen. Es gab kein Durcheinander. Jeder Mann wußte haargenau, was er zu tun hatte, die, die den Berg abgruben, und die, die den ausgegrabenen Dreck aus dem Loch herausschafften, in langen Reihen hintereinander auf schmalen Pfaden oder Leitern zum Rand hinaufstiegen und dort oben ihren Sack leerten.

Ein Sack Dreck. Vierzig Kilo jedesmal. Nasser, glitschiger Dreck, braun wie die Haut der Garimpeiros, braun wie das Loch, das Wasser, die Schläuche, die an den alten Dieselpumpen angeschlossen waren, die Pumpen, die Lastwagen und alles, was es hier gab.

Oben über den Terrassen hockten die Aufseher, Männer mit Notizblöcken. Sie hakten die Ladungen ab, die einer den Berg hinaufschleppte. Sie sorgten dafür, daß die Garimpeiros ihre Leistungen brachten, denn sie waren die Mitbesitzer der Barrancos, die den Trägern und Gräbern ihren Lohn zahlten. Und der Lohn richtete sich nach der Ausbeute. Deshalb arbeiteten die Garimpeiros ohne Unterlaß.

„Wir können hier den ganzen Tag stehen, ohne Clem zu finden", sagte Jamelão plötzlich. „Es ist, als ob du eine ganz bestimmte Ameise finden müßtest."

„Er ist groß. Größer als die anderen", entgegnete ich.

„Größer als der dort?" fragte Jamelão und zeigte auf einen Riesen, der einen Sack voll Dreck über beide Schultern gelegt hatte und Schritt um Schritt einen steilen Pfad heraufkam. Ich folgte dem Mann mit den Blicken, bis er endlich oben ankam. Er wuchtete den Sack mit einem Schwung über seinen Kopf und seine rechte Schulter hinweg und leerte ihn. Dann richtete er sich auf, und für einen Moment sah ich sein Gesicht. Es war nicht Clem.

Wir begruben Gander noch am selben Morgen auf dem Friedhof

von Serra Pelada. Paco kam zuvor zur Hütte, mit finsterem Gesicht. Er sah übernächtigt aus, mit rotgeränderten Augen und blaß im Gesicht. Einige Garimpeiros aus den Hütten von nebenan hatten Gander in eine Holzkiste gelegt. Der Deckel war noch offen.

Ein paar Männer waren zum Loch hinausgegangen, um Clem zu holen. Schließlich kamen sie zurück und brachten ihn mit. Er hatte sich den Lehm vom Gesicht gewaschen. Der Rest von ihm war mit einem dicken braunen Brei bedeckt. Als er mich sah, wollte er mich umarmen, aber ich trug frische Kleider, die meine Mutter für mich aufgetrieben hatte, und so hielt ich ihn davon ab.

Meine Mutter sagte ihm, daß Gander tot sei. Er konnte es nicht glauben. Oder vielleicht begriff er überhaupt nicht, was vor sich ging. Meine Mutter nahm ihn bei der Hand und führte ihn zur Kiste. „Dein Vater ist tot, Clem", wiederholte sie leise. Clem starrte in die Kiste hinein. Das war alles.

Paco wurde ungeduldig. „Worauf warten wir noch?" fragte er.

„Komm, Clem", sagte meine Mutter und zog Clem weg von der Kiste. Dann gab sie den Garimpeiros, die den Kistendeckel aufrecht hielten, mit dem Kopf ein Zeichen. Die Garimpeiros legten den Deckel über die Kiste und hämmerten ein paar Nägel hinein.

Die Männer trugen die Kiste durch die engen Lücken zwischen den Hütten. Es regnete stark. Wir kamen raus zum Friedhof, und dort hatten einige andere Garimpeiros schon ein Loch ausgehoben, in dem das braune Wasser fast einen halben Meter hoch stand. Die Männer ließen den Sarg hinunter, bis er fast bis zum Deckel in der Brühe stand, und da kein Priester vorhanden war und Gander sowieso an nichts geglaubt hatte als an sich selbst, betete nur meine Mutter. Als sie fertig war, gab ihr ein Mann eine Schaufel mit einem Häufchen Morast drauf, und sie kippte die Schaufel über dem offenen Grab um, und der Dreck fiel auf den Kistendeckel hinunter. Wir warfen alle ein bißchen Dreck hinunter, und dann gingen wir weg. Hinter uns schaufelten die Männer das Grab zu, und ich dachte, daß spätestens in einigen Jahren niemand mehr das Grab unter all den anderen Gräbern auf diesem trostlosen Hügel finden könnte. Wenn es hier kein Gold mehr gab und die Garimpeiros wegzogen, würde der Urwald diesen ganzen Friedhof mit den Brettern und den schiefen Holzkreuzen in kurzer Zeit verschwinden lassen. Spurlos.

Es fiel meiner Mutter nicht leicht, Serra Pelada zu verlassen. Wegen Clem natürlich. Aber auch wegen Paco, um den sie sich noch mehr sorgte, weil sie wußte, daß sein neugefundenes Glück von einer heimtückischen Art war. Paco hatte Feinde unter den Garimpeiros. Solche, die ihr Sklavendasein verabscheuten und doch keinen Ausweg sahen. Desperados, die gegen Saturninos Gesetze verstießen. Paco hatte sie alle gegen sich, diese armen Teufel, die in ihm den Schergen Saturninos sahen. Wenn sich eine Gelegenheit ergab, würden sie ihn töten.

Wir verließen Sierra Pelada an diesem Tag. Es hatte aufgehört zu regnen, als wir zum Rollfeld hinausgingen. Viel Zeug hatte meine Mutter nicht dabei. Sie sah müde aus, aber ihr Haar war sauber, und sie trug es gekämmt wie in Rio. Ihr Kleid war neu.

Paco kam zum Flugfeld. Ohne seine beiden Leibwächter. Er wollte meiner Mutter Geld geben, aber sie nahm es nicht. Er streckte die Scheine mir entgegen. „Sei nicht so dumm, Alex", sagte er. „Es ist gutes Geld, das ich redlich verdient habe."

Ich nahm das Geld, weil wir fast pleite waren. Das heißt, meine Mutter hatte ein paar tausend Cruzeiros übrig, nachdem sie die Nachbarn für das Begräbnis entlohnt hatte. Aber sonst waren wir arm.

Meine Mutter fragte Raimundon, was der Flug nach Itaituba denn kosten würde. Raimundon sagte, daß das Benzin ohnehin von Saturnino bezahlt sei und sein Lohn ebenfalls.

Wir verabschiedeten uns von Paco. Clem war nicht da. Er arbeitete längst wieder im Loch.

Raimundon half meiner Mutter ins Flugzeug und bot ihr den Sitz des Kopiloten an. Er war sehr höflich und zuvorkommend.

Wir flogen nach dem Start direkt über die Baumkronen hinweg. Meine Mutter bat Raimundon, noch eine Runde über Serra Pelada zu fliegen. So konnten wir alle noch einmal in das riesige Loch hineinsehen, das von oben tatsächlich aussah wie ein Ameisenhaufen.

15

Es WAR Nachmittag, als wir in Itaituba landeten, kurz vor einem furchtbaren Wolkenbruch, der sich direkt über der Stadt entlud. Itaituba war eigentlich keine richtige Stadt, sondern ein verkommenes

Nest, in dem es nur einige ordentliche Häuser gab und eine alte Villa mit einem schmiedeeisernen Tor, einer gepflegten Parkanlage und einem Swimmingpool unter Palmen.

Diese Villa hatte einmal dem Besitzer der großen Kautschukplantagen gehört, denen Itaituba lange seine Existenz verdankte. Aus derselben Zeit waren der alte Bau übriggeblieben, in dem sich das Krankenhaus befand, einige Geschäftshäuser entlang der Hauptstraße und ein paar große Baracken, die jetzt Saturninos Frachtgesellschaft als Güterhallen dienten. Die Villa mit dem Swimmingpool gehörte Saturnino. Das Flugfeld mit den Wellblechhangars gehörte Saturnino. Seine Flugzeuge hatten alle eine Sonne aufgemalt, die wie ein goldener Ball hinter schwarzen Palmensilhouetten unterging.

Die Stadt gehörte Saturnino, die Mädchen in den Boîtes waren sein Eigentum, der Zuckerrohrschnaps kam aus seinen Brennereien, und das Frachtgut, das von hier aus in die Garimpos geflogen wurde, stammte aus seinen Warenhäusern in den Städten an der Küste.

Er war ein mächtiger Mann, und auf die Frage, warum er in Itaituba wohnte und nicht an der paradiesischen Ostküste Brasiliens, wo die anderen reichen und mächtigen Leute ihre Herrschaftshäuser hatten, antwortete Raimundon, daß Saturnino im Grunde genommen der Abenteurer geblieben sei, als der er vor vielen Jahren in diese Wildnis gekommen war.

Wir hatten während des Fluges von Raimundon einiges über Saturnino erfahren, was uns jetzt von Nutzen sein konnte. Wir wußten, daß Saturnino gerne großartige Feste feierte und dazu Freunde von überall her einlud, sogar aus den Vereinigten Staaten, da es immerhin Saturninos Gold war, mit dem der Rauschgiftschmuggel in die USA finanziert wurde. Wir erfuhren, daß er hübsche Mädchen um sich scharte wie ein alter Scheich. Raimundon wußte auch, daß Saturnino nur deshalb so mächtig war, weil er ein System entwickelt hatte, durch das er alle Garimpeiros beherrschen konnte. Es ist das Monopolsystem. Saturnino besaß alles, was die anderen brauchten.

Die Flugfelder in den Garimpos gehörten ihm. Auf Saturninos Flugfeldern durften nur Saturninos Flugzeuge landen. Das war Gesetz. Nicht Brasiliens Gesetz. Es war Saturninos Gesetz, und die Garimpo-Polizisten, die im Hungersold des Staates standen, und die Aufpasser, von denen einer mein Bruder Paco war, sorgten dafür, daß

Saturninos Gesetz von allen geachtet wurde. Saturnino bestach die Polizisten mit bis zu viertausend Cruzeiros pro Monat, und das war im Amazonasgebiet fast der achtfache gesetzliche Mindestlohn.

„Er hat uns alle in der Hand", sagte Raimundon, kurz bevor die alte Klapperkiste landete. „Einmal hat mir dieses Flugzeug gehört, aber jetzt fliegt es für Saturnino."

Raimundon ließ es sich nicht nehmen, meine Mutter und uns zum Hotel zu bringen, in dem auch er übernachten wollte. Das Hotel war ein halbzerfallenes Bauwerk, dessen Fassade von türkisfarbenen Lampen angestrahlt wurde. Der Mann am Anmeldepult war ein kleiner, verwitterter Mann mit schütterem Haar.

Raimundon kannte ihn. „Diese Leute brauchen ein Zimmer", sagte er. „Ein gutes Zimmer mit Bad und mit einem Fenster nach hinten hinaus in den Garten. Und die Betten müssen sauber sein, hörst du? Keine Läuse und kein benutztes Bettzeug."

„Wir sind ein vornehmes Hotel, Senhora", versicherte das Männchen meiner Mutter. Er schob ein Gästebuch übers Pult.

Meine Mutter war dabei, sorgfältig ihren Vor- und Nachnamen in das Gästebuch einzutragen, als hinter uns die Eingangstür aufging. Zwei Männer traten ein, und ich roch sofort Verdruß. Beide trugen Anzüge. Und einer hatte weiße Gamaschen über seinen schwarzen Schuhen. Der andere war ein Mischling mit fettig glänzendem Haar, das ihm hinten in Locken über den Hemdkragen fiel.

Der mit den Gamaschen war ein drahtiger Weißer mit schmalen Hängeschultern und einem hageren Gesicht. Er trat auf uns zu, blieb stehen und musterte zuerst Jamelão und dann mich.

„Welcher von euch beiden ist Alex Gander?" fragte er.

Meine Mutter wurde erst jetzt auf die beiden aufmerksam. Sie drehte sich um, und als sie die beiden Männer sah, wurde sie blaß. Ihre Hand berührte meinen Arm. Sie wollte mich daran hindern, mich zu erkennen zu geben. Aber was hätte das genützt? Saturnino wußte schon, daß wir da waren. Und der einzige, der ihn informiert haben konnte, war Paco.

„Ich bin Alex Gander", sagte ich und trat vor.

„Er ist mein Sohn", fügte meine Mutter schnell hinzu.

„Das wissen wir", erwiderte der Mischling. „Wir kennen Paco."

„Was wollt ihr von uns?" fragte meine Mutter.

„Saturnino hat von Ihrem Sohn Alex und seinem Freund gehört. Er schickt uns mit einer Einladung zu euch. Saturnino würde sich freuen, dich zu sehen, Alex Gander."

Saturnino blieb nichts verborgen, was in seiner Stadt geschah.

Sie fuhren mich in einem schwarzen BMW zur Villa hinauf. Der mit den weißen Gamaschen hieß Nelson Cruz. Der Mischling wurde Seixo genannt. „Mach nur keine Zicken, sonst setz ich dir 'ne Kugel zwischen deine Augen", sagte er, als ich einen Moment zögerte, in den BMW einzusteigen.

Es war keine angenehme Fahrt. Von Itaituba bekam ich wenig zu sehen, denn wir fuhren am Rand der Stadt entlang, vorbei an einem Barackenviertel und dann zum Hügel hinauf, auf dem Saturninos Prachtvilla stand.

An der schmiedeeisernen Pforte wurden wir von zwei Wächtern angehalten, die beide mit Uzi-Maschinenpistolen bewaffnet waren. Nelson Cruz zeigte ihnen eine Durchlaßbescheinigung.

Wir fuhren eine Palmenallee hinauf bis zur Villa. Vor der Treppe, die zum Portal führte, stand ein Rolls-Royce, schwarz und silbergrau lackiert. Ein Chauffeur saß am Steuer und las die Zeitung.

„Wir sind da", sagte Seixo. „Steig aus, Gander!"

Sie nahmen mich in die Mitte und führten mich die breite Treppe hinauf, zwischen den mächtigen Marmorsäulen hindurch zum Tor, das von zwei großen steinernen Löwen bewacht wurde.

Einer der beiden kunstvoll geschnitzten Torflügel öffnete sich wie von Geisterhand. Ein Diener erschien im Halbdunkel. Er war ein dunkelhäutiger schlanker Mann, der eine Livree trug, die besser in ein europäisches Königshaus gepaßt hätte als hierher in den Urwald.

„Das ist Alex Gander", sagte Nelson Cruz und stieß mich auf die Türöffnung zu. „Der Dono erwartet ihn."

Der Diener ließ uns eintreten, und dann ging er voran durch eine große Halle zu einer geteilten Treppe, die um einen Springbrunnen herum ins erste Stockwerk führte.

„Der Dono erwartet Sie in der Bibliothek", bemerkte der Diener.

Die Bibliothek, in die ich geführt wurde, war fast so groß wie die Halle. An den Wänden hingen Waffen von Eingeborenen, Speere und Bogen und Pfeile und Kriegskeulen. Hinter den Glastüren einer Vitrine reihten sich nebeneinander etwa zwei Dutzend Schrumpfköpfe. Ein riesiger Schreibtisch stand unter einem Kronleuchter und vor einer Kartenwand, die Brasilien zeigte.

Saturnino war nicht im Raum. Der Diener bat um etwas Geduld und verließ die Bibliothek. Nelson Cruz lümmelte sich in einem Ledersessel. Seixo, der Mischling, ging zum Fenster und blickte hinaus. Es hatte wieder zu regnen angefangen.

Eine Tür, die einen Teil eines Bücherregals ausmachte, öffnete sich geräuschlos. Der Mann, der hereinkam, mußte Saturnino sein. Der große Dono. „Alex", sagte er, „es freut mich, daß du kommen konntest." Mit ausgestreckten Händen kam er auf mich zu, als wollte er mich umarmen.

Er umarmte mich nicht. Er nahm mich nur bei den Händen, und es schien, als freute er sich wirklich, daß ich hier war.

„Es war ein weiter Weg, Alex", fuhr er fort. „Dein Bruder Paco, mein loyaler Mitarbeiter, hat mir berichtet, daß man euch lange Zeit verfolgt hat."

„Einer Ihrer Freunde, Nilo Vargas, wollte verhindern, daß wir uns treffen", erwiderte ich, und es gelang mir sogar, meine Stimme spöttisch klingen zu lassen. „Er glaubte, daß wir einen seiner besten Kunden dadurch verärgern könnten."

„Da hat Vargas ganz bestimmt nicht unrecht gehabt", sagte Saturnino und ließ meine Hände plötzlich los. Ein harter Ausdruck trat in seine Augen. Er griff in seine Hemdtasche und holte etwas heraus, das er in seiner geschlossenen Faust verbarg. „Du willst ein Mädchen zurückholen, das mir gehört, Alex. Bist du dir im klaren, daß niemand einfach hierherkommt und mir etwas wegnimmt, das in meinem Besitz ist?"

„Sie haben Maria einem schmutzigen Mädchenhändler abgekauft. Ich liebe Maria, und ich weiß, daß sie mich liebt. Ihr ganzes Vermögen reicht vielleicht dazu, ein Mädchen zu kaufen, aber Sie besitzen nicht genug Gold auf dieser Welt, um Marias Liebe zu gewinnen."

Das wirkte. Ich traf ihn hart. Er mußte die Zähne zusammenbeißen. Er streckte mir die geschlossene Hand entgegen. „Ich könnte ein Spiel daraus machen, Alex", sagte er kalt. „Ich könnte es darauf ankommen lassen, ob du erraten kannst, was ich in meiner Hand versteckt halte. Aber ich bin kein Spieler. Ich bin ein Mann, der das Abenteuer liebt. Ich bewundere den Kampf auf Leben und Tod. Dein Bruder Paco berichtete mir, daß du ein sehr mutiger junger Mann geworden bist. "

„Wie könnte Paco Ihnen von mir berichtet haben? Es gibt kein Telefon in Serra Pelada. "

„Das ist richtig. Aber ich stehe mit den meisten Garimpos im Urwald über Kurzwelle in Verbindung. Das erspart mir unangenehme Überraschungen. Ich wußte zum Beispiel schon heute morgen, daß du mit deinem Freund und deiner Mutter nach Itaituba unterwegs warst. "

„Dann hat er Ihnen vielleicht auch klargemacht, daß es besser für Sie wäre, wenn Sie nicht versuchten, uns aufzuhalten. "

„Du bist sehr zuversichtlich, Alex. Das gefällt mir. Fast wünschte ich mir, ich könnte dir Maria zum Geschenk machen. Aber das geht nicht. Maria ist mein Eigentum. Und wenn du sie haben willst, mußt du sie dir verdienen. "

Ein arglistiges Lächeln umspielte plötzlich die Lippen Saturninos. Er öffnete die Faust, und mir blieb das Herz fast stehen, als ich die dünne Goldkette mit dem aufklappbaren Herzen sah, die ich Maria geschenkt hatte.

„Du erkennst dieses kleine Schmuckstück, nicht wahr, Alex?"

„Es gehört Maria", stieß ich hervor.

Saturnino nickte. „Es ist das einzige, was sie mitnahm, als sie mir einmal davonlief. Ich habe ihr Diamanten geschenkt, Gold und ... "

Weiter ließ ich ihn nicht reden. Ich stürzte mich auf ihn und packte ihn an seiner Hemdbrust. „Wo ist Maria?" schrie ich. Im nächsten Moment wurde ich von Seixo und Nelson Cruz zurückgerissen. Seixo trat mir von unten her zwischen die Beine. Mir wurde schwarz vor Augen.

„Wenn Sie wünschen, Dono, bleuen wir ihm ganz schnell etwas Respekt ein", sagte Cruz.

Wie aus weiter Ferne drang Saturninos Stimme an mein Ohr. „Das wird kaum notwendig sein", sagte er rauh. Er kam auf mich zu und hängte mir die Kette um den Hals.

„Wo ist Maria?" keuchte ich.

„Willst du sie sehen?" fragte er. „Jetzt gleich?"

„Jetzt gleich", antwortete ich mühsam.

Er grinste. „Komm", sagte er. „Ich habe eine kleine Überraschung für dich." Er gab Nelson Cruz und Seixo einen Wink, und sie ließen mich los. Ich folgte Saturnino durch die Tür hinaus, durch die er gekommen war.

„Das ist mein Urwaldgarten", erklärte Saturnino und zeigte mit einer ausladenden Bewegung seines rechten Armes auf ein Stück Wildnis hinaus, die sich hinter seinem Haus über eine Senke hinweg ausbreitete.

Es regnete nicht mehr, aber das dichte Blattwerk, das nicht einmal mit Blicken zu durchdringen war, glänzte. Wir standen auf einem Treppenabsatz unter einem Vordach. Nelson Cruz drückte mir die Mündung seiner Automatik in die Seite.

„Es ist ein Paradies, Alex", sagte Saturnino. „In diesem kleinen Stück Wildnis halte ich mir einige der gefährlichsten Raubtiere des Amazonasgebiets, zwei Kaimane und ein Krokodil, die größten, die du je gesehen hast. Ich bin sehr stolz darauf, daß ich sie selbst eingefangen habe und ..."

„Was ist mit Maria? Ich will nur wissen, wo Maria ist. Die Raubtiere gehen mich nichts an!"

„Du irrst dich, Alex", widersprach er. Er ging die Treppe hinunter und führte mich zum Ufer eines Sees, der sich inmitten seines künstlich angelegten Gartens befand. Es war ein sehr schöner und stiller See mit einer spiegelblanken Wasseroberfläche, die von Seerosen bedeckt war. Am Ufer standen mächtige alte Gummibäume mit ausladenden, weit über das Wasser hinausragenden Ästen. Eine kleine Affenbande hockte im Geäst eines kahlen Baumes. Ein bunter Papagei flog mit weit ausgebreiteten Schwingen über den See hinweg.

„Mein Paradies", sagte Saturnino. „Dieser See ist voller Geheimnisse, Alex, und ich kenne sie alle." Er zeigte zu einer kleinen Insel hinaus, auf der eine Hütte aus Schilfgrasmatten stand. „Du wirst heute abend wiederkommen. Um acht Uhr, pünktlich. Dann wird Maria dort auf dieser Insel auf dich warten."

Ich starrte ihn ungläubig an. „Sie wollen, daß ich zu dieser Insel hinüberschwimme und Maria ans Ufer zurückhole?"

Er nickte. „Du bist ein intelligenter junger Mann, Alex. Komm mit!" Wir folgten dem Seeufer ein Stück. Nelson Cruz und Seixo gingen hinter uns wie zwei Schatten.

Dann bestiegen wir eine Treppe zu einer großen Terrasse, die vor einer verglasten Veranda lag. Vom Rand der Terrasse aus, die mit

einem kunstvoll verschnörkelten und weißgestrichenen schmiedeeisernen Geländer eingefaßt war, konnte man den ganzen See überblicken. Direkt unter der Terrasse befand sich eine seichte Stelle. Das
Ufer war sumpfig.

Saturnino zeigte hinunter. „Wenn du genau hinschaust, siehst du
Tibó im Schilfgras. Er ist kein Kaiman, und deshalb sondert er sich
von den anderen beiden ab. Er ist sehr aggressiv. Man kann ihn von
den Kaimanen gut an den vierten Unterkieferzähnen unterscheiden,
die selbst dann sichtbar sind, wenn er das Maul geschlossen hat."

Ich sah Tibó. Es war ein riesiges Krokodil.

„Tibó ist sechs Meter und dreiundsiebzig Zentimeter lang. Er ist
eines der größten Krokodile, er ist schlau, und er haßt es, wenn man
ihn in seiner Ruhe stört." Saturnino ließ sich von Nelson Cruz die
Automatik geben. Er legte kurz an und zielte. Der Schuß zerriß die
Stille. Die Affen flohen mit Gekreische. Vögel flatterten aus dem
Geäst der Bäume.

Die Kugel war dicht neben Tibó eingeschlagen. Tibó hob den
Kopf. Sein Schwanz peitschte den Dreck. Das riesige Maul öffnete
sich, und deutlich sah ich seine gefährlichen spitzen Zähne.

„Bist du hungrig?" fragte Saturnino fröhlich hinunter. „Schau her,
neben mir steht dein Abendessen."

Nelson Cruz lachte. In meinem Innern verkrampfte sich alles.

„Ich nehme an, du bist ein guter Schwimmer, Alex", sagte Saturnino.

„Ich habe die Schulmeisterschaften gewonnen", erwiderte ich so
gelassen wie möglich.

„Gut. Es wird uns allen ein Vergnügen sein, deinem Auftritt zuzusehen, und ich bin sicher, daß niemand enttäuscht nach Hause gehen
wird." Er gab Nelson Cruz die Automatik zurück.

„Soll das heißen, daß ich heute abend herkomme, um Ihre Gäste zu
unterhalten?" fragte ich.

„Erraten, Alex. Es ist eine bunte Gesellschaft, die ich eingeladen
habe. Meine treuesten Mitarbeiter und meine besten Freunde. Selbstverständlich ist es dir gestattet, deine Mutter, deinen Freund und den
Piloten mitzubringen."

Seixo und Nelson Cruz begleiteten mich ins Hotel zurück. Meine
Mutter war auf unserem Zimmer. Ich sagte ihr, daß ich mit Saturnino

eine Wette abgeschlossen hatte. Natürlich merkte sie sofort, daß etwas nicht stimmte. Sie nahm meine Hand.

„Erzähl mir, was vorgefallen ist, Alex", bat sie mich.

„Es ist nichts, was dich erfreuen wird", antwortete ich.

„Sag es trotzdem."

So erzählte ich ihr alles. Als ich fertig war, saßen wir eine Weile schweigend auf dem Bett. „Wo ist Jamelão?" fragte ich dann.

„Er ist weggegangen. Aber er hat mir versprochen, schnell wieder zurückzukommen. Ich glaube, es ist besser, wenn ich mich ein bißchen zurechtmache. Dieser Saturnino hat bestimmt wichtige Leute eingeladen."

„Mutter, du hast doch nicht etwas vor, oder?" fragte ich.

Sie lächelte. „Was meinst du, Alex?"

„Ich weiß nicht. Aber ich erwarte, daß du versuchst, mich davon abzuhalten."

„Es wäre vernünftig, wenn du dich entschließen könntest, dein Leben nicht aufs Spiel zu setzen, Alex. Aber wie wäre das möglich? Du liebst Maria, nicht wahr?"

Wir umarmten uns, und da weinte sie, und es war das erste Mal, daß ich auf dem Gesicht meiner Mutter Tränen sah.

Saturnino ließ es sich nicht nehmen, uns den Rolls-Royce zu schikken. Meine Mutter trug ihr neues Kleid. Sie sah gut aus.

Raimundon trat vor das Hotel, schweigsam wie immer. Seixo und Nelson Cruz wollten ihn nach Waffen durchsuchen.

„Wer mich anfaßt, kriegt ordentlich was ab", sagte er ruhig.

„Es ist ein Befehl des Dono", entgegnete Nelson Cruz. „Alle Gäste werden durchsucht." Schließlich ließen sie uns in den Rolls-Royce einsteigen, in dem ein grauhaariger Schwarzer hinter dem Steuer saß. Nelson Cruz und Seixo folgten uns in einem schwarzen Ford.

Wir fuhren direkt zur Villa hinauf, vor der mehrere Autos geparkt waren. Saturnino empfing uns in der Halle. Er trug eine Hose, über der ein kurzärmeliges Hemd herunterhing. Auf seinen behaarten Armen waren Tätowierungen zu erkennen. Er begrüßte meine Mutter mit Verbeugung und Handkuß.

„Senhora, es ist mir eine Ehre, die Mutter von Paco hier in meinem Haus willkommen zu heißen. Sie dürfen sehr stolz auf Ihren Sohn sein, dem eine erfolgreiche Zukunft sicher ist."

„Solange er Ihnen gehorcht", antwortete meine Mutter ruhig. „Ich wünschte, er käme mit uns zurück nach Rio."

„Eines Tages wird er ein reicher Mann sein und Sie dort besuchen, Senhora." Saturnino sagte, daß er vom tragischen Ende Ganders gehört habe, und er kondolierte meiner Mutter. Dann richtete er den Blick auf Raimundon, der neben meiner Mutter stand. „Du bist Raimundon", sagte er. „Einer meiner Piloten. Wir sprechen uns später. Ich habe dir einen Vorschlag zu machen." Saturnino wandte sich mir zu. „Alex, meine Gäste warten gespannt auf deinen Auftritt. Ich hoffe, du bist gut vorbereitet."

„Wo ist Maria?" fragte ich ihn. „Ich will sie zuerst sehen."

Er lächelte, und sein Blick fiel auf Jamelão. „Maria ist deine Schwester, nicht wahr? Ihr seht euch ähnlich. Stimmt es, daß die Polizei steckbrieflich nach dir sucht?"

„Man hat es inzwischen vielleicht schon aufgegeben", sagte Jamelão etwas spöttisch.

„Es wurde mir gemeldet, daß bei einem Flugzeugabsturz zwischen dem Araguaia und dem Rio das Mortes zwei Männer ums Leben kamen. Einer von ihnen war ein Franzose, der andere war Nilo Vargas, ein alter Freund von mir. Ein Mann hat den Absturz überlebt."

„Galegos?" fragte Jamelão.

„Ja. Man hat ihn inzwischen nach Rio zurückgeflogen. An deiner Stelle würde ich mir überlegen, ob ich dorthin zurückkehrte. Paco sagte mir, daß du ein Mann bist, auf den Verlaß ist. Vielleicht möchtest du hierbleiben. Ich brauche gute Piloten."

„Ich bin kein Pilot."

„Raimundon könnte dir ein guter Lehrer sein."

Jamelão schwieg.

„Nun, du kannst es dir überlegen, Jamelão", sagte Saturnino. „Kommt, Maria erwartet euch."

Er führte uns durch die Halle und auf die Terrasse hinaus, wo er mich einigen Herren vorstellte, die er seine Freunde nannte. Obwohl sie sich für diesen Abend mit weißen Hemden und gebügelten Hosen festlich gekleidet hatten, sahen sie aus wie eine Bande alter Garimpeiros, die ihr Leben im Urwald verbracht hatten. Sie wußten, daß ich hier war, um Maria zurückzuholen, und daß es eine gefährliche Sache war, die sich Saturnino ausgedacht hatte. Saturnino stellte mich auch dem Polizeipräsidenten und einigen elegant gekleideten Damen vor. Sie musterten mich abschätzend.

Dann brachte Saturnino uns zum Geländer der Terrasse. Er gab mit der Hand ein Zeichen. Scheinwerfer gingen an und beleuchteten den See und ein Stück des Ufers. Es sah sehr schön aus.

Ich stand neben meiner Mutter und drückte fest ihre Hand. Unten am Ufer glitt Tibó durch das sumpfige Wasser. Zwei halbnackte Indios mit ölig glänzenden Oberkörpern traten ins Licht. Tibó schwamm zum Rand des Sees und verschwand. Jetzt bemerkte ich eine Bewegung im Schilfgras, dicht beim Ufer. Dort tauchten die beiden Kaimane auf. Sie waren kleiner als Tibó. „Das sind Getúlio und Jânio", sagte Saturnino. „Getúlio ist der Größere, und er hat einen angenehmeren Charakter als Jânio, der sehr futterneidisch und heimtückisch ist."

Die beiden Indios trugen Körbe zum Ufer, die mit Fleischstücken gefüllt waren. Sie nahmen die blutigen Klumpen und warfen sie ins Wasser hinaus. Die beiden Kaimane stürzten sich auf die Fleischstücke, als hätten sie seit Tagen nichts mehr zu fressen gekriegt. Ihre Schwänze peitschten das Wasser auf, während sie mit schnellen, ruckartigen Bewegungen ihre Mahlzeit verschlangen.

Tibó glitt wie ein dunkler Schatten an der Oberfläche dahin. Nur seine Augen und ein kleines Stück seines schuppigen Rückens ragten aus dem Wasser. Er schwamm von hinten an die Kaimane heran, und als diese ihn bemerkten, war es schon fast zu spät. Tibó griff Getúlio und Jânio an. Sein Maul öffnete sich, und Jânio entkam nur haarscharf der ersten Attacke. Im aufgewühlten Wasser waren die Kaimane und das Krokodil kaum mehr auseinanderzuhalten. „Sie sind hungrig wie noch nie!" rief Saturnino und rieb sich die Hände.

„Es ist ein schlimmes Spiel, das Sie mit uns treiben, Senhor", sagte meine Mutter mit fester Stimme.

„Es ist kein Spiel", entgegnete Saturnino hart. „Maria ist mein Eigentum."

„Wie stehen seine Chancen?" fragte Raimundon plötzlich.

„Nicht schlecht, wenn er ein guter Schwimmer ist. Er muß sich vor Tibó in acht nehmen. Tibó ist wachsam und schlau." Saturnino wandte sich mir zu. „Bist du bereit, Alex?"

„Zuerst will ich Maria sehen", antwortete ich.

Saturnino gab einem der Männer, die im Halbdunkel standen, ein Zeichen. Noch ein Scheinwerfer ging an. Das Licht beleuchtete die Insel mit der Hütte.

„Ruf sie, Alex!" verlangte Saturnino. „Ruf ihren Namen."

Ich starrte zur Insel hinüber, wo zwischen Schilfgras ein kleines Ruderboot festgebunden war. Ich holte tief Luft.

„Maria!" Meine Stimme schallte über den See hinweg. Alle blickten wie gebannt zur Insel hinüber. Die Hüttentür, eine Grasmatte, wurde zur Seite gezogen. Ein Mann erschien in der dunklen Öffnung. Es war ein Indio. Er trat zur Seite. Dann erschien Maria. Ein bärtiger Mann hielt sie am Oberarm fest. Sie trug ein helles Kleid, und ihr Haar fiel über ihre Schultern. Sie blickte zu uns herauf.

„Maria!" hörte ich mich noch einmal rufen.

„Alex?" rief sie zurück. „Bist du es, Alex?"

Ich ließ die Hand meiner Mutter los und schwang mich über das Terrassengeländer. Einige der Damen schrien vor Erregung. Ich rannte den Abhang hinunter, und während ich lief, zerrte ich mir das Hemd vom Leib.

Die beiden Indios mit den Körben waren inzwischen verschwunden. Am Ufer lag Tibó. Er bemerkte mich sofort, denn er bewegte sich und öffnete sein Maul. Ich lief auf ihn zu, das Hemd in der Hand. Es war taghell am Ufer. Ich rannte dicht an Tibó vorbei, und als er sich etwas aufrichtete und das Maul aufriß, warf ich ihm das Hemd zwischen die Zähne. Er packte es und beugte seinen Kopf weit zurück. Wahrscheinlich versuchte er, das Hemd loszuwerden, aber es blieb an einem seiner spitzen, langen Zähne hängen. Er schüttelte sich und schlug sich das Hemd mit wilden Bewegungen um den Kopf. Ich rannte unterdessen weiter und erreichte eine Stelle, wo ein Pfad durchs Schilf zum Ufer führte. Am Ende des Pfades befand sich ein schmaler Bootssteg. Ich lief über die Bretter und wollte mich kopfüber ins Wasser stürzen, als ich unter mir die Silhouetten der beiden Kaimane sah. Sie schwammen lautlos und ohne das Wasser zu bewegen. Ich blieb am Ende des Bootssteges stehen. Mein Atem ging keuchend. Oben auf der Terrasse war es still. Saturnino und seine Gäste hielten wahrscheinlich den Atem an.

Ich starrte zur Insel hinüber. Der bärtige Mann hielt Maria am Arm fest. Aus den Augenwinkeln gewahrte ich, wie Tibó vom Ufer aus ins

Wasser glitt. Mein Hemd blieb zerfetzt im Dreck liegen. Ich ging über den Bootssteg zurück und suchte mir einen Weg durch das Schilfgras. Der Boden wurde zunehmend weicher. Ich zog die Tennisschuhe, die Socken und die Hose aus. Schließlich stand ich bis zu den Knien im seichten Wasser. Langsam, ohne ein Geräusch zu machen, ließ ich mich auf alle viere nieder, bis mir das Wasser zum Kinn reichte. Durch das Schilfgras blickte ich dicht über die Wasseroberfläche. Irgendwo dort draußen lauerten Tibó und die beiden Kaimane. Langsam glitt ich aus dem Schilfgras heraus. Ich drehte mich um, so daß ich auf den Rükken zu liegen kam. Nur mein Gesicht ragte aus dem Wasser, und die einzigen Schwimmbewegungen machte ich mit den Füßen, die ich sachte auf und ab wippen ließ.

Still trieb ich im Wasser. Plötzlich spürte ich eine Bewegung. Langsam drehte ich den Kopf zur Seite, und ich sah sofort die beiden kleinen schwarzen Buckel, die etwa zwanzig Meter von mir entfernt durchs Wasser glitten. Das waren die Wülste über den Augen Tibós. Er kam genau auf mich zu.

Einen Moment lang war ich wie gelähmt. Bis zur Insel hinüber waren es mindestens fünfzig Meter. Ich hatte keine Ahnung, wie schnell Krokodile schwimmen können. Wahrscheinlich schneller als ich. Tibó wurde schneller. Ich drehte mich um und begann zu kraulen. Ich schwamm um mein Leben. Ich schwamm für Maria.

Tibó tauchte neben mir auf. Sein Körper kam aus dem Wasser ins gleißende Licht der Scheinwerfer. Sein gewaltiges Maul öffnete sich, und wie ein Pfeil schoß er auf mich zu.

Ich tauchte unter und machte einen gewaltigen Schwimmzug, der mich in die Tiefe brachte. Gleichzeitig drehte ich mich. Über mir schoß Tibó durch das Wasser. Sein Körper bog sich, und er machte eine schnelle Drehung, indem er seinen Schwanz zur Seite schlug. Er schwamm direkt über mich hinweg, sah mich jedoch nicht. Ich wußte, daß ich den Atem nicht länger als etwa eine Minute anhalten konnte. Schon jetzt wurde mir die Luft knapp. Das Blut rauschte in meinem Kopf. Meine Lungen begannen zu schmerzen. Ich machte zwei, drei heftige Schwimmzüge, die mich zur Oberfläche brachten. Sobald ich oben war, holte ich tief Luft. Tibó entdeckte mich sofort. Er schnellte im schäumenden Wasser herum und jagte auf mich zu. Ich tauchte tief unter ihm hinweg und schwamm in Richtung Insel. Ich mochte etwa die Hälfte der Distanz zwischen dem Ufer und der Insel zurückgelegt haben, als vor mir ein Schatten durch das Wasser schwebte. Einer der beiden Kaimane schlängelte sich unter Wasser zwischen den langen Ranken hindurch. Ich verhielt mich regungslos. Der Kaiman tauchte auf. Und dort, wo er die Oberfläche erreichte, schwamm Tibó wütend auf der Suche nach mir umher.

Der Kaiman hatte Pech. In dem Moment, in dem er auftauchte, schnellte Tibó herum. Von unten konnte ich nur sehen, wie ihre Leiber gegeneinander prallten. Plötzlich lief mir Wasser in den Hals und in die Lunge, und ich erstickte beinahe.

Die Todesangst trieb mich nach oben. Etwa zehn Meter von mir entfernt hatten sich Tibó und der Kaiman ineinander verbissen. Ihre Schwänze peitschten das Wasser meterhoch auf. Tibó schleuderte den kleineren Kaiman durch die Luft, wie er es mit meinem Hemd getan hatte. An der Seite des Kaimans klaffte bereits eine große Wunde. Tibós Kopf schwang herum, und der Kaiman, an den Zähnen seines Widersachers hängend, klatschte mit Wucht ins schäumende Wasser.

Ich schwamm im Weltrekordtempo auf die kleine Insel zu. Es waren noch knapp dreißig Meter. Vor der Hütte stand Maria. Blaß und voller Furcht.

Jetzt erreichte ich das seichte Wasser, dort, wo das kleine Ruderboot angebunden war; ich hatte plötzlich Grund unter mir und richtete mich auf. In diesem Moment stieß Maria einen Schrei aus. Ich warf den Kopf herum und sah den zweiten Kaiman dicht hinter mir, lautlos und schnell. Es mußte der heimtückische Jânio sein. Für Bruchteile einer Sekunde war ich wie gelähmt. Dann wollte ich mich vorwärts werfen, aber ich hätte es wahrscheinlich nicht mehr geschafft. Jânio war bis auf zwei Meter an mich herangekommen, als oben auf der Terrasse etwas Helles aufblitzte, dem der Knall eines Schusses folgte. Der Kaiman wirbelte zu Tode getroffen herum, drehte sich in der Luft und fiel ins Wasser zurück. Ich blickte zur Terrasse hinauf. Dort stand Saturnino am Geländer, mit einem Jagdgewehr in den Händen.

„Hol sie dir, Alex!" rief er lachend. Und seine Gäste klatschten.

Ich drehte mich um und lief an Land. Maria stand neben dem kleinen Ruderboot und sah mir entgegen.

Oben auf der Terrasse ließ sich Saturnino als treffsicherer Schütze feiern. Die Musik spielte, und die Gäste tranken einander zu. Das alles ließ mich kalt. Ich haßte auch Saturnino nicht mehr. Er konnte mir nichts mehr anhaben. Ich war durch die Hölle von Amazonien gegangen, ich hatte um mein Leben gekämpft und um das von Maria, und ich hatte erreicht, was ich wollte. Ohne daß ich jemandem den Fuß auf den Nacken zu stellen brauchte.

Maria half mir in das kleine Ruderboot, löste das Tau, mit dem es festgebunden war, und stieg selbst ein. Ich hockte im Bug und merkte erst jetzt, wie erschöpft ich war. Maria winkte mit beiden Händen zum anderen Ufer hinüber. „Jamelão!" rief sie.

Ich glaube, für uns alle war es ein glücklicher Tag, für mich sogar der glücklichste meines Lebens, und das weiß ich genau, denn während mich Maria über den See zum Ufer ruderte, wurde mir vor lauter Freude und Glück beinahe schlecht, und das ist mir weder vorher noch nachher jemals passiert.

Wir verließen Itaituba am nächsten Tag. Ohne Raimundon und Jamelão. Jamelão, der beste Freund, den ich hatte, entschloß sich, bei Raimundon zu bleiben und von ihm das Fliegen zu erlernen. Das war eine gute Chance für seine Zukunft.

Saturnino stellte uns ein Privatflugzeug zur Verfügung, das uns nach Maraba fliegen sollte. Er selbst kam an diesem Morgen zum Flugfeld hinaus und verabschiedete sich in bester Laune von meiner Mutter. „Ich wünschte, Alex könnte hierbleiben", sagte er. „Er würde es bestimmt nicht bereuen."

„Sie haben meinen Sohn Paco", entgegnete meine Mutter ruhig. „Bitte sorgen Sie dafür, daß er am Leben bleibt."

Er versprach, auf Paco aufzupassen. Maria und ich standen schon am Flugzeug. Er kam herüber. Ich legte den Arm um Maria. „Eines Tages wirst du mir die Geschichte von eurer Flucht erzählen, Alex", sagte er.

„Ich glaube nicht, daß wir uns wiedersehen", gab ich zur Antwort. Ich nahm Maria bei der Hand, und wir stiegen die kleine Gangway hinauf ins Flugzeug. Als ich durch das Fenster hinausblickte, fuhr Saturninos Rolls-Royce gerade durch eine große Pfütze, in der sich der graue Himmel Amazoniens spiegelte.

Foto: Sunset Photo, Tucson

Werner J. Egli

Wenn Werner Egli sein Haus am Stadtrand von Tucson in Arizona verläßt, sieht er sich vorsichtshalber erst einmal um. Steht da ein verdächtiger Wagen geparkt? Wartet dort drüben ein dunkler Typ im Schatten? Der gebürtige Schweizer ist nämlich kein Autor, der seine Bücher im stillen Kämmerlein verfaßt. Er recherchiert gründlich, auch wenn es sich um brennende Probleme wie Menschenhandel und Rauschgiftschmuggel handelt. Für *Das Gold des Amazonas* durchquerte der siebenundvierzigjährige Schriftsteller mit einem Jeep und in Begleitung eines brasilianischen Freundes wochenlang den Regenwald. Die finsteren Gestalten aus der Menschenhandelsszene sah er von nah – und auch die beschränkte Möglichkeit, von offizieller Seite dem verbrecherischen Treiben Einhalt zu gebieten.

Der neue Roman von Werner Egli, der nach einer USA-Durchquerung mit einem uralten VW-Bus Anfang der siebziger Jahre in Tucson Fuß faßte, befaßt sich mit dem Rauschgifthandel an der mexikanischen Grenze. Mit seinem Freund, einem US-Drogenfahnder, ist er selbst in haarsträubende Situationen geraten. Egli war dabei, als zwölf Leichen aus einem trockenen Brunnen geholt wurden – am Vortag umgelegt von einem Gangster, der an verschwundenes Drogengeld kommen wollte. Er war auch dabei, als die Fahnder den Mörder stellten – in einem harmlos aussehenden Wohnwagen.

Einmal im Jahr fährt der Autor nach Freudenstadt, dem Heimatort seiner Lebensgefährtin, der klugen Kritikerin aller neuen Manuskripte und Übersetzerin von Eglis Büchern ins Englische.

Der Autor sieht die Vorzüge der schönen, idyllischen Schwarzwaldstadt. „Hier habe ich Ruhe zum Schreiben, hier klingelt niemand, um mit mir auf Verbrecherjagd zu gehen." Und einen weiteren Vorteil findet Egli im Vergleich zu Arizona höchst angenehm: „Wo sonst als in Deutschland kann man gemütlich spätabends in einer netten Wirtschaft bei einem Viertel Wein sitzen und über Gott und die Welt reden?"

Tier-
arzt
ahoi!

**Eine Kurzfassung des Buches von
Hugh Lasgarn**

**Ins Deutsche übertragen von
Gisela Geisler**

Illustrationen von Dietrich Lange

„*Spreche ich mit dem Tierarzt? Kommen Sie bitte sofort! Hasso geht es furchtbar schlecht!*"

Wenn in der kleinen südenglischen Landpraxis das Telefon klingelt, ahnt Dr. Hugh Lasgarn meist schon, was für ein Fall ihn erwartet. Doch als junger Tierarztassistent ist man vor Überraschungen nie ganz sicher. „Du fährst nach Finnland", *erklärt ihm eines Tages sein Chef, „und zwar in Gesellschaft von achtzig wertvollen Zuchtrindern!*"

Erstes Kapitel

„DIE kleinen Fälle sind es, die uns das Leben schwermachen", hatte mein Kollege Bob Hacker gesagt, als ich als junger Tierarzt in der Praxis seines Vaters in Ledingford anfing.

Wie recht er doch hatte! Wäre „Warrior", Mr. Paxtons preisgekrönter Bulle, an diesem Morgen während der Operation gestorben, hätte ich mich der Wut seines Besitzers, eines zornigen alten Mannes, ausgesetzt, doch der Bulle überlebte. Dieser Fall bereitete mir also momentan kein Kopfzerbrechen, wohl aber ein anderer, denn ein paar Stunden später stand mir ein kleiner Waisenjunge namens Billy Bent gegenüber. Mit großen, herzzerreißend traurigen Augen blickte er mich an, als ich ihm eröffnete, daß sein Wellensittich Peter tot sei.

Der streitbare Junggeselle Paxton, ein Landwirt nordenglischer Herkunft, züchtete hervorragende Herefordrinder und hatte es aus eigener Kraft zu Wohlstand gebracht. Billy Bent dagegen war nur ein schmächtiger kleiner Junge, der sein Herz an einen Vogel gehängt hatte. Doch Bobs Warnung bewahrheitete sich auch in diesem Fall . . .

BILLYS Geschichte begann eigentlich erst richtig an jenem Tag, als er mit seinem kranken Wellensittich ein paar Wochen nach meinem Dienstantritt in unsere Praxis am Saint Mark's Square kam. Der Junge war damals ungefähr acht Jahre alt, ein schüchternes Bürschchen in fadenscheinigem Pullover, geflickten Hosen und viel zu großen Gummistiefeln. Billy, der da mit seinem Käfig im Behandlungszimmer stand, sah schon jammervoll genug aus, aber sein Vögelchen wirkte noch viel mitleiderregender.

Peter litt an einer Anschoppung im Kropf, die nicht selten auftritt, wenn im Käfig kein Vogelsand ist. Flüssiges Paraffin hatte nicht geholfen, und so war eine Operation der einzige Weg, um dem Tier Erleichterung zu verschaffen. Da ich nicht mit Komplikationen rechnete, versicherte ich Billy, sein Peter werde bald wieder gesund sein.

Ich war so sorglos und zuversichtlich, weil mir am Morgen die Operation an Paxtons wertvollem Zuchtbullen geglückt und ich damit in der Achtung des alten Viehzüchters beträchtlich gestiegen war. Der Bulle sollte von verhornten Druckstellen zwischen den Klauen der Hinterbeine befreit werden, und dazu mußte ich dem Tier eine Vollnarkose geben, ein überaus heikler Vorgang bei solch einem Koloß. Obendrein war McBean, ein weiterer Kollege in unserer Praxis, nicht rechtzeitig erschienen, um mir zu helfen. Aber die Sache ging gut aus, und im Hochgefühl dieses Erfolges konnte mich die Aufgabe, einen Wellensittich zu betäuben, nicht mehr schrecken.

Peter starb schon am Äther, noch ehe ich mit der Operation begonnen hatte. Und jetzt mußte ich mit seinem Besitzer reden, dem kleinen Billy Bent, dessen letzte Worte an sein Vögelchen mir noch im Ohr klangen. „Ich hole dich nachher ab, Peter", hatte er dem Wellensittich versprochen. „Du brauchst keine Angst zu haben."

Billy weinte nicht, als ich ihm die Wahrheit sagte. Mir wäre aber wohler gewesen, er hätte es getan. Denn nun heftete er nur verständnislos seinen Blick aus traurigen Kinderaugen auf mein Gesicht, als redete ich mit fremder Zunge.

Von den vielen und sehr unterschiedlichen Erfahrungen während meiner ersten Jahre als Tierarzt hat mich dieser schlichte Vorfall am tiefsten berührt: der kleine Junge, den ich vom Tod seines Wellensittichs unterrichten mußte.

ALS ich in den nächsten Tagen zu Paxton fuhr, um Warrior einer Nachuntersuchung zu unterziehen, sprach ich beiläufig von dieser bedauerlichen Begebenheit. Zu meiner Überraschung lud der alte Mann den kleinen Billy auf seinen Hof ein. Denn Paxton besaß nicht nur eine berühmte Rinderherde, sondern auch eine großartige Sammlung exotischer Vögel.

„Bringen Sie den Jungen mal mit", meinte Paxton. „Er kriegt von mir das schönste Wellensittichpaar der ganzen Grafschaft." Auch Diana, meine Freundin, sei herzlich willkommen, meinte der Viehzüchter, und so fuhren wir an einem Sommernachmittag zu dritt zu Paxtons Landsitz nach Donhill.

Paxton spielte ganz den gütigen Onkel, eine Verwandlung, die mir schier unglaublich vorkam. Es war ein herrlicher, heißer Tag. Zum

Tee, der auf dem Rasen serviert wurde, gab es Erdbeeren, und Billy, den der übervolle Tisch anfangs eingeschüchtert hatte, langte bald kräftig zu. Danach zeigte uns der Hausherr seinen Besitz. Er führte uns zuerst zu der Rinderherde, dann in die Rosengärten, zum See und zu guter Letzt zur Vogelvoliere.

Der kleine Billy verstummte; offenbar verwirrten ihn all die Farbenpracht und das ohrenbetäubende Gezwitscher. Doch sobald er sich gefaßt hatte, kannte seine Begeisterung keine Grenzen mehr.

Der alte Mann hielt Wort und übergab Billy beim Abschied einen nagelneuen Käfig mit zwei Wellensittichen: der eine grün, der andere blau wie Peter.

Wir waren gerührt, aber noch mehr ging uns die Szene zu Herzen, die darauf folgte. Billy war uns vorausgelaufen und auf die Koppelumzäunung geklettert, um den Rindern ein Lebewohl zuzuwinken.

Paxton strahlte über das ganze Gesicht. „Na, junger Mann, hat es dir hier gefallen?" fragte er.

„Ja, natürlich", erwiderte der Junge. „Und vielen Dank auch nochmals." Für seine Verhältnisse klang das beinahe überschwenglich.

„Dann willst du wohl auch mal Bauer werden wie ich und so viele Kühe haben?" fuhr Paxton gut gelaunt fort.

Billys Blick wanderte von der grasenden Herde über die Rasenflächen, das große Haus und zurück zu den Kühen. Dann faßte er Dianas Hand und blickte zu dem alten Mann auf. „Nein ..., ich glaube nicht", antwortete er zögernd. „Ich will lieber so was wie Mr. Lasgarn werden."

In der Folgezeit habe ich oft darüber nachgegrübelt, was wohl aus Billy geworden wäre, wenn er die Frage des wohlhabenden alten Mannes einfach mit Ja beantwortet hätte. In einem Märchen wäre Paxton zum Wohltäter des kleinen Waisenjungen geworden. Er hätte ihn auf eine gute Schule geschickt und ihn vielleicht sogar eines Tages in sein Haus aufgenommen. In der Wirklichkeit jedoch erwähnte der Alte Billy mit keinem Wort mehr.

Zu einem bestimmten Zeitpunkt hoffte ich allerdings doch noch auf einen Sinneswandel. Paxton war damals tief getroffen, denn ein paar angetrunkene Halbstarke hatten sein Vogelhaus verwüstet und die herrlichen Exoten getötet. Als Billy davon hörte, war er willens, die beiden Wellensittiche zurückzugeben, die ihm der alte Mann geschenkt hatte. Immerhin schien Paxton diese Geste des Kleinen zu rühren, aber er ging auf das Angebot nicht ein.

Ich jedenfalls gab mir Mühe, Billys Interesse an der Vogelhaltung zu fördern. Gemeinsam bauten wir im Hinterhof des Reihenhäuschens, das er mit seiner Großmutter bewohnte, eine Art Voliere. Die Vögel brüteten auch, und Billy wurde ein richtiger Fachmann in Fragen der Wellensittichzucht. Immer wieder tauchte er gegen Ende meiner Nachmittagssprechstunde auf, weil er angeblich Rat brauchte. Er wußte ganz genau, daß er nur den richtigen Zeitpunkt abpassen mußte, damit ich ihn in meinem Auto nach Hause fuhr und seine Vögel ein paar Minuten lang begutachtete.

DER erste Verdacht, daß Billy kränkeln könnte, kam mir an einem Abend, als die Sprechstunde ungewöhnlich früh beendet war. Ich bog mit meinem Wagen vom Hof der Praxis in die East Street ein, als ich im Rückspiegel beobachtete, wie der Junge auf dem Bürgersteig hinter mir herrannte. Ich hielt an, kurbelte das Fenster herunter und wartete, aber Billy kam nicht. Als ich mich nach ihm umschaute, sah ich zu meinem Schrecken, daß die schmächtige kleine Gestalt an einer Hauswand zusammengesunken war. Ich sprang aus dem Wagen und lief zu ihm hin. „Billy, was hast du denn?" fragte ich besorgt.

Er rang nach Luft, keuchte jämmerlich und klammerte sich dabei an meinen Ärmel. Allmählich kam er wieder zu Atem, und ich führte ihn behutsam zu meinem Auto. „Ich sollte . . ., ich sollte doch für meine Oma noch einkaufen gehen, und es war schon so spät", sagte er schwer atmend.

„Setz dich erst einmal ruhig hin, bis du richtig Luft bekommst."

Billy schien sich ziemlich schnell wieder zu erholen, war aber nicht sehr gesprächig, während ich ihn nach Hause fuhr.

„Bist du öfter so außer Atem?" fragte ich.

Er nickte. „Ja, manchmal schon."

„Ist deine Oma mit dir mal beim Doktor gewesen?"

Er schüttelte den Kopf. „Sie gibt mir so ein Zeug zum Einatmen. Das brennt in den Augen, weil sie mir dabei immer ein Handtuch über den Kopf legt."

Als ich vor dem Reihenhäuschen anhielt, stieg Billy aus und lief gleich in den Hinterhof. Ich suchte unterdessen die Großmutter des Jungen auf, um ihr von dem Vorfall zu erzählen.

„Er hat es schon immer ein bißchen auf der Brust", erklärte sie, „aber ich kriege ihn nicht dazu, zum Doktor zu gehen. All diese Besuche im Krankenhaus – dort ist zuerst seine Mutter gestorben und dann auch noch sein Vater. Er hat einfach Angst vor Ärzten, verstehen Sie?" Einen Augenblick sah sie mich hilfesuchend an. „Vielleicht reden Sie mal mit ihm", fügte sie schließlich hinzu.

Im Hof hatte Billy gerade seinen blauen Wellensittich aus dem Käfig geholt. Er hielt mir den Vogel entgegen. „Sein Schnabel ist an den Rändern nicht in Ordnung", meinte der Junge. „Er hat zwar zum Wetzen ein Aststück im Käfig, aber er benutzt es nicht."

Ich nahm Billy den Vogel ab und untersuchte den Schnabel. „Nächstes Mal bringe ich eine Schere aus der Praxis mit und beschneide die Ränder", sagte ich.

„Zeigen Sie mir, wie man das macht?" fragte Billy.

„Natürlich, mein Junge."

„Und tun Sie noch was für mich? Was ganz Besonderes?"

„Nämlich . . .?"

Er preßte den kleinen blauen Sittich fest an sich. „Ich möchte so gerne Vogeldoktor werden, wenn ich groß bin. Aber ich weiß nicht, wie man das macht."

„Hör mal, Billy, wer ein Vogeldoktor werden will, muß auch über alle anderen Tiere Bescheid wissen."

„Über alle? Das kann ich nicht. Dazu bin ich nicht klug genug", sagte er mit entwaffnender Ehrlichkeit. „Ich will bloß alles über Vögel lernen. Helfen Sie mir dabei?"

Das war meine Chance, und ich nutzte sie. „Sieh mal, Billy", erklärte ich, „wenn du Tierarzt oder auch bloß Vogeldoktor werden willst, mußt du ganz gesund und kräftig sein. Du kannst nicht kranke Vögel heilen, wenn du selber krank bist. Das verstehst du sicher."

Er spürte, worauf ich hinauswollte, und schaute zu Boden.

„Abgemacht, Billy!" fuhr ich rasch fort. „Ich helfe dir, Tierarzt zu werden, aber nur, wenn du mit deiner Oma zu Doktor Brown gehst und dich gesund machen läßt."

„Ich will nicht zum Doktor", murmelte er, ohne den Kopf zu heben.

„So ein Doktor ist doch dasselbe wie ein Tierarzt", entgegnete ich, „bloß daß er sich um kranke Menschen kümmert anstatt um Tiere."

„Ein Menschentierarzt!" sagte Billy. „Das ist ulkig." Endlich lächelte er wieder, und ich nickte.

„Du gehst also hin, Billy?"

„Ja." Er hielt den Vogel jetzt in der weit ausgestreckten Hand und betrachtete ihn aufmerksam. „Wenn ich dann Vogeldoktor bin, kann ich dir selber den Schnabel schneiden", sagte er zu dem kleinen Geschöpf.

IN DEN nächsten Tagen hatte ich sehr viel zu tun, und so vergaß ich, Billys Wellensittich den Schnabel zu schneiden. Der Junge kam auch nicht in die Praxis, um mich an mein Versäumnis zu erinnern.

Eines Mittags rief ich von unterwegs aus einer Telefonzelle Miß Billings an, unsere Sprechstundenhilfe, um zu hören, ob ich noch Besuche in der Nachbarschaft zu machen hätte, ehe ich zum Essen nach Hause fahren konnte. „Keine Anrufe", sagte Miß Billings, „aber Wachtmeister Packham war vorhin hier. Er suchte Billy Bent. Der Junge ist nicht zufällig bei Ihnen?"

Ich hatte Billy gelegentlich mitgenommen, wenn ich meine Besuche machte, aber immer nur an Wochenenden oder an schulfreien Tagen. Deshalb beunruhigte mich Miß Billings' Frage.

„Der Junge ist seit heute früh verschwunden", fuhr sie fort, „wie vom Erdboden verschluckt."

„Wo, um alles in der Welt, könnte er denn stecken?" fragte ich und ging schon im Geist die verschiedensten Möglichkeiten durch.

„Das weiß niemand", sagte Miß Billings. „Die Nachbarn haben ihn doch schon überall gesucht. Wachtmeister Packham wollte sich mal unten am Fluß umsehen. Hoffentlich ist dem Jungen nichts passiert."

Unten am Fluß? Das war ein schrecklicher Gedanke! Aber Billy war doch viel zu vernünftig, um eine Dummheit zu begehen ... Nein, diese schreckliche Möglichkeit wollte ich gar nicht näher in Betracht ziehen. „Ich fahre zu seiner Großmutter", erklärte ich hastig. „Vielleicht kann ich ihr beistehen."

Ich legte den Hörer auf, blieb aber noch einen Augenblick in der Telefonzelle und überlegte fieberhaft, warum der Junge fortgelaufen sein könnte – wenn er überhaupt fortgelaufen war.

Als ich vor dem Reihenhäuschen anhielt, stand die Tür offen. Ich ging durch den Hausflur und traf Billys Großmutter in der Küche an. Sie hatte mir den Rücken zugekehrt und starrte in die Glut auf dem Kaminrost. Als ich eintrat, fuhr sie herum. „Ach, Sie sind es, Dr. Lasgarn!" rief sie. Tränen liefen ihr über die Wangen. „Wo kann er bloß sein?"

„Ich weiß es leider auch nicht." Ich legte der alten Frau den Arm um die Schultern und drückte sie behutsam auf einen Stuhl nieder. „Aber wir finden ihn", fügte ich hinzu, „wo auch immer er steckt. Machen Sie sich keine Sorgen. Hat er etwas gesagt, ehe er losging?"

„Ich habe ihn doch heute noch gar nicht gesehen. Als ich aufgestanden bin, war er schon weg. Aber gestern abend hat er wegen der Vögel gejammert."

„Wegen der Vögel?"

Sie nickte. „Ja, und er hat sie auch mitgenommen."

„Mitgenommen? Aber weshalb denn?"

„Wegen ..., na ja, wegen dem Arzt. Wir sind nämlich zu Doktor Brown gegangen, wie Sie uns geraten hatten. Und der hat ihn untersucht. Von Kopf bis Fuß. Er hat gemeint, Billys Krankheit sei so eine Art Asthma. Der Junge müsse viel an die frische Luft gehen – und sich von seinen Vögeln trennen!"

Mir fiel es wie Schuppen von den Augen. Natürlich! Asthma! Asthma, das durch den Kontakt mit Vogelfedern verschlimmert wurde! Nicht, daß Federn bei Billy diese Anfälle verursachten – als Auslöser kamen viele andere Dinge in Betracht –, aber Doktor Browns Empfehlung war vernünftig und annehmbar; annehmbar für einen einsichtigen Erwachsenen, aber nicht für einen kleinen, acht Jahre alten Waisenjungen, für den die Vögel vielleicht das einzige waren, was seinem Leben Sinn gab. Ob er bei mir zu Hause war, um sich bei Diana, die seit kurzem meine Frau war, Rat zu holen? Ich schöpfte wieder Hoffnung und fuhr heim, doch Diana war den ganzen Vormittag im Haus gewesen, und niemand hatte sich bei ihr gemeldet.

Gemeinsam gingen wir alle Möglichkeiten durch. „Den Vögeln tut er bestimmt nichts an", sagte ich. „Eher bringt er sie irgendwohin in Sicherheit ..., an einen Ort, den er gut kennt ..."

„... und zu jemandem, dem er vertraut", fuhr Diana fort. Sie schaute mich an, und im selben Augenblick hatten wir denselben Gedanken: *Paxton! Er ist zu Paxton gelaufen!*

Ich stürzte zum Telefon. Es schien eine Ewigkeit zu dauern, bis sich Paxton endlich meldete.

„Billy?" brummte der alte Mann. „Was für ein Billy?"

„Billy Bent", wiederholte ich, „der kleine Junge mit den Wellensittichen. Sie erinnern sich doch an ihn? Sie hatten ihm ein Pärchen geschenkt, und er wollte es Ihnen zurückgeben ..., damals ... Sie wissen schon ..." Ich erklärte ihm, daß Billy mitsamt seinen Vögeln verschwunden war.

„Und warum sollte er ausgerechnet hierher kommen?"

„Das war nur so ein Gedanke." Paxtons gefühllose Reaktion regte mich auf, aber ich fügte trotzdem hinzu: „Er will seine Vögel offenbar in Sicherheit bringen, und ich glaube, er hat Vertrauen zu Ihnen."

Am anderen Ende der Leitung trat Stille ein. Ich wartete ein paar Sekunden. „Mr. Paxton ...?"

Ich hörte, wie er sich räusperte. „Nein, der Junge hat sich nicht bei mir gemeldet."

Wütend legte ich den Hörer auf. „So ein herzloses altes Ekel!" schnaubte ich.

„Hugh!" erwiderte Diana vorwurfsvoll. „Wie sollte denn der Junge allein bis nach Donhill kommen?"

„Zu Fuß. Er ist zwar nicht kräftig, aber verdammt willensstark."

„Nehmen wir also an, er wäre auf dem Weg nach Donhill. Dann kann er noch gar nicht dort sein", schloß Diana scharfsinnig.

Sie hatte recht. Bis zu Paxtons Farm waren es knapp zwanzig Kilometer, und selbst wenn Billy in der Morgendämmerung losmarschiert war, konnte er noch nicht am Ziel sein, schon gar nicht, wenn er seine Vögel mitschleppte.

Ich fuhr langsam, damit ich Billy nicht übersah, falls er sich gerade irgendwo am heckengesäumten Straßenrand ausruhte. Im Dörfchen Easthope hielt ich an, um Erkundigungen einzuziehen. Nichts, kein Hinweis! Also fuhr ich weiter nach Donhill.

Das Gut liegt auf einem Hügel am Ende des Tals. Mit dem prächtigen Wohnhaus, den Scheunen und Ställen und dem stets makellos gestrichenen Holzzaun, der die Gebäude von der asphaltierten Auffahrt trennt, gibt es zu jeder Jahreszeit ein eindrucksvolles Bild ab.

Niedergeschlagen, da ich Billy noch immer nicht gefunden hatte, fuhr ich langsam auf das Gutshaus zu, von dem mich nur noch eine Viehweide trennte. Dort drängten sich die Kühe in der Nähe einer üppigen Buchenhecke. Irgend etwas schien die Neugier der Tiere geweckt zu haben.

Ich stieg aus, um der Sache auf den Grund zu gehen, konnte aber zunächst nichts Auffälliges entdecken. Dann ging ich zum Ende der Hecke und ließ den Blick über die Auffahrt zum Gutshaus schweifen.

Und da war Billy! Unter jeden Arm einen Schuhkarton geklemmt, marschierte er auf das große Haus zu. Erleichtert wollte ich schon seinen Namen rufen, doch in diesem Augenblick tauchte am Hoftor ein hochgewachsener Mann in blauem Nadelstreifenanzug auf. Im Knopfloch seines Jacketts trug er eine Rose, und mit seinem Spazierstock klopfte er ungeduldig auf den Boden. Es war Paxton, der auf Billy wartete.

Ich blieb stehen und beobachtete, wie der Junge auf den alten Mann zuging. Was gesprochen wurde, konnte ich nicht verstehen. Aber die Entschlossenheit in Billys Haltung und Paxtons freundliches Kopfnikken sagten mehr als tausend Worte.

Die beiden standen ein paar Minuten beisammen. Dann wandte mir Paxton den Rücken zu, legte Billy die Hand auf die Schulter und führte ihn zum Haus.

Ich blieb fast eine Viertelstunde im Auto sitzen. Natürlich hätte ich ebenfalls ins Haus gehen und von dort in Ledingford anrufen sollen, damit Billys Großmutter sich keine Sorgen mehr zu machen brauchte. Andererseits hatte ich das Gefühl, daß es besser wäre, Paxton und dem Jungen ein bißchen Zeit zu lassen, damit sich der streitsüchtige Alte und das unschuldige Kind ein wenig anfreunden konnten.

Schließlich raffte ich mich auf und fuhr zum Haus hinauf. Die Haushälterin führte mich in Paxtons riesiges ovales Arbeitszimmer, das mich immer an die Bilder vom „Oval Office" des amerikanischen Präsidenten im Weißen Haus erinnerte.

Paxton thronte in seinem großen Ledersessel hinter dem Schreibtisch, und ihm gegenüber saß Billy, der an einem Schinkenbrot kaute. Vor ihm stand ein halbvolles Glas Milch.

Als ich eintrat, erschrak der Junge sichtlich. „Mr. Paxton nimmt meine Vögel", sprudelte er heraus. „Stimmt doch, Mr. Paxton ...?"

„Bei mir passiert ihnen nichts, Billy."

„Bloß gut, daß dir auch nichts passiert ist, Billy", fügte ich hinzu. „Deine Oma macht sich schreckliche Sorgen."

„Der wollte mir aber die Vögel wegnehmen", sagte er, „der Doktor, zu dem Sie mich geschickt haben."

„Ich wollte doch nur, daß du gesund wirst, Billy."

„Ich mag gar nicht gesund werden. Ich will bloß meine Vögelchen behalten. Sie haben doch gesagt, ich kann Vogeldoktor werden, wenn ich zum Arzt gehe. Aber was ist, wenn sie mir jetzt die Vögel wegnehmen?" Er griff nach dem Glas, das vor ihm stand, und vergrub die Nase darin.

Über Paxtons Gesicht zuckte ein boshaftes Lächeln. „Na, Dr. Lasgarn? Sie sind doch hier der Fachmann! Beantworten Sie mal Billys Frage!" Aber dann stand er auf und schaute aus dem Fenster. „Wie wäre es denn mit Fischen, Billy?" fuhr er plötzlich fort. „Hast du schon mal an eine Fischzucht gedacht?"

Billy sah ein bißchen verwirrt drein und stellte das geleerte Glas auf dem Schreibtisch ab. „Wir haben doch keinen Teich wie Sie", erwiderte er, „und deshalb kann ich keine Fische halten."

Paxton schaute Billy an. „Du irrst dich, mein Junge. Komm mit. Du wirst sehen, daß du keinen Teich brauchst. – Lasgarn!" Er versuchte, möglichst streng zu wirken, aber es gelang ihm nicht, und ich wußte auch, warum: Die Sache machte ihm viel zuviel Spaß. „Lasgarn, Sie kommen auch mit! Sie müssen sich mal ansehen, was ich mir neuerdings zugelegt habe."

Wieder legte er die Hand auf Billys Schulter und schob den Jungen behutsam aus dem Zimmer. Wir durchquerten die Eingangshalle, gingen durch einen langen Flur und stiegen die Wendeltreppe in den Keller hinunter.

Ich marschierte hinter den beiden her bis zu einem grünen Filzvorhang, der eine Tür verbarg. Paxton stieß die Tür auf und ließ Billy den Vortritt in den dahinterliegenden Raum. Ich folgte als letzter.

Die Atmosphäre in dem niedrigen, dämmrigen Gewölbe war friedlich und entspannend. Wenn man von einem gedämpften, anhaltenden Blubbern absah, herrschte hier vollkommene Stille. Leuchtende Farben und weiche, rhythmische Bewegungen schienen den ganzen Raum zu erfüllen, denn in die Wände waren Aquarien eingebaut, eines neben dem anderen und alle voll phantastischer schwimmender Geschöpfe. Da gab es Becken mit Warm- und Kaltwasserfischen, Süßwasser- und Meeresbewohnern, Tropen- und Tiefseefischen, Exoten wie Kalmare, Kraken, Seeanemonen – eine einmalige, zauberhafte Unterwasserwelt mitten im Herzen von Herefordshire! Es waren mindestens zehn Becken, die sich hier aneinanderreihten, alle wunderbar beleuchtet und mit kristallklarem Wasser gefüllt, ein atemberaubender Anblick.

Paxton genoß es stets, Besucher mit ausgefallenen Neuerwerbungen in ehrfürchtiges Staunen zu versetzen, doch diesmal kam mir das Lob von Herzen. Billy dagegen stand mit weit aufgerissenen Augen da und preßte die Hände an die Wangen. „Sind das alles Fische?" fragte er, ohne den Blick von den Aquarien zu lösen.

„Manche schon und andere wieder nicht", erklärte Paxton. „Hübsch, nicht wahr?"

Billy trat an eines der größeren Becken und drückte sich die Nase an der Glasscheibe platt. Da gab es Korallen und Muscheln und durchsichtige, seltsam wabernde Lebewesen, die ich nicht einmal dem Namen nach kannte, und alle vereinigten sich zu einem Traumbild überirdischer Schönheit.

Billy blieb eine Weile wie gebannt stehen, die Hände immer noch gegen die geröteten Wangen gepreßt. Dann drehte er sich abrupt um und schaute mich fest an. „Kann ich auch ein Fischdoktor werden, Mr. Lasgarn?" fragte er.

„Ein Fischdoktor, Billy?"

„Natürlich kann er Fischdoktor werden", polterte Paxton in seiner gewohnten angriffslustigen Art los. „Wenn du Fischdoktor werden willst, mein Junge, sollst du es auch werden. Ich sorge dafür!"

„Prima", antwortete Billy. „Das ist bestimmt genauso schön wie Vogeldoktor, oder?"

„Natürlich", meinte Paxton. „Nicht wahr, Lasgarn?"

Der alte Mann und der kleine Junge standen in stummer Bewunderung vor den leuchtenden Aquarien, vereint in dem gleichen Verlangen: ihrem Leben Sinn und Zweck und damit ein Gefühl der Erfüllung zu geben. Und noch während ich sie vom dunklen Hintergrund des Raumes aus beobachtete, wußte ich, daß sie am Ziel waren: Paxton, der sein ganzes Leben lang nach solcher Erfüllung gestrebt, sie aber nie gefunden hatte, und Billy, der noch so jung war und an Asthma litt, eines Tages aber zu den führenden Meeresbiologen unseres Landes zählen würde.

Zweites Kapitel

EIN paar Wochen später wurde ich eines Nachts vom Klingeln des Telefons aus dem Schlaf gerissen und sogleich in ein äußerst merkwürdiges Gespräch verwickelt.

Nachts riefen Tierbesitzer ausnahmslos in Notfällen an, wobei der besorgniserregende Zustand ihres Schützlings sie häufig in Panik versetzte. Vor Aufregung konnten sie mir die Symptome ihres kranken Lieblings oft nur unzureichend beschreiben. „Spreche ich mit dem Tierarzt? Kommen Sie bitte sofort! Hasso geht es furchtbar schlecht!" Eine solche Botschaft konnte problematisch werden, wenn der Anru-

fer zum Beispiel schon wieder aufgelegt hatte, ehe er Hassos Adresse
nannte. Gelegentlich war auch nur ein unzusammenhängendes Wort-
gestammel zu hören, weil sich der Besitzer des Patienten kurz zuvor
allzu ausgiebig die Kehle „angefeuchtet" hatte. Im Laufe der Jahre
lernte ich aber, die Anrufer zu beruhigen, ihre Mitteilungen zu enträt-
seln und grobe Mißverständnisse zu vermeiden.

Diesmal war alles anders. Als ich den Telefonhörer abgehoben
hatte, fragte ich mich zunächst, ob dieses Geschnatter und Geplapper,
das an mein Ohr drang, vielleicht noch Teil des Traumes war, der
mich eben noch so wohlig umfangen hatte. Dann begann ich, an einen
Streich zu denken. Solche Streiche kamen vor, wenn auch nicht oft.
Beim letzten Mal hatte man mich um Mitternacht zu einem unbe-
wohnten Haus in Ledingford gelockt. Dort erwartete mich eine bunt-
gemischte Gesellschaft. Sie bestand aus je einem Angestellten der
Gas- und der Wasserwerke, zwei Taxichauffeuren und einem Zauberkünstler, dem man einen Auftritt bei einer Mitternachtsparty versprochen hatte.

Immerhin hörte ich der plappernden Stimme eine Weile zu und entschied, daß sie zwar nicht zu verstehen, aber menschlicher Natur sei.
Doch im nächsten Augenblick zweifelte ich schon an meinem Urteil.
Ein Hund bellte, nicht etwa irgendwo aus dem Hintergrund, sondern
geradewegs ins Telefon hinein. Wollte sich der Anrufer jetzt als Tier-
imitator versuchen?

Allmählich begann mein Ohr Wortgruppen zu unterscheiden, die
wie „Buddha-taja", „Swanse-swanse", „Aislang" und „Bludd-bludd"
klangen, aber immer wieder von Hundegekläff unterbrochen wurden. Möglicherweise handelte es sich um eine Geheimsprache, aber
ich konnte nichts damit anfangen. Obendrein beendete auch dieser
Anrufer das Gespräch, ohne den geringsten Hinweis auf seinen
Namen oder seine Adresse gegeben zu haben.

Verwirrt legte ich den Hörer auf und sank in die Kissen zurück.

„Wer war denn das?" murmelte Diana schlaftrunken.

„Ein ... Chinese", erwiderte ich, denn langsam kam mir die
Erleuchtung, „ein Chinese, der in Not ist."

Diana setzte sich ruckartig im Bett auf. „Ein *was?*"

„Ein Chinese", wiederholte ich. „Und das ist sein Glück!"

„Hugh, fehlt dir etwas?" Diana musterte mich besorgt. „Warum

sollte ein Chinese, der dich nachts um eins aus dem Bett klingelt, ausgerechnet Glück haben?"

„Weil er vergessen hat, seinen Namen zu nennen", entgegnete ich.
„Deswegen!"

Diana starrte mich fassungslos an, dann legte sie mir den Arm um
die Schultern. „Liebling, du hast in letzter Zeit zuviel gearbeitet . . ."

Ihre Besorgnis war berechtigt, denn während der zurückliegenden
Wintermonate war es in der Praxis drunter und drüber gegangen.
Doch als ich vom Glück des Anrufers sprach, war das mein voller
Ernst, denn damals gab es in Ledingford nur einen einzigen Bürger
asiatischer Herkunft: Mr. Wang, der mit seiner Familie eine Wäscherei
und ein kleines Restaurant betrieb. Ohne die unüberhörbaren Eigen-
tümlichkeiten seiner Aussprache wäre ich außerstande gewesen, sein
Retter aus großer Not zu werden.

Nachdem ich meine Frau überzeugt hatte, daß ich nicht an Wahn-
vorstellungen litt, kleidete ich mich an und ging hinunter zum Auto.
Diana war aber immer noch besorgt und erbot sich, mich zu begleiten.
Doch ich beruhigte sie und versprach, aus dem Haus der Wangs anzurufen, sobald der Patient versorgt sei.

So fuhr ich also in ungewisser Mission durch die engen Straßen des
nächtlichen Ledingford. Die altertümlichen Häuser mit ihren über-
hängenden Dachtraufen und hohen Firsten kamen mir vor wie betagte
Menschen, die, aneinandergelehnt, in leichten Schlummer gefallen
waren. Ein bißchen unbehaglich war mir doch zumute. Vielleicht
hatte man mich bloß wie meine nächtlichen Leidensgenossen, die
Angestellten vom Wasserwerk und vom Gaswerk, die Taxichauffeure
und den armen Zauberkünstler, auf eine falsche Fährte gelockt? Doch
sobald ich in die Whitefriar Street eingebogen war, sah ich, daß ich am
Ziel war: Vor einem Geschäftshaus mit zwei Eingängen drängte sich,
nächtlich gewandet, die gesamte Familie Wang auf dem Bürgersteig.
Nur Mr. Wang trug noch seine Arbeitskleidung und hüpfte wie ein
aufgeregter Papagei mitten auf der Fahrbahn herum.

Noch ehe mein Wagen stand, stürzte er auf mich zu und zerrte am
Türgriff, und sobald ich auszusteigen versuchte, packte er mich am
Ärmel meines Pullovers, der schön dick, zwei Nummern zu groß,
aber für Nachtvisiten hervorragend geeignet war, und zog so heftig an
meinem guten Stück, daß es gleich noch viel größer wurde.

Mr. Wangs hektisches Verhalten war höchst ungewöhnlich. Wenn man ihn sonst durch die Straßen von Ledingford schreiten oder seinen hochrädrigen Wäschereikarren schieben sah, umgab ihn immer ein wenig von der ehrfurchtgebietenden, geheimnisvollen Aura des Fernen Ostens. Er war einfach nicht wiederzuerkennen in diesem Derwisch, der mich jetzt in den Laden zu zerren versuchte und dabei unaufhörlich „Doktol Lassan! Doktol Lassan!" schrie.

Die übrigen Mitglieder der vielköpfigen Familie Wang, die in ihren Nachthemden wie Chorsänger in einer Opernaufführung aussahen, bildeten eine Bresche, durch die ich gewaltsam in das Haus befördert wurde.

Einen Augenblick fürchtete ich schon, das Opfer einer Verschwörung zu sein, zumal Mr. Wang nicht aufhörte, wie ein übergeschnappter religiöser Fanatiker sein „Buddha-taja! Buddha-taja!" zu schreien. Aber dann hörte ich zu meiner Erleichterung die mir schon bekannten Wörter „Swanse-swanse" und „Bludd-bludd", denen zwei neue Begriffe folgten, nämlich „Bludel" und, zu meiner Überraschung, der Ortsname „Caldiff".

Wir tauchten in den schmalen Hausflur zwischen Wäscherei und Restaurant ein, der von Schwaden aus Wasserdampf und allerlei würzigen Gerüchen durchzogen war. Mr. Wang wirkte nicht nur überaus ängstlich und angespannt, sondern er sah im fahlen Lampenlicht auch beunruhigend bleich aus. Er schob mich vor sich her auf eine von drei Türen zu. Als wir stehenblieben, unterbrach er zum erstenmal sein Jammergeschrei, und ich wollte diese Gelegenheit zu dem Versuch nutzen, ein paar Informationen aus ihm herauszuholen. „Beruhigen Sie sich doch erst einmal, Mr. Wang", sagte ich, „und dann erzählen Sie mir, was hier passiert ist."

Mr. Wang bekam erneut einen hysterischen Anfall, der mir zu keinerlei Erkenntnissen verhalf, doch als ich meine Hand auf die Türklinke legte, verstummte er sofort wieder. Ich warf einen Blick über die Schulter zurück und schaute in lauter runde, besorgte Gesichter, die gebannt jede meiner Bewegungen verfolgten.

Was erwartete mich wohl hinter dieser rotgestrichenen Tür? Sollte ich, der Landtierarzt Hugh Lasgarn, wie einst der heilige Georg den chinesischen Drachen von Ledingford erschlagen? Dann fiel mir Dianas Bemerkung über meine angegriffenen Nerven ein, und ich schob diese hochfliegenden Phantasien schleunigst beiseite, stieß die Tür auf und befand mich in einer Art Vorratsraum.

Als hätte ich einen Schalter betätigt, setzte prompt wildes Gebell ein. Es klang zwar ein bißchen wie Mr. Wangs Gebrüll am Telefon, stammte aber keinesfalls von einem Drachen. Schließlich fiel mein Blick auf den Urheber der ganzen Tragikomödie – plötzlich wußte ich, was geschehen war, und all diese rätselhaften Wörter bekamen einen Sinn.

Vor mir stand „Buddha-taja", der offenbar seinen „Swanse" in eine zufallende „Aislang"-Tür geklemmt hatte, so daß der ganze Raum jetzt voller „Bludd" war. Im Klartext: Mr. Wangs kleiner Border-Terrier hatte sich den Schwanz in einer Eisschranktür eingeklemmt, und die ganze Vorratskammer war jetzt voller Blut. Um die Übersetzung zu vervollständigen: Der Hund gehörte Mr. Wangs „Bludel", dem Bruder, der vorübergehend nach Cardiff verreist war.

Das Geheimnis war entschleiert, und meine Aufgabe war auch klar. Nur erwies sich ihre Lösung als problematisch. Die geringste Bewegung, die ich in die Richtung meines hitzigen kleinen Patienten machte, veranlaßte ihn, sich in eine Ecke zurückzuziehen, sich auf die Hinterbeine zu stellen und die Zähne zu fletschen. Ich sollte nur nicht glauben, daß ihm diese ganze blutrünstige Geschichte gefiele.

Selbst unter günstigeren Umständen ist es schwierig, eine Blutung an so exponierten Körperteilen wie Ohr oder Schwanz zum Stillstand zu bringen. Die Tiere neigen dazu, ständig damit zu zucken oder zu wedeln, dadurch wird die Blutgerinnung verhindert, und auch das Anlegen eines Verbandes ist kein Kinderspiel. Die kurzzeitige Anwendung einer Aderpresse ist zwar wirkungsvoll, aber der kleine „Buddha-taja" gab geräuschvoll zu erkennen, daß er einer solchen Prozedur keinesfalls zustimmen würde.

Die verletzte Schwanzspitze leuchtete unheilvoll wie ein blutrotes Signalfeuer und paßte farblich zu dem grellroten Halsband des Terriers. Mir kam es so vor, als hätte die Blutung von allein aufgehört, doch vorsichtshalber wollte ich mir die Verletzung ansehen.

„Haben Sie eine Leine?" rief ich Mr. Wang zu, der ängstlich um die Ecke spähte.

„La-ine? La-ine?" wiederholte er und legte die Stirn in Falten.

„Eine Hundeleine", sagte ich. „So ein Ding . . ." Ich legte den Kopf auf die Schulter und richtete ihn durch einen Ruck an einer unsichtbaren Leine wieder auf, als sei ich ein Gehenkter.

„Ah! La-ine! La-ine!" schrie Mr. Wang. Vor Erleichterung, mich verstanden zu haben, riß er die Arme hoch. Dann wandte er sich an die vollzählig versammelten jüngeren Wangs und erteilte ein paar Befehle. Sie wurden augenblicklich befolgt, denn auf einmal war das ganze Haus von Fußgetrappel erfüllt. Endlich erschien in der Türöffnung eine Hand mit einer herabbaumelnden Hundeleine – einer roten natürlich. Aber damit war der Hund noch lange nicht „an die Leine gelegt". Kein Gedanke daran, den Karabinerverschluß der Leine einfach in die Öse am Halsband einzuhaken! Also bildete ich aus dem langen Lederband eine Art Lasso.

„Wie heißt er denn?" fragte ich.

„Fleundchen ... Fleundchen", flötete Mr. Wang im Hintergrund.

Freundchen! Wahrlich ein Name, der zu meinem Gegner in dieser besonderen Situation überhaupt nicht paßte, denn jedesmal, wenn ich einen Schritt auf ihn zu machte und dabei immer wieder besänftigend seinen Namen aussprach, reagierte er unverhohlen feindlich.

Ich machte mehrere Ausfälle wie ein Stierkämpfer, wurde dabei jedoch einmal selbst in die Ecke manövriert, indem Freundchen an mir vorbeischoß und meine Rolle übernahm, und gelangte schließlich zu der Einsicht, daß ich die falsche Taktik anwendete. Vielleicht hatte Mr. Wang eine glücklichere Hand? Immerhin war es der Hund seines Bruders, und das Tier war vermutlich mit ihm vertraut.

Mein Vorschlag hatte zur Folge, daß Mr. Wang zu einer Porzellanfigur aus der Ming-Zeit erstarrte und einen Laut ausstieß, der an eine sterbende Kuh denken ließ. Doch ich drückte ihm einfach die rote Leine in die Hand und drängte ihn, einen Versuch zu machen.

Er seufzte abgrundtief, duckte sich wie eine verrückt gewordene Spinne, streckte die Hand aus, von deren Fingerspitzen die Leine herabbaumelte, und murmelte dabei Wörter, die wie eine mystische Beschwörungsformel klangen. Doch jede Bewegung in Richtung des Terriers beantwortete dieser mit aggressivem Gebell.

„Nicht nachgeben, Mr. Wang!" Ich versuchte, ihm Mut zu machen. „Sie wissen doch, was Konfuzius sagt: ‚Hunde, die bellen, beißen nicht.'"

Mr. Wang schaute mich an. Seine Augen hatten sich zu schmalen schwarzen Schlitzen verengt. „Doktol Lassan", keuchte er, „Sie kennen Splichwolt; ich kennen Splichwolt. Abel" – plötzlich kreischte er wieder, und sein Gesicht sah wie ein roter Luftballon aus, der zu platzen drohte –, „abel kennen veldammte Hund auch Splichwolt?"

Mit diesen Worten schleuderte er die rote Leine mitten in den Raum, rannte davon und ließ mich allein mit meinem tobenden Patienten.

Die ganze Aktion schien nun völlig aus dem Ruder zu laufen, doch dann kam die Rettung in Gestalt eines jüngeren Wang. Er hatte sich mit einem jener dünnen Netze ausgerüstet, die in der großen Waschtrommel kleinere Kleidungsstücke zusammenhalten. Ohne jede fremde Hilfe warf er mit eleganter Handbewegung das Netz über Freundchen, und dieser minimale Aufwand hatte sofort eine maximale Wirkung: Der Terrier strampelte nur noch ein paar Sekunden, ergab sich dann seinen Fesseln und lag vollkommen still.

Endlich konnte ich meines Amtes walten und dem Patienten zunächst eine Beruhigungsspritze geben. Sobald sie wirkte, untersuchte ich die Schwanzspitze. Die Haut war durch das Einklemmen in der Kühlschranktür rundherum geplatzt und mußte mit ein paar Stichen genäht werden. Ich legte noch einen Verband an und gab zum Schluß hinterlistigerweise folgenden Rat: Mr. Wangs Bruder, der in Worcester wohnte und seinen Liebling auf der Rückreise von Cardiff wieder abholen wollte, möge doch bitte beim Kollegen in seinem Heimatort die Fäden ziehen lassen.

Zu guter Letzt rief ich Diana an. „Ich bin *nicht* übergeschnappt", sagte ich, „und es *war* ein Chinese!"

„Sag bloß noch, er hatte einen kranken Pekinesen", erwiderte sie schnippisch.

„Nein", entgegnete ich, „einen Buddha-taja!" Wie gewisse mitternächtliche Anrufer legte ich auf, ohne weitere Angaben zu machen.

Drittes Kapitel

HÄTTE Freundchen nicht einen so langen „Swanse" gehabt, wäre der Unfall mit der Kühlschranktür vielleicht nicht passiert. Tatsächlich wird das Argument der geringeren Unfallgefahr immer von Leuten vorgebracht, die das Kupieren von Hundeschwänzen befürworten. Sie meinen, den Tieren werde auf diese Weise Schmerz erspart, weil sie sich nicht so leicht in Brombeerhecken, Drahtzäunen – und natürlich auch zufallenden Türen – verfangen können.

Die Gegner des Kupierens führen ins Feld, daß diese Operation eine Verstümmelung des Hundes und ein Vergehen gegen die Natur sei. In späteren Jahren änderte sich tatsächlich meine Einstellung zu dieser Frage, aber zu Beginn meines Berufslebens führte ich den Eingriff aus, wann immer er verlangt wurde. Daß er nicht ganz problemlos war, wurde mir allerdings schon damals klar, besonders an dem Tag, als mir die Ablehnung des Kupierens in Gestalt einer kräftigen Boxerhündin namens Mika entgegentrat und mir ihre Auffassung mit Nachdruck verdeutlichte.

Ein gewisser Janis Jolokowski, ein Herr polnischer Herkunft, der im eleganten Villenviertel von Ledingford wohnte, hatte mich von auswärts angerufen. Er befand sich gerade mit seiner Frau in einer geschäftlichen Angelegenheit – Mr. Jolokowski importierte Orientteppiche – in London. In seinem Heim, einer riesigen viktorianischen Villa in der Nähe der Putsley Road, hatte seine Boxerhündin unterdessen sechs Junge geboren. Offenbar waren die Kleinen ohne Komplikationen zur Welt gekommen, und auch Mika war gesund und munter. Nun beauftragte mich Mr. Jolokowski, den Welpen die Schwänze zu kupieren und die Afterkrallen zu schneiden.

Mr. Jolokowski wußte, daß man diese Prozedur am besten während der ersten achtundvierzig Stunden nach der Geburt vornimmt. Da es sich aber abzeichnete, daß sich seine Geschäfte in London in die Länge ziehen würden, bat er mich, inzwischen in die Villa zu fahren und die Sache allein in die Hand zu nehmen.

„Meine Mutter befindet sich im Haus", erklärte er. „Sie ist hochbetagt und ein bißchen schwerhörig, aber sie kann Ihnen die Welpen zeigen. Leider spricht sie nur Polnisch. Wenn Sie mir einen genauen Termin nennen, werde ich die alte Dame jedoch telefonisch von Ihrem Besuch unterrichten. Dann kann sie auch Mika rechtzeitig aus dem Weg schaffen." Und in unheilschwangerem Tonfall setzte er hinzu: „Das halte ich für besser ..., in Ihrem Interesse."

Ich nannte ihm drei Uhr nachmittags als Termin, und er versprach, alles Nötige zu veranlassen.

Das vornehme Haus beeindruckte mich. Es war von einem gepflegten großen Garten umgeben, und selbst mein kleiner Ford schien diese
Wohlhabenheit zu spüren, als seine Reifen satt auf dem dicken Kiesbe-
lag des Vorplatzes knirschten.

Die Klingel war so schrill, daß der Lärm bestimmt bis in die hinter-
sten Räume des Hauses drang. Trotzdem mußte ich mehrmals läuten,
bis sich etwas rührte. Hinter den bleigefaßten bunten Glasscheiben der
Haustür tauchte schließlich eine kleine Gestalt auf, entsicherte mehrere Riegel und ließ mich eintreten.

Die winzige, vom Alter gebeugte Frau war von Kopf bis Fuß
schwarz gekleidet; lediglich Kragen und Ärmel zierte ein zarter weißer
Spitzenbesatz. Besonders bemerkenswert waren ihre lebhaften grauen
Augen und ihr Lächeln, das ihr Gesicht wie uraltes, zerknittertes Per-
gamentpapier aussehen ließ. Vor mir stand Mrs. Jolokowski, das
Urbild des polnischen Großmütterchens!

Zuerst Mr. Wang und nun Mrs. Jolokowski – ob sich unsere Praxis
zu einem Unternehmen mit zunehmend internationaler Kundschaft
entwickelte?

Die alte Dame forderte mich durch ein Handzeichen auf, ihr zu folgen. Von der großen Diele aus, die an den Wänden eichengetäfelt war,
blickte man durch weit geöffnete Türen in mehrere imposante Zimmer. Die Atmosphäre erinnerte mich fast an eine Kathedrale, und
unwillkürlich begann ich, nach Weihrauchduft zu schnuppern.

Mrs. Jolokowski führte mich in ein Speisezimmer, das im Stil des
frühen siebzehnten Jahrhunderts möbliert war. In der Mitte des
Raums lag ein kostbarer Orientteppich; daneben stand ein mächtiger
Tisch mit einem gestärkten weißen Tischtuch darauf. Die alte Dame
strich eine Ecke davon glatt und blickte beifallheischend zu mir auf.
Einen Augenblick war ich verwirrt, aber dann begriff ich, daß diese
riesige, weiß verhüllte Fläche mein Operationstisch sein sollte.

Ich nickte, und Mrs. Jolokowski führte mich zurück in die Diele,
wo sie vor einer Tür dicht am Eingang stehenblieb. Dann faßte sie
meinen Ellenbogen, drehte mich zu den hinteren Zimmern hin um,
legte die Handfläche hinter das Ohr und schaute mich an. Offenbar
sollte ich ihr etwas bestätigen.

Ich horchte angestrengt und konnte tatsächlich im Hintergrund
Hundegebell ausmachen. Trotz der großen Entfernung kam mir der

Tonfall ausgesprochen aggressiv vor, und ich schloß daraus, daß der Urheber die empörte Mika war, die gegen die Trennung von ihren Welpen protestierte.

Nun öffnete die alte Dame die Tür, vor der wir stehengeblieben waren. Hinter ihr lag eine kleine Gästetoilette mit Handwaschbecken. Unter dem Becken stand ein Weidenkorb mit sechs runden, schlummernden Welpen.

Ich fand es merkwürdig, daß in einem Haus dieses Ausmaßes offenbar kein Hundezwinger vorhanden war. Vielleicht gab es ihn sogar, aber wenn man hochträchtige Hündinnen nicht daran hindert, bringen sie ihren Nachwuchs oft an den ungewöhnlichsten Orten zur Welt. Und aus dem Tonfall von Mikas Gebell schloß ich, daß sie für die Geburt ebendiese Gästetoilette gewählt hatte, nun aber in einen der hinteren Räume verbannt war.

Ich entschied mich, die Welpen einzeln in das Speisezimmer zu tragen, um den übrigen Wurf nicht unnötig zu stören. Und so fischte ich das erste warme Wollebällchen aus dem Korb und trug es zu dem gewaltigen Operationstisch. Meine Aufgabe war einfach: Zuerst mußte ich mir die Pfoten vornehmen. Ich betupfte sie mit Spiritus und amputierte mit meiner gebogenen Schere die Afterkrallen an den Ansätzen. Den Schwanz kupierte ich mit einer speziellen, sterilisierten Nagelschere, die mir für diesen Zweck besonders geeignet schien, denn während das eine Scherenblatt schnitt, versiegelte das andere die Wunde. Die Schere fest zusammendrücken, eine kleine Drehung, ein kurzes Aufjaulen, und schon war alles vorbei. Noch ein bißchen Schwefelpuder, und der erste Patient konnte zu seinen Geschwistern zurückkehren.

Die alte Mrs. Jolokowski folgte mir wie eine kleine schwarze Amsel auf Schritt und Tritt. Ich brauchte für die ganze Prozedur nur wenige Minuten, aber allmählich nahm das Protestgeheul der Kleinen in der Kinderstube beträchtlich zu, und als ich mir im Speisezimmer den letzten Welpen vornahm, wurde das Gejaule draußen geradezu unerträglich. Im selben Augenblick krachte irgendwo im Haus eine Tür auf – so laut, daß der Welpe in meiner Hand vor Schreck zu fiepen aufhörte.

Ich schaute Mrs. Jolokowski fragend an, und der Ausdruck ihrer sanften grauen Augen verhieß nichts Gutes. Ihre böse Ahnung trog nicht! Wie der Blitz kam Mika um die Ecke gefegt und schlitterte über den teuren Orientteppich in der Mitte des Raumes. Sämtliche Muskeln der Hündin waren zum Zerreißen gespannt, ihr Blut kochte – das Sinnbild einer aufgebrachten jungen Mutter.

Sie nahm sich nicht einmal Zeit, um die Lage abzuschätzen, sondern kam geradewegs, aggressiv knurrend, mit flammendem Blick und aufgerissener Schnauze angerast, eine Rakete in Hundegestalt. Und in der nächsten Sekunde ging sie auf mich los! Ich konnte mich nicht einmal mehr in Sicherheit bringen.

Meine Rettung war der Orientteppich. Er rutschte weg, als die Hündin abschnellte, und so traf mich meine Angreiferin wenigstens nicht frontal. Sie glitt seitlich an mir ab, konnte aber noch die Fangzähne in meinen linken Unterarm schlagen. Geistesgegenwärtig hatte ich meine rechte Hand, die den Welpen hielt, hochgerissen, und Mika war für eine Sekunde abgelenkt: Sie ließ meinen Arm fahren. Doch im nächsten Augenblick machte sie sich schon wieder zum Angriff bereit, indem sie sich wenige Schritte zurückzog und erneut zum Sprung ansetzte.

Diesmal war ich gewappnet. Instinktiv hatte ich den Welpen nun in die linke Hand genommen, die durch die Bißverletzung allerdings gefühllos wurde. Sowie sich Mika wieder auf mich stürzte, schlug ich mit der geballten Faust zu – der Hündin genau zwischen die Augen.

Diese Verzweiflungstat hat mich noch lange Zeit beschäftigt. Hugh Lasgarn, Tierarzt aus Berufung, schlägt mit aller Kraft ein Tier nieder! Wollte ich damit den Welpen schützen, oder hatte ich einfach nur Angst?

Angst, biologisch betrachtet eine spontane physiologische Reaktion, ist für den Tierarzt so lebenswichtig wie für die Fledermaus das Echolot. Immer wieder wird er einem Bullen begegnen, der angreifen, einem Pferd, das ausschlagen, einer Katze, die kratzen könnte . . ., oder einer Hündin, die ihn in Stücke reißen möchte, weil er ihre Welpen aus irgendwelchen modischen Gründen verstümmelt. Das Zusammentreffen mit solchen Tieren erzeugt in ihm eine Spielart der Angst, die die Sinne schärft und zusätzliche Kräfte verleiht. Diese wiederum braucht er, um die unvorhersehbaren Situationen zu meistern.

Abgesehen von der moralischen Problematik, war mein Hieb perfekt, denn Mika ging zu Boden. Aber deswegen war ihre Wut noch lange nicht verraucht. Immerhin konnte ich mich mit dem Welpen in die Gästetoilette retten, ehe sich die Hündin wieder aufgerappelt hatte. Ich stemmte mich mit ganzer Kraft gegen die Tür, meinen einzigen, nicht allzu starken Schutzwall, den Mika sogleich von der anderen Seite wie eine hungrige Wölfin bestürmte. Erst als ich überzeugt war, daß die Holzfüllung halten werde, zog ich mich ein, zwei Schritte zurück. Meine Knie waren weich geworden, und ich ließ mich schwer atmend – und dankbar – auf Mr. Jolokowskis stabilen, auf Hochglanz polierten Toilettendeckel sinken.

Nach ein paar Minuten hatte ich mich gefaßt. Jetzt erst legte ich den Welpen, den ich mit der linken Hand immer noch umklammerte, zu seinen winselnden Geschwistern in den Korb. Mika hielt vorläufig ihre Stellung vor der Tür, aber ich baute darauf, daß es der alten Dame irgendwann gelingen würde, das Tier abzulenken und es wieder im Hinterzimmer einzusperren. Doch nach fünf Minuten war die Lage noch unverändert. Zweimal hatte ich behutsam am Türknauf gedreht, und beide Male hatte Mika sehr ärgerlich reagiert.

Ich rief nach Mrs. Jolokowski, war mir aber im selben Augenblick der Sinnlosigkeit meines Tuns bewußt. Welch eine Situation! Mein Wohl und Wehe hing doch wahrhaftig von dieser hochbetagten, schwerhörigen, reizenden polnischen Großmama ab!

Da ich wußte, daß die alte Dame kaum von selbst die Initiative ergreifen würde, versuchte ich, ihr durch allerlei Laute mitzuteilen, daß sie Mika mit Futter von der Tür weglocken oder die Haustür öffnen sollte. Vielleicht läuft der Hund dann in den Garten, dachte ich, und ich bin aus meinem Gefängnis befreit. Andererseits – wie sollte ich anschließend zu meinem Auto gelangen? Aber das waren müßige Überlegungen; meine Anstrengungen führten sowieso zu nichts. Ich untersuchte das Toilettenfenster und stellte fest, daß sich nur ein Schlangenmensch durch die kaum dreißig Zentimeter breite und obendrein vergitterte Öffnung zwängen konnte. Papier hatte ich genug, um Rauchzeichen zu geben – aber keine Streichhölzer!

Nun fiel mir überhaupt nichts mehr ein, und verzweifelt setzte ich mich wieder auf den Toilettendeckel. Mein verletzter Arm, in den Mika mit ganzer Kraft gebissen hatte, begann schon zu pochen, und ich zog das Hemd aus, um die Wunde anzuschauen. Die Fangzähne der Hündin hatten zwei tiefe Löcher in das Fleisch geschlagen. Die

Wunde blutete nicht übermäßig, schmerzte aber, und der Armmuskel begann steif zu werden.

Verdammte Hundeschwänze! dachte ich wütend. Dann fiel mir die Wang-Episode ein, und ich fragte mich, ob es bei Konfuzius wohl auch einen klugen Spruch gab, der auf meine gegenwärtige Lage paßte.

Die nächste Stunde verging damit, daß Mika bellte, knurrte und an der Tür kratzte, während ich um Hilfe brüllte, gespannt horchte und gelegentlich fluchte. Zweimal hörte ich sogar die Stimme der alten Dame. Sie murmelte so etwas wie „dobra Mika, dobra Mika", was offenbar die immer noch tobende Hündin besänftigen sollte. Doch meine Hoffnung schwand, als ich die alte Dame davontrippeln hörte.

Zuvor hatte ich ihr bereits vorgeschlagen, in der Praxis anzurufen. Nun fiel mir ein, daß sie ja kein Englisch sprach, und so malte ich ein Telefon und meine Nummer auf ein Blatt Papier und schob die Botschaft unter der Tür durch. Doch aus den Geräuschen in der Diele schloß ich, daß sich Mika meinen Hilferuf kurzerhand einverleibte.

Inzwischen wurde es dämmrig, und ich knipste die Lampe an. Die Birne schien strahlend hell, begann zu summen und zu zischen und erlosch. Nun saß ich auch noch im Dunkeln!

Ich hockte mich also wieder auf meinen Thron und schüttelte den Kopf. Die Lage war trostlos. Fünf Minuten später kam mir jedoch eine neue gute Idee. Wenn ich die Tür ein klein wenig öffnete – nicht so weit, daß sich Mika hereindrängen konnte –, dann müßte es doch möglich sein, die Welpen nacheinander zu ihrer Mutter hinauszuschieben, damit diese von mir abließ.

Der Versuch endete mit einem Fiasko, denn die Welpen waren kugelrund und ungelenk, und Mika hatte wieder nichts anderes im Sinn, als sich an meinem Arm oder Bein zu rächen.

Um sechs Uhr saß ich schon fast drei Stunden in meinem Karzer und begann, meine Situation lächerlich zu finden. Ich würde einen neuen Ausbruchsversuch machen und mich diesmal einer anderen List bedienen. Ich zog mein Oberhemd aus, stopfte einen der Ärmel mit zwei Handtüchern aus, von denen mehrere vorhanden waren, und knotete den Ärmel an der Manschette zu. Mein Plan war, einen künstlichen Arm herzustellen, den ich Mika beim Ausbruch hinhalten wollte. Sie würde sich darin verbeißen, und ich könnte sie vielleicht mitsamt der Attrappe in die Toilette zerren, selber entwischen, die Tür zuwerfen und dann – ab und auf Nimmerwiedersehen!

Hugh, du bist ein kluger Junge, sagte ich mir, während mir Szenen aus der berühmten Fernsehserie „Auf der Flucht" durch den Kopf huschten. Doch der fertig ausgestopfte Arm war zu kurz, und das ganze Hemd konnte ich auch nicht mit Handtüchern füllen. Die Attrappe mußte aber möglichst lang sein, um Mika auf Distanz zu halten. Ich sah nur noch eine Möglichkeit . . . , und die klappte! Zehn Minuten später befand ich mich auf der Heimfahrt. Die Zugluft kroch ungehindert an meinen nackten Beinen herauf, und ich überlegte, wie Diana wohl reagieren würde, wenn sie erfuhr, daß ich meine Hose mit Handtüchern ausgestopft und diese dann, um eine wütende Hündin zu überlisten, in der Gästetoilette einer Villa zurückgelassen hatte. Nun ja, vielleicht legte sie mir einfach den Arm um die Schultern und sagte wieder einmal: „Hugh, du bist überarbeitet!"

Als Mr. Jolokowski von meinem Abenteuer hörte, entschuldigte er sich vielmals und erbot sich, Hemd und Hose zu ersetzen. Mein Arm schmerzte noch tagelang, und Diana sorgte sich sehr um mein Wohlergehen. Trotzdem plagte sie mich immer wieder mit der Bitte, ihr von dem reizenden polnischen Großmütterchen zu erzählen.

Viertes Kapitel

Zufall, Schicksalsfügung, Glück im Unglück? Egal, wie man es nennt, auf jeden Fall hatten immer wieder ungeplante Ereignisse meinen Lebensweg bestimmt.

Da wäre zum Beispiel der Fliegeralarm in den vierziger Jahren zu erwähnen. Ich mußte aus der Schule nach Hause laufen und nahm dabei die Abkürzung über die Little-Pant-Farm. Bei dieser Gelegenheit erlebte ich zum ersten Mal, wie ein Kalb geboren wurde, und dieses überwältigende Erlebnis hinterließ in meiner kindlichen Seele einen so nachhaltigen Eindruck, daß es sich später zweifellos auf meinen Berufswunsch auswirkte. Dazu kam noch die Erfahrung mit Boggy, meiner heißgeliebten ersten Katze, die ich vor dem Ertrinken aus einem übelriechenden Abwasserkanal gerettet hatte.

Daß ich jetzt in Ledingford lebte, war wiederum einem Zufall zu verdanken, genauer gesagt, einer kleinen Notiz am Anschlagbrett im College. Und daß Dr. G. R. Hacker, der Praxisgründer, so bald sterben würde, war auch nicht voraussehbar gewesen. Jedenfalls brauchte Bob nach dem Tod seines Vaters einen Assistenten, und so wurde aus meiner Aushilfstätigkeit eine Dauerstellung. Doch der schönste aller Zufälle ergab sich, als man mich nach einer Party bat, ein Mädchen nach Hause zu fahren, das ich für das weitaus hübscheste unter den Gästen gehalten hatte. Es war Diana, meine spätere Frau.

Und nun war es wieder ein Zufall, der ganz unerwartet eine weitere interessante Etappe in meinem Werdegang als Tierarzt einleitete. Der Verband der Rinderzüchter von Herefordshire suchte einen Begleittierarzt für Viehtransporte ins Ausland. Sie wandten sich an Bob Hakker, der sich jedoch bei der Untersuchung eines kranken Pferdes einen doppelten Unterarmbruch zugezogen hatte.

Ich erinnere mich noch deutlich an diesen Tag. Bob saß in seinem Sprechzimmer und hatte den Arm mit dem frischen Gipsverband auf den Schreibtisch gestützt.

„Arbeitsunfähig bin ich!" jammerte er und schlug mit dem Gipsverband gegen die Randleiste des Tisches. „Und für die nächsten sechs Wochen auch bloß ein halber Mensch!"

„McBean und ich werden das schon deichseln", sagte ich und blickte dabei zu Bobs Praxispartner hinüber.

Bob dagegen schaute mich an. „Nein, Hugh, McBean und *ich* werden das deichseln", erwiderte er lächelnd und machte eine Kopfbewegung zu McBean hin. „*Du* fährst inzwischen nach Finnland."

Diese Eröffnung verschlug mir die Sprache. „Finnland ...?" stammelte ich schließlich, als wüßte ich nicht, wo oder was das sei.

„Ja, Finnland", sagte Bob, „Land der tausend Seen, der Saunen und der Rentiere. Du sollst Zuchtrinder dorthin begleiten."

Ich nickte bloß, als hätte ich ihn schon von vornherein verstanden. „Was ist mit dir, Mac?" fragte ich McBean. „Möchtest du nicht lieber fahren?" Ich wollte auf Nummer Sicher gehen, schließlich stand ich in der Praxishierarchie erst an dritter Stelle.

McBean kraulte seinen Kinnbart und schüttelte den Kopf. „Ach nein", erwiderte er, „ich mag Wasser bloß im Whiskyglas und auch da nicht allzuviel davon!"

Ich wußte schon seit einiger Zeit von diesem Projekt. Bei einer meiner üblichen Inspektionen auf Paxtons Farm hatte ich finnische Viehaufkäufer kennengelernt, doch da sich Bob Hacker allein um die Belange der ortsansässigen Züchter kümmerte, hatte ich mich wenig für die Sache interessiert.

„Es ist keine leichte Aufgabe, Hugh", meinte Bob Hacker, „kein Sonntagsausflug. Diesen Finnen kann man nichts vorflunkern. Sie wirken vielleicht ein bißchen lethargisch, aber denen entgeht nichts. Fahr gleich morgen zu Ernie Shelton. Er ist der Exportdirektor des Verbandes. Von ihm bekommst du alle Informationen. Die Hälfte der Kühe stammt ohnehin von unseren Kunden. Von Paxton sind mehrere dabei, auch einer seiner Bullen, Donhill Porchester!" Bob stand ziemlich steifbeinig aus seinem Schreibtischsessel auf. „Donhill Porchester", wiederholte er, „den solltest du im Auge behalten. Der ist genau wie sein Besitzer – ein richtiges Ekel!"

Doch Donhill Porchesters Eigenheiten schreckten mich nicht sonderlich; längst hatte mich die Neugier gepackt, und so brannte ich darauf, diese unerwartete Chance wahrzunehmen. Sofort eilte ich nach Hause, um Diana mit meiner Neuigkeit zu überraschen.

Sie kam gerade vom Einkaufen, als ich vor unserer Doppelhaushälfte hielt. Sara, unsere Tochter, die damals elf Monate alt war, schlief fest in ihrem Kinderwagen. Ich sprang aus dem Auto, um die beiden zu begrüßen.

Die Mutterschaft hatte Diana eine Reife verliehen, die ihren Charme noch bereicherte. In meinen Augen sah sie hübscher aus als je zuvor.

„Du kommst ja so früh!" rief sie. „Ich wollte doch vor dir zu Hause sein."

Ich gab ihr einen Kuß und lächelte sie an.

„Was ist denn los?" fragte sie, trat einen Schritt zurück und musterte mich mit ihren dunkelblauen Augen. „Du schaust so verdächtig fröhlich drein."

„Ich werde eine Schiffsreise machen", verkündete ich und legte ihr den Arm um die Schultern, „in Begleitung von ungefähr achtzig Stück Rindvieh. Stell dir vor, Diana, ich fahre nach Finnland!"

Ein paar Sekunden lang sagte sie gar nichts. Dann holte sie tief Luft und kaute auf der Unterlippe.

„Freust du dich denn nicht?" fragte ich.

Sie nickte und versuchte angestrengt zu lächeln, doch die Tränen waren schneller.

„Soll ich lieber nicht fahren?"

Sie hörte auf zu weinen, und dann siegte sogar das Lächeln über die Tränen. Schließlich kniff sie mich in den Nacken. „Liebling", meinte sie zärtlich, „aber vorher mußt du dir die Haare schneiden lassen!"

Meine Vorfreude auf die Reise war so groß gewesen, daß mich Dianas Reaktion unvorbereitet traf. Mehr oder weniger hatte ich vorausgesetzt, daß sich meine Frau genau wie ich über diese Chance freuen würde, und im Grunde war es auch so. Nur dachte sie an die Gefahren, die mich vielleicht erwarteten. Im März war eine Fahrt über die Nord- und Ostsee gewiß keine Vergnügungsreise. Ich konnte das Angebot natürlich ausschlagen; der Viehzüchterverband fände bestimmt einen anderen Kandidaten. Doch wenn ich ehrlich war, lag mir sehr viel an diesem Abenteuer. Und wenn Diana jetzt meine Begeisterung ein wenig dämpfte, so geschah es nur aus Sorge um mich, und dafür sollte ich mich glücklich schätzen, wie es Paxton einmal ausgedrückt hatte.

ERNIE SHELTON war ein kleiner, lebhafter Londoner, der viele Jahre im Exportgeschäft tätig gewesen war, ehe er den Posten beim Viehzüchterverband übernahm. Er beugte sich ein bißchen linkisch über die Schreibtischplatte, als er mir zur Begrüßung die Hand entgegenstreckte. „Hugh Lasgarn, unser neuer Tierarzt, stimmt's? Gestatten, Ernie Shelton."

Nach dem Austausch einiger Höflichkeitsfloskeln ließ er sich wieder in seinen Sessel fallen und kicherte wie ein Kobold. „Also, Lasgarn", meinte er, „erzählen Sie mal, wieviel Erfahrung Sie mit Viehtransporten haben."

„Nicht besonders viel", erwiderte ich zögernd. „Na schön, ich will ehrlich sein: gar keine."

„Gar keine", wiederholte er nachdenklich, sackte in seinem Sessel zusammen und verstummte fürs erste.

„Na ja", fuhr ich nach einer Weile fort, „ich bin doch gewissermaßen nur Ersatzspieler."

„Ja, diesmal, Lasgarn. Nächstes Mal könnten Sie schon Mannschaftskapitän sein . . ., vorausgesetzt, Sie überstehen diese Reise."

„Ü-überstehen?" Unwillkürlich stammelte ich.

„Eine Vergnügungsreise wird das nicht, soviel steht fest." Shelton
kicherte erneut. „Trinken Sie Tee?"

Ich nickte.

„Dann werde ich welchen kommen lassen." Mein erschrockener
Gesichtsausdruck war ihm sicher nicht entgangen, denn er fügte noch
hinzu: „Sie sehen so aus, als würde Ihnen ein Schluck guttun."

Der Tee wurde zu meiner Verwunderung in zwei großen weißen
Keramiknäpfen serviert. „Alte Gewohnheit aus meiner Zeit auf See",
erklärte Shelton. „Kann mich nicht mit Tassen anfreunden. Aber jetzt
zur Sache. Der gesamte Viehtransport – neunundsiebzig trächtige
Kühe und vier Bullen, von denen allerdings nur zwei die Reise antreten – steht in Worlton unter Quarantäne. Alle Tiere haben die Tests
hinter sich, und falls ihnen auch bei der letzten Inspektion ein guter
Allgemeinzustand und damit die Reisefähigkeit bescheinigt wird,
können sie nach Finnland abdampfen. Wenn alle Papiere in Ordnung
sind und nichts schiefgeht, wird die *Dagmar Hansen* am Mittwoch um
sechs Uhr früh von Newpool aus in See stechen."

Er setzte sich nun kerzengerade auf und sah mich fragend an. Ich
nickte, als sei mir alles recht, doch in Wahrheit plagten mich allerlei
böse Vorahnungen. Ich hatte wohl die Schwierigkeiten eines Vieh-
transports auf dem Seeweg unterschätzt.

Shelton legte schon wieder los. „Dann ist es ja gut", antwortete er
und schob einen Stapel Papiere über die Tischplatte in meine Rich-
tung. „Altersangaben und Stammbäume. Und das hier" – ein zweiter
Stapel Papiere schlitterte mir entgegen – „sind die Blutproben, die
Tuberkulosetests, die Trächtigkeits- und die Fruchtbarkeitstests.
Diese hier" – seine Hand fuhr krachend auf den zweiten Stapel nieder,
um die Wichtigkeit seiner Erläuterungen zu unterstreichen – „sollten
Sie ganz genau prüfen. Bei Unstimmigkeiten müssen Sie nämlich den
Kopf hinhalten, junger Mann."

Wieder nickte ich, diesmal aber schon weniger forsch.

Shelton sah, wie mir zumute war. „Trinken Sie endlich Ihren Tee",
meinte er, „sonst wird er kalt."

Gehorsam nippte ich an dem starken Gebräu. Vielleicht würde es
meine Nerven beruhigen.

„Und jetzt zum Futter", fuhr Shelton fort. „Sagen Sie mir, was Sie
brauchen, und ich gebe die Bestellung auf."

Was ich brauchte? Ich hatte keine blasse Ahnung! Wieviel würden wohl neunundsiebzig Kühe und zwei Bullen auf einer Überfahrt nach Finnland verdrücken?

„Was ist denn üblich?" fragte ich und hoffte, daß meine Unwissenheit verborgen bliebe.

„Heu und Kleie", sagte Shelton. „Am Tag rechnet man mit etwa vier Kilo Heu und einem Kilo Kleie pro Kuh; das Doppelte für einen mittelschweren, das Dreifache für einen schweren Bullen. Vor dem Verladen wird das Futter auf dem Kai gelagert. Sie müssen es überprüfen, damit nicht was Giftiges drin ist und die ganze Herde auf hoher See krepiert. Wenn so was passiert, können Sie gleich über Bord springen!"

Deshalb also übertrug er mir die Verantwortung für das Futter! „Und welche Medikamente muß ich mitnehmen?" fragte ich.

„*Sie* sind der Tierarzt, Lasgarn", entgegnete Shelton scharf. „Tierarzt", fügte er etwas freundlicher hinzu, „Steward, Krankenschwester, Diplomat und der Mann für Betriebsstörungen aller Art."

„Ist das alles?" fragte ich. Wie ein riesiger Berg lastete die Verantwortung auf mir.

„Schauen Sie nicht so verzweifelt drein", meinte Shelton versöhnlich. „Es wird Ihnen Spaß machen!"

Am Abend ging ich die Listen durch, die Shelton mir mitgegeben hatte. Einige von den Tieren, die nach Finnland reisen sollten, kannte ich, da wir sie tierärztlich behandelt hatten. Zwei der Bullen zum Beispiel, Donhill Porchester aus der Zucht von Paxton und Lucky Chance, der vom Hof der Brüder Reg und Harry Payne aus Wormcastle kam. Dieser Jungstier stammte von einem Zuchtbullen namens „Hugh of Wormcastle" ab. Mit diesem wiederum teilte ich den Vornamen, weil ich bei seiner Geburt eine maßgebliche Rolle gespielt hatte.

Kurz nach meiner Verlobung mit Diana hatte spät am Abend – ich hatte Notdienst – das Telefon geläutet. Die Payne-Brüder riefen mich nach Wormcastle, weil sie bei einer kalbenden Kuh mit Komplikationen rechneten. Mehr aus einer Laune heraus begleitete mich Diana, und so wurde sie in jener Nacht unfreiwillige Tierarzthelferin. Denn ich mußte an der jungen, schmal gebauten Kuh, die ein außerordentlich kräftiges Stierkalb erwartete, einen Kaiserschnitt vornehmen – den ersten, den ich selbständig durchführte. Die Operation gelang, und erschöpft, aber glücklich kehrten Diana und ich gegen Morgen nach Hause zurück.

Leider ging die junge Stiermutter drei Tage später ein. Eine nachträgliche Untersuchung ergab eine angeborene Mißbildung der Aorta, die, bedingt durch die außergewöhnliche Belastung bei der Geburt des Kalbs, geplatzt war. Dies wäre gewiß über kurz oder lang ohnehin geschehen, doch versetzte mich die schlimme Nachricht in Niedergeschlagenheit. Die Payne-Brüder riefen mich kurz darauf noch einmal an, und obwohl der Verlust für sie gewiß schmerzhaft war, trösteten sie mich. Und sie eröffneten mir, daß sie das verwaiste Stierkalb, das nun von Hand aufgezogen werden mußte, mir zu Ehren „Hugh" nennen wollten. Ich war zutiefst gerührt.

Nun sah ich den Namen eines seiner Nachkommen auf der Exportliste. Zwar war Lucky Chance – was soviel wie Glückfall bedeutet – nur als Reservebulle vorgesehen. Aber wer weiß, dachte ich, vielleicht macht er seinem Namen doch noch alle Ehre?

Die Quarantänestation unterstand dem Landwirtschaftsministerium und war in einem weiträumigen, modernen Gebäudekomplex in Worlton, wenige Kilometer südlich von Ross, untergebracht.

Ich zog am schweren Griff der Messingglocke über dem Eingangstor. Das Geräusch, laut genug, um Tote zu wecken, bewirkte, daß eine seltsam gekleidete Gestalt aus der kleinen Holzhütte dicht hinter dem Tor auftauchte. Der Mann erinnerte mich an den „Sardinenfischer", eine bekannte Figur aus dem Werbefernsehen, denn er trug hohe schwarze Gummistiefel, einen weiten Gummimantel und einen großen Südwester, der ihm bis über die Ohren reichte.

„Hugh Lasgarn", verkündete ich. „Ich soll den Viehtransport nach Finnland begleiten."

Der Mann reichte mir über das Gittertor hinweg seine klebrige, nach Desinfektionsmitteln duftende Hand. „Clarry Norris", stellte er sich vor, „Veterinärbeamter des Landwirtschaftsministeriums."

„Ich hole nur rasch noch meinen Kittel", sagte ich, aber Norris' erschrockene Reaktion hielt mich davon ab.

Zunächst stieß er ein fürchterlich gekrächztes „Aarrh!" aus, als hätte ich ihm den Todesstoß versetzt. „Das lassen Sie bleiben!" schrie er dann. „Den kriegen Sie von mir!"

Ich lächelte verständnisvoll. Natürlich! Ich hatte nicht daran gedacht, daß zur Untersuchung des Viehs in der Quarantänestation nur Arbeitskleidung getragen werden darf, die zur Station gehört. Diese Vorsichtsmaßnahme soll eine Neuinfektion von Tieren verhindern, die bereits amtlich für gesund erklärt sind.

In der Hütte versorgte mich Norris mit der vorschriftsmäßigen Schutzkleidung: Stiefel, Gummimantel, Südwester, und als ich „eingekleidet" war, wie es in der Amtssprache heißt, sah auch ich dem Sardinenfischer aus dem Werbefernsehen zum Verwechseln ähnlich.

Norris nahm ein großes Brett, auf dem zahllose Listen festgeklammert waren, und führte mich zu der Halle mit den Herefordrindern. Die Kühe standen zu viert oder fünft in Pferchen aus Stahlrohr, hatten reichlich Streu, Futter und Wasser und schienen auf den ersten Blick zufrieden und in gutem Zustand zu sein.

Norris lief wichtigtuerisch zwischen den Pferchen auf und ab und nannte dabei, wie bei einem militärischen Appell, mit lauter Stimme Namen und Abstammung der Hereforder Zuchtprodukte. Die Wirkung war verblüffend: Überall hoben sich neugierige Köpfe, als könnten die Tiere die Namen ihrer Ahnenreihe verstehen.

„Wenn Sie etwas sehen, das Ihnen nicht gefällt, sagen Sie es lieber gleich." Norris starrte mich einen Augenblick über den Rand seiner Brille hinweg an. „Wir haben da ein paar mit Triefaugen und angeschwollenen Beinen", fuhr er fort, „aber das könnte an der Umstellung auf unser Futter liegen. Ach ja, und unter den Kühen ist so ein verrücktes Weibsbild, das dauernd über das Pferchgitter springen will. Aber abgesehen davon ist alles in Ordnung."

„Und die letzte Kontrolle soll am Dienstag früh stattfinden?" fragte ich sicherheitshalber noch einmal, während Norris weiterging.

Er nickte und schlug eine andere Richtung ein. „Jetzt kommen wir zu den Herren der Schöpfung!" verkündete er.

Wir verließen die große Halle und gingen in einen zur Hälfte überdachten Hof, an dessen hinterem Ende eine Reihe nagelneuer Spezialboxen stand. Jede hatte zwei geteilte Türen, die mit schweren Riegeln verschlossen und zusätzlich mit Eisenstangen gesichert waren.

„Vier Bullen", erklärte Norris, der seine Listen zu Rate zog, „Benbow von Thomas, Lucky Chance von Payne, beide bloß als Reserve hier, und dann noch Windy von Griffith und Paxtons Donhill Porchester. Die beiden Letztgenannten reisen mit. Sehen wir uns zuerst die ‚Reservisten‘ an." Er trat auf die erste Box zu und öffnete die obere Hälfte der Tür.

„Benbow!" stellte er vor.

Der Stier, ein Zweijähriger, lag auf der Streu und kehrte uns das Hinterteil zu. Er drehte den Kopf nach uns um, starrte uns teilnahmslos an, zwinkerte dann ein paarmal und wandte sich wieder ab.

„Dem paßt es wohl nicht, bloß Reserve zu sein", meinte Norris, und tröstend fügte er hinzu: „Mach dir nichts draus, mein Junge, denn ‚viele sind berufen, aber wenige sind auserwählt‘! Das geht uns Beamten genauso."

In der Nachbarbox lag Lucky Chance. Er war jünger und kleiner, aber schon ein kompakter Jungstier, dessen „Kaliber" sich bereits deutlich abzeichnete. Noch zwölf Monate, und er war ein Prachtexemplar.

„Eigentlich schade, daß er hierbleiben muß und diese beiden hier reisen dürfen", sagte Norris, der die Tür geschlossen hatte und zu den nächsten beiden Boxen ging. „Windy ist ja noch ganz friedlich. Aber Donhill Porchester, das ist ein ganz wilder Bursche. Der hat wohl ein bißchen was von seinem Besitzer, dem alten Paxton, abgeguckt."

Er zeigte mir zuerst Windy, der ein wenig schnaubte und mit den Hufen polterte, aber nicht ausgesprochen wütend wirkte. Dann standen wir vor der letzten Box.

„Ich mache die Tür nur einen Spaltbreit auf", erklärte Norris. „Der gnädige Herr läßt sich nämlich nicht gern stören." Der Veterinärbeamte schob vorsichtig den Riegel zurück und klappte den oberen Türflügel behutsam auf. Ich spähte über seine Schulter ins Innere der Box. Da stand er also: Donhill Porchester, der vierschrötige Bulle. Auch er kehrte uns den Rücken zu, doch schon sein herabbaumelnder Schwanz erschien mir dick wie ein Baumstamm. Mein Blick glitt über die bebenden Flanken zu den mächtigen Schultern, zwischen denen wie ein Gebirge der steil ansteigende Kamm aufragte. Den Kopf, den der Bulle gesenkt hielt, konnte ich nicht sehen.

„Gleich legt er mit seinem üblichen Veitstanz los", warnte mich Norris. „Passen Sie also auf . . .!"

Tatsächlich ließ uns Donhill Porchester nur ein paar Sekunden warten. Auf einmal schnaubte er aus den Nüstern, die für uns noch immer unsichtbar waren, wie eine riesige Dampflokomotive beim Start. Im nächsten Moment schlug er mit dem linken Vorderbein nach hinten aus und schleuderte eine gewaltige Ladung Streu in unsere Richtung. Norris bekam sie voll ins Gesicht, während mich nur eine Handvoll der stinkenden, breiigen Strohmasse erwischte.

„Teufelsbraten", schrie der Veterinärbeamte prustend und spukkend, „ersauf in der Ostsee!" Er wischte sich den Dreck aus Augen und Gesicht und fügte seiner Verwünschung schließlich eine kleine Einschränkung hinzu. „Ich meine natürlich nur den da", sagte er, indem er sich an mich wandte. „Der soll ersaufen ..., bloß der da."

Ehe ich darüber nachdenken konnte, was Norris' frommer Wunsch wirklich bedeutete, hatte der große Bulle schon eine Kehrtwendung gemacht, so daß sein massiger Schädel jetzt die ganze Türöffnung ausfüllte. Für einen Zweijährigen war Donhill Porchester wirklich ein Prachtexemplar. Verständlich, daß Paxton Wert darauf gelegt hatte, gerade dieses Tier ins Ausland zu verkaufen. Es würde seinem Züchter zweifellos große internationale Anerkennung einbringen.

Ich betrachtete den breiten Schädel mit den stolz dreinblickenden, weit auseinanderstehenden Augen und fand, Donhill Porchester sehe keineswegs bösartig aus – eher intelligent und selbstbewußt. Die leicht geschwungenen Hörner mit den scharfen Spitzen waren gut geformt und standen in eindrucksvollem Kontrast zu dem großen Messingring in der Nase, den ich selbst erst vor einiger Zeit angebracht hatte.

„Du bist ein ganz hinterhältiges Luder! Jawohl!" schrie Norris und schüttelte dabei drohend das Holzbrett mit den vielen Listen.

„Ach was, der ist bloß übermütig", sagte ich hoffnungsvoll, aber so verrückt wie an diesem Morgen hatte ich Donhill Porchester auch noch nicht erlebt. Kaum waren die Worte über meine Lippen gekommen, als der Koloß schon einen Schritt zurücksetzte, den Schädel senkte und wie ein Panzer auf die Tür losging. Gott sei Dank war das Holz sehr stabil, aber die Bretter ächzten doch unter der Wucht des Aufpralls.

„Alles bloß Übermut, wie?" brummte Norris, dem der Südwester jetzt ganz schief auf dem Kopf saß. „Wenn ihr beide noch mehr solcher Spielchen machen wollt – bitte sehr, aber ohne mich!"

Wir schlugen die Tür hastig zu. Donhill Porchester sollte nicht erst auf den Gedanken kommen, einen Ausbruchsversuch zu unternehmen. Schließlich kehrten wir zu Norris' Holzhäuschen zurück. Paxtons Bulle würde mir gewiß viel Arbeit machen. Vielleicht beruhigte er sich wieder, sobald wir unterwegs waren – oder er drehte vollends durch. Jedenfalls hatte ich mich auf eine riskante Sache eingelassen.

AM SAMSTAG hielt ich nur bis mittags Sprechstunde. Meine Kollegen hatten mir für den Rest des Wochenendes und den Montag freigegeben, damit ich meine Reisevorbereitungen beenden konnte. Und so reagierte ich ein bißchen verärgert, als mich das Telefon am Sonntag morgen um sieben Uhr aus dem Schlaf riß, obwohl ich doch freihatte. Im nächsten Augenblick war ich aber schon ganz bei der Sache: Bei dem Anrufer handelte es sich um Norris, und er hatte schlechte Nachrichten.

„Der verdammte Donhill Porchester ist heute nacht ausgebrochen", berichtete er atemlos. „Geräte, Futtersäcke, alles, was im Hof herumstand, hat er zerfetzt oder kurz und klein geschlagen."

„Konnten Sie ihn einfangen?"

„Ja. Als er sich ausgetobt hatte, war er ziemlich friedlich. Wir haben ihn in eine andere Box gesperrt."

„Was mag bloß in den Burschen gefahren sein?"

„Da bin ich überfragt. Aber eines sage ich Ihnen, Lasgarn, diesem Teufelskerl kann man nicht trauen. Wenn Sie meine Meinung hören wollen: Der ist gemeingefährlich und sollte nicht mitfahren. Aber das bleibt Ihnen überlassen. Sie müssen ja wissen, was Sie tun. Ich jedenfalls würde ihn zu Paxton zurückschicken."

„Ich komme sofort, Kollege Norris", sagte ich. „Soll ich nicht besser auch Ernie Shelton benachrichtigen?"

„Ja, gut", antwortete Norris seufzend. „Donhill Porchester hat leider auch die anderen Bullen rebellisch gemacht, und seitdem schwitzt und schnauft Windy. Sieht fast so aus, als wenn er es auf der Lunge hätte."

„Gott sei Dank haben wir die Ersatzbullen. Ich komme so schnell wie möglich."

Ich beendete das Gespräch und wählte Ernie Sheltons Nummer. Zu meiner Überraschung ließ meine Mitteilung den Exportdirektor ziemlich kalt. Wahrscheinlich war er nach so langer Tätigkeit im Viehexport an derlei Zwischenfälle gewöhnt. Er versprach aber, ebenfalls nach Worlton zu kommen.

Als ich den Hörer aufgelegt und mich noch einmal im Bett ausgestreckt hatte, richtete sich Diana auf. „Ist etwas schiefgegangen, Hugh?" fragte sie.

„Dieser Donhill Porchester hat durchgedreht", sagte ich und starrte an die Zimmerdecke.

„Und was nun?"

„Vielleicht muß er hierbleiben."

„Armer Mr. Paxton", meinte Diana. „Er wird sehr enttäuscht sein."

„Ja", bestätigte ich und stellte mir den bärbeißigen alten Herrn vor, „das wird eine Riesenenttäuschung sein."

DIE Quarantänestation sah aus, als wäre ein Wirbelsturm über sie hinweggerast. Überall lagen zerfetzte Heuballen, aufgerissene Futtersäcke und zertrampelte Schubkarren. Man hätte meinen können, eine ganze Herde hätte hier gewütet und nicht nur ein einziger Bulle – selbst wenn man Donhill Porchesters Stärke berücksichtigte.

„Ich glaube, er ist auch noch in einen der Pferche mit den Kühen eingebrochen", sagte Norris, der gerade ein paar Papiersäcke über ein großes Loch in der Wand seiner Holzhütte nagelte. „Zumindest ist die obere Stange am Eingang des Pferchs verbogen, aber die Kühe scheinen in Ordnung zu sein."

„Sehen wir uns doch mal den Urheber dieser ganzen Aufregung an", schlug ich vor, und Norris ging mit mir zur Rückseite des Gebäudes, wo der Stier jetzt in einer Box sozusagen in Einzelhaft untergebracht war.

„Da steht er, dieser hinterhältige Mistkerl!" schrie Norris. „Bist wohl stolz auf deine Heldentat? Geschieht dir recht, wenn sie dich jetzt hierlassen!"

Es war mir rätselhaft, was Donhill Porchester in solche Wut versetzt haben sollte. Im Augenblick wirkte er vollkommen ruhig, und obwohl er Norris offenbar nicht recht leiden konnte, schaute er so friedfertig drein, wie es von einem wirklich bösartigen Bullen nicht zu erwarten war. Aber würde er auch so friedlich bleiben? Jedenfalls gab es im Moment keinen Grund, ihn wegen seines Gebarens von der Transportliste zu streichen. Wie sollte ich auch Paxton erklären, warum wir sein Prachtstück nicht mitnehmen wollten? Schlimmer noch: Der Fall könnte ein schlechtes Licht auf die Zucht der Hereford-rinder im allgemeinen werfen, obwohl sie nach meiner Einschätzung zu den friedlichsten Rinderrassen überhaupt zählen.

Zu allem Übel stellte ich fest, daß der wie ein Walroß schnaubende Windy tatsächlich fieberte. Der Wirbel im Viehhof hatte ihn wohl all-zusehr aufgeregt, vielleicht weil er am liebsten mitgemacht hätte, ihm dazu aber die Kraft fehlte. Ich verabreichte ihm sofort Antibiotika, doch wenn er nicht ungewöhnlich schnell auf das Mittel reagierte, mußte er von der Liste gestrichen werden.

Ernie Shelton, der inzwischen eingetroffen war, zeigte sich nun doch besorgt. Er saß in Norris' ramponierter Hütte und trommelte mit den Fingern auf den Tisch. „Ich weiß ja, daß wir zwei Bullen in Reserve haben", sagte er, „aber es ist nicht gut, wenn wir die beiden Bullen erster Wahl zurückziehen. Macht einen schlechten Eindruck auf die Käufer."

Norris lenkte ein. „Man könnte diesem Tobsüchtigen vielleicht ein Beruhigungsmittel geben", überlegte er. „Aber wie verhält er sich, wenn die Wirkung vorbei ist?"

„Ich glaube nicht, daß er sich früher schon mal so aufgeführt hat", warf ich ein. „Jedenfalls ist mir nichts dergleichen zu Ohren gekom-men."

„Wie Sie meinen, Lasgarn", erwiderte Shelton. „Schließlich sind Sie der Fachmann."

„Wann muß ich mich entschieden haben?"

„Übermorgen …, wenn die letzte Kontrolle stattfindet", sagte Shelton. „Dann können Sie immer noch die Tiere ausmustern, die Ihnen nicht gefallen."

„Ich muß sowieso noch einmal wegen Windy herkommen", erklärte ich. „Geben wir Donhill Porchester bis dahin Zeit!"

Shelton war einverstanden, und nachdem ich mich in Norris' Besu-cherliste ausgetragen hatte, fuhr ich nach Hause. Die ganze Angele-genheit bedrückte mich sehr. Wie sollte ich denn wissen, ob Paxtons Bulle friedlich bleiben oder wieder durchdrehen würde? Ob das früher schon einmal passiert war? Ja, *das* war die entscheidende Frage, und die konnte mir nur einer beantworten: nicht Paxton selbst, sondern sein Verwalter, der für das Zuchtvieh verantwortlich war, ein Mann namens Mason. Ich rief ihn an, erklärte ihm die Situation und meine Bedenken, Donhill Porchester nach Finnland mitzunehmen. Schließlich sollten unsere Exportchancen nicht durch dieses eine schlimme Beispiel beeinträchtigt werden!

„Tut mir leid, Dr. Lasgarn", sagte Mason in seinem breiten, schwerfälligen Hereforddialekt. „Kann ich gar nicht verstehen." Er legte eine kleine Pause ein. „Ihr habt nicht vielleicht 'ne brünstige Kuh dabei?" fragte er schließlich. „Der Kerl ist ganz wild auf die Damen, und wenn da was in der Luft liegt, ist der nicht zu halten."

„Ausgeschlossen", entgegnete ich. „Die Kühe sind alle trächtig; das ist amtlich bescheinigt."

Ich hörte Mason kichern. „Das mag schon sein, Dr. Lasgarn, aber Donhill Porchesters Nase ist allemal schlauer als so ein Fetzen Papier. Darauf wette ich!"

Mir fiel ein, daß Donhill Porchester auch einem Pferch mit Kühen einen Besuch abgestattet hatte. Vielleicht lag dort tatsächlich des Rätsels Lösung!

„Vielen Dank, Mr. Mason", schloß ich. „Ich glaube, Sie haben die
Nuß geknackt – und dem Bullen den Weg ins Schlachthaus erspart."

„Ich will Ihnen noch was verraten", erwiderte Mason. „Der Stier
kann es nicht ausstehen, wenn man ihn Donhill Porchester nennt. Wir
haben immer bloß ‚Chester' zu ihm gesagt. Das ist ihm lieber."

Ich brauste zur Quarantänestation zurück. „Jetzt weiß ich, was mit
Chester los ist!" rief ich Norris zu, der in seiner Hütte beim Abendessen saß.

„Mit *wem?*" fragte der Veterinärbeamte mit vollen Backen, während ich ihn schon von seinem Stuhl zerrte.

„Einen Eimer heißes Wasser, Seife und Handtuch . . ., und ich zeige
Ihnen was!"

Ich ließ mich „einkleiden" und lief dann zu dem Pferch mit dem verbogenen Gestänge, den Chester vermutlich besucht hatte. Ungefähr
ein Drittel der Kühe war im sechsten und siebten Monat trächtig, alle
übrigen etwa im dritten Monat. Alle waren mit einer Trächtigkeitsbescheinigung vom Tierarzt des jeweiligen Züchters in die Quarantänestation gekommen. Von Norris ließ ich mir nun alle Kühe der zweiten
Gruppe vorführen, um sie zu untersuchen.

Die ersten vier Tiere waren eindeutig trächtig. Ich tastete die Gebärmutter ab, die in diesem Stadium rund ist wie ein Fußball. Wenn ich leicht auf die elastische Hülle klopfte, spürte ich den winzigen Fetus, der wie ein Korken unter meinen Fingern auf und ab hüpfte.

Dann war die fünfte Kuh an der Reihe – und ich spürte keinen Fußball! „Die ist nicht trächtig!" erklärte ich aufgeregt. „Die ist brünstig!"

„Ganz sicher?" fragte Norris.

„Die Bullennase hat sich nicht getäuscht – ganz im Gegensatz zu dem lieben Kollegen, der die Trächtigkeitsbescheinigung ausgestellt hat. Los, Chester soll hören, daß er mitfahren darf!"

Die betreffende Kuh wurde von der Reiseliste gestrichen. Ob die ursprüngliche Trächtigkeitsdiagnose falsch gewesen war oder ob die Resorption des Fetus im frühen Stadium der Trächtigkeit stattgefunden hatte, ließ sich nicht mehr feststellen. Jedenfalls hatte Chester die richtige Diagnose gestellt. Vielleicht war er ein bißchen stürmischer vorgegangen als nötig, aber er hatte uns die Blamage erspart, eine nichttragende Kuh in Finnland abzuliefern, was allen späteren Handelsgeschäften sicher abträglich gewesen wäre.

Windy dagegen schaffte die Hürde der letzten Gesundheitsprüfung nicht. Er bekam eine Lungenentzündung und wurde von der Liste gestrichen. Ich stand nun vor der Aufgabe, einen der Reservebullen auszuwählen. Für wen entschied ich mich wohl? Natürlich für Lucky Chance, und das mit großer Freude.

Fünftes Kapitel

BEIM ersten Anblick der *Dagmar Hansen* stockte mir der Atem. Es war noch früh am Morgen, und obendrein herrschte Nieselwetter.

Ernie Shelton hatte mich von Ledingford hergefahren; das Vieh würde gegen zehn Uhr vormittags aus Worlton eintreffen. Sheltons Austin ruckelte und rumpelte über den löchrigen Asphalt der Hafenanlagen von Newpool und kämpfte sich im Zickzackkurs durch den Irrgarten von Toren und Gleisanlagen zum Kai Nummer 5 vor.

„Da liegt sie ja", sagte Shelton und bremste scharf, „die Nußschale, in der Sie über die salzige See schaukeln werden. Klein, aber hübsch, nicht wahr?"

„Du meine Güte! So ein kleines Schiff!" stöhnte ich. „Nie im Leben bringen wir darin das ganze Vieh unter."

„Sie werden überrascht sein, wieviel da hineinpaßt", meinte Shelton. „Mit dem Laderaum geht man auf Viehtransportschiffen stets sparsam um. Keine Platzverschwendung!"

Ich wollte mich ja gern überraschen lassen, aber die *Dagmar Hansen* war einfach winzig. Sie maß bestimmt nicht mehr als fünfzig Meter vom Bug bis zum Heck und war höchstens zehn Meter breit, und sie schien sogar noch kleiner zu werden, je näher wir kamen.

Ich stieg aus dem Wagen, trat ein paar Schritte zurück und unterzog den Frachter, der für die nächste Zeit mein Heim würde, einer oberflächlichen Musterung.

Um gerecht zu sein: Die *Dagmar Hansen* war in gutem Zustand. Vor dem Achterdeck mit den Kabinen lag die Brücke. Sie hatte große Fenster, und davor ragten rechts und links mächtige, gebogene Rohre aus dem Deck. Diese unverhältnismäßig großen Gebilde gehörten, wie ich später entdeckte, zum Lüftungssystem des Laderaums, in dem das Vieh untergebracht wurde.

Der plumpe schwarze Schornstein über dem hinteren Teil der Aufbauten hatte blaue Ringe mit schmalen weißen Kanten. Das Hauptdeck strahlte Frische aus. Alle Metallteile an Reling, Ladebäumen und Winden waren makellos weiß gestrichen und bildeten einen starken Kontrast zu den grünen Fußbodenplanken. Offenbar sollte dieses Grün die Tiere an heimische Weiden erinnern und eventuell widerspenstigen Rindern den Reiseantritt erleichtern.

An Bord rührte sich nichts. Die *Dagmar Hansen* war erst vor kurzem eingelaufen, und nach der Fahrt durch die Irische See ruhte sich die Besatzung wohl erst einmal aus – genau wie das kleine Schiff.

„Ah, da ist ja auch das Futter!" rief Shelton und zeigte zum Ende des Kais. „Wir sollten es mal ansehen." Die Heuballen waren ordentlich übereinandergestapelt und mit einer Plane abgedeckt. Ich grub den Arm tief in den Stapel, zog eine Handvoll Heu heraus und schnüffelte an der Probe.

„Schön süß", sagte ich, „und auch nicht zu trocken."

Shelton war ebenfalls zufrieden. Nach seiner Schätzung mußte die Futtermenge ausreichen.

„Scheint in Ordnung zu sein", sagte er. „Damit hätten wir eine

Sorge weniger. Aber der verdammte Agent von der Reederei sollte
längst hiersein. Ich fahre mal zum Tor zurück. Sie gehen besser schon
an Bord und sehen sich ein bißchen um. Stellen Sie fest, ob eine Hän-
gematte für Sie reserviert ist." Er blinzelte verschmitzt, stieg in sein
Auto und knatterte davon.

Eine Zeitlang stand ich im Nieselregen und betrachtete meine
Umgebung. Dann warf ich mich in Pose und begab mich mit wiegen-
dem Seemannsschritt über die Landungsbrücke an Bord der *Dagmar
Hansen*. Da ich durch kein Pfeifensignal begrüßt wurde, pfiff ich mir
selbst ein paar Töne, als ich den Fuß auf das grasgrüne Deck setzte.

Noch immer ließ sich keine Menschenseele blicken, und ich war
von meinem Eintritt in die Welt der christlichen Seefahrt ein wenig
enttäuscht. Ich schlug einen Bogen um die Luke auf dem Achterdeck
und ging auf eine schwere Eichentür unter der Brücke zu. Zögernd
drückte ich die Klinke hinunter, kletterte über die gut dreißig Zentimeter hohe Türschwelle und befand mich in einem schmalen Gang,
der sich weiter hinten nach rechts und links teilte. Einen Augenblick
war ich unsicher, welche Richtung ich einschlagen sollte, doch dann
stieg mir ein köstlicher, einladender Duft in die Nase: Irgendwo
wurde Kaffee gekocht.

Wie hypnotisiert folgte ich dem Duft bis zu seiner Quelle und landete linker Hand in der Kombüse. Der einzige Mensch in diesem kleinen Raum kehrte mir den Rücken zu und verteilte das köstliche
Gebräu gerade auf mehrere große Becher, die nebeneinander aufge-
reiht standen. Der Mann trug eine schwarze Baskenmütze, einen
schlichten blauen Arbeitsanzug und Holzpantinen. Er sah zwar wie
ein Franzose, aber kein bißchen wie ein Koch aus.

Ich hüstelte, um mich bemerkbar zu machen, doch er schien mich
nicht zu hören und schenkte immer weiter Kaffee ein.

„Entschuldigung . . . "

Jetzt endlich fuhr der rundliche kleine Mann wie ein aufgeschrecktes
Kaninchen herum und legte mit der Tülle der großen Blechkanne auf
mich an, als handhabe er ein Maschinengewehr.

„Ich bin der Tierarzt", sagte ich. „Ich begleite die Rinder."

Er musterte mich mißtrauisch und zielte immer noch mit der
dampfenden Kanne auf meinen Bauchnabel.

„. . . der Tierarzt!" wiederholte ich mit Nachdruck. *„Docteur pour les* *animaux!* " Ich tat, als steckte ich die Stöpsel eines Stethoskops in die Ohren, und gab vor, die kaffeegeschwängerte Luft in der Kombüse mit dem unsichtbaren sogenannten „Bruststück" abzuhorchen.

Ich hatte Erfolg – die Augen des kleinen Mannes leuchteten auf, und sein grobschlächtiges, stoppliges Gesicht verzog sich zu einem breiten Grinsen.

„Doktor! Doktor für Kuh!" sagte er laut mit deutlichem französischem Akzent und knallte die schwere Kanne auf die Arbeitsplatte. Dann wischte er sich die linke Hand am Hinterteil seiner Arbeitshose ab und streckte sie mir entgegen. So war ich gezwungen, ihm ebenfalls die linke Hand zu reichen, ein Manöver, das die unangenehme Enge der Kombüse nur noch spürbarer machte.

„Ich bin Georges", verkündete er in einer Lautstärke, die genügte, um alle schlafenden Seeleute im Hafen zu wecken. „Ich Kühe schlachten und dann zerschneiden, drei Jahre Arbeit in Schlachthaus. Ich sehr guter Mann für Doktor." Er schüttelte mir die Hand aus Leibeskräften.

„Ich hoffe, ich werde Sie nicht brauchen", erwiderte ich und brachte es endlich fertig, meine Hand zu befreien.

„Na-in, na-in", sagte Georges beschwichtigend. „*Dagmar* sehr gutes Schiff. Alle immer lustig und essen und trinken ... wie Damen bei Kreuzfahrt. Und jetzt Kaffee trinken!" Er streckte mir einen der vollen Becher entgegen. „Georges Kaffee kochen", fügte er hinzu, „besser als Koch. Koch krank ..., hier!" Er zeigte auf die Stirn, brummte drohend wie ein Bär und kam mir immer näher, die Hände wie Tatzen erhoben. „Koch verrückt", jammerte er, „verrückt!" Plötzlich brach er seine Pantomime ab, und sein stämmiger Körper wurde von wildem Gelächter geschüttelt.

Ein Schlachter und ein verrückter Koch – meine Jungfernfahrt fing ja gut an!

DAS Vieh traf früher als erwartet ein: um neun Uhr morgens oder „zwei Glasen", wie Ernie Shelton es ausdrückte. Da es sich um die Verschiffung einer Viehherde handelte, gefiel er sich darin, möglichst viele Seemannsausdrücke zu gebrauchen.

Sechs schwere Lastwagen, fünf davon mit den Kühen und ein Spezialtransporter mit den Bullen, bildeten einen Konvoi, der auf dem Kai bis zur Spitze der Mole rollte. Clarry Norris begleitete den Transport im Fahrerhaus des Bullenlasters.

„Erster Offizier, melde alle Rinder zur Stelle!" rief er, als das Fahrzeug zum Stillstand gekommen war. „Keine besonderen Vorkommnisse!" Er brüllte ziemlich laut und imitierte einen militärischen Gruß.

„Was macht denn Chester?" fragte ich besorgt.

Norris wiegte den Kopf. „Sagen wir mal, er ist ein klein wenig unruhig. Hat nicht gerade seinen besten Tag."

Chester! Der würde mir zu schaffen machen! Wieder fragte ich mich, ob wir ihn nicht besser doch von der Reise ausgeschlossen hätten.

„Kommen Sie, Lasgarn!" Diesmal rief Ernie Shelton nach mir. „Einladung beim Kapitän!"

„Warten Sie, ich begleite Sie", sagte Norris und stieg aus. „Vielleicht kann man ein bißchen was Zollfreies anzapfen."

Seine Hoffnung erfüllte sich rasch. Sobald wir im Navigationsraum versammelt waren, stellte der Kapitän, ein wuchtiger Mann von piratenhaftem Aussehen, der den Namen Schwarz trug, eine große Flasche Brandy auf den Tisch. Der Name paßte gut zu ihm, denn sein Haar und der üppige Vollbart waren wirklich rabenschwarz. Zu seiner Rechten saß der Erste Offizier, ein kleiner wendiger Deutscher namens Mumme.

Wir waren zu fünft an Bord gekommen: Ernie Shelton, der aus seinem unergründlich tiefen Aktenkoffer einen Formularstapel nach dem anderen zutage förderte, der Agent der Reederei, ein flotter junger Mann namens Willows, Dr. McLowell, der Bezirksveterinär aus Newpool, Clarry Norris und ich.

„Bitte setzen Sie sich, meine Herren", begann der Kapitän in hartem, polterndem Englisch. „Jetzt trinken wir einen Brandy."

Das war keine Einladung, sondern eher ein Befehl. Eigentlich zählte es nicht zu meinen Gewohnheiten, mir schon um „zwei Glasen" einen Brandy einzuverleiben, doch dergleichen gehörte wohl zum Seemannsleben, und deshalb beschloß ich, mich so schnell wie möglich anzupassen.

Als wir uns den Begrüßungstrunk genehmigt hatten, deckte uns Ernie Shelton mit einer wahren Papierflut ein. Frachtbriefe, Wertminderungserklärungen, Gesundheitsatteste, Bankwechsel, Zettel mit

Börsenkursen – all dies legte er uns in rascher Folge vor, und zwar mit solcher Geschwindigkeit, daß wir schon fast an einen Taschenspielertrick glaubten.

Endlich erlöste mich Mumme, als er in gutem Englisch erklärte: „Ich werde jetzt unserem neuen Passagier sein Quartier zeigen." Mit einer Handbewegung ließ mir der Erste Offizier den Vortritt auf der Niedergangtreppe zu den Kabinen.

EINE halbe Stunde später, als ich mein Gepäck verstaut hatte, kletterten wir wieder hinauf und gingen an Deck. Am Kai hatte sich etwa ein Dutzend Männer mit Schiebermützen und kräftigen Muskeln eingefunden. „Die Schauerleute", erklärte Willows.

„Die sehen nicht gerade aus, als verstünden sie sich aufs Verladen von Rindviechern", gab Mumme zu bedenken.

Ich drehte mich um und schaute zu ihm auf, da er einen halben Meter über mir auf einem Lukendeckel stand. Er sah bemerkenswert adrett aus in seiner gutgebügelten grünen Latzhose und der Offiziersmütze, die akkurat auf dem Kopf saß. In der rechten Hand hielt er rote Gummihandschuhe und in der linken einen elektrischen, mit Stacheln besetzten Viehtreiberstock.

„Den werden Sie nicht brauchen", meinte ich. „Die lassen sich ohne weiteres führen."

„Abwarten", entgegnete er scharf und nahm Georges ins Visier, der gerade ein klappriges Fahrrad die Landungsbrücke hinunterschob.

„Wohin wollen Sie denn fahren?" rief Mumme auf deutsch.

„Zur Apotheke ..., für den Käpt'n!" brüllte Georges zurück.

„Möchte wissen, wozu der Kapitän einen Apotheker braucht, wenn wir einen Arzt an Bord haben", schimpfte der Erste Offizier und ging nun selbst auf den Kai hinunter. Dort erwartete ihn einer der Matrosen, ein riesiger Kerl in dickem Wollpullover und wasserdichten Hosen. Unter seiner Mütze quoll langes blondes Haar hervor. Er war annähernd zwei Meter groß und wog gut zwei Zentner, ein wahrer Koloß und dem Aussehen nach Skandinavier.

Er hieß Horst Svenson, war in der Tat Däne und blickte, obwohl er erst Anfang Zwanzig war, auf einen buntscheckigen Lebenslauf zurück. Auf der *Dagmar Hansen* hatte er erst kürzlich angeheuert. Vorher war er mit einem Trawler in isländischen Gewässern unterwegs gewesen, und eine Zeitlang hatte er sogar in der Fremdenlegion gedient. Sein Kollege, ein kleiner, dunkler, schmuddelig aussehender Bursche, war so ähnlich wie Georges ausstaffiert, trug aber keine Baskenmütze. Er hieß Aristos und war Grieche.

Ich wollte schon Mumme auf den Kai folgen, als hinter mir eine Tür zuknallte. „He, Mann, wann soll es denn losgehen?" rief eine hohe Stimme.

Dies war meine erste Begegnung mit Jimmy, dem Kabinensteward, einem Flüchtling aus Äthiopien. Außer ihm gehörte zur Schiffsbesatzung auch noch Karl, der Maschinist, der aber aus seinem Maschinenraum nur selten auftauchte.

„Wir können mit dem Verladen anfangen, Lasgarn!" rief Mumme vom Kai zu mir herauf.

„Beginnen wir mit den im dritten Monat tragenden Kühen", schlug ich vor. „Die anderen Kühe werden ihnen dann schon folgen, ohne daß allzu große Unruhe entsteht. Die Bullen als letzte ..."

Horst und Aristos schlenderten die Gangway hinunter, als der erste Viehtransporter im Rückwärtsgang auf die heruntergelassene Laderampe der *Dagmar Hansen* zusteuerte. Die Schauerleute zeigten keine sonderliche Begeisterung für die Arbeit. Sie traten einfach zurück und überließen das Feld den Fahrern der Transporter, die allesamt Übung im Umgang mit Großvieh hatten.

Die Schwingtüren des vordersten Lasters flogen auf, und die erste Gruppe unserer Herefordrinder setzte zum letztenmal den Fuß – genauer gesagt, die Hufe – auf heimatlichen Boden, ehe ihre große Abenteuerreise begann.

Während der vergangenen Monate hatte man die Tiere unendlich vielen Tuberkulosetests, Bluttests, Impfungen und Untersuchungen unterzogen, so daß sie inzwischen gewohnt waren, sich als Gruppe einer Leitkuh anzuschließen. So zögerten die Rinder auch nur kurz und schnupperten ein wenig mißtrauisch die ungewohnte Seeluft. Dann trotteten schon die mutigsten Jungkühe über die Rampe, und die anderen folgten ihnen willig.

Der ganze Verladeprozeß verlief reibungslos, und gegen Mittag waren alle Kühe an Bord. Blieben nur noch die beiden Bullen ...

Chester und Lucky Chance waren im Spezialtransporter angereist, dessen Fahrer, ein bebrillter älterer Mann namens Dick Clapstick, in der ganzen Grafschaft für sein derbes Mundwerk bekannt war. Lucky Chance ließ sich von Dick widerstandslos am Seil die Lastwagenrampe hinunter- und die Schiffsrampe wieder hinaufführen. Er hielt den Kopf hoch erhoben, damit ihm auch keine Einzelheit der fremden Umgebung entging. Erst am oberen Ende der strohbedeckten Rampe blieb er kurz stehen und schaute sich um. Er wollte wohl wissen, ob ihm Chester auch folgte.

„Warte einen Augenblick, Dick!" schrie Phil Glossop, einer der Männer aus der Quarantänestation. „Warte, bis ich Chester aus dem Transporter geholt habe!"

Mit einem Fahrer ging er zum Lastwagen. Wir hörten ein bißchen Getrampel und Rufe wie: „Nun komm schon, Kumpel! Stell dich nicht so an!" Dann erschien der Bulle an der Rückseite des geöffneten Transporters, flankiert von Phil Glossop, der den Stier durch Zurufe zum Weitergehen ermunterte, und dem Fahrer, der krampfhaft an dem Seil zerrte, das durch Chesters Nasenring gezogen war.

Der Bulle dachte nicht daran, den Fuß auf die Lastwagenrampe zu setzen. Sein Blick schweifte erst einmal argwöhnisch über die ungewohnte Umgebung. Dann drehte er den Kopf langsam von rechts nach links, so daß seine beiden Hüter beinahe die Balance verloren.

Chesters Erscheinen brachte die Gruppe der Schauerleute zum erstenmal in Bewegung. Sie zogen sich ein wenig verunsichert hinter die seitlich mit Brettern geschützte Schiffsrampe zurück und rissen dumme Witze über den mächtigen Bullen. Der aber stand noch immer oben an der Ladekante des Lasters, beobachtete die Szene und war weder durch gutes Zureden noch durch Lockrufe dazu zu bewegen, die Rampe zu betreten.

Die beiden Männer schlugen allmählich eine härtere Gangart an. Sie zerrten am Führseil; ihre Zurufe wurden rüder. Und plötzlich inszenierte Chester ein Schauspiel, das den Leuten im Hafen von Newpool noch jahrelang im Gedächtnis bleiben sollte.

Der Koloß atmete tief durch, so tief, daß sich sein ohnehin gewaltiger Rumpf zu doppeltem Umfang aufzublähen schien. Dann preschte er mit drei Sätzen die Laderampe hinunter und schleifte dabei Phil Glossop und den Fahrer mit, die wie Marionetten am Führseil hingen. Für ein kurzes, markerschütterndes Schnauben machte er am Fuß der Schiffsrampe halt, setzte zwei Schritte zurück, und dann flogen die

Fetzen – genau wie zuvor schon in Worlton! Er rammte seine dicken Hörner in die linke, mit Holzplanken verstärkte Seitenwand der Rampe, über der eine ganze Galerie neugieriger Schauerleute hing. Die Bretter wirbelten nur so durch die Luft, und an jedes schien sich ein Schauermann zu klammern. Mützen und Zigaretten flogen durch die Gegend, Stiefelsohlen wurden sichtbar. Dabei kam Chester jetzt erst richtig in Fahrt. Er verlegte das Gewicht auf das rechte Vorderbein und ließ der zweiten Rampenwand dieselbe Behandlung angedeihen wie der ersten. Er steigerte sich noch, indem er auch mit den Hinterbeinen ausschlug, und zwar mit einer Vehemenz, um die ihn jedes bockende Wildpferd beneidet hätte.

In wenigen Sekunden verwandelte der Stier schließlich auch den provisorischen Bretterzaun zwischen Lastwagen- und Schiffsrampe in einen Trümmerhaufen. Dick Clapstick konnte gerade noch Lucky Chance in den Schiffsladeraum zerren, als Chester schon triumphierend in völliger Freiheit auf dem Kai stand. Wie ein Preisboxer sah er aus, der sich aus einer Pappschachtel befreit hat! Er ließ den Blick lebhaft in die Runde schweifen, um die Möglichkeiten abzuschätzen, die ihm offenstanden. Wandte er sich nach links, wäre ihm die Mehrzahl der Hafenarbeiter im Wege, aber mit denen würde er im Handumdrehen fertig. Liefe er nach rechts, ginge es heimwärts!

Chester entschied sich für rechts. In stetiger Gangart, mit fröhlich schlenkerndem Schwanz, trabte er auf das Haupttor des Hafens zu.

Ich sah ihn verschwinden und spürte, wie sich mein Magen verkrampfte. Dieser Teufel war auf dem besten Weg, mir die Karriere zu versauen! Wie stand ich jetzt da? Ein Begleittierarzt, dem einer seiner Schützlinge verlorenging, ehe die Reise begonnen hatte! Hugh Lasgarn, du bist ein Schwachkopf! sagte ich mir. Wie konntest du nur diesem Bullen, der schon eine halbe Quarantänestation in Trümmer gelegt hat, noch einmal eine Chance geben? Du mußt den Verstand verloren haben ...

Chester hatte bereits eine beachtliche Strecke zurückgelegt. Zwar hatten die Hafenarbeiter ein paar halbherzige Versuche unternommen, den Ausbrecher aufzuhalten, doch das waren vergebliche Mühen. Chester trabte ungehindert über das Hafengelände.

Inzwischen hatten sich die Schauerleute an der Rampe der *Dagmar Hansen* fluchend und schimpfend aufgerappelt. Nun waren sie dabei, ihre Mützen und Glimmstengel aufzulesen und ihre blauen Flecken zu zählen.

„So flink bewegen die sich sonst nur, wenn's Freibier gibt", brummte der Agent der Reederei, der jetzt hinter einem Stapel Heuballen auftauchte.

Dick Clapstick kicherte. „Der Stier kommt nicht weit", meinte er. „Am großen Tor muß er anhalten und seinen Namen angeben." Allenthalben machte sich Erleichterung breit, vermutlich, weil man Chester los war.

Ich dagegen hatte allen Grund zur Sorge. „Holen Sie den Lastwagen!" schrie ich Dick Clapstick zu. „Und nehmen Sie ein paar von den Leuten als Verstärkung mit." Ich machte eine Handbewegung in die Richtung der Schauerleute. Clapstick sah mich über den Rand seiner Brille hinweg an, verkniff sich aber jeden Kommentar und befolgte meinen Auftrag.

„Wir legen um siebzehn Uhr ab, Doktor!" rief uns der Erste Offizier hinterher, als Clapstick, Norris und ich mit dem Laster davonfuhren. „Wer nicht da ist, muß schwimmen!"

Schon lag der erste Lagerschuppen, um dessen Ecke Chester verschwunden war, hinter uns. Aber von dem Stier war nichts zu sehen. Dennoch gab es zwei Beweise, daß wir auf der richtigen Fährte waren: zum einen die Gesichter der Arbeiter, die unseren Weg säumten, und zum anderen die merkwürdigen Orte, an denen einige von ihnen Zuflucht gesucht hatten. Manche schauten ängstlich hinter Transportkisten hervor, andere waren auf Palettenstapel geklettert oder hatten Telegrafenmasten erklommen.

Eine Handvoll Matrosen benutzte das Achterschiff der *Wakatiki* als Logenplatz; die Männer hüpften wie Gummibälle vor Vergnügen über das Spektakel. Immerhin zeigten einige der Schaulustigen auch noch auf das offenstehende Tor des zweiten Lagerhauses. Als wir anhielten, sah ich, daß die Schiebetür nicht nur eingebeult, sondern auch aus den Leitschienen gedrückt war. Eine Tafel mit der Aufschrift PRIVAT! EINTRITT STRENG VERBOTEN! war zu Boden gegangen.

Also hatte Chester diesen Weg eingeschlagen! Dennoch blieb er unsichtbar. Nur eine Schneise der Zerstörung leitete uns weiter zur Schiebetür am anderen Ende der Halle. Auch sie war eingebeult.

Aber wo war Chester? Auf der Rückseite des Lagerschuppens

kreuzten wir durch ein Gewirr von Lastwagen und Eisenbahnwaggons und stießen endlich bis zur Spitze des Westkais vor.

Ich schaute verzweifelt in die Runde.

„Da ist er ja!" brüllte Norris. „Du lieber Himmel! Gleich landet er im Wasser!"

Ich erstarrte. Mein Blick folgte Norris' Zeigefinger, der zur gegenüberliegenden Seite deutete. Dort stieß ein etwa hundert Meter langer Pier in das Hafenbecken vor, und diesen Pier entlang trabte Chester, immer noch im ursprünglichen Tempo. Mit stolz erhobenem Haupt und schlenkerndem Schwanz lief er, gelegentlich vor Übermut bockend, zielstrebig auf das Ende des Piers und das Hafenbecken zu.

Selbstverständlich hatte ich nur einen Gedanken: Es war meine Pflicht, die Rinderherde heil nach Finnland zu überführen. Trotzdem mußte ich mir eingestehen, daß dieser eigensinnige Bursche im Augenblick zufriedener wirkte als je zuvor. Er sah aus wie ein Junge, der die Schule schwänzt!

Zu meinem Entsetzen trabte Chester auf das Ende des Piers zu, ohne seinen Schritt auch nur im geringsten zu verlangsamen. Es war unausbleiblich, daß er in wenigen Sekunden in das brackige Wasser stürzte. Gewiß machte Mumme seine Drohung wahr – Chester würde nach Finnland schwimmen müssen!

Plötzlich geschah jedoch ein kleines Wunder. Auf einem Leuchtsignal am äußersten Ende des Piers saß eine große Möwe mit schwarzem Rücken. Sie hatte schon eine Weile beobachtet, wie ihr der Bulle so forsch entgegentrabte. Vielleicht glaubte sie ihr eigenes Territorium gefährdet, oder sie hatte noch nie einen Bullen gesehen – jedenfalls war sie ein Geschenk des Himmels und meine Rettung dazu. Mit einem markerschütternden Schrei und weit gespreizten Flügeln schoß sie auf Chester zu, so daß der Bulle ruckartig stehenblieb.

Aber damit war er noch lange nicht im Laderaum der *Dagmar Hansen*. Da stand er nun auf dem schmalen, an drei Seiten von Wasser umschlossenen Pier, ein Koloß mit kochendem Blut, der nicht die geringste Neigung zeigte, auf mich oder sonst jemanden zu hören.

„Probleme, Dr. Lasgarn?" fragte Clapstick, der mir gefolgt war. Er schmunzelte.

„So könnte man's nennen", entgegnete ich. „Haben Sie einen Vorschlag?"

Er meinte, wir sollten mit dem Spezialtransporter im Rückwärtsgang auf dem Pier an Chester heranfahren. Vielleicht ließe er sich in den Lastwagen locken. Aber dieses Manöver barg auch die Gefahr, daß der Stier zurückwich und doch noch ins Wasser fiel. Und wie wir ihn da wieder herausfischen sollten, überstieg mein Vorstellungsvermögen. Warteten wir andererseits, bis er sich selbst zum Rückmarsch bequemte, verpaßten wir das Ablegen der *Dagmar Hansen*. Ich war ratlos – schachmatt gesetzt von einem unbezähmbaren Stier!

Und dann erschien Georges auf der Bildfläche. Sein uraltes Fahrrad klapperte so laut auf dem unebenen Pflaster, daß wir ihn schon von weitem hörten. Er sah die Menschenmenge, die sich um uns versammelt hatte, trat langsamer in die Pedale und warf einen Blick hinüber zum Pier, auf dem Chester kehrtmachte und seine hoffnungslos unterlegenen Häscher zu erwarten schien. Hatte der Bulle bisher seine Freiheit genossen, bekam er jetzt wieder schlechte Laune. Er senkte den Kopf und stampfte einmal wütend mit dem Vorderhuf auf.

Georges hielt bei uns an, ohne allerdings abzusteigen, und starrte hingerissen die Silhouette des Stiers am Ende des Piers an.

„Die schöne Bulle", sagte er voll Bewunderung mit seinem herrlichen französischen Akzent. „So ein Tier ist mir im Leben noch nicht begegnet."

„Mir auch nicht", bestätigte ich, meinte aber nicht dasselbe. „Und ich will auch keinen mehr von dieser Sorte zu Gesicht bekommen. Wie schaffen wir ihn bloß von hier wieder weg?"

„Das erledige ich", erklärte Georges. „Sie werden sehen . . ."

Ehe ich ihn davon abhalten konnte, setzte er sein Fahrrad wieder in Bewegung und strampelte auf Chester zu. „Georges", schrie ich, „seien Sie kein Narr!" Aber der Mann war nicht zu bremsen.

Chester ließ kein Auge von dem Radfahrer. Die Sache kam ihm wohl genauso unglaublich vor wie uns Zuschauern. Er schnaubte und schüttelte den Kopf, als plage ihn ein Bienenschwarm.

„Der Bulle bringt ihn um", flüsterte Norris. „Sie täten gut daran, einen Krankenwagen zu rufen, Lasgarn."

Dieses eine Mal mußte ich dem Vertreter des Landwirtschaftsministeriums recht geben: Georges begab sich in große Gefahr. Chester scharrte schon – eins rechts, eins links – in schnellem Wechsel mit den Vorderhufen, als bereite er sich auf eine Attacke vor.

Georges war inzwischen etwa zehn Meter vor dem schnaubenden Ungeheuer aus dem Sattel gestiegen. Er hatte die Mütze abgenommen. Wie ein Matador stellte er sich dem Publikum vor, indem er seine Kopfbedeckung mit weit ausholender Armbewegung schwenkte und eine kurze Verbeugung andeutete. Ich hörte, daß er etwas sagte, konnte aber die Worte nicht verstehen. Das war auch gleichgültig, denn auf Chester, der immer noch mit seinem Kriegstanz beschäftigt war, machten sie sichtlich wenig Eindruck.

Auf einmal verlangsamte der Bulle sein Hufgetrampel. Georges hatte die Mütze wieder aufgesetzt und das Fahrrad auf den Kopf gestellt, so daß es jetzt, quer zum Pier, auf Lenkstange und Sattel stand.

Die Sache war mir genauso rätselhaft wie Chester, der neugierig einen Schritt näher herantrat. Georges plapperte unterdessen unverdrossen weiter, hockte sich hinter dem Fahrrad im Schneidersitz auf den Pflasterboden und setzte mit der rechten Hand ganz langsam die Tretkurbel in Gang, so daß das Hinterrad zu rotieren begann. Das Vorderrad bewegte er gleichzeitig mit der linken Hand. Das unglaubliche Schauspiel schlug jeden Betrachter in seinen Bann, Chester nicht ausgenommen.

Der Bulle machte noch ein paar Schritte vorwärts, und eine Sekunde lang glaubte ich, er werde doch angreifen. Aber er streckte nur seinen kräftigen Hals vor und fing an, aus einem Meter Entfernung vorsichtig das Fahrrad zu beschnüffeln.

Georges hörte keinen Augenblick auf, sein Mundwerk und die Räder zu bewegen, aber allmählich beschleunigte er das Tempo der Umdrehungen.

Chesters Interesse an diesem Schauspiel wuchs zusehends. Er machte einen letzten zaghaften Schritt auf Georges zu, während seine Augen wie gebannt an den kreisenden Rädern hingen. Kein Zweifel: Er war in Trance! Hypnotisiert von einem alten Fahrrad! Doch das war noch nicht alles.

Georges erhob sich, kurbelte noch eine Weile an den Pedalen, umrundete schließlich das Fahrrad und stellte sich neben den Bullen. Einen Augenblick kramte er in seiner Hosentasche herum. Dann förderte er etwas Geheimnisvolles zutage, hielt es sich unter die Nase und schnüffelte daran.

Chester entging keine dieser Bewegungen. Und nun hielt Georges das Zeug auf seiner Handfläche dem Bullen unter die Nase! Das Tier machte einen Schritt rückwärts, und mein Herz flatterte, als es auch noch den Kopf senkte. Aber es schnaubte nur mit halber Kraft, schnellte die gebogene Zunge vor und leckte blitzschnell auf, was Georges ihm auf der Handfläche darbot.

Während der nächsten Minuten verfütterte Georges mehrere Handvoll von dem geheimnisvollen Stoff an Chester, und der Bulle leckte sich nach jeder Portion genüßlich das Maul. Was immer das Zeug sein mochte – es gab dem Stier offenbar den Rest. Denn Georges wandte ihm nun den Rücken zu, stellte sein Fahrrad wieder auf die Räder und begann es in unsere Richtung zu schieben. Gleichzeitig langte er mit der Hand nach Chesters Halteseil, das er nach ein paar Fehlgriffen zu fassen bekam.

Sprachlos sah ich zu, wie Georges den Pier entlangmarschierte und mit der einen Hand sein Fahrrad schob, mit der anderen den Bullen führte. Und so wurde Chester zu guter Letzt doch noch auf die *Dagmar Hansen* verladen.

Verständlicherweise verblaßten neben diesem Ereignis alle übrigen Erlebnisse, die mir zu Beginn meiner ersten großen Seereise widerfuhren.

Wir lichteten die Anker mit der einsetzenden Flut, hatten um neunzehn Uhr schon Cardiff hinter uns gelassen und befanden uns bald bei ruhigem Seegang auf dem offenen Meer.

Später am Abend gelang es mir, Georges aufzustöbern. Ich wollte mich noch einmal bei ihm bedanken. „Solche Tricks lernt man doch nicht im Schlachthaus, oder?" fragte ich ihn.

Er grinste. „Ich schon viele Dinge tun im Leben. Einmal im Zirkus. Ich Gumbo, der Clown. Ich mache Trick mit Tigern und Löwen."

Ungläubig schüttelte ich den Kopf. „Und was haben Sie dem Stier zu fressen gegeben?"

„Medizin für Käpt'n aus Apotheke. Da ist noch ein bißchen!" In seiner offenen Hand lag ein Häufchen bräunlicher Krümel.

Ich roch daran. Es war eines der üblichen Mittel gegen überschüssige Magensäure, aber es enthielt einen ganz besonderen Bestandteil, der Chesters Appetit geweckt hatte: Süßholzwurzel oder Lakritze! Und Süßholzextrakt ist ein beliebter Zusatz bei Rinderfutter!

„Käpt'n wütend, weil Bulle alles auffressen", erklärte Georges.
„Jetzt Käpt'n auch wie Bulle."

„Das macht also drei Bullen", meinte ich. „Anstatt einen zuwenig
haben wir jetzt einen zuviel an Bord!"

SCHON im Bristolkanal hatte ich gespürt, daß die Reise für mich
beschwerlich wurde; mein Körper hatte Mühe, sich den Schaukelbe-
wegungen des Schiffes anzupassen. Und nach einer unruhigen Nacht
stellte ich beim Aufwachen fest, daß ich das Frühstück um eine halbe
Stunde verschlafen hatte.

Ich war mit einem Satz aus dem Bett, mußte mich aber wegen der
Schlingerbewegungen des Schiffes am Kojengitter festhalten, um
nicht das Gleichgewicht zu verlieren. Unter erschwerten Bedingungen zog ich mich an, eine Tätigkeit, die mich zu allerlei komischen
Verrenkungen zwang. Als endlich mein Körper und meine Kleidungsstücke zueinandergefunden hatten, schoß ich aus der Kabine
und hinunter in die Messe.

Die Besatzung hatte schon gegessen. Der Raum war also leer, was
bedeutete, daß ich allein frühstücken mußte und zum erstenmal mit
Gustav Brandts Problemen konfrontiert wurde. In den darauffolgenden Jahren machte ich noch viele Reisen als Begleittierarzt, und so
lernte ich auch die unterschiedlichsten Typen von Schiffsköchen kennen. Gustav Brandt aber blieb mir immer im Gedächtnis.

Seine äußere Erscheinung stand in krassem Gegensatz zu seiner
beruflichen Tätigkeit. Er trug einen Anzug, den man bestenfalls für
einen verblichenen, zerknitterten Pyjama halten konnte. Die ausge-
beulte Hose fiel über schwarze Holzpantinen, mit denen Gustav
geräuschvoll herumschlurfte, wenn er seinen Küchenpflichten nach-
ging. Sein weißblondes Haar, das entfernt an windzerzaustes Stroh
erinnerte, harmonierte in seiner Farblosigkeit mit dem verwaschenen
Anzug. Einen Kontrast zu seinem Gesicht bildete nur der zerfranste
rotblonde Vollbart.

Während ich noch um mein Gleichgewicht kämpfte, baute sich
Gustav in seiner ganzen abgetakelten Herrlichkeit in der Tür der
Messe auf. Meine Entschuldigungen fegte er mit einer knappen Handbewegung beiseite, ließ mich an einem kleinen, in der Wand veranker-
ten Tisch Platz nehmen und verschwand.

Plötzlich war er wieder da und knallte einen Kaffeebecher und einen Teller mit nur halbgaren Spiegeleiern vor mir auf den Tisch. Dann starrte er mich eigentümlich aus seinen winzigen, tiefliegenden Augen an und erklärte in langsamem, gebrochenem Englisch: „Ich habe einen Poker."

Auf Viehtransportschiffen mit internationaler Besatzung eine Unterhaltung zu führen ist nicht immer ganz einfach. Um Zeit zum Überlegen zu gewinnen, wiederholte ich den unverständlichen Begriff: „... einen Poker", sagte ich lächelnd. „Soso, Sie haben einen Poker."

Auf meine Worte folgte ein unbehagliches Schweigen, und ich hatte Gelegenheit, mich auf das Dröhnen aus dem Maschinenraum, auf die Schlingerbewegungen des Schiffes und die Spiegeleier auf dem Teller zu konzentrieren, die mich wie Fischaugen anglotzten.

Als ich schließlich den Kaffeebecher zum Mund führen wollte, erstarrte meine Hand mitten in der Luft. Gustav hatte sich tief hinabgebeugt, die Schultern hochgezogen und einen fürchterlichen Grunzlaut ausgestoßen.

Nun war alles klar! „*Po-r-ker!*" rief ich erleichtert. „*Pig!* Schwein!"

„Schwein!" Gustav richtete sich triumphierend auf. „Ja, ein Schwein", bestätigte er. „Kommen Sie ...!"

Dankbar für jeden Anlaß, der mich vom Anblick der ekelhaften Spiegeleier befreite, folgte ich Gustav in die Kombüse, die im Gegensatz zur äußeren Erscheinung des Kochs ordentlich und sauber aussah.

Gustav steuerte nach achtern auf eine Tischplatte zu, unter der sich ein Schränkchen befand. Er bückte sich und öffnete beide Schranktürflügel. „Hier is mein Schwein", verkündete er, „und diss is Schweinhaus!"

Ich war wohl noch immer ein wenig aus dem Gleichgewicht, denn anstatt mein Befremden zu äußern, bückte ich mich tatsächlich und starrte in das Schränkchen. Nicht daß ich dort wirklich ein Schwein vermutete! Erwartungsgemäß standen auf den Zwischenbrettern nur lange Reihen von großen und kleinen Gemüsekonserven.

Gustav schloß die Türen wieder und richtete sich auf. „Diss is meine liebe Greta", erklärte er mit ruhiger Stimme. Dann verließ er die Kombüse, ging in seine gegenüberliegende Kajüte und knallte die Tür zu.

Während ich mich langsam von dieser Überraschung erholte, fiel mir ein, daß ich gewisse Pflichten an Bord hatte. Vielleicht verstand ich mich doch besser auf Herefordrinder als auf Phantomschweine wie Greta. Damals ahnte ich nicht, daß mir diese Dame binnen kurzem wiederbegegnen würde.

Unerschrocken durchpflügte die *Dagmar Hansen*, der schwimmende Kuhstall, die Küstengewässer vor Cornwall, ehe wir in den Ärmelkanal einfuhren. Die Atlantikbrecher warfen den kleinen Frachter hin und her wie einen Spielball, und Besatzung und Vieh wurden gleichermaßen durchgerüttelt.

Wegen der rauhen See war der Lukendeckel geschlossen, und unten im Laderaum entwickelte sich eine unerwartet hohe Luftfeuchtigkeit. Selbst die beiden riesigen Ventilationsrohre genügten nicht, um die verbrauchte Luft abzusaugen.

Zweierlei beunruhigte mich: Unter den Kühen war eine Husteninfektion ausgebrochen, doch schlimmer waren die Begleiterscheinungen: triefende Augen und Nasen. Die Tiere sahen alles andere als gesund aus.

Da ich fürchtete, der Husten könnte sich zu einer Lungenentzündung auswachsen, wendete ich vorbeugende Maßnahmen an. Die entzündeten Augen behandelte ich zweimal täglich mit Tropfen, um bleibende Hornhautschäden zu vermeiden. Georges assistierte mir und war unermüdlich bereit, Sonderaufgaben zu übernehmen. Den ersten Rundgang im Laderaum erledigte ich immer gleich nach dem Frühstück. Ich untersuchte Tier für Tier und trug alle auffälligen Symptome in mein Schiffstagebuch ein.

Einen großen Teil meiner Freizeit verbrachte ich in der Kabine mit der Lektüre tierärztlicher Informationsblätter, die sich speziell mit Rindern befaßten. Vielleicht nützten mir solche Spezialkenntnisse bei der Ankunft in Finnland. Daß meine Kabine immer tadellos in Ordnung war, verdankte ich Jimmy, dem Äthiopier, und seiner „Black Man's Magic" – der Zauberkraft des schwarzen Mannes, wie er es selber nannte.

Zum ersten Mal hörte ich diesen Ausdruck, als ich einer kleinen ausbruchssüchtigen Jungkuh ein Horn amputieren mußte. Die Kuh hatte zunächst versucht, das Pferchgitter aus den Angeln zu heben, und sich dabei das Horn angebrochen. Dann hatte sie das Gitter im Sprung überwunden, war bis zum Ende des Mittelgangs gelaufen und in der knapp fünfzig Zentimeter breiten Lücke zwischen zwei Stützpfosten steckengeblieben. Da sie sich mit großer Kraft in die schmale Lücke gezwängt und sich dabei den Brustkorb zusammengedrückt hatte, saß sie nun hoffnungslos fest, denn ihre Hüften waren für die Öffnung zwischen den Pfosten zu breit.

Endlose Diskussionen brachten uns einer Lösung des Falls nicht näher. Ich fürchtete schon, Georges müsse von den Fähigkeiten Gebrauch machen, die er während der drei Jahre im Schlachthaus erworben hatte.

Dann erschien der riesige Matrose Horst im Laderaum. Er machte uns darauf aufmerksam, daß die Pfosten ein wenig schräg zur Decke des Laderaums hinauffliefen, der freie Raum zwischen ihnen also nach oben hin weiter wurde. Wenn wir die Kuh anheben könnten, wäre sie vielleicht zu retten. Aber wie sollten wir sie denn anheben? Ein Flaschenzug kam nicht in Frage, denn an der stählernen Laderaumdecke gab es dafür keine Halterung.

Doch Horst fand die Lösung. „Ich hebe sie hoch", erklärte er.

Wäre ich nicht als Augenzeuge dabeigewesen, hätte ich die Geschichte als Seemannsgarn abgetan. Doch nun erlebte ich mit, wie unser starker Mann den breiten Ledergürtel enger zurrte, unglaublich tief Luft holte, sich bückte und sich rückwärts unter den Vorderteil der Kuh schob, bis ihr Brustkorb auf seinen Schultern ruhte.

Mit einem zweiten gewaltigen Atemzug spannte er alle Muskeln an, so daß sie sich als dicke Stränge unter seinem Hemd abzeichneten. Dann brüllte er los wie ein toll gewordener Löwe – und stand auf!

Die Kuh schien plötzlich schwerelos zu sein. Als wäre sie ein gasgefüllter Ballon, stieg sie zwischen den beiden Pfosten immer höher, bis die trichterförmige Lücke für ihren Umfang weit genug war. Sowie sich Horst voll aufgerichtet hatte, rutschte sie von seinem Rücken und plumpste erschöpft, aber erlöst auf ihr Hinterteil.

Beifall brandete auf, und Horst bedankte sich nach Art der Gewichtheber, indem er die gefalteten Hände triumphierend über dem Kopf schüttelte.

Leider war das Horn der Kuh unmittelbar über der Basis angebrochen, und ich wußte, daß es in der feuchtwarmen Luft des Ladedecks kaum heilen würde. Mir blieb keine Wahl – ich mußte es amputieren.

Die ganze Schiffsbesatzung verfolgte interessiert, wie ich das Horn unter örtlicher Betäubung abnahm. Selbst Kapitän Schwarz ließ sich für kurze Zeit blicken. Auch Jimmy beobachtete die Operation stumm, und als ich fertig war, bat er mich höflich um das Horn. Er wollte es als Erinnerungsstück aufheben.

Als die anderen Männer davon hörten, witzelten sie natürlich sogleich über die angebliche Zauberkraft von Kuhhörnern, aber der Äthiopier quittierte ihren Humor mit hintergründigem Grinsen. „Jetzt brauche ich nur noch drei, dann ist meine Sammlung komplett", erklärte er den Spöttern und fuchtelte unter ihren Augen mit dem Horn herum. „Schließt also eure Türen heute nacht gut ab, ihr Klugschwätzer." Er tänzelte vor ihnen auf und ab und fügte noch hinzu: „Hütet euch vor dem Zauber des schwarzen Mannes!"

Für mich bestand dieser Zauber allerdings nur in Jimmys fabelhafter Fähigkeit, die Unordnung in meiner Kabine immer wieder zu beseitigen, wenn ich unten bei den Tieren beschäftigt war. Er legte meine Kleidungsstücke zusammen, räumte den Schreibtisch auf, ordnete mein Waschzeug und verwandelte die zerknüllten Laken und Kissen, aus denen ich jeden Morgen mühselig herauskroch, in eine hübsch ordentliche Lagerstatt. Er holte mich auch zu den Mahlzeiten, unterrichtete mich, wenn ein interessantes Schiff auftauchte, und widmete sich meinen unterschiedlichsten Bedürfnissen mit der Hingabe eines tüchtigen Offiziersburschen.

So war es auch Jimmy, der mir das nächste unvergeßliche Erlebnis meiner Jungfernfahrt ankündigte. In der dritten, unverändert stürmischen Nacht nach unserem Kuhabenteuer lag ich lesend in meiner Koje, als mich eilige Schritte draußen im Gang und gleich darauf lautes Klopfen an der Tür aus meinen Gedanken rissen. „Herein!" rief ich.

Die Tür sprang auf, und eine Gestalt flog buchstäblich in meine spärlich beleuchtete Kabine herein. Es war Jimmy. Schon bei Tageslicht konnte man ihn wegen seiner kohlschwarzen Hautfarbe in den dunkleren Winkeln des Schiffes kaum erkennen. Als er nun in die Kabine sauste, sah ich eigentlich nur seine Augen, die funkelten, als wären sie von zwei superstarken Batterien betrieben.

„Der Skipper sagt ..., schnell! Bitte, Doktor ...!Wegen Gustav." Jimmys schmaler Brustkorb hob und senkte sich erleichtert, als die Botschaft endlich herausgesprudelt war.

Dank meiner nun doch schon längeren Berufspraxis brachten mich
mitternächtliche Notrufe nicht mehr aus der Ruhe, doch Jimmy
machte die Sache so dringend, daß ich ihm im Schlafanzug aus der
Kabine folgte.

Im Gang des Unterdecks standen Käpitän Schwarz und Aristos; sie
spähten durch die Tür in Gustavs Kabine, aus der erstickte Schreie
drangen. Bei meinem Erscheinen trat der Kapitän einen Schritt zurück
und legte mir die Hand auf die Schulter. „Unser Schiffskoch dreht mal
wieder durch", erklärte er ruhig. „Er sagt, Greta gehe es schlecht und
Sie sollen der Sau helfen."

Mein ratloser Gesichtsausdruck veranlaßte ihn zu einer zusätzlichen
Erklärung. „Manchmal regt er sich eben auf, aber wenn man tut, was
er sagt, ist er bald wieder friedlich." Er schüttelte ernst den Kopf.
„Wissen Sie, als Mensch ist Gustav unmöglich, aber als Koch ist er gar
nicht so übel. Also bitte, Doktor . . . Walten Sie Ihres Amtes!"

Ich schob mich vorsichtig in die Kabine und erblickte Horst und den
Maschinisten Karl, die mit einem Gesamtgewicht von zweihundert
Kilo einen strampelnden Fleischberg beschwerten – Gustav! Bei mei-
nem Eintreten befreiten sie den Koch von ihrer Last. Er setzte sich auf,
und in dem vergeblichen Bemühen, sein Aussehen zu verbessern, fuhr
er mit der Hand durch das zerzauste Haar. Dann richtete er seine
Knopfaugen auf mich und gurgelte einen ganzen Sturzbach deutscher
Wörter heraus.

Kapitän Schwarz trat neben mich und brachte Gustav mit einem
scharfen Befehl zum Schweigen. Dann wandte er sich in gemäßigte-
rem Tonfall an mich. „Gustav meint, Sie sollen Ihre Arzttasche holen.
Bitte, Doktor, tun Sie ihm den Gefallen."

Ich lief in meine Kabine hinauf, griff nach meiner schwarzen Tasche
und kletterte wieder in das Unterdeck hinab.

Gustav stand jetzt an der Tür der Kombüse und empfing mich mit
einem neuen Wortschwall in deutscher Sprache. Wieder übersetzte der
Kapitän. „Gustav sagt, Gretas Zeit sei gekommen. Die Ferkel müßten
geboren werden, aber da rührt sich nichts. Er meint, sie wären stek-
kengeblieben, weil sie vielleicht zu groß sind." Der Kapitän zwinkerte
mir mit dem linken Auge zu, und ein schwaches Grinsen huschte über
sein Gesicht. „Sie sollen mal nachsehen, was in Gretas Bauch los ist."

Zähneknirschend ging ich in die Knie, wurde aber von Gustav mit einem derben Ruck wieder hochgerissen. „Sie müssen doch erst heißes Wasser und Seife holen", sagte er.

Schon in diesem Augenblick kam ich mir wie ein Narr vor. Ich seufzte tief, und der Kapitän ahnte, was in mir vorging. Er legte mir wiederum die Hand auf die Schulter. „Bitte, tun Sie ihm den Gefallen", meinte er. „Dann beruhigt er sich bald wieder. "

Also tat ich ihm den Gefallen! Ich rollte die Schlafanzugärmel hoch, seifte sorgfältig den rechten Arm ein und führte ihn vorsichtig in die nicht vorhandene Schweinerückseite ein.

Die Routine, die ich mir als Tierarzt im Umgang mit meinen Patienten erworben hatte, kam mir wieder einmal zugute, und so wendete ich bei dieser Scheingeburt dieselbe Sorgfalt an wie in einem echten Fall. Es ging so weit, daß ich einen Augenblick lang tatsächlich meinte, meine Finger stießen am Beckenausgang des Muttertiers auf die Schnauze eines etwas zu groß geratenen echten Ferkels. Mit geschlossenen Augen und vorsichtig, im Rhythmus der Wehen, tastete ich mich vorwärts, bis ich den schlüpfrigen Kopf des Ferkels fassen konnte. Mit der nächsten Wehe verhalf ich dem Phantomtier durch behutsames Ziehen auf diese schöne Welt.

Ich drehte mich zu Gustav um, der neben mir kniete, und legte ihm das Phantasiegebilde in die ausgebreiteten Hände. Dann blickte ich zu Kapitän Schwarz auf. „Dieses erste Ferkel war sehr groß", erklärte ich ganz ruhig. „Es hat den anderen den Weg versperrt. Jetzt wird Greta keine Schwierigkeiten mehr haben. "

Als ich aufstand und mir die Hände abtrocknete, murmelte Gustav etwas Unverständliches.

„Er ist Ihnen sehr dankbar", übersetzte der Kapitän. „Er sagt, er wird heute nacht bei Greta bleiben. "

Gustav kniete immer noch am Boden und starrte auf seine Handflächen. Es lag etwas Rührendes in dieser Geste.

Ich nahm meine Tasche vom Boden auf, nickte dem Kapitän zu und wünschte den übrigen Zuschauern eine gute Nacht. Wenn das Ganze auch nur Theater gewesen war, mußte ich mich doch selber loben: Ich hatte gute Arbeit geleistet.

Dankbar zog ich mich in meine Kabine zurück – die Wirklichkeit hatte mich wieder! Schlaftrunken schaute ich schließlich auf die Uhr. Zwei Uhr dreißig schon: Ein neuer Tag war angebrochen, mehr noch, ein neuer Monat. Der März war zu Ende gegangen, und der April hatte begonnen.

Heute war der erste April! Ich setzte mich kerzengerade im Bett auf. „Nein!" schrie ich. „Niemals würden sie es wagen, mich so zu ..." Oder etwa doch?

AM SONNTAG abend hatten wir die Elbmündung erreicht und schipperten in Richtung Brunsbüttel. Dort fädelte sich die kleine *Dagmar Hansen* in den großen Strom von Schiffen aller Typen ein, die über den Nord-Ostsee-Kanal auf dem kürzesten Weg ihren Zielhafen erreichen wollten. Wir begrüßten die Kanalfahrt als willkommene Erholung, aber das Vieh wurde unruhig. Es witterte Festland!

In Kiel ging die *Dagmar Hansen* vor Anker, und ich nutzte die Gelegenheit, um eine Grußkarte nach Hause zu schicken. Ich schrieb so ausführlich, als wären wir schon jahrelang unterwegs. Dabei waren es für das Vieh und mich gerade erst sechs Tage.

Am Montag mittag hob sich für uns mit Getöse das große Tor der Nordschleuse, und wir wurden in die Ostsee entlassen. Bis zu diesem Zeitpunkt war das Wetter rauh, aber nicht unerträglich schlecht gewesen, so daß ich letztlich jeden Augenblick unserer Reise genossen hatte. Und nun freute ich mich schon auf die Ankunft in Finnland.

DIE Meldung kam am Dienstag um ein Uhr mittags. Sie lautete: „Sturmböen aus nordwestlicher Richtung. Windstärke zehn. Warnung gilt ab sofort." Ich redete mir ein, daß es vielleicht gar nicht so schlimm kommen würde, wie es sich anhörte. Vielleicht berührte der Sturm nur bestimmte Regionen und verschonte uns. Andererseits hieß es „ab sofort", und ab sofort ging es auch los.

Viehtransportschiffe liegen nicht besonders tief im Wasser. Anstatt durch die Wellen zu pflügen, schwimmen sie eher wie Korken auf der Oberfläche. Aber Korken können auch auf dem Wasser tanzen, und genau das tat die *Dagmar Hansen* schon im nächsten Moment.

Während der Abenddämmerung wurde unsere Reise zu einer wahren Horrorfahrt. Das Meer geriet vollends in Aufruhr, mal türmten sich die Wellen über unserem Schiff, mal ritten wir hoch oben auf einem Wellenkamm. Wir kamen uns vor wie in einer riesigen Berg-und-Tal-Bahn. Die Dunkelheit brach so plötzlich herein, als hätte man ein schwarzes Tuch über uns geworfen, und das Schiff hörte keinen Augenblick auf zu stampfen und zu schlingern. In dieser verrückt spielenden Wäscheschleuder konnte man weder stehen noch sitzen, noch liegen. Ich wußte nicht mehr, wo bei den schlichtesten Alltagsdingen wie Büchern, Löffeln, Tassen oder Stiefeln oben oder unten war, und wie lange ich am Gitter meiner Koje hing, kann ich auch nicht mehr sagen.

Irgendwann versuchte ich, in den Laderaum hinunterzusteigen und nach dem Vieh zu sehen. Nach allerlei akrobatischen Verrenkungen kam ich wirklich unten an und plumpste vor dem Bullenpferch in einen Stapel Heuballen.

Chester hockte in der Haltung eines sitzenden Hundes in der Ecke seiner Box und fand an den Querstangen Halt. Mit seinen geschlossenen Augen sah er wie ein großer, weißgesichtiger, haariger und gehörnter Buddha aus. Lucky Chance hatte sich hingelegt und den Kopf ins Stroh gesteckt. In den Mienen der Kühe, die in ihren Pferchen teils standen, teils lagen, machte sich Hilflosigkeit breit.

Der Lärm im Laderaum war schier unerträglich. Die *Dagmar Hansen* sprang sozusagen von Wellenkamm zu Wellenkamm, und wenn sich die Schiffsschraube für kurze Zeit in der Luft drehte, vibrierte der Schiffsrumpf mit lautem Getöse. Darauf folgte etwa vier Sekunden lang tödliche Stille, als segelten wir durch die Lüfte, und im nächsten Augenblick begann der Kampf mit den Wellen mit all seinem Krachen, Donnern und Rütteln von neuem.

Allmählich geriet ich aus der Fassung. Ob das jemals endet? fragte ich mich besorgt. Und wenn es endet, bitte wann und wie? Wenn wir nun mit einem anderen Frachter kollidieren? Schließlich herrscht in der Ostsee reger Schiffsverkehr!

Plötzlich saß mir ein Kloß in der Kehle, und ich taumelte zurück zu den Heuballen bei den Bullenboxen. Todesangst preßte mir mit feuchter, kalter Hand das Herz zusammen. Seit fünfzehn Stunden – längst hatten meine durcheinandergerüttelten Sinne jedes Gefühl für Uhr- oder Tageszeiten verloren – trieb die Natur schon ihr grausames Spiel mit dem Leben von acht Seeleuten, achtundsiebzig Herefordrindern, zwei Bullen – und einem Tierarzt.

Damals erfuhr ich, was Todesangst ist. Ich saß, mit kaltem Schweiß auf der Stirn, auf den Heuballen und sah, wie Chester die Augen öffnete und den Kopf hob, als wollte er etwas sagen, wenn er es nur könnte. Doch sein Blick war beredt genug. Er bedeutete: Warum, zum Teufel, hast du mich in diese elende Lage gebracht? „Verzeih mir!" antwortete ich, als hätte der Bulle wirklich gesprochen. „Ich habe es doch nur gut mit dir gemeint."

Einen Moment glaubte ich, Chester schüttle mißbilligend den Kopf. Doch er schloß die Augen wieder und kümmerte sich nicht mehr um mich. Ausgerechnet er, der Ausbrecherkönig von New-pool, das größte Sicherheitsrisiko unter unseren Passagieren, war nun ein Sinnbild der Ruhe und Unerschütterlichkeit. Ich dagegen, ein vernunftbegabtes, intelligentes menschliches Wesen mit positiver Lebenseinstellung, stand kurz vor einem Nervenzusammenbruch. Warum wohl?

Vielleicht hatte ich mehr zu verlieren als Chester. Aber damit begründete sich ja meine Todesangst auf einer selbstsüchtigen, eitlen Überschätzung der eigenen Wichtigkeit! Ob Diana und Sara überhaupt ohne mich zurechtkämen? *Natürlich* kämen sie ohne mich zurecht. Was mich also peinigte, war der Gedanke, daß ich ihnen vielleicht gar nicht allzusehr fehlte.

Ich wachte kreuzlahm auf und war naß bis auf die Haut, da die Heuballen, auf denen ich gelegen hatte, durch und durch feucht gewesen waren. Sehr zu meiner Erleichterung stellte ich jedoch fest, daß der Wind ein wenig abflaute und das Schiff nicht mehr ganz so heftig schaukelte. Ich war gerettet!

Den letzten Teil der Reise verbrachten wir damit, „klar Schiff" zu machen, und am nächsten Morgen kam vor der finnischen Hafenstadt Hanko ein Lotse an Bord. Sicher leitete er unser kleines Schiff zum Hafen von Helsinki. Dort erwarteten uns bereits die Vertreter der finnischen Veterinärbehörde. Die Käufer waren auch erschienen, darunter ein stämmiger Bauer, den ich schon auf Paxtons Hof kennengelernt hatte. Er führte die Abordnung an den Pferchen entlang und ließ dabei lobende Worte über den Zustand der Tiere fallen.

Vor den Bullenboxen wandte er sich an mich. „Die Überfahrt war wohl ziemlich stürmisch, Dr. Lasgarn?"

Ich nickte.

Jetzt zeigte er auf Chester. „Und der Bulle da hat mächtig Angst gehabt, wie?"

Chester hob den Kopf, als wolle er protestieren, aber er unterließ es. Mein Glück, daß er nicht sprechen konnte.

Bei der Ausschiffung betrugen sich die Tiere geradezu musterhaft, und Chester marschierte in stolzer Haltung an der Spitze der Herde. Jedermann bewunderte ihn, und endlich wußte ich, daß meine Entscheidung in Worlton richtig gewesen war.

Sobald wir mit dem Ausladen fertig waren, packte ich meine Reisetasche, um den Tieren noch einmal in die Quarantänestation zu folgen, in der sie einen weiteren Monat bleiben mußten. Zu guter Letzt sagte ich der Besatzung der *Dagmar Hansen* Lebewohl: dem Kapitän, Mumme, Horst, Aristos, Gustav, Karl und Georges.

„War doch eine schöne Zeit, wie?" meinte Georges und schlug mir auf die Schulter.

Ich stimmte ihm zu. „Wo ist denn Jimmy?" fragte ich schließlich.

„Jimmy hier, Mann!" kam die Antwort, und da war er auch schon. Er schüttelte mir zum Abschied die Hand und steckte mir dabei eine kleine Schachtel zu. „Für den Doktor", sagte er lächelnd. „Damit er Jimmy nie vergißt. Jimmy wird den Doktor auch nie vergessen."

Diese Geste verwirrte mich ein bißchen. Die Finnen standen schon bei geöffneten Autotüren und laufenden Motoren unten auf dem Kai und warteten ungeduldig. So murmelte ich nur noch hastig: „Vielen Dank und auf Wiedersehen..."

Ich ging von Bord der *Dagmar Hansen*, die so tapfer dem Sturm getrotzt hatte. Die Besatzung, die sich so aufopfernd ihrer Passagiere, egal, ob Mensch oder Tier, angenommen hatte, stand an der Reling und winkte.

Der Abend in Helsinki wurde anstrengend. Ich mußte viel erzählen, viel essen und noch viel mehr trinken. Ich ging in die Sauna und ruinierte mir dabei fast den Kreislauf. Anschließend bekam ich den ich-weiß-nicht-wievielten Begrüßungsschnaps und ruinierte mir dabei tatsächlich den Magen. Doch was machte das schon! Ich war den Gewalten des Meeres entronnen – wenn auch vorläufig noch nicht zu Hause –, die Käufer waren zufrieden, und ich hatte das Gefühl, mir diese kleine Feier ehrlich verdient zu haben.

Erst im Morgengrauen ging ich in meinem Hotelzimmer vor Anker. Mit geröteten Augen und schweren Beinen hockte ich auf der Bettkante und leerte meine Taschen: Geld, Taschentuch, Flugticket,

Kamm, Streichholzschachtel ... Streichholzschachtel? Wieso denn? Ich war doch Nichtraucher!

Es war Jimmys Schächtelchen. Ich hielt es in der Hand und schob vorsichtig den Deckel auf. Drinnen lag auf einem Stück Watte aus meinem Verbandskasten eine winzige, unglaublich fein geschnitzte Möwe mit ausgebreiteten Schwingen, gearbeitet aus dem Kuhhorn, das Jimmy als „Andenken" hatte behalten wollen.

Als ich am nächsten Tag über das „Land der tausend Seen" flog, wußte ich, daß ich die unzähligen Erinnerungen an meinen ersten Viehtransport nie vergessen würde – und schon gar nicht Jimmy aus Äthiopien.

Sechstes Kapitel

NACH der Rückkehr von dieser „Expedition" überschüttete ich Diana geradezu mit Schilderungen meiner Abenteuer. Gewiß hielt sie einiges davon für Seemannsgarn, doch hörte sie sich begeistert an, was ich zu berichten hatte. Vor allem war sie aufrichtig froh, mich gesund und munter wieder zu Hause zu wissen.

Ich genoß es, mich in einem Zimmer ausruhen zu können, das im Vergleich mit meiner Unterkunft während der vergangenen zwei Wochen verhältnismäßig still war und vor allem nicht schwankte. Rückblickend überraschte es mich, daß ich auf der Reise sowenig Müdigkeit verspürt hatte, obwohl ich kaum zum Schlafen gekommen war. Wenn sich so viele unvorhersehbare Ereignisse aneinanderreihen, noch dazu unter völlig ungewohnten Verhältnissen, produziert man offenbar unerschöpfliche Energie. Aber nun war alles vorüber, und ich fühlte mich matt und erschöpft. Ich nahm ein Bad, kleidete mich um, langte beim köstlichen Abendessen kräftig zu und befand, daß der große Sessel am Kamin der beste Ort sei, um den ersten gemütlichen Abend daheim so richtig zu genießen.

Ich wurde von einem leichten Rütteln an meiner Schulter geweckt. „Tut mir leid, Hugh", sagte Diana leise, „aber wir haben Besuch ..." Sie zeigte auf die Diele. „Draußen stehen drei Kinder. Sie kommen aus dem Barton-Haus und sind schrecklich aufgeregt. Ihr Hund sei krank, sagen sie. Könntest du sie wenigstens mal anhören?"

Obwohl ich mich während der letzten Stunden so herrlich entspannt hatte, ärgerte mich diese Bitte doch. Diana spürte sofort meine
Gereiztheit. „Ich weiß, wie müde du bist, Liebling", fuhr sie fort.
„Trotzdem habe ich es nicht übers Herz gebracht zu sagen, du seist
fort. Diese armen kleinen Wichte müssen den weiten Weg ganz allein
zurückgelegt haben – und das in der Dunkelheit. Komm, gib dir einen
Ruck . . ., bitte!"

Also schlüpfte ich in die Schuhe, rieb mir den Schlaf aus den Augen
und folgte Diana zur Haustür. Draußen im Lichtschein standen drei
Kinder, eines blasser als das andere, und suchten aneinander Schutz.
Das älteste war ein vielleicht zwölf Jahre altes Mädchen mit kurzem,
struppigem Haar. Es trug ein viel zu langes grünes Kleid, das wohl für
eine kleine Erwachsene gedacht war, und seine nackten Füße steckten
in hochhackigen dunkelblauen Schuhen.

Neben ihr stand ein kleiner Junge, der ständig die Stirn runzelte.
Sein Haarschnitt war noch stoppeliger als der seiner Schwester, und
auch seine Kleidung hatte schon bessere Tage gesehen. Immerhin
paßte sie ihm einigermaßen.

Das dritte Mitglied des armseligen Häufleins war ein winziges Mädchen, dessen schulterlanges Blondhaar an den Schläfen von riesigen
rosa Haarspangen zusammengehalten wurde. Seine Hände versteckte
es in den überlangen Ärmeln der grauen Strickjacke, die ihm bis zu den
Knien reichte. Als die Kleine zu mir aufblickte, verstand ich, warum
Diana mich geweckt hatte. Das Kind gab keinen Laut von sich, und
doch rann über sein schmales Gesicht ein ganzer Strom von Tränen,
die im Lampenlicht glitzerten.

„Kommt herein", sagte Diana. „Ihr seid ja halb erfroren."

Das Mädchen in dem grünen Kleid zuckte bei der Aufforderung
zusammen wie ein Lamm oder Rehkitz, das plötzlich Angst
bekommt. Es machte einen Schritt rückwärts, griff nach den jüngeren
Geschwistern und zog sie enger an sich.

Diana verlegte sich auf sanftes Überreden. „Nun kommt schon",
wiederholte sie und streckte die Hand nach ihnen aus, aber der Junge
wich noch einen Schritt zurück.

Doch das größere Mädchen hatte sein Selbstvertrauen wiederge-
wonnen. „Die Dame tut dir doch nichts, Frank!" sagte es streng.
Unterdessen hatte die Kleine mit dem Blondhaar und den Tränen

schon Dianas Hand gefaßt und sich ins Haus führen lassen. „Wie heißt
du denn?" fragte Diana und kniete sich vor der Kleinen auf den Boden.

„Luce", schniefte das Mädchen.

„Lucy! Du heißt Lucy!" verbesserte die große Schwester mit fester
Stimme. „Und das ist der Frank, und ich heiße Gloria, aber sie sagen
alle Glory zu mir. Und wir wohnen im Barton-Haus, und unsere
Molly ist krank, und . . ., und wir . . ." Tränen kündigten sich an und
füllten in Sekundenschnelle die großen Augen. „Wir haben sie doch so
gern, und wir wissen nicht, was wir machen sollen."

Im Barton-Haus, einem alten Gebäude ungefähr anderthalb Kilometer vor Ledingford, brachte die Gemeinde mittellose Familien
unter.

Ich ließ Glory Zeit, sich die Tränen mit dem Ärmel des grünen Klei-
des zu trocknen. Doch ehe ich dazu kam, aus dem Mädchen ein paar
zusätzliche Informationen über die Patientin herauszuholen, sprang
Frank schon in die Bresche.

„Molly hat sich mit dem Hund vom Nachbarn eingelassen", erklärte er mit ernster Miene, und die Falten auf seiner Stirn vertieften sich noch. „Und jetzt muß sie dafür bezahlen, sagt Nanna. "

„Nanna?" fragte ich.

„Unsere Oma", übersetzte Gloria und zerrte Frank grob am Arm, damit er ihr das Antworten überließe. „Sie kümmert sich um uns. "

„Wir haben nämlich keine Mama", platzte Frank heraus und befreite seinen Arm aus dem Griff der Schwester.

Diana warf mir einen Blick zu. Auch ihr standen Tränen in den Augen, und plötzlich fühlte ich mich an den Tag erinnert, als ich ihr von meiner bevorstehenden Finnlandreise erzählt hatte. Seither hatte ich es mit ausbrechenden Bullen, übergeschnappten Schiffsköchen, betrunkenen Finnen und einer Ostsee bei Sturmstärke zehn zu tun gehabt, alles schwierige Fälle. Aber noch schwieriger fand ich wieder einmal einen so schlichten Fall wie diesen hier.

„Kannst du ihnen denn nicht helfen, Hugh?" bettelte Diana.

„Schon, aber ich weiß immer noch nicht . . . "

„Na, Molly kriegt eben Junge", sagte Frank und seufzte über soviel Begriffsstutzigkeit. Es störte ihn wohl, daß er die Situation einem Erwachsenen erklären mußte, der angeblich auch noch ein Fachmann für solch delikate Angelegenheiten war. „Molly kriegt Junge, aber Onkel Ned meint, das geht schief. "

Ich war fest entschlossen, nicht zu fragen, wer wiederum Onkel Ned sei, obwohl Frank schon den Blick auf mein Gesicht geheftet hatte und fest mit der Frage rechnete. Diana, Glory, Lucy und natürlich auch Frank warteten nun auf meine Entscheidung. Aber was gab es schon zu entscheiden? Trotz meiner Müdigkeit wagte ich nicht, McBean oder Bob Hacker wegen einer solchen Bagatelle aus dem Bett zu holen. Und so zog ich mich um, stieg mit den Kindern ins Auto und fuhr zum Barton-Haus. Die beiden Mädchen hockten auf dem Rücksitz. Frank dagegen saß neben mir und machte mich in einem Gespräch von Mann zu Mann mit seiner komplizierten Familiengeschichte bekannt.

Der Vater der Kinder war „weg", und niemand wußte, ob er jemals wiederkommen würde. Versorgt wurden die Kleinen von ihrer Großmutter und einem gewissen Onkel Ned, der wohl der Bruder der Großmutter war. Früher hatte die Familie in der Gegend von Belbury in einem Wohnwagen gelebt, aber jetzt war sie von der Gemeinde im Barton-Haus untergebracht worden.

Glory auf dem Rücksitz brach ihr Schweigen. „In Belbury war's schön", sagte sie. „Da war ein großer Bauernhof, und es gab Apfelbäume und Hopfen, und alles war grün. Dann ist Papi weggegangen, und unsere Mami ist von dem Baby krank geworden." Sie versank wieder in Schweigen.

Mir fiel Franks Bemerkung ein, daß sie mutterlos seien. Ich hätte gern gewußt, was passiert war, brachte die Frage aber nicht über die Lippen. Und da die Kinder keine weiteren Erklärungen abgaben, ließ ich es dabei bewenden.

Es DAUERTE nicht lange, bis das Barton-Haus auftauchte. Aus der Ferne sah es mit seinen erleuchteten Fenstern geradezu anheimelnd aus. Aber dieser Eindruck täuschte: In der Dunkelheit konnte man die vielen zerbrochenen Fensterscheiben nicht erkennen, die mit Lumpen oder Zeitungspapier zugestopft waren. Erst unmittelbar vor dem Gebäude entdeckte ich, wie weit die Verwahrlosung schon fortgeschritten war.

Ich hielt an. Die Kinder kletterten von den Sitzen, stürmten ins Haus und ließen mich allein im Auto zurück. Gleich darauf hörte ich aus einiger Entfernung Stimmengewirr. Eine Frau schimpfte laut in irischem Dialekt. Dem zornigen Ausbruch setzte ein hohes, dünnes Stimmchen eine Erwiderung entgegen – das war Glory. Eine Tür krachte zu. „Du bist ein unverschämtes Balg!" schrie die Frau. Glorys Antwort war nicht zu verstehen.

Ich ging auf die Eingangstreppe zu. Ein alter, gebeugter Mann, der sich auf einen Stock stützte, stand unter dem Vordach. Er war schwarz gekleidet, trug einen weißen Schal um den Hals und auf dem Kopf eine Tweedmütze. Als er mich sah, hob er den Stock und richtete die Spitze auf mich. „Sind Sie der Viehdoktor?" fragte er. Auch er verriet in seiner Aussprache den Iren.

Ich bejahte. „Und Sie sind wohl Onkel Ned."

Er senkte den Stock und stützte sich wieder darauf. Sein Gesicht verzog sich zu einem schwachen Lächeln. „Haben wohl alles ausgeplappert, was? Diese kleinen Teufel! Einfach davonzulaufen ... Ich wußte nicht, wo sie sind, und Nanna hat verrückt gespielt."

Jetzt begriff ich, warum Glory ein so rauher Empfang bereitet worden war. Wer würde nicht seine Kinder ermahnen, wenn sie bei Dunkelheit davongelaufen wären?

„Sie taten es doch nur aus Sorge um ihren Hund", sagte ich entschuldigend. „Was ist denn mit dem Tier los?"

„Hat den ganzen Bauch voll Welpen und kann sie nicht loswerden", brummte der alte Mann. „Das Wasser ist schon heute morgen abgegangen. Würde mich nicht wundern, wenn sie alle tot sind. Wäre vielleicht nicht das schlechteste. Sind sowieso zu viele hungrige Mäuler."

Er ließ sich noch eine Weile über die Verhältnisse im Barton-Haus aus, als es hinten im Hausflur hell wurde. Ich hörte schlurfende Schritte, und eine große Frau tauchte auf, die ihr graues Haar zu einem Knoten hochgesteckt hatte. Dies, so vermutete ich, war Nanna.

„Tut mir leid, daß die Bälger Sie gestört haben", begann sie mit fester Stimme. „So eine Frechheit, aber es sind nun mal Kinder, Sir. Sie wissen nicht, was sie tun, verstehen Sie?"

„Sie haben eben Angst um ihre Hündin. Da ist es nur natürlich, wenn sie –"

Die Frau unterbrach mich. „Der Hund kommt von allein wieder in Ordnung. Wir haben keinen Penny zu verschenken. Und für Hunde können wir schon gar nichts ausgeben."

Daran hatte ich ohnehin nicht gezweifelt. „Es ist ein bißchen zu kalt, um hier draußen herumzustehen", erwiderte ich. „Können wir nicht im Haus weiterreden? Das kostet doch nichts."

„Ach, daß ich daran nicht gedacht habe!" rief die Frau und bat mich mit einer Handbewegung ins Haus. „Treten Sie ein, Sir! Bitte, treten Sie doch ein!"

Ich folgte ihr, und der alte Mann tappte hinter uns her. Wir betraten ein hohes, großes Zimmer. Auf dem Kaminrost flackerte ein Feuerchen, das für diesen Raum erschreckend klein war. Im Hintergrund sah ich hinter einem Vorhang ein paar Betten und einen Schrank. Den Mittelpunkt dieses Schlaf-, Wohn- und Eßzimmers bildete ein großer rechteckiger Tisch, der für eine Mahlzeit gedeckt war. Die Geschirr- und Besteckteile waren zwar alle unterschiedlicher Herkunft, aber ordentlich verteilt und sauber.

„Das ist sie", sagte Glory. Die Kleine kniete neben einem alten Federkissen, das mit einem Laken bedeckt war, und streichelte einer

schwarz-weiß gefleckten Terrierhündin den Rücken. „Der Doktor ist
da. Der macht dich wieder gesund, Molly", murmelte sie und spielte
zärtlich mit den Ohren des Tiers.

„Wie alt ist sie denn?" fragte ich und kauerte mich neben Glory.
„Mami hat sie gekauft ..., Weihnachten vor zwei Jahren. Sie war
ganz winzig und wäre beinahe gestorben. Aber ich habe dich wieder
gesund gemacht, nicht wahr, Molly?" Glory beugte sich über das Kissen und legte ihren Kopf neben Mollys Gesicht. Die kleine Hündin
hob den Kopf, soweit sie es vermochte, und wackelte zustimmend mit
dem Schwanzstummel.

„Ich möchte sie mir mal ansehen", erklärte ich, und Glory machte
mir Platz. Molly war durch die vergeblichen Anstrengungen der vergangenen Stunden offensichtlich erschöpft. Ihr geschwollener Leib
fühlte sich steinhart an, und aus den prallen Zitzen tropfte Milch.

„Ich muß sie untersuchen", sagte ich zur Großmutter der Kinder.
„Kann ich ein bißchen Seife und warmes Wasser haben?" Dann
erklärte ich den Kindern, was ich vorhatte, und sie hörten mir schweigend, ohne Zeichen von Aufregung oder Überraschung, zu.

Ich führte meinen Zeigefinger behutsam in den Geburtskanal ein.
Molly stöhnte und krümmte sich vor Schmerzen, und Glory strich ihr
unaufgefordert über den Kopf, während Lucy und Frank aufmerksam
zuschauten.

Der Kanal war trocken und eng, der Muttermund aber, wie zu
erwarten, gut geöffnet. Doch ich konnte weder einen Kopf noch
Beine oder wenigstens einen Schwanz ertasten. Da war lediglich etwas
Kugelförmiges, über das eine knöcherne Rippe lief: der Rücken des
ersten Welpen! Das Junge lag quer, und Molly erreichte mit ihrem
Drücken und Pressen lediglich, daß das Kleine immer hoffnungsloser
den Geburtskanal versperrte.

Ich zog den Finger zurück, blieb aber in der Hocke und reinigte mir
nun die Hände in der bereitgestellten Waschschüssel. Die Großmutter
reichte mir ein Handtuch. „Können Sie ihr helfen?" fragte sie.

„Ein ziemlich großer Welpe liegt quer", sagte ich. „Aber ich
komme nicht mit der Hand hinein, um ihn zu drehen. Es gibt nur
einen Ausweg: Ich muß einen Kaiserschnitt machen."

„Eine Operation!" rief die alte Frau entgeistert. „Gott behüte! Das
können wir uns nicht leisten!"

Ich war müde und hätte viel darum gegeben, nicht gerade in dieser Nacht einen solchen Eingriff vornehmen zu müssen, aber bis zum Morgen zu warten erschien mir zu riskant. Offen war allerdings die Frage des Honorars. Operierte ich gleich, wäre die ganze Angelegenheit mehr oder minder meine Privatsache. Ich störte damit keinen Kollegen in der Praxis, und es entstünden lediglich die Materialkosten. Trotzdem wollte ich nicht als großherziger Wohltäter auftreten, und so sagte ich der Großmutter nur, sie solle sich wegen der Bezahlung keine Sorgen machen. Ich müsse die Hündin aber in die Praxis mitnehmen. „Ich tue für sie, was ich kann", fügte ich hinzu.

Die Szene, die folgte, war herzzerreißend. Glory, die noch immer auf dem Boden kniete und Molly streichelte, schnellte hoch wie von der Tarantel gestochen. Schneeweiß im Gesicht, aber mit funkelnden Augen begann sie aus vollem Halse zu schreien. Mit den Armen fuchtelte sie blindlings in der Luft herum, bis sie meinen Brustkorb traf und in einem Trommelfeuer von Schlägen meine Rippen bearbeitete. „Nein! Nein!" schrie sie ein über das andere Mal. „Sie dürfen sie nicht mitnehmen! Nicht in das Krankenhaus!"

Es gelang mir, Glory am Handgelenk zu packen. Aber für eine Zwölfjährige hatte sie erstaunlich viel Kraft. Schließlich kam mir die Großmutter zu Hilfe, faßte das Mädchen mit hartem Griff bei den Schultern, zog es von mir weg und schüttelte es heftig.

„Hör auf! Hör auf, Glory, und zwar sofort!" schrie die alte Frau.

Die Kleine, die jetzt hemmungslos schluchzte, schlang plötzlich die Arme um die Großmutter und begrub das Gesicht in ihrem Wollschal. Lucy und Frank waren ebenfalls blaß geworden. Mit Tränen in den Augen hatten sie sich zu Onkel Ned geflüchtet, der neben dem Fenster saß, und klammerten sich hilfesuchend an seine Knie.

Die Großmutter strich tröstend über den Kopf der verzweifelten Glory. Dann wandte sie sich an mich. „Sie müssen das verstehen, Sir, damals ist ihre Mutter auch wegen so einer Sache ins Krankenhaus gebracht worden, und sie ist nicht mehr wiedergekommen."

Ich blickte zu Onkel Ned und den beiden Kleinen hinüber. „Warum können Sie es nicht hier erledigen?" fragte der alte Mann. „In Belbury habe ich mal zugesehen, wie es ein Tierarzt bei einer Sau gemacht hat. Der brauchte dazu keine Praxis!"

Ich legte Glory die Hand auf die Schulter. Sie war jetzt ruhiger geworden; nur ein gelegentlicher leichter Schluchzer schüttelte den schmächtigen Körper.

„Molly kann hierbleiben, aber sie muß operiert werden", erklärte ich mit fester Stimme. „Wenn du mit Lucy und Frank schön brav da drüben bei Onkel Ned bleibst und deine Oma mir hilft, wird es schon gutgehen."

Die Großmutter hob leicht erschrocken den Kopf. Dann gewann sie ihre Fassung wieder. „Soviel Theater um einen kleinen Köter", murrte sie und blies die Backen auf. Aber schließlich lächelte sie. „Ehrensache, daß ich Ihnen helfe, Sir. Sie sind ein Heiliger ..., jawohl, ein Heiliger!"

Die Vorbereitungen dauerten zwanzig Minuten. Ich hatte Molly eine Morphiumlösung gespritzt, und als sie friedlich schlummerte, konnten wir anfangen.

Ich hob die kleine Hündin auf den abgeräumten Tisch und legte sie vorsichtig auf den Rücken. Die Vorder- und Hinterbeine fesselte ich mit einer Mullbinde an die Griffe der Tischschubladen. Dann rasierte ich den Bauch mit Onkel Neds Rasierapparat, säuberte und sterilisierte das Operationsfeld und spritzte Novocain.

Als ich sicher war, daß das Betäubungsmittel wirkte und die Hündin trotzdem gleichmäßig atmete, warf ich der Großmutter einen Blick zu. Sie schaute zwar finster drein, nickte aber. Ich griff zum Skalpell und machte einen Einschnitt in die Bauchdecke. Dann arbeitete ich mich in die tiefer liegenden Muskelschichten vor, band Blutgefäße ab und durchtrennte eine Fettschicht. Da nun der heikelste Schritt folgen würde, überprüfte ich nochmals die Atmung der Patientin. Nun galt es, die letzte Muskelbarriere vor der Bauchhöhle aufzuschneiden, ohne dabei die pralle Gebärmutter zu verletzen.

Es klappte, und als der Blick in die Bauchhöhle frei war, schaute ich erleichtert zu der alten Frau auf, aber sie sah nur angespannt auf die kleine Hündin und reagierte nicht.

Der Uterus war nun sichtbar. Ich wollte die nächstliegende Stelle, an der sich ein Welpe abzeichnete, ein Stück hochziehen und außerhalb des Bauches öffnen, damit keine Flüssigkeit in die Bauchhöhle geriet. Doch die Gebärmutter war zu stark gedehnt; sie würde bei einer solchen Prozedur vielleicht reißen. Also mußte ich sie in ihrer natürlichen Lage lassen und an Ort und Stelle öffnen. Ehe ich das Skalpell zum entscheidenden Schnitt ansetzte, warf ich noch rasch einen Blick über die Schulter. Ich wollte sichergehen, daß die Großmutter für den Empfang des ersten Neugeborenen alles vorbereitet hatte. Tatsächlich stand ein Schuhkarton auf der Erde, und darin lag eine Wärmflasche, die mit einem Tuch abgedeckt war. Mein Blick glitt zu Glory hinüber, die nicht von meiner Seite gewichen war. „Alles in Ordnung?" fragte ich. Sie nickte, und ich machte mich wieder an die Arbeit.

Der erste Welpe, den ich auf die Welt holte, wirkte leblos. Er war, abgesehen von einem schwarzen Fleck auf der linken Flanke, reinweiß und ziemlich groß. Ich befreite ihn von der Schleimschicht und durchtrennte die Nabelschnur. Dann hüllte ich ihn in ein bißchen Gaze und übergab ihn der alten Frau. „Massieren Sie ihn, aber vorsichtig!" sagte ich in der Hoffnung, daß noch ein klein wenig Leben in ihm wäre. Er hatte ja an der Rückwand der Gebärmutter gelegen. War er tot, bestand für die anderen erst recht keine Hoffnung mehr, und dabei wünschte ich so sehr, daß der ganze Wurf lebte.

Die Großmutter rieb und streichelte das Neugeborene. „Pusten Sie ihm mal in die Nasenlöcher!" riet ich. Sie versuchte es, und tatsächlich öffnete das winzige Geschöpf die rosa Schnauze und gähnte. Es lebte!

Im Nu hob sich die Stimmung im Zimmer. „Ich will es sehen! Ich will es sehen!" schrie Glory aufgeregt, und auch Lucy und Frank rückten dem Schauplatz des Geschehens neugierig näher.

„Nicht so laut!" mahnte ich. „Seine Mutter darf noch nicht aufwachen!" Und dann machte ich mich daran, den nächsten kleinen Terrier zu holen.

Im ganzen waren es fünf. Alle lebten, einschließlich des kräftigen Welpen, der sich und den Geschwistern den Weg in die Welt versperrt hatte. Alle, auch Onkel Ned, beteiligten sich jetzt am Abtrocknen der Neugeborenen, und bald entstand eine angeregte Diskussion über die Namensgebung. Währenddessen nähte und versorgte ich Mollys Operationswunde.

Sobald ich den letzten Stich gemacht hatte, hob die Hündin den Kopf und stellte die spitzen Ohren auf: Sie hatte das Wimmern und Fiepen gehört, mit dem ihre neue Familie im Schuhkarton unter dem Tisch sie begrüßte.

Ich verließ das Barton-Haus um Punkt zwei Uhr morgens. Die Oma hatte als Schlaftrunk noch Kakao gekocht, aber ich konnte mir nicht vorstellen, daß die Kinder so bald Ruhe finden würden. Am nächsten Tag wollte ich noch einmal vorbeischauen und mich vergewissern, daß es bei Molly keine Komplikationen gegeben hatte. Und endlich war es soweit: Ich konnte in mein eigenes Bett schlüpfen. Natürlich wachte Diana auf und wollte genau wissen, wie die Sache ausgegangen sei. Ich erzählte ihr von Glorys hysterischem Ausbruch und der glücklich verlaufenen Operation. „Und das war nun meine dienstfreie Nacht", sagte ich, während ich mich todmüde auf die Seite wälzte und die Augen schloß.

„Auf hoher See passieren doch viel schlimmere Dinge", meinte Diana und knuffte mich leicht in die Rippen.

Ich war zu müde, um ihr zu widersprechen, und überließ mich augenblicklich dem Schlummer.

Siebtes Kapitel

DAS berüchtigte „siebte Jahr" ist bekanntlich ein Wendepunkt in mancher Ehe. Diana und mir wurde beim Gedanken daran aber nicht bange. Zum einen hatten wir erst die Hälfte dieser Zeit hinter uns, und zum anderen führten wir ein sehr glückliches Familienleben. Sara war nun zwei Jahre alt und unsere ganze Freude. Wir hatten auch einen jungen Hund angeschafft, den wir Branston nannten, und eine rotbraune Katze namens Tarquin.

Dennoch befiel mich eine seltsame Unruhe, eine Erscheinung, die bei jungen Tierärzten nach fünfjähriger Praxis an ein und demselben Ort nicht ungewöhnlich ist. Die tägliche Routinearbeit machte mir zwar immer noch Spaß, aber um meinen Seelenfrieden, den ich bis dahin für selbstverständlich gehalten hatte, war es schlecht bestellt.

Ich führte mit Diana immer wieder Gespräche über mein Problem. Sie war zwar zufrieden mit unserer derzeitigen Situation, versuchte aber auch, meine Gefühle zu verstehen. Ich hatte ein gutes Einkommen, eine interessante Arbeit, und doch zweifelte ich daran, ob ich glücklich würde, wenn die nächsten vierzig Jahre meines Lebens immer in denselben ausgetretenen Bahnen verliefen.

Vielleicht lag es an meiner eigenen Unentschlossenheit, daß ich Bob Hacker bisher nicht gebeten hatte, mich als Partner in die Praxis aufzunehmen. Einige Studienkollegen, die mit mir das Examen abgelegt hatten, waren schon nach drei bis vier Jahren Partner in der Praxis ihrer Arbeitgeber geworden. Allerdings war es nicht damit getan, eine Partnerschaft angeboten zu bekommen. Man mußte dafür auch bezahlen! Dieses Verfahren war in unserer Berufssparte zwar die Regel, aber ich fand es ziemlich ungerecht. Denn die Einstandssumme errechnete sich aus der Höhe der Praxiseinnahmen während der letzten drei Jahre – mit anderen Worten, je fleißiger der Assistent gearbeitet hatte, desto mehr mußte er zahlen, um Partner zu werden.

Dann kam ein Samstagnachmittag mitten im Sommer, und wir machten einen Ausflug zum Bradnor Hill. Wir, das heißt Diana, Sara, Branston und ich, fuhren so weit wie möglich mit dem Auto den Berg hinauf. Zu Fuß wanderten wir dann durch das Heidekraut zum Gipfel. Sara lief uns voran und versuchte, Branston einzuholen. Über uns wölbte sich der Sommerhimmel, und Lerchen tirilierten in so großer Höhe, daß wir sie mit dem bloßen Auge nicht mehr erkennen konnten. Die Luft flirrte vor Hitze und ließ die Konturen der unter uns liegenden Felder und Hecken verschwimmen.

Das Lachen eines Kindes, das Gebell eines jungen Hundes, der Friede und die Schönheit des ländlichen England und dazu eine liebende Ehefrau – auf einmal wußte ich, daß ich hierhergehörte und daß ich hier bleiben wollte. Während ich dort oben stand und den Blick über die sanfte, hügelige Landschaft schweifen ließ, fällte ich meine Entscheidung.

„Ich frage Bob Hacker, ob er mich als Partner aufnehmen will", sagte ich.

Diana drehte sich zu mir um. Ihr strahlendes Gesicht verriet, wie glücklich sie war, und sie umarmte mich. „Liebling, ich finde es wunderbar. Aber bist du dir deiner Sache ganz sicher?"

„Vollkommen", erwiderte ich und zog sie enger an mich.

Am Montag morgen fragte ich Bob Hacker, ob ich sein Teilhaber werden und damit auf unbefristete Zeit in seiner Praxis bleiben könnte. Sehr zu meiner Verwunderung sagte er nein. Nicht, daß er meine Bitte schroff abgelehnt hätte. Er war nur der Meinung, die Praxis sei für drei Partner zu klein. Man müsse auch darauf gefaßt sein, daß es eines Tages mit der Landwirtschaft bergab gehe.

Das alles klang ganz einleuchtend, aber der Gedanke, es könne uns eines Tages an Arbeit mangeln, war mir wahrhaftig noch nie gekommen. Im Gegenteil! Seit ich in Ledingford arbeitete, hatte sich unser Patientenkreis ständig erweitert. Das konnte ich beschwören, und ich hatte auch meinen Teil dazu beigetragen. Vor allem die Betreuung der Schafherden und die Einrichtung einer kleinen Tierklinik für Rinder gingen auf mein Konto.

Bob gab zu, daß das Geschäft jetzt mehr als vor fünf Jahren blühte, meinte aber, auf lange Sicht dürfe man nicht allzu optimistisch sein. „... womit ich auch sagen will, daß wir später noch mal darüber reden können, Hugh", fügte er hinzu, „aber im Augenblick ..., nein, so leid es mir tut."

Während der Heimfahrt war ich wie vor den Kopf geschlagen. Bob hatte mir alle Illusionen geraubt und mich unsanft von meinem Sockel der Selbstgefälligkeit hinuntergestoßen.

Zu meiner Überraschung regte sich Diana nicht einmal auf, als ich ihr von der Abfuhr erzählte. Sie wußte, wie elend mir zumute war, und tröstete mich nach besten Kräften. „Davon geht die Welt nicht unter, Liebling", meinte sie.

Dennoch haderte ich mit meinem Schicksal; Bobs Ablehnung war der härteste Schlag, den ich bisher im Berufsleben hatte hinnehmen müssen.

Während der nächsten paar Wochen versah ich meine Arbeit zunehmend lustloser. Wie ein Mühlrad gingen mir Gedanken und Pläne durch den Kopf. Auswandern müßte man, vielleicht nach Neuseeland oder Tasmanien! Oder ein „eigenes Firmenschild an die Tür nageln", das heißt selbst eine Praxis eröffnen. Das durfte ich allerdings nicht im Umkreis von fünfzig Kilometern – so verlangten es die Statuten der Tierärztevereinigung!

Kurzum, das Leben wurde mir zur Hölle, und zum erstenmal fühlte ich mich todunglücklich. Ich hatte schon öfter am Scheideweg gestanden und bei der Wahl der Richtung immer eine glückliche Hand gehabt.

Im Augenblick war ich wieder an einem Kreuzweg angelangt, aber diesmal wußte ich wirklich nicht mehr weiter. Was also tun?

Eine Antwort auf diese Frage bekam ich durch einen Anruf von Ernie Shelton. „Lasgarn", sagte der Exportdirektor des Viehzüchter-

verbandes, „ich möchte, daß Sie eine Herde von Zuchtbullen begleiten – nach China!"

Mit Freuden nahm ich das Angebot auf der Stelle an, und so
schlüpfte ich wieder in meine Rolle als Tierarzt auf Reisen.

NATÜRLICH kam ich in den folgenden Wochen kaum mehr dazu,
mir über meine berufliche Situation Gedanken zu machen. Vielmehr
konzentrierte ich mich ganz auf die bevorstehende Reise – mit fünfzig
Herefordstieren ging es um den halben Erdball nach Rotchina. Und
diesmal fuhren wir nicht mit dem Schiff, sondern reisten mit dem
Flugzeug!

Am 2. September hob die riesige Frachtmaschine, eine Boeing 707,
morgens um Viertel nach fünf vom Flughafen Gatwick ab, nachdem
das Verladen der Bullen problemlos über die Bühne gegangen war.
Nach drei Zwischenlandungen in Bahrein, Bangkok und Hongkong,
wo die Maschine aufgetankt werden mußte, kamen wir am 3. September mittags in Schanghai an.

Ich werde nie die Szene vergessen, die sich nach unserer Landung
auf dem Flughafen abspielte. Zunächst glaubte ich, die halbe Bevölkerung Chinas hätte sich auf dem Rollfeld eingefunden. Tausende von
Chinesen, sämtlich in blauen Drillichanzügen, drängten sich um unser
Flugzeug. Waren sie alle gekommen, um uns zu begrüßen?

Am Fuß der Gangway erwartete uns eine Delegation von dreißig
lächelnden Funktionären, die uns Europäern der Reihe nach die Hand
schüttelten. Einige Dolmetscher bemühten sich, uns das chinesische
Kauderwelsch verständlich zu machen, das uns in großer Lautstärke in
den Ohren dröhnte. Ich verstand lediglich, daß man sich zu einem
„Empfang" zu versammeln gedachte, bei dem es Erfrischungen und
„großen Ratschlag" geben werde. Da meldete ich mich zu Wort. Ich
bestand darauf, zuerst meine vierbeinigen Schützlinge ausladen zu
dürfen, zumal eine Temperatur von annähernd dreißig Grad
herrschte.

Nach einiger Diskussion wurde meinem Antrag stattgegeben. Als
allerdings der Frachtraum der großen Maschine geöffnet worden war,
erkannte ich zu meiner Erleichterung, daß meine Stiere bei bester
Gesundheit waren. Dann packte mich allerdings Entsetzen, denn ich
sah, daß die Chinesen zwar mit viel Eifer mit dem Ausladen begannen,

ihnen aber ganz offensichtlich die notwendige technische Ausrüstung fehlte. Zunächst manövrierten sie lediglich einen altersschwachen fahrbaren Lastenaufzug an die Ladeluke. Und dann begriff ich, weshalb die Heerschar der blauen Ameisen erschienen war: In Ermangelung eines Krans gingen sie daran, die hölzernen Boxen, in denen je vier Jungstiere untergebracht waren, mit Muskelkraft aus dem Frachtraum zu zerren! Zu Hunderten versammelten sich die wild gestikulierenden, heftig diskutierenden und stark schwitzenden chinesischen Arbeiter um die Boxen, hoben und schoben sie zu dem Lastenaufzug, der das wertvolle Frachtgut schließlich unsanft auf chinesischen Boden setzte.

Was meine prächtigen Herefordstiere über so viel Kaderbewußtsein ganz im Sinne des großen Vorsitzenden Mao dachten, weiß ich nicht – mir jedenfalls kam das Verfahren trotz allen revolutionären Eifers reichlich veraltet vor. Leider konnte ich das Schauspiel nicht bis zum Ende verfolgen, denn ein Dolmetscher zupfte mich am Ärmel und meinte, nun sei es Zeit für die Erfrischungen und den „großen Ratschlag".

Die Zusammenkunft fand im Flughafengebäude statt. In mächtigen Porzellantassen wurde uns starker grüner Tee serviert, und dann begannen die Chinesen mit ihrer Fragerunde, die allerdings, wie ich sogleich feststellen konnte, seltsame Formen annahm.

„Wie alt wird ein Herefordstier?" So lautete die erste Frage, und ich schrieb es nicht nur den Strapazen der langen Reise zu, daß ich nicht sofort antworten konnte.

„Das kommt darauf an", erklärte ich schließlich und nannte eine, wie mir schien, vernünftige Spanne an Jahren, die meinen Tieren normalerweise beschieden war. Doch als ich in die Runde schaute, wußte ich augenblicklich, daß diese Auskunft meine Gesprächspartner nicht zufriedenstellte. Prompt forderte mich der Dolmetscher auf, doch bitte ein wenig präziser zu antworten.

„Wieviel Wasser trinken Herefordstiere?" – „Wieviel Heu fressen sie?"

In diesem Stil ging es weiter. Ich nannte nun exakte Zahlen und sah, wie die Chinesen all meine Angaben mit flinker Hand schriftlich festhielten. Wenn auch nur ein Bulle einen Extraballen Heu frißt, dachte ich, darfst du dich in diesem Land nicht mehr blicken lassen. Also sandte ich einen Stoßseufzer zu meinen vierbeinigen gehörnten Schützlingen hinaus, die inzwischen – alle wohlbehalten, wie ich später erfuhr – in der Quarantänestation angekommen waren. Jungs, reißt euch zusammen, bat ich inständig, und macht mir keine Schande!

Ich schloß meinen Chinabesuch mit einer Stippvisite in Hongkong ab. Dort kaufte ich ein Seidenkleid für Diana und hübsche Kinderschuhe für Sara. Mich selbst belohnte ich für meine erfolgreiche Mission mit einem maßgeschneiderten Anzug, den ich noch am Abend desselben Tages abholen konnte und der Diana nach meiner Rückkehr in Erstaunen versetzte.

„In Ledingford bringe ich dich nicht mal dazu, daß du dir auch nur ein Paar Socken selbst aussuchst", meinte sie. „Kaum schickt man dich ans andere Ende der Erde, schon kaufst du ein wie ein Weltmeister! "

Auf dem Rückflug hatte unser Flugzeug in Hongkong neue Fracht aufgenommen, die jedoch sehr zu meinem Entzücken keiner tierärztlichen Betreuung bedurfte, denn es handelte sich um riesige Ballen mit Jeanskleidung. Wie groß meine Erleichterung über diese Tatsache war, beweist eine ausgefallene Urkunde mit einem Erinnerungsfoto, das an Bord der Maschine entstand, und die auf der Rückseite die Autogramme aller Besatzungsmitglieder trägt. Die Widmung lautet: „Für unseren Langstreckentierarzt Dr. Hugh Lasgarn, der einen Eintrag ins ‚Guinness-Buch der Rekorde' verdient – der erste Mensch, der auf einem Zwanzigstundenflug fünfundzwanzig Stunden schlief!"

Es bereitete mir Freude, die Welt kennenzulernen, und von jeder Reise, die ich sozusagen im Schlepptau der Herefordrinder machte, kehrte ich um einige Erfahrungen reicher nach England zurück.

Kommunismus in China, religiöser Fanatismus in Marokko, Rassenspannungen in Afrika – mein Horizont erweiterte sich in einem Maße, das ich nicht erwartet hatte. Die Reisen öffneten mir die Augen für die Schwierigkeiten und Überlebenskämpfe, denen die Menschen in den Entwicklungsländern ausgesetzt sind. Sie brachten mich auch zu der Einsicht, daß ich meinem Schicksal dankbar sein mußte, in der Alten Welt geboren zu sein.

Nach der stürmischen Zeit meiner eigenen Unsicherheit durfte ich jetzt in ruhigere Gewässer einfahren. Das Glück war mir wieder hold, diesmal in Gestalt von McBean, der sich verheiratete. Die Ankündigung, daß er mit Mimi Lafont, seiner langjährigen Freundin, in den Stand der Ehe treten werde, kam völlig überraschend.

Die Hochzeit wurde „irisch" gefeiert und somit zu einer höchst vergnüglichen Angelegenheit. Die gesamte Familie McBean ließ es sich nicht nehmen, „über das Wasser" zu reisen und das Fest erst richtig in Schwung zu bringen.

Die größte Überraschung war aber für mich in McBeans Rede enthalten. Nachdem er jedermann – vom Pfarrer bis zur Katze des Restaurantbesitzers – für die schöne Hochzeit gedankt hatte, kündigte er an, daß er sich schon bald mit Mimi in seiner irischen Heimat niederzulassen gedenke, weil er dort kürzlich einen kleinen Hof in der Grafschaft Clare geerbt hatte.

In Irland, so sagte er augenzwinkernd, werde er herrlich faulenzen, sich erholen und vielleicht eines Tages ein paar McBeans „züchten"!

SCHON bald machte mein Kollege sein Vorhaben wahr und übersiedelte in seine Heimat Irland. Damit hatte Bob Hacker keinen Partner mehr. Tatsächlich dauerte es nicht lange, bis er mir anbot, Teilhaber der Praxis zu werden. Nach kurzer Beratung mit Diana nahm ich das Angebot an.

HACKER & LASGARN, *Mitglieder der königlichen veterinärmedizinischen Akademie* – endlich stand mein Name auf dem Praxisschild! Und sogar meine Wanderlust wurde befriedigt, denn wir zogen um, wenn auch nur in eine Ortschaft ganz in der Nähe.

Mit Diana, Sara, Joanna, unserer zweiten Tochter, der Katze Tarquin und dem Hund Branston ließ ich mich in Welbury nieder, einem Dorf mit wunderhübschen Fachwerkhäuschen, das knapp zwanzig Kilometer nordwestlich von Ledingford gelegen ist. Endlich war ich in einem friedlichen, schönen Flecken von Herefordshire vor Anker gegangen.

Hugh Lasgarn

„Tierarzt ahoi!" heißt es heute zwar nicht mehr in Hugh Lasgarns Leben, aber die Herefordrinder, deren Transporte er in alle Herren Länder begleitete, sind für ihn immer noch eine ganz besondere Tierrasse. Erst vor kurzem drehte er im Auftrag des Zuchtverbands für Herefordrinder einen Videofilm, der sich mit der Herkunft dieser bekannten Rinder befaßt. „Ich staunte nicht schlecht", berichtet der Tierarzt voll Begeisterung, „als ich bei den Recherchen herausfand, daß der erste Herefordstier mit seinem charakteristischen weißen Kopf im achtzehnten Jahrhundert in unserem Nachbarort gezüchtet worden war."

Vor drei Jahren kehrte Dr. Lasgarn dem schmucken kleinen Dorf nahe der walisischen Grenze, das in seinen Büchern Ledingford heißt, ganz den Rücken. Er verließ die Gemeinschaftspraxis, der er so lange angehört hatte, und eröffnete mit seiner Frau Diana, die ihm als Helferin zur Seite steht, eine eigene kleine Praxis in seinem etwa zwanzig Kilometer entfernten Wohnort. So blieb er sowohl seiner Heimat Herefordshire treu als auch der täglichen Routine. Denn obwohl ihm seine schriftstellerische und journalistische Tätigkeit – neben Büchern verfaßt Lasgarn auch Beiträge für Presse und Fernsehen – nur noch wenig Zeit läßt, möchte er die tierärztliche Praxis doch nicht missen.

„Ganz aufgeben? Das brächte ich niemals übers Herz", erklärt Lasgarn entschieden. „Schließlich muß man in unserem Beruf ständig am Ball bleiben. Außerdem – woher sollte ich dann den Stoff für meine Bücher nehmen?"

Wenn es dem vielbeschäftigten Tierarzt tatsächlich einmal gelingt, Sprechzimmer und Schreibtisch für einige Zeit zu entfliehen, spielt er auf der idyllischen Anlage seines Heimatdorfes eine Runde Golf. Aber selbst dort holt ihn der berufliche Alltag ein, denn auf der Weide nebenan grasen Schafe!